제주언론 돌아보기 I

제주언론 돌아보기 I

초판 인쇄 | 2019년 2월 20일
초판 발행 | 2019년 2월 25일

지은이 | 고영철

펴낸곳 | 온누리디앤피
등　록 | 제51호(1995년 8월 31일)
주　소 | 제주특별자치도 제주시 신성로12길 21-2
전　화 | (064)722-0086
전　송 | (064)755-3380

ISBN 978-89-94495-57-6 93070

값 35,000원

제주언론 돌아보기 I

고 영 철 지음

온누리디앤피
DESIGN & PRESS

보다 나은 언론을 위해, 성찰의 눈으로 뒤 돌아보라

(1)

정보와 뉴스는 우리의 생각을 바꾸게 하는 가장 중요한 요소이다. 우리 머릿속에 주입되는 정보와 뉴스가 바뀌면 생각이 바뀌고, 생각이 바뀌면 행동이 바뀌게 된다. 아주 오래 전부터 권력자들과 언론은 이러한 사실을 너무 잘 알고 있었기에 백성들을 속이고 서로 간의 이익을 극대화하기 위해, 소위 언론을 활용해 왔다. 행운인지 불행인지 나는 약 38여년 동안 언론과 관계된 일에서 벗어나 본 적이 없다. 그래서 내 딴엔 그 누구보다 지역 언론을 잘 알고 있다고 착각하면서 반평생을 강단에 서서 떠들어 왔다. 언론의 생리를 어느 정도 알 만하니, 이제는 이 자리를 후학들에게 물려주고 떠나가야 할 시간이 되었다. 3월이 오면 흐트러지게 피어나는 아라벌의 왕벚꽃처럼, 내 자신을 돌아보기 위해 『제주언론 돌아보기 I 』라는 제목의 책을 남긴다.

이 책에 대한 구상은 내가 1998년 3월 1일자로 제주대학교 전임교수로 임용되어 본격적인 교수생활을 하기 시작하면서부터 비롯되었다고 볼 수 있다. 그 이전까지 나는 제주대학교 신문방송사에서 18년, 그리고 시간강사(중앙대학교 신문방송학과, 한라전문대학 여성교양과, 제주대학교 교양과정·관광개발학과·행정대학원 등)로 10여년의 세월을 보냈기 때문에 이런 생각을 할 여유가 없었다.

대학신문사에서의 나의 역할은 학생기자들에게 신문편집과 기사작성법 등을 가르치고, 신문제작을 돕는 것이었다. 수많은 학생기자들과 나의 젊음을 보냈던 대학신문사는 늘 이성이 깨어있고, 대학당국이 싫어하는 감시견(watchdog)들이 우글거리던 소굴이었다. 이곳은 내가 배운 언론학 이론을 실무에 적용해보는 무대이기도 했다.

이를 바탕으로 나는 신문학과 홍보학을 세부전공으로 선택했다. 그래서 내가 강의하는 교과목은 대부분 신문과 홍보 등에 관한 과목들이었다. 여러 교과목 중에 『지역매스컴론』이라는 과목이 있었다. 『신문학』·『설득커뮤니케이션』·『연구방법론』·『PR론』 등과 같은 과목은 교재로 사용할 만한 책들이 많았지만, 2000년 초반만 해도 『지역매스컴론』을 가르칠 만한 마땅한 교재가 없었다. 이때부터 교재를 개발하기로 마음을 먹고 자료를 모으기 시작했다.

여기저기서 모아 짜깁기 한 내용으로 『지역매스컴론』을 강의하면서 매번 내가 학생들을 제대로 가르치고 있는지 늘 고민하지 않을 수 없었다. 그 이유는 해가 갈수록 제주지역에서도 새로운 신문, 민영방송(JIBS), 케이블TV, 인터넷신문 등이 계속 등장하기 시작했기 때문이다. 2018년 7월 말 발표를 보면, 현재 제주도에서는 91개 언론사(일간지 6개, 일반주간지 13개, 특수주간지 8개, 인터넷신문 83개, 인터넷 뉴스 서비스 2개, 방송사 9개, 통신사 3개)가 취재보도 경쟁을 하고 있다. 인구 66만 정도가 되는 조그마한 섬에 언론사가 넘쳐나고 있는 것이다.

이처럼 가르쳐야 할 분야가 해마다 확장되다 보니 매스커뮤니케이션을 구성하는 기본요소들 즉, 송신자(Source, 커뮤니케이터)－메시지(Message, 기사 등 보도내용)－미디어(Channel, 신문 방송 등 언론매체)－수용자(Receiver, 독자 또는 시청자) 가운데 어느 것을 중점적으로 강의하는 것이 바람직한지도 감을 잡을 수 없었다.

각 개별 미디어의 현황과 문제점 그리고 발전방향을 제대로 가르친다는 것은 쉬운 일이 아니었다. 학생들이 알고 싶어 하는 내용이 무엇인지 잘 알지 못하기 때문에 강의계획서는 교수의 생각 중심으로 짜여졌다. 강의내용은 지역신문업계와 보도내용에 관한 것이 주가 되었다. 방송과 뉴미디어인 인터넷 매체에 관해서는 전공교수가 각기 따로 있었기 때문이다.

어떤 학기에는 교재도 없이 학생들과 제주지역 언론매체의 현실에 대해 함께 고민해보자는 취지로, 내가 중요하다고 생각하는 몇 개 주제를 과제로 내어 발표하도록 하여 강의를 진행한 적도 있다. 이러한 방식이 권력에 취약한 지역언론의 한계와 문제점을 고민하는 데는 일조했을지는 모르지만, 매 학기 종강 때마다 제주지역 미디어에 대한 강의가 미흡하다는 생각을 떨쳐버릴 수 없었다.

이러한 성찰 속에 펴낸 첫 번째 강의용 교재가 바로 『언론이 변해야 지역이 산다: 지역언론의 정체성과 과제』(2013)이다. 이어서 두 번째 교재 겸 참고도서로 『제주언론의 보도방식과 수용자』(2017)를 출판하였다. 첫 번째 책은 저자가 지난 10년 동안 한국연구재단 학술등재지 등에 발표했던 논문들 가운데 지역신문 및 방송 등과 관련된 논문 9편을 선별하여 엮은 것이다. 두 번째 탄생한 책은 나의 제자들과 공동으로 중앙의 저명학술지에 발표했던 지역언론 관련 논문들을 모아서 엮은 것이다. 하지만 이 책들은 지역언론의 기능과 역할을 검증한 논문을 비롯하여, 한국과 미국의 지역신문들의 메시지 구성방법과 보도방식들을 비교 분석한 논문, 지역언론의 위기극복방안에 관한 학술논문들을 모아서 펴낸 것이기 때문에 그 내용이 재미있지도 부드럽지도 않았다.

강의 제목에 걸맞게 신문기사들은 강의 부교재로 활용됐다. 이는 학생들로 하여금 주변에서 일어나는 여러 가지 사회현상과 지역언론에 관심을 갖도록 유도하기 위한 조치였다. 각 신문의 뉴스를 비교 설명하다 보면, 제주언론계의 부정적 측면들이 어김없이 뒤따라 나왔다. 전국상황이 다 비슷하겠지만, 이를테면 독자와 광고시장의 크기는 한정되어 있는데 왜 비슷한 언론사들이 계속 생기는지, 6개 일간지 가운데 왜 진보성향의 신문은 하나도 없는지, 선거 때마다 특정 후보 편에 줄을 서는 이유는 무엇인지, 지면들은 왜 개발만능주의자 천국이 되어버렸는지 등등을 설명하지 않은 채 건너뛸 수가 없었다.

그러던 어느 날 나는 내가 그저 겉으로 드러난 지역언론 현상만 가르치고 있다는 것을 뒤늦게 깨닫게 되었다. 지역언론계가 이러한 상황에 처하게 된 배경들에 대해서, 즉 지역언론의 혼과 뿌리와 같은 역사는 가르치지 않고 껍데기만 강의하고 있다는 것을 알게 된 것이다. 이러한 깨달음을 얻고 난 이후부터 현재의 언론계 상황과 해당 언론사의 탄생배경과 성장과정을 함께 가르치려고 노력하였다. 하지만 역부족이었다.

정년을 앞두고 발간하는 이 책이 일종의 노욕(老慾)으로 비칠지도 모른다. 하지만, 나 자신의 학문적 밑바닥이 그대로 노출되는 부끄러움을 무릅쓰고, 그동안 지역언론을 강의하면서 모아두었던 자료들을 바탕으로 지역언론학을 제대로 가르칠 만한 새로운 교재를 다시 쓰기로 작심을 하였다. 그렇게 하여 탄생한 책이 바로 『제주언론 돌아보기 I』이다.

이 책의 많은 부분이 제주지역의 주류언론인 신문사와 케이블 방송, 1인 미디어 그리고 생활정보지의 역사에 대해 다루었음에도 불구하고, 책의 제목을 제주언론사의 연구라 하지 않고 '제주언론 돌아보기 I'이라고 붙인 것은 제주지역의 3개 지상파 방송과 53개에 달하는 인터넷 신문사, 그리고 주간신문(일반주간지 13개, 특수주간지 8개)과 잡지 분야에 관한 내용이 빠진 반쪽의 역사책이 되었기 때문이다.

(2)

이 책을 쓰게 된 또 다른 동기는 개인적인 이야기이지만, 내가 대학원 석사과정에 다니던 시절(1983년)에 제주대학교에 재직 중이던 고성준 교수로부터 선물로 받은 한권의 책에서 비롯되었다. 책의 이름은 1981년 10월 대왕출판사에 발행한 金大商의 『부산경남언론사 연구』(가격: 4,800원)이다. 이 책의 첫 장을 넘기고 보니, "제주도 언론사 정리를 기대하면서, 83. 2. 10. 고성준"이라고 서명되어 있었다. 이때부터 기회가 온다면 제주언론사를 꼭 정리해 보겠다는 생각을 갖기 시작했다.

대학원 석·박사과정에서 한국의 언론사를 개척하고, 관련 분야 최고 권위자였던 최준과 정진석 교수님으로부터 국내외의 폭넓은 언론사 강의를 들으면서 학위논문의 주제로 제주언론사를 생각해본 적도 많았다. 하지만 당시 주위 선배들은 이구동성(異口同聲)으로 '밥 얻어먹고 싶거든' 현실적인 주제를 잡으라고 조언했다. 그래서 뒷걸음질을 칠 수밖에 없었다. 하지만 고성준 교수님의 메시지는 신경통처럼 늘 나를 따라다니면서 괴롭혔다. 이러한 기대에 부응하기에는 모든 것이 역부족이었다.

내가 선물로 받은 김대상의 『부산경남언론사 연구』라는 책이 한국에서 발간된 지방언론사에 관한 첫 번째 저술이었다는 것은 나중에야 알게 되었다. 그 후 다른 지역에서도 지역언론의 역사를 정리한 저술들이 출판되기 시작하였다. 예를 들면, 김진화의 『일제하 대구의 언론연구』(1978)와 김영재의 『대구경북언론사』(2003), 그리고 대구신문사가 출판한 『大邱每日新聞社史』(1982), 광주 지역언론의 역사 관련 자료를 모은 『광주언론인동우회』(1991), 경남지역 언론을 다룬 이광석의 『경남언론의 어제오늘』(1997) 등이 있다. 최근에 출판된 저술로는 김대상의 『부산언론사의 재조명』(2004), 채백의 『부산언론사 연구』(2012), 대전언론문화연구원에서 2014년에 펴낸 『대전·충남언론 100년』, 최동성과 전웅열의 『전북언론사』(2018) 등을 들 수 있다.

제주지역 언론의 역사를 정리한 저술로는 KBS제주방송총국이 발행한 『KBS제주방송40년』과 『KBS제주방송 50』, 『제주문화방송삼십년사』(제주문화방송, 1997), 『제주신문50년사』와 『제주신문60년사』, 그리고 이문교의 『제주언론사』(1997)가 있다.

신문사나 방송사에서 발간한 사사류(社史類)는 대부분 자사 홍보를 위한 의도가 다분하기 때문에 엄밀한 의미에서 학술적 연구라 보기는 어렵다. 하지만 지역언론사 연구를 위해서는 소중한 자료가 된다. 제주대학교에 언론홍보학과 신설허가가 교육부로부터 떨어지던 1997년 11월경에 출간된 이문교의 저서는 언론사에서 저술한 사사류를 제외하면, 제주지역의 언론 역사를 포괄적으로 정리한 첫 번째 저술이라는 점에서 적지 않은 의의를 지닌다고 할 수 있다.

체계적인 제주언론사의 연구서라 볼 수는 없지만, 이문교의 저서보다 앞서 출판된, 제주언론에 관한 중요 사건들을 기록한 저술로는 『大河實錄 濟州百年』(강용삼·이경수 편저, 1984)과 『제주반세기: 다큐멘터리 그때 그 사건』(진성범, 1997) 등이 있다. 이 저술들은 이문교의 『제주언론사』와 더불어 제주언론의 역사를 추적해 볼 수 있는 매우 중요한 자료들이다.

이외에 제주언론사와 관련된 사료(史料)로는 1990년 6월 4일부터 1991년 6월 4일까지 1년 동안 제민일보 지면에 41회 연재되었던 진성범 기자가 쓴 '제주언론사'와 제주언론사의 일면을 더듬어 볼 수 있는 기록으로 이영복씨가 1979년 8월 20일부터 1979년 9월 8일까지 18회에 걸쳐 제주신문에 연재했던 '나의 재직시절', 그리고 제남신문 1968년 4월 8일자 2면에 짤막하게 보도되었던 '浮沈 22년의 本道言論界 略史'라는 제목의 기사를 들 수 있다. 이 기사의 바이라인(by-line)에는 편집부로 명기되어 있지만, 당시 제남신문사의 이문교 기자가 쓴 것으로 알려져 있다.

앞서도 언급했지만 10여년 전부터 강의 준비를 위해 이 분야의 여러 기존 자료들을 접하면서, 나는 늘 누군가가 나서서 이문교의 『제주언론사』를 보완시키는 작업을 하지 않는다면, 정년퇴임 전에 내가 제주언론사를 새로 정리해보겠다는 생각을 해왔다. 행운일지 모르지만, 몇 년 전까지는 제주언론사를 다시 쓰는 사람이 없다는 것을 알았다. 하지만 이를 바로 실행에 옮기는 일은 쉽지 않았다.

가장 큰 이유는 제주언론사를 막상 다시 쓰려고 준비하다 보니, 과거의 일들에 대해 기록하고 평가하기 위한 관련 자료들을 찾는 것이 여간 힘든 게 아니었다. 이문교 선생님도 제주언론사를 집필하면서 술회하였듯이 제주에서 발행되었던 초창기 신문들 가운데 도서관(국립도서관, 국회도서관, 지방도서관, 대학도서관 등)에 소장되어 있는 것은 거의 없었다. 해방이후 창간된

10여개의 지역신문들이 발간한 신문들 가운데 극히 일부만 남아 있고(이문교 선생님이 소장하고 있음), 이런저런 이유로 거의 다 멸실되었기 때문이다. 다행히 제주지역 최초의 신문으로 알려진 1945년 10월 1일 창간된 제주신보(전신은 제주민보) 가운데 1947년 1월 1일부터 1948년 4월 20일까지 발행된 신문이 국립도서관에 보관되어 있는 것이 확인되었다.

일단 이 정도로 정보를 파악하고 쉽게 접근할 수 있는 신문자료와 제2차 자료를 대상으로 뒤 늦게 언제 끝날지 모르는 제주언론사 보완 작업을 시작하게 된 것이다.

어떠한 역사이든, 역사란 과거부터 현재까지 축적된 총체적인 것이기 때문에 현재의 우리를 보면 과거를 알 수 있고, 미래를 예측하는데 도움이 된다. 그래서 카(E. H. Carr, 1961)는 역사를 가리켜 '과거와 현재의 끊임없는 대화'라고 했다. 과거의 제주언론이 이러저러했기 때문에 현재에도 미래에도 그럴 가능성이 높다는 가설설정에 도움을 주는 게 바로 역사인 것이다.

그러나 어떠한 사물이나 사실이 존재했다고 해서 다 역사가 되는 것은 아니다. 비코(Vico)는 "역사는 만들어지는 것"이라 규정했다. 이 말은 역사는 인간 행위의 산물이고, 이를 기록하는 자에 의해 수많은 사회적 사건들 중에 선택되어 기술된 것이 바로 역사라는 것이다. 여기에 서술된 내용들은 내가 선택하여 기록한 것들이기 때문에 각 언론사의 입장에서 볼 때 못마땅한 내용들과 빈약한 내용들이 있을 것이다. 내 자신이 보아도 미흡한 부분들이 많다. 그런 부분에 대해서는 추후 누군가가 보완해야 할 것이다.

이 기회를 통해 한국의 지방언론사 연구가 아직도 개척시대를 못 벗어나고 있다는 것을 알게 되었다. 제주언론역사도 마찬가지다. 앞으로 신진세대들의 연구가 시급한 분야의 하나라고 생각하며, 이문교의 『제주언론사』에 이어 2번째 디딤돌을 놓는다는 생각으로 일단 출판을 결심하였다.

이 책을 쓰게 된 목적은 앞에서 이미 언급한 바와 같이, 앞으로 제주언론을 이끌고 나갈 학생들로 하여금 제주지역 언론의 뿌리와 혼에서부터 현재의 상태에 이르기까지 일련의 과정에 대한 이해를 돕고자 함이다. 나아가 언론인들에게는 자신들이 걸어온 길을 되돌아보게 하는 데 있다. 여러모로 부족한 책이지만 여기에 서술된 제주언론의 역사와 현재 모습을 보고 지역주민들이 필요로 하는 진정한 지역언론의 역할이 무엇인지 모색하는데 조금이나마 보탬이 된다면 더 이상 바랄 것이 없다.

이를 위해 여기서는 개화기부터 최근에 이르기까지 제주지역 언론 가운데 우선 신문과 케이블TV 그리고 생활정보지들이 어떻게 변화 성장(발전)해 왔는지를 통시적으로 고찰하면서, 과거의 시대적 상황이 제주언론 현상에 어떠한 영향을 미쳤는가를 겉으로 드러난 현상 중심으로 살펴보았다. 이와 더불어 매체와 송신자 중심으로 되어있는 종래의 언론사 연구에서 탈피해 가능한 한 각 언론사의 메시지 변화를 함께 살펴보고자 하였다.

그리고 이 책에서 미처 다 정리하지 못한 제주지역의 3개 지상파 방송(KBS제주총국, 제주MBC, JIBS제주방송)과 50개가 넘는 인터넷 신문사 그리고 주간지와 잡지사의 역사에 대한 서술은 다음의 연구과제로 남겨두었다.

시간부족과 연구의 불충분 등으로 미흡한 점이 많지만, 이 책은 나에게 두 가지 문제를 해결해 주었다. 하나는 올해 2월 말로 정년을 맞이하는 나에게 지난 학기에 가제본한 책으로 강의를 들었던 나의 제자들과 최근 몇 년 동안 '지역매스컴론'을 수강했던 학생들에게 다음에 좋은 교재로 강의를 하겠다고 말만하던 것을 너무나 늦었지만, 이 기회에 약속을 지키게 되었다는 점, 또 다른 하나는 그동안 미치도록 사랑하며 치열하게 살지 못했던 나의 지적 호기심을 일깨우고 잠재우는 계기가 되었다는 것이다.

이 책의 각 부와 장에서 다루는 대상과 내용에 대한 소개는 여기서 생략하고자 한다. 한 장만 넘기면 어떤 내용이 이 책 속에 들어 있는지 한눈에 파악할 수 있고, 분량 또한 많다고 생각하기 때문이다.

이 책이 완성되기까지 많은 사람들의 도움을 받았다. 집필 도중에 뒤늦게, 이문교 선생님으로부터 영주시보(瀛洲時報: 196호, 197호, 198호, 199호, 200호, 201호), 제민시보(濟民時報: 80호, 100호), 濟民日報(제민일보: 78호), 재건(再建)타임스(269호), 한라신문(漢拏新聞: 18호), 의회보(議會報: 1~11호, 9호는 결호) 등을 빌려 볼 수 있는 행운을 안게 되었다. 이러한 귀중한 자료를 직접 접할 수 없었다면 이들 신문의 역사에 대해 선행연구의 결과를 베껴 쓰는 작업을 되풀이 할 수밖에 없었을 것이다. 좌우지간 이를 통해 고증되지 않은 2차 자료를 바탕으로 확대 재생산되고 있는 제주언론사의 일부분들을 어느 정도 바로 잡을 수 있었다. 이 자리를 빌려 깊은 감사를 드린다.

아울러 이 책의 자료를 수합하는 과정에서 제주대학교 언론홍보학과 박사과정을 수료한 좌승훈(파이낸셜 뉴스 제주취재 본부장)과 헤드라인제주 원성심 편집이사가 많은 도움을 주었다. 그리고 여러 해 동안 자료를 입력해준 언론홍보학과의 이지화 조교와 특히 업무보조 학생들(박소연·서지연·박지연·김소연)의 도움을 빼놓을 수 없다. 끝으로 상업성이 없는 이 책의 출판을 흔쾌히 수락해주신 온누리디앤피 김용택 사장님과 편집진에게 진심으로 감사드린다. 마지막으로 지난 학기에 가제본한 교재로 『지역매스컴론』 강의를 들으면서 진솔한 조언을 아끼지 않은 나의 제자들*의 앞날에 건강과 영광이 함께하길 기원한다.

2019년 2월 28일
제주대학교 사회과학대 2301호 연구실에서
고아무르강 識

* 2018학년도 2학기 '지역매스컴론'을 수강하면서 다양한 의견을 제시해 준 학생들은 전연희·김원대·김범수·송준영·강서윤·고원섭·권민성·신현지·고주연·신지완·임재은·김지효·변민후·서한솔·오승윤·이문혁·임다영·전예준·박종석·정소영·강준우·김대일·김소연·김은수·김하윤·문예준·문지은·임소현·최현아·홍진혁·박지현·이오른·심소연·김용욱·고시연·김시언·이경지·정가은 이상 38명이다. 아울러 지면과 시간관계상 이 학생들이 리포트를 통해 보완 요청한 내용 모두를 이 책에 반영하지 못했음을 밝혀둔다.

제주언론 돌아보기 I

목 차

제 2 부 | 현대의 제주언론

제1부

한국 근대신문과 제주도

제1장

제주도의 교통상황

제1절 | 해상교통수단

한 국가 또는 특정 지역의 언론 발달은 시대적 상황과 밀접한 관련이 있다. 여기서 말하는 시대적 상황이란 정치적 환경을 비롯한, 산업화와 도시화 수준, 인구밀도, 문자 해득률 그리고 기술발전 등을 말한다. 일제시대의 제주지역의 언론발전 수준을 알아보기 위해 당시의 여러 상황적 요인들 가운데[1] 교통상황 등을 먼저 살펴보고자 한다. 그 이유는 제주도가 동쪽으로 일본의 큐슈지방, 서쪽으로 중국대륙, 남쪽으로 일본의 류큐제도(琉球諸島), 북쪽으로 한반도와 마주보는 위치에 있는 섬이기 때문에 주변지역 및 국가와 연결하는 교통수단의 발전정도가 언론발전에도 많은 영향을 미친다고 보기 때문이다.

제주도의 경우, 비행기와 전신 그리고 기선이 등장하기 전까지 돛단배와 범선은 제주도와 육지를 연결하는 유일한 교통수단인 동시에 중요한 커뮤니케이션 수단이었다. 제주와 육지를 연결하는 기선은 1890년대에 처음 등장한 것으로 알려지고 있다(황경수, 2002: 37). 기선의 등장은 제주와 육지 사이를 왕래하는 데에 있어 과거(돛단배와 범선)에 몇 주 걸리던 기간을 며칠로 단축시키는데 크게 기여하였다. 그 결과 제주와 육지간의 사람 왕래는 물론 문물교류의 양도 많아지고 빨라지기 시작하였다.

제주와 육지를 맨 처음 연결한 기선은 일본의 우선회사가 운영하는 ‘준

1) 산업화와 도시화 수준, 인구밀도, 문자 해득률 등과 같은 환경적 요인이 제주언론에 미친 영향에 대해서는 별도로 논의할 예정이다.

하호'였다. 구한말 1895년 6월 16일자 관보에 의하면, 준하호는 인천에서 출발해서 제주를 거쳐 부산까지 정기적으로 운행하였다(제주문화방송, 1994).

[표 1-1] 준하호의 항해 노선도

인천발 →	군산 →	목포 →	제주 →	좌수영 →	부산착
6월 25일	6월 26일	6월 27일	6월 28일	6월 29일	7월 1일
7월 17일	7월 18일	7월 19일	7월 20일	7월 21일	7월 22일
8월 8일	8월 9일	8월 10일	8월 11일	8월 12일	8월 13일
부산발 →	좌수영 →	제주 →	목포 →	군산 →	인천착
7월 2일	7월 3일	7월 4일	7월 5일	7월 7일	7월 8일
7월 23일	7월 24일	7월 25일	7월 26일	7월 28일	7월 29일
8월 14일	8월 15일	8월 16일	8월 17일	8월 19일	8월 20일

*자료출처: 구한말 관보

당시 제주와 육지를 연결하는 방법은 이 기선에 의지하는 것이 절대적이었으며, 그 이전에는 목선을 이용했을 것이다. [표 1-1]에 따르면, 이 기선의 항로는 인천에서 출발하여 완행버스처럼 경유지를 경유하여 제주에 도착했다. 인천 -> 군산 -> 목포를 거쳐 제주로 왔고, 그 배는 다시 좌수영을 경유해 부산으로 갔다가 제주도로 되돌아오고, 그 다음 목포로 가서 인천으로 올라가는 노선을 따랐다. 인천에서 제주까지 오는 데에는 3일 내지 4일이, 제주에서 부산까지는 2일 혹은 3일이 소요되었다. 그리고 목포에서 제주까지는 약 하루정도 걸렸던 것으로 보인다.

1905년에 이치카와 상키(市川三喜)는 대학 재학 중에 미국인 앤더슨과 함께 제주도에 와서 40여일의 천막생활을 하면서 보고 느낀 것을 기록한 책, 〈제주도 기행〉을 출판하였다. 이 책에는 부산에서 목포, 목포에서 제주, 제주에서 목포, 목포에서 부산으로의 여정이 묘사되어 있다(황경수, 2004: 101). 이 기록으로 보아 1905년까지는 제주와 부산을 직통으로 연결하는 항로가 없었던 것으로 추정된다. 당시 목포와 제주간의 항로를 운항하는 기선은 길상호(65톤, 8명 승선)였는데, 목포에서 제주까지 오는 데 꼬박 하루가 걸렸다.

전라남도 제주도청(濟州島廳)이 1939년에 발간한 제주도세요람(濟州道勢要覽)에 따르면, 당시 제주도와 일본 오사카, 목포, 부산 등 사이에 정기 항로가 개설되어 있었던 것을 알 수 있다. [표 1-2]에서 보는 바와 같이 제주와 대판선은 월 3회, 제주와 부산선은 월 24회, 제주와 목포선은 월 15회 운항한 것으로 나타났다. 제주와 육지를 연결하는 선박의 톤수를 보면, 오사카 항로는 1천톤급의 대형기선이 취항하였던 반면, 제주와 목포 그리고 부산을 운항하는 취항선은 200톤 정도의 소형선이었던 것으로 확인되었다(황경수, 2004: 175-176).

[표 1-2] 1939년 당시의 정기항로와 취항선

선로명	항해횟수	산지 도착일	선박명	총 톤수	기항지
① 대판 제주선	월 3회	매월 3, 15, 25일	제2 군대환	919	오사카, 下關, 부산, 애월, 산지, 한림, 고산, 모슬포, 서귀포, 표선, 성산포, 김녕, 조천
② 부산 제주선	월 24회	순연(順延)정기	황영환 황려환 황양환	200 189 129	부산, 미조리(彌助里), 여수, 손죽초장(巽竹草場), 거문도, 나노도(羅老島), 산지, 이밖에 섬 각지 순회
③ 목포 제주선	월 15회	짝수일 오전 5시	태서환	228	벽파률(辟派律), 소안(所安), 추자, 산지, 애월, 한림, 모슬포, 서귀포, 성산포, 김녕, 조천
	월 15회	홀수일 오전 5시	보성환	200	벽파률(辟派律), 소안(所安), 추자, 산지, 애월, 한림, 모슬포, 서귀포, 성산포, 김녕, 조천

*자료출처: 全羅南道濟州島廳, 〈濟州道勢要覽〉, 1939, 121쪽.
*각 선로별 경영자: ① 합명회사 尼崎汽船部 ② 황양기선회사 ③ 조선기선주식회사

1939년 당시 제주와 육지를 연결하는 선박들의 항해횟수를 보면, 당시 서울, 부산, 목포 등지에서 발행된 신문들이 제주도 독자들에게 전달되기까지 최소한 일주일 정도가 소요되고, 일본의 오사카 등에서 발행된 신문이 제주도까지 오는 데는 약 10일 이상 걸렸을 것이라 추정된다.

1941년 12월 7일, 일본이 미국의 태평양 함대가 주둔해 있는 하와이

진주만을 기습 공격하면서 태평양 전쟁이 발발하였다. 이후 모든 물자들이 전쟁승리를 위해 동원됨에 따라, 제주와 육지를 연결하는 정기 여객선 편수와 운항횟수에 어떤 변화가 있었는지는 정확히 알 수 없다. 다만, 태평양 전쟁이 막바지에 접어든 1845년부터 제주도 앞바다에 잠수함이 눈에 띄기 시작하고, 4월경부터 제주해협의 제공권을 거의 장악한 미군기들의 공습으로 제주와 육지를 연결하는 기선들이 대부분 파괴되었다(츠카사키 마사유키, 2008: 90~93)는 기록으로 미루어 보아 당시 육지 왕래와 물자수송에 어려움을 겪었을 것이라 짐작된다.

제❷절 | 육상교통수단

제주도 전 지역을 연결하는 '신작로'라 불리던 해안 일주도로가 들어선 것은 1920년경이다. 이 도로는 1912년부터 2년간 기존 도로를 대대적으로 정비한 후, 1914년부터 1917년까지 3개년 계획으로 도로 확장공사에 착수하였고, 1917년에 총 연장 181km 너비 6m가 확장되어 자동차의 왕래가 가능해졌으며, 1932년에는 너비 10m로 재단장됐다(강영진·홍성배, 제주일보 1999년 9월 26일).

전라남도 제주도청에서 발간한 〈未開의 寶庫 제주도〉(1924)에서는 신작로가 들어서기 전까지 제주도의 도로 모습을 다음과 같이 전하고 있다(황경수, 2004: 10).

> 제주도의 도로는 1912년 제주도 일주도로 개수(改修)작업이 시작되기 전까지 암석이 노출되고 돌멩이들이 도처에 뒹굴고 있어 사람과 말들의 통행이 매우 곤란했고 차량이 통과할 수 있는 곳이 없었지만 공무원이나 일반 도민 모두가 길이 험한 것에 무관심 상태였다. 특히 도내 대부분의 하천은 평소에 말라있어 건너는데 곤란은 없지만 일단 비가 많이 내리면 건어가지 못하게 되어 교통은 완전히 두절되었다.

> 그런데 1912년부터 1913년에 걸쳐 도민들에게 부역을 과하면서 일주도로의 개수를 시행함으로써 예날 보다는 도로가 다소 나아졌지만 아직도 하천에는 교량이 없어 여객은 말에 의해, 화물은 짐꾼에 의존할 수밖에 없었다. (이하 생략)

이와 같이 근대화의 상징인 '신작로'라 불리는 해안 일주도로가 들어서기 전까지는 도로라고 하는 것은 이웃마을끼리 연결하는 보도가 전부였다. 일제가 해안 일주도로를 개설한 것은 제주도를 각종 산물의 생산기지로 만들고, 그러한 목적 수행을 위해 일주도로가 필요했기 때문이다.

도로망이 개설 확충되면서 마을 간의 교류가 많아지고 중요한 정보의 확산이 빨라지기 시작하였다. 1925년경 제주도를 조사하기 위해 자전거로 제주도를 일주한 후지시마 가이지로(1923년 5월부터 1929년까지 한국에 거주)에 의하면, 도일주에 약 7일이 걸렸다는 기록이 있다(황경수, 2004: 11). 이는 당시 제주도의 도로상황이 좋지 않았음을 의미한다.

일주도로 개통에 이어 육상교통에 혁명을 몰고 온 자동차가 제주도에 언제 처음 등장했는지는 정확히 알 수 없지만, 그 시점은 1925년으로 거슬러 올라간다. 박이혁(朴離赫)이라는 사람이 동부 자동차회사(일명 동부차부)를 세우고 처음으로 자동차를 가져왔다고 한다. 지금으로부터 약 93년 전의 일이다.

박이혁은 당시 6인승 포드 합승차량으로 제주-성산포 간을 운행하였는데, 제주-성산포 구간은 3시간 30분, 제주-모슬포 구간은 4시간이 소요되었다. 또한 서귀포-모슬포 구간은 1시간 45분, 서귀포-성산포 구간은 2시간 30분이 소요되었다(강영진·홍성배, 제주일보 1999년 10월 9일).

제주우체사는 1902년 8월 15일에 설립되었지만, 1936년에 들어서야 우편운송 전용자동차가 처음으로 도입되어 신속한 우편배달이 가능해졌다. 지금과 달리 당시 민간인들에게 우편배달은 거의 유일한 소식 전달 방법이었던 만큼, 한 시간이라도 빨리 우편이 도착한다는 것은 매우 중요한 의미를 가지는 것이었다. 예를 들어, 학교 입학통지, 군사우편, 전사소식,

신문 등은 우편의 의존도가 굉장히 높았을 것이다.

1943년에는 일제에 의해 대중교통회사들이 제주자동차주식회사로 통합되었다. 자동차는 충분했으나 기름이 없어 목탄을 싣고 운행했고, 운행 횟수도 서귀포, 성산포, 모슬포를 하루 1회 운행하는 정도여서 만족스러울 정도는 아니었다. 해방 이후에는 일본군이 사용하던 화물트럭을 미군정으로부터 불하받아 포장을 치고 여객을 수송했다고 한다. 1955년 제주시제 실시 당시, 제주시는 199대의 자동차를 보유하고 있었다(강영진·홍성배, 제주일보, 1999년 10월 9일).

이러한 교통여건의 개선은 육지에서 이수입(移輸入)된 신문을 제주 전 지역으로 보급하는데 많은 영향을 미쳤을 것이다. 하지만 교통여건이 개선되었음에도 서울 등지에서 발행된 신문이 독자들의 손에 들어가기까지 최소한 일주일 이상이 걸렸을 것으로 추정된다.

또한 신문이 발전하려면 문맹률(文盲率)이 낮아야 한다. 그런데 당시 발행된 신문은 대부분 일본어 신문이거나 국한문 혼용 신문이었기 때문에 이를 자유롭게 해독할 수 있는 독자는 많지 않았을 것이다. 일본어를 자유롭게 읽을 수 있는 사람의 비율이 어느 정도였는지 알 수는 없지만, 1945년 8·15 해방 후 미군정기의 전국 9개 도(道)의 문자 습득률(순한글)을 보면, 경남지역의 문자해득률이 가장 높았고, 제주도(8위)와 전남(9위)지역이 가장 낮았다(박철규, 1995: 160).

이처럼 신문의 발전은 문자의 해득률과 운반을 전제로 한다. 즉, 신문이 발전하려면, 문자해득률이 높아야 하고 원거리까지 신문을 수송할 수 있는 교통수단이 해결되어야 한다.

제 2 장

일제의 언론정책 및 신문보급 현황

제1절 | 일제의 언론정책

일제의 패망 직전 총독부의 지시에 의해 일본신문 기자들이 주축이 되어 임시 발행했던 일어신문 제주신보(濟州新報)를 제외하고 제주도에서 발행된 신문은 없다. 그 이유는 〈신문지법〉과 일제의 〈1도1사 신문발행 정책〉 때문이다.

우리나라 최초의 언론관계 법률은 대한제국 정부가 1907년(광무11년) 7월 24일에 공포한 〈신문지법〉이다. 일명 〈광무신문지법(光武新聞紙法)〉이라고도 한다. 이완용(李完用) 내각의 제1호 법률로 공포된 이 법률은 처음에는 전문 38조였다가 이듬해 4월 20일에 3조를 추가하여 41조가 되었다(한영학, 2011). 이 법은 신문·잡지 등 정기간행물에 대한 행정적 규제와 형사적 제재를 규정한 한국 최초의 언론관계 법률이었으나, 일본의 침략을 위한 저의가 작용하였기 때문에 '언론의 창달'이라는 측면은 전혀 고려되지 않았고, '언론에 대한 규제와 단속의 필요성'만을 강조한 것으로 알려져 있다(최준, 1976).

언론탄압의 법적인 근거로 악명 높은 〈광부신문지법〉의 내용은 일본의 신문지조례(新聞紙條例)를 모방한 것으로, 내부대신의 허가를 받아야 신문을 발행할 수 있도록 하였고, 발매 반포의 금지, 압수, 발행정지 등의 행정처분과 언론인에 대한 체형과 같은 사법처분에 따르는 처벌조항을 담고 있었다. 신문지법은 신문 발행에 앞서 내부(內部: 내무성) 또는 그 관할 관청에 각 2부를 미리 제출하도록 규정하였다. 신문을 배포하기 전에 사전검열을 실시할 수 있도록 법적인 장치를 마련해 둔 것이다. 이와 함께 "신문이 안녕질서를 방해하거나 풍속을 괴란하는 것으로 인정될 때에는 발매 반포를 금지하고 이를 압수하며 또는 발행을 정지하거나 금지" 할 수 있도록 명문화하여 신문 등 정기간행물의 발매금지, 압수, 정간에서 폐간에 이르는 탄압을 가할 수 있는 포괄적인 조항이 들어 있었다(정진석, 2008: 92). 일제는 이 같은 조항을 악용해 한국인이 발행하는 신문들에 대해 수시로 정간조치를 취하고 기사를 삭제하였으며, 주의, 경고, 체형 등을 통해 정론을 펴지 못하도록 통제했다.

처음에는 국내에서 발행되는 민간신문만을 그 단속대상으로 하였으나, 1908년 4월 법의 일부 조문을 개정하여 미국과 러시아에 거주하는 한국인 교포들이 발행하는 신문뿐만 아니라 영국인 배설(裵說, Bethell, E. T.) 명의의 〈대한매일신문〉도 그 단속대상에 포함시켰다. 즉, 이 법은 해외에서 들어오는 민족지의 유입을 막고, 국내에서 발행하는 배설의 〈대한매일신보〉(한글판·국한문판·영문판)를 탄압하는 것으로 그 통제 범위를 확대하였다.

한편, 우리나라에 거주하는 일본인들이 발행하는 일본인 계통의 신문들에 대해서는 1908년 4월 30일 통감부령 제12호로 공포된 신문지규칙을 적용하여 발행의 허가제가 아닌 계출제(屆出制)를 실시하여 한국인에 비해서는 훨씬 완화된 차별법을 적용하였다(한영학, 2011: 344~346).

한일합방 후 총독부는 이 법을 악용하여 한국인들에게는 정기간행물의 허가를 극도로 억제하고 수많은 신문들을 탄압하는 도구로 활용했다. 이에 일제의 문화통치기간 중 언론계와 민족진영이 중심이 되어 반대개정운동을 벌였으나, 일본 당국의 반대로 계속 존속하여 왔다. 광복 후 자유당 정권에서도 일제강점기의 잔재인 이 법을 유효하다고 주장하며 적용하려는 움직임이 있었으며, 1952년 4월 4일 정식 폐지될 때까지 45년 동안 그 맹위를 떨쳤다.

일제 강점기에 제주도에서 신문을 발간할 수 없었던 것은 〈광무신문지법〉을 근거로 신문발행을 허가해주지 않은 것도 있지만, – 제주도에서 당시 신문발행을 요청했던 사람이 있었는지 여부는 현재까지 확인되지 않음 – 일본의 〈1도 1사〉 정책 때문이기도 했다.

일제는 1938년 가을부터 보도의 통일과 자원고갈을 방지한다는 명분으로 각 현(縣)별로 '신문정리'를 단행하기 시작했다. 신문정리의 방법으로는 '1현 1지'의 원칙 아래 전국에 걸쳐 지방지의 통합을 강행했다. 조선에서도 '1도 1지'의 원칙 아래 통합을 추진했다(정진석, 2007: 136).

총독부는 한일합방 후 1914년과 1915년 2년에 걸쳐 '지방행정의 통일 쇄신'이라는 목표 아래 대대적인 행정개편을 시행했다. 이때 개편한 지방관제는 13도 12부 220군 522면 체제였다.[2] 이에 따라 濟州島는 1915년부터 도제(島制) 실시로 제주군을 제주도(濟州島)라 했으며, 1945년 8월 15일 광복 후 1946년 7월 30일 이전까지는 전라남도의 행정구역에 편입되었던 하나의 부속도서였다. 따라서 행정체제상 전라남도에 소속된 제주도는 신문을 발행하려고 해도 '1도 1사' 원칙에 저촉되어 신문 창간이 불가했을 것이다. 당시 〈전남신보〉가 전라남도 광주에서 발행되고 있었기 때문이다.

그러나 1946년 7월 2일 미군정청의 제정 공포한 법령 제94호에 의해 濟州島가 道로 승격되어 전라남도 관할에서 벗어나게 된다(1읍 12면→2군 1읍 12면).

총 6조로 된 군정법령 제94호를 보면, △ 제주도를 전라남도의 관할에서 분리하며 △ 도로서의 권한, 직무, 직능 및 직제를 구비한 도를 구성하되 도명을 제주도로 하고 △ 제주도는 북제주군과 남제주군의 2군으로 구성하되 북제주군은 제주읍, 구좌면, 조천면, 추자면, 한림면, 애월면을 관할하고 남제주군은 성산면, 남원면, 표선면, 서귀면, 중문면, 안덕면, 대정면을 관할하며 △ 이를 1946년 8월 1일부터 시행한다라고 규정하고 있다.

---

2) 한일합병 후 조선총독부는 지방행정조직을 대한제국의 제도를 거의 그대로 계승하여, 경기도·충청북도·충청남도·전라북도·전라남도·경상북도·경상남도·황해도·평안남도·평안북도·강원도·함경남도·함경북도 등 크게 13도(道)로 나누고 그 밑에 부(府)·군(郡)·면(面)을 두었다.

제❷절 | 근대신문의 제주 보급 현황

우리나라 최초의 근대 신문은 1883년 10월 31일 창간된 한성순보(漢城旬報)다. 서울 저동(苧洞 : 지금의 을지로 2가)의 통리아문(統理衙門) 박문국(博文局)에서 열흘마다 발행되다가 이듬해 12월 4일에 발발한 갑신정변으로 발행이 중단되었다. 이어 〈한성주보〉가 1886년 1월 25일에 창간되어 일주일 단위로 발행되다가 1888년 7월경 폐간되었다. 제호는 다르지만 주보는 순보를 계승한 신문이었다(최준, 1982: 15~31).

청일전쟁 이후인 1896년 4월 7일 한국의 근대적인 민간신문의 효시로 평가받는 독립신문(한글판, 1896.4.7.~1899.12.4.)이 창간되었다(김유원, 1999: 13). 이후 〈협성회회보〉, 〈뫼일 신문〉, 〈황성신문〉, 〈뎨국신문〉, 〈대한매일신보〉, 〈만세보〉 등 여러 신문이 창간되어 개화기를 장식하다가 1910년 8월 29일 한일합방이 이루어지면서 일제는 조선총독부를 설치하고 각지에서 발행되던 대부분의 신문을 강제로 매수해 폐간시켰다(조성남, 51쪽).

우리나라에서 최초로 외국인 배설(裵說, 영국 이름 Bethell, E. T.)이 1904년 7월 18일에 창간한 대한매일신보(大韓每日申報)[3]는 1910년 8월 29일로 종간호(제1461호)를 발간하고 총독부에 강제 매수되어 그의 손아귀에 들어가게 된다. 그리하여 8월 29일 경술국치 다음 날인 8월 30일자부터 '대한(大韓)'의 두 자를 떼어내고 〈每日申報〉란 명칭으로 총독부의 한글판 기관지가 되었다(최준, 1982: 164).

매일신보는 대한제국 시절 일본인이 발간하던 〈한성신보〉(漢城新報)와 〈대동신보〉(大東新報)를 합병시켜 1906년 9월 1일에 창간된 조선총독부의

3) 『대한매일신보』는 일제의 손으로 넘어가기 전까지 당시 일본의 언론탄압 속에서 외국인의 치외법권을 이용, 신속한 보도와 준열한 논설로써 대중을 계몽하고 항일사상을 고취시키는 등, 한말의 대표적인 민족지로서 활동하였다. 그리고 1907년 5월 23일부터 국한문판을 이해하지 못하는 독자들을 위해 국한문판·영문판 이외에 순한글판을 발행하였다. 발행부수도 1만 부가 넘었다.

기관지 일본어 신문인 〈경성일보〉(京城日報)와 더불어, 일제의 한반도 침략과 조선에 대한 식민지정책을 대변하고 내선일체를 선전하는데 앞장섰다.

〈경성일보〉는 일어(경성일보), 한국어(매일신보), 영어(서울프레스) 등 3개 국어로 된 신문을 발행하다가 1937년 5월 30일 〈서울프레스〉를 폐간하였고, 1938년 4월 16일에는 〈매일신보〉를 〈경성일보〉로부터 분리 독립시켜 새로운 주식회사를 만들었으며, 제호를 〈매일申報〉에서 〈매일新報〉로 개제하였다. 초대 사장에 최린(崔麟)이 취임했으며, 1941년에 김천성(이성근)이 사장으로 취임하여 8·15해방 때까지 역임했다(정진석, 1983).

망국의 해인 1910년 8월 29일 한일합방조약이 체결된 이후 1919년 3월 독립만세운동이 일어나기 전까지 약 10년의 기간은 일제의 탄압으로 신문이 없는 암흑기나 다름이 없었다(최준, 1982: 186).

3·1운동 후 일제는 무단정치를 문화정치로 바꾸면서 그 회유책으로 한국인에게 엄격히 제한하였던 신문·잡지의 발행 허가를 다소 완화시켜 민간지 창간을 허용한다는 방침을 밝혔다. 이를 계기로 국내의 여러 세력들에 의해 신문 창간을 위한 움직임들이 시작되었다. 당시 총독부에는 10여 건의 신문허가 신청이 접수되었다. 그러나 실제 창간을 허락받은 것은 세 신문에 불과했다. 총독부는 1920년 1월 4일 〈동아일보〉의 창간을 허용하였으며, 1월 5일에는 〈조선일보〉와 〈시사신문〉의 창간을 허용하였다. 그해 3월 5일 〈조선일보〉가 가장 먼저 창간되었으며, 4월 1일에는 〈동아일보〉와 〈시사신문〉이 같은 날 창간되어 민간 신문시대의 막이 올랐다(정진석, 2007). 이때 창간된 3개의 일간지를 '민간지'라 불렀는데, 이는 총독부의 '기관지'였던 〈매일신보〉와 〈경성일보〉에 대응하는 개념이다.

그러나 〈시사신문〉은 노골적인 친일 논조로 독자들의 호응을 받지 못하였고, 창간 이듬해인 1921년 2월 16일 발행인인 민원식이 도쿄에서 피살되자 폐간되고 말았다. 이후 〈시사신문〉은 1922년 4월에 월간잡지 〈시사평론〉(時事評論)으로 개제하여 1928년 1월까지 통권 57호를 발간하였다.

1937년 중일전쟁 이후 일제는 대륙침략을 본격화하면서 전시체제를 강화하는 한편, 1938년 가을부터 보도의 통일과 자원고갈을 방지한다는 명분으로 각 현(縣)별로 '신문정리'를 단행하기 시작했다. 신문정리의 방법으로는 '1현 1지'의 원칙 아래 전국에 걸쳐서 지방지의 통합을 강행했다. 조선에서도 '1도 1지'의 원칙 아래 통합을 추진했다. 총독부는 조선어 신문은 매일신보 하나만 남긴다는 방침 아래 치밀한 계획을 수립했다. 총독부는 "언문신문 통제안"이라는 '극비' 문서를 작성하여 〈조선일보〉와 〈동아일보〉를 폐간시키고 〈매일신보〉를 강화해야 할 이유와 이에 따르는 여러 가지 문제점을 세밀히 검토하였다(정진석, 2007: 136). 이를 토대로 총독부는 1940년에 들어 국가보훈을 내세워 〈동아일보〉와 〈조선일보〉의 폐간을 종용하기에 이르렀다. 결국 총독부의 강요를 견디지 못한 〈조선일보〉와 〈동아일보〉는 1940년 8월 10일 동시에 폐간하였다.

그 후 일제가 패망할 때까지 한국어 〈매일신보〉와 일본어 〈경성일보〉 등 조선총독부의 기관지와 일인(日人)이 발행하는 신문들만 남아서 대국민 선무공작 전시(戰時) 신문으로 활동을 해오다 8·15해방과 함께 문을 닫게 된다.

지금까지 열거한 신문들은 서울에서 발행된 전국지들이다. 그렇다면 신문매체를 갖지 못한 지방에서는 일제강점기에 언론현상이 없었던 것일까? 그렇지 않다. 독자적인 매체를 갖지는 못했지만, 중앙에서 발간되는 매체들이 지방언론을 대신해 지역의 정보와 뉴스를 보도하고 지역주민들에게 배포되었던 것으로 확인되고 있다. 이에 어떤 신문들이 제주지역에서 취재 활동을 하고, 구독자들은 누구였는지 대략적으로 살펴보겠다.

1. 한성순보(1883.10.31~1884.12.4)와 한성주보(1886.1.25~1888.7.14)

통리아문 박문국에서 창간된 한성순보와 한성주보는 당시 우편제도나 교통수단이 제대로 갖추어지지 않은 상황이어서 행정조직을 통해서 전국에 배포되었다. 한성순보 창간호의 마지막 면에 실린 〈본국고백(本局告白)〉

란을 보면, 다음과 같은 글이 실려 있다(채백, 2012: 43).

> 혹 시무(時務)에 관심을 두어 꼭 구독하고자 하면 서울에 계시는 분은 저동에 있는 박문국으로 오셔서 말씀하시고, 지방에 계시는 분은 서울로 연락하시면 본국에서는 힘껏 주선하되 부치는 송료는 본국에서 부담합니다.

위의 내용으로 보아 한성순보가 창간 초기부터 보급망은 갖추지 못했지만 전국적인 배포를 시도하였음을 알 수 있다. 한성순보는 창간 직후부터 정부의 명에 의해 전국의 8도와 경기도내 4개 도시(광주, 수원, 개성, 강화)의 관청에 배포되었다. 주된 독자층은 지방의 관리였다(정진석, 1990: 90~91). 당시 제주도의 신문배포상황을 알 수 있게 해주는 자료는 현재까지 확인되지 않고 있다.

지방기사에 대한 뉴스원(취재원)은 '장계(狀啓)'였다. 장계는 왕명을 받고 지방에 나가 있는 신하가 자기 관하(管下)의 지역에서 일어난 중요한 일을 왕에게 보고하던 문서를 일컫는다. 제주에 관한 기사는 순보(旬報)에 1건, 주보(週報)에 3건이 보도되었다. 순보의 기사는 '가을 일이 한창 바쁠 때 軍의 조련(調練)과 순력순점(巡歷巡點)에 관한 사항을 개선하라'는 조정의 지시를 시행한 제주목사의 장계였다. 주보에 실린 제주에 관한 3건의 기사도 제주목사의 장계 내용을 보도한 것이었다(이문교, 1997: 30).

1888년 7월 〈한성주보〉가 폐간된 이후 한동안 '무(無)신문기'를 맞이했으며 이 시기에는 개항장에서 일본인들이 발행하던 신문들만 유지되었다. 〈한성주보〉 가운데 현재까지 남아 있는 것은 1888년 3월 12일자로 발행된 제106호 뿐이다.

2. 독립신문(1896.4.7~1899.12.4)

〈독립신문〉은 창간과 함께 국내외에 지국을 설치하여 신문보급을 위해 노력하였다. 창간 당시 독립신문은 부산 외에 제물포, 원산, 파주, 송도,

평양, 수원, 강화 등에 지국을 설치하였다. 당시 지국은 주로 경기도 지역에 집중되어 있었으며, 서울에서 먼 지방으로는 원산, 부산, 평양 등 세 군데에 지국이 설치되었다. 하지만 창간 직후를 제외하고 지국 설치에 대한 기록을 찾아보기가 어렵고, 그 이후에 창간된 민간지인 〈매일신문〉이나 〈황성신문〉, 〈제국신문〉 등이 분국을 설치하였다는 사실 또한 아직 밝혀지지 않고 있다(채백, 2012: 45). 당시 상황에 비추어 볼 때, 제주도에 신문보급망의 설치가 어려웠을 것으로 추정된다.

독립신문은 전국의 지방기사를 비교적 많이 보도하였다. 약 3년 8개월 동안 한글판에 보도된 제주관련 기사는 83건, 제주관련 광고는 46건이 게재되었다. 연도별 제주기사의 비율을 보면, 1896년 16건, 1897년 22건, 1898년 26건, 1899년 16건이 보도되었다.

분야별로는 인사 관련 기사가 27건으로 32%를 차지하고, 일반 행정 19건, 사법 분야 22건, 사건·사고 12건, 주민 진정 3건이었다. 행정 분야의 기사는 전보소 설치를 비롯하여 재판소, 공립 소학교, 우체사 설치 등과 같이 새로운 기관 설치에 관한 것과 제주목 예산 내용, 공문 발송경로 변경 소청, 제주목 관할의 자주권 인정에 관한 것이었다. 사법 분야 기사는 재판, 죄수 유배 등의 내용이 주종을 이뤘다. 사건 기사는 목사 이병휘의 횡포에 저항한 민란에 관한 내용이 3건 보도되었는데, 이 민란은 '방성칠(房星七)의 난'이다(이문교, 1997: 32).

제주관련 광고는 창간 이듬해인 1897년 1월 23일부터 실린 것으로 조사됐다. 제주해상교통과 관련된 1897년 3월 15일자 〈독립신문〉 광고에 따르면, 화륜선(火輪船 : 기선의 구칭) 창룡호가 제물포 → 군산 → 법성 → 목포 → 제주 → 좌수영 → 삼천포 → 통영 → 마산 → 부산 → 염포 → 포항 → 원산 → 서호 → 신포 → 신창 → 차호 → 성진 → 명천 → 경성 사이를 운항하고 있음을 알렸다. 그리고 1898년 8월 4일자 광고에서는 8월 12일부터 제물포, 목포, 제주, 부산 등을 운행할 예정임을 사전에 예고했다.

하지만 제주도내 〈독립신문〉의 지사 설치 여부와 구독자가 있었는지 여부는 확인되지 않고 있다.

3. 대한매일신보(1904.7.18~1910.8.28)

고종의 은밀한 보조를 비롯해, 민족진영 애국지사들의 적극적인 지원을 받아 1904년 7월 18일 영국인 배설이 창간한 〈대한매일신보〉는 신문보급 확장을 위하여 전국 각지에 지사를 두고 판매와 배달뿐만 아니라 수금까지 담당케 하였다. 1907년 11월 7일 〈대한매일신보〉 4면 하단 광고면에는 34곳의 지사장의 명단이 실려 있다. 당시 〈대한매일신보〉의 지국이 설치된 지역은 중서포전 문하(中暑布展門下) 김상만 책방을 비롯하여 평양, 인천, 선천, 의주, 부산, 삼화, 함흥, 개성, 대구, 재령, 철산, 원산, 해주, 정주, 창성, 곽산, 안악, 박천, 안주, 철원, 고원, 제주성, 정읍, 태인, 부안, 경의선 비현(枇峴), 장연, 은율, 고부, 군산, 용천 등 32곳이었다. 지사장 수(34명)에 비해 지사 수(32곳) 2개가 적은 이유는 이름 위에 기재되어 있는 지사 명칭의 이름이 지워졌기 때문이다. 제주지역 지사의 책임자는 제주성내 일도리 객사동 고형래로 기재되어 있다(대한매일신보, 1907.11.7. 광고란). 그 다음 해인 1908년 8월 11일자 〈대한매일신보〉 광고란을 보면, 신문보급의 확대로 지방의 지사 수가 42곳으로 증가했음을 알 수 있다.

당시 이 신문이 제주도에서 몇 부가 판매되었는지는 알 수 없다. 제주와 육지를 연결하는 교통수단의 발달 정도로 보아 이 신문이 제주까지 배달되는 데에는 최소한 보름 이상이 소요되었을 것이라 추정된다. 또한 구독자가 있었다면 요즘처럼 각 관청의 공무원들이 많았을 것이라 짐작된다.

4. 경남일보(1909.10.15~1915년 초까지 발행 추정)

〈경남일보〉는 1909년 10월 15일 경상남도 진주에서 한국인의 손에 의해 창간된 국내 최초의 지방신문이다. 이 신문에 대해 부정적인 평가도 있지만, 한국 최초로 지방신문의 시대를 열었다는 점에서 경남일보는 매우 중요한 역사적 의의를 지닌다.

이 신문의 창간을 주도한 인물은 울산지주의 김홍조(金弘祚), 홍천과 안성군수, 경흥부윤 등을 역임한 김영진(金榮鎭), 그리고 임시 사무소장을 맡았던 김기태(金琪邰) 등이고, 경상남도 관찰사 황철(黃鐵)이 적극적으로 지원하였다.

초대 사장은 김홍조였고, 초대 주필에는 "시일야방성대곡"으로 유명한 언론인 장지연을 초빙하였다. 장지연은 황성신문(皇城新聞)의 사장과 블라디보스토크에서 발행되던 해조신문(海朝新聞)의 주필을 역임한 바 있다(채백, 2012: 64).

일제는 1910년 8월 한국을 강제 병합하면서 언론에 대해서도 강제로 통폐합을 실시하였다. 이러한 통폐합 과정에서 한국인이 경영하는 국내 유일의 지방신문인 경남신문은 살아남았지만, 그 이유는 명확히 밝혀지지 않고 있다. 경남신문은 한일합방 이후에도 한동안 계속 발행되다가 1915년 초에 한호를 발행하고 지령 제887호로 폐간된 것으로 알려지고 있다(최기영, 1991: 189).

여기서 이 신문에 주목하는 이유는 제주도에 〈경남일보〉의 독자가 있었기 때문이다. 경남일보는 구독료 납부를 독려하는 방법으로 1910년 3월 10일자부터 구독료 납부자 명단을 '문명록(文明錄)'이라는 고정란에 발표했다. 이 난에는 제주에서도 2명의 독자(宋斗玉, 崔元淳)가 구독료를 납부했다고 기록되어 있다. 송두옥은 1910년 5월 22일자에 75전, 최원순은 같은 해 10월 31일자에 2圓을 낸 것으로 확인되었다. 송두옥은 고종 때 무과(武科)에 급제하여 정의·대정현감과 제주판관(1892년)을 지낸 인물이며, 1894년 흉년 때에는 의연곡을 헌납한 바 있다. 최원순은 제주목 주사(1900년), 제주재판소 검사(1906년)·판사(1908년)를 지냈으며, 제주초대 교육감을 지낸 최정숙(崔貞淑)은 그의 맏딸이다(김봉옥, 1994: 780~843; 이문교, 1997: 37).

5. 총독부 기관지 每日申報(1938.4.16 每日新報로 개제)

〈매일신보〉는 총독부가 1910년 8월 29일 눈엣 가시 같던 대한매일신보(제1461호)를 강제로 매수하여 8월 30일부터 앞의 '대한'이라는 두 글자를 떼어내고 발간하기 시작한 총독부의 한국어 기관지를 말한다(최준, 1982: 185). 이 신문은 일제가 1945년 8월 15일 미군에 항복을 선언할 때까지 36년 동안 조선에서 발간된 신문 가운데 하나다.

매일신보는 1938년 경성일보에서 분리 독립되기 전까지 전국 지방조직을 함께 운영하였으며, 제주에도 지사를 두어 신문을 보급하였다. 제주 지사장은 고성주(高性柱: 제주읍 남문로, 서점운영)와 한상호(韓相鎬: 前 전라남도 의회 의원) 등이 맡아 보급 확장과 취재활동을 하였다(이문교, 1997: 38).

매일신보는 구독료를 체납한 지사는 취소하고, 구독희망자는 1개월 구독료를 선납하여 본사로 구독을 신청하도록 사고를 내는 등 보급에서도 권위적인 태도를 보였다(정진석, 1990: 327). 하지만 민간지가 발행되기 전에는 오직 하나 밖에 없는 한국어 신문이라는 이점을 살려 지방 동정을 비교적 많이 보도하였다.

매일신보에 보도된 제주에 관한 첫 기사는 창간 30일째인 1910년 9월 2일 잡보에 '영함위일(英艦委日)'이라는 제목으로 보도된 영국 순양함 조난 기사이다. '영국 순양함 4척 중 1척이 제주도에서 좌초하여 침수하자 일본 군함에 인양을 위탁하고 다른 3척은 일본으로 갔다'는 내용이다. 이 기사는 7일 후(1910.9.9)에 '침몰영함의 후보(後報)'라는 제목으로 속보의 형태로 보도되었다. 속보에서는 보도내용이 제주도 경찰국장이 전화로 알려온 내용임을 밝히고, '영국군함은 선체 바닥이 파손되었다'는 내용을 실었다.

매일신보는 폐간될 때까지 제주에 관한 기사를 자주 보도했는데, 1926년 3월 26일자 3면에는 '제주문묘 춘정대제(濟州文廟 春亭大祭) 성대히 거행'과 '제주여자 음악대회' 등 제주관련 기사 2건이 함께 보도되기도 했다. 특히 언론인의 동향을 주요 기사로 취급하였다. 제주언론 관련 보도로 '제주

금융조합 피로연'(1925.5.14)에 신문기자 초청, 제주기자단 창립총회(1926.3.22) 등이 실렸다(이문교, 1997: 39).

매일신보와 경성일보가 제주지역에 몇 부 정도 배포되었는지는 확인되지 않고 있다. 단, 총독부의 기관지였기 때문에 각급 지방 관청과 단체, 군부대 그리고 지역의 유지와 상인들이 구독했을 것이라 짐작된다. 지방관청에서는 1부씩 구독, 돌려가면서 읽었을 가능성이 매우 높다. 그런데 특이한 것은 1945년 4월부터 기사의 본문이 거의 한문으로 작성되기 시작했다는 점이다. 이는 조선의 혼을 완전히 끊어놓기 위한 한글말살 정책의 결과라 할 수 있다.

6. 조선일보(1920.3.5~1940.8.10)와 동아일보(1920.4.1~1940.8.10)

1920년 3월 5일 창간된 〈조선일보〉는 초창기에는 기사 압수, 신문지법에 의한 정간 처분 등으로 운영난을 겪었으나 제주에 지국을 설치하여 적극적으로 보급활동을 폈다. 초창기 제주지국장은 장태혁(張泰奕)이며, 재임기간은 확실하지 않다.

조선일보가 보도한 제주와 관련된 기사로는 우선 제주에 배부된 조선일보 호외 제905호를 경찰이 압수하여 물의를 빚은 사건을 들 수 있다. 이후 제주경찰서장은 조선일보 서무부장 앞으로 '호외 압수 사건이 잘못됐으니 양해해 달라'는 공문을 보냈고, 조선일보는 사설을 통해 〈제주도 경찰서의 무리한 행정, 경찰국 관하에서 소외한 관서인가〉라는 제목으로 호외 압수 사건을 통박했다.

이외에 제주에 관한 기사로는 '제주 추자도 소요사건의 진상'(1926.5.25~5.26), '제주농업검사건 예심 종결결정'(1931.6.19~6.20) 등이 있으며, 1937년 7월 23일에는 '제주도 한라산 탐험단'을 파견하여 그 해 8월 1일까지 취재활동을 하기도 했다. 1924년 7월 22일에는 4페이지의 경북판을 처음으로 발행하면서 부록으로 8도판을 냈으나 제주판은 없었다(이문교,

1997: 40).

〈동아일보〉는 창간(1920.4.1) 이후 전국 지국·분국망을 조직할 당시부터 지방의 유력 인사를 지국장으로 임명하여 단순 신문판매를 넘어 그 지역의 취재를 담당하게 하였다. 동아일보의 이러한 특징은 그 후에도 계속되었고, 1924년경부터는 나머지 민간지들도 지방 조직을 판매와 취재 겸용으로 운영했다.

동아일보는 지방지국으로 인천, 개성, 수원 등 23개 지국을 두었는데 이때 제주지국도 설치되었다. 제주지국은 창간당시부터 1940년 8월 10일 강제 폐간될 때까지 운영됐다. 지국장은 宋銓瀅(1920.4) 康芝洙(1921.5) 洪淳容(1922.5), 金澤鍊(1923.7), 崔鍾彦(1924.11), 申鉉德(1931.6), 박종실(1932.6), 崔馨稷(1932.11), 秦元吉(1935.5), 文鍾舜(1936.4), 金成咸(1939.5), 高泰吉(1945.5) 등이 역임했다(동아일보사, 1975: 440; 제주신문사, 1995: 269).

동아일보가 특파원을 통해 취재 보도한 제주 관련기사로는 1920년 여름의 전염병 '호열자의 참상'(1920.8.9, 8.15, 8.21, 9.16)과 '추자면민들이 추자면장 김승배 배척운동'(1926.5.19), '구좌면사무소 이설 주민 반대운동'(1927.3.9, 4.18), '정의면(旌義面) 청년회원과 일본어민 충돌 사건'(1927.11.14) 등이 있다(이문교, 1997: 42). 하지만 이들 신문이 지국을 통해 제주지역에 몇 부 정도가 배포되었는지는 확인되지 않았다.

7. 일본신문들

경성에서 발행하여 전국에 배포되었던 총독부 기관지 〈경성일보〉(일본어)와 〈매일신보〉(초창기 한국어, 1945년 4월 이후 한문 중심), 광주에서 일본인이 발간하던 〈전남신보〉(1899년 6월 16일 창간, 국한문 혼용신문) 이외에 일본에서 발행하던 〈毎日新聞〉(마이니치신문: 1872년 2월 21일 창간), 〈朝日新聞〉(아사히신문: 1879년 1월 25일 창간) 등 또한 제주에서 배포되었던 것으로 기록되어 있다(제주신문사, 1995: 275). 또한 〈자료집·일본신문이 보도한 제주도〉(1878년부터 1910년까지)에 따르면, 개화기부터 한일합방이 되던 해까지 일본의 규슈, 오사카, 고베 등지에서 발행된 〈진제이닛보〉, 〈오사카아사히신문〉, 〈고베신보〉, 〈오사카마이니치신문〉, 〈고베유신닛보〉, 〈고베닛보〉, 〈고베신문〉 등 지방신문들이 제주도에 대해 자세히 보도했던 것으로 확인되었다. 약 32년 동안 이들 신문들이 제주에 관심을 갖고 보도한 내용들을 주제별로 나눠보면 다음과 같다(1쪽).

- 제주도를 둘러싼 러·일의 대립(1878.3.11 ~ 1885.12.18)
- 일본어민의 제주어장 침탈(1886.7.2 ~ 1890.7.8)
- 제주어민과 일본어민과의 분쟁(1890.8.18 ~ 1891.10.21)
- 일본의 제주도 통어권 침탈 과정(1891.10.21 ~ 1895.3.3)
- 제주도 민란의 발발(1895.3.9 ~ 1898.5.17)
- 제주도 침투 일본어업의 개황(1898.11.5 ~ 1901.2.9)
- '이재수의 난'과 일본의 개입(1901.4.29 ~ 1902.5.12)
- 제주도 진출 일본어민의 보호 문제(1902.8.17 ~ 1904.1.11)
- 러·일전쟁과 일본어민의 제주 식민사업 추진(1904.3.3 ~ 1907.2.28)
- 박영효의 제주 유배(1907.8.28 ~ 1909.7.2)
- 한국 식민 지배를 앞둔 일본의 제주도 연구(1909.7.21 ~ 1910.9.15)

즉, 일본신문들의 제주에 대한 관심은 주로 개항 이후 일본어민의 제주어장 침탈, 일본의 제주도 통어권(通漁權) 확보 문제, 제주도 진출 일본어민의 보호 문제 등 일본어민에 관한 것이었다. 특히 일본어민의 침투에 따른 제주어민과의 분쟁에 대해 상세하게 보도했던 것으로 확인되었다. 그 외에 1898년 '방성칠란', 1901년 '이재수란', 그리고 일본식 개화를 지향했던 박영효가 제주에 유배된 사실 등도 중요하게 다루었던 것으로 조사되었다.

[표 1-3] 일본신문이 보도한 제주기사 수

구분	창간일/폐간일	첫 기사	총 보도건수
진제이닛보	1875년 2월 1910년 5월 폐간	1878.3.11	183건
오사카아사히신문	1879년 1월	1882.3.15	247건
고베신보	1880년 12월	1882년 3월 24일자 1건만 남아있음	
오사카마이니치신문	1876년 2월	1885.3.12	363건
고베유신닛보	1884년 5월 1939년 9월 폐간	1890.8.20	222건
고베닛보	1881년 1월	1892.2.1	3건
고베신문	1878년 2월	1900.8.3	95건

*〈자료집·일본신문이 보도한 제주도〉의 내용을 중심으로 필자가 직접 작성함.

위의 7개 일본신문들 가운데 제주의 뉴스를 가장 많이 보도한 신문은 오사카마이니치신문(363건)이고, 이어 오사카아사히신문(246건), 고베유신일보(222건), 진제이닛보(183건) 등의 순으로 많이 보도한 것으로 나타났다.

이들 신문의 보도내용 가운데 눈길을 끄는 기사는 합일합방조약이 체결되기 전 제주도의 교통수단 및 우편상황에 대한 보도내용이었다. 일본의 고베신문(神戶新聞) 1909년 9월 23일자 〈제주도의 연구(11)/교통운수/고베측후소장 中川源三郎씨 조사〉라는 제목의 기사는 제주교통 상황 등에 대해 다음과 같이 보도하였다(제주사정립사업추진협의회, 2006: 263-265).

△ 육로

도내 각 촌락이 서로 근접하고 인가가 서로 인접하면 도로의 필요함은 당연한 일이다. 그런데 앞에서 말한 바와 같이 도로의 험악함은 거의 말로 표현할 수가 없다. 걷기가 아주 곤란할 뿐만 아니라 차량이 없고 역마가 없기에 교통의 불편으로 여행이란 아주 곤란하다.

제주부를 중심으로 각 촌락에 달하는 통로는 동으로는 해변에 따라서 종달리에 달하고, 정의군에 들어 표선리 등 연안을 통과하여 서귀포에 이른다. 남으로는 한라산의 동녘을 넘어서 서귀에 이르는 길이 있을 뿐이다.

또 서쪽으로는 해변을 따라 협재에 이르고 월령을 지나 고산을 거쳐서 대정에 달하는 길과 산길을 넘어서 대정에 가는 길과 대정에서 서귀포에 이르는 길은 단 하나 뿐이다. 그러나 대략 길이면서 길이 아니다. (생략)

△ **해로**

도내 통로 불편함은 참는다 해도 이 섬에서의 해로 교통 불편함은 결코 등한시할 수 없다. 앞에 쓴 바와 같이 섬 주위에 좋은 항만이 적다는 것은 할 수 없다 해도 이 섬에 달하는 항로가 불편하고 또한 위험하다는 것은 오랫동안 도민을 고절(孤絶)의 경지에 빠뜨려 황화(皇化)의 은택에 접하지 못하게 하였다. (중략)

지금 본도의 교통은 목포에서 오는 것과 부산으로부터 남한 각항을 거쳐서 오는 두 개가 있다. 이 항로들은 정기 우편선으로서 남한 각항을 거쳐서 오는 두 개가 있다. 이 항로들은 정기 우편선으로서 정부로부터 보조를 받고 있으나, 앞에 쓴 바와 같이 정박할만한 항만이 없고 또한 물결이 사나워서 아주 부정기적인 것이다. 여름철 해상 평온해도 목포서는 매주 1회 왕복, 부산 및 남한 각 항으로부터는 10일에 1번 왕복함에 지나지 않는다. 만약 해상 불온할 때는 이 이상 더 며칠 허비하게 되는지 알 수 없는 일이다.

요컨대 본도의 교통기관은 내외 더불어 대단히 불편한 운명을 지니고 있다고 말할 수 있다. 또 그 교통을 활발케 하는 생산물의 수출이 적기에 우선 피아(彼我)의 교통 기관을 완비하려면 먼저 기선의 항통(航通)을 불리우려고 하지 말고 그 항통을 불리우는 수출입 화물의 증진에 힘을 써야 한다.

또한 같은 신문 1909년 9월 24일자 〈제주도의 연구(12)/우편/고베 측후소장 中川源三郎씨 조사〉라는 제목의 기사는 당시 제주도의 우편 상황을 아래와 같이 보도하였다. 당시 육지에서 발행된 신문이 제주에 도착하기까지에는 보통 한 달 정도가 걸렸을 것으로 추정된다.

△ **우편**

과거에는 문화가 보급되지 않음, 교통이 불편함, 혹은 우편사업의 필요성 등을 생각하지 않았다. 오늘날에도 도민이 교통, 무역에 대해서 거의 그 필요를 느끼지 않고 있는 듯하다. 우리 사람도 역시 많은 불편을 참아가면서 겨우 각개의 어선에 부탁해서 운신의 길을 열고 내지와의 교통을 하고 있으나, 근년 한국 정부는 교통의 편리 여하가 본도 개발상 매우 중요함을 인정하여 우체사(郵遞司)를 설치하고 새로이 우편 전신(電信)의 업무를 개시하게 되었다.

그런데 정기의 항선(航船)은 있다 해도 불확정이므로 다만 왕래선이 있을 때에 그 업무를 맡겨서 취급할 뿐이라 연일 풍우 멈추지 않으면 한 달 1, 2회의 왕복이 한도이다. 그러니 보통의 일이라 해도 우리나라와 문통은 전신으로 해야 하며 다액의 비용을 치르지 않으면 안된다.

내가 이번에 본도 체류 중 가장 불편을 느낀 것은 문서의 도달이 아주 불편했다는 그 하나뿐이다. 기후 이변의 통신을 목포의 한 관아에 의뢰했는데, 여러 번 그 전통(電通)을 받았음에도 불구하고 암호를 적은 문서가 도달하지 않아서 전혀 그 뜻을 해독 못했다. 겨우 2주일 후에야 처음으로 우편에 접해 이를 알 수가 있었다. 또 섬에 들어올 당시 발신한 엽서가 3주일 지나서 나의 귀경과 동시에 그 배달을 받은 사실 등은 교통의 불편함을 증명해서 남음이 있다. 지금 우편국이 설치되고 있는 곳은 제주성내에 단 하나 있을 뿐. 도내 각처로부터의 서신은 이따금 제주에 갈 사람에 의탁하여 이를 국소(局所)에 보낼 뿐이다. 도민의 교통은 전무(全無)라 해도 틀림이 없다. 또한 이것으로도 도민의 문화 정도를 쉽게 추측할 수가 있다.

△ 우리나라와의 관계

고래 우리나라와의 관계는 가장 친밀했음은 이미 말했다. 본도가 우리에게 조공을 끊은 후 피아 거의 서로 잊어버리고 있었던 차, 우리나라 사람이 다소 본도에 주의를 돌리게 된 것은 겨우 30년을 넘지 않는다. 특히 그 목적은 어업이 주이고, 아직 다른 사업에 손을 댈 여유는 없었다. 그런데 근년에 이르러 본도의 주된 어업인 전복 생산이 쇠퇴 감소해감에 따라도 내륙지의 생산에 주의를 돌리는 사람이 증가했다. 한국 경영의 책임이 오로지 우리 사람의 손에 들어왔으므로 일층 본도를 개발하려는 소리가 높아져 오늘에 이르러서는 드디어 이를 현실화하는 단계에 달했다. 매우 경사스러운 일이다. (중략)

지금 외국인으로 재도(在島)하는 자는 죄다 우리나라 사람으로서 그 수 겨우 300명을 넘지 않는다고 해도 그 수득하는 이익은 20만엔을 넘는다고 한다. 그런데 이것은 다만 어업뿐이라 기타 육상의 사업에 이르러서는 아직 얼마나 되는지 알 수 없다. 또 상업을 하는 자가 최근에 증가했기에 이들의 수익 역시 결코 적지 않을 것이다.

일본신문들이 1910년 8월 한일합방 전부터 이를 대비해 보도한 제주 교통상황 등에 대한 내용을 보면, 이들 기사와 정보 하나하나가 과거의 역사적 발자취를 밝히고 미래의 좌표를 설정하는데 얼마나 중요한 자료가 되는지를 보여주고 있다.

제 3 장

제주도의 사회상황
: '결7호 작전'과 제58군사령부를 중심으로

일본의 패망 직전인 1945년 7월경, 제주도에서 일본어신문인 〈濟州新報〉라는 신문이 탄생하게 된 사회적 상황을 이해하려면 이 신문의 창간주체로 추정되는 '제58군 사령부'가 어떠한 부대였고, '결7호 작전'은 어떠한 작전이었는지를 살펴볼 필요가 있다.

조선군개요사(朝鮮軍 概要史)(宮田節子 편, 1989) 등에 따르면, 제주도가 중요한 군사거점으로 급부상하게 된 것은 태평양 전쟁에서 수세에 몰린 일본이 미국과의 일본본토결전(本土決戰) 구상에 따른 것이다. 1945년 1월 필리핀에 이어 3월에 이오지마(硫黃島)마저 미군의 수중에 떨어지고, 도쿄 등 대도시에 무차별 공습이 시작되면서, 오키나와 본토와 규슈 등 일본 서부지역에 미군의 상륙 가능성이 높아지게 되었다. 이곳을 상실하면서 영미 연합군의 일본 본토 침공은 시간문제가 된 것이다.

이에 위기감을 느낀 일본의 최고전쟁지도자회의인 대본영은 3월 20일 미군 등 연합군의 공격으로부터 일본본토를 사수하기 위한 '국토결전작전준비요강'을 비밀리 각 방면군에 하달하였다. 이 결전작전을 암호명으로 '결호작전(決號作戰)'이라고 불렀다. 그에 따라 각 지역의 방어를 위한 결전작전계획이 세워진다. 결1호 작전은 홋카이도 지시마 방면(제11방면군), 결2호 작전은 동북부 도호쿠-고시네츠 방면(제12방면군), 결3호 작전은 간토 방면(제36군 및 제6항공군), 결4호 작전은 도카이 호쿠리쿠 방면(제13방면군), 결5호 작전은 간사이·시코쿠·주코쿠 방면(제15방면군), 결6호 작전은 큐슈 방면(제16방면군), 결7호 작전은 조선 제주도 방면(제17방면군[4] 소속 제58군)으로 구분하였다. 이러한 작전지역 중 결1호에서 결6호까지는 모두 일본 본토를 방위하기 위한 것이었지만, 결7호작전은 유일하게 제주도를 사수하기 위한 것이다.

제주도가 일본 본토가 아님에도 결호작전에 포함되었던 것은, 지리적으로 일본의 남단 큐슈(九州)지방과 중국 남부를 연결하는 직선상에 위치하면서 필리핀과 한반도 사이에 놓여 있어 지정학적으로 미국과 중국, 일본 3국의 군사 전략적 요충지가 되었기 때문이다. 일본 대본영은 제주도가 미군에게 점령당하면, 대한해협이 봉쇄당해서 대륙으로부터의 물자 공급 및 관동군 수송이 차단되고, 일본 본토를 침공할 전진기지로 삼을 가능성이 매우 높다고 생각했던 것이다. 제주도가 지정학적으로 중요한 위치에 있기 때문에 미군에게 상륙을 허가해서는 안 되는, 본토 이외에 유일하게 결7호 작전의 대상이 된 것이다.

이때 대본영이 조선의 방어를 책임진 제17방면군에게 지시한 결7호 작전 준비요강을 보면(강순원, 2006: 10),[5] 제주도에 제58군 사령부를 설치하고 주력병력으로 제96사단, 제111사단, 독립혼성 제108여단, 독립속사포 제32대대, 제1특설군무대를 배치하도록 하고, 조선 본토에 제121사단을 대기시키고, 포병과 전차부대를 중국과 만주에서 제58군으로 이동, 배치하기로 하였다. 이와 함께 제7호작전이 실제로 진행될 때에는 중국에 주둔하

---

4) 1945년 1월 22일 일본육군은 내지방위군 예하의 동부군, 중부군, 서부군을 폐지하고, 방면군과 군관구로 재편했다. 이때 한반도에 주둔했던 조선군도 해체되고, 작전 부대인 제17방면군과 병참 등을 지원하는 조선군관구로 분리 재편되었다.

5) 대본영이 제17방면군에게 지시한 〈국토 결전작전 준비요강〉의 요지는 다음과 같다. 1) 작전명령: 결7호 작전 2) 병력의 기초배치/제주도: 제58군, 제96사단, 제111사단, 독립혼성 제108여단, 독립속사포제32대대, 제1특설 근무대 3) 기타 직할부대로서 아래와 같이 예정함. 만주에서 독립구포 제23대대, 제4통신 중대, 몽강 蒙疆에서 독립전차 제12연대 제14중대, 북부 중국(北支)에서 전신 제11연대, 중부 중국(中支)에서 분진포 제1대대, 조선에서 독립야포병 제6연대 4) 결3호(제13방면군) 결4호(제14방면군) 경5호(제15방면군)작전이 개시될 때는 제17방면군에서 1개 사단을 규슈로 파견함 5) 제7호작전이 개시될 때에는 관동군과 북부 중국방면군에서 2~3개 사단 증강함 6) 작전 준비는 8월 말 개성(概成, 10월 말 완성으로 한다.

고 있는 관동군과 북부 중국 방면군에서 2~3개 사단을 증강하도록 하였다. 제주도의 방어 작전계획은 '결7호작전'이라 명명되었다.[6)]

이에 따라 1945년 4월 15일 제주도에서 섬의 모든 군을 통솔하는 제58군사령부가 급히 편성되었고, 결7호 작전 수행을 위해 4월부터 일본 본토의 부대를 비롯하여 한반도, 만주, 중국, 몽고 등에 주둔해 있던 군부대들이 제주로 대거 이동해 오기 시작하였다.

일본군의 대량 유입시기를 보면, 가장 먼저 부족한 일본군의 전력을 보충하기 위해 급히 신설된 제96사단(총병력 9,000명, 예하부대 6개)이 1945년 4월 초순경 제주도 북부지역으로 이동해 왔고, 그 다음으로 긴키(近畿)담당 중부군에서 전용된 독립혼성 제108여단(6,000여명, 예하부대 3개)이 4월 중순경 제주에 상륙, 중부와 동남부 지역에 배치되었다. 그 뒤를 이어 만주 관동군에서 활동하던 제111사단(1만2,000여명, 예하부대 4개)이 그 해 5월 상순에 제주도 서부해안에 배치되었다. 관동군 예하부대였던 제121사단(예하부대 자료 불명, 1만3,000여명) 또한 6월 중순경 제주에 상륙, 제주도 서부지역을 맡게 되었다. 이 두 사단은 만주에서 전투경험을 쌓은 현역 병사들이 주축이 되었으며, 화력도 강해 정예부대로 평가받고 있었다(조성윤, 2008: 140-143).

제58군 사령부는 1945년 4월 20일 제주도에 도착하여, 3일 후인 23일에 제주공립농업학교에 본부를 설치하였다. 제58군의 직할 부대로는 사령부를 비롯해 전신 제11연대, 공병대, 병참병원, 비행장경비대 등 14개 부대를 두었고, 제58군의 직접 지휘를 받는 제12포병사령부도 그 예하에 4개 포병부대를 두었다(츠카사키 마사유키, 2008: 73).

---

6) 이 지시에 의해 제17방면군은 '결7호 작전'의 구체적인 준비요강을 마련했다. 주요 내용을 보면, 제17방면군 사령부는 적(미군)은 북규슈(九州)방면으로 상륙하거나 조선해협 돌파를 목표로 할 경우 기지를 설치하기 위해 제주도를 공략할 것으로 보았다. 이를 위해 2~5개 사단규모의 미군이 1945년 8월 이후 제주도에 상륙할 것을 예상하고 있다. 이에 따라 제주도에서 당초부터 유력한 병력을 투입하여 미군의 상륙지점을 확보하고, 미군이 상륙작전을 전개할 경우 독력(獨力)으로 전력을 기울여 이를 격멸토록 방침을 정하고 있다. 이러한 작전준비의 완료시기는 제주도의 경우 7월 말로 예정했다.

제58군의 임무는 미군이 규슈(九州) 북부 방면으로 상륙하거나 또는 조선해협 돌파를 위한 기지를 설치하기 위해 제주도에 대한 공략이 있을 경우, 제주도의 모든 군을 통솔하여 독자적으로 제주도를 사수하는 것이었다. 초기 군 사령관은 나가쓰 사히쥬(永津佐比重) 중장이었고, 종전 당시에는 도야마 노보루(遠山登) 중장으로 바뀌었다.

결호작전이 수립되던 1945년 2월까지만 해도 제주도 수비병력은 제주비행장중대와 연안수비대 등을 합쳐 약 1천명에 불과했지만(이문교, 1997: 98), 2개월 후인 4월에는 2만명, 5월에 3만6천명, 6월에 5만여명, 7월에는 6만5천명으로 증강되었고, 종전 직전까지 4개월 사이에 주둔 병력은 무려 7만5천여명으로 대폭 증강되었다.

시차를 두고 제주로 들어오는 대규모의 군부대 상륙 모습은 당시 제주주민들에게는 호기심의 대상이면서 전장이 가까워지고 있음을 알리는 두려움의 대상이 되었을 것이다.

1945년 4월 20일 제58군 사령관이 제주도에 도착한 이후부터 결7호작전 준비가 체계적으로 진행되기 시작하였다. 1945년 4월 23일부터 제17방면군과 제58군 사령부 그리고 총독부는 가장 먼저 전장에 대비 제주도 주민의 조선 본토 피난 이주 대책 방안 등을 논의하였다. 일본군은 제주도에서 전투가 진행될 경우, 전장으로부터 주민을 피난시키는 편이, 전투에 끌어들여 같이 싸우는 것보다 이점이 많다고 생각하였다. 그 이유는 크게 두 가지이다(츠카사키 마사유키, 2008: 94-95).

하나는 당시 인구가 23만이던 제주에 전체 인구의 32.6%에 해당하는 7만명이 넘는 대병력이 갑자기 들어오면서 여러 문제를 일으켰기 때문이다. 우선 보급이 한정된 섬에서 가장 먼저 군의 식량 확보문제가 대두되었다. 다른 하나는 작전수행 상의 장애이다. 당시 일본군은 조선인을 믿지 않았을 것이라 짐작된다. 이는 오키나와전에서 일본군이 지역주민을 직·간접 살해한 예로 가늠할 수 있다. (만일 미군이 제주에 상륙한다면) 제주도민이 미군과 밀통하기도 하고, 투항하여 군사비밀이 새나가는 점, 그리고 일본군에 다수 포함된 조선인 병사가 자신의 부모나 아내, 자식이나 다름없는 동포가 죽어가는 것을 바로 눈앞에서 보며, 전의(戰意)를 상실, 반란을 일으킬 가능성이 있는 점 등을 고려하면, 최소의 필요 주민만 남기고, 전장을 벗어나게 하는 것이 당연하다. 이는 결코 인도적 입장에서 나온 계획이 아니라, 어디까지나 일본군의 작전수행 상의 필요에서 나온 것이었다.

이러한 이유 때문에 제58군 사령부와 조선총독부는 1945년 5월~6월부터 제주도가 전장화될 경우를 대비해 주민 23만명 가운데 병력자원으로 투입할 수 없는 노년층과 어린이, 부녀자 등 5만명 가량을 육지로 이주시키기로 계획하였다.

이와 같은 소개(疏開) 계획이 언제부터 실천되었는지 정확히 알 수는 없다. 하지만 〈조선에서의 전쟁준비〉라는 문서에는 "약 5만의 노인, 유아, 부녀자를 본토에 피난시켜야 하고, 6월 이후 귀환선을 이용하여 수송을 개시하고, 그 외는 군과 작전행동을 취하게 하여 전도일치(全島一致) 적을 격파하는 것으로 결정… 그런데 제1회 피난주민 약 500명의 조난에 따라 이 수송은 중지하기에 이르렀음"이라고 기록되어 있다.

여기서 어느 배가 조난되었는지에 대해서는 2개의 설이 있다. 하나는 〈제주도 4·3사건〉 제1권이 취하고 있는 5월 7일의 황화환(晃和丸)설이고, 또 다른 하나는 〈제주도, 풍영환(豊榮丸) 조난사건〉이 취하고 있는 7월 3일의 풍영환설이다.

기록에 따르면, 황화환(晃和丸·383톤)은 1945년 5월 7일 승객 500명을 태우고 목포로 가던 중, 횡간도 부근에서 미군기의 공격을 받아 침몰하여, 257명이 사망했다(김봉옥, 2013: 197). 반면에 황화환(498톤) 승선자 중 생존자의 증언에 따르면, 제주~목포간 화객선 晃和丸(선장: 요시다 유사부로) 승선인원은 앞의 기록보다 훨씬 많은 700여명이었고, 이 가운데 생존자는 100여명뿐이어서 600여명이 사망했다. 서일본기선주식회사(西日本汽船株式會社) 소속인 이 화객선은 498톤급 철선으로 정원 450명이었으나, 이날 승선자는 정원보다 250여명이 더 많았다(이문교, 1997: 100). 이문교는 예상보다 승선자가 많았던 이유에 대해 군에서 선발한 이주자 외에 피난작전 소문을 들은 비교적 여유 있는 삶을 누리던 사람들이 승선했기 때문이라 추측하고 있다. 전쟁으로 인해 제주도민이 희생당하는 첫 번째 피해가 발생한 것이다. 이 사고로 인해 본토로 주민들을 분산시키려던 소개(疏開) 계획은 중단되었다(박찬식, 2005: 368). 하지만 시기를 고려하면 이 배는 제1회 피난선이 될 수 없다.

두 번째 소개(疏開)선박으로 알려진 풍영환(豊榮丸·784톤)은 군용물자를 일상적으로 제주도로 수송하던 육군 징용선이다. 이 배는 7월 3일 목포항에 입항하기 직전에 미군 잠수함의 기뢰에 맞아 침몰하였다. 이로 인해 승객, 선원, 군인, 군속 등 450명이 조난되어 280명 가까이 사망했다고 한다. 조선인과 일본인 희생자의 비율은 정확히 알 수 없지만, 조선인 희생자도 다수 있었다(츠카사키 마사유키, 2008: 96).

이들 기록에 따르면, 어느 배가 첫 번째 이주민을 태우고 육지로 가다가 미군기의 공습을 받아 침몰한 배인지는 알 수 없다. 하지만 분명한 것은 전쟁에 대비해서 제주도민을 한국 본토로 분산시키기 위한 최초의 피난선이 미군기의 공격으로 침몰, 민간인 수백 명이 수장당하는 대형 참사가 발생했다는 점이다.

1945년 6월경부터 제주도 부근 해역의 제공권을 장악한 미연합군에 의해 제주의 주요 군사시설들과 함선에 폭격이 가해졌다. 이러한 공습은 일본군과 일본함선뿐만 아니라, 제주주민에게도 막대한 피해를 주었다.

7월 6일에는 한림항 매립지의 일본군 군기고(軍機庫)가 미군기의 공습으로 그 속에 쌓여있던 폭탄이 폭발하는 바람에 인근의 민간인들이 큰 희생을 치렀다. 이 공습으로 〈민가 400호가 파손당하고, 30여명이 사망했으며, 200여명 부상자가 발생했다〉는 기록이 있다. 제주 3도 산지항의 알콜공장, 군수공장 등도 연일 미군기의 기관총 공격을 받았다고 한다(제주도, 1982: 432). 이보다 앞선 4월 14일에는 기타규슈시 문사(門司)에서 상해로 향하는 선단을 호위하던 해군 해방함 능미호(能美號·940톤)와 제31호(745톤)가 한림항 바깥 비양도 근처에 임시 정박 중, 미군 잠수함의 어뢰 공격을 받아 침몰하고, 그 다음날 15일에는 해군 징용선인 수산환(壽山丸·3943톤)이 제주도 남서 앞바다에서 잠수함의 어뢰 공격을 받아 침몰하였다(츠카사키 마사유키, 2008: 90).

5월에 접어들자, 미군기와 잠수함의 공격으로 조선해협을 통과하는 선박과 함께 제주도로 인원물자를 수송하는 선박의 피해도 눈에 띄기 시작하였다. 이를테면, 5월 5일부터 6월 25일까지 약 2개월 동안에 목포와 진도 앞바다, 여수-제주 사이, 제주와 추자도 앞바다 근해에서 크고 작은 21척의 여객선과 수송선이 계속되는 미군기의 공중폭격과 잠수함의 어뢰공격 등으로 침몰당한 것으로 기록되어 있다.[7)]

이처럼 계속되는 미공군기의 공격으로 제주-목포, 제주-부산, 제주-대판 간의 정기여객선들은 거의 파손되거나 침몰되면서 제주도와 육지부의 해상교통은 완전히 두절되었다.[8)] 다만, 일본병력과 무기를 수송하는 군용선과 소개(疏開)나가는 도민을 태운 화물선의 야간왕래가 고작이었다.

미군기의 공격으로 주민들의 피해가 점차 늘어나고 많은 희생자들이 생기면서, 일본군에 대한 주민들의 원망도 늘어나고 전쟁에 대한 공포와 불안에 떠는 주민들도 증가하기 시작했을 것이라 짐작된다.

해상교통수단이 두절되기 전까지 제주도에는 서울에서 발행하는 〈경성일보〉(1906년 창간 총독부기관지, 일본어), 〈매일신보〉(1910년 창간, 총독부 기관지, 한글 + 한문), 광주에서 발간하던 〈전남신보〉(1899년 6월 16일 일본인 야마모토(山本吉岩)가 창간한 〈목포신보〉가 1941년 2월 10일 〈전남신보〉로 제호가 바뀜, 국한문 혼용신문), 그리고 일본에서 발행하는 〈每日新聞〉(마이니치신문, 1872년 2월 21일 창간), 〈朝日新聞〉(아사히신문, 1879년 1월 25일 창간) 등이 주로 배포되고

7) 21척 침몰선에 대한 침몰일, 선명, 톤수, 침몰장소, 선원의 사망자 수 등에 대한 자세한 내용은 츠카사키 마사유키의 논문 91~92쪽을 참고하기 바람.

8) 全羅南道濟州島廳이 1939년 발간한 〈濟州道勢要覽〉에 따르면, 당시 제주도와 일본 오사카, 목포, 부산 등 사이에 정기 항로가 개설되어 있었던 것으로 확인되었다. 이 기록에 따르면, 제주와 대판선은 월 3회, 제주와 부산선은 월 24회, 제주와 목포선은 월 15회를 운항하였다.

있었다.

미군기의 공습 등으로 제주와 목포, 부산, 일본의 오사카 등을 연결하는 해상교통이 단절되어 일본과 서울 등에서 발간되는 전시(戰時)신문들이 제주도로 들어오지 못하게 되자, 제주도는 전황과 국내외의 동향이 어떻게 돌아가고 있는지를 거의 알 수 없는 상황에 처하게 된다. 즉, 군부대와 관공서 등은 무선과 통신을 통해 수시로 전황을 접하고 있었지만, 제주지역 주민들은 밖에서 어떤 일들이 벌어지고 있는지를 전혀 알 수 없는 상황에 처하게 된 것이다.

한편, 결7호 작전 계획에 의해 미군의 침공으로부터 제주도를 사수한다는 방침을 정한 일본군 7만5천여명은 제58군 사령부의 지휘아래 1945년 5월부터 섬 전체를 요새화하기 시작하였다. 일본해군은 이보다 앞서 1945년 2월부터 제주·고산·서귀포·성산포·모슬포·함덕 서우봉 등 제주해안 절벽 곳곳에 동굴을 파서 특공 기지를 건설하기 시작했다(박찬식, 2005: 367). 이들 基地는 미군 함정이 다가올 경우, 작은 보트에 폭탄을 싣고 미 연합군의 함선에 돌진하여 배를 폭파시키기 위한 또 다른 자살 특공대 카이텐(回天) 특공보트를 숨기기 위해 만든 것이다.

제주도 중산간지대도 일본군의 요새로 변해 갔다. 어승생악·관음사녹산장 부근 등지에 거대한 기지가 구축되었다. 일본군의 복곽(複郭)진지로 최후 저항의 본부로 삼았던 어승생악(御乘生岳·해발 1169m)을 비롯해 많은 오름에 미로와 같은 수많은 인공 굴이 만들어졌다(제주의 소리, 「김종민의 '다시 쓰는 4·3'」, 2017년 03월 21일자).

즉, 제주도의 오름과 해안가 100여개 소에 각종 진지를 포함한 요새들이 대거 구축됐다. 당시 대정읍 모슬포 알뜨르에 해군비행장(1935년), 제주시 정뜨르에 육군 서비행장(1944년 5월 완공), 조천읍 진드르에 육군동비행장(1943년부터 공사 시작, 1945년 5-6월경 공사중지), 조천읍 교래리에 비밀비행장(1945년 6월 말경 완공)도 건설되었다.

이와 같은 군사시설 공사에 많은 도민들이 동원되어 혹사를 당했다. 약

7만 대군이 전도를 요새화 하는 과정에서 제주도 주민들이 겪었던 고생은 조선 전체에서 가장 가혹한 것이었다(박찬식, 2005: 363).

일반적으로 일제가 〈국민직업 능력신고령〉에 의해 강제 동원할 수 있는 노무자의 나이는 만 16~50세 사이였다. 그러나 수많은 군사시설 공사를 해야 할 제주에서는 이 기준이 지켜지지 않았다. 마을별로 인원이 할당되면 예순 살, 일흔 살의 노인들까지 동원되는 일도 있었다. 경우에 따라서는 나이 어린 초등학생이 동원되는가 하면, 부친 일까지 대신하느라 농사일도 돌볼 틈 없이 두세 번씩 동원되는 사례도 많았다.

1945년 5월 이후 일제는 제주도에 남게 된 도민들을 대상으로 전쟁에 협력하도록 하기 위해 면장이나 직장의 장을 대장으로 하여 국민의용대를 조직하게 하였고, 이들은 소년대, 부녀대, 청년대, 장년대로 나뉘어 유격전, 공습대피훈련 등 군사 훈련에 동원됐다. 결과론적 이야기지만, 이것은 제주도민들을 오키나와 같은 옥새작전에 끌어들여 죽음의 길로 보내려는 광신도들의 계획이었다.

이처럼 일제는 징병·징용·공출 그리고 강제노역을 관리하기 위해 면서기와 구장(區長, 현재의 마을이장) 등을 동원하였다. 이로 인해 일제 앞잡이 노릇을 하였던 면서기와 구장들, 그리고 일본군에 대한 주민들의 불평불만과 반일감정은 더욱 고조되었을 것이다. 당시 일본군 사령부에서도 제주도 주민들이 일본군에 대한 반일감정이 어느 정도인지 익히 알고 있었던 것으로 짐작된다.

第17방면군이 1945년 7월 30일경에 작성한 〈조선을 중심으로 한 7월 말경의 정세판단〉과 〈작전준비 촉진에 관한 방면군의 희망사항〉을 보면, 일본군은 제주도 주민을 전력으로 신뢰할 수 있을지에 대해 불안감을 감추지 못하고 있다. 그 내용은 다음과 같다(츠카사키 마사유키, 2008: 98).

> 방면군으로서 이 필승방책의 확립에 힘쓰고 있다고는 하지만 내심 의심스러움이 없지 않을 뿐 아니라, '후의 근심'마저 느껴진다. 일부 훈련된

> 장정에게는 상당한 기대를 걸 수 있지만 일반 대중은 여전히 사대사상의 구태를 벗기에 이르지 않았으므로 이에 대해 큰 기대를 거는 것은 적절치 않을 것이다.
>
> 만일 적기의 폭격에 더하여 조선의 일각에 적군의 진행을 본 적 없지만, 민심 일반의 동요는 상당히 심각한 부분이 있을 수 있고, 태업 상태적 현상이 발생할 가능성이 크다. 적군이 상륙하면 이에 호의를 갖는 자가 비교적 많으므로 주민에게 큰 기대를 걸 수 없다.

제17방면군은 미군 상륙작전시 제주도 주민들을 방어 작전에 투입하기 위해 전투훈련 등에 많은 노력을 기울였지만, 일부를 제외한 제주도 주민 대부분은 여전히 일본에 대한 반감을 가지고 있기 때문에 이들에게 기대하는 것은 적절치 않다고 판단하였다. 더욱이 미군이 제주도에 상륙한다면 제주도 주민들의 동요는 더욱 심각해지고, 나아가 일본군에 협조하지 않거나 미군에게 우호적인 입장을 가지는 주민들이 많이 있을 것이라 우려하였다.

이와 같은 제주지역 상황을 고려할 때, 총독부(또는 조선군관구)와 제주주둔 일본군 제58군 사령부는 여러 지역에서 이동해 온 다양한 일본군의 사기를 높이는 동시에, 전쟁의 피해 등을 우려하며 동요하고 있는 지역주민들의 반일감정을 완화시키고, 이들을 전쟁에 적극 동참하도록 선무선동(宣撫煽動)하기 위한 심리전 무기가 필요했을 것으로 추측된다.

전란와중(戰亂渦中)에서 정부와 함께 전쟁을 직접 수행하는 군사령부의 주요 임무 가운데 하나는 각종 선무활동을 통해 군인들의 사기를 진작시키고, 점령지역 주민들의 지지와 협조를 이끌어 내는 것이다.

제 4 장

일어신문 『濟州新報』의 탄생

제❶절 | 『濟州新報』 관련 몇 가지 의문점에 대한 小考

1. 머리말

일어신문인 『濟州新報』는 제주지역에서 탄생한 첫 번째 신문이다.[9] 1945년 7월 초순경 제주에 주둔한 일본군 제58군 사령부의 주도로 창간된 이 신문은 8월 15일 해방 후 9월 28일 미군이 일본군의 항복을 받기 위해 제주에 상륙하면서 폐간될 때까지, 약 2개월 동안 군의 사기진작이라는 특수한 목적을 수행하기 위해 발간되었다. 제58군은 일본 본토 방어를 위한 결7호작전(決7號作戰)을 위해 제주도에 주둔한 약 7만5천여명의 군인을 통솔하는 최고의 사령부였다.

당시 제주도의 상황을 보면, 1945년 5월에 들어서면서 대한해협의 제공권을 장악한 미군기의 공습으로 제주와 육지부를 연결하는 정기화객선의 교통이 두절되기 전까지는, 각종 물자를 비롯해 일본 본토에서 발행되는 매일신문(每日新聞)·조일신문(朝日新聞), 서울에서 발행되는 경성신문(京城日報)·매일신보(每日新報), 지방지인 광주일보·목포신보 등이 제주에 배포되고 있었다(제주신문사, 1995: 257). 그러나 해상교통수단의 두절로 전시(戰時)의 신문들이 제주로 들어오지 못하게 되자, 누가 먼저 신문 창간을 제의했

9) 『大河實錄 濟州百年』(1984), 『제주신문50년사』(1995), 『제주언론사』(1997) 등의 저술에 실린 제주신보에 관한 내용이 거의 비슷할 경우, 특별한 경우를 제외하고 주를 일일이 따로 달지 않았다.

는지는 알 수 없지만, 일제(日帝)는 전승을 선동함으로써 군의 사기를 높이고 제주도민을 전쟁수행에 동원하기 위해 제주신보를 창간하였던 것이다.

진중신문(陣中新聞)으로 알려진 제주신보는 총독부 또는 조선군관구(朝鮮軍管區)의 지령을 받고 1945년 6월말경 제주에 파견된 경성일보의 기모도(木本) 주필을 편집책임자로 하여, 당시 전황(戰況) 취재를 위해 제주에 특파되어 있던 6~7명의 일본신문사 기자들과 제주지역에서 긴급 모집한 수습기자들이 중심이 되어 간행되기 시작했다.

이 신문이 발간된 기간은 불과 2개월 정도밖에 되지 않지만, 해상운송수단의 두절로 육지에서 발간된 신문들이 제주로 들어오지 못하던 무신문기(無新聞期) 시절에 제주지역에서 발간되었던 최초의 신문이었기 때문에 비록 일제가 발행했던 신문이지만, 그것이 정보전달기구로 제주사회에 미친 영향을 고려할 때 여러모로 연구할 가치가 크다고 볼 수 있다.

하지만 이 신문에 대한 연구는 이문교의 신문사(新聞史)적 연구를 제외하고 거의 없다시피 하다. 그 이유는 이 신문이 제주사회에 미친 영향을 알아볼 수 있는 1차 자료인 신문이 호외판을 제외하고 한 호도 남아있지 않기 때문이기도 하지만, 지금까지 일제가 발간한 신문은 의식적으로 또는 무의식중에 연구대상에서 거의 배제했기 때문이라고 생각한다.

그 결과, 하나의 사실(fact)을 놓고, 이 신문의 존재를 기록한 『大河實錄 濟州百年』(강용삼·이경수 편저, 1984), 『濟州新聞50年史』(제주신문사, 1995), 『제주언론사』(이문교, 1997) 등에 실려 있는 내용들 간에도 서로 일치하지 않거나 모순되는 부분들이 상당히 발견되고 있음에도 불구하고, 아직까지 무엇이 옳고 그른지 판단할 공식적 자료들이 없어 이를 바로 잡지 못하고 있다([표 1-4] 참조). 특히 몇몇의 주장은 정확한 근거도 없이 정설로 굳어지고 있는 실정이다.

따라서 여기서는 자료의 한계가 많음에도 불구하고, 이 신문의 발행주체가 과연 누구인지, '진중신문'이라고 하는 근거는 무엇인지, 그리고 누구에게 배포할 목적으로 발간되었는지 등에 대해서 좀 더 심층적이고 체계적으로 재논의해 보고자 한다. 왜냐하면 이 신문의 발행주체가 누구이고, 누구를 주요 독자층으로 삼았느냐에 따라 이 신문이 제주지역 언론사에서 차지하는 비중이 달라지기 때문이다.

[표 1-4] 3개의 저술에 기록된 제주신보 관련 사항 비교

구분	大河實錄濟州百年	제주신문50년사	제주언론사
발행 취지	대주민 선무 선동용	군의 사기 진작	군의 사기 진작
발행 주체	제38군사령부10)	제58군사령부	제58군사령부
제작진	특파원	특파원	특파원
창간일	명시 안함	7월	7월 초순경
종간일	8월 16일 특파원들 제주에서 철수	미군상륙 이후, 호외판=종간호	패전 후에도 신문발간, 호외판=종간호
발행 주기	명시안 됨	명시안 됨	격일간
배부 배상	명시안 됨	군부대, 관공서 등 도내 일원	군부대, 관청, 주민 등
발행 부수	명시안 됨	약 3천부	2천5백~3천부
신문 판형11)	타블로이드	타블로이드	타블로이드

이러한 논의 전개를 위해 이 글에서는 선행연구와 타 기록들을 유기적

10) '제38군 사령부'와 관련 당시 제주에 주둔했던 일본군 부대의 명칭을 인터넷 검색과 관련 논문자료를 통해 확인해 본 결과, 제38군 사령부라는 부대는 존재하지 않았던 것으로 확인되었다. 따라서 제38군사령부라는 명칭은 제58군을 잘못 쓴 표기라고 판단된다. 〈대하실록 제주백년〉 저자가운데 한 분인 강용삼씨를 2018년 11월 초순경 만나는 인터뷰한 결과, 제58군이 맞는 것 같다고 했다.

11) 이 신문의 존재에 대해 최초로 기록한 이경수는 〈나의 재직시절〉(제주신보, 1979년 8월 21일자 3면)에서 "일본국 당국은 손바닥만 한 濟州新報를 발행하였다"라고 기록하였다. 이 내용으로 보아 제주신보의 크기가 타블로이드판이 아니고 이것보다 작은 반절지 크기의 신문이었을 것으로 추정된다.

으로 종합해 일단 일제말기 제주도의 사회상황, 창간취지 및 과정, 신문제작자, 주요 배부처(배포 대상) 등을 먼저 서술한 후 아래와 같은 질문에 대해 해답을 구해보고자 한다. 그리고 여기서 서술한 내용은 〈제주신보〉에 관한 기존의 기록들이 없었더라면, 나올 수 없었을 것임을 밝혀둔다.

여기서 논의할 구체적인 연구문제는 다음과 같다.

첫째, 발간주체는 누구인가? 총독부인가, 제58군 사령부인가?

둘째, 진중신문이라고 부르는 근거는 무엇인가?

셋째, 당시 군부대 보도부의 역할은 무엇인가?

넷째, 주요 보도내용(주제)은 무엇인가?

다섯째, 창간일과 종간일은 언제인가?

여섯째, 제주사회에 미친 영향이 있다면, 그것은 무엇인가?

2. 제주신보의 창간과정과 취지

제주신보의 창간과정(또는 동기)과 그 목적 등을 처음으로 기록한 책은 『대하실록 제주백년』이다. 이 책에 실린 '제주신보 탄생'이라는 제하의 글은 이 신문의 창간과정과 취지를 다음과 기술하였다(1984: 985-994).

> 유황도 전투에서 8만 명에 달하는 일본군이 전사하고 막강을 자랑하던 남방군이 패전을 거듭한 끝에 제기의 돌파구를 찾아 허둥대던 1945년 6월 하순경 〈경성일보〉의 주필로 있는 기모도가 용산에 있는 조선군사령부(朝鮮軍管區)로 호출되었다.[12] 〈중략〉
>
> 삼엄한 헌병의 감시 속에서 그와 마주앉은 사람은 조선군관구 참모장 가마사끼 소장과 조선총독부보안과장 이소사끼였다. 사령관실에서 이소사끼 총독부 보안과장은 경성일보의 기모도(木本)주필에게 다음과 같이 요청

12) 조선군사령부는 1945년 2월 미군의 일본본토 진격에 대비하여 육군 전체를 개편할 때, 작전 부대인 제17방면군과 병참 등을 지원하는 조선군관구사령부로 개편되었다. 여기서 말하는 조선군사령부는 한반도에서의 치안을 유지하는 임무를 맡고 있던 조선군관구 사령부를 의미한다.

하였다.

"주필선생, 수고 좀 해주셔야겠소. 전황이 어떻게 돌아간다는 것은 설명할 필요도 없이 우리는 매우 불리한 입장에 놓여 있소. 이대로 가다가는 멀지않은 장래에 본토결전이 불가피할 것이오. 이에 대비하기 위해 제주도에 가쓰기(香月)중장이 이끄는 제38군단[13]이 전투태세를 갖추고 있는 중이오. 주필선생도 아는바와 같이 전쟁이란 군인만으로 수행하기는 어렵소. 주민들의 동원태세가 앞서야 하고 그들의 협조가 절대로 필요하오. 제주도에서의 결전을 승리로 이끌기 위해 주민들을 선무, 동원할 신문을 만들어야 하겠소." (1984: 985)

이 기록에 따르면, 기모도 주필에게 주어진 임무는 지역주민들을 전쟁 수행에 적극 협조하도록 선무선동하기 위한 신문을 발간하는 것이다. 당시 일본은 대본영(大本營) 휘하에 소위 공보기관을 두어 패전 직전에 있는 전황을 조작하여 국민을 현혹하기에 급급한 한편 검열제도를 강화하여 전쟁 목적에 어긋나는 보도를 엄격히 규제하고 있었다.

이러한 밀명을 받은 기모도 주필은 3일 후에 제주에 도착한다. 그는 전운(戰雲)이 물씬 감도는 제주 땅에 첫 발을 내딛자마자, 칠성로 이시마쓰(石松)여관(구나사로 병원의 입구)에 여장을 푼 다음 곧바로 제38군(제58군의 오기) 가쓰끼 사령관[14]을 찾아갔다. 중령은 기모도 주필에게 "이미 연락을 받고, 우선 인쇄시설이 필요할 것 같아서 칠성로에 있는 요스모도(四元) 인쇄소(지금의 월광사 자리)를 교섭중입니다. 기자들은 아무래도 현지 청년들을 채용하는 것이 좋을 듯합니다."라고 전했다.

가쓰기 중령의 말에 따라 요스모도 인쇄소에 진을 친 기모도 주필은 인쇄소 사장으로 하여금 지체없이 기자모집광고를 써 붙이도록 하였다. 그

13) 〈…제주도에 가쓰기(香月)중장이 이끄는 제38군단…〉이라는 내용은 이소사끼 안보과장이 기모도 주필에게 한 말을 제3자가 집필자에게 전하는 과정에서 생긴 오기라고 생각된다. 당시 제주도에는 가쓰기(香月)중장과 제38군단이 존재하지 않았다.

14) 이문교는 여기서 말하는 가쓰기(香月) 사령관(중장)을 제58군 사령부에서 파견한 신문제작 책임자인 가쓰기(香月) 중령이라고 기술하고 있지만(109쪽), 이 또한 그 근거가 명확치 않다.

날 오후 제주읍 요소요소에는 다음과 같은 벽보가 나붙었다. 「군사령부 보도부에서 보도요원 모집, 면접과 시험은 6월 30일 군사령부에서 실시한다.」 이 벽보를 붙인 날은 6월 27일 혹은 28일로 추정된다. 왜냐하면 벽보를 붙인 이틀 후인 6월 30일에 작문시험과 면접시험이 있었기 때문이다.

시험장소인 군사령부(지금의 제주동초등학교)에 제주의 준재들이 물밀 듯이 모여들었다고 할 정도로 수습기자 모집에 많은 젊은이들이 응시한 것은 종군기자들에게 군복무를 면제해 주는 혜택이 있었고, 지원병 차출에서도 제외될 수 있었기 때문인 것으로 보인다.

수습기자 선발시험 결과는 약 1주일 후에 합격자에게 개별 통지되었다. 합격자는 김용수(金瑢洙·20세), 박태전(朴太全·21세) 두 사람이었다. 일본군 사령부에서 뽑은 것이지만, 제주도에서 초유의 지방기자가 탄생한 것이다. 얼마 후 이기형(李琪亨·21세)은 매일신보(한글과 한문 병용)의 수습기자로 고광태(高光泰·20세), 조수인(趙壽仁·나이 불확실), 문종욱(文種郁·20세)은 경성일보(일본어 신문) 수습기자로 각각 채용되었다.[15] 매일신보와 경성일보 모두 총독부에서 발행하던 기관지들이다. 한편, 이문교(1997: 109)는 앞의 기록과 달리 일본군 사령부에서 뽑은 수습기자가 2명이 아니라, 김용수(20세), 박태전(21세), 이기형(21세), 고광태(20세), 문종욱(20세) 등 5명이라 기록하고 있다.

공식적 기록이 존재하지 않기 때문에 누구의 기록이 정확한 것인지는 알 수 없지만, 이들이 넉넉잡아 약 2개월 동안 일본군의 기관지(또는 조선총독부의 기관지)인 '제주신보'를 발간하는데 동참했던 것만은 확실해 보인다.

신문이름은 경성일보의 기모도 주필이 신문 제작을 감독할 장교들에게 제주도의 지명을 따 제주신보(濟州新報)로 하자고 해서 그렇게 결정되었다고 한다(강용삼·이경수, 1984: 987). 이러한 일련의 과정은 신문창간이 매

15) 이문교에 의하면, 일본군 사령부에서 뽑는 수습기자 모집에 30여명이 응시하였다. 이들은 1945년 6월말 일본 신문 특파원들의 숙소인 石松旅館(제주시 칠성로 소재)에서 작문과 면접시험을 치렀고 이 가운데 金瑢洙(20세), 朴太全(21세), 李琪亨(21세), 高光泰(20세), 文種郁(20세) 등 5명이 수습기자로 선발되었다.

우 시급했음을 시사하고 있다.

3. 신문 제작자들

이 신문은 대(對)주민 선무선동용(宣撫煽動用) 신문을 창간하라는 조선군관구의 명령을 받고 1945년 6월 말경 제주에 내려온 경성일보의 기모도(木本) 주필을 비롯하여 당시 전황 취재를 위해 제주에 특파되어 있던 〈동맹통신〉(同盟通信)의 스즈끼(鈴木) 기자, 〈매일신보〉의 도가시(富樫) 기자, 〈경성일보〉의 미시마(三島) 사회부장, 〈전남일보〉의 이소이(磯井) 주필 및 하라(原) 편집부장 등 6~7명이 중심이 되어 간행되기 시작했다(강용삼·이경수, 1984: 987).

그리고 1945년 7월 초순경에 선발된 5~6명의 수습기자들은 각 신문사의 특파원에게 배치되어 신문발간업무를 보조했다. 그 업무를 보면, 김용수는 군보도부에 배속되어 군부대 동태를 취재하고, 고광태는 공공기관 출입, 이기형은 문화면 편집보조 및 독자투고 담당, 박태순은 편집보조, 문종욱은 사진을 촬영했던 것으로 기록되어 있다.

신문에 대한 지식이 거의 없었던 수습기자들은 낮에는 신문제작을 돕고 밤에는 제주에 파견된 大阪每日, 大阪朝日, 讀賣新聞, 京城日報, 全南新報 특파원들에게 각각 1명씩 배치되어 신문교육을 받았다(이문교, 1997: 110).

이 신문의 제작 감독자 겸 책임자는 제58군 사령부의 가스끼 중령이었고(이문교, 1997: 109) 신문제작 실무적 책임자는 기모도 주필이었다. 당시 각 신문의 특파원들은 좌관(佐官)대우를 받았고, 수습기자들에게 위관(尉官)대우의 신분이 보장되었다(강용삼·이경수, 1984: 987).

신문인쇄는 일본인이 경영하는 요스모도(四元)인쇄소(제주읍 일도리 1377, 현 제주시 칠성로) 시설을 이용했다. 이 인쇄소는 칠성통에 있었고 일본어 식자를 갖추고 있었다. 四元 인쇄소의 부족한 시설은 전남일보의 시설 일부를 긴급 도입하여 보강되었으며 제주주둔 제58군단의 기관지로서 그 기능을 발휘하기 시작했다.

수습기자들은 제주신보 제작에서는 보조원에 지나지 않았으나 그들이 약 2개월 동안 습득한 신문제작 기술과 신문의 필요성에 대한 인식은 해방과 동시에 제주에서 지방 신문을 탄생시키는 구심체 역할을 했다.

수습기자 출신 가운데 김용수는 제주신보(제주민보) 창간 기자로 참여하여 정경부장, 편집국장을 지냈으며 제주신문 주필, 제남신문 사장을 역임했다. 이기형은 제주신보(제주민보) 창간 기자, 의회보(議會報) 편집국장, 제남신문 편집위원, 제주문화방송 편성부장, 보도부장, 제주신문 논설위원, 한라일보 논설위원, 이사로 활동했다. 고광태는 제주신보(제주민보) 창간 기자, 제주신문 정경부장, 제남신문 정경부장을 거치며 언론 활동을 했다. 그러나 문종욱은 1년여 동안 사진 기자로 활동하다 교육계로 전직했고, 박태전은 해방 후 언론 활동을 하지 않았다(이문교, 1997: 110).

4. 연구문제에 대한 논의

1) 창간주체는 누구이고, 창간목적은 무엇인가?

제주신보의 출현을 기록한 『대하실록 제주백년』(1984), 『제주신문 50년사』(1995), 『제주언론사』(1997) 등에 의하면, 이 신문은 일본군 제58군 사령부의 주도로 1945년 7월 또는 7월 초순경 창간되었고, 8·15 해방 후인 1945년 9월 14일 아놀드 미군정장관(美軍政長官)이 발표한 〈정치단체, 시민 등의 경찰력 행사를 금한다〉라는 제하의 성명을 실은 호외판을 9월 25일 발간하고 종간되었다. 호외판을 종간호로 보는 이유는 9월 28일 일본군이 미군에게 항복문서를 제출함[16]과 동시에 신문발행에 대한 권리도 미

16) 제주도에 미군이 들어 온 것은 1945년 9월 28일이다. 일본군의 항복문서를 받기위해, 육군대령 그린(Green)과 해군중령 월든(Walden) 등이 요원38명과 함께 비행기편으로 이곳에 도착하였다. 도착 후 미군은 제58군 사령부에서 육군사령관 원산등(遠山登)과

군으로 넘어갔기 때문이다(제주신문사, 1995: 276; 제주언론사, 1997: 102). 하지만 이 부분에 대해서는 더 많은 논의가 필요하다.

그 이유는 선행연구자들은 이구동성(異口同聲)으로 제주신보의 발행주체를 제58군 사령부라고 주장하고 있다. 하지만, 이 주장을 입증할 수 있는 공식 문서나, 신문제호 밑에 있는 판권란에 발행인이 누구인지 알아볼 수 있는 신문이 현재까지 한 장도 남아 있지 않기 때문이다. 유일하게 현존하는 호외판의 판권난에도 아무런 표식이 없기 때문에 누가 이 신문을 발행했는지를 확실히 알 수 없다.

이 신문의 발간주체가 제58군 사령부라고 하는 것은 이처럼 근거 없는 하나의 추측일 뿐이다. 반면에 이 주장을 부정하고, 이 신문을 총독부에서 임시로 발간했던 기관지였다고 주장할 수 있는 근거와 기록도 현재까지 없는 상태이다.[17]

두 번째 질문은 제주신보의 진정한 발간(혹은 창간) 목적이 무엇인지에 관한 것이다. 〈대하실록 제주백년〉에 따르면, 이 신문의 존재와 창간목적은 지역주민들을 전쟁수행에 적극 협조하도록 선무선동하기 위한 것이었다. 그 근거로는 당시 신문발행허가권과 신문검열을 총괄하고 있던 조선총독부 보안과장이 경성일보의 기모도(木本)주필에게 지시한 다음과 같은 내용을 들 수 있다.

> "주필선생도 아는바와 같이 전쟁이란 군인만으로 수행하기는 어렵소. 주민들의 동원태세가 앞서야 하고 그들의 협조가 절대로 필요하오. 제주도에서의 결전을 승리로 이끌기 위해 주민들을 선무, 동원할 신문을 만들어야 하겠소." (1984: 985).

해군사령관 빈전승일(濱田昇一)과 제주도 주재 사무관 도사 천전전평(千田專平)으로부터 항복문서를 받았다(김봉옥, 2013).

17) 제주신보와 관련된 여러 의문점에 대해 해답을 얻기 위해 필자가 2018년 10월 16일 제주 주재 〈일본영사관〉에 공문을 보낼 결과, 현재로서 그런 신문이 존재했었는지 여부를 정확히 파악할 수 없다는 답변을 얻었다.

그리고 이 책보다 11년 늦게 출간된 〈제주신문50년사〉(1995: 273)에서는 "일본군은 전승(戰勝)을 선동함으로써 군의 사기를 높이고 제주도민을 전쟁수행에 동원하기 위해서 제주신보를 창간하였다"라고 서술하였다. 이어 1997년에 발간된 〈제주언론사〉에 따르면 이 신문은 "일본군의 승전보를 알림으로써 군의 사기를 높여 독전(督戰)태세를 갖추는 한편 전쟁 피해 등으로 동요하고 있는 제주도민들을 선무하여 전쟁지원에 적극 참여하도록 한다"는 의도로 창간되었고, 또한 "이 신문은 군의 사기 진작이라는 특수목적 아래 창간된 진중신문이다"라고 주장하였다(1997: 97-101).

이들의 기록을 종합해 보면, 제주신보의 창간 목적은 후자의 주장처럼 군인들의 사기진작이라는 특수한 목적을 수행하기 위해서라기보다, 앞에서 보았듯이 각종 군사 기지 건설에 강제동원, 식량공출 및 수탈, 해상교통수단 두절로 인한 물자부족, 전쟁피해 우려 등으로 일본군에 대해 반감을 갖고 있는 점령지역 주민들의 마음을 달래어 전쟁에 적극 협조·동참하도록 선무선동(宣撫煽動)하기 위한 심리전 무기로 활용하기 위해 창간된 것으로 보아야 할 것이다.

왜냐하면 당시 조선과 일본에서 발행되던 모든 신문들이 일제의 침략을 미화선전(美化宣傳)하고 국민들을 전쟁에 동참시키기 위한 심리전 도구로 활용하기 위해 보도통제를 하고 있었기 때문이다. 따라서 이 신문은 군의 시기진작을 위한 것이고, 저 신문은 국민들을 전쟁에 동참도록 촉구하기 위한 것이라고 선을 그어서 단정할 수 없음에도 불구하고, 여기서 불가피하게 이렇게 구분하는 것은 진중신문과 일반 신문의 제작진과 배포대상이 다르기 때문이다.

2) 진중신문(陣中新聞)이라는 근거는 무엇인가?

연구자들은 모두 제주신보를 진중신문이라 규정하였다. 그 이유는 이 신문을 제58군사령부에서 발간했다고 가정했기 때문이다. 그렇다면 군부대에서 발행한 신문은 무조건 진중신문이 되는 것인가? 이 부분에 대해서는 더 많은 논의가 필요하다고 생각한다. 왜냐하면 제58군 사령부에서 발간했다고 단언할 만한 공식적인 기록이 없고, 어떤 현상이나 개념을 정의하기 위해서는 그와 관련된 사상(事象)을 먼저 종합해 보아야 하기 때문이다.

먼저 진중신문이 어떤 신문인지 사전적 정의를 통해 살펴보자. 진중(陣中)은 일반적으로 군대 진영안 또는 전쟁터라는 의미로 사용되는 용어이다. 일반적으로 진중신문은 전쟁지역에 주둔한 군부대에서 군의 사기진작을 위해 자체 발간하여 부대원 등에게 배포하는 신문을 말한다.

이런 개념을 토대로 먼저 현실 세계에서 보여지는 진중신문이 어떤 신문을 말하고, 어떻게 발간되고 있는지를 살펴볼 필요가 있다. 이를 위해 국립중앙도서관 디지털 신문자료실에 들어가 1950년까지 발간된 총 69개 국내 신문을 대상으로 '진중신문'이라는 키워드를 검색한 결과 1901~1944년까지 발행된 신문에서 총 4개의 기사가 검색되었다. 4개 모두가 매일신보(每日新報)에 보도된 기사였다. 4개 기사 가운데 3개는 진중신문의 성격과 만들어지는 과정 등을 설명하는 기사였고, 나머지 하나는 신문(담당) 과장(新聞課長) 경질에 관한 기사였다.

이들 기사 가운데 진중신문과 직접적으로 관련된 3개 기사를 발행순서대로 살펴보면 다음과 같다. 첫 번째 것은 〈매일신보〉 1937년 9월 24일자 1면 하단에 실린 '陣中新聞發行 世界最初의 일 全線將兵에 大好評'이라는 제목의 기사이다. 이 기사의 내용은 다음과 같다.

> **(天律 二十三 日發 同盟)** 제일선(第一線)에 잇는 병대(兵隊)들이 제일 그리워하는 것은 〈뉴-스〉다. 오지(奧地)로 적을 추격하야 가는 용감한 장병은 소정(所定)한 부서이외의 일은 돌볼 여가도 업고, 타진지(他陣地)의 상황이며, 내지(內地/ 일본 본국을 말함)에 발생한 사건, 미곡의 작황 잠○수확(蠶○收穫)의 양불양등(良不良等) 알고심허서 못견된다.
>
> 신문기자가 진지에 나가면 기사를 취재하러왓는지 뺏기러왓는지 모를만큼, 질문공격에 조우(遭遇)한다. 기차가 도착하면 〈벤도〉를 싼 헌신문을

설빼서 읽는 상태이나, 천율사령부(天律司令部)에서는 금회 지나사변(支那事變)진중신문을 1주1회 발행하기로 되어 22일부로 그 제1호 약3만부를 발행하야 각 전선 각부대등에 발송하였다. 보통신문지 대2혈(大二頁) 각전선마다 전반(全般)의 전국(戰局)을 종합적으로 게재하고 차외(此外) 〈뉴-스〉 여학생의 위문문까지 집록(集錄)하얏다. 진중에서 차종(此種)의 신문을 이러케 대규모로 출판배포하야 장병의 〈뉴-스〉욕을 채워준 것은 일본은 물론 세계에서 최초의 일로서 신문부의 긴장도 굉장(宏壯)하다 그보다도 전선에서는 비상한 호평을 전하고 있다.

〈每日申報, 1937.9.24〉

이 기사에 따르면, 지나사변(支那事變) 기간 중에[18] 중국 톈진 사령부(天律司令部)에서 1937년 9월 22일 발행한 신문이 최초의 진중신문이다. 보통 신문지 대판 크기의 2페이지짜리 이 신문은 주 1회 약 3만부를 발행하여 각 전선 각 부대에 발송한 것으로 되어 있다. 보도내용은 각 전선의 전반적인 전시상황, 본국에서 발생한 사건과 여학생의 위문편지 등이 주를 이루고 있다.

두 번째 것은 1938년 1월 24일자 매일신보 2면에 실린 〈북지장병(北支將兵)으로부터 위문에 대한 사상(謝狀)전하는 고향소식을 드러서는 반지(半紙)에다 진중신문〉 제하의 3단 기사이다. 이 기사는 진중신문의 내용과 제작방법 등을 다음과 같이 보도하였다.

혹한과 싸호며 산서(山西)의 치안유지에 당하고 잇는 OO부대장병은 조선불교단(朝鮮佛敎團)과 군사후원○맹위군단의 방문을 밧고 매우 즐거운 가운데서 정월을 마지하야 진중(陣中)의 용사로부터는 련맹파 기타조선내

18) 1937년 일본의 침략으로 일어난 중국과 일본간의 전쟁. 일본에서는 지나사변(支那事變)이라 한다. 37년 7월 7일 북경 교외 노구교에서 일본군이 군사행동을 도발함으로써 시작되었다. 일본정부는 선전포고도 없이 총공격을 개시, 북경·천진에 이어 국민정부의 수도 남경(南京)을 점령하고 30만이 넘는 무고한 시민을 살육했으며(남경대학살사건), 무한(武漢)·광동(廣東)·산서(山西)에 이르는 주요도시 대부분을 점령했다. 이에 대해 자세한 내용은 〈한국근현대사사전〉을 참고하기 바람.

외 지우(知友)들에게로 속속 연하장을 보내어서 진중정월(陣中正月)의 모양을 전하고 잇는 삼본(森本)부대 본부부(本部付)의 한 용사로부터 이십이일 경성에 잇는 지우(知友)에게로 온 군사우편(軍事郵便)은 최근의 진중소식을 아래와가티 전하야 왓다.

지금은 이제부터의 전투를 위하야 마음것 쉬이고○다 산서(山西)의 一각에도 봄이 차저와서 무엇이라고 말할수업는 빗나는 희망에 불타고 잇다. 조선불교단위문사의 음악위문에 버금하야 군사후원○맹의 위문단전전소장(前田少將) 서강본부지방과장(西岡本府地方課長) 등이 지나간 기일에 진중을 차저와서 〈나니와부시〉와 만재(漫才) 등 오래간만에 눈(眼)에 보양을 어더서 매우 유쾌하얏다. 더구나 총독부의 영화(映畵)는 모다 반가운 것뿐이엿다. 구랍(舊臘)이래로 밤이 되면 DK의 〈뉴-스〉가 가늘게 들려옴으로 내가 청취역(聽取役)으로 되야서 매날 반지(半紙) 一매의 등사판인쇄로 진중신문(陣中新聞)을 내는데 ○룡산의 과병식과 총독부의 국장회의 청양리의 〈스케-트〉 대회 등의 〈뉴-스〉는 서로 압흘 다투어 보는 대인긔이다.

〈每日申報, 1938년 1월 24일〉

이 기사에 의하면, 중국의 산서지방에 주둔한 군부대에서는 라디오에서 청취한 내용을 중심으로 매일 반지(半紙) 크기의 진중신문을 발간하였음을 알 수 있다.

세 번째 것은 1944년 11월 4일자 2면에 실린 〈가정문화: 전선과 총후[19]를 잇는 끈 진중신문이 되기까지〉 제하의 2단 제목의 기사이다. 이 기사는 앞의 기사들보다 좀 더 자세하게 진중신문이 만들어지는 과정을 보도하고 있다. 기사 내용은 다음과 같다.

나날이 거듭해가는 빗나는 제일선의 전과(戰果)는 신문이나 라듸오로 알고 총후의 결심을 새롭게 하지만 이와 함께 국내의 힘찬 총후활동의 상황도 또한 〈신문〉을 것처서 전선장병의 사긔(士氣)를 돗과주는 것이다. 전선

19) 총후(銃後)라는 단어는 군인들이 나라를 위해 전쟁터에서 싸우는 것처럼, 후방에 남은 사람들도 일본의 전쟁승리를 위해 모든 것을 다 바치자는 의미를 담고 있다. 이와 유사한 용어로는 총후보국(銃後報國)이 있다. 그 뜻은 〈총 뒤에서 나라에 보답한다〉이다.

의 〈신문〉은 엇던 것인가. 우리들이 매일 잇고 있는 국내발행의 〈신문〉 그 것이 아니라 독특한 〈신문〉이니 그것은 즉 진중신문이다. 북쪽에 잇는 ㅇㅇㅇ도(島) 수비대에서는 동부보도반(東部報道班)이 동맹통신을 직접 수신(受信)하야 매일 등사판으로 박어서 날마다의 전항과 국내의 시사문제를 부대에 보도한다. 이와 함께 부대장병 출신지의 신문사에서 긔증받은 각 신문이라든지 사진특보를 열람시혀서 장병의 정신력, 전투력을 북도다 주고 잇다.

보도반은 군속(신문통신사원)을 중심으로 하야 보도게 장교 하사관 병졸 등으로 편성되어 있어서 모-루쓰부호로 수신한 가다카나의 무선전신을 곳 번역해서 신문원고를 만드는데 이 동맹통신은 실상은 전국 각신문사나 갓가운 바다에 비행하고 있는 함선에도 똑가치 방송하는 것임으로 라듸오와 가치 두 번식 들을 수 업는 것이기 때문에 공중전의 현상에 따라서 수신이 중단되거나 혼신(混信)이 되거나하야 여러 가지 장애가 만흔 것이다.

그리고 전문지식이 업는 병정이 중요기사를 흘녀버리는 수가 잇슴으로 전문가인 보도반원이 이것을 보충하야 정리편집해서 박도록 한다. 물론 수신과 번역을 병정이 하고 등사판원지에 쓰는 것 박는 것까지 전부 병정이 한다.

인쇄된 〈진중신문〉은 매일회보시각(會報時刻)이면 각대로부터 모혀드는 명령수령자에게 논하준다. 각대에서는 이것을 혹은 돌녀가며 보기도 하고 혹은 랑독도 하야 적당한 방법으로 전원에게 알녀준다. 이리하야 용사들은 남방과 대륙의 전우들이 용전분투하는 소식을 알고 주먹을 부르쥐며 전신의 피는 끄러오르는 것이다. 그뿐 아니라 갈수록 긴장해가는 국내의 모든 사정을 알게되며 총후봉공에 감격해한다. 그러나 이러한 진중신문은 중요한 보도만을 압축한 소위 〈야전판〉(野戰版)임으로 속보의 목적은 도달한다드라도 자세한 것은 역시 국내신문을 보지 안으면 알 수 업는 것이다.

그럼으로 우편선(郵便船)이 닷기만하면 용사들은 먼저 집에서나 친지들이 보내준 서신을 정신업시읽고난 다음에는 보도반에게 달녀와서 〈ㅇㅇ신문안왓습니까〉 〈ㅇㅇ일보를 좀보여주십시오〉 〈ㅇㅇ신보왓스면 보여주십시오〉하야 진중신문이나 서신로 안소식을 더 자세히 알게되는 것이다.

〈여보게 이놈의B29사진이낫네〉 〈야-베가 잘익는 걸〉 〈비도에五百기래습-이런 것은 우리들이 맛허서 집어치엇스면조켓다〉 생각나는대로 주고밧는 중에도 전우의 두개골을 압헤노코 백인미국소녀의사진은 속깁히

터저나오는 적개심을 한층 더 돗구어 주는 것이다.

그러치만 소기내각의 힘찬 자태. 여자정신대의 활약 병기공장의 증산 국민저축의 증강 결전수송의 강화 징병의 출발 해군특별지원병 이러한 기사와 사진은 전선용사를 분기식힌다. 그런데 야미(필자 주석: 암거래=やみとりひき)이야기가튼 기사를 본다면 총후의리면의 부패한구석이 가시지안엇슴에 그들은 비분한 눈물을 흘닐 것이라는 것을 독자는 알어야 한다(사진=진중신문화보를 통하야 멀리 고토의 총우생활을 엿보는 장병들 육군성검열제(陸軍省檢閱濟)).

이 기사에 따르면, 진중신문은 부대 내의 보도반이 동맹통신을 직접 수신한 내용을 번역하고 압축하여 신문기사 형식으로 만든 후에 매일 등사판으로 인쇄하여 부대원에게 배포하기 위해 발행하는 신문을 말한다.

보도반은 군속을 중심으로 보도계 장교 하사관 병졸 등으로 편성되어 있고, 모스(Morse)부호로 수신한 동맹통신의 기사를 번역해서 신문원고를 만들고 정리 편집하였다. 인쇄된 〈진중신문〉을 매일 배포시각에 모여든 각 부대 수령자에게 배포해주면 각 부대에서는 이것을 돌려가며 보거나 낭독을 하는 등 적당한 방법으로 전 부대원에게 그 내용을 알려주었음을 알 수 있다.

이 신문의 발행 목적은 병사들에게 각 전선의 전우들이 용전분투하는 소식을 알려, 주먹을 불끈 쥐며 전신의 피가 끓어오르도록 하는 것이다. 이들 기사를 종합해보면, 진중신문이란 일반적으로 군부대가 자체적으로 군의 사기 진작을 위해 군인들에게 배포할 목적으로 군대나 부대 안에서 발간하는 신문을 일컫는다. 이 정의에 따르면, 제주신보는 진중신문이 될 수 없다. 그 근거는 다음과 같다.

첫째, 제주신보를 발간하는데 중추적인 역할을 한 사람들은 군인들이 아니라, 전황 취재를 위해 제주에 파견되었던 조선총독부의 기관지 매일신보와 경성일보 그리고 동맹통신사의 특파원들이었다는 점이다.

둘째, 만약 제주신보가 진중신문이었다면, 구태여 제주주민들을 대상으로(군부대의 각종 비밀이 새어나갈 수도 있는데) 5~6명의 수습기자를 급히 선발할 필요가 없었을 것이다. 왜냐하면 앞의 기사로 미루어 볼 때, 이 신문의 발간을 위해 보조요원으로 활용할 수 있는 군인요원들이 제58군 사령부 보도부에도 충분할 수 있기 때문이다.

셋째, 당시 제주도에서 발행되는 신문은 제주신보가 유일했기 때문에, 이 신문은 일본군부대 뿐만이 아니라 제주도내 전관공서와 각종 단체, 상인 등에게도 당연히 배부되었을 것이라 보아야 한다.

이러한 이유들을 근거로 제주신보는 총독부와 일본군의 요청으로 전쟁을 돕기 위해 신문발행허가권을 갖고 있던 총독부에서 임시로 발간했던 기관지였을 것이라 추정된다.

3) 당시 군부대 보도부의 역할은 무엇이었고, 보도요원(또는 수습기자)을 누가 선발했는가?

보도요원 또는 수습기자와 관련된 기록들을 보면([표 1-5] 참고), 수습기자의 선발주체, 시험장소, 수습기자 수 등이 서로 일치하지 않음을 알 수 있다. 『大河實錄 濟州百年』과 『제주언론사』가 당시 수습기자로 일했던 사람들과 인터뷰를 근거로 작성된 것임에도 불구하고 제주신보 수습기자를 선발한 주체가 일치하지 않고, 수습기자 선발장소와 인원수에서도 차이를 보이고 있다. 그리고 제주신문 50년사에는 이에 관한 명확한 기록이 없다. 이것은 수습기자 선발과 관련하여 이를 뒷받침할 만한 자료가 없기 때문에 나타난 현상이라 생각한다.

〈대하실록 제주백년〉에 의하면, 요스모도(四元)인쇄소 사장에게 지체없이 기자모집광고를 써 붙이도록 한 사람은 일본군 관계자가 아니라, 총독부의 기관지인 경성일보의 기모도 주필이다. 기모도 주필의 지시에 의해 그날 오후 제주읍 곳곳에 다음과 같은 벽보가 나붙었다. 「군사령부 보도부에서 보도요원 모집, 면접과 시험은 6월 30일, 군사령부에서 실시한다.」

[표 1-5] 수습기자 선발주체 등

구분	보도요원 선발주체 및 기자 수	시험장소	비고
대하실록 제주백년	군부대에서 채용한 사람은 2명, 매일신보 1명, 경성일보 3명 채용	군사령부(현재 제주동초등학교)	채용시기 6월말
제주신문 50년사	공개모집 주체 명시안함, 김용수 박태전 등과	명시안됨	채용시기 명시안됨
제주 언론사	수습기자 선발주체를 명시안함, (군보도 요원 모집)공개채용을 통해 5명을 선발했다고 기술	석송여관(일본신문 특파원들의 숙소)	채용시기 6월말

이문교(1997: 110)에 따르면, 〈군보도부 요원 모집〉 광고를 보고 몰려든 사람들이 시험을 본 장소는 군사령부가 아닌 일본 특파원들의 숙소였다. 기록들이 서로 일치하지는 않지만, 수습기자를 모집한 주체는 기모도 주필이었음을 추측할 수 있고, 제58군 사령부 내에 보도부가 있었다는 것을 알 수 있다.

이런 기록은 다음과 같은 의구심을 가지게 한다. 첫째, 진중신문의 발간을 도울 수습기자들을 뽑는데, 왜 이 업무를 담당할 군부대의 보도부 대신, 기모도 주필이 직접 나서서 수습기자들을 뽑았는가? 하는 점이다. 둘째, 이 신문이 진중신문이었다면, 보도부의 요원들을 이용하지 않고 왜 제주지역의 젊은이들을 수습기자로 뽑아서 신문을 발간하는데 활용했는가? 하는 점이다.

이러한 의문점에 대한 해답을 구하기 위해 먼저 당시 군부대의 보도부가 어떤 일을 하던 곳인지에 대해 알아볼 필요가 있다. 이를 위해 국립중앙도서관 디지털화 자료방에 들어간 후, 신문 검색창에 〈군보도부〉라는 단어(키워드)를 입력한 결과 약 42개의 기사가 검색되었다. 그 가운데 1945년도 1월부터 8월 15일 이전까지 보도된 모든 기사의 제목을 제시하면 다음과 같다([표 1-6] 참조). 실제 각 기사의 내용을 보면, 오늘날처럼 군 보도부가 보도자료를 작성해 언론사에 보내면 언론사가 이를 거의 그대로 보도했던 것으로 추정된다.

[표 1-6] 검색창에 '군보도부'라는 단어를 입력해 나온 기사들

구분	제목	날짜	관련 주제어
1	神鷲兩親을 激勵 石塚少尉家를 訪問 - 司令官代理로 長屋報道部長	1945.06.23	오키나와 [沖繩]
2	軍官民이 生死를 같이 本土決戰에는 男女總進軍 必勝의 國民義勇隊되라 長屋軍報道部長 談	1945.06.18	
3	本土決戰 後藤中佐放送	1945.06.14	
4	神前에 丹誠의 祈念-昨日, 護國神社에서 海軍記念日祭	1945.05.28	세도[勢道]
5	映畵 [愛誓]製作에 對하여-大本營海軍報道部參謀	1945.05.27	
6	時局懇談會盛況	1945.05.26	楊州郡
7	必勝譜-"히틀러"에게 바침	1945.05.14	Hitler, Adolf
8	陸海軍報道部를-大本營報道部에 合一	1945.05.13	
9	決戰報道宣傳强化-大本營報道部長 松村秀逸少將	1945.05.13	
10	長屋報道部長도	1945.05.09	
11	感激한 不屈의 精神-內鮮一體로 싸우는 帝都를 배우자-長屋軍管區報道部長歸任談	1945.05.05	
12	遺影앞에 冥福祈願 - 光子總督夫人, 鹽谷神鷲遺族弔問 - 長屋報道部長도 軍管區司令官代理로	1945.04.18	고노 쓰카사
13	第四十回 陸軍記念日을 맞이하여 - 長屋報道部長放送 - 信念과 鬪志로 본받으라 勝利의 敎訓 - 四十年前國民士氣	1945.03.12	
14	第四十回 陸軍記念日을 맞이하여 - 長屋報道部長放送 - 信念과 鬪志로 본받으라 勝利의 敎訓 - 必勝에 困苦를 克服	1945.03.12	
15	全鮮映畵人 總蹶起大會	1945.03.12	고노 쓰카사
16	陸海軍報道部를-大本營報道部에 合一	1945.05.13	
17	全鮮映畵人 總蹶起大會	1945.03.12	고노 쓰카사
18	宮澤無電班長榮譽 遣支軍報道部長이 表彰	1945.03.09	서울(특별시)
19	對備없으면不意의禍 얕잡지말라 少數機 잦아질수록 防衛를 鐵壁으로	1945.01.26	南滿洲
20	入營壯丁家族 座談會를開催	1945.01.12	
21	補給戰에 血路를 나오라○앗는事業家 飛行機를朝鮮에서보내자! - 工場設置에理想的 軍에서全幅的協力 明朗敢鬪『紙芝居』競演	1945.01.12	고도[高度]
22	兵役과內鮮一體	1945.01.08	

*주: 이 표는 국립중앙도서관 자료 검색창에 '보도부'라는 단어를 입력해서 나온 기사 중 〈每日新報〉에 보도된 기사만을 선별하여 필자가 별도로 정리한 것임. 이 제목의 기사들은 군 보도부에서 발표한 내용과 보도 책임자의 기자회견 내용을 중심으로 작성함.

이들 기사 가운데 몇 개를 뽑아서 그 기사 내용을 제시해보면 아래와 같다.

△ 1945.3.12. 第四十回 陸軍 記念日을 맞이하여-長屋報道部長放送-信念과 闘志로 "본받으라" 勝利의 教訓-必勝에 困苦를 克服

(리드기사) 전국이 시시각각으로 더욱 처창가렬하여가는 이때 십일의의 기픈 육군기념일을 마지하야 일억국민은 온갖힘을 바처 적미국을 기어히 쳐부수고야마를 결의를 더욱굿게하엿는데 낭아야(長屋)조선군관구사령부보도부장은 이날 오후여섯시 三십분부터 二십분동안 경성중앙방송국 〈마이크〉를 통하야 〈제四십회육국기념일을 마지하야〉라는 제목 미테 열렬한 방송을 하야 一천六백만민중의 총무장총궐기를 요청하엿다. 〈이하 생략〉

△ 信念은 勝敗를 決定(중간제목에 딸린 기사)

봉천전(奉天戰)의 결과가 가르켜주는바는 전쟁목적이 잇는것과 업는거이 승리에 결정적 영향을갓고 잇다는 사실이다. 봉천에서황군은 대승을 하엿지만 당시적은 철령이북에 대병력을 갓고 잇섯고 또 〈시베리아〉 철도로 대군을 속속 수송하는 외에 〈우라지오스토크〉에도 상당한 병력과 함대가잇서 우리만주군은 여전히 적의 포위 중에 잇섯다 그리고 대륙과 내지를 연락하는 일본해는 적의협위를 바더 보급이끈힐위기에잇고 발틱함대는 각각으로 우리본토에 접근하고잇서 그야말로 우리나라 위급존망의때엿다. 마치 대동아전쟁에잇서 황국이당면한 전국이 이와방불한바가잇다. 당시적은 더 싸우려들면 싸울수잇섯슴에 불구하고 봉천전과 일본해전의 패퇴만으로 간단히 손을드리유는 그들에게 확고한 전쟁목적이업고 국내에 평화를 원하는 바람이 불기시작한 탓이엇다. 무엇 때문에 이렇트시손해를 이브며 일본과 전쟁을 하지 안흐면 아니되는가고 국민은 생각하엿다. 역사는 반드시 되푸리한다 〈아메리카〉가 四十년전의 〈로서아〉의 비애를 맛볼때가 올것을 나는 보증한다. 지난번 어느참모는 도-쿄공습을 체험하고 도라와서 도민의태도는 참으로 훌륭하다 말하엿다. 반도의제군도 도-쿄도민에지면 아니된다. 일로전쟁당시와가치 이를 악물고 군관민한덩어리가되어 전력을 증강하야 단언코 적을 격멸하자. 전쟁은 반드시 이긴다 하로 바삐이겨서 성려에 봉답하자.

△ 1945. 5. 26. 時局懇談會 盛況

양주군에서는 지난 二十三일 오후 두시부터 동군회의실에서 조선군관구보도부장 낭아야(장옥長屋) 소장을 마지하야 관내 각읍면장 학교장과 일반지도층 三백여명을 집합하야 시국간담회를 개최하고 먼저 마쓰바라 군수의 인사가 잇슨 다음 보도부장으로부터 시국에 대한 담화가 잇자 각각 질문에 의하야 보도부장답변으로 격의 업는 간담을 하고 등 오시반 폐회하엿다.

△ 1945. 6. 14. 本土決戰 後藤 中佐放送

〈오끼나와〉전 다음에 온 것은 - 本土決戰 - 우리는 본토에 적을마저 엇터케 싸울 것인가 조선군관구보도부 좂(고)도 1중좌는 〈본토결전 국민의 전선가입〉이라는 제목으로 十二일 오후7시 二十분부터 다음과가튼 요재의 방송을 하야 〈우리 육군은 상처업져안흔정애만을 일천만군 동원할수잇다. 이것만으로도 승리는 확실하다 국민은 일본국민의 단결의 힘을 발휘하라〉 강조하얏다.

이들 기사를 보면, 군 보도부의 역할은 신문과 방송 등을 통해 일본이 미국과의 전쟁에서 반드시 승리할 것이라 강조하면서 조선인들에게 전쟁의 필요성을 홍보하고 국민들로 하여금 전쟁에 적극 동참하도록 선전하는 것이었음을 알 수 있다. 일본군 군부대의 입장에서 볼 때 당연히 해야 할 일인 것이다.

이와 같은 보도기사를 통해 유추해 보면, 제주주둔 일본군 제58군 사령부 보도부가 도민들의 협조와 동참을 요구하는 내용의 보도자료를 작성해 제주신보 등에 제공하고, 동맹통신에서 수신한 뉴스 가운데 군의 사기를 진작시킬 수 있는 일부 내용을 발췌하여, 각 부대에 설치된 유선 스피커를 통해 방송했을 것으로 추측된다.

4) 주요 보도내용(주제)은 무엇이었는가?

신문사(新聞史) 연구에서 가장 중요한 1차 자료는 남아 있는 신문이다.

제주신보의 경우, 종간호로 추정되고 있는 호외판과 스크랩 기사 9건[20](일본의 패전 이후 보도된 일반기사 5건, 독자의 시 4편)을 제외하고, 남아 있는 신문이 한 장도 없다. 그 결과 이 신문의 편집 체제와 주요 보도내용이 무엇이었는지는 정확하게 알 수 없다. 단지 9개의 스크랩 기사와 호외판을 통하여 편집내용을 부분적으로 파악할 수 있을 뿐이다.

이문교(1997, 103－107)에 따르면, 이 신문은 타블로이드판 2면 5단(1행 12자)으로 편집되었으며 활자는 일본어 5호 활자를 사용하였다. 편집내용은 군의 사기를 높일 수 있는 전황 보도와 전 국민의 응전결의 등에 관한 기사가 대부분이었으나 일반기사와 외신 이외에 '백록가단(白鹿歌壇)', '한라배단(漢拏俳檀)'이란 고정난을 두어서 독자들의 정서를 순화시켜 줄 수 있는 시를 고정적으로 게재하였다. 특히 일본이 항복한 8·15이후에는 미국에 관한 외신기사가 집중적으로 보도되었고, 외신은 同盟通信을 수신하여 게재했다.

이문교가 사례로 제시한 제주신보의 스크랩 기사를 소개하면 다음과 같은 것들이다(1997: 103－107).

△ 미군 捕虜 오키나와 토착

(센프란시스코 1일 發) 오키나와 來電- 일본의 포로수용소에서 해방된 미군포로의 제1대는 1일 오키나와에 도착한 것으로 알려졌다.

△ 우엔라이트, 퍼시빌－厚木에서 마니라로

(리스본 2일 發) 로이터 통신에 의하면 우엔라이트, 퍼시빌 두 장군은 항복조인식이 끝나자마자 아츠키 비행장에서 마닐라로 갔다. 이는 야마시타 장군의 항복을 승인하기 위함이었다고 전해지고 있다.

△ 美 戰時 統制를 대량철폐

20) 현재 이문교가 소장하고 있는 것으로 알려진 제주신보의 스크랩 기사(총 9호의 독자투고 詩와 일반기사 9건)는 1945년 7~8월경 제주신보의 수습기자였던 활동했던 이기형(73, 한라일보 이사)씨로부터 수집했다고 한다. 이를 필자가 직접 확인해보고자 했으나 확인할 수 없었다.

(리스본 21일 發) 와싱톤 來電- 평화의 극복과 동시에 전시생산국(戰時生産局)은 21일 일거에 210건에 달하는 전시 통제의 철폐를 단행했다. (이하 생략)

△ 재가나타(在加奈陀) 戰後의 동향

(리스본 26일 發) 오츠크 來電- 캐나다 경찰 당국의 중간 조사보고에 의하면 현재 캐나다에 있는 재류 외국인의 일부는 전후에도 캐나다에 잔류하는 것을 희망하고 있다. 일본 국적의 노인들 중에서는 고국으로의 귀환을 원하는 사람들이 꽤 있는데 캐나다 시민권을 가지고 있는 일본인들 중에는 귀환을 희망하는 비율이 낮고, 전쟁 반발후 브리티시 콜롬비아로부터 이동을 요구받아 다른 州에서 정착에 성공한 사람들은 현거주지에 반류를 원하고 있다.

백록가단(白鹿歌壇)에는 다음과 같은 詩들이 실렸다.

니천(尼川) 청령자

5월의 추억 진실로 아쉬워하며
이별이 슬퍼 우는 濟州島
漢拏山을 떠나려는 날에는 비
하늘도 구름에 가려져 볼 수 없고
드넓은 바다는 거칠고 거칠다
새로운 생영을 지향하며 내가 설 것인가.

궁학구(宮鶴龜)
바다가 드러낸 모래사장을
아이들이 즐겁게 파도와 장난을 친다
시끄러운 아이들의 부르는 소리를 들으며
부목(浮木)을 지켜보다가 생각에 젖었다
황혼의 잔물결에 서면 추자도 석양에
불탔다 아득하니 희미하게 보인다.

그리고 누가 발행했는지는 알 수 없지만, 종간호로 추정되고 있는 1945년 9월 25일 〈제주신보〉 제호로 발행된 호외판에 게재된 미국 아놀드 군정장관의 성명을 소개하면 다음과 같다.

政治團體, 市民 등의 警察力 行使를 禁함

아놀드 軍政長官 성명

미국육군 제24군사령부 군정부 발표(1945년 9월 14일)

조선(북위 38도 이남) 군정장관 A.V.아놀드 소장은 오늘 다음과 같이 성명했다.

1. 연합국군 최고사령부 포고 제1호 제2조에 의해, 현재의 조선(북위 38도 이남)에서의 경찰기구는 그 기능을 계속한다.

2. 정치 단체, 귀환병단(歸還兵團) 또는 그 밖의 일반시민대가, 경찰력 및 그 기능을 행사하던지 또는 행사하고자 하는 것을 금한다.

3. 현재의 경찰기구는 종전의 일본정부와는 전혀 관계가 없으며, 군정장관인 본관 밑에 운영되는 그 조직의 실권은 본관이 부여한다. 또 그 조직은 헌병사령과 슈이크(シュイック 代將)准將에게 직속한다.

4. 경찰관은 본과에 의해 다음의 직권이 부여된다.

① 무기의 휴대

② 체포

③ 분쟁의 진압

④ 법규 및 질서의 유지

⑤ 조선인 및 일본인으로 구성되고 있는 현재의 경찰관은 종국적으로는 모두 조선인에 의해 조직되어야 할 것이며, 유능한 조선인이 채용되고 훈련되는 대로 점차적으로 실시되어야 할 것이다.

(주) 상기 포고문 제1호 제2조는 다음과 같다.

정부, 공공단체 및 그 밖의 명예직원 및 고용인의 모두, 아울러 공익사업, 공중위생을 포함하는 모든 공공사업에 종사하는 직원과 고용원은 유급 또는 봉사 등의 구분을 불문하고, 중요한 직무에 종사할 것이며 별도의 명령이 없는 한 종래의 직무에 종사해야 하고 특히 그 모든 기록 및 재산 보관에 임할 것.

〈濟州新報, 號外, 1945년 9월 25일〉

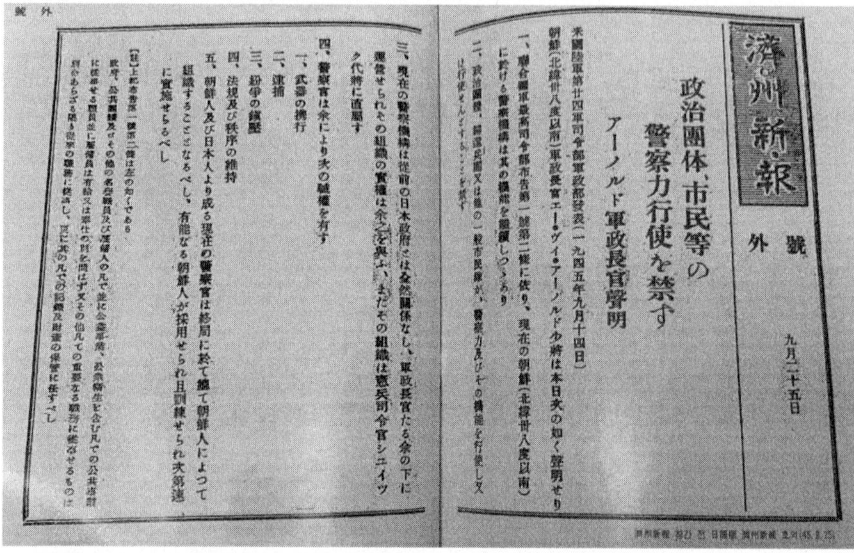

濟州新報

號外

九月二十五日

政治團体、市民等の警察力行使を禁ず

アーノルド軍政長官聲明

米國陸軍第廿四軍司令部軍政部發表（一九四五年九月十四日）

朝鮮（北緯卅八度以南）軍政長官エー・ヴイ・アーノルド少將は本日次の如く聲明せり

一、聯合國軍最高司令部布告第一號第二條に依り、現在の朝鮮（北緯卅八度以南）に於ける警察機構は其の機能を繼續しつゝあり

二、政治團體、師團兵團又は他の一般市民團が、警察力及びその機能を行使し又は行使せんとすることを禁ず

三、現在の警察機構は從前の日本政府とは全然關係なし、軍政長官たる余の下に運營せられその組織の實權は余之を與ふ、またその組織は憲兵司令官シェイック代將に直屬す

四、警察官は余により次の職權を有す

一、武器の携行

二、逮捕

三、紛爭の鎭壓

四、法規及び秩序の維持

五、朝鮮人及び日本人より成る現在の警察官は終局に於て總て朝鮮人によって組織することゝなるべし、有能なる朝鮮人が採用せられ且訓練せられ次第速に實施せらるべし

【註】上記布告第一號第二條は左の如くである

政府、公共團體及びその他の名譽職員及び雇傭人の凡て並に公益事業、公衆衛生を含む凡ての公共事業に從事せる職員並に雇傭員は有給又は無給の別を問はず又その他凡ての重要なる職務に從事せるものは別命あらざる限り從來の職務に從事し、且に凡ての記錄及財産の保管に任ずべし

▲ 제주신보의 호외판(1945.9.25)

이들 기사 중 호외판 내용을 제외하고 군의 사기를 높일 수 있는 전황 보도와 전 국민의 응전결의 등에 관한 기사는 찾아 볼 수가 없었다. 제주에 관한 기사도 없고, 모두가 전후 미국(미군포함)과 캐나다의 움직임에 관한 것들이었다.

그런데 문제는 이들 기사가 제주신보에 실렸다고 한다면, 언제 실린 기사인지 그리고 외신은 同盟通信을 수신한 것이라고 했지만, 사례로 제시한 기사로 보면 그 출처를 확인할 수가 없다는 점이다. 외신기사의 경우, UPI, AP, 로이터 등에서 작성한 기사를 동맹통신을 받아서 보도한 경우, 반드시 (와싱톤 25일 UPI발 동맹통신)이라고 표시하여야 한다. 그런데 이들 기사는 단지 (센프란시스코 1일 發), (리스본 21일 發) 와싱톤 來電, (리스본 26일 發) 오츠크 來電- 이라고만 명기되어있어 어떤 통신사가 제공한 것인지 알 수가 없다. 그리고 (리스본 26일 發) 오츠크 來電이라는 기사의 경우도 이 기사가 보도된 날이 8월 26일 이후인지 아니면 9월 26일 이후인지를 확인할 수가 없었다. 이 기사가 9월 26일 이후에 보도된 것이라면, 제주신보의 종간호(호외판)가 발행된 후에 나온 것이 된다.

그리고 편집내용은 "군의 사기를 높일 수 있는 전황 보도와 전 국민의 응전결의 등에 관한 기사가 대부분이었으나 …외신은 同盟通信을 수신하여 게재했다"라고 정확한 근거 없이 상상과 추정으로 기술된 부분에 대해서는 뒷받침할 결정적인 자료들이 나올 때 까지 가설 형태로 남겨두는 것이 바람직하다고 생각한다.

또한 강용삼과 이용수(987쪽)에 따르면, 이 신문은 적의 공습이나 포격으로부터 도내 민간인들의 피해를 줄이기 위해 육지부로 소개(疏開)를 권유 계도하는 사설과 기사를 자주 실었고, 사회면, 문화면 그리고 시단(詩壇)을 따로 두는 등 종합신문의 성격을 띠었으며 성전완수(聖戰完遂)를 다짐하는데 앞장섰다고 한다.

이 같은 주장만으로 당시 제주신보의 보도내용을 파악하는 데에는 한계가 많다. 따라서 제주신보가 어떠한 내용을 주로 보도했는지를 유추해 보기 위해 당시 조선에서 가장 발행부수가 많았던 조선총독부 기관지 〈매일신보〉의 보도내용을 통해 편집체계에 대한 대략적인 그림을 그려보고자 한다. 왜냐하면 전시(戰時)언론의 보도내용은 군의 공식발표문을 토대로 작성되고 군의 통제를 받기 때문에 국내 모든 신문의 보도내용이 조선침략의 선봉에 서서 일제의 나팔수 역할을 수행했던 매일신보의 내용과 비슷할 수밖에 없기 때문이다.

이를 위해 1945년 7월 5일부터 8월 5일까지 발간된 〈매일신보〉 가운데 상태가 비교적 양호한 신문 2개를 뽑아 거기에 실린 기사의 제목을 살펴보면 다음과 같다.

매일신보 1945년 7월 9일자 신문에 실린 기사제목의 내용을 보면,[21)]

---

21) 매일신보 1945년 7월 9일자 신문에 실린 기사 제목을 보면, (사설) 疏開의 積極面, 增産과 防禦에 總力/敢鬪(용감하게 싸움) 朝鮮發揚 하라/ 國民義勇隊情神을 强調(3단3행)/ 보르네오 攻防激化/ 我軍上陸 敵에 猛攻繼續(週間戰況)(3단2행), 航空工業等關係者와 懇談(3단 2행), 필승담/軍民一體로 義勇蹶起(궐기)敵를 先制하자(3단 1행), 戰局左右하는 沖繩敵空軍/我軍動態를 嚴戒連日攻擊續行(2단2행), 文化/法의 認識(2

1면에는 (사설) 소개(疏開)의 적극면, 증산과 방어에 총력/분투 조선발양하라/국민이용대정신을 강화(3단 3행)/보르네오방어격화/아군상륙 적에 맹공계속(주간전황)(3단 2행), 항공공업등 관계자와 간담(3단 2행), 필승담/군민일체로 의용궐기 적을 선제하자(3단 1행), 전국좌우하는 충승(오키나와)공군전/아군동태를 엄계연일공격속행(2단 2행), 문화/ 법의 인식(2회) 강병순, 십팔기 명석을 공격(1단 1행), 청수시에도 오십기 등 15개의 기사가 실렸고, 2면에는 의용대 결성의 대호령을 밧고(3단 2행), 의용심으로 연신 중대사명완수에 전력, 의용대 결성의 총독유고에 관련하야/필승에 총력을 결집/황민전통을 발휘하라(3단 3행), 견영에 배례/하전소위 유족에 조문(2단 2행), 일억단결총궐기(2단 2행), 여성들도 전열에/받치자조국애의 적성(2단 2행), 금년은 반드시 풍년(2단 1행), 해군지원병/ 광주서 다수지원(1단 2행), 연재소설 원관(41회, 박태원작, 이승만 화) 등 21개의 기사가 실렸다.

1945년 8월 4일자 신문 1면에는[22] 사설/거듭경전의 맹성을 촉함, 천황폐하 육대졸업생에 사알/공구, 일사 진충을 봉서(3단 2행), 보르네오/삼투기도의 적진을/야습, 육공으로 교난(3단 2행), 충승 이적함을 격침/중소

회) 강병순, 十八機 明石을 攻擊(1단1행), 淸水市에도 五十機 등 15개 실려고, 2면에는 義勇隊結成의 大號令을 밧고(3단 2행), 義勇心으로 挺身 重大使命完遂에 全力, 義勇隊 結成의 總督諭告에 關聯하야/ 必勝에 總力을 結集/ 皇民傳統을 發揮하라(3단3행), 遺影(영)에 拜禮(배례)/ 河田少尉 遺族에 弔問(2단2행), 一億團結總蹶起(2단2행), 女性들도 戰列에/ 받치자組國愛의 赤誠(2단2행), 今年은 반드시 豊年(2단1행), 海軍志願兵/ 光州서 多數志願(1단 2행), 연재소설 願冠(41회, 朴泰遠作, 李承萬 畵) 등 21개의 기사가 실렸다.

22) 1945년 8월 4일자 신문 1면에는 사설/거듭京電의 猛省을 促함, 天皇陛下 陸大卒業生에 賜謁/ 恐懼, 一死 盡忠을 奉誓(3단 2행), 보르네오/滲透企圖의 敵陣을/夜襲, 肉攻으로 攪亂(3단2행), 沖縄 二敵艦을 擊沈/中小都市를 燒夷彈攻擊(3단2행), 敵機 行動圈을 擴大/沖繩基地에서 南鮮連襲(3단2행), 勤勞統 率을 確立/生産責任者에 表彰(2단2행), 敵七機 擊墜破(격추파) /九州地區의 邀擊 戰果(2단2행), 建設輸送을 完遂/保科軍務局長 放送(2단2행), 國民勤勞의 完全戰力化/厚生省動員 0長 昇格을 決定(2단2행), (문화)文壇告白 2회 등 21개 기사가 실렸고, 2면에는 八日· 詔書 奉讀式(2단3행), 醫師들을 徵用配置/ 一般, 學童 等 疏開者의 保健에 萬全(3단2행), 稻熱病, 虫害防止/早期發見 驅除에 總力을(2단2행), 米穀增産에 一翼/平南大 灌漑工事竣工(2단2행), (○○○고백)貿易爲한 東洋侵攻/ 살아갈 생각으로 戰爭에 나왔소(3단2행) 農民의 增産意慾을 昂揚(앙양)(2단2행), 延白地方새우 豊年(1단2행), 醫療料 適正히 하라/不當○價取得하면 ○○방침(2닷2행), 연재소설 元冠(65회) 등 18개 실렸다.

도시를 소이탄공격(3단 2행), 적기 행동권을 확대/충승기지에서 남선연습(3단 2행), 근로통률을 확립/생산책임자에 표창(2단 2행), 적칠기 격추파/구주 지구의 요격 전과(2단 2행), 건설수송을 완수/보과군무국장 방송(2단 2행), 국민근로의 완전전력화/후생성동원 0장 승격을 결정(2단 2행), (문화)문단 고백 2회 등 21개의 기사가 실렸고, 2면에는 팔일·조서 봉독식(2단 3행), 의사들을 징용배치/일반, 학동 등 소개자의 보건에 만전(3단 2행), 도열병, 충해방지/조기발견 구제에 총력을(2단 2행), 미곡증산에 일익/평남대 관개 공사준공(2단 2행), (○○○고백)무역위한 동양침공/살아갈 생각으로 전쟁에 나왔소(3단 2행), 농민의 증산의욕을 앙양(2단 2행), 연백지방새우 풍년(1단 2행), 의료료 적정히 하라/부당○가취득하면 ○○방침(2단 2행), 연재소설 원관(65회) 등 18개의 기사가 실렸다.

2일치의 보도기사의 제목을 보면, 1면은 오키나와(沖繩)와 보르네오 등의 전황소식과 전 국민의 결사항전을 촉구하는 내용의 기사가 주종을 이루고 있고, 2면은 사회분야 기사가 2-3건 그리고 문화관련 기사가 1개씩 고정적으로 실리고 있는 것으로 확인되었다. 2면의 경우, 현재로 올수록 사회관련 기사가 다소 증가한 것으로 나타났다. 전황소식은 모두 당시 일본의 정부기구나 다름없던 동맹통신을 수신하여 게재한 것이었다. 이러한 보도내용에 비추어 볼 때 제주신보의 보도내용도 매일신보처럼 동맹통신에서 보내온 내용이 주를 이루고, 지역에서 발생한 2-3건 정도 기사(전쟁지지 및 동참하는 내용 등)로 채워졌을 것이라 생각된다.

그 이유는 일제가 신문기사를 철저히 통제했기 때문이다. 일제가 당시 신문기사를 어떻게 통제했는지를 보여주는 자료로는 하타나카 시게오(畑中繁雄)씨가 쓴 〈일본 매스컴의 언론탄압 초사〉에 실린 기록을 들 수 있다. 이 기록은 '일반 여론의 지도방침'으로 ① 이번 대미영전은 제국의 생존과 권위의 확보를 위해 일어난 전쟁으로 강조할 것 ② 적국의 이기적 세계 제패 야망이 이번 전쟁이 일어난 진정한 원인이라는 논리를 세울 것 ③ 세계 신질서는 팔굉일우(八紘一宇)[23]의 이상에 세워져 만방에 알리는 목적임을 강조할 것 등으로 되어 있다(김주언, 73쪽에서 재인용).

다음은 구체적인 지도방침의 일부이다.

△ 구체적 지도방침

① 우리나라에 전황이 호전되는 것은 물론, 우리나라는 절대적으로 우세한 입장에 있음을 크게 강조할 것

② 우리 경제력에 대한 국민의 자신감을 강화하는 논지를 펼 것. 특히 남방 민족의 신뢰감을 높이는 배려를 할 것

③ 적국과의 정치·경제적 비교는 적국의 군사적 약점을 폭로하여 이를 선전함으로써 적국의 자신감을 약화시키고 제3국의 신뢰를 잃는 방향으로 노력하고 집중할 것

④ 국민 가운데 미국과 영국에 대한 적개심을 강하게 심어줄 것, 동시에 미국과 영국에의 의존심을 철저하게 불식시키도록 할 것

⑤ 장기전에 대한 각오를 심어줄 것

△ 경계할 사항

① 전쟁에 대한 진의를 곡해하고 제국의 공명한 태도를 비방하는 언설

② 개전경위를 곡해하여 정부와 통수부의 조치를 비방하는 언설

③ 개전에 관해 독일과 이탈리아의 도움을 기대한다는 식의 논조

④ 정부와 군부 사이에 의견대립이 있을 수 있었다는 식의 논조

⑤ 국민은 정부의 지시에 관해 복종하지 않고 국론도 통일되지 않다는 등의 논조

⑥ 중국과 만주 그밖에 지역과의 관계에서 불안이나 동요가 있다는 식의 논조

⑦ 국민 가운데 반전이나 염전의 기운을 조장시킬 수 있는 논조에 대해서는 특히 주위를 필요로 함

⑧ 반군사상을 조장시킬 경향이 있는 논조

⑨ 화평기운을 기대하게 하고 국민의 사기를 저상시키는 논조 (대 미영

23) 팔굉일우(八紘一宇)는 일본의 천황제 파시즘의 핵심 사상으로, 태평양 전쟁 시기에 접어든 일본 제국이 세계 정복을 위한 제국주의 침략 전쟁을 합리화하기 위해 내세운 구호로, "전 세계가 하나의 집"이라는 뜻을 갖고 있다. 다시 말해 "세계만방이 모두 천황의 지배 하에 있다"는 이념이다. 이것은 황국사관의 근본사상이다(출처: 위키백과).

타협, 전쟁중지 요청을 시사하는 논조는 당국이 특별히 경계하는 것으로서 엄중 주의를 요함)

⑩ 총후치안을 교란시키는 논조

이 지침에 어긋나는 기사는 무조건 삭제시켜 언론보도를 통일시켰다. 이 기록에서 보듯이 전시 언론의 역할은 정부의 전시방침과 전황 소식을 빠르고 유리하게 보도하여, 군과 국민의 사기를 진작시켜 전쟁을 승리로 이끄는 게 주목적이기 때문에, 당시 제주신보의 발간에 동참했던 특파원들의 주요 업무는 대본영 등에서 보내온 각종 통신내용을 선별·정리하여 전쟁보도 방식에 따라 보도하는 것이었을 것이다.

전쟁보도의 간단한 공식은 군부대의 공보담당 대변인의 성명을 그대로 전달하는 것이다. 특히 군의 사기와 국민의 지지를 이끌어 내기 위하여 아군의 손실은 적게, 적의 손실과 피해는 몇 십 배 부풀려서 확대 발표하는 것이다. 그 기사를 읽는 독자들은 그 내용이 진짜인지 가짜인지 알 수는 없다. 물리적인 한계로 인해 기사 내용의 실체를 직접 확인하기가 매우 어렵기 때문이다.

5) 발행주기, 발행부수 그리고 주요 배부처(배포 대상)는 어디인가?

1939년 말 무렵 우리나라에는 27개 신문이 발간되고 있었다. 이 가운데 17개는 일본어신문이고 7개는 국문과 일문 혼용신문이며, 나머지 3개는 국문신문(조선일보·동아일보·매일신보)이었다(정진석, 1978: 254 ~267). 3개의 국문신문 가운데 조선일보와 동아일보는 1940년 8월 10일 총독부에 의해 강제 폐간되었고, 해방이후 이 두 신문이 복간되기 전까지는 총독부의 기관지인 매일신보만 발간되고 있었다. 일제말기 총독부의 한국어 말살정책으로 매일신보를 제외한 모든 신문이 일본어 또는 국문과 일문혼용으로 발간되고 있었다. 제주신보는 일본어로 발행되었다. 당시 약 23만의 제주도 주민 가운데 일본어를 해독할 수 있는 사람들의 비율이 얼마인지를 상세히 파악할 수 있는 자료는 없다. 설사 제주도에서 일본어 신문을 읽을 수 있는 사람들이 많다 하더라도 당시의 육상교통수단과 도로사정이 좋지 않았기 때문에 신문배포에 많은 어려움이 따랐을 것이라 판단된다.

이문교는 이 신문의 간별은 일간 형식이었으나 격일간으로 발행되었다(이문교, 1997: 101)고 기술하고 있지만 이 주장을 입증할 수 있는 공식적 자료는 현재까지도 없다. 이러한 주장과 달리 이 신문의 발행주기는 일정하지 않았을 것이라 생각된다. 왜냐하면 이 신문이 창간되던 시기는 1940년 태평양전쟁 발발 이후 전쟁물자난으로 매일신보를 비롯한 전국의 각 신문사에 용지공급이 원활하지 않아 감면 발행에 들어가던 시기였기 때문이다.

이를테면, 매일신보의 경우 1941년 7월 11일부터 하루 10면을 발행해 오던 것에서 2면을 줄여 8면으로 감축했고, 발행면수를 지속적으로 감면해 1944년 11월 1일부터 주14면 매일 2면을 발행하였다. 1941년 이후 일제의 패망까지 매일신보의 지면감축 추이는 다음과 같다(정진석, 2008: 268).

1942. 4. 11. 석간 2면, 조간 4면으로 하루 6면 발행.
1943. 8. 30. 월요일 조간은 2면 감면 발행.
1943. 11. 1. 조선신문회협정에 의거 조석간통합한 단간제 종합판 4면 발행.
1944. 3. 10. 용지난으로 석간발행 중지.
1944. 9. 9. 주 18면제, 수·토 4면, 기타는 2면 발행.

이와 같이 신문발간 용지난과 제주도와 육지를 연결하는 해상교통수단이 두절되었던 시기임을 종합적으로 감안해보면, 제주도에서 타블로이드 2면짜리 신문을 일간 또는 격일간으로 발간할 수 있을 정도로 충분한 신문용지를 제때에 공급하기란 매우 어려웠을 것이다. 또한 도민들을 전쟁에 동참하도록 하기 위해 긴급히 보도할 시사성이 있는 뉴스도 그렇게 많지 않았을 것으로 추측된다. 발행부수와 배포범위에 대해서도 객관적으로 추정할 수 있는 기록이 남아 있는 게 없다.

이문교의 연구에 따르면, 부수는 매호 2천 부 내지 2천 5백 부 정도 발행되어[24] 각 군부대와 관공서 등 제주도 일원에 무료로 배부되었으며, 배부는 이미 보급망이 조직되어 있던 경성일보와 매일신문의 지국과 보급소를 이용했다고 한다.

당시 제주도의 어려운 경제사정과 한글과 한문으로 된 2개 언어 신문을 해독할 수 있는 사람이 그리 많지 않았다는 점과 신문을 이웃과 돌려가면서 읽었다는 사실을 고려한다면, 하루에 2천 5백부 정도의 신문을 발행했다는 것은 대단한 일이라고 생각한다.

자료의 출처는 알 수 없지만, 독자층은 일본군뿐만 아니라 관리, 각종 단체 요원, 상공인 등이 주류를 이루었으나 일본어를 아는 계층으로 한정되었다. 군부대 외에 이 신문의 주요 배부처가 되었던 당시의 기관은 제주도청을 비롯하여 13개 읍면, 광주지방법원 제주지청, 검사분국, 제주경찰서, 16개 경찰관주재소, 전라남도립 제주의원, 제주측후소, 제주우체국, 9개 우편소, 제주무선전신국, 4개 전매지국판매소, 부산세관제주출장소, 21개 학교, 학교조합, 삼림보호구 등 90여개 기관 단체 등이었다(이문교, 1997: 102).

이 신문의 주 독자층을 보면 일본군인을 제외하고 대개 관공서의 관리, 각종 단체 요원, 상공인들이다. 동서고금(東西古今)을 막론하고 이들 부류는 그 사회의 주요 여론을 대변하는 여론주도층에 속한다. 때문에 이들은 신문의 보도내용을 주위로 확산시키는데 많은 영향을 미쳤을 것이라 판단된다.

6) 제주신보의 정확한 창간일과 종간일은 언제인가?

신문의 창간일은 신문이 태어난 날이다. 그렇기 때문에 대다수 기자들은

24) 발행부수는 〈제주언론사〉의 저자인 이문교씨가 직접 실험을 통해 산출해낸 것이다. 발행부수는 매호 활판인쇄기로 5시간 내지 6시간 인쇄한다고 가정할 경우, 시간당 4백부에서 4백 50부가 인쇄되었다. 따라서 발행부수는 최저 2천부에서 최고 2천 7백부로 산출되었다.

자신들이 만드는 신문의 창간일 정도는 보통 기억하고 있다. 그런데 무슨 이유 때문인지 알 수 없지만, 이 신문의 발간업무를 돕기 위해, 보도요원으로 채용되었던 제주지역 6명의 수습기자들마저 이 신문의 정확한 창간일과 종간일을 기억하지 못하고 있었고, 이 신문의 출현을 맨 처음 기록한 〈대하실록 제주백년〉은 말할 것도 없고, 〈제주신문50년사〉와 〈제주언론사〉 마저도 이 신문의 창간시기를 7월 또는 7월 초순경이라 추측할 뿐이다.

이와 같은 현상은 왜 발생한 것일까? 그 이유는 다음과 같이 생각해 볼 수 있다. 첫째, 어쩌면 이 신문은 실제로는 정기적으로 발행되지 않았을 수도 있다. 둘째, 5~6명 수습기자들이 자신들이 발간하는 신문의 창간일을 정확히 기억하지 못한다는 것은 이들이 채용되기 전에 이미 창간호가 발행되었기 때문이거나, 아니면 이들의 주장과 달리, 신문발행에 직접 참여하지 않았기 때문에 나타난 현상일 수 있다. 셋째, 종간일과 관련, 〈대하실록 제주백년〉(1984: 985-990)은 1945년 8월 15일 제주신보의 편집국 모습을 다음과 같이 기록하고 있다.

> 그날 아침(8월 15일) 동맹통신은 드디어 「금일정오 중대방송있음」이라는 10자의 간단한 예고 사항을 전해왔다. 정오 정각이 되자 일황유인(日皇裕仁)의 항복방송이 마침내 전파를 타고 흘러나왔다. 발간한지 두 달도 안 되는 제주신보의 편집국 전원이 신문제작을 중지한 체 이 충격적인 사실에 의아해 하면서 〈중대방송〉을 알리는 벽보를 쓰느라 편집국이 발칵 뒤집혔다. 올 것이 왔다는 듯 일본 특파원들도 어두운 표정을 감추지 못한 채 벽보쓰기에 바빴고 (수습)기자들은 또 그들대로 엄청난 역사의 전환점에서 말들을 잃고 분주히 손을 움직였다〉 〈중략〉
>
> 일본의 항복을 알리는 수백 매의 벽보를 제주읍 거리거리에 붙이고 나서 운주당(雲州堂)에서 조출한 주연을 열어 떠나야할 일본 특파원들과 같이 어울리며 밤새도록 통음하였다. 〈중략〉 일본 특파원들은 쇼와 일황이 항복 선언을 한 그 이튿날 8월 16일 제주비행장 비밀지하창고에 숨겨두었던 4대의 일본특공기에 분승하여 조용히 제주를 떠났다.

이 기록처럼 일본신문의 특파원들이 제주를 떠났다고 한다면, 당시 수습기자들도 조국의 해방소식을 듣자마자, 여러 가지 사유로 신문사를 당장 그만두었을 것이다. 때문에 그 후에 신문이 발행되었다고 하더라도 언제까지 신문이 발행되었는지는 모를 수 있다. 상식적으로 생각해 보더라도, 전황과 국내외의 동향을 자체 통신과 무선을 통해 대부분의 내용을 입수하고 있는 패전국 군사령관의 입장에서 볼 때, 제주주민을 위해 신문을 발행해야 할 이유는 없었을 것이라 보아진다.

7) 제주사회에 미친 영향이 있다면 그것은 무엇인가?

매스 미디어의 기능을 잘 알고 있는 사람은 하나도 없다. 왜냐하면 전체로서 그것이 가지고 있는 기능은 현재의 사회조사수단으로서는 다 포착할 수 없을 만큼 광범위하고 미묘한 것이기 때문이다. 지금부터 약 62년 전 라이트 밀즈(C. Wright Mills, 1956/1979: 414)가 한 말이다. 미디어의 기능이 광범위한 것처럼 미디어가 사회에 미치는 영향 또한 매우 다양하고 광범위하다는 의미다. 때문에 제주신보가 제주사회에 어떠한 영향을 미쳤는지에 대해 딱 꼬집어 설명하는 데는 여러 한계가 있다. 미디어의 기술, 조직의 구성원, 보도내용 등이 사회에 미치는 영향이 각기 다르기 때문이다.

하지만 몇 가지를 꼽는다면, 첫째는 신문제작기술의 전수(교육)를 들 수 있을 것이다. 일본군 사령부 또는 총독부 주도로 발간된 제주신보가 군인의 사기 진작이라는 특수한 목적을 위해 창간된 진중신문이라 하더라도, 그것이 언론매체임에는 틀림없는 사실이며, 그 신문을 함께 만들었던 특파원들은 그곳에서 신문발간업무를 도왔던 제주출신의 수습기자들에게 신문의 중요성에 대한 인식과 신문제작기술 습득에 많은 영향을 주었을 것이라 추측된다.

수습기자들이 제주신보 제작과정에서 보조원으로 일한 기간은 넓게 잡아 약 2개월밖에 되지 않지만, 그곳에서 배우고 습득한 신문제작기술은 해방 후 진정한 의미에서 제주지방신문의 효시인 제주민보를 탄생시키는데 커다란 힘과 용기가 되었을 것이다.

수습기자 출신 가운데 김용수는 제주신보(제주민보) 창간 기자로 참여하여 정경부장, 편집국장을 지냈으며, 제주신문 주필, 제남신문 사장을 역임했다. 이기형은 제주신보(제주민보) 창간 기자, 의회보(議會報) 편집국장, 제남신문 편집위원, 제주문화방송 편성부장, 보도부장, 제주신문 논설위원, 한라일보 논설위원, 이사로 활동했다. 고광태는 제주신보(제주민보) 창간 기자, 제주신문 정경부장, 제남신문 정경부장을 거치며 언론 활동을 했다. 그러나 문종욱은 1년여 동안 사진 기자로 활동하다 교육계로 전직했고, 박태전은 해방 후 언론 활동을 하지 않았다(이문교, 1997: 110).

둘째는 7월 초순경에 창간된 제주신보는 제주지역에서 발간되었기 때문에 해상교통수단이 두절되기 전 제주지역에 배포되던 각종 전시(戰時) 신문들에 비해 제주지역에서 일어나는 각종 사고와 사건에 관한 뉴스를 더 많이 보도했을 것으로 추측된다. 그로 인한 영향은 수입된 신문들에 비해 훨씬 컸을 것이다.

사회현실과 관련하여 우리가 알고 있는 지식 중에서, 자신의 직접 경험에 의해서 체득된 것은 극히 일부분에 불과하다. 우리들 관념의 대부분은 미디어로부터 얻어진 것들이다. 우리는 자신의 눈으로 본 것에 대해서조차, 그 사실을 신문에서 읽든가 라디오로 듣기까지는 믿으려 하지 않는 경향도 있다(Walter Lippmann, 1920/2012: 98). 이처럼 미디어 보도가 우리에게 생각의 근원인 정보를 제공해줄 뿐만 아니라 우리의 경험까지 지도하고 있다는 사실을 직시한다면, 제주신보는 어떤 의미에서건 제주도민의 이야기를 소재로, 제주도민들에게 전쟁에 동참하고 지지하도록 하는데 많은 영향을 미쳤을 것으로 추정된다.

셋째는 1945년 4월부터 제주와 육지를 연결하는 해상교통수단이 두절되기 전까지 제주도에는 매일신보(每日新報), 경성일보(京城日報), 오사카매일(大阪每日), 오사카아사히(大阪朝日), 요미우리신문(讀賣新聞), 전남신보(全南

新報), 마이니치신문(每日新聞), 아사히신문(朝日新聞) 등이 배포되고 있었다.

당시 육지부에서 발간된 이질적이고 낯선 명칭의 신문만 보던 제주도민들에게 매우 친숙하고 친밀한 〈제주〉라는 단어가 들어간 신문이 탄생했다는 그 자체가 아마 제주사회에 커다란 뉴스거리가 되었을 것이다.

정확한 수치는 알 수 없지만 제주도내 각 관공서와 상가 그리고 적지 않은 수의 제주도민들에게 이 신문이 무료로 배부되고 있었다. 제주신보는 이 신문을 접한 독자들에게 제주도에서도 제주라는 이름이 들어간 신문을 발간할 수 있다는 인식을 심어주었을 것이라 생각된다.

5. 글을 맺으면서

이상으로 일제 패망 직전에 제주도에서 급하게 발간되었던 일본어 신문인 제주신보에 대해서 살펴보았다. 신문사(新聞史) 연구에서 가장 중요한 1차 자료인 신문이 현재 호외판을 제외하고 한 장(한호)도 남아있지 않은 관계로 이 신문의 존재를 기록한 3권의 책 속에 나온 내용을 서로 비교함으로써 어떤 부분이 좀 더 체계적으로 연구되어야 하는지를 설명하였고, 부족한 부분은 타 문헌을 통해 보충하였다.

앞서 제시한 연구문제에 대한 해답은 다음과 같다.

첫째, 발행주체와 관련 국내에서 접근 가능한 각종 문헌을 조사한 결과, 이 신문이 일본군 제58군 사령부의 주도 아래 혹은 지시로 창간되었다는 것을 입증할 수 있는 공식적인 근거나 사료를 찾을 수 없었다. 그러나 제주신보의 발행목적 및 취지, 창간배경, 이 신문의 제작자, 배포대상 등을 유기적으로 종합해 보면, 1945년 5월에 들어서면서 제주와 목포, 부산 그리고 일본의 대판 등을 연결하는 해상교통이 두절되고, 그로 인해 육지부에서 발간되어 제주도 내의 각종 행정관청과 여론 주도층에 배포되던 전시(戰時)신문들의 보급이 중단되자, 조선통치를 책임지고 있는 총독부와 군당국의 입장에서 볼 때, 이를 대신해 제주도민들에게 전시상황을 전하고 그들의 전쟁참여를 독려하고 협조를 이끌어내기 위한 선무공작용 신문이 필요했을 것으로 추측된다. 이러한 목적을 수행하기 위해 창간된 신문이 바로 제주신보이고, 이 신문의 창간을 위해 제58군 사령부가 적극 후원 협조했을 것으로 판단된다.

둘째, 선행 연구자들은 공식적인 자료도 없이 이 신문이 일본군 제58군 사령부에 의해 발행되었다는 추측 하나만으로 진중신문이라 명명하고 있었다. 그 이상의 근거는 찾을 수 없었다. 전술한 바와 같이 이 신문이 진중신문이 되려면 일단 신문제작 주체가 군인이어야 하고, 주요 배포대상도 군인이어야 한다. 이 기준에 의하면, 제주신보는 진중신문이 될 수 없다. 왜냐하면 [표 1-4]에 제시된 바와 같이 이 신문은 취재를 위해 제주도에 파견되었던 일본신문의 특파원들이 중심이 되어 발간되고 도내일원에 무료배부된 것으로 기록되어 있기 때문이다.

또한 이 신문이 진중신문이었다면, 타 진중신문들처럼 군부대 명칭(별칭)을 따서 이름을 붙이거나 아니면 '진중신문'이라고 명명하지, 일반 지방지 제호(광주일보, 전남신보, 부산신문 등)처럼 제주신보라고 명명하지는 않았을 것이라 생각한다.

따라서 제주신보는 제58군 사령부에서 군의 사기진작을 위해 발간했던 진중신문이 아니라, 제주도민들을 대상으로 전쟁참여 및 협조를 독려하기 위한 선무선동 심리전 무기로 활용하기 위해 조선총독부에서 임시로 발간했던 기관지로 불러야 할 것이다.

셋째, 제주신보의 정확한 창간일과 종간일을 확인할 수 없었다. 연구자들은 현재 제주신보 제호로 발간된 신문 가운데 유일하게 남아있는 제주신보의 호외판(1945년 9월 25일)을 종간호로 추정하고 있다. 호외(號外)는 특별한 일(사건)이 있을 때에 본지 발행과 달리 임시로 발행하는 신문이나 잡지를 말하기 때문에, 엄밀히 말해 종간호와 호외판을 구별할 필요가 있다. 그리고 호외판의 경우, 제호만 제주신보라고 되어있지 제호 밑에 있는 판권란(版權欄)에는 아무런 기록이 없기 때문에 정확히 말해 이 호외판을 누가 발행했는지조차 모르고 있는 실정이다. 막연히 일본군 제58군 사령부에서 발행했을 것이라 추정할 뿐이다.

또한 일본어 濟州新報의 존재에 대해 가장 최초로 간략히 언급한 이영복의 회고록(나의 재직시절)에 따르면, "창간호 발행일자가 애매하고, 일본군 당국은 칠성로의 四元인쇄소를 접수하여 손바닥만한 濟州新報란 신문을 발행하고 있었다. 그 내용은 조작된 전황과 주둔군의 포고문과 경고문 등이었다."라고 기록하고 있다.

넷째, 자료의 출처를 확인할 수는 없지만, 선행연구는 이 신문의 발행주기를 일간 형식이었으나 거의 격일간으로 발행되었다고 주장하고 있다. 하지만, 이러한 주장과 달리 당시의 제주도 상황과 신문발간 용지난을 고려할 때 이 신문은 필요에 따라 부정기적으로 발행되었을 것이다. 왜냐하면 이 신문이 창간되던 시기는 1940년 태평양전쟁 발발 이후 전쟁물자난으로 매일신보를 비롯한 전국 각 신문사에 용지공급이 원활하지 않았기 때문에 감면 발행에 들어가던 시기였고, 제주도의 경우 제주와 육지를 연결하는 해상교통수단의 두절로 신문발간을 위한 용지공급이 매우 어려웠을 것으로 판단되기 때문이다.

다섯째, 이와 같은 여러 가지 의문점에 대한 좀 더 정확한 해답을 얻기 위해 제주주재 일본영사관에 일본군 58군 사령부 혹은 조선총독부에서 일본어신문 제주신보를 발간했다는 기록이 혹시 일본 지역 도서관 등에 존재하는지 여부를 확인해 줄 것을 요청한 결과 관련 자료를 찾을 수 없다는 회신을 받았다.

이처럼 이 신문에 대한 공식자료가 하나도 남아 있지 않은 것은 이 신문이 조선총독부의 지시로 특파원에 의해 부정기적으로 임시 발간되었던 기관지의 일종이었기 때문이라 판단된다. 이 부분에 대해서는 향후 더 많은 논의가 필요할 것이다.

끝으로 덧붙인다면, 이 신문이 제58군 사령부의 주도로 발간되었다는 주장을 누가 먼저 했는가와 그 근거가 무엇인지에 대해 아직까지 밝혀지지 않았다. 기록상으로 보아서 〈대하실록 제주백년〉 저자가 가장 먼저 언급하였다. 이 부분에 대해서 앞으로 좀 더 많은 연구가 이루어지길 기대한다. 또한 3권의 저술(大河實錄 濟州百年, 제주신문50년사, 제주언론사)에 따르면, 보도요원(수습기자) 모집 주체, 채용 시기 및 인원, 시험장소, 발행주기, 배부대상, 신문의 판형, 경성일보의 기모도(木本) 주필의 존재여부 등에 대한 기록에서도 차이를 보이고 있다. 이 또한 앞으로 확인되어야 할 문제이다.

제2부

현대의 제주언론

제1장

최초의 지방지, 제주민보(濟州民報)의 탄생

여기에서는 8·15해방 이후부터 박정희 군부세력이 1961년 5·16쿠데타로 정권을 장악하기 전까지 제주지역에서 발간된 초창기 신문들의 특성을 알아보기 위해 ① 누가 신문을 제작했으며 ② 어떤 내용을 실었고 ③ 어떤 채널을 통해 신문이 배부되었으며 ④ 독자는 누구였는지 등을 살펴보고자 한다.

제1절 | 조직 및 운영

1. 제주민보의 탄생

해방공간에서 한국언론을 이끈 것은 중앙지가 아닌 지방신문이었다. 해방이 되자 지방신문이 봇물 터지듯 나라 곳곳에서 쏟아져 나왔다(안순택, 2014: 71). 제주지역에서도 8·15해방 후 한 달 보름만인 1945년 10월 1일 〈濟州民報〉가 창간되었다. 제주역사상 처음으로 제주인의 손에 의해 최초의 지방신문이 탄생한 것이다. 창간호는 타블로이드판 반쪽짜리 신문이었지만, 이는 제주언론의 역사를 여는 첫 페이지였다. 1945년 9월 28일 미군이 일본군의 항복을 받기 위해 제주에 진주한 지 3일만이었다. 하지만 누가 누구에게 먼저 창간 제의를 했는지는 알 수 없다.

제주민보 창간에 참여한 사람은 김용수(金瑢洙, 20세), 이기형(李琪亨, 21세), 문종욱(文鍾郁, 20세), 고광태(高光泰, 20세), 박광훈(朴光燻, 20세), 박태전(朴

太全, 21세) 등 6명이다. 박광훈을 제외한 이들 5명은 1945년 7월 초순경부터 1945년 8월 15일 해방 전까지 약 1개월 보름 동안 일본군 제58군사령부 또는 총독부에서 임시로 발행하던 제주신보에서 수습기자로 취재·편집 보조 활동을 함께했던 사람들이다.

1945년 9월 28일 일본군의 항복 절차가 끝나자마자 3일 만에 그리고 해방 후 한 달 보름 만에 제주지역에서 신문이 창간될 수 있었던 것은 크게 두 가지 요인이 작용했을 것이라 판단된다. 첫째, 창간주역 언론인들이 약 한달 보름 동안 일본어 신문인 제주신보의 제작을 도우면서 어깨 넘어 배우고 익힌 신문제작 기술을 실제 활용해보려는 의욕이 강했을 것이고, 둘째, 신문을 창간하지 않을 수 없었던 시대적 상황 때문이다. 해방 직후 한국사회에서 언론의 둑이 터지는 모습에 대해 崔埈(최준) 교수는 다음과 같이 묘사하였다(최준, 1982: 338).

> 이 날부터 40여년간 봉쇄 압착(壓搾)당하던 自由言論, 出版自由, 結社自由 등을 日帝로부터 탈환(奪還)하여 삼천리 강토(疆土)는 민주주의 謳歌시대로 화하였다. 뿐만 아니라, 홍수와도 같이 쏟아져 나오는 傳單, 포스터와 신문…… 특히 민간신문의 一切 폐간이후 6년만에 아무 障害없이 실로 자유 활달(闊達)하게 우리의 손으로 감격에 넘쳐 만든 신문지는 서울장안을 휩쓸었다. 활판인쇄로 된 것은 물론이고, 등사판(謄寫版)인쇄의 전단 비슷한 신문…… 진정한 뉴스에 굶주렸던 무리들은 종이에 그저 빨려 들어가는 듯하였다.

8·15해방 직후 자유로운 언론매체를 갈망하던 한국의 사회적 맥락에서 볼 때, 제주도에서도 신문탄생을 바라는 사회적 욕구가 이미 충만해 있었을 것이라 짐작된다. 이런 시대상황에 비추어볼 때, 제주지역에서도 이들이 아니더라도 누군가가 앞장서서 신문을 창간했을 것이라 판단된다.

하지만 신문의 제호를 왜 제주민보(濟州民報)로 정했는지 그 의도는 정확히 알 수 없다. 語義상으로 볼 때, 아마도 창간 며칠 전까지 발간되었던,

일본군(또는 총독부)에서 임시로 발간하던 기관지 제호와 차별화하면서 동시에 민중의 소리 또는 民意를 대변하는 민간신문이라는 것을 상징화하기 위해 붙인 이름이라 생각된다.

李琪亨과 朴光壎의 증언에 따르면, 신문인쇄는 당시 제주시 관덕정 남쪽 골목에 있던 강본(岡本)인쇄소에서 무료로 이루어졌다. 인쇄소 사장인 강성언씨는 20대 청년들의 신문발행에 대한 취지에 공감하여 인쇄비를 받지 않았다. 日帝의 한글 말살정책으로 땅속에 파묻어 두었던 한글 활자를 찾아내어 문선하는데 최선을 다했던 것으로 기록되어 있다. 강본인쇄소는 창간호를 인쇄한 후에 상호를 濟州 印刷工業社로 변경하고 제주읍 원정로(朴宗實상점 동쪽, 現 관덕로)로 이전하여 신문을 인쇄하였다(이문교, 1997: 127).

창간호의 판형은 타블로이드판이며, 5호 활자로 단면만 인쇄하여 2-3백부 정도를 발간하였다. 신문용지를 구할 수 없어서 畵仙紙를 사용했기 때문에 양면을 인쇄하지 못할 때가 많았다.

창간호에는 일본군의 무장 해제를 위해 LST편으로 상륙한 미 육군 파우엘(Powell) 대령의 회견 내용이 톱기사로 실렸다. 〈濟州島民의 생명과 재산은 안전하게 보장한다〉는 제목으로 실린 이 기사는 당시 기자였던 김용수(金瑢洙)가 미군들의 숙영지인 제주공항에서 인터뷰한 내용이었다. 인터뷰의 질문내용은 다음과 같다(강용삼·이경수, 1984: 992). 첫째, 무장한 日本軍이 건재한 이 마당에서 도민의 생명과 재산에 대한 안전보장책은 무엇인가. 둘째, 그들에 의한 무력의 위협이 잔존하고 있는데 무장해제는 언제까지 완료할 것인가. 셋째, 주둔군司令官으로서 군정지침은 무엇인가.

중간 톱기사는 〈보라, 이 日人들의 殘虐無道한 행위를/우리 7천 노무자 생령(生靈) 동해해중(海中)에 수장〉이라는 제목이 달린 '부도환(浮島丸)' 침몰사고에 관한 것이었다. 이 기사는 每日新報의 보도내용을 인용한 것이다(강용삼·이경수, 1984: 993). 부도환 사건은 1945년 8월 24일 일본에 강제징용당했던 한국인 노무자 550여명이 귀국을 위해 승선하고 있던 수송선 부도환이 일본 경도 무학항(京都 舞鶴港)에서 출항하기 전 의문의 폭발사고로 침몰하여 모두가 희생된 사건이다. 당시 수송선 폭발이 일본군에 의한 학살이라는 설이 나돌아 특별히 취급했던 것이다. 이외에 일본군의 무장해제와 철수 일자에 관한 기사가 크게 실렸다(제주신문50년사, 277쪽).

당시 제주민보의 창간 멤버인 김용수(金瑢洙), 고광태(高光泰), 박광훈(朴光勳), 이기형(李琪亨), 그리고 1945년 11월 중순경 제주민보에 합류한 이영복(李永福) 등 5명은 11월 하순경 제주도 美軍政廳(관덕정 옆 前 지방법원청사)에 출두하여 영문으로 된 기자증을 교부받고 기자로써의 첫발을 내딛었다(1979년 8월 21일자 3면, 나의 재직시절).

2. 제주민보에서 제주신보(濟州新報)로 개제

제주민보의 창간은 그것도 화선지에 한쪽만 인쇄한 타블로이드판 반쪽짜리 신문이었지만, 아무런 시설도 없었던 당시의 상황에 비추어 볼 때 실로 기적에 가까운 놀라운 소산이라(강용삼, 994쪽) 할 정도로, 20대 청년들의 혈기와 신념만으로 급히 출발한 제주민보는 창간 다음날부터 용지난, 시설난(활자부족·기재 불비), 경영난 등으로 갖가지 어려움에 시달렸다(제주신문 50년사). 그리고 교육경험에 비추어 볼 때, 5-6명의 창간멤버들이 약 40일 동안 군기관지의 수습기자로 활동하며 배운 신문발간에 대한 지식과 기술만으로 타블로이판 2면짜리 신문의 격일간 발행은 고사하고 주간으로 발행하기에도 무척 힘겨웠을 것이라 판단된다. 오늘날의 상황과 비교하더라도, 약 40일 동안에 신문 발간에 필요한 기초 지식과 기술(취재 및 기사쓰기, 편집방식, 제목 뽑기 등)을 익히기란 매우 어려웠을 것이다.

1945년 11월 중순경 제주민보에 합류한 이영복(당시 기자이름은 李永九)은 창간 첫해인 11월 말경에 2호까지 인쇄하였다고 기억하고 있지만, 12월에는 신문을 발간했는지 여부는 정확히 기억하지 못하고 있다. 막연히 12월 25일 전후로 신문이 발간되었을 것이라 추측하고 있을 뿐이다. 이는 12월에 신문을 발간하지 않았다는 말과 다름이 없다.

이렇게 된 데에는 前者보다 후자의 요인이 더 많은 영향을 미쳤을 것이라 판단된다. 이러한 각종 어려움에 직면한 창간 요원들은 京城日報의 목포 특파원으로 활동하다가 10월 중순경 잠시 귀향해 쉬고 있던 金鎭洙(金瑢洙의 형)에게 지원을 요청하여 그를 경영자로 참여시켰다. 첫 번째 영입케이스다.

경영일선에 나선 김진수는 일단 회사체계를 갖추고 1945년 10월 30일 공포된 미군정법령 제19호에 따라 1946년 1월 26일 창간 당시부터 사용해온 제호인 〈濟州民報〉를 〈濟州新報〉로 바꾸어 美軍政廳 공보처에 그 신문사를 개인이 운영하는 자기 회사인 것처럼 정식 등록을 마치고 대표가 되었다. 미군정청 공보부에 신문사를 정식 등록하면서 백상현을 편집국장(초대 국장)으로 기용하였다. 이 기록에 의하면, 1946년 1월 26일을 기점으로 이전까지는 제주민보란 신문이 발행되었고, 그 이후부터 제주민보가 제주신보로 改題하여 발행되기 시작했다고 볼 수 있다.

미군정은 1945년 10월 30일 미군정 법령 제19호 발표 이후, 신문 및 각종 출판물이 난립하고, 특히 좌익계열의 출판물이 언론계를 주도하자, 이를 통제하기 위해 1946년 5월 4일 미군정법령 제72호를, 그리고 1946년 5월 29일에는 미군정법령 제88호를 공포했다. 미군정법령 제72호에는 유언비어의 유포나 포스터, 전단 등의 방법으로 질서를 교란하는 행위를 처벌할 수 있다는 조항이 포함되어 있었으며, 미군정법령 제88호(신문 및 정기 간행물 허가에 관한 건)는 신문의 등록제를 폐지하고, 허가제로 전환토록 규정한 것이었다. 이런 법령의 목표는 언론계를 풍미하던 좌익계열의 신문과 정기 간행물이 더 이상 확산되지 못하도록 막는 것이었다(장호순, 2012).

1946년 5월 29일 공포된 미군정법령 제88호에 의해 신문 및 정기 간행물 발행이 등록제에서 허가제로 바뀌자 제주신보사는 다시 신문발행허가(허가번호 제262호)를 받았다. 허가받은 날에 대한 기록은 존재하지 않는다.

제주민보를 제주신보로 改題하여 신문사 등록을 마친 후, 미군 공보담당 라크우드 대위의 도움을 받아 敵産家屋인 일본인이 경영하던 四元 인쇄소를 인수하여, 회사사무실을 겸용하였다. 이때부터 신문사 기구로 편집국, 공무국, 업무국을 두었다(강용삼, 1984: 995).

그런데 여기서 가장 궁금한 것은 김진수를 비롯한 창간멤버들이 濟州民報라는 좋은 이름을 버리고 왜 일본군(또는 총독부)에서 임시로 발간했던 군기관지인 濟州新報라는 명칭을 다시 사용하기 시작했는가 하는 점이다. 改題의 이유에 관한 기록은 없지만, 추측하건데, 일본신문에 대한 향수와 익숙한 이름이 주는 안정감 때문이었거나 아니면 적산가옥인 四元 인쇄소 인수를 위해 불가피하게 인과관계를 입증해야 하는 필요에 따라 그곳에서 발행하던 제주신보라는 옛 제호를 사용하지 않을 수 없었을 것이라 추정된다. 즉, 해방 이전부터 이 인쇄소는 일본어 신문인 濟州新報를 발행하던 곳이고, 그 주인은 제주신보사였으며, 당시 이 신문을 발간했던 기자들이 바로 자신들이었다고 주장하면서 인수받았을 것이라 짐작된다. 이외에 이를 설명할 수 있는 마땅한 이유는 찾을 수 없다.

3. 신문사의 성장기반 구축

1) 주식회사로 개편

창간 및 등록당시의 제주신보의 체제는 주식회사도 개인 기업체도 아니었다. 오히려 조합이나 동인지의 성격이 강했다. 일단 신문을 창간하고 보자는 식으로 의욕과 정열만을 믿고 출발한 제주신보는 초창기부터 용지대, 인쇄비, 인건비 등 경영난에 시달려야 했다. 이영복씨는 1946년 당시 제주신보사의 환경을 다음과 같이 기록하고 있다.

> 8·15해방으로 제주민보가 탄생하기는 했으나, 앞서의 사정과 같이 발행 실적은 매우 부진한 상태였다. 해방의 열기 속에서 너도나도 부푼 희망을 안고 제주민보 발간에 참여하긴 하였으나 이듬해인 46년에 들어서서는 식량, 일용생활 필수품 등의 부족은 생활경제면에 곤궁을 가져왔고, 사회정치

적으로는 좌익세력의 대두로 좌·우의 압력마찰을 초래하여 사회질서가 혼란과 불안 속에 차차 젖어 들어감에 따라 생활면에 위협을 느낀 일부 편집진과 공무진의 동지들이 이탈하기 시작하여 신문제작이 더욱 어려워졌다.

본시 통신시설도 없었고 보니 국내외 뉴스를 수신할 수 없어 〈라디오〉에 의존하였으나, 신문사에는 비치된 라디오가 없어서 〈라디오〉를 가지고 있는 사람을 찾아다니며 기록하여 보았지만 그 당시의 〈라디오〉란 고물과 같은 것이고 보니 스위치를 틀면 「삐삐까까」 잡음만 강하게 나와 수신이 정확히 안 되는 경우도 많았다(1950년 6·25한국전쟁이 반발당시에도 신문사에는 이 뉴스를 들을 수 있는 라디오가 한 대도 없었다). 그래서 가끔 1주일에 한 번 정도 서울에서 선편으로 내려오는 중앙지의 중요 내외 기사를 복재 사용하여 지방소식과 함께 제작에 들어가지만 활자 부족과 인쇄기재 불비(不備)로 문선·조판을 거쳐 인쇄하는데 3-4일 내지 1주일이 소요되었다. 특히 활자 부족으로 본문 기사는 지금 제목에 쓰는 5호 활자를 사용하였고, 그나마 없을 때는 도장집에 가서 목각 활자를 파다가 끼워 인쇄하였으며, 지면은 타블로이드식(8절) 한 장(2면)이었는데 기사를 채울 수가 없어 1면만 찍은 때도 있고 용지가 없어 노란봉투 만드는 하도롱지(hatoron 紙)에다 인쇄한 때도 있었다.

〈제주신문, 1979년 8월 23일자 3면〉

제주신보가 이렇게 어려운 환경에 처하게 되자, 황순하(黃舜河), 윤성종(尹性種), 백찬석(白燦錫), 홍종언(洪宗彦), 김석호(金錫祜), 박영훈(朴永勳), 신두방(申斗玤) 등 도내 유지 7인이 나서서, 제주신보사를 법인(法人) 조직화하기로 하고 사장에 金錫祜, 전무에 白燦錫을 선임하였다. 이문교에 따르면, 1946년 10월에는 제2대 사장에 김석호 金錫祜, 전무에 백찬석(白瓚錫)을 선임한 것으로 되어 있다(이문교, 1997; 607; 제주도지 제6권).

김석호 신임사장과 배찬석 전무는 제주신보가 법인 조직으로 재출발하게 된 사실을 1947년 1월 1일자 신문지상에 社告를 통하여 발표하였다. 이 발표문은 제주신보의 경영진이 제주신보의 창간 이후 처음으로 밝힌 회사의 운영방침이라고 할 수 있는데 그 내용은 다음과 같다.

本紙 法人組織으로 再出發

본도의 유일한 언론기관으로서 기다(幾多)의 난문제에 시달려왔고, 특히 경제적 악조건에 치명적인 중상을 입어 그 유지조차 문제가 되는 본 제주신보는 금반(今般) 주식회사 조직으로써 재출발하게 되었음을 도민 諸位에 근고(謹告)하는 동시에 紙上으로 공축(恐縮)하오나 인사의 말씀을 드리고자 합니다.

本道로 말하면 귀환동포가 나날이 그 數가 격증하여 총인구 40만을 산(算)케 된 오늘인 만큼 문화전선의 최선단(最先端)을 가는 언론기관의 절대적 필요성을 느끼는 동시에, 특히 건국 도정(途程)에 있어서 정치적 경제적으로 혼란에 혼란을 야기하고 있는 오늘의 사회현상을 돌아볼 때 그 사명이야말로 중차대(重且大)라 아니할 수 없습니다.

그러한 과도기에 있어서 분투노력(하여) 今日의 기초를 이룬 濟州新報를 일층 강화하여 근본적으로 기구를 확장하고, 신문사로써의 불비(不備)된 모든 시설을 완비하여 가급적으로 격일간(隔日間)이던 本紙를 가까운 장래에 日刊으로 하여 면목을 일신함에 노력할 것을 약속하여 두는 동시에 금후(今後)에 있어서는 자조·자립의 정신과 엄정 무사한 태도로써 언론보도의 重任을 다함에 분골쇄신 진력하여 건국에 이바지하고자 하오니 애호가 있기를 특히 앙망(仰望)하여 마지않는 바입니다.

〈서기 1947년 1월 1일, 濟州新報社 사장 金錫祜, 전무 白燦錫〉

새로운 경영진은 〈본지 법인조직으로 재출발〉 제하의 글을 통해 "회사의 기구를 확장하고, 신문사로써의 不備된 모든 시설을 완비하여 가급적 가까운 장래에 발행주기를 隔日間에서 日刊으로 전환하여… 자조·자립의 정신과 엄정 무사한 태도로써 언론보도의 重任을 다하기 위해 진력할 것"임을 밝혔다.

새로운 경영진이 들어섬으로써 1946년 1월 26일부터 1946년 12월까지 약 1년 동안 조합체 형식의 신문사를 이끌어왔다고 볼 수 있는 김진수(金鎭洙) 초대 사장과 백상현(白尙鉉) 편집국장 등의 시대는 공식적으로 막을 내렸다고 볼 수 있다. 신문사가 주식회사로 개편됨에 따라 그동안 신문사를 이끌어왔던 사장 김진수, 편집국장 백상현, 기자 김용수·고광태 등 4인도 1947년 1월 1일자 신문에 발표한 〈근고(謹告)〉문을 통해 "오늘의 기초를 이루기까지에 本紙의 걸어 온 자취가 결코 탄탄(坦坦)치 못하였음을 회고하면서도 만강(滿腔)의 강개(慷慨)를 금치 못한다"고 하면서 동시에 앞으로 계속 신문사에 남아서 일부분을 담당하고 미력하나마 지역문화 향상을 위해 노력할 것임을 밝히고 있다. 〈謹告〉의 전문은 다음과 같다.

> 환희와 흥분에 취하다 싶은 1945년 10월 1일 미군이 본도에 진주하는 그날 창간을 본 濟州新報는 청년동지 수인(數人)으로서 보도건국에 이바지하고자 하는 단순하다면 단순하다고 볼 수 있는 동기에서 발족하였습니다. 발기이후, 풍풍운운(風風雪雪)의 苦行이 어언 1년 3개월, 짧다면 짧은 과정에서 있어서 오늘의 기초를 이루기까지에 本紙의 걸어 온 자취가 결코 탄탄(坦坦)치 못하였음을 회고하면서도 滿腔(만강)의 강개(慷慨)를 금치 못하는 바입니다.
>
> 이제 본 濟州新報는 오늘을 기하여 주식회사 조직으로써 경제적 난문제의 해결을 보고 비약적인 발전의 기초가 확립케 되었음을 기(旣)히 도민제현이 들으신 바 있을 것으로 생각하오나, 오늘의 기초가 이루어질 때까지의 여러 선배 제자제위(諸者諸位)의 절대한 지도편달에 대해서 여기에 새로이 감사의 의(意)를 표하는 바이오며 동시에 저희들은 계속하여 本紙의 일부분을 담당하고 미력이나마 本道의 문화향상에 힘쓰고자 하오니 여전(如前)한 지도와 애호를 바라마지 않습니다.
>
> 〈金鎭洙, 白尙鉉, 金瑢洙, 高光泰〉

창간 주역들이 1년 3개월을 회고하는 이 글은 제주언론사적으로 볼 때 매우 중요한 두 가지 내용을 담고 있다. 하나는 창간주역 언론인들이 창간이후 처음으로 이 신문의 창간목적을 밝히고 있는데, 그 내용이 흔히 언론의 사명으로 일컬어지는 현정파사(顯正破邪), 권선징악(勸善懲惡), 억강부약(抑强扶弱) 등을 위한 것이 아니라, 단지 언론보도를 통해 건국에 이바지하기 위한 순수한 동기에서 창간했음을 밝히고 있다는 것이다. 다른 하나는 자신들이 온갖 고생을 다하면서 키워놓은 신문사가 타인들에게 의롭지 못하게 넘어가게 된 것을 원통해 하는 마음을 전하는 문장과 어휘들이 들어 있다는 점이다.

이 글의 맥락을 보면, 제주신보(김진수 대표)가 계속되는 운영난을 타개하기 위하여 앞장서서 지방 유지들을 주주로 영입하여 회사를 주식회사로 개편한 것이 아니라, 제주신보사가 경영난에 허덕이는 것을 본 지역사회의 몇몇 유지들이 이를 살리자는 모의(謀議)를 하고 나서 쓰러져가는 제주신보를 인수하여 주식회사로 법인화한 것은 아닌지 의심이 든다. 후자의 경우가 아니라면 창간멤버 4명은 당연히 주식회사로 재출발하는 신문사의 주주 명단에 포함되어 있어야 상거래 이치에 맞는 것이라 판단되기 때문이다.

이와 더불어 주목해야 할 점은 제주신보사가 1947년 1월 1일부터 법인조직으로 재출발한다는 회사의 방침을 제주신보사 사장 김석호(金錫祜)와 전무 백찬석(白燦錫)의 이름으로 발표하였음에도 불구하고, 그 후 1948년 4월 20일까지 약 1년 4개월 동안 발간된 신문의 제호 밑에 있는 판권란을 보면, 발행인과 편집인에 김진수, 편집국장에 白尙鉉의 명의로 계속 신문이 발행되었다는 점이다. 이것은 제주신보가 주식회사로 출범한 이후에도 김진수 사장과 백상현 편집국장이 신문발간 업무를 계속하여 주도했다는 것을 의미한다.

그리고 1948년 4월 20일자 신문(제328호) 이후부터 1952년 12월 말까지 발간된 신문 가운데 소장된 신문이 한호도 없기 때문에 언제까지 김진수 사장과 백상현 편집국장의 이름으로 신문이 발행되었는지에 대해서는 자세히 알 수 없다.

2) 기구 및 조직 확대

제주신보는 주식회사로 개편한 이후 조직 확대를 위해 가장 먼저 기자 인력 확보에 들어갔다. 1년 동안에 두 차례의 기자채용 공고(1947년 1월 26

일, 1948년 2월 22일)를 냈다. 응모자격은 중등 이상의 학교졸업자로써 사회경험이 풍부하고, 정치 단체에 가입하지 않은 22세 이상의 남녀이다. 하지만 당시 합격자를 발표하지 않은 관계로 몇 명이 시험에 응시했고, 누가 채용되었는지는 알 수 없다.

두 번째는 지방취재 범위를 넓히고 구독자 확충을 위해 1947년 2월 20일부터 3월 16일까지 약 한달 동안 제주도 내외의 각 지역에 지국을 설치하는 한편 지국장 겸 기자를 잇따라 임명하여 취재진과 보급망을 구성하였다.

세 번째는 1947년 8월 1일자로 대대적인 인사이동과 함께 기구를 확충하였다. 편집국에 사회부 이외에 정경부, 문화부, 조사부, 취재부, 편집부 등 5개 부서를 증설하여 6개 부서로 확대 개편하였다. 그런데 인사내용에 따르면, 서울특파원이었던 金瑢洙를 정경부장 겸 문화부장으로, 高瀛一 기자를 편집부장 겸 취재부장으로, 申昌松 기자를 조사부장 겸 사회부차장으로, 宋鍾化를 목표 지국장 겸 기자에 그리고 高子允을 목포지국 총무에 각각 임명하였다. 이처럼 한 사람이 2개 부서장을 맡고 있는 것으로 보아, 편집국 기구 확대개편에 맞게 인력을 충원하지는 않았던 것으로 보인다.

1947년 8월 1일자로 대대적인 인사이동이 있은 지 4개월만인 11월 24일 제주신보는 또다시 대대적인 인사를 단행하였다. 즉, 白尙鉉 주필 겸 편집국장, 김영택 영업국장 겸 논설위원, 金瑢洙 정경부장 겸 문화부장, 高瀛一 편집부장 겸 취재부장, 고광택 사회부장, 申昌松 조사부장 겸 사회부차장, 李京文·金三奎 기자를 일거에 의원면직(依願免職) 시켰다가, 1주일 후인 12월 1일자로 백상현을 주필 겸 편집국장으로, 金瑢洙와 고영일(高瀛一)을 기자로, 李京文은 영업국 직원으로, 任漢暻과 金潤玉은 통신원으로 발령하였다. 이때 부장급이었던 金瑢洙와 고영일(高瀛一)을 기자로 발령한 것은 이들을 서울신문학원에서 공부시키기 위한 하나의 편법이었다.

제주신보는 1947년 한 해 동안 편집국 조직을 6개 부서로 확대 개편하여 체계화하고, 밖으로 제주도내외 각 지역의 취재진과 보급망을 구축하여 신문사의 성장발판을 마련하였다고 볼 수 있다. 제주신보의 역사에서 1947년을 반드시 기록해야 하는 이유가 바로 여기에 있다.

하지만, 1947년 한 해 동안 임원진 및 기자들의 인사이동이 3회(8월 1일, 11월 24일, 12월 1일)에 걸쳐 단행되었다는 점을 미루어 보아 당시 신문사의 조직 체계가 매우 불안정했음을 짐작할 수 있다.

1950년 8월 29일자 제주신보사의 경영상황을 발표한 자료에 따르면, 1950년 당시 제주신보사에는 사장을 제외하고 전무 1인, 영업국 3인, 편집국 7인, 공무국 11인, 통신원 및 급사 4인 등 26인이 재직하고 있었다(제주신문50년사, 299쪽).

4. 2개의 수난(受難) 극복, 경영권 회복

1) 서북청년단의 신문사 접수

1948년 4월 3일 새벽녘, 한국현대사에 있어 최대의 비극인 제주 4·3 사건이 발생하였다. 좌익세력이 파출소 등 관공서와 우익단체 사무실을 습격, 방화하는가 하면 우익인사, 경찰관, 관공리에게 테러를 가하고, 다시 그에 대한 보복테러가 감행되는 등 제주 전역의 치안이 온통 마비되었다. 그 와중에 신문사를 비롯한 도내 인쇄시설은 문을 닫았고, 제주신보도 20여일간 휴간하였다. 휴간기간이 정확히 언제부터 언제까지인지는 알 수 없다. 이 사건 이후 左·右 대립이 심화되면서 제주신보에는 양쪽으로부터 비난과 협박이 가해졌다(제주신문 50년사, 295쪽).

1948년 8월 15일 대한민국 정부가 수립 선포되었음에도 불구하고 4·3 사건으로 인해 제주지역사회의 혼란은 오히려 증폭되어 갔다. 제주 4·3사건에서 파생된 사회혼란을 바로잡기 위해 이승만 대통령은 1948년 11월 17일 제주지역에 계엄령을 선포하였다(제주4·3사건 진상보고서, 276쪽). 뒤이어

11월 23일에는 계엄령 포고 제1호로 교통제한, 우편통신 신문·잡지 등 검열, 부락민 소개(疏開), 교육기관에 대한 제한, 청소 벌채 및 도로의 수리보전 및 폭등에 관한 벌칙 등 7개 종목의 세칙이 발포되었다(자유신문 1948년 11월 30일자/합동 국방부 29일부터 검열제 실시, 이와 같은 기사가 국제신문, 동아일보, 조선일보, 한성일보(1948.12.1)에 게재되었다). 이 계엄령(대통령령 제31호)은 단기 4281년 12월 31일 해지될 때까지 한달 보름간 지속되었다.

이승만 정부의 비호(庇護)를 받던 서북청년단[1](이하 서청)은 계엄시국을 이용하여 같은 해 12월 하순경 4·3사건 진압명분으로 제주신보사를 강제로 접수하고 운영권을 장악하였다. 서북청년단이 제주신보를 강제 접수한 날이 2연대가 주둔한 1949년 초라는 설도 있고(진성범, 1997), 1948년 12월 25일이라는 기록도 있으나 확실한 공식기록은 남아있지 않다(이문교, 1997: 157).

서북청년단이 제주지역에 등장하게 된 것은 1947년 3·1절 기념 시위사건 발생 직후 제2대 제주도지사로 발령받은 유해진이 경호원 자격으로 서북청년회원 7명을 데리고 온 것이 계기가 되었고, 그 이후에 대거 유입되기 시작했다. 1948년 제주 4·3 발발 직후 당시 경무부장의 요청에 따라 제주 4·3 진압 요원으로 서북청년회원 500명이, 여수·순천사건 직후인 1948년 11월에서 12월까지 두 달 사이에 최소 1,000명 이상의 회원들이 경찰이나 경비대원의 신분으로 제주에 들어와 제주 4·3 진압 작전에 투입되었다.

서북청년단의 제주지역사회에 대한 횡포는 말로 다 표현할 수 없을 정도였다. 이들은 공산주의자라고 의심되는 자에게 무조건적인 공격을 가하였으며, 특히 미군정은 제주도 4·3 항쟁에서 보여준 서북청년단의 이러한 성향을 이용, 미군정의 명령에 대항하는 지역에 이들을 파견하였다. 미군

1) 서북청년단은 1945년 8월 15일 해방이후 북한 사회개혁, 당시 월남한 이북 각 도별 청년단체가 1946년 11월 30일 서울에서 결성한 극우 반공단체를 말한다. 정식 명칭은 '서북청년회'이고, 당시 일제시대에 누리던 경제적·정치적 기득권을 잃고 남하한 지주 집안 출신의 청년들을 주축으로 결성되었다. 서북청년단은 경찰의 좌익 색출 업무를 돕는 등 좌우익의 충돌이 있을 때마다 우익 진영의 선봉을 담당하는 역할을 하였다. 예컨대 1947년 3·1절 기념식을 각각 가진 좌우익의 시가행진 중 남대문에서 충돌한 남대문 충돌사건, 공산주의를 찬양·고취하던 민족예술제를 저지시킨 부산극장 사건 등이 대표적이다.

정에 의해 민중들을 공격하는 하수인이 된 서북청년단은 공산당을 때려잡는다는 명분하에 강탈, 강간, 폭행, 협잡, 살상, 백색테러를 일삼아 도민들을 공포에 떨게 하였다(출처: 네이버 지식백과 등).

서북청년단이 신문사를 강제로 접수한 1948년 12월 25일부터 1950년 3월까지 약 1년 3개월 동안 제주신보는 서청의 단장인 金在能을 발행인으로 하고 편집국장에 金默을 기용하여 신문발행을 주도하였다. 서청이 신문을 장악한 후 왜곡 날조 보도를 서슴지 않음으로써 독자들로부터 외면당하는 일이 많았다. 서청은 신문사를 강제접수한 후에 제주신보사가 그동안 간직해두었던 각종 서류와 이미 발행해 보관중인 신문을 모두 폐기했다. 이처럼 한 사회의 중요한 역사적 기록물 가운데 하나인 언론 史料를 모두 폐기하여 이 당시의 신문이 무엇을 어떻게 보도했는지는 정확히 알 수 없다(제주도지 제6권, 608쪽).

한편, 신문사의 경영권을 강탈당한지 약 10개월이 지난 1949년 10월 12일 제2차 계엄령[2)]이 해제되자, 옛 사주(社主)인 김석호 사장은 서청이 불법으로 신문사를 접수한 사실을 법에 강력히 호소하여 1950년 3월에 경영권을 되찾았다. 신문사의 경영권을 되찾은 김석호가 다시 사장으로 복귀하였다. 하지만 제주신보사는 경제적으로 매우 어려운 상황에 직면했다. 1950년 4월부터 8월까지 5개월간의 운영 결과를 보면, 총 수입은 802,400원이고, 지출은 1,175,720원으로 373,320원의 적자를 기록했다. 이 적자폭은 한 달 평균 74,664원으로 연간 추정액으로 보면 90만원에 달한다.

지출액 가운데 가장 큰 비중을 차지한 인건비는 30.2%로 355,000원이었다. 사원 수는 사장 외에 전무 1명, 편집국 7명, 영업국 3명, 공무국 11명, 통신원 등 4명으로 모두 26명이었고, 사장은 무급으로 근무했다. 즉, 사원의 한달 평균 임금은 13,650원인 셈이다(제주신문50년사, 297쪽).

경영 수지의 공개는 경영의 투명성을 밝혀 독자들의 협조를 받고 경영

---

2) 1949년 1월 5일자 주한 미군사령부 〈G-2보고서〉에 따르면 제2차 계엄령은 1949년 1월 4일 선포되어 그해 10월 12일 해제되었다.

난을 타개하려 한 것이다. 그러나 한국전쟁으로 경제 불황이 심각한 단계에 이르면서 신문사 경영난은 쉽게 풀리지 않았다. 직접 수입 가운데 하나인 광고 사정도 좋지 않았다.

이 자료에 따르면, 1950년 8월 현재 제주신보 편집국 기사 수는 7명인 것으로 나와 있다. 1950년 9월 1일, 김용수, 고영일, 방기옥 등 3명이 從軍기자로 근무하기 위해 해병대에 입대하자 기자수는 더욱 부족하게 되었다. 부족한 기자의 자리를 채우기 위해 9월 6일자 신문지상에 기자모집광고를 냈다. 응모자격은 중등 이상의 학교졸업자로써, 특히 종군기자를 희망하는 자로서 만 21세~35세 미만이어야 하며, 거주지 경찰관서장의 신원증명서가 요구되었다.

한편, 제주언론사에서 기억해야 할 것 가운데 하나는 불행하게도 사회혼란이 극에 달하던 1948년 10월 24일 제2대 편집국장이었던 김호진(金昊辰, 1920~1948)씨가 좌익무장대 최고 지휘관인 이덕구의 포고문과 담화문을 신문사에서 인쇄해주었다는 혐의로 구속되었다가 계엄령 하의 군정당국에 의해 그해 10월 31일에 처형당했다는 사실이다(김관후, 2018). 당시 인쇄를 담당하였던 공무국장 孫모와 공무국 차장 梁모씨 등도 군당국에 의해 처형당하거나 행방불명되었다. 이와 달리 김호진 편집국장이 1948년 8월에 군 당국에 의해 구속되었다가 처형되었다는 설(제주신문사, 1995: 295; 이문교, 1997: 137)도 있다. 이 기록에 대해서는 보다 상세한 확인이 필요하다. 당시 제주신보사에서 인쇄해 주었다는 좌익무장대 최고 지휘관 이덕구의 포고문은 아래와 같다.

> "친애하는 장병, 경찰관들이여! 총부리를 잘 살펴라. 그 총이 어디서 나왔느냐? 그 총은 우리들이 피땀으로 이루어진 세금으로 산 총이다. 총부리를 당신들의 부모, 형제, 자매들 앞에 쏘지 말라. 귀한 총자 총탄알 허비 말라. 당신네 부모 형제 당신들까지 지켜준다. 그 총은 총 임자에게 돌려주자. 제주도 인민들은 당신들을 믿고 있다. 당신들의 피를 희생으로 바치지 말 것을 침략자 미제를 이 강토로 쫓겨내기 위해 매국노 이승만 일

당을 반대하기 위하여 당신들은 총부리를 놈들에게 돌리라. 당신들은 인민의 편으로 넘어가라. 내 나라, 내 집, 내 부모, 내 형제 지켜주는 빨치산들과 함께 싸우라. 친애하는 당신들은 내내 조선임민의 영예로운 자리를 차지하라"

〈1948년 10월 24일 이덕구의 포고문(김관후, 2018: 198)〉

이 사건은 무엇보다도 제주언론의 기반을 닦아가던 많은 언론인의 필봉을 꺾는데 직간접적으로 많은 영향을 미쳤을 것이라 짐작된다. 아마도 이를 기점으로 제주지역의 언론들이 보다 보수·우익화 성향을 띄게 되었다고 볼 수 있다.

비명에 간 김호진 제2대 편집국장에 이어 제3대 편집국장에는 서울의 한국신문학원에서 수학 중이던 김용수가 임명되었다. 제2대 편집국장이 언제쯤 임명되었는지 정확히 적시할 수는 없지만 대략 1948년 5월 이후일 것으로 추측된다. 신문 판권란을 보면, 1948년 4월 20일까지는 편집 겸 발행인에 김진수, 편집국장은 백상현으로 명기되어 있기 때문이다.

제주신문50년사(295쪽)에 따르면, 김호진 국장은 제주신보 창간 직후인 1945년 11월 중순경 진보주의 성향의 청년단체인 白鹿會(회장: 鄭基俊)에서 발행한 백록일보(타블로이드판 4면)의 창간멤버다. 백록일보의 창간멤버는 정기준(鄭基俊)·고봉효(高奉孝)·조수인(趙壽仁) 그리고 김호진 등이다. 백록일보는 제주신보 2호가 나올 무렵인 1945년 11월 중순경 창간호를 냈지만, 경영난으로 그해 12월 제주신보에 흡수 통합되었다. 이때 신문제작자로 활동했던 정기준·고봉효·조인수·김호진 등이 제주신보로 자리를 옮겼다.

여기서 지면을 빌어 현존하는 제주신보 영인본(1947. 1.1.~1948. 4. 20)의 가치에 대한 제주4·3연구소의 평가를 수록해두고자 한다. 왜냐하면 영인본에 수록된 신문들은 1945년 10월 1일 창간호부터 1952년 12월 31일까지 발간된 2035호 신문 가운데 유일하게 보관되어 있는 신문들이기 때문이다. 물론 해당기간 중에 발간된 137호 가운데 54개호가 결호로 남아 있기는 하지만, 이 신문들은 당시 제주사회의 모습과 제주4·3을 어떻게 보도했는지 탐구하는데 없어서는 안 될 중요한 1차 자료들이다.

〈『제주신보』 영인본을 내면서〉

해방공간의 흐름 속에서 전개된 제주의 현대사는 지역의 자치와 민족의 자주적 통일열망을 실천하려고 한 '대결과 투쟁의 연대' 였다. 즉 1945년과 1946년은 제주민들이 합심하여 자주교육체계와 자치정부운동에 총력을 집중한 자치의 역사를 보여준 시기였다면, 1947년과 1948년은 제주민들이 미군정과 이승만 세력의 분단구도에 맞서 통일정부운동을 활발히 전개한 자주와 통일의 항쟁기였다고 할 수 있다. 그만큼 해방공간의 제주도는 작게는 제주지역에서 주체적으로 자치역량을 묶어낸 의미를 지니며 크게는 한반도의 통일과 자주역량을 지향했다는 민족적 의미를 함축한다. 그러나 지금까지 해방공간의 제주역사에 대한 연구는 미약한 수준에 머물러 있다. 특히 그 시기에 대한 과학적 연구가 절실함에도 불구하고 1차 사료의 절대빈곤, 43년이라는 시간의 흐름과 이데올로기적 금기라는 벽 때문에 제대로 이루어질 수 없었다. 그래서 4·3전후사에 대한 연구도 과학적일 수 없었다. 실제로 제주현대사에 대한 연구가 소설적인 구성 수준으로 허무맹랑하게 쓰여 진 경우도 있었는가 하면, 나름대로 증언에 기초하여 쓰여졌다 하더라도 그 사실성을 객관적으로 확인할 수 없는 경우가 허다한 것이 우리의 사정이었다.

이런 와중에서 제주 4·3연구소가 금번 당시의 『제주신보』 1년 4개월분(1947. 1. 1~1948. 4. 20)을 귀하게 입수하게 되었다. 『제주신보』는 1945년 10월 1일 창간된 당시 제주지방 유일의 지방지였다고 할 수 있다. 4·3항쟁 당시에는 서북청년단에 의해 강제로 접수되어 관제언론이 되어야 하는 수난을 겪기도 하였지만, 이 신문은 8·15이후 혼탁한 시절 대담하게 모리배들과 결탁한 경찰의 부패상을 특종을 연일 폭로하는 등 정론을 펴 해방공간에서는 도민의 삶과 제주지역사회의 흐름을 충실히 반영한 신문이었다고 할 수 있다. 그러나 이 신문이 도내 도서관과 신문사에 남아 있는 것은 1951년 이후의 것들일 뿐만 아니라 남아 있더라도 부분적으로일 뿐이다. 물론 그 시대가 격동의 시대였던 만큼 이 신문에 밀어닥친 어려움이 많았다 하더라도 무려 6년치에 해당하는 신문이 한 장도 없다는 사실을 이해하기 어렵다. 그간 도내의 각 언론사와 학계가 이 신문을 찾기 위해 백방으로 애타는 추적을 하였음에도 불구하고 찾지 못하였다는 사실을 참작할 때 그러한 사정은 더더욱 납득하기가 어렵다.

제주 4·3연구소가 금번 찾아낸 신문은 격동의 제주현대사 흐름 중 가장 중요했던 시기(1947년 3·1사건 ~ 1948년 4·3항쟁)를 각 부분별로 일목요연하게 보여주고 있다. 이것은 해방공간 제주지역의 정치·경제적 흐름을 생생하게 보여주는데, 자주교육의 형성과정, 도민전(濟州島 민주주의 민족전선)과 도민청(민주청년동맹) 및 각 계층의 역할, 복시환(福市丸)사건의 전모를 밝혀내고 있는 것, 1947년 3·1 평화항쟁의 전개과정과 각 계층의 투쟁 정도, 대응방식 등을 상세하게 보여줌으로써 4·3전사(前史)를 과학적으로 재조명할 수 있는 계기를 마련하고 있다.

아울러 1947년의 공간 속에서 각 정파의 입지를 가늠할 수 있게 해주는 사실 역시 담겨 있다. 1947년 1월 1일자에는 각 정파대표들의 신년사를 실었는데, 남로당 위원장, 군정장관, 입법의원 의장, 한민당 위원장, 민전 대표 등의 입장이 같은 지면에 대등하게 취급되고 있다. 이러한 점은 남로당이 대중정당으로 뿌리를 두고 있었다는 사실의 확인과 함께, 그만큼 남로당을 지하 활동했던 좌익세력으로 규정하는 오류를 정리하게 한다. 아울러 이 신문은 다시 미군정 정책에 대한 제주민의 대립 정도도 전해주는데, 양과자 거부운동의 전개를 보도하고 있는 것이 그러한 사례이다. 아울러 당시 민중들이 겪어야 했던 경제적인 어려움을 곳곳에 싣고 있다. 미군정의 미곡 강제수집과 할당, 미곡가격의 급등, 이합오작식 배급, 생활난으로 자포자기로 자기 처를 타살한 사례들이 그러한 것들이다. 그러나 1948년에 와서는 이 신문이 4·3항쟁에 대한 보도와 지면 구성에서 위축된 양상을 보인다. 4·3의 전개과정을 1단기사로 다룬 것이나 통신기사들로 대부분의 지면을 채우고 있는 점이 그것이다. 이는 그 당시 미군정의 신문에 대한 통제가 엄격하였음을 반증할 뿐만 아니라, 경찰과 서청 등의 세력들의 영향력이 커져가고 있음을 역설적으로 반영한다.

연구소가 신문자료를 입수한 일은 여러 가지로 의미를 갖는다. 그것은 지금까지 해방공간의 제주현대사 나아가 민족분단사에서 제주항쟁의 진실을 메워줄 중요한 계기가 될 것이기 때문이다. 이 시기 역사의 공백을 옳게 기록하는 1차 사료로서의 가치도 인정된다. 그만큼 이 신문은 당시의 시대상황을 비교적 정확하게 알려줄 뿐만 아니라 기존 연구와 자료에 잘못 발표된 연표와 역사적 사실들을 바로잡는 데 길잡이 역할을 할 것이다. 아울러 이 신문은 당시의 사회현상을 축약시켰기 때문에 제주현대사의 기본 골격을 있는 그대로 반영시켜주는 역사적 의미를 갖는다.

제주 4·3연구소는 이 신문이 갖는 역사적 의미를 고려하여 영인본을 원형 그대로 출판하기로 하였다. 이 작업은 많은 사람들의 의견과 노고에 의해 마무리될 수 있었다. 특히 『제주신보』 사본을 제공해주고 영인본 출간을 허락해주신 선생님과 여러 가지 어려운 여건 속에서도 흔쾌히 출판을 맡아주신 실천문학사 이석표 사장님과 편집진에 깊은 감사를 드린다.

〈1991년 2월 제주 4·3연구소 소장 고창훈〉

2) 제주계엄사령부의 신문사 접수

제주는 해방의 감격과 흥분이 채 가시기도 전에 1947년 3·1사건 및 3·10 총파업에 이어 1948년 4·3사건의 소용돌이에 빠져든다. 제주도민에게는 하루하루가 힘든 시간의 연속이었다. 여기에 엎친 데 덮친 격으로 6·25 한국전쟁이 발발하였다. 전쟁으로 비상사태에 들어간 정부는 1950년 7월 8일 전국에 비상계엄령을 선포하였고, 국군이 38도선 이북으로 진격한 후인 10월 10일을 기하여 제주도에 한해 비상계엄령이 해제되었다.

1950년 12월경부터 이듬해인 1951년 1월 초 사이, 중국 공산당에서 파견된 중국인민지원군의 공세로 국제 연합군의 주력이 서울에서 물러나고 공산군이 서울을 재점령하면서 1·4후퇴로 피난민이 대거 제주도로 몰려들었다(두산백과). 그리고 전황이 다시 악화되자 부산으로 수도를 옮긴 임시정부는 1950년 12월 27일 38도선 이남지역에 비상계엄을 재차 선포하였다(제주 4·3진상보고서, 338쪽).

당시 제주지구 계엄사령부(사령관: 남상철 해군대령)는 부산의 임시정부가 제주로 올 수 있는 만일의 사태에 대비하여 제주신보를 전국지로 확대하는 방안을 구상하였다. 이러한 의도를 갖고 있던 계엄당국은 이를 실현하기 위해 1951년 1월에 제주신보를 강제로 접수하였다. 김석호 사장과 신두방 전무 등이 이 같은 계엄당국의 조치에 불복하여 거센 항의를 해보았지만 별 소용이 없었다.

신문사를 강제 접수한 계엄사령부는 홍순재(洪淳宰)를 새로운 사장(편집인 겸 발행인)에 앉히고 부사장에 김승문(金勝文: 전 동아일보 상무), 편집국장에는 한국신문학원장을 역임하고 피난 와 있던 곽복산(郭福山)을 임명하였다.

계엄당국의 이러한 비상체제 운영은 1951년 2월 22일 제주도 지구의 계엄령이 해제된 후, 이러한 조치가 불법이라는 법원당국의 판정으로 막을 내린다. 법원판정 기일이 언제인지는 불확실하다.

법원판정에 따라 홍순재 편집인 겸 발행인이 김석호 전 사장에 경영권을 넘기는 과정에서 3월 29일자 신문에 〈금반(今般) 본보를 본사 사정에 의하여 당분간 휴간하오니 독자들의 양해를 바란다〉는 내용의 사고(社告)를 발표하였다. 이러한 사고에 비추어 볼 때, 계엄당국의 신문사 운영기간은 문서상으로는 1월~3월까지 약 3개월 정도였다고 추정된다. 그러나 내면을 들여다보면, 1951년 1월부터 8월 중순까지는 제주계엄사령부가 임명한 편집진이 신문발간을 주도했다고 볼 수 있다. 왜냐하면 경영권을 되찾은 김석호 사장의 첫 인사발령 내용을 보면, 8월 19일자로 계엄령사령부에서 임명한 곽복산 편집국장을 주필로, 그 후임 편집국장으로 이완희(李完熙)를 발령하고 피난언론인 오재동(吳在東)을 논설위원 겸 편집고문으로 임명했기 때문이다. 대구출신인 오재동씨는 약 1년간 논설면과 시사단평란 만리풍(萬里風)을 담당하며 독자들로부터 많은 호평을 받았다.

6·25 한국전쟁은 우리나라에 민족상잔의 비극을 가져다 주었지만, 1·4 후퇴 당시 서울 등지에서 제주도로 피난 온 중앙 언론계 중진인사와 문화예술인들이 제주신보 제작에 참여하면서 신문편집과 제작방식 혁신에 많은 기여를 하였다. 대표적인 사람으로는 곽복산과 오재동 이외에 장수철(張壽哲)·방기옥(方基玉)·이기동(李東林)·강석범(姜錫範) 기자 등이 있다.

또한 제주신보는 1952년 1월 21일자로 전인홍 부사장에게 편집국장직을 겸임하게 하여 편집국 기구를 강화하는 한편, 서북청년단에서 편집국장으로 임명했던 김묵(金默) 편집국장 서리를 1월 26일자로 의원면직하였다.

이영복씨는 1950년 한국전쟁 당시 제주신보의 환경을 다음과 같이 기록하였다.

> 1950년 6·25전쟁이 반발했을 때만해도 제주신보사에는 중앙뉴스를 들을 수 있는 라디오가 한 대도 없었다. 1953년도 휴전협정이 체결되기 전까지, 외근기자들의 태만이 말이 아니었다. 취재보다는 군인들과 춤(양춤)을 추러 다니는 것을 취미로 삼았다. 더러는 기사를 하루에 한 건도 안 쓰는 기자들이 있었다. 장교들과 놀러 다니는 기자들은 군복장을 얻어 입고 소매에 프래스(press)란 영자(英字)마크를 붙여 우쭐대며 돌아다녔다. 나와 견습기자를 빼고는 국장을 비롯 전 외근기자들은 군복을 입고 다녔다. 나도 끝에 가서는 외톨이를 면하기 위해 시장에서 「싸구려」 군복을 사 입고 말았다. 그러나 춤을 출 시간이 없어서 다니지 않은 것은 아니다. 당시는 신문기자 치고 댄스를 할 줄 모르면 거의 병신 취급을 했지만 유독 나만 춤을 못 추는 기자가 되고 말았다. 그런데 신두방 전무는 김국장과 사이가 좋아서 아무런 말을 안했으나 故김석호 사장은 외근기자들을 못마땅하게 보는 것이었다. 여러 차례 김 국장에게 기자들이 기사도 안 쓰고 놀지 않도록 단속하라고 주의를 시켰다.
>
> 〈제주신문, 1979년 8월 30일자 3면〉

> 또한 이 시절, 앞서도 말했지만 외근기자들은 춤바람이 나서 취재를 등한시한 까닭에 '자수 채우기'가 힘들었다. 지면이 손바닥만 하고 활자도 9포인트여서 한 면의 자수는 3천자 정도면 족하였는데도 6~7명의 취재기자들이 이를 채우지 못하는 형편이었다. 그래서 공장에서 조판하다가 자수가 모자라면 장수철(張寿哲)씨는 편집실로 돌아와 걸상에 앉아 한참 멍하니 허공을 바라보다가 펜을 잡아 시를 써가지고 가서 부족분을 채우기도 했다. 「부둣가에서」, 「禾北」 (당시 장씨는 화북(禾北)에 숙소를 두었음) 여러 편을 지상에 발표하였다. 나도 수필 「꾀꼬리」, 「이사 가는 날」 등을 발표하였다.
>
> 〈제주신문, 1979년 8월 31일자 3면〉

3) 새로운 도약을 위하여: 경영진 개편

제주신보가 주식회사로 출범하던 1947년 1월 1일부터 초대사장으로 취임해, 약 7년여 동안 신문사 발전에 많은 기여를 해온 김석호 사장이 1954년 5월 20일 치러진 제3대 민의원 선거(북제주구군 갑구)에 출마해 압도적인 표 차이로 당선되었다. 이는 신문사의 대표가 정가에 발을 내디딘 첫 번째 사례이다.

중역개선을 위해 1954년 6월 20일 열린 임시주주총회에서 사장에 김석호, 부사장 전인홍, 전무 신두방이 각각 재선되었다. 이날 선임된 취체역은 김석호, 전인홍, 신두방, 강재량(康才良), 문창헌(文昌憲), 홍종언(洪宗彦), 박영훈(朴永勳), 고병효(高炳孝), 고은석(高金錫), 이종열(李鍾烈), 구기서(具기書), 황경수(黃庚秀), 김도준(金道準) 등 13명이다. 이후 1957년 6월 16일 임시주주총회를 개최하고 중역을 개선하였다. 이날 개선된 신임 취체역은 김석호, 전인홍, 신두방, 이종열, 황경수, 박영훈, 홍종언 등이고, 감사는 김도준, 김종률(金鍾律) 등이다. 이어 6월 18일에는 중역회의를 열고 제6대 대표 취체역 사장에 이종열, 부사장에는 전인홍, 전무 취체역에 신두방을 선임하였다. 7월 1일자로 새로 취임한 상임중역들은 7월 14일 임시주주총회를 소집하여 정관을 개정한 다음 김석호 전(前) 사장을 회장으로 추대하고, 증자문제를 논의하였지만, 그 결과는 알 수 없다.

이후 1959년 5월 13일자로 전인홍 부사장이 길성운(吉聖運)지사의 후임으로 제8대 도지사에 임명되었다. 제주신보사의 임원진 가운데 정치계(혹은 행정가)로 입문한 두 번째 사례이다. 그리고 1959년 9월 21일 제주신보사는 취체역 회의를 소집하여 이종열 취체역 사장의 사표를 수리하고 그 후임에 김석호 전(前) 사장을 보선하였다. 당시 전지요양(轉地療養) 중이던 김석호 前 사장은 자신의 건강상태 때문에 〈잔여임기인 내년 6월까지〉라는 단서를 달아 취체역 회의의 보선결의를 수락했던 것으로 기록되어 있다.

6개월 후인 1960년 3월 11일 열린 중역회의에서 신병(身病) 중인 김석호 대표 취체역 사장의 사표를 수리하고, 그 후임에 김두진(金斗珍) 취체역이 선임되었다. 김두진 신임사장은 지난 1958년 5월 2일 실시된 제4대 민의원 선거에서 북제주군 선거구에 자유당 후보로 출마해 당선된 현역의원이었다. 1960년 3월 12일 취임한 김두진 사장은 기자들의 내분사태에 휘말려 약 1년 만에 사장직을 사임하였다. 제주신보사의 경영진과 편집국간의 갈등과 내분사태는 오현고 학원분규 기사로 비화되었다. 이 부분에 대한 자세한 내용은 후술하였다.

그리고 강우준 제주신보사 사장과 김선희 제민일보사 사장은 1961년 5·16 쿠데타 후 집권한 군사혁명정부의 언론정책에 따라 1962년 11월 20일부터 제주신보사와 제민일보사가 통합하여 〈제주신문〉 하나만을 발행한다고 공동명의로 공표하였다. 강우준 사장은 1963년 12월 16일 제주도지사로 발령될 때까지 새로 출범한 제주신문의 초대 사장에 취임하여 신문사의 경영을 주도했다.

제주신보사의 임원들 가운데 강우준 사장보다 먼저 정계로 진출한 사람은 두 명인데, 1954년 5월 20일 치러진 국회의원 선거에서 北齊州郡甲區 選擧區에서 출마한 김석호 사장이 압도적인 득표로 民議院에 당선된 바 있고, 1959년 5월 13일자로 全仁洪 부사장이 吉聖運지사의 후임으로 제8대 제주도지사에 임명되어 신문사를 떠났다.

4) 사시 및 편집방침

제주신보는 1955년 10월 1일 창간 10주년을 맞이하면서 공정보도를 다짐하는 사설(社說)과 사시(社是)를 처음으로 발표하였다. 이날 발표한 제주신보의 사시는 아래와 같다.

〈사시〉

1. 불편부당(不偏不黨)의 위치에서 언론창달에 기여함

2. 正義 人道에 입각하여 국민의 행복에 헌신함
3. 진실을 공정 신속히 보도하고, 평론은 건설적 정신을 견지하여 그 중정(中正)을 기함

이와 함께 제주신보는 사설을 통하여 그간 취하여 왔던 2개의 편집방침을 밝혔다. 그 내용을 보면, 하나는 정부 방침을 지지(支持) 육성하는 것이고, 또 다른 하나는 지방적으로는 불편부당의 입장에서 시시비비(是是非非)의 태도를 취하는 것이었다. 그리고 언론의 사명이 가중해짐을 통감하여 대공(對共) 투쟁의 선도적 역할을 수행하고 민심 창달을 위하여 노력할 것임을 밝혔다. 이 社說 전문은 다음과 같다.

10월 1일 오늘로서 본보는 창간 10주년 기념일을 맞이하였다. 민족해방과 때를 같이 하여 발족하고 이제 지령 2천6백66호를 헤아리게 되는 10년간의 과정을 회고하여 보면, 그것은 마치 우리 민족 전체가 겪은 정치적 사회적 파란과 그 궤(軌)를 같이 해왔다고도 말할 수 있을 것이다. 그동안 본지의 경영자와 필진에도 다소 개편과 변동을 난면(難免)하였고 혼돈으로부터 질서를 찾아 간난(艱難)과 험준의 길을 타개하여 대과(大過)없이 오늘의 사세(社勢)발전을 이루게 된 것은 오로지 애독자 도민 제주(諸位)의 꾸준한 편달과 위정당국(爲政當局) 및 도내 각 기관의 각별한 애호의 선물인 것임을 깊이 감사하여 마지않는다.

2차 대전의 초연(硝煙)이 완전히 사라지기도 전에 단기4278년 10월1일 연합군의 진주를 앞두고 日軍 20만의 날카로운 총검이 도민의 행동을 억누르고 있는 가운데서 일본 보도기관을 접수하고, 최초로 우리 문자로서 본보(本報)를 발간해서 상실되었던 민족의식의 급속한 환기와 자주적 보도사명을 다하는 데는 결사적 각오가 필요했던 것이다.

이래(以來) 본도가 전라남도의 예속으로부터 이탈되어 道로 승격됨에 따라 아직 민주주의 사회생활의 시험단계인 지방자치단체 운영에 있어서 본보는 민주사회의 공기(公器)로서의 사명을 부담하였고 인권옹호의 수준이 얕은 본도에 있어서 도민의 권익을 옹호하는 대변기관의 역할을 또한 담당하지 아니하면 아니 되었다. 일시적으로 非민주주의적 분위기 속에서

외부세력에 의하여 본보 운영에 지장을 가져온 일도 비일비재하였으나 모든 애로를 극복하고 본보는 오늘날 도민의 기관으로서 건재하게 되었다.

민주정치는 여론정치이므로 신문에 대한 외세의 간섭은 있을 수 없는 것이며 신문은 언론자유를 보장하는 민주주의의 상징이며 또는 사회생활의 혈맥이 되는 것이다.

그간 본보는 2개의 편집방침을 취하여왔다. 기일(其一)은 정부 방침을 지지 육성하는 것이오, 기이(其二)는 지방적으로는 不偏不黨의 입장에서 是是非非의 태도를 취하는 것이다. 이것은 본보가 지방지로서의 본분에서 일탈됨이 없이 전시하(戰時下) 신문의 사명을 다하려는 데 있는 것이다.

물론 신문 본래의 사명이라는 입장에 있어서 냉철하고도 날카롭게 비판하고 추궁해야 하지만 또한 미치는 바 그 영향과 국가적 이익을 예민하게 고찰하는 견지에서 本報의 편집방침은 관용과 품위와 책임을 존중하는 신조를 일관하여 왔다.

또한, 신문의 道義는 사회적 정의에 입각하여야 하며 사리사욕의 도구가 되어서는 안 되는 것이므로 본도 내에 야기되는 각 파 세력의 파쟁 갈등과 道政 및 지방의회의 논의에 대해서도 냉정한 비판적 태도를 취하여 건설적 의견을 제시하여 왔고 地方紙가 흔히 개입하기 쉬운 편견적 입장을 면(免)하여 왔다는 것은 본보의 장래의 발전을 위하여 다행한 일이었다.

최근 본도(本道에) 있어서도 신문의 품격이 논의되고 보도와 논조에 대하여 독자의 비판이 성행됨은 기쁜 현상이라 할 것이다. 언론기관의 편파적 태도야말로 사회악의 새로운 양성(釀成)이 되는 것이며 신문에 대한 도민 일반의 향상은 곧 신문발전에 있어서 가장 강력한 채찍이 됨은 췌언(贅言)을 요(要)치 않는다.

아직도 우리는 민족 지상의 과제인 통일을 이루지 못한 채 해방 10주년을 넘겨버렸고 휴전이란 이름 밑에서 국제정세의 관망가운데 또 다시 일본과 공산도당(共産徒黨)은 침략의 기회를 노리고 있는 실로 낙관을 불허(不許)하는 정세에 놓여 있는 것이다. 이러한 가운데 있어서 본보는 사명의 가중해짐을 통감하여 대공(對共) 투쟁의 선도적 역할을 수행하고 본보 발전과 민심 창달에 신문으로서의 사명을 다하여 도민 제위의 기대에 어긋남이 없기를 기약하는 바이다.

이와 같은 내용의 사설은 4차례(1954.10.1/1955.10.1/1956.10.23: 지령 3천호 기념/1957.10.1)에 걸쳐 연속하여 실렸다.

제주신보는 1년 후인 1956년 10월 23일자 신문에 〈도민의 참된 벗으로서-지령(紙齡) 3천호를 돌파하며〉 제하의 사설과 5개의 편집강령을 발표하였다. 이 사설은 앞서 제시한 사설 내용과 거의 유사하였다. 이날 밝힌 편집강령은 다음과 같다.

〈편집강령〉

1. 민주주의 이념에 입각 언론창달에 기여함
2. 不偏不黨 주의를 견지, 대한민국 국책(國策)의 추진력이 됨
3. 민중의 반공사상 고취에 선봉적 지도역할을 자담(自擔)함
4. 도정(道政)의 합리적 수립과 그 효율적 침투에 是是非非의 목탁이 됨
5. 제주도의 정치, 경제, 산업, 문화 등 제분야의 후진성 타개에 주력함

앞서 제시한 사시와 편집강령은 1961년 2월 25일 강우준(康祐俊) 사장이 새로 취임한 이후 다음과 같이 개정되었다.

〈社 是〉

① 不偏不黨의 위치에서 언론 창달에 기여함
② 정의 人道에 입각하여 국민의 복리에 헌신함
③ 반공 국시의 추진력이 됨

〈편집강령〉

1. 사실을 공정 신속히 보도하고, 논평은 건설적 정신을 견지하여 그 중정(中正)을 기함
2. 반공이념 고취와 신생활운동 여행(勵行)에 계도의 역할을 다함
3. 제(諸)분야의 지방적 후진성 타개에 주력함

1960년 4·19 혁명 이후 발표한 사시와 편집강령을 보면, 1950년 중반에 제정된 것과 별 차이가 없어 보인다. 달라진 것이 있다면, 1950년대 중

반에 만들어진 社是에 들어 있던 〈眞實을 공정 신속히 보도하고, 평론은 건설적 정신을 견지하여 …〉 이라는 내용이 〈반공 국시의 추진력이 됨〉으로 교체되었다는 정도다.

위의 사시와 편집강령 그리고 사설 내용 등으로 보아 이 신문의 보도 내용은 도민의 여론을 지면에 적극 반영하기보다 정부와 도정 시책을 홍보하는데 주력하였던 것으로 보인다.

5) 신문보급 및 광역 취재망 구축

제주신보사는 1947년 1월 주식회사로 재출발한 이후부터 통합 직전까지 신문보급 확장과 취재망을 넓히기 위해 도내·외에 25개의 지국 및 지사를 두었다. 기록에 의하면, 1947년 2월 26일자로 서귀면 지국장 겸 기자에 김태준, 애월면 지국장 겸 기자에 장기동, 3월 7일자로 대정면 지국장 겸 기자에 강영숙, 3월 15일자로 안덕면 지국장 겸 기자에 유화영, 3월 16일자로 한림면 지국장 겸 기자에 강한봉(姜漢鵬), 1947년 7월 8일에는 원정통(元町通)[3] 한성상회 내에 제주읍 지국을 설치하고 초대지국장 겸 기자에 채평욱(蔡平旭)을 임명하였다.

당시 제주도는 1946년 7월 2일 미군정청이 발표한 濟州道의 설치법령 94호에 의해 8월 1일부터 제주도가 북제주준과 남제주군 등 2개 군으로 나누어지고, 남제주군은 다시 성산, 남원, 중문, 대정, 표선, 서귀, 안덕 등 7개면, 북제주군은 제주읍 외에 구좌, 추자, 한림, 조천, 애월 등 5개면으로 분할하게 되어 있었다. 초대 도지사에는 스타우드 중좌가 취임하기로 되었고, 조선인 지사는 미결이라고 보도되었다. 이로써 남조선의 도는 모두 9개 도(道)를 헤아리게 되었다(자유신문, 1946년 7월 13일자. 같은 기사 서울신문, 동아일보, 중외신보).

---

3) 원정통 또는 원정로라는 이름은 제주시가 1968년 8월 15일부터 시내 주요 가로 이름을 대폭 제정·정리하면서 관덕로로 바뀌었다(미디어제주, 2015.08.21).

제주 4·3사건으로 파생된 사회혼란 때문인지 1948년 1월부터 1950년 8월 사이 지국장 겸 기자를 임명한 기록을 찾을 수 없었다. 하지만 1950년 9월부터는 제주도내 전 지역에 지국장 겸 기자를 계속하여 발령했던 것으로 확인되었다. 이를 시기별로 나열해보면 아래와 같다.

> 김령 지국장 겸 기자 백리호(1950.9.13), 모슬포 지국장 겸 기자 양철휘(1950.9.13), 신창 지국장 겸 기자에 고문방, 도두리 지국장에 김대옥(1950.8.2), 세화리 지국장 김길환 의원면직(1953.7.31), 삼양리 지국장 송윤수 의원면직(1954.9.1), 위미지국장 강성규 의원면직(1957.3.1), 외도 지국장 현윤석 의원면직(1958.7.31)- 후임 신태현 임명, 우도지국장에 김항구 임명(1960.2.1), 표선면 지국장에 송두규 임명(1960.5.1), 하귀지국장 강한집 의원면직 -문영호 임명(1961.4.1), 함덕분국장에 진상근 발령(1961.5.1), 김정옥 중문지국장을 위원면직- 후임에 최병훈임명(1961.12.27), 현주삼 성산지국장 의원면직-고재섭임명(1962.12.29), 고성남 고산지국장 의원면직- 후임 김문숙 임명(1962.4.15), 효돈지국장에 허유홍발령(1962.4.16), 북촌(北村) 지국장에 부두전 임명(1962.8.24) (괄호 안은 사령날짜)

그리고 점차 증가하는 독자의 효율적 관리와 신문보급에 박차를 가하기 위해 1954년 7월 29일부터 제주읍 지국을 동·서(東·西) 지국으로 분할하였다. 동부지국는 일도동·2도동·건입리(동) 일원을 관리하도록 하여 지국장에 감주석(康周錫)을 임명하였고, 서부지국은 3도리(三徒里)와 용담리 지역을 관리하도록 하였다. 초대 지국장에 김봉두(金奉斗)를 임명하였다. 1956년 2월부터 동·서 지국을 하나로 통합하였다. 통합지국장에 홍운표(洪運杓)를 발령하였다.

도외(道外)의 경우, 광주에 전남총국장 겸 기자에 강좌윤(1947.2.20), 서울특파원에 장기우(1947.7.12), 목표 지국장 겸 기자에 송종화, 총무에 고자윤(1947.8.1)을 각각 임명하였다. 1948년 4월 12일부터 서울에 지국장 겸 기자로 황영민(黃英敏)을 발령했다. 나중에는 서울 종로구 무교동 가고파 다방 2층에 서울분실을 설치하여 1956년 12월 1일자로 강인정(康仁正)을 초대 분실장에 임명하였다. 1953년 3월 31일자로 부산지사를 설립하여 초대 지사장에 고금석(高金錫)을 임명하였다. 1959년 5월 20일자로 부산 남형동 1가 225번지에 부산지국을 설치하고 이학만(李學萬)씨를 초대 지국장에 임명하였다.

그런데 이들의 근무기간을 비교해 보면, 각 지역의 지국장 겸 기자들은 1~2년도 채 못 넘기고 수시로 교체되었다. 이들의 주 업무가 신문보급 및 판매였는지 아니면 각 지역에서 발생하는 각종 사건·사고를 취재하여 전송하는 것이었는지는 명확하지 않다. 단, 현재 보관중인 신문을 대상으로 1959년 말까지 특정 시기별로 표본을 추출해 분석해본 결과, 각 면 단위의 기사가 많지 않은 것으로 보아 이들의 주요 업무가 취재활동보다 신문보급 및 판매에 있었을 것이라 추정된다.

그리고 제주신보사는 1946년 5월부터 합동통신(合同通信)과 뉴스수신계약을 체결하여 체계적으로 국내뉴스를 보도하기 시작하였고(제주신문50년사, 278쪽), 국제뉴스 보도에도 만전을 기하기 위하여 1952년 1월 초에 UP계의 뉴스를 공급하고 있는 대한통신과 뉴스제공 협약을 체결하였다. 또한 제주신보사는 외신 및 도외소식 보도에 충실하기 위하여 종전의 합동통신 이외에 새로이 AP(미국), AFP(프랑스), Reuters(영국) 통신사와의 계약사인 동화통신(同和通信)과 수신 계약을 하고, 1960년 9월 1일부터 동화통신의 기사를 전재(轉載)하기 시작하였다.

제❷절 | 재정과 경영난

신문사의 수입원은 신문판매수입, 광고료 및 기타 부대사업(附帶事業) 수입 등으로 대별된다. 전체 수입 가운데 구독료의 비중이 광고료 수입보다 커질수록 광고주를 비롯한 외부세계로부터의 각종 압력과 요구(또는 청탁)를 덜 받게 된다. 언론사 외부로부터 통제와 압력을 덜 받게 되면, 그만큼 독자들에게 공정하고 사실적인 정보와 뉴스를 제공할 수 있다. 그렇기 때문에 신문사의 수입구조를 따져보는 것은 그만한 가치가 있다. 하지만 창간 당시 제주신보사의 자본금이 얼마였는지는 알 수 없다. 이를 확인할 수 있는 초창기 경영에 관한 기록이 남아있지 않기 때문이다.

濟州民報(제주신보의 前身) 창간호는 제주시내 관덕정(觀德亭) 남쪽, 당시의 제주읍(濟州邑 → 제주시청)사무소 앞 골목에 있었던, 강성언(姜成彦)이 경영하는 강본(岡本)인쇄소에서 인쇄되었다. 창간호는 타블로이드 판(版) 2면, 5호 활자로 화선지에 단면만 인쇄되었다. 종이의 질이 나빠 뒷면에는 인쇄할 수 없을 때가 많았다. 창간호는 2~3백부가량 발간되었다. 창간 당시 신문사의 경영체계가 제대로 갖춰져 있지 않은 관계로 강성언씨는 인쇄비도 받지 않고 참여한 것으로 기록돼 있다(제주신문50년사, 1995). 이로 미루어 보아 신문사에는 처음부터 운영자본금이 거의 없었던 것으로 보인다. 경제사정이 매우 나쁘던 시절에 강성언씨가 무료로 신문을 인쇄해주었다면 몇 호까지 인쇄해주었는지는 앞으로 밝혀져야 할 부분이다. 왜냐하면 그는 신문을 창간하는데 있어 가장 큰 기여를 한 사람들 가운데 하나이기 때문이다.

제주민보(濟州民報)를 창간할 당시 신문사는 관덕정 광장 남쪽에 있었던 것으로 기록되어 있다. 창간 이후 경영에 참가한 김진수(金鎭洙)씨가 1946년 1월 26일 창간 당시의 제호였던 제주민보를 제주신보로 바꾸어 미군정청 공보처에 등록을 마치고 대표가 되었다. 제호를 일본군(또는 총독부)이 발간하던 신문의 이름인 제주신보로 자존심도 없이 개제(改題)하여 등록을 마친 후, 김진수는 미군 공보담당 라크우드 대위의 도움을 받아 사원(四元)인쇄소의 사옥 및 시설을 인수하여, 그곳에 회사간판을 내걸고 사무실로 삼았다(제주신문 50년사, 277쪽). 일본어신문인 제주신보를 인쇄하던 적산가옥(敵産家屋)인 이 인쇄소(칠성통 지금의 월광사 자리)를 미군으로부터 공짜로 불하받은 것인지 아니면 실제로 돈을 주고 인수한 것인지 여부는 공식적인 기록이 남아있지 않은 관계로 정확히 알 수는 없다.

하지만 제주민보 창간멤버들이 제주민보의 제호를 자존심도 없이 버젓이 제주신보로 바꿔 등록한 것으로 보아(기득권을 주장하기 위한 방편), 당시 조선을 점령하였던 미군정청으로부터 '누이 좋고 매부 좋다'는 식으로 무료로 불하받았던 것으로 추정된다. 만약에 이 건물을 신문사의 명의로 불하받았다면 이 건물은 재산목록 1호가 된다.

초창기에는 활자와 용지를 구할 수 없어 200-300부 정도 발간했던 것으로 기록되어 있다(제주신문50년사, 1995: 277). 창간멤버들은 신문이 나올 때마다 인쇄된 신문을 관덕정 광장 남쪽에 있었던 신문사로 가져와 당시 관덕정 광장에 섰던 5일장 장터에서 행인들에게 무료로 배부했다. 당시 배달체계가 제대로 갖춰지지 않은 관계로 김진수 대표는 미군정청(美軍政廳)에서 지원받은 사이카를 타고 다니면서 직접 신문을 배달하였다. 당시에는 신문광고도 없었다. 기록이 남아있지 않은 관계로 당시의 1부당 신문 값이 얼마였는지는 알 수 없지만 구독료를 받았다는 기록은 남아 있다(제주신문 50년사, 1995).

초창기에는 이와 같이 신문사의 운영에 필요한 자본금도 고정적인 수입원(구독료와 광고수입 등)도 거의 없었기 때문에 기자들의 보수 또한 거의 없었으며, 문선공들은 약간의 보수를 받았던 것으로 기록되어 있다.

조합형식으로 출범한 제주신보사는 창간 당시부터 이처럼 용지난, 인쇄비, 인건비 등 갖가지 어려움을 겪었다. 제주신보가 이렇게 경영난에 허덕이게 되자 경영난을 타개하기 위해 제주지방 유지들을 주주로 영입하는 한편, 1946년 10월에는 제2대 사장에 김석호(金錫祜), 전무에 백찬석(白瓚錫)을 선임하여 1947년 1월 1일부터 주식회사로 재출발하였다(이문교, 1997: 607).

창간 이후 1946년 12월 말까지 발간된 신문의 지령은 제137호였다. 1945년 10월 1일 창간 후 약 1년 3개월 동안 발간한 신문의 지령이 제137호밖에 되지 않는다는 것은 그만큼 당시의 신문발간 상황이 여러모로 무척 어려웠음을 말해준다. 당시 3~4일에 한번 정도 신문을 발행했던 것으로 보인다.

제주신보는 주식회사로 재출발한 이후, 이러한 경영난을 타개하기 위해 가장 먼저 제주도 내외 각 지역에 지국장 겸 기자들을 잇달아 임명하여 신문보급망 및 취재망을 확충하고 1947년 5월부터 본격적으로 구독료를 받기 시작하였다.

1947년 5월 8일자 신문을 보면, 이 날부터 그동안 공란으로 남겨두었던 판권란 바로 밑에 있는 구독료(購讀料)란에 가격을 〈월정50원(圓)〉이라고 명시하기 시작한 것으로 확인된다. 그 다음 해인 1948년 2월 8일자(제293호) 신문에 신문구독료가 100% 인상되었음을 알리고 바로 시행에 들어갔다. 사고의 내용은 다음과 같다.

〈社 告〉

근래에 날로 심각(深刻)의 도를 가하고 잇는 용지난과 아울러 기타 제경비의 팽창으로 본의가 아니오나 부득기(不得已)한 조치로서 중앙의 각 신문에 의준(依準)하야 구독료를 월당 100원(圓)으로 인상케 되엿아은바 독자제위(諸位)는 이점을 널리 양해하여주시옵고 여전(如前)한 애호와 편달을 주시옵기 자(玆)에 근고(謹告)하나이다.

〈제주신보사, 1947.2.8〉

구독료 인상에 이어 약 1주일 후 그동안 조합체 조직으로서 인재확보 및 사업비의 염출 등에 막대한 지장을 받아왔던 본사는 그 타개책의 일환으로 주식회사로 전환하기로 하고, 이를 위한 주식모집을 한다는 공고를 1948년 2월 16일자 신문에 다음과 같이 발표하였다.

〈주식회사 제주신보사 주식모집〉

본 제주신보사는 종래 조합체(組合體) 조직이던 바, 이로써는 인재의 획득 사업비 염출 등에 막대한 지장이 있어 금반 주식회사로 변경하여 기초 강화와 신문에 부하된 사명의 완수에 자(資)하고자 하오니, 본 사업의 취지에 찬동하는 분은 다음에 의하여 다수(多數) 응모하여 주심을 앙망(仰望)하나이다.

주식모집 자본금 100만원(圓), 주식총수 1만주, 1주 금액 100원, 공모주수(株數) 4,800주, 제1회 불입금액 1주에 대하여 1백원, 신입보증금 1주에 대하여 1백원, 신입장소: 제주신보사, 신입기한: 2월 20일.

〈주식회사 제주신보사 창립사무소 발기인 대표
박경훈·배찬석(朴景勳·白燦錫)〉

이것은 언론사의 경영난을 타개하기 위해 일반 대중을 대상으로 한 최초의 주식 공모사례라 볼 수 있다. 하지만 주식모집 결과 모금액이 얼마나 되었는지는 발표되지 않았다. 또한 이와 관련하여 의문시되는 것은 1947년 1월 1일자 지상에 사장 김석호(金錫祜), 전무 백찬석(白瓚錫)의 명의로 제주신보사가 법인조직으로 재출발한다는 사고를 낸 바 있는데, 그로부터 약 1년 1개월이 지난 1948년 2월 16일자 신문에 〈주식회사 제주신보사 창립사무소 발기인 대표 박경훈·백찬석〉의 명의로 일반 대중을 상대로 주식 공개모집 社告를 냈다는 점이다.

이 社告를 보면, 주식회사로 재출범 할 당시 각 주주들이 출자한 자본금 액수가 얼마였는지 궁금해 하지 않을 수 없다. 새로운 사장과 전무의 명의로 주식회사로 재출범한다고 공고한지 약 1년 1개월 밖에 지나지 않았는데, 재정적으로 어려워 주식회사 창립 발기인 대표 명의로 주식을 공개모집한다는 것은 주식회사로 출범할 당시 7인의 발기인 주주들이 낸 출자금이 많지 않았다는 것을 보여주는 것이라 할 수 있다.

여기서 다시 신문구독료로 돌아가서 보충 설명하고자 한다. 1947년 5월 8일자 신문에 신문구독료(월 50圓)에 관한 社告가 처음 나간 이후부터 1954년 2월까지 해마다 한 번도 빠지지 않고 그리고 어떤 해에는 두세 차례씩 신문구독료가 인상되었다. 인상요인은 매번 신문용지의 인상과 기타 제작경비 증가로 재정난을 더 이상 감당하기가 어려워 인상을 결정했다는 것이다.

다음의 [표 2-1]를 살펴보면, 제주신보사는 1948년 2월부터 월 구독료를 100원(圓) 받아왔는데, 1948년 12월 하순경 신문사를 강제 접수한 서북청년단은 1949년 7월 1일부터 구독료를 월 2백圓으로 인상하였다. 4·3사건에 이어 1950년에 발발한 6·25한국전쟁으로 신문사 운영은 또다시 어려움에 봉착하였다.

[표 2-1] 제주신보 구독료

연월일	월구독료	1부당	연월일	월구독료	1부당
1947.5.8	50원(圓)		1952.8.1	7000원	300원
1948.2.8	100圓		1952.10.1	10000원	400원
1949.7.1	200圓		1953.2.17	100 환(圜)	화폐개혁
1950.8.1	400圓		1953.10.1	150圜	10圜
1950.9.1	600圓		1954.2.1	200圜	
1951.3.1	900圓		1954.10.1	300圜	20圜
1951.7.1	2500圓	100圓	1957.1.1	400圜	
1952.1.1	5000圓		1962.6.10	40원	화폐개혁
1952.3.1	5000圓	200圓	1963.1.1	60원	

*주: 1953년 2월 17일 화폐개혁으로 화폐단위가 환(圜)으로 바뀜.

1950년 6월 25일 한국전쟁이 발발하자 정부는 7월 8일 전국에 비상계엄령을 선포하였다. 전쟁으로 인해 전국에 있는 모든 신문사가 한결같이 신문용지 및 인쇄용 각종 자재 구입가격의 폭등으로 경영상 많은 어려움을 겪게 된다. 이러한 경영난 타개책으로 한국신문협회가 구독료를 인상하기로 결의함에 따라, 1950년 8월 1일부터 선불제를 실시함과 동시에 구독료를 월 4백圓으로 인상하였다.

종전에 비해 구독료를 100% 인상했음에도, 경영난을 해결할 수 없었던 제주신보사는 9월 1일부터 발행부수를 줄이고, 지난 8월에 구독료를 월 400圓으로 인상한지 한 달 만에 다시 월 600圓으로 인상함과 동시에 선불제를 강화했다. 그러나 구독료의 선불제는 제대로 지켜지지 않았다(제주신문50년사, 297쪽). 발행부수는 판촉용 또는 서비스로 뿌리던 무가지(無價紙) 중심으로 줄였을 것이라 추정된다.

신문사의 경영난 해소를 위해 구독료를 꾸준히 인상하고, 요금정산방법도 바꿔보았지만 신문사의 경영난은 여전히 계속되었다. 제주신보는 지속되는 경영난을 타개하기 위해 1948년 2월에 주식을 공개모집한데 이어 약 2년 6개월 후인 1950년 8월에는 회사의 비밀에 해당하는 신문사의 경영상태를 공개하였다. 이는 신문사의 어려운 사정을 독자들에게 알려, 계속되는 구독료 인상에 대한 비난을 사전에 봉쇄하면서, 여러 가지 협조(연체된 구독료 독촉, 구독료 인상 등)를 얻기 위한 감성적 소구전략의 일환에 속한다. 그렇기 때문에 회사에 유리하게 작용할 내용만을 발표했을 것이라 짐작된다.

1950년 8월 29일자 신문에 공개한 제주신보의 〈1950년 4월부터 8월까지 5개월 동안의 수지(收支)상황〉을 보면, 총 수입은 802,400원이고, 지출은 1,175,720원으로 373,320원의 적자를 기록했다. 이 적자 폭은 한 달 평균 74,664원으로 연간 추정액으로 보면 90만원에 이른다. 지출액 가운데 가장 큰 비중을 차지한 인건비는 30.2%인 355,000원이었다. 사원 수는 사장 외에 전무 1명, 편집국 7명, 영업국 3명, 공무국 11명, 통신원 등 4명으로 모두 26명이었고, 사장은 무급으로 근무했다. 즉, 사원의 한달 평균 임금은 13,650원인 셈이다. 이 자료에 따르면 1950년 8월 당시 제주신보 편집국 기사 수는 7명이었다.

이와 같이 회사가 계속 적자를 보고 있다는 이유로 제주신보사는 1950년 8월 1일(400圓)부터 1952년 10월 1일(1만圓)까지 약 2년 동안에 무려 8회에 걸쳐 신문구독료를 인상하고 25배나 올렸다. 그리고 1953년 화폐개혁으로 신문구독료는 1950년 8월에 비해 3년 사이에 37.5배나 인상되었다.[4)]

8월 29일자로 발표한 〈5개월간의 신문사 운영 결과〉에 따르면, 수입원 가운데 구독료와 광고수입이 얼마정도 되었는지는 구체적으로 나와 있지 않지만, 6·25 한국전쟁 고비로 제주신보의 보급보수는 크게 증가했던 것으로 보인다. 1948년 당시 1천부 정도에 불과하였던 제주신보의 보급부수가 1951년 피난민이 들어왔을 때는 2천7백부로 3년 사이에 무려 3배가량 증가했던 것으로 나타났다(제주신문50년사, 301쪽). 이 당시 구독료는 월 5,000원이었다. 2천7백부 가운데 약 2,500부에 대한 구독료가 입금되었다고 가정

4) 일제시대부터 사용되어온 圓단위가 1950년 6월 25일 발발한 한국전쟁으로 돈의 가치가 떨어지자 1953년 2월 14일 열린 긴급국무회의에서 화폐단위를 100대 1로 절하하기로 결정하고 '환'으로 표시된 은행권을 발행하기 시작하였다. 그 후 1962년 6월 10일 다시 10환을 1원으로 바꾸는 긴급통화조치가 단행되었다.

한다면, 월 신문판매 수입은 1천2백50만원(2,500부×5,000원=12,500,000원) 정도가 되었을 것이다.

한편, 신문사와 배달원간의 판매대금 배분비율이 처음 탄생한 것은 1833년 〈New York Sun〉이 발행되면서부터다. 뉴욕선의 가두판매 방식에 따르면, 배달 소년이 100부를 팔면 67부 값만(외상의 경우 75%) 신문사에 납부하고 나머지는 33% 값은 배달소년이 가졌다(이상철, 1992: 384). 이런 계산 방식을 적용하면, 총 신문판매대금 가운데 배달료와 용지대 등으로 약 40% 정도를 빼고 난 60%(7백50만원) 정도가 신문사 수입이 된다고 볼 수 있다.

독자들은 자신들이 처음 구독하던 신문을 웬만하면 잘 바꾸지 않는 성향이 있다. 이에 따라 전쟁이 끝난 이후에도 2천부 이상은 꾸준히 발간되었을 것이라 추정된다. 하지만 신문판매부수의 증가에도 경영진은 기자들의 임금을 제대로 올려주지 않았다. 이영복씨에 따르면, 1950년대 기자들의 주요 수입원은 광고였다.

> 외근기자들은 비교적 생활면이 나았으나 내근을 하는 나는 그렇지 못해 부아가 날 지경이었다. 광고수당제도가 있어서 출입처에서 의뢰하는 광고료의 4할은 출입기자의 수입이 되었지만, 내근기자에게는 이러한 혜택이 없었던 것이다. 급료인상 대신 광고수당 제도를 도입한 것이다. 도저히 참을 수가 없어 외근을 안 시켜주면 그만두겠다고 짜증을 부렸더니 1955년도부터는 외근을 하게 되었다.
>
> 처음엔 교육기관을 담당하였다. 초등학교로부터 대학까지에다 각 교육구청(現교육청), 교육위원회 등이 대상이었다. 이때의 출입처 배정은 ① 도청·군청 ② 읍·법원·검찰·경찰 ③ 각급 군부대(계엄사 포함) 훈련소 ④ 금융기관·각기업체 ⑤ 세관·해운·항만 ⑥ 세무서·전매청 기타 ⑦ 방송국·전신전화국·육상 운송 기타 사업체 그리고 교육기관 등으로 되어 있었는데 내가 맡은 교육기관은 학교가 많아 신년과 광복절 등에는 축하광고료도 비중이 컸다. 그러나 힘들었다. 광고료를 받으려면 자주 다니며 얼굴도 친숙해져야하고 교육관계기사도 많이 써야하기 때문이다.
>
> 〈제주신문, 1979년 8월 31일자 3면〉

이 기록은 제주지역 신문사들이 1950년대부터 이미 현재와 같이 출입처를 분류해 취재 기자를 파견했고, 당시에도 행정관청 광고가 제주지역 신문사들의 주요 수입원이었음을 확인시켜주고 있다.

제주신보사는 1956년 1월부터 신문 보급 확장을 본격적으로 추진하기 위해 신문구독 권유국을 신설하고, 이에 따른 사원(기자 대우)을 1월 9일부터 공개모집한 것으로 기록되어 있다. 이 당시에도 오늘날처럼 신문구독자 확보가 매우 어려웠음을 알 수 있다. 신문의 판매는 우편발송도 있었지만 주로 정기구독방식으로 이루어졌다.

이외에 제주신보의 재정 상태를 추적해 볼 수 있는 자료로 제주신보사 소유 부동산의 매각 광고를 들 수 있다. 1959년 12월 17일자 신문에 공매 공고가 나간 매물 부동산은 제주시 1도리 1377번 대지 1백 31평과 同번지 상의 건물 1동(60평)이고, 1960년 6월 8일자 신문에 두 번째로 내놓은 매각대상 부동산은 제주시 일도1동 1476-1 대지 2백 12평과 동번지상의 주택 1동 24평/제주시 일도1동 1337번지-2 대지 34평과 동번지상의 주택 1동(6평)/제주시 용담 1동 259번지의-2 田1천442평 등이다(제주신문 50년사, 383쪽, 396쪽). 이와 같은 비업무용 대지와 건물이 얼마에 매각되었는지는 알 수 없다. 이들 기록에 따르면, 제주신보사가 언제 구입한 부동산들인지는 모르지만, 그동안 경제적으로 어렵다고 하소연하면서도 많은 재산을 모았던 것으로 짐작된다.

제③절 | 광고

광고는 신문사의 경영에도 많은 영향을 미치지만 기업의 흥망과 우리의 일상생활에도 많은 영향을 미친다. 신문사의 주요 수입원인 광고가 제주신보에 등장한 것이 언제부터인지 정확히 알 수는 없지만, 1947년 1월 1일자(3면) 신문에 14개 광고가 실렸고, 1월 4일자(2면) 신문에 5개 광고가 실려 있는 것으로 보아 이전부터 광고가 조금씩 실리기 시작했을 것이라 추정된다.

초창기 제주지역 신문의 광고 현황을 살펴본 김희정(2014)의 연구에 따르면, 제주신보 1947년 1월 1일부터 12월 24일까지 발간된 현존하는 신문(107개호)에 게재된 광고는 총 615건이었다. 거의 매호에 1－5편(주로 10편 이하)의 광고가 실린 것으로 나타났다.

제주지역 초창기 신문에 가장 많이 등장한 광고업종은 관공서 및 단체로 127건(20.6%)을 차지하며, 그 다음으로 서비스 업종이 117건(19.0%)을 차지하고 있다. 다음 순위로 제약 및 의료 48건(7.8%), 유통 44건(7.2%), 교육 및 복지후생 39건(6.3%)을 차지하였다.

가장 높은 비중을 차지하고 있는 관공서 및 단체 광고주들은 관공서의 경우, 제주도청, 남제주군청, 북제주군청, 각 읍이나 면사무소, 제주 및 서귀, 모슬포, 김녕, 애월, 성산 우편국, 제주도관재처, 제주지방심리원, 제주감찰청, 제주전매서, 제주측후소, 제주소방대, 제1구 경찰서, 제2구 경찰서, 제주세무서, 제주항무서 등이었다. 단체로는 제주흥업조합, 조선금융조합 연합회, 제주어업조합, 제주체육회, 제주유림회, 제주도석유배급조합 제주도공업기술협회, 제주도의약품배급조합, 제주도권투회, 조선민주청년동맹, 각 읍·면 위원회, 제주물자운영조합 등이다. 이 중 제주관재처는 미군정기 지방행정제도로 등장한 관공서이며, 제주지방심리원은 제주지방법원이 군정처 사법부 명령에 의해 개칭된 이름이다.

그 다음으로 빈도가 높은 서비스 업종에는 음식점이나 여관업종이 대부분인 가운데 사진관과 목욕탕, 이발관, 양복점, 양화점, 극장광고 등 생활밀착형 광고가 등장하였다. 이어 의료 및 제약업종이 차지하는데, 다른 지역의 광고가 대부분 의약품 광고였던 반면, 제주신보에서는 의약품 광고는 거의 없고, 대부분 의원, 병원 광고인 것으로 나타났다. 다음으로 많이 등장하는 광고업종은 유통업 도·소매업으로 이들 상점들은 대부분 소규모 소매업체들이며, 취급품목은 식료품, 서양제품잡화, 일용잡화, 운동구, 화장품, 도서문구, 주류, 해륙물산을 다루고 있어 외국 수입품과 국내 상품을 같이 판매했던 것으로 나타났다. 다섯번째는 교육 및 복지후생으로 광고주는 제주여중, 제주공립농업중학교, 오현중, 제주중, 김녕중, 귀일중, 애월공립초급중학교, 제주북공립국민학교, 제주동공립국민학교, 제주남공립국민학교, 서귀북공립국민학교, 대정공립국민학교, 고산국민학교, 김녕공립국민학교, 서광공립국민학교, 귀일공립국민학교, 성산포동공립국민학교, 대정공립국민학교, 귀덕공립국민학교 등이었다.

광고내용은 축하광고가 272건(44.2%)으로 가장 많은 비중을 차지했고, 그 다음은 일반 회사나 상점 업체 광고가 141건(22.9%), 개업광고가 60건(9.8%), 모집광고나 공고가 59건(9.6%)을 차지한 것으로 나타났다.

신문 광고주는 자영이나 개인자격의 광고주가 309건(50.2%)으로 절반 정도를 차지하였고, 다음으로 정부나 공기업/공공단체 광고주가 164건(26.7%)을 차지하였으며, 일반 사기업 광고주는 85건(13.8%)을 차지한 것으로 나타났다.

이러한 결과에 따르면, 제주신보는 매호당 평균 약 5.7개 정도의 광고를 실었던 것으로 보인다. 그리고 초창기부터 전체 광고 가운데 관공서 광고가 차지하는 비중이 매우 높았던 것으로 나타났다.

제4절 | 편집체계와 주요 내용

신문의 편집성향은 독자들에게 무엇을 알리려고 노력했는지를 판단할 수 있는 근거를 제시해 준다. 이에 제주신보가 제민일보와 통합되어 1962년 11월 20일 제주신문이라는 제호로 발간되기 직전까지 제주신보의 편집체계와 주요 보도내용을 현존하는 신문을 대상으로 살펴보았다.[5] 구체적으로 ① 2

5) 제주신보의 창간초기 신문들(창간호에서부터 137호까지)과 1948년 4월 21일부터 1950년

면 격일간 발행 시기 ② 2면 일간발행 시기 ③ 4면 발행 시기 등 3개의 시기로 구분하여 분석하였다. 시기의 분류기준은 신문발간주기와 편집체계이다.

신문의 발행지면 수는 신문이 전하는 뉴스의 정보량과 정비례한다고 볼 수 있다. 하지만 현재 보관중인 제주신보 자료에 의하면, 제주신보는 1945년 10월 1일 창간이후 1948년 4월 20일까지는 타블로이드 판 2면 신문을 2~3일 간격으로 발행하였던 것으로 추정된다. 1948년 4월 21일자 신문 이후부터 1952년 12월 말까지 발간된 신문은 현재 보관되지 않고 있어 언제부터 격일간에서 일간으로 전환했는지는 정확히 알 수 없지만, 제주신보사가 1952년 1월 20일자부터 연중무휴로 신문을 발간하기로 했다(제주신문50년사, 1995: 302)는 사고를 낸 것으로 보아 그 이전부터 일간으로 발행했을 것이라 추정된다.

제주도서관이 소장하고 있는 〈1953-1959년 제주도내 일간지 전자서비스〉 아카이빙 자료에 의하면, 제주신보는 1954년 11월 3일자(제2036호)부터 그 동안 사용해온 타블로이드 판형을 브랑케트판(5절)으로 바꿔 지면을 확대하고, 2년 후인 1956년 11월 19일부터 브랑케트판을 倍大版(15단제)으로 바꿔 다시 지면을 확대하였다.

1. 2면 격일간 발행시기

2면 격일간 발행시기의 편집체계 및 주요 보도내용을 알아보기 위해 4일치 신문을 선택하여 분석하였다.

1) 1947년 1월 1일자 신문

현존하는 신문 가운데 가장 오래된 1947년 1월 1일자 신문을 보면, 신

7월 30일까지 발간된 신문들을 소장한 곳이 없기 때문에 현재로서는 이 당시 신문의 편집체계와 보도내용을 자세히 알 수 없다.

년호 특집으로 타블로이드판 3면을 발행하였고 7단 편집을 하였다. 1면에서 3면까지 남로당 위원장, 군정장관, 입법의원 의장, 한민당 위원장, 민전 대표 등 각 정파 대표들의 신년사가 나란히 실렸다.

이를 구체적으로 살펴보면, 1면에는 주식회사 제주신보사 직원일동 명의의 신년사 〈사경(死境)에 활로-신년을 맞이한 소감〉과 특집으로 〈정계의 요인의 新年辭〉를 싣게 된 배경을 설명하는 글(편집자 註), 당시 한국의 대표적인 4개 정파 대표 가운데 하나인 남로당(南勞黨) 위원장 허헌(許憲)의 신년사 〈민주독립 위해 분실쇄골(紛身碎骨)〉 제하의 글만 실렸다. 나머지 대표들의 신년사는 전부 2~3면에 편집되었다. 1면에 남로당 위원장의 신년사가 실렸다는 것은 당시 남로당이 대중정당으로 뿌리를 내리고 있었음을 보여주며, 1947년의 해방공간 속에서 남로당의 입지가 어느 정도였는지를 가늠할 수 있게 해준다. 맨 마지막 하단 2분의 1단에는 3개의 광고(중앙병원, 제주상미당, 고규진(高圭珍) 상점)가 실렸다. 각 광고의 크기는 모두 가로 8㎝×세로 2㎝였다.

2면에는 군정관(軍政官) 대리 헬멕 대장(代將) 신년메시지(조선의 견실한 발전기필!), 입법의원 의장 김규식(金奎植)(장해를 배제코 기여 독립전취(戰取)!), 하지중장 신년메시지(행복과 번영을 기원), 한민당(韓民黨) 위원장 金性洙(조선동포간에 구적시(仇敵視)는 불가), 民戰 金元鳳(민주로선에 단결분투하자), 3면에는 제주도지사 박경훈(민생문제해결에 전력경주), 제주도 미군정청 공보관 케리 대위(조선의 자유위해 계속 노력), 本紙 법인조직으로 재출발(제주신보사 사장 김석호, 전무 白燦錫), 근고(謹告)(김진수, 백상현, 김용수, 고광태) 등이 실렸다. 이외에 〈밀수품 취체(取締) 어데서?/취체관청 연석회의〉 제하의 일반기사 한건이 보도되었다. 4면은 보관된 지면이 없기 때문에 거기에 무엇이 실렸는지, 혹은 백지상태로 발행되었는지 여부는 알 수 없다.

2) 1947년 8월 2일자 신문

신문의 보도내용과 편집형태는 당시 발생하는 각종 사건·사고의 크기와 밀접한 관련이 있다. 주로 대형 사건과 사고일수록 그와 관련된 보도가 지속적으로 보도되는 경향이 있다.

해방 후 미군정기에서 대한민국 정부수립(1948.8.15)으로 넘어가는 과정에서 제주신보가 주로 어떤 사건을 보도하였는지 알아보기 위해, 중요한 사건이 발생하였던 3월(3·1절 기념행사 날 경찰의 발포 사건), 5월(5·10 총선거), 7월(1948.7.17. 대통령 중심제 헌법제정) 등을 피하고 1947년 8월 2일자 신문을 중심으로 살펴보았다.

1면에 12건(社告와 인사 제외), 2면에는 11건의 뉴스기사가 보도되었다. 1면 기사 가운데 화부(華府)태도 기대중?/공위진전금후주목(2단 2행), 발칸문제에 소(蘇)거부권행사–유엔안보 2차 위기에 직면/미소간분의(紛議)(2단 3행), 삽일(卅日)소거부(1단1 행), 사상(四相)대리회담/소참가극중요(1단 2행), 몽원수(元帥) 급거귀국(1단), 유태인(猶太人)피난민하륙(下陸)거절(1단 1행) 등 6개는 국제뉴스이고, 나머지 기사는 48차 본회의서 미소접근–31공동성명발표(1단 2행), 마산상공회의소/공위답신취소(1단 2행), 민의(民議)에서 담화발표(1단 1행), 슈대장(大將)演說支持/민전측(民戰側) 담화발표(1단 2행), 옥천서도 불상사(1단 1행), 대전서도 좌우충돌사건(1단 1행) 등 6개는 국내뉴스였다. 1면에는 국내정치와 국제뉴스가 비슷한 비율로 게재되었다. 이처럼 이들 기사는 모두 합동통신(合同通信)에서 제공한 기사였다. 1면에서는 지역뉴스를 단 1건도 보도하지 않았다.

2면에는 〈정식수속만하면 집회는 허가–사회단체로서 행정협력은 가(可)/바 민정장관(民政長官)의 일문일답(사회면 톱, 2단 3행), 음악과 인정이 얼킨 환자위안음악회(1단 2행), 전기문제 해결은 도민의 협조에/전기문제좌담회(1단 2행), 보건과 강습회 개최(1단 1행), 농우(農牛)는 농가의 일군–축우(畜牛) 도살제한령공포(1단 2행), 하곡수집진행순조–도산업국장담(談)(1단 2행), 元과 韓의 협박죄 등 증인신문코저–목포서 법관일행입도(가로 2단 2행), 이부락(二部落)에 문맹자 일소(1단 2행), 읍내오리공판오할(共販五割)(1단 1행), 제주심리원내(審理院內)－공탁국신설(1단 2행), 본사기자 김삼규군의 봉변수기(逢變手記)(1단 2행) 등 11개 기사가 실렸다. 그리고 마지막 7단에는 생도모집(김령초급중학교), 회원모집 광고와 항구식당 광고가 실렸다.

2면은 1면과 달리 전기문제, 보건위생, 도축, 하곡수매일정 등 제주 지역주민들의 일상생활과 밀접한 관련이 있는 행정관청 기사로 편집되었다. 이처럼 1면과 2면의 편집내용이 확연히 구분되었다.

△ 1947년 8월 2일자 신문기사 제목

1면 기사 가운데 華府態度期待中? 共委進展今後注目(2단 2행), 발칸問題에 蘇拒否權行使－유엔安保 二次 危機에 直面/美蘇間紛議(2단 3행), 卅日蘇拒否(1단 1행), 四相代理會談/蘇參加極重要(1단 2행), 몽元帥 急遽歸國(1단), 猶太人避難民下陸拒絶(1단 1행) 등 6개는 국제뉴스이고, 나머지 기사 －, 48次 本會議서 美蘇接近－31共同聲明發表(1단 2행), 馬山商工會議所－共委答信取消(1단 2행), 民議에서 談話發表(1단 1행), 슈大將演說支持－民戰側 談話發表(1단 2행), 沃川서도 不祥事(1단 1행), 大田서도 左右衝突事件(1단 1행) 등 － 6개는 국내뉴스였다.

2면에는 〈定式手續만하면 集會는 許可－社會團體로서行政協力은 可/바 民政長官의 一問一答(사회면 톱, 2단 3행), 音樂과 人情이 얼킨 患者慰安音樂會(1단 2행), 電氣問題解決은 道民의 協調에/電氣問題座談會(1단 2행), 保健科講習會 開催(1단 1행), 農牛는 農家의 일군－畜牛屠殺制限令公布(1단 2행), 夏穀收集進行順調－道産業局長談(1단 2행), 元과 韓의 脅迫罪等 證人訊問코저－木浦서 法官一行入島(가로 2단 2행), 二部落에 文盲者一掃(1단 2행), 邑內五里共販五割(1단 1행), 濟州審理院內－供託局新設(1단 2행), 本社記者 金三奎군의 逢變手記(1단 2행) 등 11개 기사가 실렸다. 그리고 마지막 7단에는 生徒募集(金寧初級中學校), 會員募集 廣告와 港口食堂 광고가 실렸다.

3) 1947년 12월 24일자 신문

연말에는 어떤 사건을 주로 보도했는지 알아보기 위해 1947년 12월 24일자 신문의 보도내용을 제목을 통해 살펴보았다. 1947년 12월 24일자 신문은 2페이지가 발행되었다.

1면에는 〈마-장관 사상회담(四相會議) 경과 보고연설/구주(歐洲) 정치적 진공상태/대독강화(對獨講和)는 난망〉(2단 3행)(톱기사), 〈원자탄유무의 분계 선철폐하라〉(박스기사), 오억불 조선(朝鮮)점령추가예산/대중(對中)원조안 동시상원통과(2단 2행), 적시(赤是) 절망적/英外相 보고연설(1단 2행), 상원공화당 제안의 인푸레방지안 가결(1단 2행), 인사(人事) 등 6개 기사가 실렸다. 인사동정을 제외한 나머지 5개 기사는 전부 UN과 미국의 정가소식을 전하는 국제뉴스였다. 이는 당시 정치적 상황으로 인한 결과라 추정된다.

사회면인 2면은 〈래(來) 이십오일은 성탄절 거룩한 크리스트정신을 체득코/이 땅에 정의와 평화를 구현하자(2단 3행)(우측 톱기사), 유(柳)도지사 도민에 멧세-지/ 이중과세는 폐중폐(弊中弊)?/국책에 역행하는 반족행위삼가/법치국민으로의 체면유지하라(2단 4행), 진심으로 축복을/하-지, 딘 양장군(兩將軍) 축사(1단 2행), 9(九)연대장병일동이 이재민에 의연금(1단 2행), 단장에 김인선씨 피선/대청(大靑)임시대회 개막(1단 2행), 당국방침/과세는 양력으로 통일!/음력명절에는 돈공(豚公) 밀살도 엄중단속(2단 3행), 本道도 암흑세계 일보전/27日부터 또 격일송전(2단 2행), 조(趙)부장 중상한 홍(洪)경위송청(1단 2행), 학생에 양복 특배(特配)(1단 1행), 유(劉)영사 李博士와 요담(1단 1행), 이주민 2백명래도(1단 1행), 연하장불과 오천통(1단 1행), 전(前)본도 경찰고문관/바대위(大尉) 서울로 전출(1단 2행), 전(前)김무근 검찰관/읍내서 변호사 개업(1단 2행) 부산기자단 일행래도(1단 1행), 社告(26일 휴간안내) 등 15개 기사로 편집되었다. 1면과 2면에는 광고가 하나도 실리지 않았다.

1면과 달리 2면은 '이중과세(二重過歲)를 하지 말자'는 캠페인성 기사와 조선주둔 미군사령관 하지중장과 군정장관 딘 소장의 성탄메시지, 미담 그리고 격일간 송전소식, 밀도살 엄중단속 등 전부 관청에서 발표한 홍보성 기사로 편집되었다.

1947년 당시 편집 내용을 보면, 1면은 외신(外信)과 중앙 정치관련 기사로 편집되었고, 2면은 제주지역 사회관련 기사로 편집되었다. 외신과 정치기사는 계약에 의해 당시 독점적 지위를 누리고 있던 합동통신(合同通信)에서 보내주는 것을 수신하여 게재하였다.

△ 1947년 12월 24일자 신문기사 제목

1면에는 〈마-長官 四相會議 經過 報告演說/歐洲 政治的 眞空狀態/對獨講和는 難望〉(2단3행)(톱기사), 〈原子彈有無의 分界線撤廢하라〉(박스기사), 五億弗 朝鮮占領追加豫算/對中援助案同時上院通過(2단 2행), 赤是絶望的/英外相報告演說(1단 2행), 上院共和黨 提案의 인푸레防止案 可決(1단 2행), 人事(인사차 來社한 사람들 소개) 등 6개 기사가 실렸다.

사회면인 2면에는 〈來二十五日은 聖誕節 거룩한 크리스트精神을 體得코/이 땅에 正義와 平和를 具現하자(2단 3행)(우측 톱기사), 柳道知事 道民에 멧세-지/二重過歲는 弊中弊?/國策에 逆行하는 反族行爲삼가/法治國民으로의 體面維持하라(2단 4행), 眞心으로 祝福을/하-지, 딘 兩將軍 祝辭(1단 2행), 九聯隊將兵一同이 罹災民에 義捐金(1단 2행), 團長에 金仁善氏被選/大靑臨時大會開幕(1단 2행), 當局方針/過歲는 陽曆으로 統一!/陰曆名節에는 豚公 密殺도 嚴重團束(2단 3행), 本道도 暗黑世界一步戰/27日부터 또 隔日送電(2단 2행), 趙部長中傷한 洪警衛送廳(1단 2행), 學生에 洋服特配(1단 1행), 劉領事 李博士와 要談(1단 1행), 移住民2百名來道(1단 1행), 年賀狀不過五千通(1단 1행), 前本道 警察顧問官/바大尉 서울로 轉出(1단 2행), 前金茂根 檢察官/邑內서 辯護士 開業(1단 2행) 釜山記者團 一行來道(1단 1행), 社告(26일 休刊 안내) 등 15개 기사가 실렸다. 1면과 2면에 광고가 하나도 실리지 않았다.

4) 1948년 3월 30일자 신문

신문의 활자크기와 한자와 같은 어려운 단어는 독이성(讀易性)에 많은 영향을 미치는 요소 가운데 하나다. 제주신보는 창간 이후 사용해 온 5포인트 활자를 1948년 2월 1일자 신문부터 9포인트로 교체하였다. 이때부터 판형은 타블로이드판 그대로였지만, 1면 7단 체제에서 10단 체제로 변경되었으며, 1단에 10자 내지 11자 문선을 하였다.

1년 전에 비해 신문의 편집체계 및 보도내용에 어떤 변화를 보였는지 알아보기 위해 4·3사건이 발발하기 3일 전에 발행된 1948년 3월 30일자 신문의 보도내용을 제목으로 중심으로 살펴보았다.

1면에는 인민전선(人民戰線) 40%내외/영(英)전문가의 이(伊)선거예상(2단 2행), 공동전선을 형성/'분'공산당 당수연설(2단 2행), 미정책을 공격/구주(歐洲)사회당회(1단 2행), 최고위기에 봉착/국부(國府) 王외교부장 연설(2단 2행), 美, 소(蘇)항의거부(1단 1행), 蘇「이」에 항의(1단 1행), 공당(共黨)측 압도적 우세/루-마니아 총선거(2단 2행), 세계는 전쟁불원/주독(駐獨)미군정장관담(2단 2행), 중공군북평서 공세(2단 1행), 朝鮮에 육천만불/미하원대외원조추가(2단 2행), 섬라(羅)장교파 소훈련/섬라(羅)국방상에 요청(세로 2단 2행), 국제은행서/대(對)智리 차관제공(1단 2행), 주일(駐日)노년병/귀국안(案) 취소(1단 2행), 北희군(希軍) 新공세전개(2단 1행), 미군사 기지설치/소서전(瑞典)을 공격(1단 2행), 성명서, 민성(民聲)(기자 논평란) 등이 실렸다.

1면에 실린 모든 기사는 AP와 合同통신사에서 제공한 기사였고, 전부 국제뉴스였다. 그리고 상단에 실린 기사는 대부분 공산당 활동과 사회주의와 관련된 뉴스기사들이었다. 이것은 폭넓게 생각하면 진보적인 성향의 독자를 의식한 편집이거나 아니면 AP 등 외국 통신사를 통해 국내 통신사에서 제공한 뉴스가 대부분 이런 종류의 기사밖에 없었기 때문에 나타난 현상일 수도 있다.

그리고 기사내용과 제목에는 현재에도 여러 사전을 뒤져보지 않으면 그 뜻을 잘 알 수 없는 전문용어와 약어들이 자주 등장하였다. 이를테면, 瑞典(서전: 스웨덴), 希臘(희랍: 그리스), 智리(여기서는 말하는 智리는 칠레(Chile)를 말함), 芬國(분국: 핀란드), '분'共産黨(핀란드 공산당), 국부(國府: 중국 국민당이 1925년 광저우(廣州)에 수립한 국민정부를 줄여 이르는 말), 歐洲(구주: Europe), 北平(북평: 베이징의 별칭), 華盛頓(화성돈: Washington의 음역어), 倫敦(윤돈: London의 음역어), 及(급: 와), 수부(壽府: 제네바) 등과 같은 용어들이다.

이것은 통신사로부터 받은 기사를 그대로 게재하다 보니 생기는 현상이라 할 수 있다. 당시 신문독자들의 한문 해독능력과 지식수준이 매우 높았을 것으로 생각되지만, 이러한 단어들의 뜻을 정확히 이해했던 독자들은 그리 많지 않았을 것이다.

2면에는 남북협상설에 대한 각계반향/민족전도(前途)에 일대광명/전평(全評)성명발표(2면 톱기사, 3단 3행), 연락원파견이 필요/민족자주성명담(2단 2행), 성공을 확신/김구선생 담화(1단 2행), 향토문화의 근간/도립도서관 개관 앞두고(공원생 空苑生)(2단 2행), 남북협상과 미(美)태도/희망하면 요인참가 무방(2단 2행), 도선거위원/약간변경있을 듯/유(柳)지사회견기(1단 3행), 38경계선서 또 충돌/이남(以南)경찰관 1명 순직(2단 2행) 좌창림씨 피석(被釋)(1단 1행), 윤돈(倫敦)올림픽/선수 56명 파견(1단 2행), 신(新)우표 발매(1단 1행) 등 10개 기사와 公告(국회의원 선거공고), 전제주축구대회 개최공고 등 2개 광고가 실렸다.

2면에 실린 10개 기사 중 〈도립도서관 개관관련〉 독자투고 글과 선거관련 유지사 회견, 前 제주도 民戰 요인 좌창림씨가 경찰감찰청에 검속되었다가 80여일 만에 석방되었다는 기사를 제외한 모든 기사가 서울발 합동통신제공 기사였다. 지금까지 제주지역사회에서 일어나는 각종 정치·경제·사회관련 기사 등으로 종합 편집하였던 2면이 대부분 합동통신기사로 채워졌다는 것은 당시 언론활동이 매우 위축되어 있었음을 보여주는 것이라 할 수 있다. 당시 시대적 사회적 상황에 비추어 볼 때, 독자들이 알고 싶어 하는 뉴스나 정보가 상당히 많았을 것이다. 그런데도 제주신보가 이를 제대로 보도하지 않았다는 것은 언론의 책무를 소홀히 한 것이라 할 수 있다.

또 하나 특이한 현상은 제주지역주민들이 발표한 성명서가 1면에 처음으로 보도되었다는 점이다. 성명서 내용은 다음과 같다.

△ 성명서(聲明書)

오등(吾等)은 자기 자신을 반성하며 時局을 재인식하고 本日을 기하여 남로당을 탈퇴하고 대청(大靑)에 가입하여 건국대업(建國大業)에 공헌하기를 기(期)함.

〈서기 1948년 3월 21일〉

△ 남제주군 안덕면 사계리

임세화(林世華) 김옥조(金玉祚) 유대춘(柳大春) 최동준(崔東準) 조남규(趙南奎) 신용근(愼龍根) 조남단(趙南端) 김용택(金龍澤) 오화석(吳化錫) 신하근(愼河根) 강시병(姜時柄) 김성수(金成洙) 김용화(金龍化) 구성현(具成玄) 고익춘(高益春) 김용문(金龍文) 김용견(金龍堅) 신영근(愼永根) 김홍종(金洪鍾) 이정인(李正仁) 오두진(吳斗진) 허상길(許常吉) 이후진(李厚辰) 강공선(姜公先) 오태만(吳泰萬) 고익수(高益壽) 강호진(姜鎬振) 김용팔(金龍八) 강달호(姜達好) 김용주(金龍珠) 한문용(韓文龍) 강상진(姜尙珍) 강창근(姜昌根) 김용갑(金龍甲) 강승태(姜承泰) 강국포(姜國포) 윤영구(尹永九) 김달휴(金達休) 임갑관(林甲官) 임천옥(任千玉) 윤귀옥(尹귀玉) 이삼□(李三□) 신효근(愼孝根) 유봉준(柳奉준) 김창하(金昌河) 김옥림(金玉林) 최병생(崔倂生) 강대근(姜大根) 조성운(趙聖云) 신희근(愼熙根) 조성택(趙聖澤) 조성두(趙聖斗) 김응근(金應根) 지□봉(池□逢) 이정삼(李正三) 고군병(高君柄) 김문길(金文吉) 임을오(林을嶋) 조성□(趙聖□) 허대석(許大石) 김석하(金석河) 허범호(許範鎬) 임두규(林斗奎) 구성일(具誠一) 김하수(金河壽)

〈제주신보 1948년 3월 30일〉

이 성명서는 당시 제주사회와 한국사회의 좌우 대립의 혼탁상황을 보여준다.

△ 1948년 3월 30일자 신문기사 제목

1면에는 人民戰線 四十%내외/英專門家의 伊選擧豫想(2단 2행), 共同

戰線을 形成/'분'共産黨 黨首演說(2단 2행), 美政策을 攻擊/歐洲社會黨會(1단 2행), 最高危機에 逢着/國府王外交部長 演說(2단 2행), 美, 소抗議拒否(1단 1행), 蘇「이」에 抗議(1단 1행), 共黨側 壓倒的 優勢/루-마니아 總選擧(2단 2행), 世界는 戰爭不願/駐獨美軍政長官談(2단 2행), 中共軍北平서攻勢(2단 1행), 朝鮮에 六千萬弗/ 美下院對外援助追加(2단 2행), 섬羅將校派소訓練/섬羅國防相에 要請(세로 2단 2행), 國際銀行서/對智리 借款제공 차관(1단 2행), 駐日老年兵/歸國案取消(1단 2행), 北希軍新攻勢展開(2단 1행), 美軍事基地設置/소瑞典을 攻擊(1단 2행), 성명서, 民聲(기자 논평란) 등이 실렸다.

2면에는 南北協商說에 對한 各界反響/民族前途에 一大光明/全評聲明發表(2면 톱기사, 3단 3행), 連絡員派遣이 必要/民族自主聲明談(2단 2행), 成功을 確信/金九先生談話(1단 2행), 鄕土文化의 根幹/道立圖書館開館앞두고(空苑生)(2단 2행), 남북협상과 美態度/希望하면 要人參加 無妨(2단 2행), 道選擧委員/若干變更있을 듯/柳知事會見記(1단 3행), 38境界線서 또 衝突/以南警察官 一名 殉職(2단 2행) 左昌林氏 被釋(1단 1행), 倫敦올림픽/選手56명派遣(1단 2행), 新郵票發賣(1단 1행) 등 10개 기사와 公告(국회의원 선거공고), 全濟州蹴球大會 開催公告 등 2개 광고가 실렸다.

5) 1948년 4월 8일자 신문

1948년 4월 3일 제주도에서는 한국현대사의 최대 비극인 4·3사건이 발발하였다. '제주 4·3사건 진상조사보고서'에 따르면, 제주 4·3사건은 "1947년 3월 1일 경찰의 발포사건을 기점으로 하여, 경찰·서청(서북청년단)의 탄압에 대한 저항과 단선·단정 반대를 기치로 1948년 4월 3일 남로당 제주도당 무장대가 무장봉기한 이래 1954년 9월 21일 한라산 금족지역이 전면 개방될 때까지 제주도에서 발생한 무장대와 토벌대간의 무력충돌과 토벌대의 진압과정에서 수많은 주민들이 희생당한 사건"을 말한다.

당시 제주신보가 제주4·3사건과 관련 무엇을 어떻게 보도했는지 알아보기 위해 1948년 4월 8일자 신문의 보도 내용을 살펴보았다. 1948년 4월 8일자 신문을 택한 이유는 제주 4·3사건 반발 이후 현존하는 신문 가운데 가장 오래된 신문이기 때문이다. 제주신보의 4월 8일자 보도내용을 보면 다음과 같다.

1면에는 원자탄관리 문제/UN총회서 토의(톱기사 2단 2행), 통독(統獨) 협의회/결성식 거행(1단 2행), 서구(西歐) 식민지 귀속을 투표로/범(汎)미회의서 〈코〉대표제안(2단 2행), 대통령 출마안켓다/장개석氏 성명서발표(2단 2행), ○○○○(1단 2행), 소(蘇)토관계신(新)진전/〈土〉정계관측(1단 2행), 하중장고문/김구(金九)씨와 요담(1단 2행), 미(美)이군사조약?/월 氏가 연설(1단 2행), 허심토론하자/김창숙씨담(1단 2행), 경전(京電) 또다시 동요(1단 1행), 인사, 이하광고(개업근고-제주직물공업사, 이전인사-우생당 서점, 내과·소아과 문의원-원장 문종혁) 등 10개 기사가 실렸다(인사와 광고 제외).

10개 기사 중 6개는 AP와 합동통신이 제공한 국제뉴스였고, 나머지 4개는 서울발 합동통신이 제공한 국내정치관련 기사였다. 제주 4·3사건 관련기사는 1면에 단 한건도 보도되지 않았다.

2면에는 선거만이 통일책/남북협상에 〈하〉중장 성명(톱기사, 2단 2행/합동), 향토문화의 근간(完)/유지(有志)들의 재반성을 촉함(제주도립도서관 空苑生)(2단 2행) 주(駐)독영군지대에/蘇英機 충돌추락(2단 2행/AP), 남군선위 임명(1단 1행), 목포각지에 봉화(1단 1행/합동), 이호봉개에 소요사건발생(1단 2행), 애급(埃及: 이집트)경관파업/군대와 충돌 사상자 다수(2단 2행/AP), 금반(今般)소요사건의 주동은 육지부로부터의 악질도배/공안국장 김정호씨 담(2단 2행), 애축주간설정(1단 1행), 濟州항무서(港務署)/항만청으로 개칭(1단 2행), 개업광고(카메라 전문/백조 사진기점) 등 10개 기사가 실렸다(개업광고 제외).

2면에 실린 10기사 중 2개는 AP합동이 제공한 국제뉴스였고, 또 다른 2개는 합동통신이 제공한 하지중장의 성명서와 목포 유달산에서 발생한 봉화관련 기사였다. 나머지 6개는 제주관련 기사였고, 그 가운데 2개는 제주4·3사건 관련 기사였다. 해당 기사는 〈이호·봉개에 소요사건 발생〉,

〈금반 소요 사건의 주동은 육지부로부터의 악질도배/ 공안국장 김정호씨 담〉 등의 제목으로 보도되었다. 이들 기사는 모두 2면 하단에 1단과 2단 기사로 보도되었다. 신문보도 내용을 보면 제주사회가 무척 평온해 보인다.

그렇다면 육지부의 신문들은 당시 제주 4·3사건을 어떻게 보도했을까? 1948년 4월 6일-8일까지 육지부에서 발행하는 타 신문이 보도한 제주 4·3관련 기사 제목을 보면 다음과 같다.

△ 1948년 4월 6일자 신문(동아일보, 조선일보, 한성일보, 독립신보), 4일 제주도서 총선거 반대 폭동/사상자 12명 발생

△ 1948년 4월 7일자 신문(자유신문, 조선중앙일보, 현대일보)
(제주청(廳) 발표) 지난 3, 4일 양일 미명 제주도 각지에서 폭도들의 경찰지서 습격사건이 발생하였는데, 이 급보를 접한 제8관구 경찰청(광주)으로부터 응원대 약100명이 5일 아침 당지에 도착하였다.

△ 1948년 4월 7일자 신문(경향신문, 대동신문, 독립신보, 동아일보, 우리신문, 자유신문, 조선일보 등)
제주 11경찰지서 등 피습/관민측의 사상도 다수/趙경무부장 담(談)

△ 1948년 4월 8일자 신문(동광신문)
응원대를 급파/ 제주도 폭동사건 심대/경부대 발표

제주신보와 달리 육지부에서 발행하는 신문들은 제주사회가 매우 심각한 혼란상태에 빠져들고 있다고 보도하였다. 당시 제주신보는 이와 관련된 사건을 축소보도하거나 또는 아예 묵살했던 것으로 보인다.

△ 1948년 4월 8일자 신문기사 제목

1면에는 原子彈管理 問題/UN總會서 討議(톱기사 2단 2행), 統獨 協議會/結成式 擧行(1단 2행), 西歐 植民地 歸屬을 投票로/汎美會議서 〈코〉代表提案(2단 2행), 大統領 出馬안켓다/장介石氏 聲明書發表(2단 2행), ○○○

○(1단 2행), 蘇土關係新進展/〈土〉政界觀測(1단 2행), 하中將顧問/金九氏와 要談(1단 2행), 美이軍事條約?/윌 氏가 演說(1단 2행), 虛心討論하자/金昌淑 氏談(1단 2행), 京電 또다시 動搖(1단 1행), 人事, 이하광고(開業謹告-濟州織物工業社, 移轉人事-友生堂 書店, 內科·小兒科 文醫院- 院長文鍾爀) 등 10개 기사가 실렸다(인사와 광고 제외).

2면에는 選擧만이 統一策/ 南北協商에 〈하〉中將 聲明(톱기사, 2단 2행/합동), 鄕土文化의 根幹(完)/有志들의 再反省을 促함(濟州道立圖書館 空苑生)(2단 2행), 駐獨英軍地帶/蘇英機 衝突墜落(2단 2행/AP), 南郡選委 任命(1단 1행), 木浦各地에 烽火(1단 1행/합동), 梨湖奉蓋에 騷擾事件發生(1단 2행), 埃及(애급: 이집트)警官罷業/軍隊와 衝突死傷者多數(2단 2행/AP), 今般騷擾事件의 主動은 陸地部로부터의 惡質徒輩/公安局長 金正皓氏談(2단 2행), 愛畜週刊設定(1단 1행), 濟州港務署/港灣廳으로 改稱(1단 2행), 개업광고(카메라 專門/白鳥寫眞機店) 등 10개 기사가 실렸다(개업광고 제외).

2. 일간 2면 발행시기

1) 1955년 8월 26일자 신문

제주신보는 1952년 1월 16일자 사고를 통해 "이미 UP계 대한통신과 특약으로 국제뉴스에 만전을 기하여 온 본보는 이즈음 재정적인 곤란을 무릅쓰고 1월 20일자부터 연중무휴로 신문을 발행하기로 하였다"라고 발표한 내용으로 미루어 보아(제주신문50년사, 1995: 302), 1951년부터 일간발행을 시작했을 것이라 추정된다. 그리고 1953년 11월 3일자부터 그 동안 사용해온 타블로이드 판형을 브랑케트판(5절)으로 바꿔 13단 편집을 하였고, 2년 후인 1956년 11월 19일부터 브랑케트판에서 배대판로 지면을 확대하여 15단 체제로 발행하기 시작하였다.

신문의 지면이 커지고 일간으로 발행하게 되면 과거에 비해 보다 많은 정보와 뉴스를 독자들에게 신속히 전달할 수 있다는 장점이 있다. 반면에 신문사에게는 종전에 비해 업무량뿐만 아니라 기사로 채워야 할 신문의 지면도 배로 늘어났다는 것을 의미한다.

이러한 외형적 변화가 신문의 보도내용에 어떤 영향을 미쳤는지 알아보기 위해 한국과 제주사회가 안정기에 들어섰을 것으로 판단되는 1955년 8월 26일자 신문을 선정해 제목 중심으로 살펴보았다.

1면 구성을 보면, 서방측 승리를 확신/자유·공산 양(兩)세계 심판태(台)에/자유인민 공산노예불허/〈아〉 대통령 美 변호사협회서 연설(UP=東洋), 이기붕씨 취임/IOA위원에(합동), 함총장에 감위(監委) 축출요구/임대표담 외무장관취임부인(UP=東洋), 군사경제계획검토/〈씨토〉(seato)방콕회의 개막(UP=東洋), 5개분과위를 구성/한·미 서울군사회담 준비만전(동양), 북아문제 해결의 조속조치/전자유세계중대문제화(AP=합동) UN군축위 29일 개최(AP=합동), 참의원선거명 추경(秋頃)/조(趙)민의원 副議長래부담(來釜談)(부산=동양), 出逐委監/육백여명중경상/데모 연인원 사백오십만(서울=동양), 중국국민당대표/李의장 방문요담(AP=합동), 매각불사용(弗使用)30일내/수입외환규정제정(서울=합동), 사島 문제영(英)태도/주(駐)加希랍대사비난(AP=합동) 등 12개의 기사로 편집되었다.

이들 기사 가운데 7개는 국제통신사(AP, UP 등)에서 제공한 국제뉴스였고, 나머지 5개 기사는 합동과 동양통신에서 제공한 국내정치 관련 뉴스였다. 제주사회가 제주 4·3사건과 6·25 한국전쟁 등으로 엄청난 고통을 겪었음에도, 국내정치와 국제뉴스로 채우는 1면 편집스타일에는 거의 변화가 없었던 것으로 확인되었다. 당시 제주신보사의 편집인들과 기자들이 무엇을 보도가치로 삼았는지는 알 수 없다.

2면에는 완연한 가을 맛-갯가사장(沙場) 이제 아주 쓸쓸(가로 2단 2행), 마음설레는 읍의(邑議)/어제 긴장한 가운데 개회(2단 2행), 뇌염-물샘틈없는 방역진/부두검역 구문(驅蚊)展開키로 어제 대책위(3단 2행), 시교육구 구성에의 움직임/교육감자리 물망분분/읍의원들 위원선출을 구상중(3단 3

행), 신제(新製)담배입하 95상(2단 1행), 주차장 빨리 두소/밤골목길 박치기 일수(2단 2행), 등병(等並)/배운임 9할인상/부산까지 2천28환/목포까지 천백여환 (2단 3행), 辛 경찰국장-손님 태우지말라/위반 화물차엄벌을 경고(2단 2행), 시승격(市昇格)추진/경위를 청취/어제 읍의 1차본회(1단 3행), 교량용목재/만4천재(萬四千才) 배당(1단 2행), 동남CAC/사령관본도예방/어제 李경남지사-金 도의장과 동도(同途)(1단 4행), 도로파손 등/적잖은 남군수해(1단 2행), 전국수영-자신갖고대기中이오/본도팀의 연락경찰국에(2단 2행), 邑한달간 천구백40섬(叺)을 방출/곡가조절용 정부미(1단 3행), 군읍면병사계장/30日 道에서회의(1단 2행), 남군감귤/조합창립(1단 2행), 60만환증액/읍일회추경예위/어제 의회에 부의(1단 2행), 남군서 축정 강습회(1단 1행), 분유25톤 입하(1단 1행), 기상대(고정란), 부두소식(고정란) 등 21개의 기사가 실렸다.

2면은 1면과 달리 변화된 모습을 보였다. 기사주제에서는 제주지역의 정치, 경제, 사회, 문화, 보건, 교육, 체육 등 각 분야에서 일어나는 다양한 사건들을 짤막하지만 광범위하게 다루고 있는 것으로 확인되었다. 기사건수도 지면이 늘어난 만큼 증가한 것으로 나타났다. 문제는 2면에 실린 21개 기사 가운데 고정란(기상대, 부두소식, 기자칼럼) 기사 3개를 제외한 18개 기사 중 절반인 9개가 200자 미만의 기사였다는 점이다. 이와 같이 기사 길이가 짧으면 사실(fact)과 관련된 다양한 정보를 제대로 전달할 수 없기 때문에 기사의 질적 수준이 그만큼 떨어진다. 하지만 기사가 짧을 경우 한 개 면에 다양한 분야의 소식을 '누가 무엇을 했다'는 식으로 간략하게 많은 기사를 전달할 수 있다는 장점이 있다.

제주신보의 1면은 10년 전이나 지금이나 편집내용에 큰 변화가 없지만, 2면은 현재로 올수록 보도 분야가 다양해지면서 종합면을 지향하고 있는 것으로 나타났다. 그리고 오늘날처럼 모든 기사의 바이라인(by-line)에 그 기사를 쓴 기자의 이름이 명시되어 있지는 않지만, 전부 자사(自社)기자가 썼을 것이라 추정된다.

△ 1955년 8월 26일자 신문 제목

1면 구성을 보면, 西方側 勝利를 確信/自由·共産 兩世界 審判台에/自由人民 共産奴隷不許/〈아〉 大統領 美 辯護士協會서 演說(UP=東洋), 李起鵬氏 就任/IOA委員에(합동), 함總長에 監委逐出要求/林代表談 外務長官就任否認(UP=東洋), 軍事經濟計劃檢討/〈씨토〉(seato)방콕會議開幕(UP=東洋), 五個分科委를 構成/韓美서울軍事會談 準備萬全(동양), 北亞問題 解決의 早速措置/全自由世界重大問題化(AP =합동) UN軍縮委 29일 開催(AP=합동), 參議員選擧明秋頃/趙民議院副議長來釜談(부산=동양), 出逐委監/六百余名 重輕傷/데모延人員四百五十萬(서울=동양), 中國國民黨代表/李議長 訪問要談(AP=합동), 賣却弗使用30日內/輸入外換規定制定(서울=합동), 사島 問題 英態度/駐加希랍大使非難(AP=합동) 등 12개의 기사로 편집되었다.

2면에는 宛然한 가을 맛-갯가沙場 이제 아주 쓸쓸(가로 2단 2행), 마음 설레는 邑議/어제 緊張한 가운데 開會(2단 2행), 腦炎- 물샘틈없는 防疫陳/埠頭檢疫 驅蚊展開키로 어제 對策委(3단 2행), 市敎育區 構成에의 움지김/敎育監자리 物望紛紛/邑議員들 委員選出을 構想中(3단 3행), 新製담배 入荷 95箱(2단 1행), 駐車場 빨리두소/밤골목길 박치기일수(2단 2행), 等並/배運賃 9割引上/釜山까지 2千28圜/木浦까지 千百余圜(2단 3행), 辛警察局長-손님 태우지말라/違反貨物車嚴罰을 警告(2단 2행), 市昇格推進/經緯를 聽取/어제邑議 1次本會(1단 3행), 橋梁用木材/萬四千才 配當(1단 2행), 東南CAC/司令官本道禮訪/어제 李慶南知事- 金道議長과 同途(1단 4행), 道路破損等/적잖은 南郡水害(1단 2행), 全國水泳-自信갖고待期中이오/本道팀의 連絡警察局에(2단 2행), 邑한달間 千九百40叺을 放出/穀價調節用 政府米(1단 3행), 郡邑面兵事係長/30日 道에서會議(1단 2행), 南郡柑橘/ 組合創立(1단 2행), 60萬圜增額/邑一回追更豫委/어제議會에 附議(1단 2행), 南郡서 畜政 講習會(1단 1행), 粉乳25噸 入荷(1단 1행), 氣象臺(고정란), 埠頭消息(고정란) 등 21개의 기사가 실렸다.

2) 1958년 7월 4일자 신문

신문의 지면이 브랑케트판(13단 체제)에서 배대판(倍大版)(15단 체제)으로 확대된 이후 보도량과 보도내용에 어떠한 변화가 있었는지 알아보기 위해 1958년 7월 4일자 신문에 보도된 기사의 제목을 살펴보았다.

1면에는 한국통일 위한 자유선거 재강조/UN군철수면 재침초래/참전16국 중공제안 거부각서전달(UPI=東洋), 무소속을 앞세워 개헌사안(私案)작성?/자유당 고차적 전술모색(서울=合同), 영구집권을 기도/민주당, 자유당 개헌설을 비난(서울=合同), 정상회담개최에 성의표시하라/美英佛 대소(對蘇)각서/아대통령비난-외교준비를 와해시켰다(AP=東洋), 수부(壽府)회의-기술적 과업수행에의 준비/의견충돌은 없을 듯(다음 회의는 4日에)(AP=東洋), 蘇서 의용군 파견 가능성 농후/美개입시 대전(大戰)유발/日유엔대표 본국에 보고/레바논 사태(UPI=東洋, 3단 3행), 진보당사건 언도공판-曺·梁에 5年 징역/간첩죄 불법결사는 불인정/尹吉重 등 십칠명엔 무죄(서울=東洋), 성과보다 요구에만 급급/英수상, 蘇의 정상회담태도비판(UPI=東洋), 외원(外援) 삭감은 공산주의 고무/아대통령 하원 세출위 처사비난(AP=東洋), 레바논반란/군약화일로/백기들고 휴전추구(AP=東洋) 첫 의제 레바논 문제/티토·낫셀 오늘 회담(AP=東洋), 공산분자의 파괴공작을 우려/比 국방상 인니(印尼)사태 언급(AP=東洋), 외교방해조사/英, 對중공보복위해(UPI=東洋) 등 13개 기사 실렸다.

이 가운데 10개 기사는 AP와 UPI에서 제공한 국제뉴스였고, 3개는 합동과 동양통신에서 발신한 국내정치 뉴스였다. 이처럼 1면의 톱기사는 국제뉴스로, 준톱기사는 국내 정치뉴스로 편집하는 경향을 보였다.

2면은 본도 등 4개 지역에 증설/출입국관리사무소 설치령 성안(成案)(서울=동양), 두 시간 연장 송전/발전량 모자라면 중지, 해녀탈의장 43개소에/준공행사로 경기대회도 개최, 里長이 감사장/해녀탈의장 시설한 全국장에게, 세관체화물자(滯貨物資) 조사토록/高의원 국회에 보고수속중(2단 2행), "허위서류 내면 엄단"/병사구(兵事區) 사령부 징병검사앞서 경고, 미국독립백81돐/통일쟁취에 좋은 귀감(龜鑑), 검역기 올린 後 경관승선/남신호 선원, 세관문초에 진술, 吉 지사 체납세금/일소(一掃)을 호소, 하수도공사보수, 文明澤氏 파견/전국바둑대회(1단 2행), 국방위탈모비누/사건 등 감사착수(서울=합동), 도정감사처리/위원회를 개최, 전국여고음악경연/10月 이대(梨大)서 개최, 세율대폭 인상/인지세법정정안(서울=동양), 下水道側 구축조(構築造)공사 곧 착공(1단 2행), 市상수도확장공사/국화기업에 낙찰(1단 2행), 노임등 백삼억/연석회의서 적기 방출책 강구(서울=합동), 比대통령 귀국 등정(登程)(UPI=동양), 학원단신(학교뉴스), 내고장 통신, 검찰서도 수사 울산을구 선거부정사건(서울=합동), (독자투고 글) 경찰무도대회참관기(조석종/경찰국공보계), 기상대, 오늘의 라디오(HLKS)(라디오 프로그램 소개) 등 26개의 기사를 담았다.

광고지면 4단에는 청첩(신랑: 김대성군, 신부 진금자양), 개업인사(제일생명보험회사), 만수당 약국, 분실광고(제2국민병 수첩 등), 인사의 말씀, 목포-제주정기 연결선 매일취항광고, 심마(蕁痲)광고, 어름 입하안내(新興商會), 합동사이다, 오고동창들에게, 부고 등 11개 광고가 실렸다. 이처럼 1950년대 후반에 들어서면서 지역유지들을 중심으로 신문에 청첩과 부고(訃告)광고를 내기 시작했음을 알 수 있다.

26개 기사 가운데 오늘날 독자투고에 해당하는 글(경찰무도대회 참관기(趙碩宗/경찰국 공보계)), 기자의 단평(미국독립81돐), 기상대, 오늘의 라디오(HLKS)(라디오 프로그램 소개) 등 4개 기사와 통신기사(UPI=동양, 合同, 東洋) 6개를 제외한 나머지 16개는 제주사회의 정치, 경제, 사회, 문화 등에 관한 뉴스기사였다. 그런데 지면의 기사량은 고정된 것이 아니라 그때그때의 기사량에 따라 많은 차이를 보이고 있었다. 기사의 80% 정도가 2행짜리 제목을 사용하고 있는 것으로 조사되었다.

△ 1958년 7월 4일자 신문기사 제목

1면에는 韓國統一위한 自由選擧 再强調/UN軍撤收면 再侵招來/參戰16國 中共提案 拒否覺書傳達(UPI=東洋), 無所屬을 앞세워 改憲私案作成?/

自由黨 高次的 戰術摸索(서울=合同), 永久執權을 企圖/民主黨, 自由黨改憲說을 非難(서울=合同), 頂上會談開催에 誠意表示하라/美英佛 對蘇覺書/아大統領非難-外交準備를 瓦解시켰다(AP=東洋), 壽府會議-技術的課業修行에의 準備/意見衝突은 없을 듯(다음會議는 4日에)(AP=東洋), 蘇서 義勇軍派遣 可能性 濃厚/美介入時 大戰誘發/ 日유엔代表 本國에 報告/레바논사태(UPI=東洋, 3단 3행), 進步黨事件言渡公判-曺·梁에 5年 懲役/ 間諜罪不法結社는 不認定/尹吉重 等 十七名엔 無罪(서울=東洋), 成果보다 要求에만 汲汲/ 英首相, 蘇의 頂上會談態度批判(UPI=東洋), 外援 削減은 共産主義 鼓舞/아大統領 下院 歲出委 處事非難(AP=東洋), 레바논叛亂/ 軍弱化一路/白旗들고 休戰追求(AP=東洋) 첫 議題 레바논 問題/티토·낫셀 오늘 會談(AP=東洋), 共産分子의 破壞工作을 憂慮/比國防相 印尼事態 言及(AP=東洋), 外交妨害調査/英, 對中共報復위해(UPI=東洋) 등 13개 기사 실렸다.

2면은 本道 등 4個 地域에 增設/出入國管理事務所 設置令成案(서울=동양) 두 時間 延長 送電/發電量 모자라면 中止, 海女脫衣場 43個所에/竣工行事로 競技大會도 開催, 里長이 感謝狀/海女脫衣場 施設한 全局長에게, 稅關滯貨物資 調査토록/高의원 國會에 報告手續中(2단 2행), "虛僞書類 내면 嚴斷"/兵事區 司令部 徵兵檢査앞서 警告, 美國獨立百81돐/統一爭取에 좋은 龜鑑, 檢疫旗 올린 後 警官乘船/南信號船員,稅關問招에 陳述, 吉知事,滯納稅金/一掃을 呼訴, 下水道工事補修, 文明澤氏 派遣/全國바둑大會(1단 2행), 國防委脫毛비누/事件等 監査着手(서울=합동), 道政監査處理/委員會를 開催, 全國女高音樂競演/10月 梨大서 開催, 稅率大幅 引上/印紙稅法政正案(서울=동양), 下水道側 構築造工事 곧 着工(1단 2행), 市上水道擴張工事/國華企業에 落札(1단 2행), 勞賃等 百三億/連席會議서 適期放出策講究(서울=합동), 比大統領 歸國登程(UPI=동양), 學院短信(학교뉴스), 내고장 通信, 檢察서도 搜査 蔚山乙區選擧不正事件(서울=합동), (독자투고글) 警察武道大會參觀記(趙碩종/警察局公報係) 氣象臺, 오늘의 라디오(HLKS)(라디오 프로그램 소개) 등 26개의 기사를 담았다.

3) 1962년 6월 30일자 신문

1961년 5월 16일 새벽, 군사쿠데타로 정권을 장악한 朴正熙 소장을 중심으로 한 국가최고재건회의는 6개항의 '혁명공약'을 발표하였다. 그 6개항이란 ① 반공을 국시의 제일로 삼고 반공태세를 재정비 강화할 것, ② 미국을 위시한 자유우방과의 유대를 공고히 할 것, ③ 모든 부패와 구악을 일소하고 청렴한 기풍을 진작시킬 것, ④ 민생고를 시급히 해결하고 국가자주경제의 재건에 총력을 경주할 것, ⑤ 국토통일을 위하여 공산주의와 대결할 수 있는 실력을 배양할 것, ⑥ 양심적인 정치인에게 정권을 이양하고 군은 본연의 임무로 복귀한다는 것이었다(네이버 지식백과: 5·16군사정변).

쿠데타에 성공한 군부는 5월 16일 오전 9시를 기해 전국에 계엄령을 선포하고 언론통제를 위한 포고령을 발표하였다. 언론통제를 위한 여러 조치들은 언론의 활동에 많은 영향을 미치게 된다. 이 부분에 대해 자세한 내용은 후술하였다.

군부정권의 언론통제 정책으로 인해 전국적으로 834개의 신문·통신사가 문을 닫았다. 지방 언론의 경우, 통신은 64개 모두 등록 취소되고, 주간지는 130개 중 오직 1개만 남기고 정비되었다.

이러한 와중에 제주지역에서는 제민일보가 1961년 5월 28일자로 폐간되었다가 6개월만인 11월 28일자로 공보부로부터 복간(復刊)허가를 받았다. 그 후 제민일보가 12월 7일자 복간호를 내면서 밝혔듯이 5·16쿠데타 후의 첫 피해 케이스기도 하다. 그리고 제주신보는 1961년 12월 15일부터 그동안 사용해온 본문 활자를 9포인트에서 8포인트로 바꾸고, 신문편집도 종전 15단 체제에서 16단 체제로 개편하였다. 이에 따라 지면(紙面)당 더 많은 기사를 수용할 수 있게 되었다(제주신문50년사, 430쪽).

그리고 1962년 4월 22일 낙후된 인쇄시설을 개선하기 위해 전지(全紙) 반절지 인쇄용 평판형 인쇄기(Nisikawa Iron Works Yamani) 1대를 일본으로부터 도입하여 제주신보 史上 처음으로 주1회 4개면(일요일판)을 발행하기 시작하였다.

이와 같은 일련의 사건과 신문사의 자체 혁신노력이 신문의 보도에 어떠한 영향을 미쳤는지를 간접적으로 추정해보기 위해 5·16쿠데타가 일어난 지 약 1년이 지난 1962년 6월 30일자 신문을 임의로 선정해 기사내용을 살펴보았다.

1면의 기사내용을 보면, 사설(교육수준의 근본적인 향상책)과 萬里風(기자의 칼럼) 이외의 기사는 合同통신에서 제공한 7~8개 국내외 뉴스로 채워졌다. 구체적으로 보면, 1면 톱기사 자리에는 〈최고회의, 언론정책 발표/무익한 경쟁을 방지/기준미달사 자진정리 등 20항/새입법없이 권장/시행세칙은 공보부가 불원발표〉(5단 5행) 제목의 기사가 실렸고, 그 다음은 자유민의 정신적 지주/朴의장, 천주교회 승격을 경축(2단 2행 박스기사), 8·15까지 정비/건전한 기관에 적극원조/姜文社 위원 언론정책에 언명(3단 3행), 취재원 개방을 약속/기업인의 자격, 보수, 시설기준 등/李장관 언명(3단 3행), 구속 언론인 석방/朴의장, 언론정책발표후 지시(2단 2행), 박을출(朴乙出)씨 등 무죄/국회의원선거법 위반사건에 대법판결(1단 3행), 신문38, 통신12개-일간 정기 간행물 총수(가로 2단 2행) 등의 기사로 채워졌다.

1면 기사 중 2개 기사를 제외한 나머지 기사들은 국가재건최고회의 언론정책 관련 내용으로 편집되었다. 국내뉴스로 1면을 채우는 이러한 편집경향이 보편적인 것인지, 아니면 이 날짜 신문에만 나타난 특수한 현상인지 알아보기 위해 7월 3일자 신문의 1면 보도내용과 비교해 본 결과, 사설과 萬里風를 제외하고 총 10개 기사가 실린 것이 확인되었다. 이 가운데 6개는 국내정치 관련 기사였고, 나머지 4개는 AP와 AFP 통신에서 제공한 국제뉴스였다. 그리고 7월 4일자 신문 1면에 실린 국내외 기사의 비율도 50대 50으로 나타났다. 이러한 결과로 보아 6월 30일자 신문의 편집내용은 특수한 사례에 속한다.

2면에는 부두소식(埠頭消息), 기자수첩 등 2개의 고정란 기사를 제외하고 24건의 기사가 실렸다. 톱 자리에는 〈중고학력검사 출제착오사고/틀린 문제는 취소/채점중단 타개책/어제 道장학진·수학교사 구수회의〉(가로 4단

4행)라는 제목의 기사가, 중간 톱기사 자리에는 〈경찰운영에 새방향/조장(助長)행정지양코 치안본무(本務)로/高경찰국장, 기자회견담〉(4단 3행) 관련 기사가 실렸다. 그 다음으로 비흡족 모내기 쾌조/전도 28일 현재 67%선(3단 2행), 아침청소에 앞장/도위원과 집단촉진회장/1일 불참에 百원씩 벌금(2단 3행), 소방시설미비에/사백오십원과료/70개소 적발코 20개소 즉재(卽裁)돌려(2단 3행), 시은(市銀)에 속속 접수/법인 등의 견질(見質)융자신청(2단 2행), 三教室分, 건축비배정/이제 곧 풀릴 맹아분교의 서름(3단 2행), 숙부때려 3주상해(2단 1행), 구채(舊債)정리를 시달/어협 기능정상화 앞서(2단 2행), 군관민 유대강화 영화회/一日아침一劇서(제일극장)(1단 3행), 밭두렁의 나무 벌채허가/군수승인제로(1단 3행), 특히 대지세(垈地稅)/과년말납(過年末納)국세/월말까지 독려(1단 3행), 6·25 기록 사진전, 시내는 2일까지(1단 2행), 金차장이 어제 시찰/비행장국유지개간하는 도두청부녀회(1단 3행), 2일 예정이던 징집집행연기/선박관계로 당분간(1단 3행), 후생시설구호(救護)/곡(穀)72석 방출(1단 2행), 칠월초에 입주/송당에 세워진 성장(成長)고아정착주택(1단 3행), 문화관 기공식/하도리 굴洞서(1단 2행), 시교육과서/현지를 답사/오라교운동장(1단 3행), 시계주워 계출한 李君에게 표창장(1단 2행), 시유재산 일제조사(1단 1행), 제대생50여명해당/3·4반기징집에(1단 2행), 합창우렁찬 근로봉사의 일단(一團)/교육받는 재건회장들 조밭밟기(2단 2행) 등 23개의 기사가 실렸다. 나머지 6개의 광고 지면에는 7개 광고가 게재되었다.

2면의 경우, 지면이 늘어난 관계로 대개 20~23개 정도의 기사로 편집하는 경향이 정착되고 있는 것으로 보이고, 보도주제와 내용은 국가시책이나 지역행정관청의 업무와 치적을 알리는 홍보성 기사이거나 공지성 기사가 주류를 이루고 있다.

신문사의 내외에도 많은 변화가 일어나고 있지만, 1면에는 국제뉴스와 국내정치 뉴스, 2면은 도내에서 일어나는 행정기사와 사회기사로 편집하는 제주신보의 편집방침에는 거의 변화가 없는 것으로 확인되었다. 행정시책이나 정책을 비판하는 기사는 거의 찾아 볼 수 없었다.

△ 1962년 6월 30일자 신문기사 제목

1면은 사설(教育水準의 根本的인 向上策)과 萬里風(기자의 칼럼) 그리고 〈最高會議, 言論政策 發表/無益한 競爭을 防止/基準未達社 自進整理等 20項/새立法없이 勸獎/施行細則은 公報部가 不遠發表(5단 5행), 自由民의 精神的 支柱/朴의장, 天主敎會 昇格을 慶祝(2단 2행 박스기사), 8·15까지 整備/健全한 機關에 積極援助/姜文社委員 言論政策에 言明(3단 3행), 取材源 開放을 約束/企業人의 資格, 報酬, 施設基準 등/李長官 言明(3단 3행), 拘束言論人 釋放/朴議長, 言論政策發表後 指示(2단 2행), 朴乙出氏等 無罪/國會議員選擧法 違反事件에 大法判決(1단 3행), 新聞38, 通信12個-日刊定期刊行物總數(가로 2단 2행) 등의 기사로 채워졌다.

2면은 埠頭消息, 記者手帖 등 2개의 고정란 기사와 中高學力檢查 出題錯誤事故/틀린 問題는 取消/採點中斷打開策/어제 道獎學陳·數學敎師鳩首會議(가로 4단 4행), 〈警察運營에 새方向/助長行政止揚코 治安本務로/高警察局長, 記者會 見談〉(4단 3행), 〈비洽足 모내기 快調/全道 28일 現在 六十七%線(3단 2행), 아침清掃에 앞장/道委員과 集團促進會長/1日 不參에 百원씩 罰金(2단 3행), 消防施設未備에/ 四百五十원科料/70個所 摘發코 20個所即裁돌려(2단 3행), 市銀에 續續 接受/法人等의 見質融資申請(2단 2행), 三教室分, 建築費配定/이제 곧 풀릴 盲啞分校의 서름(3단 2행), 叔父때려 三週傷害(2단 1행), 舊債整理를 示達/漁協 機能正常化앞서(2단 2행), 軍官民 紐帶强化 映畵會/一日아침一劇서(第一劇場)(1단 3행), 밭두렁의 나무伐採許可/郡守承認制로(1단 3행), 특히 垈地稅/過年末納國稅/月末까지 督勵(1단 3행), 6·25 記錄 寫眞展, 市內는 2일까지(1단 2행), 金次長이 어제 視察/飛行場國有地開墾하는 道頭青婦女會(1단 3행), 二日豫定이던 徵集執行延期/船舶關係로 當分間(1단 3행), 厚生施設救護/穀七二石放出(1단 2행), 七月初에 入住/松堂에 세워진 成長孤兒定着住宅(1단 3행), 文化館 起工式/下道里 굴洞서(1단 2행), 市教育課서/現地를 踏査/吾羅敎運動場(1단 3행), 時計주워 屆出한 李君에게 表彰狀(1단 2행), 市有財產 一齊調査(1단 1

행), 濟大生50余名該當/34半期徵集에(1단 2행), 合唱우렁찬 勤勞奉仕의 一團/敎育받는 再建會長들 조밭밝기(2단 2행) 등 23개의 기사로 편집되었다.

3. 일간 4면 발행시대 돌입

제주신보사는 10월 20일자 사고를 통해서 "본보는 혁명정부의 언론정책에 순응하여 10월 1일부터 매일 4면 발간계획을 추진 중이었으나, 준비 미흡으로 부득이 20일 동안 隔日間으로 4面을 발간하여 오던 중, 여러 가지의 신문제작시설 확충이 완비되어 10월 21일자 신문부터 매일 4면 발간을 단행하게 되었다"라고 밝히고, "이는 언론정책을 전폭 지지하는 폐사(弊社)의 방침일 뿐만 아니라 본보를 애독 육성시켜주시는 독자의 요구에 보답하려는 노력의 결과"라고 하였다.

제주신보는 이미 社告를 통해 공표하였듯이 10월 21일자 신문부터 본격적으로 4페이지 신문을 발간하기 시작했다. 이것은 제주언론사적으로 볼 때 획기적인 사건이다. 발행지면이 배로 증가했다는 것은 독자들에게 전달되는 정보와 뉴스량이 배로 증가했다는 것 이상의 의미를 갖는다. 따라서 이러한 지면의 증가가 어떠한 분야의 뉴스 증가로 이어졌는지 알아보기 위해 1962년 10월 21일자 신문을 살펴보았다.

1면(10단 편집)에는 각의(閣議) 행정구역 변경안 의결/군(郡)편입변경 등-서울특별시는 대폭확장(톱기사/5단 2행), 金부장 방미장도에/20일 상오12시 CAT편/朴의장 친서휴대/한일회담결정적 계기는 미지수(5단 4행)-22日 지전(池田)과 회담/후(後)미국으로 출발(중간제목 2행), 명년(明年) 1月까지/핵실험 일절금지/UN정위(政委)에 30개국결의안(AFP=합동 4단 3행), 임기 2년 미만땐 간선(間選)/4년 임기 1차에 한해 중임/심의안, 대통령장(章) 종료(3단 3행), 서방측 중대난관/흐首相, 방미(訪美)실현되면(AP=합동 2단 2행), 국제문제등 논의/英세르커크경(卿), 日외상과(AP=합동 가로 2단 2행), 레인져5호 실패/나사발표, 달에서 3백리 이탈(AP=합동 가로 2단 2행), 체일(滯日)일정등협의/崔 참사관, 伊關(1단 2행), 각의(閣議)에서 보고/ 1차 기술진흥계획(1단 2행), 社說(경찰창립 17주년을 맞으며), 萬里風(칼럼) 등 9개 기사가 실렸다(社說과 만리풍 제외). 9개 기사 가운데 5개는 국내정치 기사였고, 나머지 4개는 AP와 AFP에서 제공한 국제뉴스였다.

2면(9단 편집)에는 상호개선에 노력/대독(對獨)강화문제논의/그로미코 러長官 회담후 기자회견(AP=합동/5단 3행), 미국의 對'큐바' 정책분석/볼차관증언을 중심으로[6](HTNS 4단 2행), 오고축구팀 체일중(滯日中)/기탁자명단(3단 2행), 崔일병에 사형/선임자 2명 살해사건(2단 2행), 아주(亞洲) 탁구선수권대회/12月 26日부터 比서[7](AP=합동1단 2행), 발견후 1시간 내에/법무부 변사자 검시에(1단 2행) 등 6개 제목의 기사가 실렸다.

2면 하단에는 4개의 광고(유한치약, 정신신경안정제 10정: 안심(Ansym), 학생모집=女원 편물학원(編物學院), 강력안전구충제/비페라정(錠) 카라멜)가 실렸다. 2면에 실린 6개 기사 중 3개는 AP와 AFP 등 外信이 제공한 기사였고, 나머지 3개 기사 중 2개는 육지부에서 발생한 사건사고(상관을 살해한 군인에 대한 사형선고 기사, 변사체에 관한 기사)였으며, 나머지 1개는 오현고등학교 축구팀 관련 기사였다.

3면(12단 편집)에는 본도투표권자 십3~4만명 추산/준비태세에 들어간 국민투표사무/내일일선간부 회의열어 요강시달(가로 4단 3행), 이역(異域)서의 계속분투를 격려/모금운동넓힐터/향토애의 재일교포환송식 성대(4단 3행), 오늘 경찰의 날 행사/상오10시 기념식(2단 2행), 도민과의 호흡을 같이/친절봉사 한층 힘쓸터/高 국장 경찰창립 17주년 맞아 소신피력(3단 3행), 본도경찰 지난 일년의 업적(2단 1행), 서귀포에 도서관생기나/귀경한 崔여사가 책수집운동(2단 2행), 시민의 발/시내뻐스 등장(4단 1행), 개통식 기쁨가

6) 이 기사에는 2개의 중간 제목이 들어갔는데 그 제목을 다음과 같다. '現在로서는 不侵攻/ 對큐바 禁輸措置가 賢明/ 亡命團體 上陸沮止가 고작'(3단 3행), '國際共産主義 試金石/ 카首相, 互利用도 豫想'(가로 2단 2행)

7) 여기서 말하는 比은 比律賓의 약칭으로, 오늘날의 필리핀을 말한다.

득/관광봉사도 기약(중간제목), 성장한 제주를 과시하라/고무받으며 장도에/전국체육선수단 어제 결단식 마쳐(3단 3행), 고구마 매상 때 회수/년내 상환기 농사자금 육천만원(3단 2행), 외산파이프 입하/간이 수도공사에 박차(2단 2행), 대진(對陣)한 강호5팀/단합축구 이틀간 리그전(2단 2행), 대동건설 청빈/담배제품창고건축(1단 2행), 진도농고수학여행단/교육시설순방코 이도(離道)(가로 1단 2행), 記者手帖 등 13개의 기사가 실렸다. 3면에 실린 3단 이상의 기사를 보면 제주도 투표권자수, 재일교포 모금운동사례, 시내버스 개통, 농사자금 회수방침, 전국체육대회 출정식, 경찰의 날 기념행사 등 각종 행사에 관한 사회 기사가 주를 이루고 있다.

4면(8단 편집)은 학생백일장 성료/전도서 260여학도 참집(參集)코-어제 삼성사 고목그늘서(2단 3행), 수필: 인간의 생과 사(서경보: 동아대학교 철학박사)/필멸하는 육체, 인간은 신의 피조물인가!/영혼은 영생할까(2단 3행), 해외문예/언어와 문학(스티븐 스펜서), 애월서 한시(漢詩)백일장(1단 1행), 스크린 안내(진시황제와 만리장성), 연재소설/史話 성교란(聖敎亂): 제주에서의 천주교 포교와 이재수난 등 6개의 기사로 편집되었다.

앞서 살펴본 바와 같이 1~2면은 통신사가 제공한 국제뉴스와 국내정치관련 뉴스로 채워졌고, 3면은 지방관청과 각종 단체에서 제공한 홍보성 기사, 4면은 문학/문예 관련 행사기사나 글로 편집되었다.

이상의 분석결과에 따르면, 지면이 늘어난 만큼 국제뉴스와 국내정치 뉴스, 일부 지식인 계층을 위한 문학과 문예물 관련 기사 그리고 광고량은 눈에 띄게 늘어났지만, 제주사회의 정치 경제 사회 등에 관한 기사량에는 차이가 없는 것으로 확인되었다.

이와 더불어 특이한 점은 신문 지면의 증가로 기사의 수도 점차 증가했지만, 대다수 도민들의 생활과 밀접한 관련이 있는 정책 및 사업 관련 사안들에 대한 부정적 또는 비판적인 시각의 기사는 거의 찾아볼 수 없었다는 점이다. 이는 기자들의 언론관과 신문의 편집방침이 영향을 미친 결과라 볼 수 있다.

그런데 문제는 기사의 내용과 제목을 비롯해 전체 기사의 80% 정도가 한자(漢字)로 쓰여졌다는 점이다. 한글보다 한자를 주요 언어로 사용한 것은 제주신보의 주된 독자층이 불특정 다수인 일반인이 아니라, 한자를 자유롭게 쓰고 읽을 수 있는 행정관청의 공무원과 식자층을 대상으로 했기 때문인 것으로 보인다. 당시 도민의 교육수준으로 미루어보아 구독자를 확보하는데 많은 어려움이 뒤따랐을 것이라 판단된다.

△ 1962년 10월 21일자 신문기사 제목(4면 발행)

1면(10단 편집)에는 閣議 行政區域 變更案議決/郡編入變更 등─서울特別市는 大幅擴張(톱기사/5단 2행), 金部長 訪美壯途에/20日 上午12時 CAT便/朴議長 親書携帶/韓日會談決定的 契機는 未知數(5단 4행)－22日 池田과 會談/後美國으로 出發(중간제목 2행), 明年1月까지/核實驗 一切禁止/UN政委에 30個國決議案(AFP=합동 4단 3행), 任期 二年 未滿땐 間選/4年 任期 1次에 限해 重任/審議案, 大統領章 終了(3단 3행), 西方側 重大難關/흐首相, 訪美實現되면(AP=합동 2단 2행), 國際問題등 論議/ 英세르커크卿, 日外相과(AP=합동 가로 2단 2행), 레인져5號失敗/나사發表, 달에서 3百哩離脫(AP=합동 가로 2단 2행), 滯日日程等協議/崔參事官, 伊關(1단 2행), 閣議에서 報告/1次 技術振興計劃(1단 2행), 社說(警察創立 17周年을 맞으며), 萬里風(칼럼) 등 9개 기사가 실렸다(社說과 만리풍 제외).

2면(9단 편집)에는 相互改善에 努力/對獨强化問題論議/그로미코 러長官會談後 記者會見(AP=합동/5단 3행), 美國의 對'큐바' 政策分析/볼次官 證言을 中心으로[8](HTNS 4단 2행), 五高蹴球팀 滯日中/ 寄託者名單(3단 2행), 崔一兵에 死刑/先任者 二名殺害事件(2단 2행), 亞洲卓球選手權大會/12月26日부터 比서[9](AP=합동 1단 2행), 發見後 一時間內에/法務部 變死者 檢屍에(1단 2행) 등 6개 제목의 기사가 실렸다.

8) 이 기사에는 2개의 중간 제목이 들어갔는데 그 제목은 다음과 같다. '現在로서는 不侵攻/ 對큐바 禁輸措置가 賢明/ 亡命團體 上陸沮止가 고작'(3단 3행), '國際共産主義 試金石/ 카首相, 흐利用도 豫想'(가로 2단 2행)

9) 여기서 말하는 比은 比律賓의 약칭으로, 오늘날의 필리핀을 말한다.

3면(12단 편집)에는 本道投票權者 十三,四萬名 推算/準備態勢에 들어간 國民投票事務/내일一線幹部 會議 열어 要綱示達(가로 4단 3행), 異域서의 繼續奮鬪를 激勵/募金運動넓힐터/鄕土愛의 在日僑胞歡送式 盛大(4단 3행), 오늘 警察의 날 行事/上午10時 記念式(2단 2행), 道民과의 呼吸을 같이/親切奉仕 한層 힘쓸터/高局長 警察創立 17周年맞아 所信披瀝(3단 3행), 本道警察 지난 一年의 業績(2단 1행), 西歸浦에 圖書館생기나/歸京한 崔女史가 冊蒐集運動(2단 2행), 市民의 발/市內뻐스 登場(4단 1행), 開通式 기쁨가득/觀光奉仕도 期約(중간제목), 成長한 濟州를 誇示하라/鼓舞받으며 壯途에/全國體育選手團 어제 結團式마쳐(3단 3행), 고구마 買上때 回收/年內 償還期 農事資金 六千萬원(3단 2행), 外産파이프 入荷/簡易 水道工事에 拍車(2단 2행), 對陣한 强豪五팀/團合蹴球 이틀間 리그戰(2단 2행), 大同建設 淸貧/담배製品倉庫建築(1단 2행), 珍島農高修學旅行團/教育施設巡訪코 離道(가로 1단 2행), 記者手帖 등 13개의 기사가 실렸다.

4면(8단 편집)은 學生白日場 盛了/全道서 260余學徒參集코-어제 三姓祠 古木그늘서(2단 3행), 수필: 人間의 生과 死(徐京保: 東亞大學校 哲學博士)/必滅하는 肉體, 人間은 神의 被造物인가!/ 靈魂은 永生할까(2단 3행), 海外文藝/言語와 文學(스티븐 스펜서), 涯月서 漢詩白日場(1단 1행), 스크린 안내(秦始皇帝와 萬里長城), 연재소설/史話聖教亂: 濟州에서의 天主教布教와 李在守亂 등 6개의 기사로 편집되었다.

제5절 | 편집권 수호 투쟁과 집단해고

1. 오현고 학원분규 보도파문

1960년 3월 15일 제4대 정 부통령을 선출하기 위해 실시된 선거에서 자유당은 온갖 불법 부정선거를 자행하였다. 이를 규탄하는 시위가 4월

19일을 기점으로 전 국민으로 확산되고, 4월 26일 이승만이 라디오 연설을 통해 대통령 자리에서 하야하겠다는 성명을 발표하기에 이른다. 대통령직에서 물러난 이승만이 1960년 5월 29일 하와이로 망명길을 떠난 뒤 전국 각지에서는 3·15부정선거를 규탄하고 처벌을 요구하는 데모가 연일 벌어졌다. 제주도에서도 각급 기관장들과 부정선거에 관여한 혐의를 받았던 공직자들이 관직을 떠났다. 그런가 하면 부정선거에 관계된 일부 인사들은 관덕정에 운집한 데모 군중들로부터 심한 모욕을 당하기도 했다(진성범, 1997: 194).

이 와중에 오현고 이경수 교장도 자유당 강경파이며, 3·15 부정선거에 관여한 혐의로, 오현고 학생들의 사퇴요구에 의해 5월 8일 오현학원 재단 측에 사표를 제출하였다. 그런데 이 사건과 관련된 2단짜리 기사가 제주지역 언론계의 첫 번째 편집권 수호투쟁의 빌미가 되고, 제주신보 기자 전원(12명)을 집단 사퇴케 하는 원인이 되었다. 1960년 5월 17일자 제주신보는 〈五賢高 학생들간 贊·反대립－오고 李교장 유임운동〉이라는 2단 제목으로 9일 전인 5월 8일 학생들의 요구로 재단 측에 사표를 제출하였던 이경수(李慶守) 교장을 둘러싸고 벌어지고 있는 오현고의 학원분규에 관한 동정을 다음과 같이 보도하였다(제주신문, 1960.7.17. 2면).

> 지난 8일 학생들의 사퇴요구에 의해 재단 이사장에게 사표를 내고 학교교장을 물러간바있는 오현고 이경수 교장을 유임시키려는 움직임이 작금(昨今) 고교 2학년생간에 보이기 시작하자, 학교 내는 다시 동요하는 빛을 보여주고 있는데, 이와 반면(反面)에 재단이사 측에서는 학생들의 동태를 주시하면서 이러한 식의 교장 유임운동에 대하여는 냉담한 태도를 취하고 있는가하면 이미 李교장에 대해서는 교장으로 받아드릴 수 없다는 확고한 방침과 후임을 물색 중에 있음을 시사하고 있어 관심사가 되고 있다.
>
> 재단이사 측에 의하면 李교장 유임운동은 지금(只今) 두 갈래로 나눠 전개되고 있는 바, 그 하나는 五高同窓會一代表가 서울에 있는 이사장을 직접 방문하여 종용(慫慂)하고 있으며 또 하나는 학생들 간에 전개되고 있는 유임운동임을 지적하였는데 2학년 학생들의 교장유임운동이 표면화되자

이에 대한 3학년 학생들의 즉각적인 반발과 학교당국이 집회에 대하여 신중(愼重)을 기하는 바람에 아직 활발한 움직임은 보이지 않는다는 것이다.

학교장을 둘러싸고 이러한 일련의 움직임이 보이기 시작하자 재단이사 측에서는 이 유임운동이 자율적인가 타율적인가에 관심을 가지고 탐지한 결과, 일명의 교사가 배후에서 학생들을 조종하고 있음을 알게 되었다고 하는데, 교장 유임운동은 교사 또는 학생들의 총의가 아님이 명백히 들어났다는 것이다. 재단이사 측에서는 교장 사퇴 동기를 밝히는 가운데 학생들은 지난 5일 등질반(等質班) 학급편성을 반대하는 운동을 연3일 계속하면서 교장에게 대해서는 자유당 강경파이며 교내에서 3·15부정선거를 자행했다는 이유를 들어 사퇴를 요구 집단흠석(欠席)하게 되어 이에 당황한 교직원들은 매일같이 학생등교를 종용(慫慂)했음에도 더욱 반대운동은 확대될 뿐 수습(收拾)난에 봉착하게 되자, 지난 8일 일요일임에도 불구하고 교직원 회의를 긴급 개최하고 교장을 초치(招致)한 석상에서 사태 수습상 학교장이 그만두지 않은 한, 악화될 가능성이 농후함을 지적하고, 만일 학교장이 사퇴하지 않은 경우 교직원이 총사퇴도 불사하겠다는 강경한 태도로 나오게 되자, 李 교장은 사의를 표명하고 재단이사장에게 전보로 교장과 교감사표를 제출하게 된 것이라고 하면서 학교장이 사퇴한 익일(翌日)인 9일은 이 소식이 퍼지자 학생들은 자발적으로 등교하여 금(今)오늘에 이르기까지 정상적인 수업도 계속되고 있을뿐더러 등질반(等質班)학급편성도 환원되었음에 비추어 학교장이 유임될 경우 학교문을 닫게 될 위기에 봉착(逢着)될지 모르겠다고 우려하였다.

이 보도가 나간 바로 다음날인 5월 18일 오현고 학생 수십명이 탑동 옛 노동부사무소에 자리하고 있던 제주신보사를 찾아가, 신문사를 에워싸고 5월 17일자 기사가 오보(誤報)라고 주장하면서, 〈사장을 비롯한 편집책임자와 기자는 나와서 오현학원 분규와 관련된 기사 작성경위와 잘못에 대한 사후 수습방안을 밝힐 것〉을 요구하였다(진성범, 1997: 194). 이날 시위는 제주신보가 오현학원 분규와 관련된 기사를 취급하면서 학생 측보다 재단 측의 입장을 더 많이 다룬데서 비롯된 것이었다.

당시 제주신보 경영진은 도지사로 영전한 전인홍의 뒤를 이어 김두진 사장과 신두방 전무체제를 갖추고 있었다. 김두진 사장은 현역 국회의원(자유당 소속)인 관계로 서울출장이 잦아 신문사를 비울 때가 많았다.

해당기사를 해명하고 사후 수습방안을 제시할 것을 요구하는 학생들에게 제주신보 김용수 편집국장은 언론의 권위를 지켜야 한다는 명분으로 그들의 요구를 거부하였다(제주신문, 1979.9.4. 3면). 그 대신 金사장의 부재로 실질적인 경영권을 행사하고 있던 신두방(申斗珙) 전무가 제주신보 사옥 2층 발코니에 몸을 내밀고 데모대 학생들을 향해 직접 오보정정과 문제의 기사를 쓴 취재기자의 인사 조치를 약속하였다. 오현고 데모대 학생들은 申전무로부터 재차 공식사과와 취재기자의 인책약속을 확인한 후에 자진 해산하였다(진성범, 1997: 195).

오현고 보도와 관련된 문제는 申전무의 이 같은 사과와 인책약속으로 일단 수습되었다. 그러나 문제는 바로 거기에서부터 악화되기 시작하였다. 편집국장을 비롯한 기자들이 〈전무가 기사의 잘잘못을 가리지도 않은 채, 일방적으로 공식사과와 함께 기자 인책방침을 데모 학생들에게 약속한 것은 편집권을 침해하는 지나친 월권행위(越權行爲)〉라 규정하고, 이의 철회를 요구하고 나선 것이다(진성범, 1997: 195).

그러나 申전무는 5월 19일자 신문 1면에 담당기자였던 강순일(姜淳日) 기자에 대한 파면처분 사령(5월 17일자)을 내보내고, 2면에는 〈留任運動은 학생들 自發/시간경과에 따라 뉘우치고〉라는 2단 제목으로 오현고 교직원 측의 해명을 다룬 기사를 내보냈다. 그 기사 내용은 다음과 같다.

> 오현고등학교 교직원 일동은 18일 동교 李교장이 사의를 표명한 후 교직원 회의에서 학생들이 제시한 학교장 사퇴요구조건이 부당함을 확인하고 재단이사장에게 그와 같은 요지를 시급히 타전(打電)한바 〈…이하 신문 파손, 약 80자 정도 사라짐〉 시간이 경과함에 따라 뉘우치고 학생간에 유임운동이 버러지고 있는 실정이며, 이는 교사의 배후 조종에 의한 것은 아니다. 교직원이 교장을 초치하여 사퇴하지 않으며 교직원이 총사퇴하겠다고 한일은 없으며, 李교장 자신이 교직원을 〈…이하 신문 파손, 약 15자

정도〉 회의 석상에서 〈… 이하 신문 파손, 약 60자 정도 알 수 없음〉 李교장은 자신의 사퇴는 〈난관에 봉착한 학교의 제반 사태를 수습하는데 있다〉고 사의표명에 따른 동기를 밝히는 동시에 자기는 이승만 정권하에서 임명된 처지이니 재단이나 학생들의 신임여부를 묻는 것이 도의적인 면에서도 타당한 일이지만, 교직원들의 총사퇴는 학교발전을 위하여 매우 불행한 일이라고 교직원들의 사퇴에 대한 부당성을 강력히 주장한 일이 있음을 물론 교직원들은 끝까지 남아서 사태의 수습과 학교육성발전에 기여해야한다는 만류 〈이하 신문파손, 약 40자 정도 사라짐〉

이러한 해명기사와 姜기자의 해임조치는 편집국 내의 강력한 반발을 불러일으켰다. 즉, 자신들의 요구가 묵살되고, 상황이 이 정도에 이르자 편집국장을 선두로 11명의 기자들이 편집권 간섭을 내새워 동진동태(同進退陣)를 결의하고 집단으로 사표를 제출하였다. 신두방 전무는 이를 경영권에 대한 도전행위로 간주하여 〈그만 둘테면 모두 그만두라〉며, 김용수 편집국장, 김성홍 사회부장, 이영복 정치부장, 송산실 편집부장, 양태일·김인봉·김윤옥·홍성목·이재두 기자 등 9명의 사표를 즉각 수리하고, 5월 20일자 신문 1면에 의원면직(5월 19일자) 사령을 내보냈다. 그리고 11명의 기자 가운데 그동안 신문사에 남아있던 김기오(金基五) 편집국 차장과 任錫浩 견습기자도 사표를 제출함에 따라 5월 22일자 신문 1면에 이들의 의원면직 사령(5월 21일자)이 나갔다.

2. 기자들 집단사퇴-충원으로 맞서

제주신보사는 9명의 기자에 대해 의원면직 사령을 내보낸 바로 그날 신문 1면에 기자채용공개모집 공고를 냈다. 이것은 갑작스런 기자들의 집단사퇴로 신문의 정상발행에 차질을 빚게 되는 것을 최소화하기 위한 대응조치인 셈이다. 집단퇴직 기자들이 아니더라도 신문을 차질 없이 정상적으로 발간하기 위해서는 당장 써먹을 수 있는 전문지식을 갖춘 경력기자가 있어야 한다. 다급해진 신두방 전무는 여기저기서 통신 기사를 끌어 모아 신문을 발간하고, 집단사표를 제출한 기자들을 개별적으로 만나 회유하며, 중앙지 주재기자와 주간지 기자들을 대상으로 적극적인 영입에 나섰다.

하지만 당시 영주시보·제민시보 등 주간지 기자들은 평소 갈망하던 일간지 기자로 활동할 수 있는 기회가 눈앞에 다가왔음에도 동료기자들에 대한 의리를 내세워 이를 거부하였다. 그들은 "비록 제주신보 기자들이 우리와는 회사가 다르지만 한동안 함께 취재활동을 해왔는데, 이제 그런 동료기자들을 물리치고 그 자리를 차지한다는 것은 도의적으로 있을 수 없는 일"이라며 申전무의 제의를 뿌리쳤다(진성범, 1997: 198).

그러나 申전무의 주간지 기자영입 노력은 포기하지 않고 계속되었다. 그 결과, 첫 번째로 영주시보의 편집국장 고영일(高瀛一)을 제주신보 편집국장으로 영입하는데 성공하였다. 이러한 사실은 5월 22일자 신문 1면에 사령을 통해 고지하였다. 이를 필두로 주간지 기자들이 잇따라 제주신보로 자리를 옮겼다.

이와 더불어 신문의 정상발행을 위한 기자충원이 시급했던 제주신보사는 5월 19일부터 공개모집하기 시작한 기자채용시험을 3일만인 5월 22일에 실시하고, 5월 24일자 신문 1면에 공개채용시험 합격자 명단(기자채용: 고광태, 견습기자: 양진호·강여환·좌동배·이병현·이찬식)을 발표, 같은 날 김종철을 편집부장에 발령하고 고광태·김장훈·전병기 등을 기자로 임용하였다(5월 23일자). 경력기자 영입은 계속되어 5월 27일자 신문 1면에 김영호·김하준·강용삼 등 3인이 기자로 임용된 사실(5월 23일자)을 사령으로 공지하였다. 이 사태로 인해 중앙지 주재기자와 주간지 기자들이 대거 일간지로 자리를 옮겼다. 심지어는 동진동퇴(同進退陣)를 결의했던 모 기자도 슬그머니 사의를 철회하고 옛 자리로 돌아갔다.

처음에는 의리로 버티던 기자들이 회유에 넘어가자 결국 너도나도 제주신보로 자리를 옮기고 많은 젊은이들이 기자시험에 응시하니 이때부터 경영진과 제주지식인들은 기자들을 '××도 없는 자들'이라며 우습게 알기 시작했을 것이다.

한편, 하루에 2개면을 발행하던 제주신보는 5월 19일 기자들의 총사퇴로 5월 20일자 신문부터는 2면도 1면과 마찬가지로 서울발 통신기사와 외신 기사(동양, 합동, AP, UPI 등) 그리고 신두방 전무가 직접 쓴 성명서 등으로 채워졌다(기자석 포함). 그러나 5월 22일자 신문부터 2면의 절반 정도가 제주지방기사로 다시 채워지기 시작하였다. 그리고 5월 24일자 신문부터 2면도 종전처럼 제주지방뉴스로 채워지고 정상적인 발행에 들어갔다. 이처럼 申전무는 약 1주일 만에 주간지와 중앙지 주재 기자들을 대상으로 8명의 경력기자를 영입하여 새로운 편집진을 구성하고 정상적으로 신문을 발행하기 시작하였다.

반면, 이 무렵 주간지였던 濟民時報가 1960년 7월 1일자로 제호를 濟民日報로 바꾸고 일간지로 전환하자, 제주신보사에 집단사퇴서를 냈던 3명의 기자가 자리를 옮겼다. 당시 제민일보는 일간지로 등록을 마친 후 제주신보 집단사퇴 기자들을 상대로 집요한 영입작업을 벌였다.

3. 경영진과 사퇴기자들 간의 진실 공방전

五賢학원 분규와 관련된 기사로 시작된 경영진과 편집국간의 헤게모니 투쟁은 결과적으로 기자의 집단사퇴와 대체 임용이라는 단순한 문제로 마무리되지 않고 내외부적으로 매우 복잡하게 꼬이기만 하였다.

사표를 제출하자마자 급히 수리되자, 편집국 기자들은 그 이튿날부터 신문사에서 무기한 농성에 들어갔다. 이들은 농성 이틀째부터 농성장을 신문사 인근에 있던 姜모 기자 집으로 옮겨 장기적인 투쟁에 대비했다(진성범, 1997: 196). 특히 이들은 벽보를 통해 "아무개 중역이 그동안 독선적 전횡을 일삼아 왔으며, 이번 경우에도 공무국 직원들이 봉급 인상을 요구하며 스트라이크를 벌인 데에 대하여 흥분한 중역 1인이 그간 눈에 거슬렸던 기자 1인을 즉흥적으로 면직시켰다"며, 申전무의 인사권 횡포를 규탄하면서 지역유지와 도민들의 지지여론을 끌어 모으기 위해 노력하였다(제주신문50년사, 1995: 391).

이에 대해 1960년 5월 20일자 제주신보는 2면에 사건의 발단이 되었던 오현고 교장의 유임운동 관련 기사를 둘러싼 사태의 전말과, 기자들의 집단사표 제출의 내막을 자세하게 알리는 신두방 전무의 반박 성명을 〈本社상대 데모 眞相〉이라는 제하의 3단 기사로 보도하였다. 그 내용을 간추리면 대략 다음과 같다.

> 강순일 기자가 어느 한쪽에 치우친 기사를 보도함으로써 결과적으로 오보가 나왔고, 이 때문에 오현고 학생들이 본사에 쳐들어와 데모를 벌이게 되었다. 그런데 앞에 나서서 데모를 수습해야할 편집국장은 그 책임을 회피하였다. 이어 전무가 나서서 誤報정정과 책임기자 처벌을 약속하였다. 편집국장을 비롯한 기자들은 오보가 나간 책임을 지고 사표를 제출하였다.

이와 같은 기사가 나가자, 집단사표를 제출한 기자들은 다시 성명서를 내어 신두방 전무가 평소 횡포를 일삼아왔으며, 공무국에서는 봉급이 적다고 스트라이크를 일으킬 정도로 근무여건이 열악한 데에서 이번 사태가 시작되었다고 호소하였다.

이와 동시에 신두방 전무는 같은 날(5월 20일) 신문 광고면에 실린 〈前제주신보기자 金瑢洙 외 11인에게 一言한다: 제주신보사 전무 신두방〉이라는 제목의 글을 통해 집단 사퇴한 기자들이 주장하는 『중역 1인의 횡포 운운』을 비롯하여 공무국의 봉급 인상요구 스트라이크 문제, 그리고 오보와 그에 따른 항의 사태 대응 등 집단 사퇴한 기자들의 태도를 정면으로 통박하였다. 또 같은 날 제주신보는 공무국 직원들의 봉급인상 요구 스트라이크를 편집국 기자들이 자신들의 집단사퇴 명분의 하나로 거론한 데에 대하여 반박하는 제주신보사 공원 일동 명의의 성명서도 함께 실었다.

집단사퇴한 기자들은 다시 5월 22일자 제민시보에 성명서를 내어 3·15 부정선거 관련보도가 강요된 것이었다는 등 과거의 보도문제까지 제주신보 경영진을 비난하는 한편, 중역 1인에 의한 편집권 침해 및 횡포인사를 막아보려는 뜻으로 의거를 감행한 것이라고 주장하였다. 이에 신두방 전무는 5월 24일자 제주신보 광고면에 〈제주신보 사퇴기자 11인 일동이 도민제위의 판단을 바라면서〉(성명서 기(其)2)를 반박한다)를 실어 사퇴기자 성명을 반박하였으며, 이튿날인 25일자 신문 광고면에 〈제주신보 파면기자 姜淳日군의 성명을 반박한다〉는 장문의 성명서를 게재하였다.

이와 같이 제주신보 퇴직기자들과 신두방 전무간의 몇 차례 진실공방 성명전이 벌어지고 있는 가운데 집단 사퇴한 기자 중 김기오·이영복·양태일 등이 지난번 집단사퇴에 동조하였던 것을 사과하는 광고(5월 28일자)를 5월 31일자 제주신보 지상에 실었다. 이들은 이 광고에서 〈동료들과의 우의를 존중하여 사임했지만, 이제 이 문제는 일단락된 것으로 사료되므로 앞으로 우리들의 앞길은 우리들 자신이 개척해야겠다는 새로운 결의를 한다〉고 밝혔다.

이영복 기자는 〈나의 재직시절〉(제주신문, 1979.9.5. 3면)이라는 글에서 사표를 낸 5월 19일 동료들과 함께 김국장의 집에서 총사직에 관한 성명서 작성이 끝난 후에 "자신은 신문사가 아닌 다른 방향의 길을 가겠다"는 말을 남기고 집으로 돌아가서 오래간만에 푹 쉬고 있는데, 그로부터 1주일 후에 자신이 신세를 졌던 영주시보 사장이 찾아와 제주신보에 기자를 빼앗겨 신문을 만들지 못하고 있다고 하기에 의분감(義憤感)을 느껴 영주시보에 들어가 약 2개월 동안 편집국장으로 활동하였다고 기록하였다. 이렇게 집단사퇴 기자들이 서로 다른 길로 들어서면서 뿔뿔이 흩어졌고, 장기전으로 접어들던 투쟁도 종식되었다. 그 당시 경영진에 맞서 사퇴서를 냈던 宋産實씨는 1990년(당시 61세, 제주시 이도1동 1254번지) 그때의 상황을 다음과 같이 전했다(진성범, 1997: 197).

> 申전무는 경영인이면서도 언론의 사명과 정론에 대해 집념이 강했던 사람이었다. 우리가 申전무에게 사표를 제출했던 것도 이 같은 그의 인품을 믿고 했던 것이다. 그런데 그는 평소답지 않게 처음부터 강경하게 나왔

다. 그래서 사태는 해결의 실마리를 찾지 못한 채 장기화된 것이었다. 이제 와서 돌이켜보면, 당시 우리의 집단사퇴는 경영진으로부터 편집권을 지키고 기자들의 권익을 지키려는 정의로운 투쟁이었다는데 털끝만치의 후회도 없다.

그리고 얼마 후 자유당 현역의원이던 김두진 사장은 4·19 이후 실질적인 신문사 경영권 행사가 어렵게 되자 자신이 소유하고 있던 주식을 강우준(康祐俊)에게 넘겼다. 강우준의 제주신보 주식매입은 그의 아들과 가까이 지내던 김용수 전 제주신보 편집국장의 요청에 의한 것이었다(진성범, 199쪽).

1961년 2월 25일 열린 임시 주주총회에서 새주주로 참여한 강우준이 김두진 사장의 후임으로 대표 취체역 사장에 선임되고, 신두방 전무 취체역[10]은 "강우준의 제주신보 사장 취임은 곧 김용수의 편집국장 복귀를 의미한다"며 강우준에게 이왕 주식을 사려면 내 것까지 다 사라며 자신이 갖고 있던 대부분의 주식을 이양하면서 사임하였다.

제주신보는 주주총회 다음날인 2월 26일과 27일 양일에 걸쳐 편집국장 및 업무국장을 비롯한 기자·사원들의 대폭적인 인사를 단행하였다. 먼저 2월 26일자로 고영일 주필, 김종철 편집국 차장, 양태일·김영배·김하준·金彰勳·강여환·좌동배 기자, 조응방 특파원, 韓進업무국장, 김순예 사무원, 고기원 수신사, 이기형 논설위원을 일시에 의원 면직발령 내었고, 이튿날인 2월 27일자로 편집국장에 김용수, 업무국장에 고남부, 논설위원에 강동옥, 편집부장에 송산실을 각각 임명하는 한편, 고광태·오동식·강달수·전병기·이찬식·이원창 등을 기자로, 김규필을 견습기자로 각각 발령하였다. 이때 논설위원에 임명된 강동옥은 발령 하루 전인 2월 26일자로 그동안 편집부국장으로 재임하여 온 제민일보사를 사임하였다(제주신문 50년사,

10) 1950년 3월 10일 제주신보 전무직에 취임한 이래 12년 동안 재직하여온 신두방은 퇴임인사(2월 26일자 지상 게재)를 통해 이 같은 사실을 밝히면서 〈비록 전무의 직은 떠나지만 小株主의 한 사람으로 적(籍)은 남아있다고 언급하였다(제주신문사, 1997: 410). 한편, 강우준의 등장으로 퇴각한 신전무는 퇴임 직후인 1961년 3월 1일 제주인쇄공업(주)의 강성언과 손을 잡고 제주매일신문을 창간, 사장으로 취임하였다.

410쪽). 이에 따라 고영일을 주축으로 급조됐던 제주신보사 편집국은 다시 김용수 편집국장 체제로 재편되었다.

김용수는 편집국장으로 복귀하자마자 과거 동진동퇴(同進同退)를 결의했던 집단사퇴 기자들을 끌어 모으는데 전력했다. 하지만 정작 다시 돌아온 옛 동지는 김윤옥과 전남일보에 근무하고 있던 송산실 등 2명에 불과했다. 다른 기자들은 대부분 제갈길을 택해 일본과 서울 등지로 나가 있었으며, 제민일보에 들어간 기자들은 '사주와의 정분'을 내세워 복귀를 거부했다.

4. 편집권 수호투쟁 결과 및 시사점

제주지역에서 처음으로 발생한 신문의 편집권 수호투쟁에 대한 평가는 평자의 가치관과 시각 그리고 기준에 따라 다양한 해석이 나올 수 있다. 하지만 겉으로 드러난 사실만 놓고 본다면, 첫째, 이 투쟁에서 제주신보사의 전체 기자 11명은 편집권의 수호를 위해 자신들의 의지를 단합된 행동으로 표출하는 데에는 성공했다고 말할 수 있다. 하지만 경영진을 설득하여 자신들의 주장을 받아들이도록 하는 데에는 실패했다.

둘째, 제주신보 기자들은 자신들이 집단 사퇴하면 신문의 정상발행이 어려울 것이라 판단했을 것이다. 하지만 경영진은 기자들의 집단사퇴와 동시에 기자채용공고를 냈고, 경력기자들을 발 빠르게 영입하여 기존의 기자들이 없더라도, 얼마든지 신문을 정상적으로 발행할 수 있다는 것을 보여주었다. 이를 계기로 경영진은 눈에 거슬리는 기자들을 언제든지 마음대로 제거하고 충원할 수 있다는 생각을 하게 되었을 것이고, 무관의 제왕이라는 선민의식을 갖고 있던 사퇴기자들과 제주지역 언론사 기자들에게 뼈 속까지 파고드는 배반감과 패배감을 심어주었을 것이다. 상도덕을 가장 잘 준수하고 이를 고발해야 할 언론이 다른 언론사에서 기자를 뺏아가고 그에 줄줄 따라가는 기자들을 경영진과 깨어있는 독자들은 우습게 보았을 것이다.

셋째, 이 투쟁의 결과는 앞으로 제주도(또는 육지부)에서 소위 이와 같은 공익(?)을 지키기 위한 편집권 수호 투쟁이 다시 일어났을 때, 제주지역 언론계의 전 기자들(다른 영역으로 이직하지 않은)과 특히 공무국 사원들이 총체적으로 단합해, 한 사람이 열 사람처럼 열 사람이 한 사람처럼 힘을 합쳐 싸우지 않는 한, 투쟁의 목적이 아무리 정의롭다 하더라도 물리적으로나 자본력으로 온갖 선전수단을 동원할 수 있는 자본가 집단인 경영진과 싸워서 이길 수 없다는 것을 보여주었을 것이라 생각된다.

넷째, 성명서 내용을 정확히 파악하기는 어렵지만, 사퇴한 기자들은 편집권 수호 투쟁이 왜 중요한지, 편집권이 누구를 위해 존재하는 것인지, 누구로부터 편집권을 지키지 위한 것인지, 누구로부터 편집권을 위임받은 것인지 등등을 알리는데 실패했던 것으로 보아진다. 왜냐하면 이 투쟁이 외부에서 진정 독자들의 알권리를 위한 편집권 수호 투쟁으로 비추어지고, 지역주민들의 공분을 일으켰다면 이 신문사로 자리를 옮기는 기자들은 아마도 없었을 것이기 때문이다.

다섯째, 투쟁의 빌미가 된 이 기사는, 기자들이 갈등적인 소재를 기사화 할 때, 다양한 취재원을 통해 사실을 정확히 그리고 공정하게 보도하지 않을 경우 언제든지 독자들로부터 공격받을 수 있다는 것을 여실히 보여주었다. 즉, 기자들이 평소 신문보도를 통해 독자들의 권익을 위해 권력을 감시 비판하는 파수견의 역할을 충실히 수행하고 있다는 것을 사전에 각인시켜두지 않으면, 유사시에 그들의 협조와 지지를 얻을 수 없다는 것을 깨달았을 것이라 생각된다.

<오현고 분규 사태 관련 보도일지>

△ 1960년 5월 17일자 신문 2면에 〈五賢高 학생들간 贊·反대립 - 오고 李교장 유임운동〉제하의 2단 기사가 처음으로 보도됨.

△ 1960년 5월 18일자 신문 정상발행. 1면에는 통신사(동양, 합동, AP, UPI 등)가 제공한 중앙정가 소식과 외신 등 14개 기사가 실리고, 2면은 제주지방뉴스와

기획연재물(탐라향토사 초고(草稿-김태능) 등 18개 기사로 편집됨.

△ 1960년 5월 19일자 1면에 강순일 기자의 해직 사령(5월 17일자)이 나가고, 2면에는 〈"유임운동은 학생들 자발/시간경과에 따라 뉘우치고" 오현교직원측 해명〉 제하의 2단 기사가 보도됨.

△ 1960년 5월 20일자 1면에 김용수 편집국장 등 9명의 기자에 대한 의원면직(5월 19일자)사령이 나가고, 기자들의 총사퇴로 인해 20일자부터 2면의 절반이 통신기사, 나머지는 기자석(고정난)과 아래와 같은 기사로 채워짐.

- ○ 본사대상 데모 진상: 제주신보사 전부 신두방 해명(3단 기사)
- ○ 기자 채용시험 실시 광고(2단)
  응시일시: 단기 9293년 월 22일 상호 10시부터
  응시자격: 2년 이상 기자직 경험있는 자
- ○ 前 제주신보기자 金瑢洙 외 11인에게 一言한다(제주신보사 전무 신두방)
- ○ 성명서(제주신보사 공원(工員) 일동)

△ 1960년 5월 21일자 신문부터 2면도 1면처럼 전체 지면의 대부분이 통신기사로 편집되기 시작함(耽羅鄉土史, 〈나의 발언〉, 기자 채용 광고 등 포함)

△ 1960년 5월 22일자 1면에 任편집국장 고영일(5월 19일자), 편집부 차장 김기오, 수습기자 임석호 의원면직(5월 21일자) 사령이 나감. 그리고 22일자 신문부터 2면의 절반 정도가 제주지방기사로 다시 채워지기 시작하고, 제주신보사 신두방 전무가 직접 쓴 해명서가 실림.

△ 1960년 5월 24일 1면에 기자채용시험 합격자 발표공고(기자채용: 고광태, 견습기자: 양진호·강여환·좌동배·이병현·이찬식)와 김종철 任 편집부장, 고광태·김장훈·전병기 任 기자(5월 23일자) 사령이 나감. 그리고 24일자 신문부터 2면 지면의 3분의 2정도가 제주지방뉴스로 편집되기 시작함.
2면 광고면에는 〈제주신보 사퇴기자 11인 일동이 도민제위의 판단을 바라면서(聲明書 其二)을 반박한다/제주신보사 전무 신두방〉이라는 4단 제목의 성명서가 실림.

△ 1960년 5월 25일자 신문부터 정상발행에 돌입. 1면은 통신기사(동양, 합동, AP, UPI 등)로, 2면 전체가 제주지방기사로 채워지기 시작함. 또한 2면에 〈제주신보 파면(罷免)기자 강순일의 성명을 반박한다/제주신보사 전무 申斗琫〉이라는 5단 제목의 성명서가 실림.

△ 1960년 5월 27일자 1면에 김영호·김하준·강용삼 任기자 사령이 나감(5월 23일자).

제 2 장

포말(泡沫)신문 백록일보(白鹿日報)

〈백록일보〉는 제주민보(濟州民報)보다 약 1개월 보름정도 늦은 1945년 11월 중순경 진보 성향의 청년단체인 '백록회'(회장 鄭基俊)가 창간한 신문이다(제주신문사, 1995: 295; 이문교, 1997: 138; 김관후, 2018). 하지만 백록회가 정확히 언제 결성되었고, 몇 명의 회원이 있었는지는 알 수 없다.

백록일보의 창간멤버는 김호진(金昊辰)·조수인(趙壽仁)·정기준(鄭基俊)·고봉효(高奉孝) 등이고, 사무실은 제주시 이도1동에 있는 속칭 「두목골」에 두었다. 창간호는 제주시 남문로에 있는 한 인쇄소에서 인쇄되었다. 창간호는 타블로이드판 2개면으로 발행되었다(이문교, 1997)는 설도 있고, 4개면으로 발행되었다(제주신문사, 1995)는 설도 있다. 하지만, 이 신문이 창간되던 당시 제주도의 인쇄시설 상황과 신문 용지난으로 보아 4개면 신문발행은 어려웠을 것으로 보인다.

제주민보(제주신보의 前身)에 이어 백록일보가 창간되면서 제주언론과 독자들은 역사상 처음으로 뉴스보도 경쟁시대를 경험하게 된다. 하지만 두 신문의 재정난은 결국 두 신문의 통합을 추구하는 여론을 형성시켰으며, 이에 따라 보도경쟁도 제대로 해보지 못하고 그 해 12월 후발주자인 백록일보는 제주신보에 흡수되는 형식으로 통합되고 말았다(강용삼·이경수, 1984). 통합 당시 백록일보의 창간 멤버인 김호진·조수인·정기준·고봉효 등도 제주민보로 자리를 옮겼다.

하지만 통합 후 첫 신문을 만드는 과정에서 편집 주도권을 놓고 두 신문사 기자들 간의 난투극이 벌어지고, 그 결과 백록파 기자들이 신문사를 떠나게 된다. 두 신문의 통합 후 첫 수난이자 내분으로 알려진 이 사건에 대해 강용삼과 이용수(1984: 995-996)는 다음과 같이 기록하였다.

> 1945년 12월 16~25일 모스크바에서 개최된 미국·영국·소련 등 3국 외상회의에서 한반도에서의 신탁통치안에 합의하고 향후 5년간 미-영-중-소 4개국 통치하에 한국독립을 조성키로 하는 한편, 임시정부 수립을 돕기 위한 미-소 공동위원회의 설치를 의결하고, 그 결과를 12월 28일 발표하였다.
>
> 이 협정 내용이 발표되자, 29일 상해임정요인이 중심이 된 신탁통치반대국민운동위원회가 서울에 설치되고 다음날에는 미군정 산하 한인직원들의 총사퇴를 불러일으키는 등 격랑이 소용돌이쳤다. 반면에 여운형의 조선 인민당, 박헌영의 조선 공산당 등을 주축으로 한 좌익계가 반탁공동노선을 헌신짝처럼 버리고 하루아침에 태도를 바꾸어 모스크바 3상회의 결정을 지지한다고 나선 것은 해가 바뀐 1946년 1월 2일이었다.
>
> 이처럼 정국은 신탁통치를 둘러싸고 찬-반탁의 충돌과 좌우대결의 극한 상황을 향하여 치닫기 시작했다. 그 여파는 제주도에까지 밀려와 신탁통치를 반대한다는 도민의 반발은 거센 성토로 들끓었다. 1월 상순 어느 날 기사취재를 마치고 돌아온 김용수는 무심결에 공무국을 들여다보았다. 김용수는 그때 마침 백록파 기자들이 머리기사를 박헌영의 찬탁성명으로 편집 조판하는 것을 보고, 조판 중인 활자를 맨손으로 밀어붙여 헐어버렸고, 이후 「백록」에서 건너온 기자와 제주신보 기자 간에 난투극이 벌어져 사내는 온통 아수라장이 되고 말았다. 결국 역부족인 백록파가 물러남으로써 사태는 더 이상 확대되지 않았지만, 그들의 기도는 보기 좋게 좌절되고 말았다.

이 사건으로 백록파 기자들은 기세를 잃고 신문사를 떠나게 된다. 1948년 4월 중순 이후 김용수 사장이 물러나자 김호진은 박경훈 사장에 의해 제2대 편집국장으로 발탁되었다. 김호진 국장은 1948년 11월 좌익 무장대 인민군사령관 이덕구 명의의 '선전포고문'과 '호소문'을 제주신보사에서 인쇄한 혐의로 체포되어 군당국에 의해 총살당했다(김관후, 2018).

백록일보와 기자들에 대해서 알려진 것은 거의 없다. 일부에서는 백록회가 몽양(夢陽) 여운형 등의 정치노선에 동조한 단체였다(강용삼·이경수, 1984; 이문교, 1997; 김관후, 2018)는 점에서 백록일보가 진보 성향의 신문이었다고 주장하지만, 이는 섣부른 판단이다. 왜냐하면 단 1회 발간된 신문을 놓고 왈가왈부하는 것도 문제지만, 진보인지 보수인지 아니면 중도인지를 재단하거나 확인할 수 있는 1차적인 자료인 신문과 공식적 기록이 남아 있지 않기 때문이다. 또한 신문의 발행인이 누구이고, 기사가 한글로만 쓰여 졌는지 아니면 국한문을 혼용했는지조차도 알 수 없다.

백록일보는 비록 1회 발간으로 끝났지만, 백록일보의 탄생이 역사상 초유의 보도경쟁시대를 열어 신문의 경쟁을 촉발시키는 계기가 되었다는 점과 제주민보의 창간주역들 말고도 해방정국 당시 제주도내에 신문의 중요성과 필요성을 통찰하고 있던 혈기 왕성한 20대 젊은이들이 많았다는 것을 보여주었다.

제 3 장

1950년대에 창간된 신문들

제❶절 | 한라신문(漢拏新聞)(1951. 7월경~?)

한라신문은 6·25 한국전쟁이 한창 중이던 1951년 11월 7일자로 발행허가(허가번호 442호)를 받고 타블로이판 2면으로 창간된 주간지이다. 이 신문의 정확한 창간일은 확인되지 않고 있지만, 공식 발행허가를 받은 후에 발간되었기 때문에 그해 11월 중순경에 창간된 것으로 추정된다. 발행소는 제주읍(濟州邑) 3도리이다. 창간 당시 사장은 차순학(車淳學)이고, 발행 겸 편집인은 김희준(金禧俊)이었다. 편집국에 몇 명의 기자가 근무했는지에

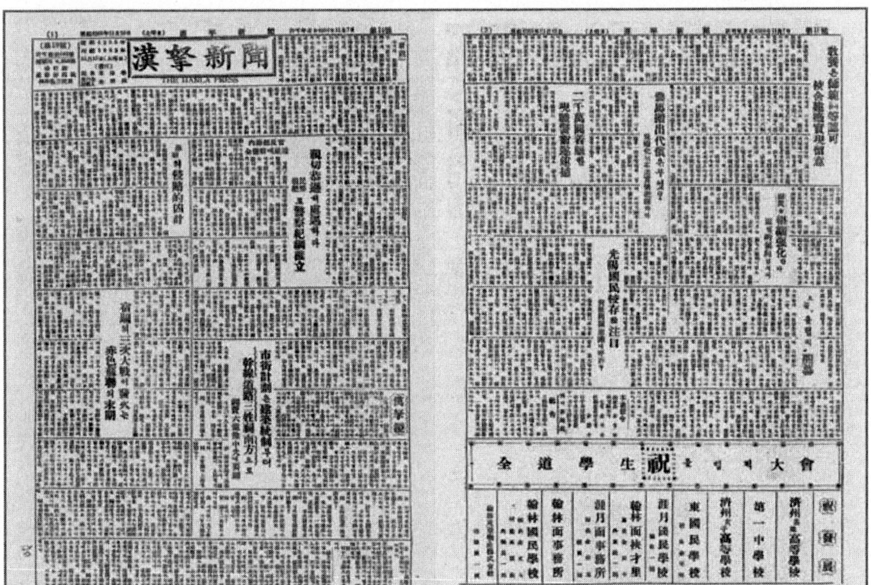
漢拏新聞

대해서는 현재로서는 확인이 어렵다. 소장된 창간호가 없기 때문에 창간목적이나 취지도 알 수 없다. 또한 이 신문의 창간일자는 물론 정확한 종간일도 확인이 어렵다.

현재 유일하게 소장되어 있는 한라신문은 1952년 11월 15일자로 발간된 제18호이다. 발행허가를 받고난 이후 약 1년 동안에 발간된 신문이 총 18호 밖에 되지 않는다는 것은 그간에 여러 가지 문제가 있었다는 것을 의미한다. 이러한 내부 문제를 해결하고 신문을 제때에 발간하기 위해 한라신문은 1952년 11월 15일자 지상에 11월 10일자로 부사장 김춘명을 의원면직 시키고, 주필 김희준을 부사장 겸 주필로 겸직발령을 하였다. 그리고 당시 전쟁 피난민이 가장 많이 살고 있던 부산에 오늘날 지사와 같은 중앙분사(中央分社)를 설치하고 김경순을 중앙분사장에 임명하였다. 한라신문사는 또한 1952년 11월 15일자 2면에 실린 사고(社告)를 통해 신문의 정상적 발행을 약속하였다. 그 내용은 다음과 같다.

> 기간(其間) 진용개편으로 인하여 휴간중이든 본지는 본지의 발전인 中央分社를 부산에 설치하고 發刊하오니 재현은 배전의 에원(援)으로 본지 육성에 협조하여주시옵기 바라나이다. 그리고 10월 12일전에 발행한 본사 신분증명서는 일절(一切) 무효 되읍기 근고하나이다.

한라신문의 월 구독료는 타 신문과 비슷한 4,000원이었다. 한라신문의 편집체제와 보도내용을 파악할 수 있는 신문으로는 제18호 신문이 유일하다. 이 신문은 지면을 11단으로 나눠, 1면 전체를 광고 없이 국내정치와 외신 그리고 도내 기사 등 6건으로 편집하였고, 2면의 경우 8단까지는 제주도내에서 발생한 사회관련 뉴스기사로 편집하고 나머지 3단은 광고지면으로 할애하였다. 그리고 이 신문은 1면 맨 위 가운데에 한라신문 제호와 판권란을 오늘날 가로쓰기 신문들처럼 가로형태로 배치하였다.

타블로이드판 2면을 발행한 이 신문의 보도내용을 구체적으로 살펴보면, 1면은 △ 사설 △ 내무부장관 전경찰에 엄달(嚴達)/(친절공순)親切恭遜

히 처우(處遇)하라/民弊根絶로 경찰기강확립(3단) △ 市街計劃은 建築統制부터/幹線道路 三聖祠 南方으로/經費 六億餘 中央에 要請(3단) △ 소련의 침략적 흉계(2단) △ 宿題의 三次大戰이 發火는/赤色蘇聯의 末期(3단) △ 漢拏鏡(가십란) 등이 8개 기사로 편집되었다.

2면은 敎養은 師範同等 認可/校舍建築實現 留意(3단) △ 國民會 組織强化한다/派閥的 偏向없세자(2단) △ 오늘 올림픽 開幕(2단) △ 農馬搬出代價은 무엇?/荒廢化된 本道實情把握하라(3단) △ 二千萬圓 着服한/現職警衛遂逮捕(2단) △ 光陽國民校 存廢注目/責任問題道議에 呼訴? 등 6개 기사와 △ 사령/사고 등으로 편집되었다.

신문 발간 이후 한라신문사가 5·16쿠데타로 집권한 군부정권에 의해 1961년 5월 28일자로 타 신문들과 함께 폐간될 때까지 정상적으로 발행했는지 여부는 확인되지 않는다.

제❷절 | 재건(再建)타임스(1951.9.26~1962. 5월경)

〈재건타임스〉는 1951년 9월 26일 사단법인 대한상이군인회가 단체홍보지로 창간한 신문이다(상의군경회의 홈페이지). 대한상이군인회(大韓傷痍軍人會)는 1951년 5월 15일 임시 수도인 부산에서 "국가유공자와 그 유족이 상부상조하여 자활능력을 배양하고 국가발전 및 국제평화에 기여함"을 목적으로 설립된 단체이다. 대한상이군인회 설립준비위원회 발족 위원장은 김홍일 장군이었다. 창간 당시 사무실은 부산시 충무동 2가 17번지에 두었다가 1953년 6년 29일 서울 중구 남대문로로 이전하였다.

〈한국사연표〉 국사편찬위원회 한국사 데이터베이스(http://db.history.go.kr/)에 의하면, 1948년 民國日報 조사부장을 역임했던 강영환(姜永煥)이 再建타임스社 편집국장(1952년)으로 참여했고, 1954년부터 再建타임스社 전무를 겸임했다. 그리고 이창성(李昌成)이 再建타임스社 이사를 역임했다. 하지만 창간

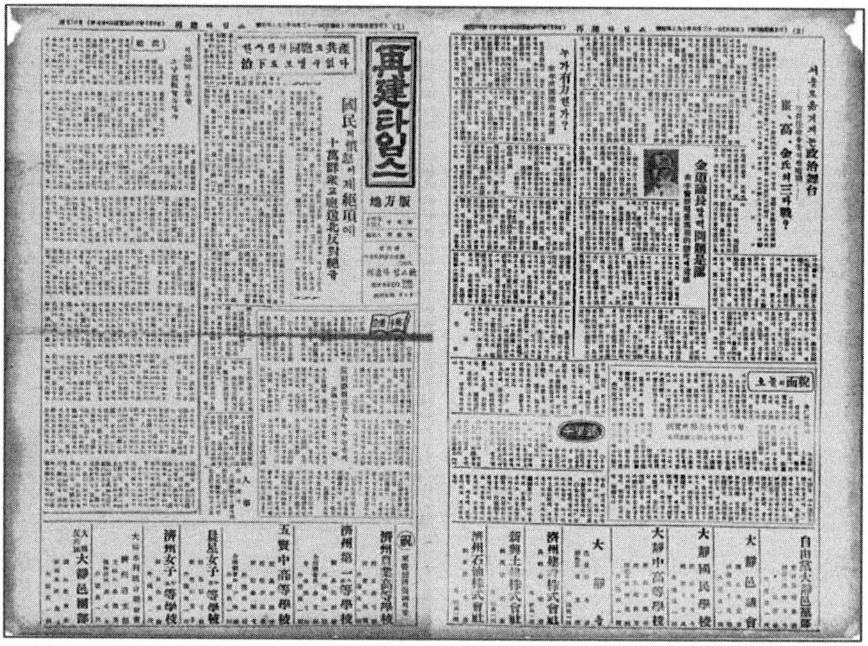

再建타임스

地方版

당시 신문들이 남아 있지 않은 관계로 당시 발행 겸 편집인 등이 누구였고, 발행주기 및 판형 그리고 몇 면으로 발행되었는지 등을 확인할 수 없다. 이 신문이 창간된 이후 5·16 쿠데타로 집권한 군부정권에 의해 폐간될 때까지 발간된 신문 가운데 현재 유일하게 남아 신문은 1959년 6월 21일자로 발간된 제269호이다.

이 신문은 타블로이드판 4면으로 발행되었다. 당시 사옥은 서울특별시 충무로 2가 8번지에 있었다. 지면은 11단체제로 나눠 9단까지는 기사로 편집하고 나머지 3단은 광고지면으로 활용했다.

1면 오른편 맨 위에 〈再建타임스〉 제호를 가로로 배치하였고, 제호 바로 밑에 〈지방판〉이라고 명시하였으며 그 밑에 판권란을 두었다. 판권란에 명시된 발행 겸 편집인은 신동욱(申東旭)이고 편집인은 권상욱(權相旭)이었다. 이 신문의 주간 발행허가일(허가번호 제424호)은 1954년 7월 8일로 기록되어 있다. 이에 이 신문은 1954년 7월 8일 이후부터 주간 발행을 시작했다고 볼 수 있다. 특히 이 신문은 다른 신문들과 달리 지령(紙齡) 앞에 주간269호라고 표시했는데, 이 지령은 아마도 주간발행 이후부터 붙인 호수일 것이라 추정된다.

재건타임스 주간269호에서 보듯이 재건타임스사가 이러한 지역판들을 전국 어디에서 언제부터 발행했는지는 알 수 없다. 〈한국사연표〉 국사편찬위원회 한국사 데이터베이스(http://db.history.go.kr/)에 의하면, 신동욱(申東旭)은 再建타임스 社長과 재건타임스 경상북도지사장, 장석률(張錫律)은 재건타임스 전북지사장을 역임했다. 제주지사장이 누구였는지는 알 수 없지만 이문교(1997, 206쪽)에 의하면, 재건타임스는 1959년 6월부터 제주시 삼도동 1527번지에 지사를 설치하고 교사 출신인 허두구(許斗久)를 주간으로 임명하여 제주판을 발행했다. 취재기자로는 강용삼·조응방(趙應邦) 등이 참여했다.

현재 소장된 신문을 통해 편집체제 및 내용을 살펴보면 다음과 같다. 1면은 △ 사설(이 怨恨 이 憤怒를 그냥 방관할 것인가) △ (서울발 기사)한 사람의 동포도 공산치하로 보낼 수 없다/국민의 분노 이제 절정에/십만 군중 교포 북송반대절규(5단) △ 기자수첩 등 3건의 기사로 편집되었고, 2면(지역이슈)은 △ 서울로 옮겨지는 정치무대/…시장임명을 둘러싼 암투…/崔, 高, 金씨의 3파전?(4단) △ 金도의장 알력 문제시인/전(前) 李경찰국장 멸시적(蔑視的) 태도에 유감(3단) △ 누가 유력한가?/내년 도의선거(道議選擧)의 전망(2단) △ 고정란 오늘의 면모(面貌)·천리경(千里鏡) 등 5개 기사로, 3면(사회면)은 △ 골탕먹는 낙찰자에 배부는 세관(稅關)/대부분이 수량차이로 비난/범칙(犯則) 물자공매(公賣)에 이상(異常)?(4단) △ 신축될 도의사당/2층 석조(石造)로 7월 초순 착공(2단) △ 회원증 일제 갱신(更新)/25일까지 각 분회서(2단) △ 이교(異敎)지대를 찾아서 △ 대일투쟁(對日鬪爭) 전폭지지/제주도 기자단서도 총궐기(가로 2단) △ 제주문협(文協) 간사회 유회(流會)/회원 간의 친목(親睦)이 긴요(2단) △ 추도(追悼)의 밤성대/문인 등 60명 모여(1단) △ 방송문예 클럽/매(每)수요일마다(1단) 등 8개 지역기사로 편집되었다.

4면(문화면)은 △ 시(靑芽) △ 隨想: 오가유일화유화?(吾家有一花有禍?)(이기정·제주문협회장) △ 우리교양/TH만(Thomas Mann의 약자)과 기(其)작품(편집부 U·B) △ 음악감상회 △ 가십란인 휴게실 △ 독자 원고모집 등 5개의 문예작품으로 편집되었다.

이상의 내용을 보면, 재건타임스의 제주지방판은 1면에 들어가는 중앙정치 관련기사를 제외한 나머지 3개면의 기사는 제주지사의 책임 아래 자체적으로 생산한 지역기사와 독자들이 투고한 글로 제작되었음을 알 수 있다. 그리고 보도논조를 보면, 국내 정치문제에 대해 우익적 보도성향을 보였고, 지역이슈의 경우 2~3개를 선정해 부정적 시각으로 길게 보도했다. 이것은 주간지로서 타 신문들과 경쟁하기 위한 조치라고 생각된다. 주간지가 일간지와의 경쟁에서 우위를 점하기 위해서는 일단 독자들의 주목을 끌고 호기심을 유발시킬 수 있는 파급효과가 큰 이슈를 선정해 이를 심층적으로 다루어야 한다. 이러한 편집방침은 5·16군사쿠데타 이후 언론정비과정에서 폐간될 때까지 지속되었을 것으로 추정된다. 편집체계를 획기적으로 개편하는 데는 많은 인력과 자본이 투입되어야 하기 때문이다.

제❸절 | 탐라신보(耽羅新報)

1. 창간과 경영

〈탐라신보〉는 1952년 8월 이후에 창간된 신문이다. 이 신문은 1952년 8월 12일 발행허가(허가번호 6011호)를 받고 광문인쇄사(제주시 일도리 1473번지)에서 격일간으로 발행되었다. 창간 당시 발행인은 崔光植, 편집국장은 白尙鉉이고, 白燦錫(광문인쇄사 대표)이 전무로 경영에 참여했다. 창간일은 자료 멸실(滅失)로 인해 확인되지 않고 있으나 허가 절차를 마친 후 발간되었으므로 그 해 8월 중순에 창간된 것으로 추정된다(이문교, 1997: 171).

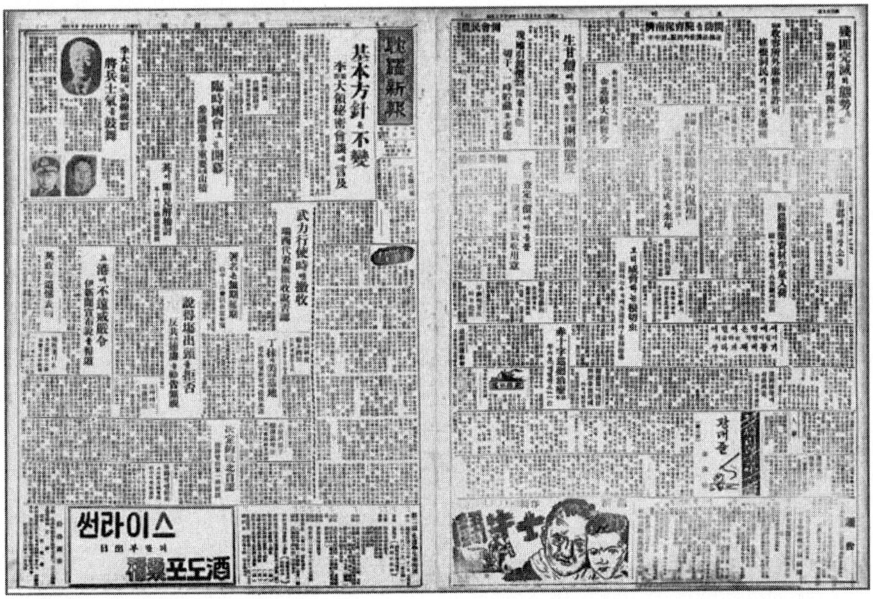
耽羅新報

썬라이스

하지만 이 신문의 창간일자와 발간주기에 대해서는 기록에 차이를 보이고 있다. 제주일보사에서 펴낸 〈제주신문50년사〉 405쪽을 보면, 탐라신보는 1952년 12월 1일 주간으로 창간되었고, 얼마 지나지 않아 격일간으로 발행하기 시작하였다고 기록하고 있다. 이 부분은 앞으로 더 많은 논의가 필요할 것으로 생각된다.

탐라신보는 선발주자인 제주신보 그리고 이보다 1년 늦게 창간된 순간지 瀛洲時報와 더불어 치열한 판매 보급경쟁으로 운영난에 허덕였다. 탐라는 운영난을 벗어나기 위하여 1953년 2월에는 임원진을 개편하여 사장 姜昌瑢, 편집 겸 발행인에 김영린(金永璘)을 선임했다.

구독료는 1부 10환(圜)으로 정했다가, 1954년 2월 1일부터 월 200환(圜)으로 인상했다. 구독료 인상은 제주신보와 협의하여 공동으로 발표했다. 두 신문사는 구독료 인상 배경을 '물가 앙등과 관영요금 인상, 근소한 독자수로 인하여 운영난이 갈수록 악화되어 불가피하게 인상한다'고 밝혔다. 당시 물가 시세를 보면 달걀 1개에 9~10환으로 신문 1부 값과 같았고, 쌀 한

말 값은 230~240환으로 신문 월 구독료보다 비쌌다(탐라신보, 1953년 11월 7일; 12월 27일, 물가시세).

치열한 경쟁으로 부작용이 많아지자 탐라신보와 제주신보는 공동 명의로 두 신문의 지면에 "취재 보도와 판매에 서로 선의의 경쟁을 할 것"을 다짐하는 합의문을 발표하였다. 그리고 연중무휴로 발행하던 두 신문은 1953년 5월부터 제주신보는 첫째 셋째 일요일에 휴간하고, 탐라신보는 둘째 넷째 일요일에 휴간하기로 합의하여 각각 월 2회의 휴일을 정했다(제주신보, 1953년 5월 3일, 사고).

발행부수는 창간 당시 1,200부에서 2,000부까지 발행된 것으로 추정된다. 한 때 제주신보와 경쟁을 벌일 정도로 사세(社勢)를 확장하던 탐라신보는 계속되는 인쇄비를 지불하지 못하여 1954년 2월 광문인쇄사로부터 인쇄를 거절당하고 휴간에 들어간다. 운영진들은 속간(續刊) 발행을 위하여 제주인쇄소와 새로 인쇄 계약을 체결하고 그 해 3월 1일부터 다시 발행하였으나, 경영난으로 기자들의 인건비가 전액 체불되고 용지 구입비조차 확보하지 못하여 결국 그해 3월 말에 폐간하였다(이문교, 1997). 이와 달리 제주신문50년사는 탐라신보가 1954년 2월경에 폐간되었다고 기록하고 있다. 하지만 종간호가 남아있지 않아 폐간될 때까지 몇 호까지 발간하였는지는 알 수 없다. 현재 소장되어 있는 탐라신보는 1953년 11월 7일자(토요일, 증간호), 1953년 11월 10일자(화요일, 129호), 1953년 12월 27일자(일요일, 증간호), 1953년 12월 30일자(수요일, 152호), 1954년 1월 7일자(목요일, 156호) 신문 등이다.

신문의 제호와 발행일자, 발행호수, 발행주기 등을 표시하는 각 지면의 상단을 보면, 이 신문의 발행주기는 격일간이다. 그리고 발행호수를 보면, 어떤 날짜 신문에는 지령번호(예, 100호)가 매겨져 있는 반면에 어떤 날짜 신문에는 증간호(增刊號)라고 표시되어 있다. 이 신문들의 호수와 발행날짜를 계산해 보면, 평일에는 격일간으로 신문을 발행하고, 발행호수에 포함되지 않은 증간호는 주말(토요일과 일요일)에만 발간했던 것으로 보인다. 소장되어 있는 신문 중 가장 최근에 발간된 신문은 1954년 1월 7일자로 지령156호 신문이다. 격일간으로 발행되었기 때문에 폐간될 때까지 발간된 신문의 호수는 180호 미만이었을 것이라 추정된다.

2. 편집체제와 내용

탐라신보는 타블로이판(B4) 2개면을 격일로 발행했다. 지면은 13단 체제이고, 보통 10~11단에 기사를 실었으며, 하단 2~3단을 광고로 편집했다. 1행에 10자 문선을 했다. 기사는 한글과 한자를 병용하였다.

1면은 국내외 통신사(합동, 동양, UPI, AFP 등)에서 보내온 국내외 뉴스로 편집하고, 2면은 행정기사와 제주지역에서 발생한 다양한 뉴스를 간략히 추려서 실었다. 이러한 편집 스타일은 당시에 정형화된 편집틀이었던 것으로 보인다. 이를 좀 더 구체적으로 알아보기 위해 1954년 1월 7일자 신문의 보도내용을 살펴보았다.

1면[11]에는 △ 23일 이후엔 자유부여/미, 포로석방원칙견지/한국전참가 제(諸)우방도 지지(5단) △ 인도군 만행응징/국민회서 강력히 주장(2단) △ 포로자유 수호에 궐기/변(卞)장관 강경태도 표명(3단) △ 아세아 제(諸)국 수상회의/실현 기운 점차 농후(3단) △ 백림회담 25일로 확정(3단) △ 쏘 회답 각서접수/주(駐)쏘 서방측대사관 발표(2단) △ 참의원선거법안/정부초안

11) 1면에는 △ 二三日 以後엔 自由附與/ 美, 捕虜釋放原則堅持/ 韓國戰參加 諸友邦도 支持(5단) △ 印度軍 蠻行 應懲(징)/國民會서 强力히 主張(2단) △ 捕虜自由守護에 蹶起/卞長官强硬態度 表明(3단) △ 亞細亞 諸國 首相會議/ 實現氣運漸次 濃厚(3단) △ 伯林會談 25일로 確定(3단) △ 쏘 回答覺書接受/ 駐쏘 西方側大使館 發表(2단) △ 參議員選擧法案/ 政府草案國會에 提議視(2단) △ 八日부터 英聯邦 會議/ 通商·關稅問題 등 檢討(2단) △ 번영지속을 선언/아 大統領 美國民에 放送(2단) △ 捕료處理問題에/ 印 代辯人 또 妄言(1단) △ 中共, 西藏에/ 軍事基地建設(1단) △ 佛 郵便整理員/ 罷業進行中(1단) △ 西歐代表·數日內 쏘와 交涉/ 節次討議를 위해(1단) △ 덴 소-드 被選/ UN少數民族保護委員會議長에(1단) △ 賠償會談 再開次/日代表 자칼타에 到着(1단) △ 産銀法設立/ 委員會設置(1단) △ 平和線 侵犯者/嚴罰로 處斷(1단) 등 17개 기사가 실렸다.

국회에 제의시(2단) △ 8일부터 영연방 회의/통상·관세문제 등 검토(2단) △ 번영지속을 선언/아 大統領 美國民에 放送(2단) △ 捕료 處理問題에/印 代辯人 또 망언(1단) △ 중공, 서장(西藏)[12]에/군사기지 건설(1단) △ 블(佛) 우편정리원/파업 진행중(1단) △ 서구대표·수일내 쏘와 교섭/절차토의를 위해(1단) △ 덴 소-드 피선/UN소수민족보호위원회의장에(1단) △ 배상회담 재개차/일(日)대표 자칼타에 도착(1단) △ 산은법설립/위원회설치(1단) △ 평화선 침범자/엄벌로 처단(1단) 등 17개 기사가 실렸다.

1면 기사 중 한국에서 발생한 뉴스는 △ 포로자유 수호에 궐기/변(卞)장관 강경태도 표명(3단) △ 참의원선거법안/정부초안국회에 제의시(2단) 산은법설립/위원회설치(1단) △ 평화선 침범자/엄벌로 처단(1단) 등 4개이고, 나머지 13개는 전부 국제 뉴스였다.

2면[13]에는 △ 도간부인사수발령/총무산업국장에 리홍림·양남전 씨/군수과장급 거의 이동(3단) △ 중앙서 모종강력지령?/당(黨)부대회 앞둔 자유당/책동하는 모(某) 수습위원(3단) △ 갑오년 잔치/시내학도들의 예술제(2단) △ 국민회 28일 대의원회(2단) △ 농회(農會) 봉급인상/80배로 급여 규정변경(2단) △향군지부/참사(參事)선출(1단) △ 정양원 인사(1단) △ 재향군인/동계훈련(1단) △ 사찰판사표창/신(申)제주서장(1단) △ 병사사무/경찰에 이관(1단) △ 지방공무원 양배(糧配)지령(1단) △ 체세(滯稅)완징성과/세무서원활

12) 서장(西藏)은 청나라 이후에 사용한 티베트(Tibet)의 한자명이다. 그리고 백림(伯林)은 베를린(Berlin)을 말한다.

13) 2면에는 △ 道幹部人事遂發令/總務産業局長에 李洪琳·梁南전 씨/郡守課長級 거의 移動(3단) △ 中央서 某種强力指令?/黨部大會앞둔 自由黨/策動하는 某收拾委員(3단) △ 甲午年 잔치/市內學徒들의 藝術祭(2단) △ 國民會 28日 代議員會(2단) △ 農會 俸給引上/80倍로 給與規定變更(2단) △ 鄕軍支部/參事選出(1단) △ 靜養院 人事(1단) △ 在鄕軍人/冬季訓鍊(1단) △ 査察判事表彰/申濟州署長(1단) △ 兵事事務/警察에 移管(1단) △ 地方公務員 糧配指令(1단) △ 滯稅完徵成果/稅務署員活躍(1단) △ 1徒2洞서/班長에게 手巾(1단) △ 教育刷新研究 發表會/北校서 8-9日 △ 自首期間確定/兵役忌避團束/ 金治安局副局長談(1단), △ 고정난 (港口往來) △ 중편소설 연재(落第/최종상作) △ 독자투고/新聞界의 年頭論調/北進統一成就를 期約(김성학; 東洋通信 제주지사장)(2단) △ 訂正기사 등 19개 기사가 실렸다.

약(1단) △ 1도2동서/반장에게 수건(1단) △ 교육쇄신연구 발표회/북교서 8-9日 △ 자수기간확정/병역기피단속/김(金)치안국부국장담(1단) △ 고정난(항구왕래) △ 중편소설 연재(낙제/최종상 作) △ 독자투고/신문계의 연두논조/북진통일성취를 기약(김성학: 동양통신 제주지사장)(2단) △ 정정(訂正)기사 등 19개 기사가 실렸다. 이처럼 90% 이상이 홍보성 기사로, 오늘날로 치면, 대부분 오피니언면 알림 혹은 게시판용 기사들이다. 1면과 2면에 실린 기사의 절반이 200자 미만의 짤막한 기사였다.

1면과 2면에서는 하단 3단을 광고지면으로 할애하여, 1면에는 도내 기업체의 신년인사 광고를, 2면에는 부고(訃告)광고와 사람을 찾는 광고 등을 실었다.

탐라신보는 가십란인 주간막필(週間幕筆), 여객선의 일정을 소개하는 항구왕래(港口往來), 독자란 〈한마듸〉, 단평란인 〈약낭(藥囊)〉, 〈물가시세〉 등과 같은 고정란을 두었고, 2면에 소설(중편소설; 落第, 단편릴레이; 광대줄 등)을 연재하였다. 그리고 간혹 1면에 시평(時評)이나 사설을 게재했다.

3. 신문 제작자들

탐라신보의 기자들은 초창기 제주신보에서 활동했던 사람들이 주를 이뤘다. 이문교(1997)에 따르면, 창간 초기에 편집국장은 백상현, 편집부국장은 고영일, 외신부장은 이기형, 취재기자는 김종철·고광태·양태일 등이었다. 외신부장인 이기형은 1면 편집을, 고영일은 2면 편집을 담당했고, 기자들은 취재 편집 등을 분담했다. 1953년 10월에는 홍성목(洪性穆)·오동식(吳東式)·이원창(李元昌) 기자와 제주 첫 여기자로 김계실(金季實)이 임용되었으며, 이듬해 초에 고영기(高永琪) 기자 등이 증원되어 활동했다.

탐라신보 기자들도 월급을 받지 못하여 생활고를 겪었으며, 제주신보 기자들처럼 광고 신탁 수수료를 받아 활동비에 보태었다. 신문사측은 기자들이 수주한 광고에 대해서는 광고료의 30%를 수수료로 지급했다.

제❹절 | 영주시보(瀛洲時報)

1. 창간 및 운영

〈영주시보〉는 1953년 10월 23일 발행허가(허가번호 제775호)를 받고, 순간지(旬間紙)로 창간된 신문이다. 창간일이 언제인지는 불분명하다. 창간 당시 발행인은 자유당 제주도당부위원장인 강필생(姜必生)이고, 편집국장은 탐라신보에서 편집부장을 역임했던 고영일(高瀛一)이었다.

영주시보사는 창간 초기에 강필생의 개인 회사로 운영되었으나, 결국 경영난을 이기지 못해 1956년 3월 10일자로 주식회사로 개편하였다. 주식회사로 설립 당시 제주지방법원에 등기한(등기번호 제85호) 임원은 대표 취제역 사장에 강필생, 부사장 겸 전무 고원찬(高元燦), 상무 부윤범(夫允範), 취체역 김병칠(金秉七)·고완천(高完泉)·현주선(玄周善), 감사는 김을봉(金乙鳳)·

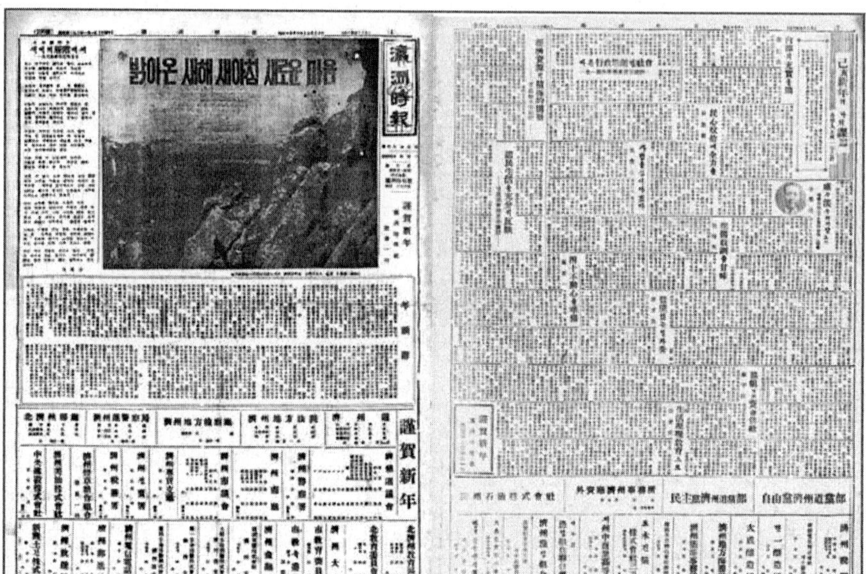
밝아온 새해 새아침 새로운 마음

瀛洲時報

謹賀新年

김상균(金祥均)·허영빈(許永斌) 등이었다. 사장 외에는 모두 비상임 임원이었다(이문교, 1997).

주식회사로 개편하면서 자본금을 600만환으로 증자해 동판시설 등 자체 인쇄시설을 보강하는 등 여러 가지 혁신을 시도하였다. 그간 경쟁 대상이던 탐라신보(격일간지)가 경영난을 이기지 못해 1954년 2~3월경에 폐간되었으나, 1956년 5월에 주간지 제민시보가 창간되면서 신문들 간의 경쟁은 다시 치열해졌다. 제주사회에서 일간지(濟州新報), 순간지(瀛州時報), 주간지(濟民時報) 등의 경쟁시대가 시작된 것이다.

창간 후 5년여 동안 운영 정상화에 주력하던 영주시보는 1959년 1월에 들어서면서 경쟁력을 강화시키기 위해 회사 기구를 확대하여 총무국을 신설하고 1월 15일자로 대대적인 인사를 단행하였다. 편집국장 고영일에게 주필을 겸직시키고, 편집국 차장 오동식을 취재부장으로 승진 발령했다. 그리고 기자 김수진과 모슬포 주재 기자 강용삼을 취재부로, 기자 김영호·김하준·김석준을 편집국 내근 기자로 발령하고, 趙應邦 기자를 서울분실로 파견했다. 또한 이기정(李琪亭) 기자를 총무국장, 사원 홍기표를 업무부장, 사원 강봉규를 업무부 차장, 사원 河森列를 광고부장, 기자 金永均를 사업부장, 사원 姜東玉을 공무부장으로 승진 발령했다.

지방 취재 강화와 신문보급을 확장하기 위하여 2월 1일자로 남제주군 주재기자에 金元興, 표선면 지국장 겸 기자에 송권엽(宋卷燁)을 2월 23일자로, 성산지국장 겸 기자에 김행항, 한림지사장 겸 기자에 양상춘(梁祥春)을 2월 24일자로, 조천지국장 겸 기자에 김응삼, 애월지국장 겸 기자에 김재남, 대정읍지사장에 차광열을 발령했다(영주시보, 1959년 1월 15일; 1959년 1월 25일). 이 내용을 보면, 영주시보도 타 신문사처럼 지사와 지국장에게도 취재를 할 수 있도록 기자 겸직을 발령했다. 기자증은 선출되지 않은 권력의 상징물이 되었고, 박정희 군부정권에 의해 폐지되었다.

영주시보는 도내의 취재진을 보강 강화하면서 지면 혁신조치의 하나로 1959년 1월 15일자 2면에 그동안 부정기적으로 발행하던 신문을 앞으로는 매월 5일·15일·25일로 기일을 정하여 정기적으로 발행한다고 공고하였다. 이와 더불어 1959년 1월 25일자 3면에 "이번 호부터 지면체제를 3면 체제로 바꾸어 1, 3면은 타블로이드판으로 2면은 四切板(4절판: 현재 신문크기)으로 제작하였다"라는 社告를 내었다. 이처럼 영주시보는 1월 25일자 신문부터 매월 3회 발간하는 순간지의 약점을 보완하기 위해 발행체제를 2개면(배대판)에서 3개면(배대판 1개, 타블로이드판 2개면)으로 변경하고 타 신문과 차별화된 편집을 시작하였다.

신문사의 경영과 밀접한 관련이 있는 구독료와 광고수입에 대한 자료는 남아 있는 게 없다. 이문교(1997)의 기록에 따르면, 구독료는 명시하지 않은 채 1부에 20환에서 1955년부터 30환으로 인상했으나 유료 구독부수는 얼마 되지 않았고, 지방에 보급된 신문 대금은 지국장들이 선납하거나 변제했다.

1960년 4월 28일에는 사주 강필생이 '자유당 인물'이라는 이유로 학생 시위대로부터 피습당하여 신문사 시설 일부가 파손된 바 있다. 4·19혁명 후에는 이호택(李昊澤)을 전무로 선임하여 경영진을 보강하고 편집국장에는 이영복(李永福)에 이어 강군황, 편집부장 백남수 등이 임용되어 신문 제작을 주도했다.

1953년 10월에 창간된 순간지 영주시보는 1961년 5·16쿠데타로 정권을 장악한 박정희 정권의 언론정책에 의해 폐간되었다. 폐간될 때까지 열흘에 한 번씩 정상 발행되었다면 총 발행부수는 280호 내외가 되었을 것이라 추정된다.

2. 편집체계 및 내용

창간 후 약 7년 8개월 동안 발간된 280호 내외의 영주시보 가운데 현재 소장되어 있는 신문은 196호(1959.1.1. 2면), 197호(1959.1.15. 2면), 198호(1959.1.25. 3면), 199호(1959.2.5. 3면), 200호(1959.2.15. 3면), 201호(1959.2.25. 3면)

등 6개호이다. 소장 자료에서 마지막으로 발간된 신문으로 확인된 호수는 1959년 2월 25일에 발행된 제201호이다. 6개호 신문 중 2개호는 배대판 2면으로 발행되었고, 나머지 4개는 3면으로 발행되었다.

소장된 신문들을 대상으로 편집체계와 보도기사 건수 등을 알아본 결과, [표 2-2]에서 보듯이 영주시보는 198호부터 1면은 사설과 국제정치뉴스 1건과 주간메모, 기자석(이전 명칭은 무공탄) 등 4개 기사로 편집하였고, 2면과 3면은 제주지역에서 발생한 각종 사건 사고 뉴스 기사와 시(詩), 믿거나 말거나(가십성 기사란), 제주도 문화예술 관련 독자의 글로 편집하였던 것으로 확인되었다.

[표 2-2] 영주시보 편집체계 및 보도 기사건수

구분	1면	2면	3면
196호 (1월 1일)	신년 축하 화보, 축시, 신년사	乙亥新年의 나의 과제 12명 인사의 1년 之計	
197호 (1월 15일)	사설, 신년사 등 수필 4건 주간메모, 무성탄(無聲彈)	기사 1건, 화보 1개, 독자투고 1건	
198호 (1월 25일)	사설, 외신 1건, 주간메모,	기사 10건	1건(독자투고)
199호 (2월 5일)	사설, 외신 1건, 주간메모, 기자석	기사 6건, 詩 한편, 보거나 말거나	2건(독자투고)
200호 (2월 15일)	사설, 외신 1건, 주간메모, 기자석	기사 11건, 보거나 말거나.	詩 한편, 기사 2건
201호 (2월 25일)	사설, 외신 1건, 주간메모, 기자석	기사 12건, 보거나 말거나	詩 한편, 기사 1건, 콩트 1편

이들 내용을 좀 더 구체적으로 알아보기 위해 2면과 3면으로 발행된 신문들 가운데 각각 한 개씩 선택하여 살펴보았다. 신문의 이념적 성향이나 편집성향 등을 알아보기 위해서는 활용할 수 있는 자료가 충분해야 보다 정확한 평가를 내릴 수 있다. 따라서 분석에 한계가 있다는 점을 미리

밝혀둔다.

2면 발행신문의 성격 등을 알아보기 위해 1959년 1월 1일자 신년호 신문 다음에 발간된 1월 15일자 신문을 택했다. 이 신문은 倍大版(타블로이드판 2배) 2면으로 발행되었고, 15단 체제였다. 11단에 기사를 싣고 하단 4단에 광고를 실었다. 1행에 10자 문선을 했다.

1면은 △ 사설(새해 우선(于先) 무엇을 해야 하겠는가–주체성의 확립이란 문제) △ 百姓으로서 의무를 다할 뿐(강필생) △ 공사무한(公私無限)한 努力(오기문) △ 저축(貯蓄)으로서 태국(泰國)(이경훈) △ 적십자사의 혜택을 받자–吉지사 회비수납(收納)에 담화 △ 주간메모(각관각서 일제시무(各官各署一齊始務)) △ 무성탄(無聲彈) △ 社告 및 公告 등으로 편집되었다. 1면에 실린 관청소식을 전하는 〈주간메모〉와 가십난 〈무성탄〉을 제외한 나머지 5개 글은 사설과 지역사회 유지들의 신년계획 및 소망이었다.

2면은 北敎育區서 일제고사/4학년 이상 각 학급당 5명을 대상/형식적 폐단(弊端)면칠 못할 시책(4단) △ 향토예술 특색과 문화제(文化祭)/제3회 제주문화제 총평–김종원(1)(3단) △ 징집후(徵集後)결원은 제대자(除隊者)로/병사부(兵司部)주체 기관장회의 성과(3단) △ 식당 등의 과세률 인하/통조림, 극장입장세도 각각변경(3단) △ 학교주변정화(淨化)촉구/밀매음굴(密賣淫窟)부터 없애자(2단) △ 난민사업 정착용으로 비료(肥料)/市서 38만K 무상배급(2단) △ 창명호(昌明號) 지명수배/밀수 건으로(1단) △ 계성호(桂成號) 밀수사건/세관에 인계(1단) △ 畫報 등 9개 기사가 실렸다.

3개면 발행 신문은 1959년 1월 25일자 신문을 선택했다. 발행 지면수로는 3개면짜리 신문이지만, 배대판 1개면과 타블로이드판 2개면으로 되어 있기 때문에 신문의 면적 크기로는 배대판 2면짜리 신문을 발행하는 것과 다름없다.

1면은 △ 사설(소문과 여론과 … 본도의 특수성과 더불어) △ (국제뉴스) 자유세계의 경제기반수립/공산국가의 위약(違約)에 대비 △ 주간메모(선원 13명 삼킨 눈보라/본격화된 지역사회 개발) 등 3개 기사로 편집되었다. 1면에 들어가는 기사수가 적은 것은 사설과 1면의 3분의 1정도를 차지하는 주간메모 때문이다. 주간메모의 기사들은 9일 동안 일어난 중요 사건들 가운데 하루에 한건씩 선정하여 핵심내용을 짤막하게 전달하고 있다. 주간메모에 보도된 기사 중 하나의 예를 들면 다음과 같다.

> 1월 15일, 道는 지역사회개발에 따른 시범지역 첫 개발 사업으로 약 2천2백여만환(圜)을 계상하고 공회당신축 상하수도시설, 양어장시설 등 사업계획을 중앙당국에 보고함과 동시에 이에 따른 보조를 신청하였다고 장차 지역민들의 생활개선향상을 도모하는 개발사업이 전개됩니다.

2면(우측면)은 장기 월부(月賦)로 생필품 공급/공무원 소비조합 이동(移動) PX등/봉급생활자를 대상으로(4단) △ 상이용사회(傷痍勇士會) 이동 PX(1단) △ 추용(椎茸) 농은(農銀) 창고서 변질?/융자사후 관리조(管理條)로 있는 수출품(3단) △ 권위(權威)못세운 생감가(生甘價) 결정/업자 개별적 농민 상대하는 혼란상(混亂相)(3단) △ 濟여중고서/제13회 예술제/30일부터 중극(中劇)서(1단) △ 학술회를 개최/南校 개교기념일에(1단) 등 6개 기사로 편집되었고, 좌측 2면에는 △ 생산측 피해막심(生產側 被害 莫甚)/엽연초(燁煙草) 수납에 등급격하(格下)로(2단) △ 삼성호 파선(破船)사건/근래 드문 해상춘사(椿事)/마(魔)의 바다로 화한 고산죽도/격랑으로 연안(沿岸)서도 무책(3단) △ 유류국채소화면제(油類國債消化免除)/침체된 수산업에 첫 시책(施策)(2단) △ 경주호 신취항(新就港)/15리 쾌속선/사장 현오봉씨(1단) △ 복금 추천권(福金抽籤權) 부치기로/제일은행 상호기념(1단) 등 5개 기사가 실렸다.

3면은 김종원씨가 투고한 〈향토예술의 특색과 문화제(文化祭)/제3회 제주문화제 총평(2)〉(3단)이라는 제하의 글 1편과 사고 그리고 하단 10단과 11단은 광고로 편집되었다. 다른 날짜에 발행된 신문도 3면의 편집형태는 이와 유사했다. 이를테면, 2월 5일자 3면은 파이론(巴異論)의 〈문화운동과 예술의 위치/濟民時報 사설을 중심으로〉, 김종원의 〈향토예술의 특색과 문화제(文化祭)/제3회 제주문화제 총평(4)〉 등 2개, 2월 15일자 3면은 김영

돈의 〈제 생리(生理)를 찾아야 할 의욕/문화제 산문부 심사소감〉과 김시태의 시(終末) 등 2개 기사로, 2월 25일자 4면은 조응방의 꽁트 〈먼 후날 그때의 추억(其1)〉과 새로워질 4H 클럽/자주적인 180개의 장래, 그리고 신중(晨中) 3년 윤완숙의 詩(눈) 등으로 편집되었다.

이상의 결과를 보면, 영주시보는 동시대에 발간된 타 신문들과 달리 전 지면에 걸쳐 1면에 실리는 국제정치 관련 뉴스 1건을 제외한 모든 기사를 제주지역에서 발생한 뉴스로 편집하는 경향을 보였다. 특히 영주시보는 순간지의 특성을 살려 9일 간격으로 제주도에서 발생한 주요 사건이나 행정 시책 관련 내용 가운데 하루에 한건씩 선정해 200자 이하로 간추려 〈주간 메모〉에 보도하는 한편, 매호마다 행정시책을 비판하는 기사를 1~2건씩 실었던 것으로 확인되었다. 또한 영주시보에는 제주지역 여러 분야의 행정 시책과 사업에 대한 비판적인 보도기사가 타 신문에 비해 많이 보도되었고, 타 신문의 기사와 달리 기사의 길이도 길었다.

이외에 영주시보는 고정난으로 가십기사란 〈기자석〉(전신(前身); 無聲彈), 〈주간동향〉, 〈믿거나 말거나〉 등을 두었다.

제⑤절 | 제민시보(濟民時報)에서 濟民日報로 개제

1. 창간 및 운영

〈제민시보〉는 1956년 5월 8일 타블로이드판 4면으로 창간된 주간 신문이다. 제민시보는 창간에 앞서 4월 24일자로 공보부로부터 신규 발행허가(허가번호 278호)를 받았다. 창간 당시 발행인은 사장은 김선희(金瑄熙), 편집국장은 고정일(高正一)이었다. 제민시보가 창간될 당시 제주도에는 일간지 제주신보(1945.10.1)와 순간지 영주시보(1953.10.30)가 경쟁하고 있었다. 주간지 제민시보의 출현은 선발주자들을 긴장시켰다.

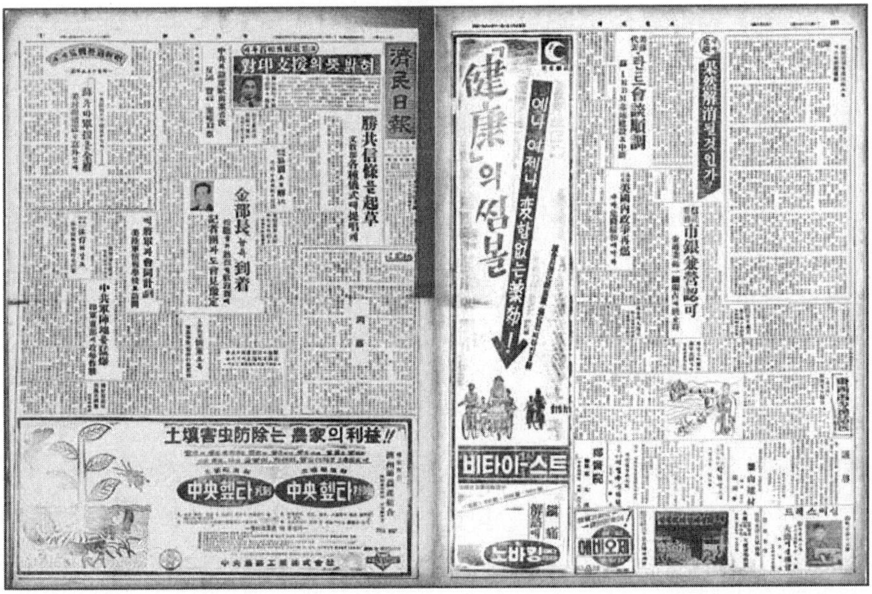
濟民日報
土壤害虫防除는 農家의利益!!
「健康」의 씸볼
비타이-스트

창간 초기 편집국 요원들로는 편집부장 김종철, 기자 金文錫·金昌淳·李元昌 등이 있었다. 제민시보는 1960년 5월 일간 발행을 준비하면서 홍순만을 사회부장, 이영복을 편집부장으로 영입하고 김지훈·현호중·강순일·김인봉·홍성목·고춘택 등을 기자로 임용해 취재진을 강화하였다.

1960년 4·19혁명 이후 신문 발행이 허가제에서 등록제로 완화되자, 濟民時報는 그 해 7월 6일 국무원 사무처에 제민일보로 개제(改題)해 등록(등록번호 A43호)하고 발행체제도 일간으로 전환했다(이문교, 1997). 일간으로 개편하면서 제민일보는 신문의 판형과 발행면수를 타블로이드판 4면에서 倍大版 2면으로 변경하였다(제주신문사, 1995). 이와 같은 편집체계의 혁신으로 제민일보는 꾸준히 독자층을 늘려나갔다. 당시 순간지인 영주시보가 발행되고 있었지만, 1960년 7월 1일부터 제민일보가 일간지로 전환되면서 제주지역에서도 일간지간의 경쟁이 본격화되었다.

일간지로 개편한 제민일보는 이듬해인 1961년 5·16쿠데타로 정권을 장악한 박정희 군부정권의 언론정비시책에 따라 다른 정기간행물들과 함께 그 해 5월 28일자 신문(제481호)을 발간하고 곧바로 폐간되었다. 그런데 제민일보가 이에 계속 반발하자, 군부정권은 이를 재심사하여 6개월 만인 11월 28일자로 전국에서 유일하게 제민일보의 복간(復刊)을 허가하였다(제주신문사, 1995: 427).

제민일보는 12월 7일자부터 복간호를 발행하였다. 복간호(제482호)는 평소처럼 배대판 2개면을 발간하였고, 1면 상단에 〈찬(燦) 기대속에 제민일보 오늘부터 복간〉이라는 제목으로 붙이고, 복간사(復刊辭)와 복간 준비 현장도 생생하게 보도하였다. 복간호에 1961년 11월 30일자로 편집국장에 제주신보의 논설위원을 역임한 강동옥(姜東玉)을 발령하고, 이영복 편집부장을 편집부국장으로, 김인봉 기자를 정치부장으로, 강순일 기자를 사회부장으로 각각 승진 발령하고, 하창곤(河昌昆)을 사진기자에 임명하였다(제주신문사, 1995: 429). 1962년 2월에는 강군황 기자가 남제주군 주재 기자로 파견되고, 4월에는 최애자 기자가 동경특파원으로 파견되었다. 그 해 9월에는 홍성목이 편집부장으로 승진하였다(이문교, 1997: 192). 이는 제민일보의 마지막 사령이 되었다.

쿠데타로 집권한 군부정권의 언론시책에 의해 제주신보는 1962년 10월 21일자부터, 제민일보는 이보다 일주일 늦은 10월 27일자부터 배대판 4면 발행에 들어가게 된다. 하지만 두 신문사가 증면발행을 시작한지 채 한 달도 되기 전에, 제민일보와 제주신보에게 통합하라는 충격적인 지시가 떨어진다. 이에 대해 두 신문사는 거세게 반발했지만 결국 1962년 11월 17일자로 통합에 합의하였다.

제민일보 1962년 11월 1일자 신문은 3면 좌측 상단에 〈濟州·濟民 양지(兩紙) 15일까지 통합/시설 갖추어 道 발전에 기여토록-金지사 언명(言明)〉이라는 4단 제목으로 당시 김영관(金榮寬) 제주도지사가 두 일간지의 통합을 위해 노력한 모습을 다음과 같이 보도하였다.

> 31일 하오 金지사는 늦어도 11월 중순안에 도내 양(兩)일간지는 통합

되어야 한다고 말하였다. 이날 하오 도지사실에서 두 번째의 기자회견을 요청, 金지사는 이와 같이 말하고 15일까지 통합이 되지 않을 때에는 본도에 일간지가 없어지는 것을 뜻한다고 덧붙였다.

金지사는 그동안의 중앙출장 중 최고회의 언론담당 姜최고위원과 만났음을 전제하면서 정부시책에 따라 신문이 통합되어야 함을 강조하고 지방지는 시설기준에 구애없이 통합됨으로서 신문으로 등록되여 발행인협회에 가입할 수 있게 되며 융자와 신문지배당을 받을 수 있을 것이라고 말하였다.

15일까지 통합되지 않을 때에는 시책에 따라 단호한 조치를 취하겠다고 밝힌 金지사는 양일간지의 통합문제로 본도 개발전체에 지장을 초래해서는 안 될 것이라고 말하고 30만도민이 모두 납득할 수 있는 길로 통합되여 정부시책에 따라 발행인협회에 가입함으로서 융자 및 용지배당을 받도록 하는 한편 외화배당을 받아 시설을 갖춤으로서 제주도의 자랑이 되고 지방발전에 기여할 수 있는 신문이 이루어져야한다고 덧부쳤다. 또한 金지사는 과거 신문사는 권력기관이나 사업의 방파제(防波堤)로 생각되여 왔음을 지적, 5·16이후 이런 생각은 지양된 것으로 생각되지만, 양(兩)일간지는 지방발전이라는 대국적 견지에서 양보할 것은 양보하여 원활(圓滑)한 통합이 이루워지길 촉구하였으며, 독선적인 생각으로 따른 힘을 빌려 자사(自社)에 유리(有利)토록 전개하려고 해서는 안 될 것이라고 덧붙였다.

〈제민일보, 1962년 11월 1일자 3면〉

이 기사는 당시 사주들이 신문사를 권력기관이나 사업의 방패막이로 인식하고 있었음을 잘 보여주고 있다.

2. 편집체제와 내용

주간 濟民時報(1956.5.8~1960.6.30)와 일간 濟民日報(1960.7.1~1961.5.28/1961.12.7~1962.11.18)의 편집체제 및 보도내용을 살펴볼 수 있는 소장된 신문은 3개호가 유일하다. 주간 제민시보 가운데 현재 소장되어 있는 신문은 80호(1958년 4월 14일자)와 100호(1958년 9월 15일자)이고, 일간지 제민일보는 제78호(1962년 11월 1일자)가 있다.

주간 발행시기에는 타블로이드판 4면을 발행하였고, 전체 지면 11단 가운데 9단은 기사로 편집하고, 하단 10단과 11단은 광고란으로 활용했다. 주간발행 시기의 신문편집체계는 [표 2-3]에서 보듯이 1면에는 사설과 중앙정치 기사, 가십란인 '승강기(昇降機)', 2면은 지방정치·행정 기사와 직사포 등으로 편집되었고, 3면은 지역뉴스, 4면은 문화 예술 관련 독자투고 글과 '영화 소개', 고정란 '여적(餘滴)' 등으로 편집되었다. 제호는 오늘 제주지역의 신문들처럼 1면 가운데 상단에 가로쓰기로 배치하였고, 그 오른편에 판권란을 두었다.

[표 2-3] 제주시보→제민일보의 편집체제 및 내용 (기사건수)

구분	1면	2면	3면	4면
제80호 1958.4.14.	사설, 중앙 뉴스 2건, 승강기 등 4건	지역정치뉴스 5건 (선거관련)	지역뉴스 6건	문화관련기사 4건, 독자투고
제100호 1958.9.15.	사설, 중앙 뉴스 2건, 승강기 등 4건	지역정치뉴스 6건	지역뉴스 10건	5건 수필, 동요, 영화소개, 공지사항 등 여적〈餘滴〉 등 5건
제778호 1962.11.1.	국제 뉴스 10건 국내중앙뉴스 7건	사설, 외신 2건, 중앙뉴스 3건, 동서고금일화병 (연재)	각종 행정시책 및 홍보기사 등 20건	어린이 독후감, 화보, 독자투고 등 7개 기사

배대판은 15단 체제로 나눠 11단까지는 기사면으로, 나머지 하단 4개는 광고지면으로 사용했다. 배대판 4개면을 일간으로 발행할 때, 이 신문의 1면은 국제정치와 국내 중앙뉴스, 2면은 사설, 외신과 중앙뉴스, 3면은 지역뉴스, 4면은 독자가 투고한 문예작품과 시, 수필 등으로 편집하였다. 유일하게 실존하는 제78호 신문(1962.11.1)을 보면, 이 신문의 제호는 주간 신문 시대와 달리 1면 우측 상단에 가로로 세워 편집하였고, 제호 바로 밑

에 판권란을 두어 외형상 변화를 시도하였다.[14)]

주간신문과 일간신문 시대의 편집체제 및 보도 내용을 비교해 보면, 지면의 성격은 크게 변하지 않았으나, 지면이 늘어난 만큼 국제뉴스가 대폭 증가한 것으로 나타났다.

주간 발행 신문들의 편집체제와 보도 내용은 제80호 신문(1958. 4.14)을 통해 살펴보았다. 1면은 △ 사설(자유분위기는 보장되고 있다) △ 중반전 접어든 총선양상/캐스팅 보드로 솟은 무소속계열/自·民은 억제·포섭(包攝)에 전력(4단) △ 李의장 등 지방순회/심각화(深刻化)하는 낙천자(落薦者) 반발(2단) △ 가십란 승강기(昇降機) 등 4건으로 편집되었다.

2면에는 △ 위원장에 高昌協씨/부(副) 許斗久 黃成旭 양(兩)씨(이상 가로 제목) 주류도 없고 혁신도 없다/총선거 승리 위해 당내분파 지양(止揚)코 대동단결/자유당 시당부상집(市黨部常執)에서 개편(이상 세로 제목)(4단) △ 나날이 격화하는 북군선거양상/김두진씨 방어전 부심(防禦戰腐心)/夫·金 久兩씨 동서압축(壓縮)(3단) △ 市選擧區 여야대결전에 포진(包陣) 완료/安正立·金珠泰 양(兩)씨 공세도 주목처(注目處) △ 도의보선(道議 補選)은 6월 하순/사표이송(辭表 移送)은 총선 후라야(2단), 고정란 직사포(直射砲) 등이 실렸다.

3면은 △ 말썽이르킨 교육감 연설(세로 제목)/"시의(市議) 규탄은 정치적 복선(伏線)" 우선 의장단에 일임(一任) 경고키로(4단) △ 보람맺은 사랑의 서명운동/일본 법무성 金군에 입국특허(3단) △ 〈세화지국발〉 비료대(肥料代) 2할이나 과징(過徵)코/1년 넘도록 모르는 척/농은(農銀) 김령 출장소에 원성자자(3단) △ 귀일중교서/개교기념식(1단) △ 본도 3 선거구(選擧區) 입후보자 약력소개 △ 오늘의 표정(가십란)(1단) 등으로 편집되었다.

4면은 △ (3단)〈문화〉 이어주는 이 고장숨결/〈濟州導 민요 제1집〉을 읽고(이기형·제주여고교사) △ (2단)〈영화소개〉 스크린-나는 고백한다(美워너社

---

14) 1962년 11월 1일자 신문의 지령을 보면, 1·3면 상단에는 제78호로 나와 있고, 2·4면에는 제778호로 찍혀 있다. 신문의 지령이 이렇게 서로 다른 것은 아마도 오식(誤植) 때문이라 추정된다.

作) △ 몰라주는 고충/일(一) 초등학교 교사의 넋두리(강택·동교교사) △ 詩: 바람아 불어다오(五高 김용범) △ 금주의 (극장)프로 등으로 편집되었다.

배대판 4개면 발행시기의 제민일보의 편집체제 및 보도내용은 1962년 11월 1일자(제78호) 신문을 선택해 살펴보았다. 이 신문의 1면은 △ 네루수상의 친전(親電)을 받고/대인지원(對印支援)이 뜻 밝혀/朴의장 印, 中국경분쟁에 태도(가로 4단) △ 승공신조(勝共信條)를 기초(起草)/문교부 각종 의식때 제창케(4단) △ (UPI) 〈유엔총회〉 중공(中共)의 의석賦與案 부결/반56, 찬42 기권12표(3단) △ (UPI) 金부장 뉴욕 도착/교포들의 熱烈한 환영리(歡迎里)에/기자단과도 회견 예상(4단) △ (UPI) 맥장군과 회동 계획/美육군 정보학교도 방문 △ (UPI) 큐바 위기 경과 해명-소(蘇) 메스콤들의-/케 대통령의 불침(不侵) 선언믿어/蘇 큐바군원(軍援)을 전폐/ 美 봉쇄(封鎖)조치는 의외였다(4단) △ (UPI) 핵금(核禁) 협정촉구/美英, 蘇에 재노력(1단) △ 10월 15일 체육의 날로/체육진흥법 시행령 기초(起草)(2단) △ (UPI) 대(對) 印度 무기공급에 최선/영연(英聯)대변인 성명(1단) △ (UPI) 美34회 핵실험/메카톤급 비기(飛機)투하(1단) △ 엽연초(葉煙草)매상가/명년엔 더인상/張농림(農林) 담화발표(1단) △ (UPI) 중공군 진지를 맹폭/인군(印軍) 동부서 공세작전(3단) △ 인신구속 신중토록/예산심위, 경찰행정 질의(質疑)(2단) △ (UPI) 중공의 인도침공에 충격/쏘(蘇)의 큐바기지 철거 만족/에여왕 의회개원연설서 표명(가로 2단) △ 보사부세출예산 재조정/예산심특위(1단) △ 승강기(昇降機) 등이 실렸다. 1면에 실린 17건의 기사 중 국내 중앙뉴스는 4건에 불과하고, 나머지는 전부 외신기사였다. 이로 미루어 보아 당시 독자들의 국제적인 안목이 매우 높았을 것이라 추정된다.

2면은 △ 사설(국민투표를 성공적으로 이끄는 계몽운동) △ (UPI) 큐바 위기 과연 해소될 것인가?/美蘇대표 탄트회담 순조/蘇 IRBM기지건서도 중단/(중간 제목) 선거 앞둬 미국내 정쟁(政爭)재연/큐바 위기 완화에 따라(5단) △ 신탁업무 시은(市銀) 겸영 인가(認可)/금통위(金通委), 한일은행독점에 종지부(4단) △ 현금불입(拂入)환원/수입신용장개설/원화적입 분할제(分割制)(1단) △

연유(乳) 등 14종은 허가품목/상공부 하반기 무역계획 수정공고(1단) △ 예멘 왕과 군革命軍 혈투계속/왕정군(王政軍)수도 육박(肉迫)(1단) △ 동서고금 일화병(연재물) 등 7개 기사로 편집되었다.

3면은 △ 朴의장, 본도 축산에 깊은 배려/송당 목장 도민에/실력자 골라 불하토록(4단) △ 수산개발(水産開發)을 기약/99명이 선원 강습(講習)수료(2단) △ 濟州·濟民 양지(兩紙) 15일까지 통합/시설 갖추어 道 발전에 기여토록/金지사 언명(4단) △ 물가 타도와 균일하게/정부, 본도 물가고에 대책강구(가로 제목)/월동 연료(燃料)는 낙관/8백만원 들여 우도 등에 간의 수도(4단) △ 3할(割) 남짓을 감면?/市 대곡(貸穀)관리위서 심사(3단) △ 화보(김장도 담거야/계절은 겨울로 줄달음)(가로 2단) △ 8기생 입교식/국민운동교육원(1단) △ 광주여고와 연평중 자매결연(1단) △ 한일은(韓一銀)서도 신탁업무 겸영(1단) △ 지검(地檢) 검사 경질(1단) △ 시군서도 5명씩/선진지(先進地) 학사시찰(1단) △ 벌금을 대신 갚아줘/사위 때린 7순 노인에/구좌지서 순경이(가로 2단) △ 광주고검 金 검사장/3일 내도(1단) △ 훈장2題(2단) △ 빠짐없이 신고토록/경찰, 불법무기 신고기간 설정(2단) △ 안질자(眼疾者) 무료시료(施療)/도립(道立)병원 등 '눈의 날' 맞아(2단) △ 정성어린 31만원/ 교포 安씨, 고교기금으로(가로 2단) △ 호적 신고 등/기간 내 이행(履行)토록 △ 기자스냅(칼럼난) △ 부두안내 등 20개 기사로 편집되었다.

1개 지면에 이렇게 많은 기사를 실을 수 있는 것은 6-7개 기사가 200자 미만으로 짤막하게 작성되었기 때문이기도 하지만, 광고지면을 1단 줄이고 12단까지 기사로 편집하였기 때문이다.

4면은 △ 화보(詩/가을의 향기) △ 목요문예-다(多)종교 시대(李琪亭) △ 어린이 찾이(어머니/제주동국민학교·6-2 김복자) △ 가는情 오는情(고정란) △ 탐라의 금석(今昔)-부종휴(夫宗休) △ 케네디 대통령 이야기 △ 신간(제대신보) △ 학생작품모집 등이 실렸다.

2개호 신문의 보도내용을 보면, 정부시책을 비판하는 기사는 단 1건도 찾아 볼 수 없었다. 제주신보도 이와 비슷한 친여적인 보도 성향을 보였다. 이문교(1977)가 1957년 12월부터 1960년 6월까지 제민시보를 대상으로 조사한 결과에 따르면, 제민일보는 정치인이나 기관장들을 칭송하는 사설을 많이 실었던 것으로 확인되었다. 대표적인 사례로 '金仁濟 총무국장의 영전을 축하하며'(1959.3.9), '道議長團 사표 문제의 원만한 수습을 보고'(1959.4.6), '길(吉) 도백(道伯)의 영전을 축하하며'(1959.4.20), '全 지사 취임을 기뻐한다'(1959.5.18), '이창훈 국장을 환영한다'(1959.6.15), '좌총무·김산업 양(兩) 국장의 취임을 환영하며'(1959.7.27), '玄 民議員의 원내총무 지명을 보고'(1959.9.7) 등을 들 수 있다.

제 4 장

4·19혁명 이후 창간 신문

제❶절 | 제주매일신문(濟州每日新聞)(1961.3.1~1961.5.28)

1. 창간 및 폐간

1960년 4·19혁명으로 자유당 독재정권이 무너지고 민주당 정권이 들어서면서 신문발행이 허가제에서 등록제로 바뀌자, 8·15 해방 정국 때처럼 전국적으로 새로운 신문들이 우후죽순처럼 창간되었다. 제주도에서도 의회보(1960.11.23)와 제주매일신문(1961.3.1) 등이 탄생하였다.

제주매일신문은 제주신보에서 12년 동안(1950.3.10~1961.2.25) 전무로 근무하다가, 기자들의 집단사퇴 이후 자신의 주식 대부분을 강우준 신임 사장에게 넘기고 퇴임한 신두방이 1961년 3월 1일 '엄정중립·사회선도'를 사시로 내걸고 창간한 신문이다.

이 신문사는 신두방·제주인쇄사 사장인 강성언·재일동포 姜順平 등이 합작해 설립한 회사다(이문교, 1997: 199). 사무실은 제주시 일도1동 1416번지 제주인쇄소에 두었다. 창간일로 보아, 신두방은 제주신보 퇴임 직후 5일 만에 제주매일신문을 창간한 셈이다. 이것은 제주매일이 창간에 앞서 같은 해 2월에 이미 발기추진위원회를 구성하고, 1961년 2월 20일 신문발행 등록(등록번호: A-125호)을 마치고 시설을 갖추어 두었기(이문교, 1997: 199) 때문에 가능했던 것이다. 신두방은 제주신보사 기자들의 집단사퇴 이후 자신도 제주신보사의 전무직을 그만 두고 새로운 신문사의 운영계획을 세우고 사전 준비를 했던 것으로 추정된다. 창간발기인으로는 신두방·강순평·

강성언·박재섭·김광추·고영일 등 6명이 참여했다.

제주매일은 1961년 3월 1일을 창간일로 정했지만, 실제 신문은 이튿날인 3월 2일 제1호를 발간했다(이문교, 1997: 199). 이처럼 제주지역에서 세 번 째 일간지인 제주매일신문이 출현하면서 3개 일간지의 치열한 경쟁시대가 열리게 된다.

창간 멤버로는 당시 제주인쇄소 대표였던 강성언, 상임논설위원 이기형, 편집국장 고영일, 편집부국장 김종철, 외신부장 고기원, 사무국장 한진 등이 참여했고, 기자로는 梁太一·김지훈·김수진·趙應邦·좌동배, 사진기자 洪殷植 등이 활동했다.

제주매일신문은 창간 초기부터 본도에서는 처음으로 사진 동판기를 갖추고, 8포인트 국한문활자 자모7천500여종과 활자 자동주조기 등 거의 완벽할 정도로 신문제작시설을 갖추어 경쟁에 대비했다(진성범, 제민일보, 1990. 11.20. 3면). 또한 제주매일신문은 창간 준비과정에서부터 지방 보급망을 구축하기 시작하여 며칠 만에 한림·신창·세화·서귀·모슬포·남원·표선 등 주요 읍면 지역에 지국을 설치하고 대대적인 보급망을 설치했다. 당시 발행부수는 3,000부 내외였고, 구독료는 1부 20환으로 정했다.

제주매일신문은 조직·인력·시설이나 판형 등에서 선진적인 신문 경영 체제를 갖추었으나 내부적으로는 운영 자금 확보에 진통을 겪었다. 제주매일신문은 자금난 해결을 위하여 회사 자본으로 출자된 부동산을 매각하기 위해 1961년 3월 12일자 신문에 광고를 냈으나 팔리지 않았다. 매각 대상 부동산은 남제주군 성산읍 시흥리 잡종지 2만7천여 평과 양어장 부지 2군데 1만1천여 평이었다(이문교, 1997: 199).

창간 후 얼마 되지 않아 경영난이 심해지자 제주매일신문은 4월 6일부터 휴간에 들어갔다. 그리고 같은 날 제주신보 광고를 통하여 '뜻하지 않은 사정으로 세부득이일응(勢不得已一應) 휴간케 되었다'고 알렸다(제주신보, 1961. 4.6). 10여일 간의 휴간 끝에 복간하여 신문을 계속 발행하던 제주매일은 창간 80여일만에 불운하게도 5·16쿠데타로 집권한 군부정권의 언론정비

정책으로 다른 주간지들과 함께 폐간되었다.

이때 본도에서는 창간 3개월밖에 되지 않은 제주매일신문과 10여년동안 명맥을 유지해온 영주시보, 그리고 한라신문, 탐라신보, 제향시보, 제주평론, 민정신문, 항도신문, 탐라민론, 再建타임스 지방판(제주판), 의회보, 제주통신, 제주공론통신 등 1개 일간지와 10개 주간지, 그리고 2개 통신사가 폐간됐다.

진성범은 제민일보 1990년 11월 28일자 3면에 실린 〈제주언론사〉에서 제주매일신문이 폐간조치를 당하게 된 배경에 대해 다음과 같은 의문을 제기하였다.

> 당시 국가재건최고회의의 공보령 제1호에 의거 신문시설기준에 부합된 신문사는 제주신보와 제주매일신문 등 2군데가 있었으나 군정당국은 제주신보와 오히려 시설기준이 부적한 제민일보 등 2개사에 대해서만 신문발행을 잠정적으로 허용하고 제주매일에 대해서는 폐간 조치함으로써 많은 의아심을 자아내게 했다.
>
> 뿐만 아니라 제주매일신문의 발행인이었던 申斗珠은 설사가상으로 제주신보사 근무당시 〈4·3유족피해신고센터〉설치운영에 따른 기사와 관련 계엄군에게 전격적으로 구속되는 비운을 맞기도 했다.
>
> 그때 계엄군이 발표한 신 사장의 구속사유는 그가 「4·19」이후 제주신보 전무로 근무할 당시 「4·3유족회」를 선동했다는 혐의였다. 당시 제주신보는 자유당 정권이 붕괴되고 민주당정부가 들어서자 오랫동안 금기시돼왔던 「4·3유족피해」를 유족들의 신고를 접수해 지상에 공개했었는데 이 과정에서 신두방 전무가 「4·3유족」들을 악의적으로 선동, 국가질서를 혼란케 했다는 것이 군정당국의 기소이유였다. 申전무는 처음에는 서울서대문구치소에 수감됐다가 군재판을 거쳐 다시 제주지법으로 넘겨졌다. 결국 신두방 전무는 그로부터 얼마 후에 속행된 선고공판에서 무죄판결을 받고 풀려났다. 이후 신두방은 언론계에서 자치를 감추게 되었으며 제주매일신문도 다시는 받아볼 수 없게 되었다.

제주매일신문의 총 발행호수는 확인되지 않으나, 휴간 전인 1961년 4월 5일자 32호를 발행하고 복간 후 30일 정도 발행한 것으로 보아 모두

60호 내외로 발행했을 것이라 추정된다(이문교, 1997).

2. 창간취지와 편집체제

언론사 연구에 있어 누가 언론사를 운영했는지를 파악하는 것도 중요하지만, 당시 해당 신문이 어떤 내용을 중요시했으며, 독자들에게 무엇을 주목하도록 했는지 살펴보는 것도 매우 중요하다. 왜냐하면 뉴스 이용 및 소비에 매우 많은 영향을 미치는 기사의 제목은 지면 위에 나열된 여러 기사 가운데 이 기사의 요지가 무엇인지, 무엇을 말하려 하는지를 압축적으로 보여주기 때문이다.

하지만 현재 제주도내 도서관에 소장되어 있는 제주매일신문은 한호도 없는 것으로 확인되고 있다.[15] 이에 따라 해당 신문의 편집방침과 성향을 암묵적으로 보여주는 상징적 장치인 기사제목의 크기와 내용 등은 대략적으로도 살펴볼 수 없다. 이에 여기서는 불가피하게 외형적 측면에서 이 신문의 편집체계 등을 살펴보고자 한다.

이문교에 따르면, 제주매일신문의 판형은 배대판 2면으로 15단제를 채택하여 1행 10자 문선으로 편집했다. 평상적으로 11단에는 기사를 실었고 하부 4단은 광고란으로 활용했다. 1면은 정치면으로 동화통신을 수신한 국내외 정치관련 기사로 편집했고, 사설과 가십란인 '기자쌀롱', 요인(要人) 동정란인 '프리즘' 등의 난을 두었다. 2면은 사회면으로 종합 편집하면서 시평(時評)란으로 '매일시언(每日時言)', '여울터', '화제와 인물' 등의 고정란과 여객선 운항 시간을 알리는 '부두'란 등으로 편집하였다. 그러나 문학작품이나 문화·예술에 대한 기획기사는 없었다. 즉, 정치·사회면에 중점을 둔 편집을 지향했다. 신문의 창간취지나 목적을 밝히는 제주매일신문의 창간사는 다음과 같다.

15) 〈제주매일신문〉 가운데 몇 호는 제주언론사(1997)의 저자인 이문교가 개인적으로 소장하고 있거나 아니면 누가 소장하고 있는지를 알고 있을 것으로 생각된다.

〈창간사〉

신문이 사회의 公器라 함은 새삼스럽게 췌언(贅言)할 필요조차 없는 것이나, 중지(衆智)의 사회라고 일컬어지는 우리네 민주사회란, 환언하면 여론에 의해서 영위됨을 이르는 것이니, 그 사회를 구성하고 있는 개개인의 의사의 집대성인 여론이 그 사회의 영위에 올바르게 반영되어 있을 때 그 사회는 정상적으로 영위되어 있다고 할 것이며, 그 사회의 여론이 그 사회의 영위에 아무런 영향도 끼치지 못한 채 억눌려 있거나 올바르게 반영되어 있지 못하고 있다면 참다운 민주사회라고 일컬을 수 없는 것으로 민주사회 영위의 호악(好惡)은 여론의 반영체인 신문이 어떠한 모습으로 있게 되느냐에 가늠할 수 있다고 할 것이다.

현하 제2공화국이 표방하고 일어섰던 혁명 환수라는 기치(旗幟)가 한낱 기치에 지나지 않고, 그 기치마저 지향할 바를 모르고 대다수 국민의 실망과 환멸감 속에 파묻히려 함에 전도(前途)의 다난(多難)함을 우려치 않을 수 없는 것이니 이 대다수 국민의 실망과 환멸감이 빚어지는 그 밑바닥에 자리하여 그 소리를 모으고 집대성하여 흔들리는 신념의 기치를 붙잡고 통일의 숙제를 이룩하는 데 그 기폭(旗幅)을 밝히려는 의욕과 지난날의 탄압 속에서 움츠리고 있었던 뜻이 4·19혁명 후 급격스럽게 개방된 결과 공(公)의 이성과 감정에서가 아니라 사사로운 감정과 이해에서의 논의가 公의 이성과 감정을 착란하려 하는 그릇된 언론의 자유의 개념이 실질적인 사회의 향상을 오히려 저해하고 있음에 참다운 언론창달과 문화 향상의 역군으로서 날로 더해가는 세속 탁류를 막는 제방(堤防)축조에 이바지하려고 본보는 그 첫 드딤을 내는 것이다.

중앙에서 원격한 본도는 그 지리적인 특수성으로 말미암아 쌓아진 그 봉쇄성과 후진성을 탈피하려고 갖은 불리한 여건 하에도 매이지 않고 사회 각반(各般)에 거쳐 건설과 부흥에 힘을 오로지 하려는 태세를 갖춤에 도민의 점고(漸高)한 생활 의욕이 바야흐로 청신(淸新)하기 운(運)을 갈망하고 벅찬 바램이 무르익어 감에 본보는 이러한 도민의 희구(希求)를 그 바탕으로 하여 '엄정중립'과 '사회선도'의 사시(社是)를 유일한 사명으로 삼아 도민과 함께 호흡하며 30만 도민의 진정한 의사를 반영체로서 뜻한 바에 어그러짐이 없을 것을 도민 앞에 표명하여 거듭 뜻한 바에 스스로의 책임을 가중하려 하는 것이다. 항상 '도민의 것'이라는 의식에서 도민과 함께 신장하려는 본보는 그 뜻한 바에서 일탈(逸脫)될 때, 스스로의 뜻을 어김에서 그치지 않고 도민의 버림에서 그 존재 가치를 상실함으로써 인하여 자멸함은 명약관화(明若觀火)한 일로써 자책하여만 하는 어리석음을 초래케 하지 않을 것은 다시 말 할 것도 없거니와 스스로 지녀진 사회의 공기로서의 사명을 완수함으로서 명실상부한 '도민의 것'이 될 것을 거듭 밝혀 그 자부(自負)를 유일한 보람으로 이룩하고 지니려 하는 것이다.

본보의 이러한 뜻의 성패는 지령을 거듭함에 도민이 판가름 할 것으로 믿는 바이나 언제나 公의 이성에 입각하여 모든 불의와 부정을 배제하며 스스로의 긍지를 가다듬음과 동시에 그 긍지를 더럽히지 않음으로써 스스로 긍지를 높이기에 힘을 오로지 하려는 것이니, 도민의 기탄없는 편달로서 참다운 민주주의의 여론이 올바르게 반영되도록 되비추는 지면이 항상 흐리지 않도록 불식(拂拭)해 주기를 간절히 바라고 싶은 것이다.

거듭 말하거니와 신문은 사회의 공기로서 참다운 衆智의 사회를 이룩하고 여론에 의한 건전한 사회 영위를 바랄 때 그 여론이 왜곡됨이 없이 반영되도록 지면을 닦고 가꿈이 사회의 정상적 향상을 희구하는 이들이 마땅히 힘 아끼지 말아야 할 일로서, 공기(公器)가 공기로서의 구실을 온전히 다 할 수 있도록 육성함이 또한 상호 협조와 굳은 유대에서만이 이루어지는 것이며 결과 됨이 상호 이익을 초치(招致)하는 것이니 본보 발간의 뜻을 밝혀 스스로 가다듬음을 굳건히 하며 도민의 성원과 애호를 함께 얻으려 하는 것이다.

이 고장에 뿌리를 박고 삮틈에 비롯하여 '도민의 것'이라는 고고(孤孤)의 일성으로서 그 바탕을 밝히고 이 고장과 함께 월진일보(月進一步)의 앞날을 기약하려는바 민족의 정기를 선양하였던 3·1절을 즈음하여 창간함에 더욱 그 의의를 되삭이며 스스로의 책려(責勵)로 삼는 바이다.

〈제주매일신문, 1961년 3월 2일〉

3. 3개 일간지 경쟁시대에 대한 반응

당시 독자들이 제주매일신문의 창간을 어떤 시선으로 바라보았는지를 살펴볼 수 있는 글로는 의회보(議會報) 1961년 2월 22일자 4면에 실린 〈모색(模索)될 본격적 신문경영-일간지 셋으로 신문 전국시대 출현〉(필자: 매스콤)이라는 3단 제목의 칼럼을 들 수 있다. 필자인 매스콤(가명)은 신문 난립에 따른 운영난을 다음과 같이 우려하였다.

> 일간이 본도에 또 하나 생긴다 한다. 그리되면 濟州新報, 濟民日報, 濟州每日新聞 등 3개 일간지를 우리는 볼 수 있게 될 터이다. 불과 3천부 정도를 발간하고 있는데, 이제 새로 일간지가 생긴다는 일은 종전의 구독료와 광고료만으로 근근히 수지균형(收支均衡)을 잡아온 온 형편을 크게 변동케 할 것이 명약관화하다. 독자가 될 도민의 수나 도민의 경제여유가 갑자기 불어나지 않음은 물론 광고주의 수가 3배 증가할 까닭도 없기 때문이다.
>
> 이러한 점으로 보아 제주도 신문사상의 획기적인 순간이 가까워지고 있다고 볼 수 있다. 즉 신문이 독립적인 기업으로서 대발전을 기할수 있게 되느냐, 아니면 출혈경쟁으로 서로 피폐(疲弊)의 길로 들어 설 것인가의 기로에 서 있다. 〈중략〉
>
> 제주 일간지들은 입지적 여건으로 하여 중앙지의 위협을 그리 크게 받지 않고 있다. 즉 제주도는 적어도 지리적 특성상 육지와는 하루 밤 정도의 시간이 격(隔)해 있다는 사실 때문에 중앙지는 그 지면의 우수성에 비해 시사적 참신성은 뒤떨어지기 마련이고 지방일간지는 그 시간적 유리 때문에 보호되어 왔다. 그러나 앞으로 이러한 조건의 비호(庇護)가 계속되지는 않을 것이다. 〈생략〉
>
> 앞으로 교통·통신기관의 발단으로 중앙지가 뜻만 품으면 본도의 지방지의 영역을 얼마든지 그 우수한 경영력과 기동력으로 쉽게 침범할 수 있게 될 것이다.
>
> 지방지가 불과 2, 3년 내에 엄습해 올 중앙지의 위협에 대응하려면 조석간제가 되어야 하고, 지면을 늘려 내용을 풍부하게 하는 등의 체제를 갖춘 일간지로 발전되어야 한다. 〈… 생략〉 지방지가 구독료와 광고료만으로 운영될 수 있을 정도로 제주도의 인구가 증가하고 산업이 발전할 때까지 대응 방안을 강구해야 한다. 현재 여러 개의 특색 없는 주간지들이 존재하고 있다는 점과 어울려 볼 때 지금 본도는 신문 전국시대라 할 것이며 대기업적 본격경영으로 이행 과정에서 배워야 하고 도입되어야 할 선진지역의 신문경영 방법이 시급하다 할 것이다.

제5장

박정희 군부정권의 언론정책과 언론의 대응

제❶절 | 박정희 정권의 언론정책

1. 포고 제1호와 언론인 통제

박정희의 쿠데타 세력이 언론(정권)을 장악하는 과정과 그 후 주요정책을 간추리면 다음과 같다. 1961년 5월 16일 새벽, 제2군 부사령관인 소장 박정희와 8기생 주도세력은 장교 250여 명 및 사병 3,500여 명과 함께 한강을 건너 장면(張勉)정권의 심장부인 서울의 주요기관을 점령하였다. 쿠데타 주역들은 곧바로 오전 9시를 기해 〈행정, 입법, 사법의 3권을 완전히 장악했다〉는 성명을 발표하고, 전국에 비상계엄령을 선포함과 동시에 군사혁명위원회 포고 제1호를 발표하였다. 포고령 제1호의 내용은 다음과 같다(官報, 단기 4294년 5월 16일).

1. 일체의 옥내외 집회를 금한다. 단, 종교관계는 제외한다.
2. 수하(誰何)를 막론하고 국외여행을 불허한다.
3. 언론·출판·보도 등은 사전 검열을 받으라. 이에 대해서는 치안확보상 유해로운 記事· 論說· 漫評· 寫眞 등으로 본 혁명에 관련하여 선동·과장· 비판하는 내용을 공개하여서는 안 된다. 본 혁명에 관련된 일체 기사는 사전에 검열을 받으며 외국 통신의 전재(轉載)도 이에 준한다.
4. 일체의 報復行爲를 불허한다.
5. 수하(誰何)를 막론하고 직장을 무단히 포기하거나 파업·태업을 금한다.
6. 유언비어의 捏造 유포를 금한다.

7. 야간 통행금지시간을 엄수하라. 야간 통행금지 시간은 오후 7시부터 다음날 아침 5시까지.

이상의 위반자 및 위법행위자는 법원의 영장없이 체포, 구금하고 극형에 처한다.

〈단기 4294년 5월 16일 군사혁명위원회 의장 계엄사령관 육군중장 장도영〉

포고령 제1호의 핵심은 언론·출판·보도 등을 사전에 검열받도록 규정하고 있다는 점이다. 국가권력을 장악한 쿠데타의 주역들은 곧바로 언론검열에 들어가 혁명 군사 위원회의 제 목적에 위반되는 사항, 반혁명적인 사항, 국민 여론 및 감정을 저해하는 사항 등을 포함한 8개 사항에 대하여 보도 금지 조치를 내리고 재빨리 언론을 장악해 나갔다.

박정희 군부는 쿠데타 사흘 후인 19일 조용수가 조총련계 자금(1억환)을 불법 도입하여 신문을 창간하였다는 명분으로 민족일보를 폐간시키고 발행인 조용수(趙鏞壽) 등 8명을 구속하였다. 그리고 혁명 재판을 열어 당시 21세였던 조용수를 용공분자로 몰아 12월 22일 사형시키고 송지영 등 나머지 구속자들은 감형시켜 주었다.

조용수는 5·16쿠데타 직후 '이 획기적인 군사 위원회의 혁명과업 수행에 더 많은 영광이 있기를 바란다.'라는 사설로 쿠데타를 지지했는데도 사형을 당하였다. 민족일보는 1961년 2월 13일 창간된 진보적 논조의 일간지였다(장호순, 2012: 87). 박정희 군부의 철저한 반공 의식과 對언론경고를 보여주기 위한 시범 케이스였다(한국언론인연합회, 2006: 34).

그리고 쿠데타의 주역들은 통치권을 확보한 5월 16일부터 6월 22일까지 960명의 언론인을 구금했다. 이 가운데 819명이 공갈, 사기, 횡령, 협박, 기부금 모집 위반 등 파렴치범이었으며, 포고령이나 반공법 위반 등 직무상 범죄가 141명이었다. 이후에도 부패 비리 언론인에 대한 단속은 계속되었다. 이는 국민의 알권리를 위해 사건이나 현장을 취재하여 보도하는 저널리스트들과 미디어를 통제하기 위한 첫 번째 조치였다.

2. 포고 제11호와 언론사 정비

쿠데타 일주일 후인 5월 23일 '국가재건최고회의'(이하 최고회의로 약칭)는 〈사이비 언론인 및 언론기관 정화〉에 관한 포고 제11호와 공보부 부령 1호 〈신문·통신사 시설기준령〉을 공포하여 언론사에 대한 일제 정비를 단행했다. 언론사 정비의 방침은 네 가지로 간추릴 수 있다. 첫째, 신문을 발행하려는 자는 신문 제작에 소요되는 제반 인쇄 시설을 완비한 자에 한하였다. 둘째, 통신을 발행하려는 자는 통신 발행에 필요한 송수신 시설을 구비하도록 하였다. 셋째, 등록 사항을 위반한 정기 부정기 간행물은 이를 취소한다는 것이었다. 넷째는 신규 등록은 당분간 접수받지 않는다는 것이었다.

공보부령 제1호 〈신문·통신사 시설기준령〉을 보면, 서울특별시 소재 신문의 경우 윤전기 및 조판 시설을, 지방소재 신문의 경우 활판 인쇄기 및 조판 시설을 갖추어야 신문을 발행할 수 있도록 신문제작 시설기준을 의무화했다. 통신 시설로는 체신부 장관의 무선 시설 허가를 얻어 설치한 송수신 장치와 이에 수반하는 외신 계약 및 국내 각사와의 전재 계약을 완비하도록 했다(관보, 단기 4294년 5월 23일). 당시에는 이런 정도의 조건조차 갖추지 못한 언론사가 많은 언론인을 거느리고 난립해 있었다(장호순, 2012: 87).

이 조치로 서울에서 발간되던 중앙일간지는 64개 가운데 49개, 통신사는 252개에서 241개, 중앙 주간지는 355개에서 324개가 무더기로 등록이 취소되었다. 지방에서도 일간지 51개 중에 27개, 통신사는 64개, 주간지는 130개 중 129개가 취소되었다. 지방에서 활동하던 64개 통신사는 하나도 살아남지 못하고 모두 정리되었다. 결과적으로 서울에는 15개의 중앙일간지, 11개의 통신사와 31개 주간지만 남고, 지방에는 24개의 일간지와 1개의 주간지만 남게 되었다.

쿠데타로 정권을 장악한 최고회의는 집권 한 달 만에 '사이비 언론인과 언론기관 정화'라는 명분을 내세워 전국적으로 1170개의 언론사를 폐쇄시켰다. 이때에 서울에 남게 된 종합일간지는 경향신문, 동아일보, 대한일보, 민국일보, 서울신문, 조선일보, 서울일일신문, 자유신문, 한국일보 등 9개였다(정진석, 1983).

그리고 쿠데타의 주역들은 5·16 쿠데타 직후부터 사이비 언론인 정화를 이유로 960명의 언론인을 공갈, 사기, 횡령, 협박, 포고령이나 반공법 위반 등의 혐의로 구속하거나 재판에 회부하였다. 이와 함께 비위에 거슬리는 보도를 한 언론인에 대해서는 가차 없이 체포, 구금, 구속 등의 방법을 동원하여 언론인을 단속하는 한편, 언론사에 대해서는 신문발행 중단 조치 등을 통해 재빨리 언론을 장악하기 시작하였다(한국언론인연합회, 2006: 46).

이런 조치 이후 박정희 군부는 새로운 신문의 창간과 복간을 허용하지 않았기 때문에 1960년대에는 4개 중앙일간지가 신설되는데 그쳤다. 그 후 시장에서 존속하게 된 이들 신문은 사실상 한국 언론계의 유력 중앙지와 지방지로 자연스럽게 자리를 잡으면서 독점적 지위를 누릴 수 있게 되었다.

더구나 시장에서 살아남게 된 신문사 사주들은 1962년 10월 한국신문발행인협회를 창립하고 이 협회를 창구로 하여 신문의 구독료, 광고료, 발행지면 수 등에 관한 카르텔을 형성하였다. 이러한 카르텔은 민주화로 인해 담합이 깨지게 되는 1980년대 말까지 계속되었다(한국언론인연합회(2), 2006: 47).

3. 언론정책의 5개 기본 방침

사이비 언론인과 언론기관 정화를 통해 어느 정도 국민의 지지를 얻기 시작하자 박정희 군부세력은 1962년 3월 16일 기존의 정치인 및 군부 내 반대세력의 정치활동을 막기 위한 초법적 수단인 '정치활동정화법'을 제정하여 4천374명에게 정치 활동을 금지시켰다. 당시 윤보선 대통령은 이러한 조치에 반발해 3월 22일 사임하였고, 박정희가 대통령 권한대행 자리에 올랐다(영남일보, 2017.3.16).

정치적 반대세력과 군부 내의 반대파까지 제거한 박정희 군부정권은

1962년 6월 28일 '언론을 기업으로 육성하고 신문 내용을 향상시킨다'는 요지의 새로운 언론방침을 발표하였다(제주신보, 1962.6.30. 1면). 이 기본방침에는 ① 언론의 자유와 책임 ② 언론인의 품위와 자질향상 ③ 언론 기업의 건전성 ④ 신문 체제의 혁신 ⑤ 언론 정화 등 5개 항목과 20개항의 세부지침으로 나누어져 있다. 포고 11호가 언론을 억압 통제하기 위한 채찍이었다고 한다면 이것은 당근에 속하는 것이다. 이 기본방침은 이후 박정희 정권의 언론정책 기본핵심이 되었다. 20개항의 세부지침은 다음과 같다.

〈세부지침〉

① 신문 경영인의 자격 및 기업 기준을 책정하고 無資力 업체의 자체 정리 권장
② 정리 후 신문사의 기업 육성 최대 지원
③ 난립된 통신사의 1~2개 사로의 자진 통합 권장
④ 기자의 보수 기준 마련, 자진 이행 권장
⑤ 신문지면 대폭 증면, 대중계몽, 계도의 역할 다하도록 편집 체제 개선 권장
⑥ 조·석간 復刊制 지양, 조간지 석간지 일요지 등 單刊制로의 전환 적극 권장
⑦ 신문 용지와 원목의 수입 관세 인하
⑧ 세금 등 신문기업 육성지원 방안 연구
⑨ 신문윤리위원회 기능의 확대 강화로 강력한 자율적 제재 촉진
⑩ 현행법의 선용과 활용의 언론의 자유와 책임 보호하고 강화
⑪ 언론인의 비행 엄격 제재
⑫ 언론인의 과거는 일체 불문함을 원칙으로 하고, 자진 정화에는 정부가 협조
⑬ 품위, 자질 향상을 위한 연수 활동 지원
⑬ 품위, 자질 향상을 위한 연수 활동 지원
⑭ 교육기관 설립 지원
⑮ 친목, 연구 활동을 위한 신문회관 신설 등 최대 지원
⑯ 친목과 권익 보호를 위한 협회나 단체의 구성, 활동 허가
⑰ 취재 활동에 최대한의 편리를 제공하고 보호하며, 기사의 윤리성에는 엄격한 자율적 통제 강조

⑱ 정부 취재원 개방은 언론의 현실적 자유와 책임에 병행하여 개선하되 방치적 완전 개방은 지양
⑲ 官公기관의 취재활동과 취재 윤리는 새로운 시점에서 출발해야 하며 그 규범은 별도로 조절 작성
⑳ 무보수 기자 또는 정상적 보수가 없는 기자의 채용, 존속 엄금

이어 한 달 만인 1962년 7월 30일에는 이 기본방침을 보다 구체화시킨 언론정책 시행기준을 발표하였다(제주신보, 1962.8.1. 1면). 이 시행기준은 당시 한국 언론에 즉각적인 변화를 초래하는 항목들이 다수 포함되어 있었다.

〈언론정책 시행기준(言論政策 施行基準)〉
① 언론인 단체 구성 : 직능별 단체와 그 총 연합회 조직 인정
② 언론인 자격기준: 국민의 지탄을 받은 사람들(병역기피자, 전과자, 과거 정치 및 사업관계자들과 유착관계로 물의 빚은 사람들)은 스스로 퇴진하기 바람
③ 단간제 및 증면 : 모든 일간 신문은 8월 13일까지 자율적 결정으로 조간 또는 석간의 단간제를 실시하고, 일요일에는 신문 제작 중지, 서울특별시에 본사를 둔 신문은 하루 12면 이상, 인구 30만이상의 도시는 하루 8면, 기타 지역은 하루 4면 이상의 지면 확보
④ 일요지 발행 : 독립된 일요지를 발행하되 일간 신문사가 발행하는 것은 불가
⑤ 통신사 정비 : 외국 통신사와 2중 계약 불가, 외국 통신 3개사 이상과 계약을 맺지 않은 통신사는 자체 정비하거나 통합
⑥ 일간 신문의 시설 기준 : 서울특별시, 인구 30만 이상 도시, 기타 지역별로 시설 기준을 정하고 미달 사는 60일 이내에 자체 정비 또는 통합
⑦ 기자 보수 기준 : 서울에 본사를 둔 일간지, 통신사 기자(중견: 3년 이상 경력)의 봉급은 월 1만원 이상. 인구 30만 이상 도시에서 발행되는 신문·통신사 기자의 봉급은 서울의 80%, 기타 지역의 신문·통신사 기자의 봉급은 서울의 70%
⑧ 지사·지국의 취재 : 지사장이나 지국장 또는 본사의 특파원에 국한

⑨ 용지 대책 : 부족량에 한하여 엄격한 실수요자 쿼터제로 수입하고 관세를 인하
⑩ 자금 융자 : 신문 통신사에 한하여 시설 확장 자금과 경영 자금을 융자하고, 금융기관에 대한 채무 변제기간을 완화
⑪ 신문연구소의 지원 : 서울대학교에 설치될 신문연구소를 적극 지원 육성

이것은 언론에 대한 정부의 적극적인 개입과 관여를 구체적으로 보는 주는 정책들이며, 한국 언론의 기업화·산업화가 정부 주도하에 시작되고 있음을 보여주는 것이다. 이러한 시행지침은 신문사의 경영 여건을 개선시키고, 언론을 튼튼한 기업으로 성장할 수 있는 기반을 조성해주기 위한 각종 경제적 지원과 특혜로 포장되어 있지만, 실상은 언론의 비판적인 저항성을 구조적으로 통제하기 위한 언론통제정책의 일환에서 비롯된 것임을 어렵지 않게 파악할 수 있다.

우선 언론사의 경영여건 개선을 위해 조·석간 양간제(兩刊制)를 단간제로 변경하는 것을 적극 권장하였다. 이것은 언론사의 비용부담을 줄여 경영의 안정화를 도모할 수 있도록 하는 효과와 함께 조간지와 석간지를 같은 수로 나눠 고정화시킬 때, 과점적 신문시장이 형성되는 효과까지도 거둘 수 있게 하는 것이었다.

당시 대다수의 일간지들은 하루 2회(조간판과 석간판)에 걸쳐 신문을 발간 배포하고 있었다. 또한 군부정권은 신문사에 시설 확장을 위한 자금과 운영자금을 융자해 주고, 시중금리에 훨씬 못 미치는 파격적인 금리 혜택도 제공하였다. 그리고 1960년대 후반에 가서 언론사들은 시중은행의 금리 혜택보다 더 유리한 현금차관을 얻는 특혜까지도 받아 고속 윤전기 도입 등 시설개선과 확장을 도모할 수 있었다. 나아가 정부는 금융기관에 대한 채무변제기간을 완화할 수 있도록 하는 등의 혜택을 제공했을 뿐만 아니라 신문용지에 대한 수입관세를 크게 인하해 줌으로써 신문사의 비용부담을 크게 줄여주었다. 이후 신문사 사주는 정부의 각종 혜택으로 경영이 윤택해졌지만, 편집권은 사주의 견제까지 더하여 상대적으로 축소되고 더

욱 탄압받는 시대로 접어들게 되었다.

또한 정부는 언론의 기업화와 산업화를 위해 언론의 다각경영을 허용하고 지원하였다. 다각경영은 대체로 다음의 세 가지 유형으로 이루어졌다. 첫째, 언론사가 다른 종류의 매체를 겸영하는 것이었다. 대표적인 사례로 동아일보가 1963년 4월에 라디오 방송을 개국한 것을 들 수 있다. 또한 삼성은 1964년에 라디오 방송과 텔레비전 방송을 개국하고 1965년 9월에는 중앙일보를 창간하였다. 문화방송은 1974년에 경향신문의 흡수 합병을 통한 겸영이 허용되었다.

둘째, 언론사가 연관 산업에 진출할 수 있게 됐다. 신문사가 주간 신문이나 주간 잡지 또는 월간 잡지를 발간할 수 있도록 하는 지원이 이루어졌다. 잡지 등 자매지의 발간은 인쇄 시설과 자본의 효율성을 높인다는 점에서 경영에 보탬이 되는 것이었다. 이러한 조치로 중앙일간지 등에서 발행하는 주간 신문, 주간 잡지, 월간 잡지 등이 쏟아져 나오기 시작했다. 대표적인 예로 한국일보가 주간지 주간한국을 성공적으로 창간하자 이를 계기로 신문사마다 흥미와 선정주의를 지향하는 주간지 경쟁시장에 뛰어듦으로써 신문사들의 다매체 시대가 열리게 되었다. 이러한 다각경영의 결과 신문사의 수입 구조도 크게 바뀌었다. 1964년만 하더라도 신문사들의 '신문 외 수입'은 거의 없었으나 1967년에 가서는 전체 수입의 8%를 차지하게 되었다.

셋째, 언론사가 언론 분야와는 상관없는 여타 산업에 진출하는 것이 허용됐다. 언론사는 호텔업, 광고업, 레저 산업 등에 참여할 수 있었으며, 정부는 차관 도입 등 금융지원의 방법으로 이를 적극 지원하였다. 이런 조치들은 언론사 사주들을 매우 고무시켰다. 이것은 언론사가 기업적 기반을 갖출 수 있는 절호의 기회였으므로 언론사 사주들은 박정희에게 매달리지 않을 수 없었다. 이러한 단 꿀을 받아먹던 언론사들이 정권의 언론 탄압의 조짐에 점점 무감각해져 간 것은 당연한 결과였다.

정부의 특혜를 받아 언론계로 진출한 대기업들과 정부 유관기관들을 예로 들면 다음과 같다(한국언론인연합회, 2006: 38).

- 동아 그룹 계열 : 대전문화방송(텔레비전)
- 동해 그룹 계열 : 강원일보, 춘천문화방송, 삼척문화방송
- 두산 그룹 계열 : 합동통신
- 럭키 그룹 계열 : 국제신문, 경남일보, 부산문화텔레비전, 진주문화방송
- 미원 그룹 계열 : 전주문화방송
- 일신 산업 계열 : 충청일보, 청주문화방송
- 삼성 그룹 계열 : 중앙일보, 동양방송(TBC) 부산국(라디오와 텔레비전)
- 쌍용 그룹 계열 : 대구문화방송(라디오와 텔레비전)
- 5·16 장학 재단 : 문화방송, 경향신문, 부산문화방송(라디오)
- 한국 무역 협회 : 코리아헤럴드, 내외경제신문
- 정부 투자 매체 : 서울중앙방송국(KBS), 서울신문

재벌의 언론계 진출은 언론사의 경우 재벌의 튼튼한 재정적 뒷받침으로 안정적인 언론 활동을 보장받는다는 긍정적인 면과 신문이 재벌의 권익을 대변하거나 홍보지 역할을 자임해야 하는 부정적인 면과 재벌의 숨통을 쥐고 있는 정권으로서는 경영주를 장악함으로써 그만큼 언론 장악이 용이해졌다는 일석삼조의 효과가 있었다. 이 기간 동안의 특기할 만한 언론 활동은 다음과 같다.

- 1964년 5월 9일 라디오 서울(RSB) 개국
- 1964년 8월 17일 한국기자협회 발족
- 1964년 9월 27일 한국일보 주간한국 창간
- 1964년 12월 7일 동양방송 TV 개국(최초의 민간 상업 TV방송)
- 1965년 5월 3일 한국신문발행인협회 등 10개 언론 단체 매스컴 윤리 선언
- 1965년 5월 6일 신아일보 창간(상업주의 표방)
- 1965년 9월 22일 중앙일보 창간
- 1966년 1월 25일 경향신문 경매처분, 기아 산업(대표 김철호)이 인수
- 1966년 3월 24일 매일경제신문 창간

이처럼 박정희 정권은 다각경영의 허용과 지원 등을 통해 언론의 기업화와 산업화를 도모하는 한편, 정부에 대해 비판적인 언론에 대해서는 서슴지 않고 강제 매각 등의 방법을 동원하여 철퇴를 가했다. 경향신문 매각 사태가 대표적인 사례이다.

4. 제3공화국의 언론정책

1963년에 접어들자 민간인의 정치 활동이 전면 허용되면서 2월 18일 박정희 의장은 민정 불참을 선언하였고, 2월 21일에는 정구영을 총재로 한 민주 공화당이 창당되었다. 정치지도자들과 군부에서는 박정희 의장의 2·18 민정 불참 선언을 적극 지지하였다.

그러나 1963년 3월 10일 중앙정보부가 이규광(李圭光)·박임항(朴林恒)·김동하(金東河)·박창암(朴蒼岩)·김명환(金明煥) 등을 쿠데타 음모 혐의로 체포했다고 발표하고, 수도 경비사 장병 80여 명이 군정 연장 요구 시위를 벌이자 3월 16일 박정희 의장은 군정을 4년 연장하고 국민 투표에 부치겠다고 하면서 그의 2·18 민정불참 선언을 뒤집었다.

대학생과 지식인들은 이를 성토하며 즉각 민정이양을 촉구하기 시작했다. 야당들도 움직이기 시작했다. 5월 14일 김병로를 대표 최고 위원으로 하고 윤보선을 대통령 후보로 내세운 민정당이 창당됐다. 7월 18일에는 박순천을 총재로 한 민주당이 창당됐다. 박정희 의장은 7월 27일 민정 이양 절차를 발표하고 8월 30일 예편과 동시에 민주 공화당에 입당해 대통령 후보로 추대됐다.

1963년 10월 15일 실시된 제5대 대통령 선거에서 관권과 금권을 총동원한 박정희 후보가 46.6%를 얻어 45.1%를 얻은 윤보선 후보를 15만표 차로 누르고 당선됐다. 11월 25일에 실시된 제6대 국회의원 총선거에서도 박정희의 민주 공화당이 압승을 거두었다.

이로써 박정희는 합법적으로 대한민국 최고 권력자의 자리에 올랐다.

1961년 5·16쿠데타 이후 정변 주도세력이 만든, 입법·사법·행정 3권을 장악한 국가재건최고회의에 의해 실시된 군정이 2년 7개월 만에 막을 내린 것이다.

1963년 12월 17일 제5대 대통령 박정희의 취임과 동시에 새 헌법이 발효되면서 3공화국이 출범했다. 같은 날 국회도 개원했다. 국회 의장에는 민주 공화당 이효상이 취임하였다(네이버 지식백과).

제3공화국 출범 이후 박정희는 월남파병, 한일협정, 3선 개헌 등을 추진하면서 반대여론에 부딪치자 언론에 대한 탄압을 더욱 강화하였다.

1) 언론윤리위원회법 제정과 유보

1964년 3월 24일 서울대학교·연세대학교·고려대학교 등에서 "굴욕적인 한일회담 반대"를 외치는 시위가 발생하였고, 이러한 시위는 전국적으로 확산되었다. 학생들은 박정희 독재 정권 타도를 외쳤고 신문들은 이런 시위를 지지하고 나섰다.

같은 해 4월 7일 신문의 날에는 지금껏 탄압받고 침묵하던 언론인들이 '언론의 독립'을 외치고 나왔다. 언론인들은 "신문의 독립은 자유 사회의 생명이며 신문의 독립 없이 민주주의는 성립되지 않는다. 신문의 독립이란 모든 권력, 모든 단체의 압력으로부터 독립과 국가 민족의 번영, 건전한 여론 형성과 반영을 위한 목적의식·수단으로서의 독립을 말한다"고 선언하였다(100년사).

그러나 박정희 정권이 학생과 지식인들의 요구를 무시하고 한일회담을 계속 추진하자 4월 19일을 전후하여 학생시위는 다시 일어났고, 1964년 6월 3일에는 1만여 명의 학생과 시민이 시위에 참가하였다. 학생들의 시위가 절정에 이르자, 박정희 정권은 6월 3일 서울시 전역에 비상계엄을 선포하고 시위에 가담한 학생, 언론인, 교수 등을 무더기로 구속하였다. 박정희는 이런 소요의 원인이 언론에 있다고 규정하였다. 그리고 학생 시위와 언론을 규제하는 입법조치로 학원에 대해서는 학원 보장법, 언론계에 대해서는 공화당이 발의한 언론윤리위원회법을 1964년 8월 2일 야당의원들이 퇴장한 가운데 국회에서 여당 단독으로 통과시켜 언론계에 큰 파문을 일으켰다(두산백과).

전문 20조로 된 언론 윤리 위원회법은 신문·방송 등 언론의 자율 규제를 위하여 언론 윤리 위원회와 언론 윤리 심의 위원회를 두고 언론 윤리 요강을 제정해 보도 내용이 이 요강에 위배되는지 여부를 심의케 한다는 내용이었다. 심의 기준이 되는 언론 윤리 요강은 국가의 안전 및 공안의 보장에 관한 사항, 국가 원수의 명예 존중에 관한 사항, 언론의 사회적 책임에 관한 사항, 보도 논평의 공정성 보장에 관한 사항 등이었다.

이 법은 정부가 언론의 윤리 확립을 빙자하여 언론을 통제할 위험이 있었다(이문교, 246쪽). 한국신문편집인협회는 당장 이 법의 위헌성을 지적하고 법 시행에 대한 협력을 거부하기로 결의하였다. 중앙청 출입 기자단도 이 법에 반대하여 24시간 취재 거부를 선언하였고, 경제 부처 출입 기자들도 일방적인 대정부 협조를 거부하였다. 언론 단체 대표들은 언론 윤리 위원회법 철폐 투쟁 위원회를 구성하였다. 1964년 8월 10일 정부가 언론 윤리 위원회법을 공포함과 동시에 즉시 시행에 들어가자 언론인들은 이에 굴하지 않고 악법 철폐 전국 언론인대회를 개최하는 등 정부와 정면으로 맞섰다. 박정희 정권도 법대로 시행을 외치며 한 발짝도 물러서지 않고 버텼다.

기자들에게는 언론 자유 투쟁을 위한 단결이 필요하였다. 1964년 8월 17일 일간 신문, 통신, 방송 등 19개 언론사 기자들이 모여 한국기자협회를 결성하였다. 이들은 이 법의 폐기를 요구하는 청원서를 국회에 내기로 하고 서명운동에 들어갔다.

박정희 정권은 이에 굽히지 않고 갖은 방법을 동원하여 언론사 사주들을 협박하고 회유하였다. 그러자 지금껏 박정희 정권의 당근과 단 꿀을 받아먹었던 언론사 사주들이 발을 빼기 시작하였다. 결국 동아일보, 조선일보, 경향신문, 대구매일신문, 대한일보 등 5개사를 제외한 21개사가 권력에 굴복하고 언론 윤리 위원회법 투쟁 위원회에서 탈퇴했다. 정부는 이들 투쟁파 5개 신문에 대하여 정부기관의 구독 금지와 함께 지금껏 베풀었던 특혜와 협조를 취소하는 조치를 내렸다. 이것은 누가 보아도 명백한 언론 탄압이었다. 종교 단체를 포함한 전국의 양심 단체들은 이러한 언론 탄압에 항거하며 일어났다.

지식인, 저명인사들은 물론 언론 윤리 위원회법 투쟁 위원회에서 탈퇴한 신문사의 편집국 기자들도 투쟁을 선언하고 나섰다. 9월 5일에는 국제신문인협회(IPI) 회장인 헌 엘리우스가 박정희 대통령에게 언론 윤리 위원회법의 재고를 요청하는 전문을 보내 왔다.

이처럼 국내·외의 여론이 들끓자 박정희 정권은 슬그머니 뒷걸음질을 치기 시작하였다. 그리고 9월 8일 박정희 대통령은 언론계 대표들과 대전 유성에서 회담을 갖고 언론사 대표들의 건의 형식으로 언론윤리위원회법의 유보안을 제출받아 시행보류를 발표하였다. 38일 동안에 걸친 언론 윤리 위원회법 파동은 이리하여 가라앉게 되었다.

기자와 시민단체 등의 반대에 부딪쳐 〈언론윤리위원회법〉의 시행은 보류되었지만 이를 계기로 언론은 권력에 서서히 굴복하기 시작했고, 이후 박정희 정권은 서울의 3대 야당지를 갖가지 수단을 동원하여 굴복시켰다.

예를 들면, 경향신문을 1965년도에 강제경매 처분의 형식으로 탈취하여 어용지로 만들었고, 조선일보사는 1968년 일본에서 상업차관 400만 달러를 지원받아 회사건물과 코리아나호텔을 지었다.[16] 이 과정에서 박정희 정권은 외자를 도입해 국가기간산업이 아닌 조선일보사의 사유물을 지을 수 있도록 특혜를 주어 조선일보를 포섭하였다. 동아일보에 대해서는 1968년

16) 경제적 특혜의 가장 대표적인 것이 현금차관의 제공이다. 『대한민국사 2』(266쪽)에 따르면, 조선일보사는 1969년 한일국교정상화 이후 최초의 민간차관으로 일본의 이토추상사(한-일간의 유착의 핵심인물인 세지마가 대표로 있던 회사)로부터 거금 400만 달러를 연리 6%에 들여왔다. 사채금리가 50%에 육박하고 은행금리도 25% 내외이던 시절에 이런 조건은 거저나 마찬가지였다.

기사를 반공법 위반으로 몰아 편집진과 간부들을 구속하면서 굴복시켰다(주동황, 2009).

2) 경향신문의 경매처분 사건

정부는 정권에 협조적인 언론에 대해서는 특혜적인 각종 지원을 통해 기업화를 도모하고 경영의 안정화를 이루도록 지원하며 馴致시켜나가는 한편 비판적인 언론(또는 언론인)에 대해서는 시장에서 사라지게 하거나 억압적인 조치를 통해 순종하게 만들었다. 대표적인 사례로 경향신문의 경매처분을 들 수 있다.

1947년에 창간된 경향신문은 가톨릭을 배경으로 발행되었기 때문에 독립적인 입장에서 비판적인 논조를 유지할 수 있었고, 정부의 압력으로부터도 보호받을 수 있었다. 1963년에 경향신문은 소유주가 천주교에서 이준구(李俊九) 개인으로 변경되었다. 이후에도 경향신문은 한·일 협상에 대해 비판적인 논조를 보여 왔고, 언론윤리 위원회법 파동을 둘러싸고도 정부에 대해 비판적인 자세로 일관하고 있었다. 가톨릭이라는 단체의 보호막이 사라진 경향신문에 대해 정부는 기사내용 등을 문제 삼아 사장과 기자를 구속하는 등의 방법으로 강경하게 통제하기 시작했다.

1965년에 경향신문 체육부장이 남파간첩에게 포섭되어 암약한 협의로 검거되는 이른바 '무전 간첩단 사건'이 발생하자 정부는 경향신문 통제에 대한 기회로 삼고 경영권을 장악하기 위한 조치를 취해 나갔다.

박정희 정권은 경향신문에 제공했던 저리의 은행 융자를 회수하도록 은행에 압력을 가했다. 재정적으로 별 어려움이 없었던 경향신문은 갑자기 은행부채 4천9백만 원을 갚지 않았다는 이유로 결국 경매 처분을 당하게 됐다. 1966년 1월 25일에 있었던 경매에는 기아산업 대표 김철호만이 응찰에 참가했다. 이후 정부 비판지였던 경향신문은 친여적인 논조의 언론으로 바뀌게 되었다(한국언론인연합회, 2006).

5. 유신체제와 언론통제

1) 프레스 카드제 실시

1971년 하반기 대학가에서 벌어진 박정희 독재 정권과 부정선거 반대 시위가 사회 각계 지도층과 지식인들에게까지 번져 쉽게 가라앉지 않자 박정희 정권은 10월에 위수령을 발동하고 12월 6일에는 국가 비상사태를 선포하기에 이른다. 박정희 정권은 또 다시 이런 혼란의 책임이 언론에 있다고 보았다. 그리고 그 다음해인 1972년 10월 17일에는 비상계엄령을 선포하고 이어 장기집권을 위한 유신헌법을 제정하였다. 박정희 정권은 유신헌법을 제정하기까지 국가비상사태 선포 이후부터 언론통제를 위한 사전 조치를 취하고 있었다.

유신헌법 선포 한해 전인 1971년 12월 17일 전국의 일간신문을 비롯한 주간지, 방송사, 잡지 등의 경영자 단체는 국가비상사태가 선포된 가운데 정부의 종용에 따라 단체별로 '언론 자율정화에 관한 결정사항'을 채택했다.

이것은 박정희 정권이 1971년 12월 6일 선포한 국가비상사태에 즈음하여 박 정권에 굴종적인 자세를 보이던 신문 발행인들로 구성된 한국신문협회가 정부시책에 호응한다는 명분에서 결의, 발표한 것이었다(한국신문협회, 1982: 484~486). 한국신문협회에서 채택한 7개항의 결의 내용 전문은 다음과 같다(동아일보, 1971.12.20. 1면).

〈언론 자율화에 관한 결정사항〉

① 지사·지국 보급소 설치 : 서울에서 발행하는 일간 종합지는 부산직할시 및 도청 소재지에 지사, 시청 소재지에는 지국, 기타 지역에는 보급소를 설치한다. 지방에서 발행하는 일간 종합지는 자도 내에 한하여 시청 소재지는 지사, 기타 지역에 보급소를 설치하고 서울특별시에는 지사를 설치한다. 서울에서 발행하는 경제지는 도청 소재지에 지사, 기타 지역에

는 보급소를 설치한다. 지방에서 발행하는 경제지는 자도 내의 시청 소재지에 지사, 기타 지역에는 보급소를 설치한다.

② 지방 주재 기자의 배치 : 서울에서 발행하는 종합지 주재 기자의 인원수는 45명을 상한선으로 하고 기자의 배치는 도청 소재지와 시청 소재지에 한하여 적의 배치한다. 지방에서 발행하는 일간 종합지 주재 기자는 自道 내의 시청 소재지와 군청 소재지에 한하여 배치하되 그 인원수는 자도 내 시, 군 숫자를 초과하지 않는다. 지방 일간 종합지의 서울지사 주재 기자는 3명 이내로 한다.

경제지의 주재 기자 : 서울에서 발행하는 경제지의 주재 기자는 도청 소재지에 1명, 중요경제 지역에 1명씩을 배치하되 전 주재 인원수는 15명을 초과하지 않는다. 지방에서 발행하는 경제지는 자도 내 시청 소재지에 한하여 1명씩 배치하되 자도 내 시의 수를 초과하지 않는다.

경제지 기자의 출입 범위 : 경제지 기자의 출입 범위는 관·민 경제 기관에 한하고, 지방에서 발행하는 경제지는 자도 내 관·민 경제 기관에 한한다.

③ 취재와 보급의 분리 : 지사장·지국장·보급소장은 취재 임무에 종사하지 않는다.

④ 기자의 제보수 : 본사 기자와 지방 주재 기자의 제보수는 차등을 없게 하며 대폭 개선한다.

⑤ 프레스카드제 실시 : 프레스카드제를 실시하여 기자의 취재 활동에 있어서 사회적 공신력을 높인다. 프레스카드의 발행은 각사발행인의 신청에 따라 한국신문협회 추천에 의거 문공부가 발행한다.

⑥ 신문윤리강령 준수 : 신문윤리위원회의 윤리강령과 모든 결정 사항은 엄격히 준수한다.

⑦ 이상의 결정은 1972년 1월 1일부터 실행한다.

〈1971년 12월 17일 한국신문협회〉

이 결정은 사이비 기자의 일소, 언론인의 급료 현실화 등 긍정적인 면도 있었지만, 언론인들에게 정부가 발급하는 보도증(press card)을 소지하도록 한 것이다(주동황, 236쪽). 즉, 정부가 프레스 카드의 발급을 제한함으로써 프레스 카드를 발급받지 못하는 기자는 곧 감원의 대상임을 뜻하는 것이었다. 이는 국가가 기자의 자격을 심사, 허가하고 나아가 기자의 동태를 파악하기 위한 장치로, 파시즘 체제에서 전형적으로 나타나는 기자통제의 방식이다(채백, 2012: 433). 이러한 프레스 카드제는 각 언론단체가 자율적으로 시행하는 것처럼 발표하고 있었지만 사실상 정부의 지시로 도입된 것이었다.

1972년 2월부터 프레스 카드제의 실시로 지방주재기자의 대폭적인 집단해고가 이루어졌다. 이때 전국적으로 총 2,287명의 기자가 프레스 카드를 발급받지 못해 해고되었다. 즉, 전체 기자의 약 32.3%가 도태되었다.

프레스 카드는 언제부터 발급되기 시작했는가? 신문의 경우, 1972년 2월 3일, 방송의 경우에는 2월 10일부터 각각 발급하기 시작하였다. 당시 중앙과 지방 일간지에는 2,564명의 기자가 본사에, 1,676명의 기자는 지방에 주재하고 있었다. 그런데 문화공보부가 발급한 프레스 카드를 지급받은 기자 현황을 보면, 중앙 일간지는 본사 기자 1,533명, 주재기자 384명이었으며, 지방 일간지는 본사 789명, 주재 기자 367명으로, 프레스 카드를 발급받지 못한 일간지 기자 수만 하더라도 본사 기자는 242명, 주재 기자는 925명에 이르렀다. 프레스 카드제는 1988년에 폐지될 때까지 15년간 시행되었다.

프레스 카드제가 실시된 후 3월 7일 문화공보부는 '정부 출입 기자 대책'을 마련하고 정부 각 부처의 출입 기자실과 출입 기자의 수를 대폭 축소한다는 방침을 각 언론사에 통보하였다. 중앙의 행정 부처에는 47개 기자실에 790명의 기자가 출입하고 있었으나 이 조치로 기자실은 18개, 출입 기자의 수는 325명으로 각각 대폭 축소되었다.

2) 1道1社制-지방신문통폐합

1972년 유신체제로 들어서면서 박정희 정권의 언론 통제는 더욱 강화되었다. 언론의 비판을 봉쇄하는 데에 그치지 않고 더 나아가 언론을 유신

체제의 정당화와 홍보에 적극 동원하였다(채백, 2012: 433). 이를 위해 1961년 5월에 시행된 언론기관 일제정비에 이어, 이번에는 지방신문을 대상으로 1도1사 원칙 아래 통폐합을 추진하였다.

[표 2-4] 언론사 통폐합 현황

신문 기업명	통폐합 일시	내용
대구일보	1972년 3월 30일	프레스 카드 발급과 관련된 비위 사실로 자진 폐간
대구경제일보	1972년 4월 1일	경영난을 이유로 폐간
한국경제일보	1973년 3월 28일	운영난을 이유로 폐간
동화통신	1973년 4월 30일	재정난을 이유로 폐간
대한일보	1973년 5월 15일	김연준 사장 구속 관련 폐간
대전일보 중도일보	1973년 5월 25일	충남일보로 통합
호남매일	1973년 5월 30일	경영상 이유로 폐간
전북일보 전북매일 호남일보	1973년 6월 1일	전북신문으로 통합
AK뉴스	1973년 6월 30일	폐간
경기일보 경기매일 연합신문	1973년 9월 1일	경기신문으로 통합

*출처: 한국언론인연합회, 韓國言論100年史 (2), 2006, 54쪽.

정부는 프레스 카드를 발급하면서 기자들에게 신문 부수를 확장하도록 하고 보증금 명목으로 돈을 내도록 강요하면서도 급료를 지급하지 않았다는 등의 이유로 대구일보를 1972년 3월 30일자로 자진 폐간하도록 조치하였다. 이후 대구경제일보, 한국경제일보, 동화통신, 호남매일 등이 경영난을 이유로 폐간됐다. 대한일보는 김연준 사장이 수재 의연금 사건으로 구속되면서 자진 폐간하였다.

1972년 3월에는 전주의 전북일보와 전북매일, 군산의 호남일보가 통합을 추진하다 유신 이후인 1973년 6월에 가서 전북신문으로 통합되었다. 또 1972년에서 1973년 사이에 대전의 대전일보와 중도일보가 통합을 추진하다가 유신 이후인 1973년 5월에 충남일보로 통합되었다. 1973년 9월에는 인천의 경기일보와 경기매일신문, 수원의 연합신문이 경기신문으로 통합하여 단일화되었다. 이들 지방 신문의 통폐합은 한 도에 하나의 신문만이 발행되도록 한다는 이른바 정부의 일도일사제(一道一社制) 방침에 따른 것이었다.

그리고 1972년 10월 17일 비상계엄령을 선포하여 장기집권을 위한 유신 헌법을 제정한 박정희 정권은 언론 통제 이외에도 언론의 자유를 제한하고 제약하는 다수의 법을 제정하였다. 대표적인 것으로 군사 기밀 보호법, 방송법, 영화법, 출판사 및 인쇄소의 등록에 관한 법률, 공연법과 그 밖에 외국 간행물 수입배포에 관한 법률 등이 있다.

3) 기타 통제 수단 및 회유책

△ 방송법: 방송윤리위원회의 설립

방송법은 각 방송국에 심의실을 설치하여 방송 프로그램을 사전에 심의하도록 규정하고, 방송윤리위원회를 설립하여 방송 윤리에 관한 감독체계를 강화했다. 방송윤리위원회는 매주 1회 방송 프로그램을 심의하여 윤리 기준을 위반한 방송국에 대해 사과나 정정, 해명 또는 취소 등을 하거나 관계자의 출연이나 집필의 정지·징계를 요구할 수 있도록 하였다. 또 이 법은 방송국이 방송윤리위원회의 통고 사항을 7일 이내에 지키지 않으면 문화공보부 장관이 체신부 장관에게 해당 방송국의 재허가를 보류하도록 요구할 수 있다는 규정도 담고 있었다.

△ 긴급조치 발동

박정희 유신정권은 이러한 법률적인 규정 외에도 대통령의 긴급 조치를 통해 언론을 통제했다. 유신헌법 제53조[17]에 근거하여 1970년대에 아홉 차례의 긴급 조치가 발동됐다. 이러한 긴급 조치 중에서도 언론의 자유와 언론 활동을 직접적으로 제한한 것은 긴급 조치 제1호, 제2호, 제9호였다.

제1호와 제2호의 내용은 개헌 논의를 일절 금지한다는 것이었다. 제9호는 유언비어를 날조 유포하거나 사실을 왜곡하여 전파하는 행위, 집회시위 또는 신문·방송·통신 등 공중 전파 수단이나 문서·도서·음반 등 표현물을 통해 헌법을 부정하거나 반대 또는 왜곡·비방하는 행위, 법의 개정 또는 폐지를 주장·청원·선동·선전하는 행위를 단속의 대상으로 명시하고 있었다.

박정희 유신정권은 1975년 5월 13일 긴급조치 9호를 발동하여 언론에 대하여는 유언비어 날조와 헌법 비방행위를 일절 불용하고 학생의 시위와 집회도 금지시키는 등 철권독재통치를 휘두르기 시작했다.

이날부터 중앙정보부장 김재규(金載圭)의 유신 대통령을 겨냥한 총성이 울려 18년 동안의 철권 독재시대를 마감하던 1979년 10·26 사태까지 조선·동아 두 투위의 움직임 이외에는 단 한건의 언론 투쟁도 발생하지 않았던 언론의 '얌전한 동면기'가 지속되었다(100년사, 43쪽).

△ 유인정책과 감시활동 강화

유신정권은 1973년 3월 20일 국무회의에서 각 부처의 직제를 개정하면서 공보 담당관을 공보관으로 바꾸었고, 직급도 3급 갑류에서 2급 을류 또는 2급 갑류로 격상시켰다. 특히 유신정권은 언론인 출신 13명을 발탁해 각 부처의 대변인으로 기용하였다. 그리고 국회의원 정수의 3분의 1을 대통령이 추천하기로 되어 있는 헌법상 규정을 이용해 언론인들이 대거 정계로 진출하였다. 이러한 언론인을 회유하기 위해 정관계로 진출시키는

17) 유신헌법(1980년 폐지) 제53조 ① 대통령은 천재·지변 또는 중대한 재정·경제상의 위기에 처하거나, 국가의 안전보장 또는 공공의 안녕질서가 중대한 위협을 받거나 받을 우려가 있어, 신속한 조치를 할 필요가 있다고 판단할 때에는 내정·외교·국방·경제·재정·사법 등 국정전반에 걸쳐 필요한 긴급조치를 할 수 있다.

제도는 언론을 정권에 대해 더욱 취약하게 만들었다(채백, 2012: 434). 이 제도는 언론인의 결집을 약화시키고 분열시키는데 크게 기여하였다.

그리고 유신 이전인 1960년대에는 기관원이 언론사에 관한 정보를 수집하는 일에 주력해 왔으나 유신 체제 이후에는 편집국이나 보도국에 거의 상주하면서 감시와 사찰을 강화하였다. 기관원의 언론사 출입과 감시 활동은 1980년 후반까지 이어지다가 1987년 6·29선언 이후에 가서야 사라지게 되었다.

△ 언론의 대응: 언론자유운동의 전개

박정희 정권은 쿠데타 이후 언론을 정권의 국민적 지지와 정당성을 확보하고, 근대화 추진을 위한 국민동원 수단으로 활용하기 위하여 소위 '당근과 채찍 정책'으로 불리는 다양한 언론정책– ① 부정부패 사이비 언론인 및 언론기관 정화를 명분으로 한 언론통폐합 단행, ② 언론기업 육성방침에 의한 언론기업 특혜 지원, ③ 언론기관에 정부 기관원을 상주시키거나 언론인에게 구속과 테러를 가하는 등의 직접적인 언론 탄압, ④ 복합적 언론매체 경영의 확대, ⑤ 재벌의 언론 소유 허용 등 –을 전개하였다(한국민족문화대백과, 한국학중앙연구원). 언론기업을 배부르게 하는 이러한 언론정책으로 인해 박정희 정권하의 언론은 국가권력으로부터 자유로울 수 없었으며, 언론은 자주성을 상실하고 국민적 신뢰를 점점 더 상실해 갔다.

1969년에 들어 박정희 정권이 대통령 3선 개헌입법을 추진하면서 전국이 술렁이기 시작했다. 6월 19일부터 3선 개헌을 반대하는 학생들의 격렬한 시위가 시작되었다. 이런 와중에 9월 14일 일요일 새벽 2시경, 여당인 민주공화당 의원들이 국회 제3별관에 모여 박정희를 다시 대통령으로 내세우기 위한 3선 개헌안을 찬성 122표, 반대 3표로 날치기 통과시켰다. 이 개헌안은 10월 17일에 국민투표를 통해 확정되었다.

신문들은 나서서 3선 개헌지지 특집을 꾸미는 등 권력에 동조하기에 바빴다. 신문이 제 목소리를 내지 못하자 개헌에 반대하던 대학생들이 언론을 규탄하기 시작하였다.

이러한 분위기 속에 1971년 4월 27일에 치러진 제7대 대통령 선거에서 민주 공화당 박정희 후보가 야당의 김대중 후보를 94만표 차로 꺾고 압승하였다. 부정 선거와 최악의 지역감정을 부추겨 영남 몰표를 얻어낸 결과였다. 신문을 비롯한 언론들은 지역감정을 부추기는데 자진하여 앞장섰다.

이러한 신문의 작태를 더 이상 인내할 수 없다면서 서울대 법대 학생들은 3월 24일 신문과 잡지를 불태우는 언론 화형식을 올렸다. 25일에는 서울대학교 문리대학 학생들이 언론인에게 보내는 경고장을 채택한 후 '민중의 소리를 외면한 죄 무엇으로 갚을텐가'라는 플래카드를 앞장세우고 광화문으로 진입하였다. 연세대생 500여 명도 4월 2일 언론인에게 보내는 메시지를 채택하였다.

3월 26일 학생들은 동아일보 앞에서 언론 화형식을 치르고 선언문을 통해 "이제 권력의 주구, 금력의 시녀가 되어버린 너 언론을 슬퍼하며 조국에 반역하고 민족의 부름에 거역한 너 언론을 민족의 반역자, 조국에 대한 반역자로 규정한다"고 선언하였고, 언론인에게 보내는 경고장에는 "선배투사의 한 서린 해골 뒤에 눌러 앉아 대중을 우민화하고 오도하여 얻은 그 허울 좋은 대가로 안일과 축제를 일삼는 자들"이라고 언론인들을 질타하였다.

언론의 무기력과 타락을 비판하는 대학생들의 성명서가 발표된 이후 언론의 자성을 촉구하는 목소리가 일선 기자들을 중심으로 커져가기 시작하였다. 즉, 학생들과 국민으로부터 뭇매를 맞은 후에서야 언론이 올바로 눈을 뜨기 시작하였다.

그리하여 1971년 4월 15일 동아일보 기자들이 마침내 "기자적 양심에 따라 사실을 진실대로 보도하고, 외부로부터 직·간접적으로 가해지는 부당한 안력을 배격하고, 기관원의 출입을 거부한다"는 3개항의 언론자유수호 선언문을 발표하기에 이르렀다. 이 선언은 다른 신문에도 직접적인 자극이 되어 한국일보, 조선일보, 대한일보, 중앙일보 등 서울의 모든 신문사와 방송사, 통신사 기자들이 뒤를 이어 언론자유수호선언을 하였으며, 일부 지방의 신문기자도 참여하였다(채백, 2012: 436).

언론자유수호운동이 전국적으로 확산되어 나가자 한국기자협회는 기자들의 선언을 즉각 지지하고 나서는 한편 1971년 5월 15일 언론자유수호행동강령과 결의문을 채택하였다. 선언문에는 신문윤리강령과 한국기자협회 강령 준수를 비롯해 관계기관의 불법적인 기자연행 거부, 불게재 기사에 대해서는 편집인과 논의, 안기부 등 정보기관원의 언론기관 상주 또는 출입반대 등의 내용이 담겨 있었다(한국언론인연합회, 2006: 54).

기자들의 이러한 운동에 대하여 정부는 1971년 12월의 국가비상사태 선포와 1972년의 10월 유신 그리고 이어진 긴급조치 발동 등 강력한 억압 정책으로 일관하였다.

유신정권이 들어선 이후 언론통제가 다면화되는 가운데 1971년 4~5월에 언론자유운동을 전개했던 언론인들이 1973년 10월부터 다시 '언론자유수호운동'을 본격적으로 전개하기 시작했다. 10월 19일 경향신문기자들이 외부압력 배제, 사실보도 충실, 인쇄 쇄신, 급료인상 등의 내용이 담긴 선언문을 발표하였다. 11월 15에는 매일신문 기자들이 대학생의 시위와 관련하여 사실보도를 다짐하는 결의문을 채택하였으며, 같은 날 동아일보 기자들도 경북대 시위관련 기사가 외부압력으로 보도되지 않자 사실보도를 위해 투쟁할 것임을 결의하였다.

11월 20일 동아일보 기자들은 다시 모임을 갖고, 1971년의 제1차 언론자유수호선언에 이어 제2차 언론자유수호선언을 채택하고 정부는 언론에 대해 검열과 부당한 간섭을 하지 말 것을 촉구하였다. 이 선언은 한국일보, 조선일보, 신아일보, 기독교방송, 문화방송으로 이어졌다. 한국기자협회와 한국신문편집인협회도 기자들의 언론자유수호선언을 지지하는 성명을 발표하였다. 그러나 이러한 언론자유수호운동은 1974년 1월 8일 긴급조치(1호와 2호) 선포로 인해 다시 수면 아래로 잠복하게 된다(한국언론인

연합회, 2006). 그리고 1974년 4월 3일 긴급조치 4호 발동으로 수많은 학생, 종교인, 지식인들이 민청학련 사건으로 투옥됐다.

당시 박정희 정권의 주요 정책들은 많은 사회적 갈등을 야기시키고, 대학가에서는 반정부, 반장기집권 데모가 빈발하였다. 그러나 "유신체제에 대한 비판, 안보의 중대사항, 국민생활에 중대한 영향을 미치는 기사는 자제해야 된다"는 당시 언론에 대한 정부의 강경한 입장 때문에 이와 관련된 사건이 정부의 사전통제로 기사화되지는 못하였다.

1974년 2학기에 접어들면서 대학가에서는 수많은 학생들이 유신체제의 철폐와 민주회복을 외치면서 정치범의 석방, 고문자의 처벌 등을 요구하는 시위를 벌였다. 이러한 가운데 1974년 10월 23일 동아일보에 보도된 서울 농대생 데모기사와 관련해, 중앙정보부의 보도지침을 지키지 않았다는 이유로 송건호 편집국장과 2명의 부장이 정보기관에 연행되는 사건이 발생하였다(김주언, 2009: 95). 기자들은 연행된 회사간부들이 돌아올 때까지 퇴근하지 않고 철야농성을 하며 저항하였다.

동아일보 기자 180여명은 10월 24일 오전 9시경 편집국에 모여 역사적인 자유언론실천선언문을 발표하고 중앙정보부의 보도지침을 지키지 않았다. 자유언론실천문은 첫째, 신문, 방송, 잡지에 대한 어떠한 외부간섭도 일치된 단결로 강력히 배제한다. 둘째, 기관원의 출입을 엄격히 거부한다. 셋째, 언론인의 불법연행을 일체 거부한다. 만약에 어떠한 명목으로라도 불법연행이 자행될 경우 그가 귀사(歸社)할 때까지 퇴근하지 않는다는 내용이 담겨 있다(김주언, 2009: 97).

기자들은 이 선언내용을 신문과 방송을 통해 보도할 것을 회사에 요구했으나 거부당하자 제작거부로 대응하였다. 기자들의 뜻은 완강했다. 회사는 24일 밤늦게 기자들의 요구사항을 들어줄 수밖에 없었다. 이를 계기로 정부 권력으로부터 언론자유를 수호하려는 언론계의 움직임이 전국적으로 확산되어 나갔다.

조선일보 기자 150여명도 동아일보와 같은 날인 10월 24일 밤에 편집국에서 모임을 갖고 언론자유를 수호하기 위해 △ 부당한 압력 적극 배제, △ 언론인의 부당한 연행, 구금 방면 때까지 투쟁, △ 학생·종교인 등 각계의 정당한 의사 표시는 반드시 게재 등의 3개항으로 된 결의문을 채택하였다. 같은 날 한국일보와 중앙매스컴(중앙일보·동양방송)의 기자들도 모임을 갖고 언론자유실천운동에 동참하였다. 25일에는 서울과 지방에 소재한 27개 언론사에서 대대적인 언론자유수호선언대회가 개최되었다. 언론자유수호대회는 10월 30일까지 계속되었고, 35개 언론사가 이 선언에 동참하였다.

1970년대 초반 일선기자들과 간부들에 의해 주도된 언론자유운동은 민중들의 지지와 후원을 받았으나 정부의 무자비한 탄압과 정부의 압력에 굴복한 언론사주들에 의해 1975년 동아일보와 조선일보의 기자들이 대량 해고됨으로써 막을 내리게 되었다(채백, 2012: 436). 이때 해직된 동아일보 기자 113명과 조선일보 기자 34명은 1975년 3월 17일과 3월 21일 각기 동아자유언론수호 투쟁위원회(동아투위)와 조선 자유언론수호투쟁 위원회(조선투위)를 결성하였고, 이들 단체들은 이때부터 지난한 언론자유수호투쟁의 길에 나서게 되었다.

1975년 5월 13일 박정희 정권은 긴급 조치 9호를 발동하여 언론에 대하여는 유언비어 날조와 헌법 비방 행위를 일절 불용하고 학생의 집회와 시위를 금지시키는 등 철권 독재 통치를 휘두르기 시작하였다. 이 날부터 중앙정보부장 김재규의 유신 대통령을 겨냥한 총성이 울려 18년 동안의 철권 독재 시대를 마감하던 1979년 10·26사태까지 조선·동아 두 투위의 움직임 이외에는 단 한건의 언론 투쟁도 발생하지 않았던 언론의 '얌전한 동면기'가 지속되었다.

결국 1970년대를 거치면서 이들이 체험한 언론자유운동은 단순한 언론자유수호운동에 그치지 않고 1980년대 이후 재야운동의 차원으로 발전하게 되는 밑거름이 되었고, 이는 또한 1987년 6월 항쟁 이후인 1988년 〈한겨레신문〉이라는 진보적 신문이 출현하는 하나의 단초가 되었다(채백, 2012: 436).

제❷절 | 제주언론에 미친 영향

1) 2개 일간지와 9개 주간지 폐간

1961년 5·16군사쿠데타로 정권을 찬탈한 박정희 군부독재정권은 5월 23일 공포한 포고령 제11호와 공보부 部令 제1호 〈신문 통신사 시설기준령〉를 통해 전국적으로 일간지 76개와 통신 305개, 주간지 453개의 등록을 취소했다. 이 포고령에 의해 5월 28일 제주지역에서 등록이 취소된 신문사 및 통신은 다음과 같다. △ 일간 = 제민일보 濟州每日新聞 △ 週刊= 漢拏新聞, 耽羅民報, 濟鄉時報, 濟州評論, 民政新聞, 港都新聞, 耽羅民論 △ 일간 통신=濟州通信, 濟州公論通信

이 가운데 폐간되었던 제민일보는 문을 닫은 지 6개월만인 11월 28일 공보부로부터 복간허가를 받았다. 이는 제민일보가 12월 7일 復刊號를 내면서 밝혔듯이 5·16군사쿠데타 이후 첫 케이스이기도 하였다. 그 후 제민일보는 긴급하게 근대적인 동판시설과 자동식 활자 주조기를 갖추고 12월 7일 復刊號를 내고 신문을 계속 발행하기 시작했다. 신문은 폐간 당시처럼 倍大版 15단체제 2면으로 편집하고 조간으로 발행했다(제주신문사, 1995: 427).

2) 夕刊·朝刊 각 1개지 시대 개막

군사정부의 규정에 따라 당시 조·석간으로 하루 2회 발행하던 일간지들은 조간 또는 석간만 발행할 수 있는 단간제로 바뀌었고, 일요일에는 신문을 발행하지 못하게 되었다. 이 규정에 의해 1962년 8월 13일부터 제주도 언론계에도 변화가 일어났다. 당시 제주도에는 제주신보와 제민일보 등 2個의 일간지가 朝刊으로 발행되고 있었다. 서로간의 지나친 경쟁도 피할 겸 어느 한 신문이 夕刊으로 전환할 필요성이 대두되어 오던 차에 제민일보가 8월 13일자부터 석간발행으로 전환한 것이다(제주신문사, 1995: 444).

이로써 제주도내에는 2개의 朝刊新聞 시대가 막을 내리고, 1개 朝刊(제주신보), 1개 夕刊(제민일보) 시대가 시작되었다. 이러한 변화는 독자들의 신문구독 방식과 시장 점유율 그리고 뉴스 보도방식에 많은 영향을 미쳤을 것이라 판단된다.

3) 2개면에서 4개면으로 증면

발행면수의 경우, 서울지역에서 발행하는 일간지는 하루 12면 이상, 인구 30만 이상의 도시는 하루 8면 이상, 기타 지역은 하루 4면 이상 발행하도록 규정하였다. 제주지역은 기타 지역에 해당되어 하루에 4면 이상을 발행해야 했다.

지난 1962년 4월 22일자부터 제주신보 사상 처음으로 주1회 4면(일요일판)을 발행하기 시작한 제주신보가 군사정부의 언론정책 시행기준에 따라 1962년 10월 21일자부터, 그리고 제민일보는 이보다 약 1주일 늦은 10월 27일자부터 매일 배대판 4개면(주 24면)을 발행하기 시작했다. 이로 인해 각 신문의 뉴스와 정보 보도량이 종전에 비해 곱절 이상 늘어나고 다양해진다는 점에서 제주언론사상 획기적인 조치가 아닐 수 없다.

1962년 4월 22일자 지상(紙上)에 발표한 社告에 따르면, 제주신보는 "중앙지들이 이미 3년전에 지면을 대폭 증면하였고, 타 지역 지방지들도 거의 4면으로 증면해 발행하고 있기 때문에, 이러한 대세에 따라가기 위해 우선 매일 4면을 발행하면서, 서서히 4면(面) 발행체제를 정착시킬 계획"임을 공지한 바 있다. 사고의 全文은 다음과 같다.

> 우리나라의 대중보도 분야는 근년에 현저한 발전을 보았습니다. 그 가운데 대표격인 신문은 중앙 各紙가 이미 3년전에 朝夕刊으로로 紙面을 대폭 확장했으며, 지방지들도 4면으로 거의 증면을 보고 있습니다. 본도에서는 과거 여러 신문의 浮沈歷程이 말하듯이 발전의 바탕이 미흡한 가운

데서도 17개 성상 꾸준히 자라온 本紙는 미리 목표한 바와 같이 昨秋에 제판과 활자주조시설을 갖추었으며, 이번 마지막 애로를 극복하여 대형인쇄기를 도입, 지면확장태세를 완료했습니다. 우선 每일요일에 4면을 발간키로 결정하였는바 앞으로 힘이 미치는 대로 4面制를 격3일 또는 격일로 계속 단축해 나갈 작정입니다. 앞으로도 계속 독자 제현의 성원을 바랍니다.

4) 기자들의 보수기준 제시

기자들의 보수 수준에 대해서도 가이드라인을 제시하였다. 서울의 언론사에 근무하는 경력 3년 이상의 중견기자 봉급을 월 1만 원 이상으로 규정하였다. 인구 30만 이상 도시에서 발행되는 신문·통신사 기자의 봉급은 서울의 80%, 기타 지역의 신문·통신사 기자의 봉급은 서울의 70%를 지급하도록 하였다.

이 기준에 따르면, 제주지역의 언론사들도 자사의 3년 이상 경력기자들에게 서울의 봉급 70% 이상을 지급해야 한다. 당시 제주지역 언론사 기자들의 봉급이 얼마였는지는 모르지만, 매우 열악했던 것으로 보인다. 그 근거로 1962년 11월 17일자 제주신보의 고정칼럼 〈만리풍〉에 실린 내용을 들 수 있다.

〈전략〉 이를테면 종업원 봉급도 인상시켜 생활보장도 강구해줌으로써 언론정화에 대한 사회의 부작용도 막아야 할 것이고, 시설도 종전에 비하여 월등하게 갖추어져야 하겠으므로 공칭 자본총액도 적어도 億臺는 가져야 하겠기로 자연 늦어지는지도 모를 일이다. 회사 생명과 대외신용은 오직 자본금에 달려 있는 것이다. 과거처럼 그날그날의 용지구입이나 쥐꼬리만한 사원봉급마저 제대로 지불 못할, 형편이 없을 정도의 신문사를 만든다면 통합의 의의가 없을 것이다. 〈이하 생략〉

이 칼럼은 "제주신보와 제민일보가 통폐합되더라도 과거처럼 쥐꼬리만한 사원봉급마저 제대로 지불하지 못할 정도의 신문사를 만든다면 통합의

의의가 없을 것"이라고 주장하면서 "언론정화에 대한 사회의 부작용을 막기 위해서라도 종업원 봉급의 인상시켜 생활보장을 해주어야 한다"라며 임금에 대한 사원들의 불만의 목소리를 전하고 있다.

5) 지사 및 지국의 취재활동 제한

지방언론에 가장 직접적인 영향을 준 규정은 지사나 지국의 취재활동을 지사장이나 지국장 또는 본사의 특파원만 할 수 있도록 제한한 것이었다. 이것은 한국전쟁 이후부터, 특히 제2공화국 시기에 사이비 기자문제가 사회적 이슈가 되었으며, 지방의 경우 더욱 극심했기 때문에 나온 조치로 보인다(채백, 2012: 440).

제주신보는 공보부 장관의 통보에 따라 사원증(社員證)을 일제히 경신하였다. 이에 앞서 제주신보사는 사원증 교체와 관련된 내용을 1961년 7월 9일자 신문에 발표해 대내외에 알렸다. 사고의 내용은 다음과 같다(제주신보, 1962.7.9).

1. 1961년 7월 8일 이전에 발행한 본사 사원증은 7월 10일 이후 무효로 한다.
2. 支社 支局長은 7월 10일까지 종전 사원증을 반환하고 갱신수속을 마칠 것.
3. 지사 지국장은 사원증에 준하는 어떠한 증명도 발급하지 못한다.

〈지사나 지국장은 사원증에 준하는 어떠한 증명도 발급하지 못한다〉는 항목은 일제시대부터 지사나 지국이 자체적으로 기자를 채용하여 자체 취재했던 것을 막기 위한 것으로, 이를 금지함으로써 여러 긍정적인 영향 못지않게 지방취재에 많은 영향을 미쳤을 것이라 판단된다. 하지만 이 규정이 제주지역 언론에 어떠한 영향을 미쳤는지를 파악할 수 있는 자료는 미비한 실정이다.

6) 일간 신문의 시설 기준

이것은 신문과 통신의 발행자격을 일정한 수준의 인쇄시설을 갖춘 자에게만 부여함으로써 시장참여를 제한하기 위한 것이었다. 이 시행기준에서 규정한 시설기준을 보면, 서울특별시는 윤전기 3대 또는 매 시간당 타블로이드 倍大版(현 신문의 크기) 4면 기준 7만부 이상 인쇄 능력의 윤전기 1대 이상 소유 신문사, 인구 30만 이상 도시는 윤전기 2대 또는 매 시간당 타블로이드 배대판 4면 기준 4만부 이상 인쇄 능력의 윤전기 1대 이상 소유 신문사, 기타 지역은 윤전기 한 대 이상 가진 신문사로 정하였다(채백, 2012: 440). 이 기준에 미달하는 신문사의 경우에는 60일 이내에 자체 정비 또는 통합한다고 공포하였다. 이 규정에 의하여 제주신보와 제민일보가 통합한 것이다. 이 부분에 대한 자세한 내용은 뒤에서 후술하였다.

군사정권은 이러한 여러 가지 조치와 함께 언론사 경영안정을 위한 시설확장이나 운영에 필요한 자금을 저리로 융자해 주도록 하면서 채무변제기일도 완화시켜주도록 조치를 취하였다.

제 6 장

1960년대 창간신문들

제❶절 | 제주신문의 탄생

1. 탄생배경 및 초기 경영진

1961년 5월 16일 쿠데타로 정권을 장악한 군부세력은 5월 23일 국가재건최고회의 포고 제11호(사이비 언론인 및 언론기관 정화)와 공보부 부령 1호 〈신문·통신사 시설기준령〉을 공포하여 신문과 통신의 발행자격을 제한하였다.

포고 제11호의 내용은 네 가지였다. 첫째, 신문을 발행하려는 자는 신문 제작에 소요되는 제반 인쇄 시설을 완비한 자에 한하며, 둘째, 통신을 발행하려는 자는 통신 발행에 필요한 송·수신 시설을 구비하도록 하였다. 셋째, 등록 사항을 위반한 정기·부정기 간행물은 이를 취소하며, 넷째, 신규 등록은 당분간 접수치 않는다는 것이었다. 공보부령 제1호 〈신문·통신사 시설기준령〉은 포고령에서 언급한 신문의 발행 시설기준을 더욱 구체화한 것이었다. 그 내용을 보면, 서울특별시 소재 신문의 경우 윤전기 및 조판 시설을, 지방소재 신문의 경우 활판 인쇄기 및 조판 시설을 갖추어야 신문을 발행할 수 있도록 시설기준을 의무화 했다.

그리고 약 1년 후인 1962년 6월 28일 박정희 군부 정권은 '언론을 기업으로 육성하고 신문 내용을 향상시킨다'는 요지의 5개 항목과 20개항의 세부지침으로 구성된 새로운 언론정책을 발표한데 이어 1962년 7월 30일에는 이를 좀 더 구체화시킨 언론정책 시행기준을 발표하였다. 이 시행기준은 民政이양 직전에 공포된 〈신문·통신 등의 등록에 관한 관률〉의 근간을 이루는 핵심적인 골자가 되었다(김해식, 1994; 채백, 2012: 449).

이 시행기준에서는 일간신문의 시설기준과 하루 발행지면 수 등을 인구 및 지역크기 등(서울특별시, 인구 30만 이상의 도시, 기타 지역)으로 나눠 더 구체화시키고, 더욱 강화하였다. 이 시행기준이 정한 신문사의 시설기준에 따르면, 서울특별시는 윤전기 3대 또는 매시간당 타블로이드 倍大版(현 신문의 크기) 4개면 기준 7만부 이상 인쇄 능력의 윤전기 1대 이상 소유 신문사, 인구 30만 이상 도시는 윤전기 2대 또는 매 시간당 타블로이드 배대판 4면기준 4만부 이상 인쇄 능력의 윤전기 1대 이상 소유 신문사, 기타 지역은 윤전기 한 대 이상 가진 신문사로 정하였다. 이 기준에 미달하는 신문사는 60일 이내에 자체 정비 또는 통합한다고 공포하였다. 이에 따라 시설기준을 갖추지 못한 신문사는 일제히 정비되었다.

제주지역은 기타 지역에 해당되어 한 대 이상의 윤전기를 소유하여야 하고 하루에 4개면 이상의 신문을 발행해야 했다. 당시 제주지역에서는 제주신보와 제민일보가 발간되고 있었는데 이 기준령에 따르면, 두 신문 모두 발행지면과 시설이 미흡하여 정비 또는 통합대상이 되었다. 박정희 군부는 전술한 신문발간 기준령을 적용하여 제주신보와 제민일보에게 60일 이내로 통합하거나 자체 정비하도록 지시하였다.

당시 제주신보사는 이러한 통합정책에 강력히 반발했다. 창간 역사 15년인 제주신보가 일간 발행 2년째인 제민일보와 대등한 조건으로 통합하는 것은 '기득권의 유린'이라는 이유였다. 제주신보가 통합에 계속 반발하자, 제주지검은 제주신보의 康祐俊 사장을 배임 혐의로 입건하여 압력을 가했다. 혐의 내용은 康사장이 과거 북제주군수 재임시 발주한 光令 수리조합 공사단가를 높게 책정하여 아들인 康民範이 경영하는 東洋土建에 혜택을 주었다는 것이었다. 이 사건은 무혐의로 일단락되었다(이문교, 1997: 258).

군부의 압력이 계속되자, 두 신문사는 마침내 11월 17일자로 통합하게 됨을 알리는 統合社告를 18일자 각 신문지상에 제주신보사 사장 강우준

(康祐俊)과 제민일보사 사장 김선희(金瑄熙)의 공동명의로 발표하였다. 兩社는 이 사고를 통해 "혁명과업의 효과적인 수행을 뒷받침하고, 본도의 언론기업의 건실하고 합리적인 운영을 도모하기 위하여 兩社의 통합에 합의, 11월 20일자부터 〈濟州新聞〉으로 單一 日刊을 발행한다"라고 공표하였다.

이처럼 제주지역에서는 제주신보(창간일 1945.10.1)와 제민일보(창간일 1956.5.8)가 1962년 11월 19일자로 폐간되고, 兩社가 주식을 45%(제주신보) 對 40%(제민일보) 그리고 관계당국이 15% 비율로 출자해 濟州新聞이라는 제호의 새로운 신문이 창간되었다(제주신문50년사).

통합 당시 두 신문의 합의 사항은 다음과 같다. 紙齡은 역사가 오랜 제주신보의 지령을 계승하였고, 통합창간일은 1962년 11월 20일로 정했다. 제주신문의 창간당시 제주신보의 종간호 지령은 5천3백1호이고, 제민일보의 종간호 지령은 793호로 추정된다.

제주신문의 경영진은 제주신보에서 사장과 주필, 제민일보에서 전무와 편집국장을 인선하고, 편집국 기자는 9명을 정원으로 하여 제주에서 5명, 제민에서 4명을 선발하기로 하였다. 선발방법은 현역기자들을 대상으로 재시험을 실시하여 뽑기로 했다. 이 결정에 따라 제주에서는 사장 康祐俊, 주필 金瑢洙, 논설위원 韓致文, 업무국장 趙明玉을 선임하고, 제민에서는 전무 金瑄熙, 편집국장 高正一, 논설위원 姜東玉, 공무국장 姜守徹을 선임하여 경영진을 구성하였다.

두 신문의 통합과정에서 가장 심각한 문제를 일으킨 것은 기자의 재시험 안이었다. 당시 제주에는 14명, 제민에는 7명의 기자가 있었는데, 이들은 재시험을 통해 9명만 선발하는 것은 언론인의 생존권을 박탈하는 것이라고 반발했다. 이에 제주신보 기자들이 반대 농성에 들어갔으나, 통합 주체는 이를 무시한 채 강압적으로 그 해 11월에 기자채용 재시험을 실시하여 9명의 기자를 선발하였다. 당시 일부 기자는 시험을 거부하였다. 이 시험에서 선발된 기자는 제주신보 출신 高光泰, 宋産實, 梁太一, 全炳基, 康達秀와 제민일보 출신 金仁奉, 洪性穆, 玄湖中, 韓熙錫 등 9명이다.

제주신문의 활자 字母는 제민일보의 것을 사용하였으며, 제주신보의 고정난 〈萬里風〉은 〈春夏秋冬〉으로 바꾸었다. 특히 종전에 부정기적으로 싣던 사설도 통폐합을 계기로 매일 게재하기 시작하였다(제주신문 50년사, 460쪽). 통합회사의 사옥은 제주시 일도 1동 1280번지에 소재한 제민일보 사옥을 사용하기로 했다.

2. 발전기반 구축

출범 당시 제주신문사는 편집국·업무국·공무국으로 구성되어 있었다. 사원은 20명 내외로 가족적인 분위기에서 출범하였다.

제주신문은 1962년 12월 31일 제주지방법원에 〈주식회사 제주신문사〉 설립 등기(등기번호: 제145호)[18]를 마치고, 1963년 1월 7자 신문에 설립목적, 자본의 총액, 역원(役員) 성명 등을 공고하였다. 역원이란 회사의 경영을 책임지고 있는 법인의 회장·사장·부사장·전무이사·상무이사 등을 말한다.

초대 임원진은 취체역(取締役, 주식회사의 理事를 말함) 회장 洪宗彦, 취체역 사장 강우준, 전무 취체역 김선희, 취체역 高宗泉·金道準·康昌鶴·高正一, 감사역 康民範(康祐俊 사장의 아들)·金在勳 등으로 구성되었다. 자본금의 총액은 4백25만원이었다.

강우준 사장 체제는 1년 만에 막을 내렸고, 1964년 1월 7일부터 김선희 사장 체제로 개편되었다. 그 이유는 5·16쿠데타 이후 제12대 제주지사로 발령받았던 김영관 해군준장이 1963년 12월 16일자로 원대복귀 명령을 받아 군대로 돌아가자, 강우준 사장이 그 후임지사로 발탁되어 12월 19일자로 지사발령을 받았기 때문이다.

제주신문은 1964년 1월 7일 강우준 사장의 후임 선출을 위한 이사회

18) 제주신문사의 설립목적은 ① 신문발간 ② 잡지 기타 인쇄물 출판 ③ 문화보급사업 ④ 관광사업 중 운수업, 호텔업, 통역안내업 등을 제외한 以外의 사업 ⑤ 前각호에 부대하는 일체의 사업 등으로 되어 있다.

를 열고, 김선희 전무를 사장에 선출하였다. 그리고 2월 21일에는 주주총회를 개최하여 金平珍과 金平植을 이사로 선임하고, 감사에는 梁坪洵을 선출하여 理·監事陣을 보강하였다. 그리고 감사였던 康民範은 부사장에 선임되었다. 강우준 도지사와 강민범 부사장은 부자지간(父子之間)이다. 감사였던 강민범씨가 부사장으로 선임된 것은 아마도 강우준 사장의 주식을 아들에게 양도했기 때문이라고 추측된다. 그리고 같은 해 3월 18일에는 제주도관광협회 강우준 회장이 제주도지사로 취임함에 따라 그 후임으로 김용수 주필이 선출되었다.

김선희 사장은 취임하자마자 가장 먼저 紙面을 一新하기 위해 우선 1963년 2월 12일자부터 〈濟州新聞〉 제호 字體를 바꾸어 사용하기 시작했다. 이어 2월 15일자부터 4면의 〈어린이 판〉을 〈어머니와 어린이〉 판으로 확대 개편하였다. 〈어머니와 어린이〉 판은 어린이 관련 기사와 함께 가정주부들의 교양 및 家事·育兒 관련 기사를 중심으로 편집되었다(제주신문 50년사, 475쪽).

제주도에서 유일한 지방신문으로 자리매김한 제주신문은 1964년에 들어서면서, 신문지면을 개선하기 위해 기자인력 및 신문제작 시설 확충에 들어간다. 3월에는 필기시험(국어·작문·상식·영어)과 실기 및 구두시험을 통해 제1기 수습기자 4명(咸元宗·金龍石·金炅浩·宋大種)을 뽑아 기자인원을 확충한데 이어, 5-6월경에는 일본산 〈오리후리〉식 대형 고속인쇄기를 구입해 인쇄시설을 보강하고, 6월 1일자 신문부터 이 시설로 인쇄하기 시작했다. 이로써 인쇄시간이 대폭 단축되어 신문배달 또한 신속해졌다. 이때 8포인트 本文鑄造용 日産 八光자동활자 주조기(28型)와 제목활자 주조용 手動주조기(20型)를 각각 1대씩 구입해 설치하였다.

1964년 10월 16일자부터 매주 토요일 4면의 어린이판에 한해 본격적으로 가로쓰기 편집을 시작하였다. 이러한 변화는 全지면을 세로편집 하던 시기에, 가로쓰기 책에 익숙한 어린이들에게 좀 더 다가서기 위해 새로운 시도를 했다는 점에서 매우 의미가 있다.

제주신문은 1965년 2월 21일자로 지령 6천호를 발간하였다. 이를 계기로 〈6천호 맞이 애독자 여론조사〉를 실시해 이를 2월 21일자 신문에 보도하였다. 그런데 이것은 오늘날처럼 불특정다수를 대상으로 한 여론조사가 아니라, 앞으로의 보도태도나 지면제작방향 등에 대한 자신의 의견을 3백자(2백자 원고지 1장 반) 내외로 써서 투고하는 것이었다. 이 조사가 신문편집방침에 어떠한 영향을 미쳤는지는 자세히 알 수 없지만, 투고 내용을 보면 참고용 정도였을 것이라 짐작된다.

제주신문은 1965년 6월 28일부터 그동안의 朝刊발행에서 夕刊발행으로 전환하고 정기 휴간일도 월요일에서 일요일로 전환하였다. 이는 독자들의 열독시간 및 방식에도 많은 영향을 미쳤을 것이다. 왜냐하면 저녁에는 여러 가지 일 때문에 신문을 읽는 시간이 줄어들 수밖에 없기 때문이다.

제주신문은 재일교포들이 가장 많이 살고 있는 일본시장에 진출하기 위해 1965년 6월 1일 일본 東京都에 총국을 설치하고, 총국장에 김평진 이사가 취임하였다. 이때부터 동경도 총국은 일본 국내의 제주신문 각 지사를 총괄하면서 취재 및 신문 보급 업무를 담당하기 시작했다. 당시 일본에 보급판매한 제주신문의 부수가 어느 정도 였는지는 관련 기록이 남아 있지 않기 때문에 정확히 알 수 없다.

두 신문의 통합 이후 어느 정도 발전기반이 구축되자 제주신문은 부대사업의 하나로, 1966년 1월 1일자 신년호에 실린 사고를 통해 "향토산업의 발전과 체육진흥의 새로운 도약발판을 마련하기 위해 2대 연중사업-증산왕 선발과 청룡기 쟁탈축구대회-을 갖게 되었다"라고 발표하였다. 1966년도에는 퇴비와 고구마 등 2개 부문의 증산왕을 선발했지만, 9월 24일과 25일 이틀 동안 개최하기로 한 초·중·고 〈청룡기 쟁탈 축구대회〉는 부득이한 사정으로 무기한 연기되었다. 이를 시발점으로 제주신문은 지역사회의 발전을 위한 각종 행사들을 꾸준히 발굴해 정례적으로 개최하기 시작하였다. 대표적인 것으로 〈3월 학생문예〉와 〈바둑왕위전〉(1968), 〈母子 사생대회〉와 〈골프대회〉(1970), 〈역전마라톤대회〉와 〈백호기 쟁탈 청소년 축구대회〉(1971), 〈제주도 미술대전〉(1975), 〈청용기 농구대회〉(1977), 〈재일동포 모국방문 소재 학생문예작품모집〉 등을 들 수 있다.

제주신문은 인쇄시설을 근대화하기 위해 1966년 11월 20일 창간 21주년을 계기로 대형 윤전기를 도입해, 1964년에 설치한 고속 평판 인쇄기를 교체함으로서 신문제작의 최종단계인 인쇄시설 면에서 획기적인 전기를 마련하였다. 시간당 4면 3만부를 인쇄할 수 있는 이 윤전기는 일본 대판 인쇄기계 제작소의 제품 〈마리노니 고성능 色刷 장치附 윤전기(1P/F, 4면 兩出 8면 片出)로 컬러 인쇄도 가능했다. 이로써 신문제작 시간을 그 만큼 앞당기게 되었다.

이 당시 중요한 사건 하나를 든다면, 1967년 10월 9일 한글날을 맞이하여 이 날짜 하루 신문을 1면에서 4면까지 광고 부분만 제외하고 처음으로 전면 한글로 제작했다는 점이다. 하지만 신문의 한글화를 처음 보여준 이 시도는 단 한차례의 실험으로 끝나고 말았다.

제주신문은 1968년 1월 1일자 신년호부터 독자들이 신문을 보다 쉽게 읽을 수 있도록 하기 위해 신문에 사용할 한자(漢字)를 2천자 이내로 제한하기 시작하였다. 이에 따라 앞으로 常用할 2천자는 1월 11일자 신문에 발표하였다. 이것은 한국신문협회의 결의에 의한 것이다.

제주신문은 창간 23주년을 기점으로 지면의 충실을 기하기 위해 동화통신과 전재(轉載)계약을 맺고 1968년 11월 20일자부터 동화통신 기사를 싣기 시작했다. 이로써 제주신문은 합동통신과 동양통신에 이어 동화통신까지 국내 3개 통신사와 모두 제휴하게 되었다.

한편, 1970년대에 들어서면서 박정희는 종신집권을 위한 거대한 플랜을 급속히 집행하기 시작했다. 그 첫 번째 신호가 1971년 12월 6일 박정희 대통령이 발표한 국가비상사태 선언이다. 이틀 후인 12월 8일 한국신문협회와 제주신문은 공동명의로 이를 지지하는 〈國家非常事態 宣言에 대한 聲明書〉를 발표하였다. 이와 함께 12월 17일 한국신문협회 회원사 일동은 〈자유언론의 책임과 건전한 민주언론의 신장발전을 위하여 사회의 기대에 부응하고자 한다〉는 〈언론자율정화 7개항〉의 결의문을 공표하였다.

이어서 박정희 대통령은 1972년 10월 17일 전국에 비상계엄령을 내리고 특별선언문을 발표했다. 박대통령은 〈10·17특별선언〉을 통해 〈非常국무회의는 1972년 10월 27일까지 자유민주주의를 수호하고 조국의 평화통일을 지향하는 헌법개정안〉을 공고하도록 지시했다.

이 공고가 나가자 제주신문은 한국신문협회와 공동명의로 이 〈헌법개정안〉(일명 유신헌법)에 대해 전폭 지지한다는 성명서를 10월 28일자 지상에 발표하였다. 이 성명서 전문은 다음과 같다.

〈개헌안에 대한 성명서〉

한반도를 에워싼 아시아의 판도는 걷잡을 수 없는 복잡성을 내포한 채 격동과 변전(變轉)을 거듭하고 있다. 이렇듯 긴박한 정세 속에서 자위태세의 강화와 함께 우리의 활로를 스스로 개척하고 민족의 지상과업인 조국의 평화통일 달성을 과감하게 뒷받침하기 위해서는 국내 체제의 유신적(維新的) 개혁과 전국민 총화에 의한 굳은 민족의 결단이 필연적으로 요청되고 있다.

10월 유신은 이와같은 명제에 대한 민족적 결단인 바 이를 뒷받침하기 위해 27일 공고된 헌법개정안은 우리 국민이 국가의 진운과 시대적 사명을 다같이 짊어지고 전진해야 할 선택된 길임을 확신, 우리 신문협회 회원 일동은 전폭적으로 지지하는 바이다.

바야흐로 국제권력정치가 빚어내고 있는 정치적 경제적 격랑(激浪)은 우리 민족에게 새로운 역사 창조의 과업을 안겨주었다. 이에 따라 영단(英斷)된 10월 유신은 우리 민족의 진로를 스스로 개척하는 주체적 결단이며 평화통일을 지향하는 민족의 의지를 한결 높이 선양한 것이다.

책임과 의무가 자유와 권리에 선행하는 민주주의, 조국을 위해 헌신하는 새로운 차원의 민주제도를 이 땅 위에 토착화시켜야 할 것은 물론 분산된 힘을 집약하여 최대한으로 신장하고 비생산적인 요소를 배제하여 정치·경제·사회 등 각 분야의 능률을 가속적으로 상승시켜야 한다.

새로운 이념, 새로운 의지로써 안정의 기저(基底)를 다시 다지고 빛나는 번영을 지속시켜 우리의 역사 속에 약동하는 생명의 새로운 기원을 기록해야 한다.

이에 우리 신문협회 회원 일동은 시대적 사명 앞에서 새로운 역사 창조와 국가의 운명을 개척하는 데 앞장설 것을 온 국민 앞에 천명하는 바이다.

〈1972년 10월 28일 한국신문협회 제주신문사〉

이 성명서에서 보듯이 한국 언론은 스스로 유신정권의 나팔수가 될 것임을 천명하였다. 그리고 제주신문은 10월 維新으로 일컬어지는 신헌법안 국민투표일(11월 21일)을 5일 앞두고 이를 홍보하기 위해 10월 17일 제주시민회관에서 열린 〈평화촉진 도민단합대회〉를 크게 보도하였다. '유신만이 살길이다'라는 캠페인에 앞장선 것이다.

이런 와중에 제주신문은 1973년 2월 9일 주주총회를 열고 새로운 이사회장에 재일교포 사업가인 김평진씨를 선출하였다. 창간 당시부터 약 10년 동안 제주신문발전에 음양으로 많은 기여를 해온 홍종언 이사회장의 시대가 막을 내린 것이다. 이날 개편된 임원진은 이사회장 김평진(신임), 대표이사 사장 김선희, 부사장 강민범, 이사 김평식·高完泉·康昌鶴·고태영·고정일·강인정(이상 유임), 감사 양평순·김재훈(이상 유임) 등이다.

제주신문은 1973년 2월 김평진 이사회장이 취임한 이후 7개월만인 11월 20일 북신로에 신사옥을 완공하고 시설을 현대화하며 도약과 발전의 기틀을 다지게 된다. 신사옥은 기존 舊사옥 대지(제주시 일도1동 1280번지) 296평에 지상 3층, 지하 1층 연건평 440평의 규모로 지어졌다.

제주신문은 창간 28주년 신사옥 낙성을 계기로 사시를 〈正論直筆, 民權守護, 誠實奉仕〉로 개정하고 社旗와 題號 글자체를 玄中和 선생의 새 글씨로 바꾸었다. 그리고 제주신문은 1974년부터 제주를 방문하는 재일교포들이 점차 증가함에 따라 이들의 여러 가지 애로사항을 해결해주기 위해 본사, 서울지사, 일본의 동경·대판 지사에 재일교민상담실을 각각 설치하여 운영하기 시작했다. 상담내용은 교포들의 귀성 또는 관광여행 등에 따른 수속을 비롯하여 호적관계·사업내용·가사정리 등을 비롯하여 교포들이 직접 귀성하지 않고 현지에서 전화 또는 서신으로 여러 애로사항을 해결하도록 함으로써 시간적·경제적으로 도움을 주고자 한 것이었다. 하지만 교포들이 이곳을 얼마나 활용했는지는 알 수 없다.

1974년 7월 1일, 제주신문은 국내외 뉴스를 보다 빠르고 정확하게 보도하기 위해 최신 텔레타이프 2대를 설치하여 수신시설을 확충하고 현대화 하였다. 이렇게 최신 텔레타이프 수신시설을 갖춤으로써 국내는 물론 세계 구석구석에서 일어나는 국제문제, 경제, 문화, 스포츠 등의 새 소식을 보다 빠르고 정확하게 독자들에게 제공하게 되었다.

이 당시 광고업무의 활성화를 도모하기 위해 수습기자 공개채용에 이어 1974년 7월 26일 광고사원도 공개시험을 통해 채용하였다. 그리고 1976년에는 논문과 상식시험을 통해 업무사원도 공개 채용했다. 기자 이외에 광고국과 총무국 직원들도 공개 채용했다는 것은 당시 젊은이들이 갈만한 마땅한 직장도 많지 않았지만, 신문사가 꽤 인기 있는 직종에 속해 있었음을 보여주는 것이다. 하지만 이 제도가 언제까지 지속되었는지는 확인할 수 없다.

제주신문은 지령 1만호 돌파를 계기로 보다 빠르고 선명한 신문제작을 위하여 1978년 2월경에 일본에서 횡형(橫型) 고속윤전기를 구입하여 설치하였다. 大阪 인쇄기계제작소에서 만든 이 고속윤전기는 16페이지의 지면을 시간당 8만부를 인쇄할 수 있으며, 2色度 광고인쇄도 가능했다(제주신문 50년사, 741쪽). 이 고속윤전기는 1978년 3월 29일자 신문부터 매일 6개면을 찍어내면서 정상 가동되기 시작했다. 이보다 앞선 3월 15일자부터 주1회 6면을 발행하기 시작했다. 이는 8개면 증면 발행을 위한 사전준비였던 셈이다.

그리고 국내외 사진을 보다 빠르고 선명하게 제공하기 위하여 1979년 7월 21일 세계적인 통신사인 UPI에서 개발한 최신식 UF형 사진 전송기를 구입해 설치하였다. 이때부터 제주신문은 국내는 물론 세계 각지에서 일어나는 정치·경제·사회·스포츠·문화의 선명한 사진을 UPI통신망을 통하여 신속하게 입수 보도하게 되었다. 당시 제주신문과 뉴스전송 협약을 맺고 있는 東洋통신은 국내 19개 언론사 및 국외 6개 언론사와 사진전송 계약을 맺고 있었다(제주신문50년사, 782쪽).

1980년 2월 8일 열린 주주총회에서 김평진 회장을 비롯하여 김선희 사장, 강민범 부사장, 康昌鶴·고태영·홍경식·양평순·강인정·고정열·김평식·최현식·한진 이사와 감사 김재경·고충홍을 유임하고, 새로운 이사에 吳承明(在대판)·金在炳(서울지사장·김선희 사장 아들)을 선임하였다.

제주신문사는 박정희 대통령 피격사건 이후 1979년 12·12쿠데타로 권력을 장악한 전두환의 신군부 세력이 언론통폐합을 강력히 추진하고 있던 1980년 11월 26일 주주총회와 이사회를 열어 대표이사 사장에 김대성을 새로 선출하였다. 김선희 대표는 전두환의 신군부 세력을 등에 업은 김대성이 후임사장으로 선출되기 전까지 약 17년 동안 신문사를 운영하면서 제주신문 발전에 많은 영향을 미쳤고, 제주신문은 이 시기에 정부의 각종 특혜를 지원받으면서 성장발판을 마련하였다고 볼 수 있다.

3. 편집체계 및 주요 기획물

1) 4개면 발행

제주신문은 濟州新報 시절이었던 1962년 10월 21일부터 매일 4개면(週24면)을 발행하기 시작했다. 창간 초기 1면에는 국내 정치관계 기사, 2면은 외신기사, 3면은 사회관련 기사, 4면은 각종 문예물로 편집되었다. 1면과 2면은 통신기사로, 3면은 자체 취재기사로, 4면은 도내·외 문인들의 소설과 수필 등으로 대부분 채워졌다.

제주신문은 1963년 1월 1일 신년특집을 포함하여 제주신문 사상 처음으로 8면을 발행하였다. 제주신문은 신년특집으로 박정희 의장에게 〈63년 제주도에서 추진될 주요 개발계획〉에 대해 서면질의하고 여기에 대한 답변을 〈제주개발 결실의 해－대형선 연내 취항－飼料 대량 도입, 2만톤 肉豚생산－교포자본 투자환영〉이라는 제목으로 보도하였다.

1963년 12월 17일 제3공화국 출범 이후에도, 신문용지 가격이 폭등하고 구하기 또한 어려워지자, 한국신문발행인협회는 이를 타개하기 위한 일환으로 1964년 2월 3일자부터 8개면 발행 신문은 週 40개면으로, 6개면 발행 신문은 週 30개면으로, 4개면 발행신문은 주 20개면으로 감면 발행하기로 결의했다. 감행발행은 약 2개월 동안 계속되었다.

이에 따라 매일 4개면을 발행하던 제주신문도 2월 4일자부터 월요일과 목요일 신문은 2개면만을 발행하여 週 4개면을 감면 발행하였다. 제주신문은 2개면(월·목요일 신문)을 발행하는 날에는 1면에 정치기사와 주요 외신기사, 2면에는 사회기사와 연재소설을 실었다. 제주신문은 이처럼 용지난으로 週 4개면을 감면 발행하던 시기에도 연재소설을 계속 실은 반면에 우리 주위에서 일어나는 각종 뉴스와 정보에 관한 보도량은 대폭 줄였던 것으로 나타났다. 이는 당시 경영진과 기자들의 언론에 대한 인식과 언론환경을 유추해 볼 수 있는 대표적인 사례에 속한다.

그러나 이러한 週 20개면 감면발행[19]은 약 2개월 만에 해제되어 4월 7일자부터 매일 4개면을 발행하기 시작하면서 편집체제도 원상태로 되돌아갔다. 신문발행이 정상화되자, 제주신문은 1963년 7월부터 독자층의 저변확대를 위해 매주 토요일자 4면을 〈어린이 제주〉 판으로 확대 운영하기 시작하였다. 연재소설과 제주방송국 라디오 〈KBS프로〉를 제외한 전면을 할애한 〈어린이 제주〉판은 어린이에 관한 기사를 비롯하여 국민학교 아동들의 작품 등으로 편집되었다(제주신문50년사, 466쪽).

19) 신문용지난으로 1965년 11월 30일부터 한국신문발행인협회의 결의에 의해 전국신문들이 또 다시 신문지면의 감행 발행에 들어갔고, 제주신문도 12월 한 달 동안 주 2회 2개면(월요일·목요일)으로 감면 발행했다.

2) 기획기사의 등장

1963년 12월 21일자부터 문화면에 기획기사 〈휘나레 1963년〉가 연재되었다. 이 휘나레(finale)는 12월 31일까지 8회에 걸쳐 지난 1년 동안의 음악계, 체육계, 교육계, 미술계, 연극계, 무용계, 문학계 그리고 예총 등의 활약상을 정리하여 보도하였다.

1964년 1월 1일자 신년호는 8개면을 발행하였다. 1면에는 용두암 대형사진과 年頭言로 편집되었다. 1월 1일자부터 金泰能의 〈제주의 流謫人들〉을 연재하기 시작하였다. 이 기획물은 고대 제주의 학문과 문화발전에 이바지한 선인들의 역사적 사실을 총정리한 것으로 3월 17일까지 무려 52회에 걸쳐 이어졌다. 그리고 1월 10일자부터 梁秉允 화백의 1컷짜리 漫評을 싣기 시작했다. 양병윤의 만평과 토요일자 〈어린이판〉의 5컷짜리 어린이 만화 〈짱구돌이〉에 이어, 1964년 12월 17일자부터 4면에 4컷짜리 만화 〈보이소〉를 연재하기 시작했지만 23일까지 겨우 4회 연재로 끝났다.

제주신문은 1964년 5월 11일자부터 6월 4일자까지 〈살아있는 古代耽羅-사람은 가도 자취는 永遠〉를 20회에 걸쳐 문화면에 연재하였고, 6월 5일자부터 9월 8일자까지 〈민속놀이 巡訪〉(8회), 〈옛것을 간직한 사람들〉(5회), 〈조상들이 남긴 옛 구슬들〉(14회)을 계속 연재하여, 우리의 것을 되돌아보는 기회를 마련했다.

한편, 1962년 11월 20일 제주신문이 탄생하기 이전에, 제주신보에 처음 등장한 기획기사는 1961년 3월부터 연재한 〈건설譜〉였다. 6회에 걸쳐 게재한 이 〈建設譜〉는 5·16쿠데타 세력에 의하여 활발하게 추진되고 있는 제주도내 건설상황을 소개하는 것으로서 도로포장·도로축조·축항공사·給水配達·시내建築相·전파 등을 현장사진과 함께 박스기사로 처리하였다(제주신문50년사, 429쪽).

1962년 1월 15일자부터는 종전의 기획물보다 한 단계 발전한 기획기사를 싣기 시작했다. 〈진단-중소기업의 숨결〉이라는 주제의 기획기사에서는 당시 제주도내 중소업계 현황을 업종별로 소개하였다. 이때 연재한 업종은 食用製油, 木工具제작, 램프口金工業, 薄荷제유, 新西蘭로프제조, 기계공작, 조선철공, 통조림 제조, 白炭제조 등이다. 이 기획물은 당시 제주도내 중소기업 현황을 이해하는데 많은 기여를 했을 것이라 짐작된다.

1963년 1월부터는 신문에 소설이 연재되기 시작했다. 첫 번째 연재소설은 崔玄植의 〈原色의 沈默〉으로 1963년 1월 1일부터 그해 9월 25일까지 216회가 연재되었다. 그 다음으로 1964년 2월 4일부터 손창섭의 〈결혼의 의미〉가 연재되었다. 이 소설은 1964년 10월 4일까지 만 8개월 동안 206회 연재되었다. 그리고 10월 6일부터는 4면에 제주도내의 작가들(高銀, 曺在富, 현길언, 고영기, 鄭榮澤, 崔玄植 등)이 쓴 短篇이 릴레이 형식으로 연재되기 시작했다. 이 단편 릴레이는 12월 31일자로 끝났다.

1965년 1월 1일부터 문화면에 연재되기 시작한 전병순의 소설 〈賢夫人〉이 10월 16일자 2백 43회로 막을 내렸고, 10월 22일자 신문부터 鄭然喜의 〈당신의 沃土〉가 연재되기 시작하였다. 이처럼 문화면은 주로 연재소설과 수필 등으로 편집되었다.

3) 한글 전용 시행

1965년 1월 1일자 신문부터는 일반인들이 가장 많이 읽는 사회면 기사 본문에 한글 전용을 시행하였다. 한자는 제목에만 사용하고, 본문은 모두 한글을 전용하였는데, 人名·地名과 같은 고유명사와 어려운 낱말의 경우, 한글을 먼저 쓰고 괄호 안에 한자(漢字)를 제시하여 독자들의 이해를 도모하였다. 이는 독자들이 보다 쉽게 신문을 읽을 수 있도록 하기 위한 조치이다. 그리고 3년 후인 1968년 5월을 전후로 2면까지 한글전용을 확대하였다.

이에 앞서 1965년 6월 23일자부터는 국제정세 관련 외신기사를 중심으로 편집하여 온 2면에 지방뉴스와 경제기사를 대폭 수용하기 시작하였다. 2면에 지방기사를 싣기 시작한 것은 늘어나는 지방기사를 소화하기 위한 조치인 것으로 보인다.

1965년 6월 26일자부터 3면에 미니 가십난 〈橫斷路〉가 등장하였다. 3백자 내외의 가십기사는 독자들의 반응이 좋아 그 후에도 계속 이어졌다. 같은 해 6월 28일부터는 朝刊발행에서 夕刊발행으로 전환하고 정기 휴간일도 월요일에서 일요일로 변경하였다.

제주신문은 1965년 11월 20일 창간 20주년을 맞이하여, 처음으로 특집 2개면을 포함하여 6면을 발행하였다. 특집호에는 박정희 대통령의 축하휘호 〈先驅之役〉과 정일권 국무총리의 축하揮毫 〈民意啓發〉, 한격만(韓格晩) 한국신문윤리위원회 위원장과 강우준 제주도지사, 현오봉과 任炳洙 국회의원의 축사를 실었다.

특집으로 중산간에서 풀을 뜯는 고수목마(古藪牧馬) 대형사진과 애독자 앙케이트 및 〈20년 애독자 김범준 옹〉, 〈11년 편집국장 김용수씨〉의 회고담을 마련하였다. 그리고 4면(문화면)은 시인 고은의 축시와 현용준·高瀛一·曺在富의 수필로 편집되었다.

1966년 6월 20일자부터 문화면에 〈海軟風〉이 등장하였다. 해연풍은 제주도내 지식인 계층의 각계 인사들로부터 수필을 받아 게재한 대표적인 시리즈物 가운데 하나다.

1966년 11월 18일자 신문 4면에는 제주신문 사상 첫 전면광고가 등장하였다. 이 전면광고는 제주신문 창간 21주년 축하광고로서 18일자 신문에는 東亞제약과 三一제약 회사광고, 19일에는 朝鮮맥주주식회사와 濟州酒精공업주식회사 광고, 21일자 신문에는 中央製藥과 韓獨약품 주식회사 광고가 실렸다. 여기서 눈여겨 봐야할 것은 광고주가 맥주 및 소주 제조회사, 그리고 제약회사라는 점이다.

1968년 3월 21일자부터는 4면에 〈揭示板〉란을 신설하였다. 게시판란은 독자들의 각종 집회나 행사 등을 알리는 공간으로 독자들이 무료로 이용할 수 있도록 했다. 이것은 오늘날 사람들의 동정 등을 소개하는 〈사람과 사람들〉면으로 특화되었다.

1968년 4월 1일자부터 사회면에 게재해 오던 姜瑢澤의 4컷 연재만화 〈모록밭〉이 5월 6일자 31회로 중단됨에 따라 5월 10일자부터 양병윤의 4컷짜리 만화 〈황우럭〉을 연재하기 시작했다.[20] 이 연재는 1989년 12월 18일자 6024회(제주일보 마지막 회)를 끝으로 막을 내렸다.

그 후 양병윤 화백의 4컷 만화 황우럭은 제민일보, 제주매일, 한라일보를 거쳐 2012년 11월 30일 1만회를 돌파했다. 황우럭은 김성환 화백의 '고바우 영감'에 이어 국내 시사만화 역사상 두 번째 1만회를 돌파한 시사만화가 되었다. 그러나 양병윤 화백이 2015년 4월 27일 병환으로 세상을 뜨면서, 황우럭은 27일자 10,600회로 마감됐다.

1968년 11월 18일자부터 1면 하단에 단평 〈五百羅漢〉이 등장하였다. 이 〈五百羅漢〉은 그 날짜 신문의 주요 기사를 소재로 선택하여 1件에 50字 이내로 축약하여 4건씩 게재하기 시작했다.

제주신문은 1969년 9월 1일부터 문화면의 연재소설이 약 2개월 가까이 중단되는 사건이 생기자, 이 지면을 대체하기 위해 10월 20일부터 도내 문인들의 단편을 싣는 6인 단편 릴레이를 시작하였다. 여기에 참여한 작가는 鄭榮澤, 현길언, 金容海, 金順伊, 최현식, 吳成贊 등 6인이다.

1969년 10월 27일자부터 문화면에 지방 詩人들의 작품을 발표하는 〈제주시단〉을 마련하였다. 문화면에 치중한 것은 문예창작의 기회를 제공하기 위한 목적도 있지만, 문예작품은 과거는 물론 현재에도 갑자기 늘어난 지면을 메우기 위해 가장 쉽게 활용되는 소재다. 당시 상황으로 보아, 문화면을 채울 문화기사를 기자들이 직접 취재해 쓰기란 쉽지 않았을 것이다.

20) 양병윤 화백은 제주신문 편집국장·이사·논설위원, 제민일보와 제주타임스 논설위원, 한국신문편집인협회 운영위원, 제주만화작가회 고문, 제주언론인클럽 이사로 활동했고 제주도 문화상, 송하언론상, 덕산문화상 등을 수상했다. 그리고 양 화백은 또 국내 처음으로 네 컷 시사만화와 만평을 동시에 연재한 시사만화가라는 기록도 함께 세웠다. 지방언론에서는 유일한 기록이다.

1970년 3월 7일부터 매주 토요일 〈주말특집〉으로 4개면을 증면하여 8개면을 발행하기 시작하였다. 당시의 8면 발행은 신년호와 창간특집호 등을 제외하고 정기적인 증면이라는 점에서 독자의 입장에서 매우 바람직한 것이었다. 지면의 확충은 곧 독자에게 전달되는 뉴스와 정보량의 증대를 의미한다.

1970년대에는 신문사의 신사옥 완공 이외에 신문의 내용면에서도 괄목할 만한 변화와 성과가 있었다. 1971년 1월 1일자 신년호를 제주신문史上 처음 12개면으로 발행하였다. 이때부터 신년호 12면 발행은 관행화되었으며, 신년호에 다루는 내용과 1면의 보도내용 또한 정형화되기 시작했다.

1972년 12월 19일부터는 〈해연풍〉 고정난에 독자면 누구나 글을 쓸 수 있도록 필진을 개방하였다. 그리고 12월 23일자 신문에 1972년 한 해 동안 일어났던 갖가지 사건들 가운데 큰 비중을 차지하는 10大 뉴스를 골라 사진과 함께 요약 보도하였다. 이때부터 10대 뉴스를 선정하여 보도하는 것이 정례화 되었다.

1972년의 10대 뉴스는 △ 돌칼(石刀) 발견(1월 18일) △ 洪노파 피살사건(2월 25일) △ 추자교 완공(10월 12일) △ 酒工회사 정리(2월 18일) △ 歸德里 잠수복 분쟁 △ 국제공항 확장(3월 31일) △ 狩獵지구로 본도 지정(8월 1일) △ 태풍 리타號 내습(7월 16일) △ 일주도로 넓히기(8월 9일) △ 대륙붕 시추작업(11월 2일) 등이다.

1973년 연초부터는 토요 증면판에 두 가지 기획물을 연재했다. 그 하나는 지방문인들의 문학열에 불을 붙이고 제주문학 발전에 이바지하기 위해 마련된 〈토요콩트〉이고, 또 다른 하나는 오로지 집념과 근면으로 역경을 이겨낸 사람들의 이야기를 전하는 〈無限蒼空〉이다.

그리고 1973년 4월 28일자부터 토요일 증면판에 새 대형기획물 〈豊饒의 꿈〉을 싣기 시작했다. 근대화의 물결을 타고 산업, 경제, 교육, 관광, 교통 등 각 분야에서 발전의 터전을 마련해 나가는 시점에서 제주신문은 이들 분야의 어제와 오늘 그리고 내일을 이 기획시리즈를 통해 조망하였다. 이 기획물은 △ 교육 △ 축산 △ 수산 △ 도로 △ 중산간 개발 △ 통신 △ 교통 △ 用水 △ 사회 △ 관광 △ 새마을 사업 △ 생활환경 등으로 이어졌다.

1973년 7월 16일자부터 문화면에 연재해 온 소설 〈換節期〉가 1월 14일자 1백40회로 막을 내리자, 1974년 2월 6일자부터 진성기 민속박물관장의 〈濟州民謠誌〉를 54회 동안 연재하면서 제주민요 보존의 중요성을 일깨워 주었다. 그리고 같은 해 9월 19일자부터 토요 증면판에 주 1회씩 洪淳晩의 〈제주 流謫1번지〉를 연재하기 시작했다. 이것은 제주에 유배 온 사람들의 행적을 추적한 것으로, 제주의 근대사 연구에 크게 기여했다.

1974년 12월 10일부터 74년 한해를 반성의 계기로 삼으면서 풍요의 제주를 기약하기 위해 〈74년을 보내며-새 제주의 발돋움〉이라는 기획물을 마련했다. 이 기획물은 △ 산업 △ 건설 △ 관광 △ 교육 △ 경제 △ 사회 △ 교통 △ 체육 △ 문화 △ 제주시 △ 북제주군 △ 남제구군 등으로 나눠 12회에 걸쳐 연재되었다.

또한 제주신문은 1975년 1월 15일 건설부가 「제주도관광종합개발계획」을 확정 발표하자, 이 내용을 1월 28일자부터 31일까지 4회에 걸쳐 시리즈로 자세히 보도하였다. 〈浮上한 관광개발-10개년 종합계획의 이모저모〉 제하의 이 시리즈는 △ 3대 中樞圈 △ 산악·해안권 △ 기반시설 △ 관광산업 등으로 나눠 연재되었다. 이 보도는 도민들에게 제주도에 살고 있음을 자랑으로 여기게 하는데 크게 기여했다.

그리고 제주신문은 1975년 광복 30주년과 창간 30주년을 맞아, 그동안 의욕적으로 준비해온 기획물 〈實錄 광복제주 30년〉을 2월 5일자부터 연재하기 시작하였다. 실록 광복제주 30년은 도민에게 광복 30년간의 제주도 변천상을 정확하게 알리기 위한 것으로서, 내용은 정치·경제·산업·행정·교육·문화·교통·체신·여성·교포 등 각 부문을 다루었다. 이 시리즈는 7월 7일자까지 연재되었으며, 이는 제주신문 사상 처음으로 1백21회에 이르렀던 장기 기획물이다.

각종 개발 바람이 일던 1977년은 관덕정 확장공사, 탑동매립, 제주시 제3지구 택지조성 외에도 신제주 조성사업으로 제주도의 면모가 크게 달라질 것으로 전망되던 시기다. 이에 제주신문은 도민생활 가운데 오래 전부터 폐단으로 지적되어 온 문제들을 개선하기 위해 1977년 1월 22일부터 〈달라져 봅시다〉라는 지상 캠페인란을 마련하여 △ 청소운동 △ 공항질서 △ 신구간 △ 憑公營私(빙공영사) △ 청소년선도 △ 허례허식 △ 푸른도시 가꾸기 △ 火入인습추방 △ 관세행정의 명랑화(?) △ 誣告 행위의 근절 △ 도박행위 △ 밀항 근절·퇴폐추방 등을 연속 보도하여 건전사회를 만드는데 앞장섰다.

그리고 1977년 11월 20일 창간 32주년 기념 특집으로 〈제주도 개발은 어디에 와 있는가〉라는 주제로 제주개발문제를 다뤘다. 이 특집은 △ 도민의 의식구조 △ 농업축산분야 △ 수산분야 △ 도시문제 △ 도로·용수 △ 관광분야 등으로 세분화하여 보도함으로써 제주개발의 문제를 돌아보는 기회를 제공하였다. 제주신문은 이처럼 기회가 있을 때마다 제주개발과 관련된 주제를 지속적으로 보도하였다.

1978년 1월 11일자부터는 매주 수요일 4면에 4·5·6학년 어린이의 학력배양을 위한 〈어린이 학습〉란을 마련하여, 국어·산수·자연·사회 등 4개과목에 걸쳐 꼭 알아야 할 중요한 학습내용을 정리하여 게재하기 시작하였다.

또한 제주신문은 지방지로서의 위상정립을 위해 1978년 2월부터 〈지방종합판〉을 신설하여, 매주 수요일과 토요일자를 제외한 월·화·목·금요일자 4면을 지방기사 중심으로 편집하기 시작했다. 수요일자와 토요일자 4면은 종전대로 〈어린이 학습〉과 〈어린이 판〉으로 편집되었다. 이에 따라 그동안 4면에 실었던 연재소설과 기타 문예물 일부는 2면에 싣기 시작했고, 통신기사에 의존하여 온 가정·여성기사 등은 이때부터 싣지 않았다.

4개면 가운데 통신사로부터 받은 정치기사를 싣는 1면을 제외한 나머지 3개면은 이때부터 전면 로컬화되기 시작했다. 기사의 양적 측면에서 볼 때 이때부터 제주신문이 지방지로서의 제 역할을 수행하기 시작했다고 볼 수 있다.

4) 매일 6개면 발행

1978년 2월경 일본에서 도입한 橫形(횡형) 고속윤전기가 3월 29일부터 정상 가동되면서 매일 6개면을 정상 발행하기 시작했다. 6개면 발행 당시 편집체계를 보면, 1면에 정치기사, 2면에 경제 관계기사, 3면과 4면에 문화관련 기사, 5면에 사회관계기사, 6면에 지방종합판으로 편집되었다. 6면 발행초기의 신문편집 내용을 보면 다음과 같다(1978.4.4).

△ 1면은 국제뉴스와 중앙정치계 뉴스, 五白羅漢, 春夏秋冬, 만평 등

△ 2면은 사설, 지역경제 기사, 渤海記(발해기, 연재소설), 해외토픽 (고정난) 등

△ 3면은 기획물(고립 속에 독립운동, 제주의 인맥), 기획물: 제주도 전설(현용준), 기획물: 내가 살아온 길(박치순), 말라리아로 앓으는 터키(합동통신), 카메라뉴스, 美貌는 출세를 보장/ 美사회심리학자들 연구결론(합동통신) 등 6개 기사

△ 4면은 가정: 들놀이 도시락 만들기(합동), 讀者詩(정방동인), 놀라운 산업 발전−전방 산업시찰을 마치고(김현숙, 제주대학교 미교·3), 건강 : 봄철 幼兒사고… 그 예방과 처리법(합동통신), 아쉬운 미터법 사용−10진법 이해 쉽고, 편리(동양통신), 신간소개(탐라연구 2), KBS, MBC 방송프로 소개 등 7개 기사로 편집되었다.

△ 5면은 사회면으로 記者席(가십기사), 橫斷路(단평), 시사만화 황우럭 그리고 아래와 같은 사회관계기사로 편집되었다.

① 재소자 갱생 교육 단행−축산, 운전, 정비반 편성

② 재소자 전원 信者化

③ 英國艦 2척 본도 친선 방문-3박4일 내일 艦內 공개
④ 여울치는 재회감격-寒食 省墓團 어제도 46명
⑤ 내일 식목일 나무 심기
⑥ 외국 식물 4천분-植物硏 김경열 소장이 도에
⑦ 外4촌형 찔러 죽여
⑧ 물 탄 맥주 적발
⑨ 프로펠러에 머리 치여-制動보조원 사망
⑩ 관광버스에 술 취해 轢死
⑪ 김교육장 순서 마쳐-관내 26개 초·중·고
⑫ 기생충 학술 대회에 高太英 원장 渡日 등 12개 기사

△ 6면 종합 지방판은

① 무르익는 봄 따라 관광지 마다 초만원-숙박시설 바닥나 … 앞으로 걱정
② 위생상태 극히 불량-南郡관내 관광객은 몰려오는데
③ 기획: 대화의 광장-뻗어가는 농·수협(안덕 단위농협편)
④ 주제 경연 등 진지
⑤ 대정에 炭疽病(탄저병) 발생
⑥ 학교 환경 정비-신산교 학부모들
⑦ 조합육성 다짐-감협 合同회의
⑧ 뿌옇게 퇴색해 버린 간판
⑨ 모교에 민구류 기증
⑩ 시이소 기증
⑪ 마을에 캐비닛 등-금령리 朴씨 기증
⑫ 부지구입 못해 당황-9월 開校에 차질 빚을 듯(西歸 西국민학교)
⑬ 公報
⑭ 학생·교사 힘 합쳐-한림중 유신학생회서 나무 심기
⑮ TV프로(KBS TV ·MBC TV) 소개 등 15개 기사 등으로 편집되었다.

특별한 경우를 제외하고 1면에서 6면까지 실린 모든 기사는 대부분 한글 중심으로 작성되었다. 그리고 기사의 출처를 보면, 5면과 6면은 自社기자가 쓴 기사로 편집되었지만, 1면~4면에 실린 내용은 거의 대부분 통신기사이거나 외부에 청탁해 받은 기사였다. 6개면 발행은 1979년 7월 24일자까지 계속되었다.

1978년 3월 15일자부터 洪淳晩의 비(碑)를 매주 1회씩 연재하기 시작했다. 이 기획물은 거의 무관심 속에 망각되어가고 있는 제주도 일원에 널리 분포되어 있는 수많은 비석을 역사·문화적으로 고찰함으로서 이를 건전하게 보존하고자 하는 취지에서 마련되었다. 이 碑를 연재하기 위해 이때부터 부정기적으로 주1회 꼴로 임시 증면(6개면)하여 발행하였다(제주신문50년사, 744쪽). 이 기획은 1979년 2월 16일까지(39회) 연재되었다.

제주신문은 1978년 후반에 들어 제주도에서 활발히 전개되고 있는 각 분야의 개발이 성공적으로 수행되기 위해서는 탐라정신이 뒷받침되어야 한다는 취지에서 제주얼을 되찾고 이를 계발 전승시키기 위한 〈耽羅정신계발〉이라는 주제로 토론회를 개최하였다. 이 토론회에 학계·언론계·행정계 인사 16명이 참석해 △ 탐라정신의 의의 △ 탐라정신의 역사적 고찰 △ 탐라정신의 전승방법 등에 대해 열띤 토론을 벌였고, 토론자들은 〈탐라정신은 자립, 진취, 相助정신〉이라고 정의하고, 〈개발이 美風을 헤쳐서는 안 된다〉고 하였다(제주신문50년사, 758쪽).

5) 하루 8개면씩 주 48면 발행 시작

1978년 3월 29일자부터 매일 6개면(週 36면)을 발행해 오던 제주신문은 1979년 7월 25일부터 8개면을 발행하기 시작하였다. 8면의 편집체계를 보면, 1면은 국내·외 정치뉴스(합동통신), 만평, 五白羅漢, 세계의 표정(UPI 제공) 등 13개 기사를 실었고, 2면은 사설, 해외토픽, 게시판, 투고, 국제뉴스와 스포츠 관련 뉴스로 편집되었다.

지방뉴스가 실린 2면에는 ① 동남아지역에 불안정 요인 많다/남북한 대립 蘇軍 증강 등 지적/日, 79년도 방위백서 ② 中·蘇 血戰 국경충돌/69년 우수리 강변 사건후 최악 사태/蘇軍 20명 신강 自治區 越境 ③ 베트남 대규모 對中共戰 준비/청년突擊여단 창설 국경배치 ④ 직장 球技팀 육성 권장/문교부 장기 체육진흥계획 마련 ⑤ 한국 첫날 괌大破 /세계 리틀 야구 13대 1로 ⑥ 전도 태권도 대회 개막 ⑦ 五輪 금메달 위해 정진/弓道 金珍浩선수 기자회견 ⑧ 國體·소년체전 채점방식 보완/메달별 보너스 점수주기로 ⑨ 韓國排球초청/ 볼리비아서 ⑩ 亞洲 남자농구/개최지 바뀔 듯 ⑪ 轉地訓鍊 떠나/ 체조 대표단 일본에 ⑫ 사설: 제주도민의 성실한 동반자 될 것을 다짐－本紙 週48면 증면 발간에 붙여 ⑬ 게시판: 어머니 여름학교, 직업 보도생 모집 ⑭ 투고: 강신익 도지사 축사－제주신문 8面 증면에 붙임 등이 실렸다.

3면에는 ① 제주의 산업/걸음마에서 성년까지(31회) 〈강정홍 기자〉 ② 춘하추동/북녘의 무지개 〈제주대 고성준 교수〉 ③ 해설기사: 김영삼 총재의 국회 대정부 질문 〈합동통신〉 ④ 기획: (美軍) 撤軍 中止 이후〈동양통신〉 등 4개 기사가 실렸다.

4면은 문화면으로 ① 가정(숙제없는 방학·즐겁게 튼튼하게/몸과 마음 건강히－노는 기간 안 되게) 〈김영훈 기자〉 ② 삼사석 〈고춘택 사회부장〉 ③ 한라의 꽃(사진기사)〈84회〉, ④ 연재소설 〈이대원〉 등 4개 기사가 실렸으며, 5면에는 ① 사라져가는 제주풍문(진성기)〈1회〉 ② 연극의 사업성과 예술성(이종천 기자) ③ 海軟風 ④ 어린이소식 ⑤ 종교: 曹溪宗의 총선거 ⑥ 문화단신 ⑦ 미니백과: 프라하의 봄, ⑧ 연재소설: 벌과 꽃의 향연 등 8개 기사가 다뤄졌다.

6면은 지방기사들로 ① 제주측후소－ 광주직통 전화/신속한 기상예보 위해 추진 ② 맥주맥 수매 차질 없도록 ③ 분유·치약 등 오름세 최고 33% 등(8건의 기사), 記者席, 民情(고발/모래 쏟아내는 수도꼭지), 상담(토지의 양도세), 濟新에 바란다(독자투고/中央地 축소판이 되지 않도록), 독자만평 등으로 편집되었고, 7면은 시사만화 황우럭, 날씨, 횡단로, 교통안내(선박운항시간표), 당직 병원등 고정란 기사와 사회관계기사(① 제주시에 총무·건설·사회산업 3국 신설 ② 각종 보충수업 등 방학이 바쁜 교사들 ③ 숨은 결핵환자 너무 많다 ④ 몽둥이·면도날 들고 클럽서 난동/10대 4명 검거) 등 11개 기사로 편집되었다.

8면은 지방종합판으로 ① 80년대의 理想농촌을 향한 설계/마을별 자영능력배양 ② 무단 점유 임대행위/화순 해수욕장 음식점 허가 못해 ③ 바닷가 쓰레기 처리장 등 ④ 유채·맥주맥/낮은 등급 우려, 공판장 출하기피 등 13개 기사로 편집되었다.

제주신문은 증면을 계기로 그동안 부실하였던 일반 외신과 民政 및 중단되었던 삼사석·제주만평을 부활하고 문화면을 활성화하였다.

종합적으로 제주신문은 전체 기사의 90% 이상이 긍정적 시각에서 보도되었다. 정부정책 혹은 사업과 관련한 민정난의 기사를 제외하고 비판적인 관점에서 보도한 기사는 거의 찾아볼 수 없었다. 이와 같은 보도성향은 당시 시대상황에 비추어 볼 때 한동안 지속되었을 것이라 추정된다.

4. 지역사회에 기여한 행사들

1962년 11월에 탄생한 제주신문은 통합 이후 어느 정도 발전기반이 구축되자 지역사회의 개발, 주민의 이익증진, 지역문화의 창달 등을 위해 각종 문화예술 및 체육행사 등을 개최하면서 지역사회 발전을 위한 견인차 역할을 해왔다.

우수한 체육인과 예술인을 발굴하고 육성해 온 체육·미술분야의 행사로는 道일주 마라톤대회, 축구대회, 농구대회, 제주도 미술대전 등을 들 수 있다.

제1회 〈道일주 역전 마라톤대회〉는 1971년 4월 10일부터 이틀간 열렸다. 첫 대회에는 22개팀(12개 邑面팀, 제주시 3개 洞팀, 7개 고교팀) 198명의 선수가 참가하였다. 옛 제주도청 광장을 출발점으로 하여 일주도로 181km

를 14구간으로 나눠 경기가 진행되었다. 이 대회는 제주도민의 오랜 숙원 사업인 일주도로 포장사업(181㎞/도로 폭 4m)이 1970년 11월 3일 완공된 것을 기념하기 위한 것이다. 일주도로의 포장으로 제주도를 一周하는데 버스로 12시간 이상 걸리던 것이 6시간으로 단축되었다. 이 행사는 1997년까지 개최된 후, 제주신문이 이 대회를 제주도로 이관한 후 더 이상 열리지 않고 있다.

1966년 9월부터 개최하기로 했다가 무기한 연기되었던 제1회 〈白虎旗 쟁탈 全道국민학교 대항 축구대회〉가 1971년 10월 30일부터 이틀 동안 각 시군에서 선발된 5개 팀이 참여한 가운데 제주농업고등학교 운동장에서 개최되었다. 제1회 대회 때에는 초등학생 팀만 출전해 경기를 치렀지만, 제2회 대회(1972년 10월 14일~15일)부터 참여대상을 중학교까지 확대하였고, 1974년 제4회 대회부터는 고등학교 경기가 추가되어 대회명칭도 〈백호기 쟁탈 전도청소년 축구대회〉로 바꾸어, 현재에 이르고 있다. 대회 때마다 재학생과 동문이 하나가 되어 펼치는 응원전은 독특한 볼거리를 제공하면서 도민들로부터 큰 사랑을 받고 있다.

1977년 10월 1일에는 본도의 체육발전과 농구인구의 저변확대를 위해 마련된 〈청용기 쟁탈 전도학생부 농구대회〉가 제주시민회관에서 개최되었다. 당시 제주도의 농구는 구기(球技)종목 중에서도 보급이 뒤지고 있는데다, 그 수준이 전국과 비교할 때 많이 뒤떨어진 상태였다. 이 같은 본도의 농구를 발전시키는데 이바지하기 위하여 해마다 열리던 이 대회는 1982년 9월에 개최된 제6회째 대회 이후 중단되었다(제주신문50년사, 725쪽).

이와 더불어 제주신문은 제주미술의 중흥을 위한 목적으로 1975년부터 우수한 미술작품을 선정 전시해 미술에 대한 도민의 관심을 고조시키는데 많은 기여를 하고 있다. 제1회 〈제주도미술전람회〉는 1975년 11월 20일부터 12월 11일까지 제주신문사 전시실에서 개최되었다. 11월 1일부터 15일까지 제1회 작품접수 마감결과 일반부와 학생부 등 5개 부문에 294점이 응모되었다. 제1회 일반부 최고상은 金姸實이 출품한 서양화 〈시장골목〉이, 학생부 최고상은 강택훈의 수채화 〈관덕정〉이 차지했다. 이 대회는 1983년 제9회 때부터 그 규모도 대폭 확대되고 명칭도 〈濟州道미술대전〉으로 바뀌었다. 또한 제주도의 최대 문화행사로 자리매김하면서 침체되어 있는 미술계에 활력을 불어넣어 미술문화의 開花에 크게 기여하였다.

학생들의 문학창작 의욕을 북돋아주기 위한 행사로는 〈3월 학생문예〉, 〈母子 사생대회〉, 〈재일동포 모국방문 소재 학생문예작품모집〉 등이 있다. 제주신문은 침체 속에 있는 도내 학원 문예의 발아(發芽)와 그 부흥을 돕기 위해 1968년부터 초중고생 대상으로 〈3월 학생문예〉 작품을 모집해 이를 신문지상에 발표하여 격려하고 있다. 〈3월 학생문예〉는 학생들의 문학열을 북돋아주고, 좋은 인재(작품)를 발굴하는데 많은 기여를 했다. 1979년 제12회 때부터 〈3월 학생문예〉 명칭이 〈제주학생문예〉로 바뀌었다.

제주신문은 5월 가정주간 행사의 하나로 1970년부터 〈母子寫生대회〉를 개최하고 있다. 1970년 5월 9일 제주관광호텔과 서귀포 관광호텔 앞에서 열린 제1회 〈母子寫生대회〉에는 총 524점의 그림이 접수되었다. 이 대회는 2003년까지(34회) 계속되었다.

〈3월 학생문예〉, 〈모자사생대회〉 그리고 청소년 축구대회와 농구대회 대회 등을 해마다 개최하여 어린이의 정서함양과 청소년 체력향상에 이바지해 온 제주신문은 1977년부터는 어린이 학습란(국어, 산수, 자연, 사회 등)을 마련해 어린이들의 학력배양에 기여하였다(제주신문50년사, 734쪽).

이외에 자라나는 어린이들에게 근면 검소한 생활자세와 저축심을 일깨우고, 어머니들에게는 저축의 중요성을 심어주기 위해 1973년 10월 21일 〈제1회 모자 저축백일장〉을 개최했다. 이것은 內資 동원 목적도 있지만, 농어민 소득증대에 따른 저축 의무화 운동을 통하여 각종 소득 가운데 일정액을 저축하도록 권장하기 위한 것이다.

이밖에도 바둑왕위전, 골프대회 등을 개최해 동호인들 간의 친선도모 기회를 만들어주고, 밀감유통처리 심포지엄이나 세미나 등을 개최해 지역현안 해결방안을 제시해 지역사회의 변화를 이끌어 왔다. 특히 바둑을 대중오락으로 권장하고 제주바둑의 질적 향상에도 도움을 주기 위해 1968년 11월에 창설된 〈바둑제주왕위전〉은 해를 거듭할수록 인기가 높아졌고, 제주바둑계에 새바람을 일으켰다.

1971년 2월부터 KBS·NBC(MBC의 옛 명칭)·제남신문 공동으로 범죄와 무질서를 추방하는 캠페인을 전개하였다. 2월 주제는 〈교통질서 확립하자〉였다. 그리고 2월부터 도내 언론 4개사가 벌여온 사회정화 공동캠페인의 일환으로 10월부터는 삭막한 거리를 〈南國의 風致〉로 가꾸기 위해 가로수 조성 운동을 전개하였다. 제주시내의 가로수로 협죽도와 종려나무 등이 심어지기 시작한 것은 이때부터이다. 나무 한그루를 한 구좌로 하여 도민으로부터 한 그루당 5천원씩 성금을 모금하였다.

제주신문은 정권에 대해 늘 우호적인 보도태도를 견지했다. 이를테면 1972년 10월 17일 박정희 대통령이 전국에 비상계엄령과 특별선언문을 발표하자, 한국신문협회와의 공동명의로 〈10·17 대통령 특별선언〉과 〈헌법개정안(유신헌법)〉에 대한 지지 성명서를 1972년 10월 19일과 28일에 각각 발표했다. 이들은 성명서를 통해 "〈10·17 특별선언〉은 국가의 進運을 가속적으로 개척하고 자유민주주의의 토양을 굳건하게 닦는 일대 혁신조치임을 확신하고 이를 적극 지지한다"라고 발표하였다.

제주신문은 이보다 앞선 1972년 10월 維新으로 일컬어지는 신헌법안 국민투표일(11월 21일)을 5일 앞두고 이를 홍보하기 위해 10월 17일 제주시민회관에서 열린 〈평화촉진 도민단합대회〉를 크게 보도하였다.

제주신문은 특히 제주도민들의 안보 의식을 제고시키기 위한 각종 강연회와 캠페인을 수시로 개최하였다. 이를테면, 국내외 정세 특별강연회(1975.4), 安保時局 강연회 개최(1976.4), 총력안보 표어 현상모집(1975.6), 국가 유공자像을 정립하기 위한 〈제주보훈대상〉 제정(1975.6), 통일 글짓기 대회(1979) 등이 있다. 그리고 제주신문은 1974년부터 제주를 방문하는 재일교포들이 점차 증가함에 따라 이들의 여러 가지 애로사항을 해결해주기 위해 본사, 서울지사, 일본의 동경·대판 지사에 재일교민상담실을 각각 설치하여 운영하였다.

5. 기자 선발방식과 초기 제주신문 제작자들

1962년 11월 20일 탄생한 제주신문은 제주신보와 제민일보를 통합하면서 두 신문에 재직하였던 기자들을 대상으로 재시험을 거쳐 9명의 기자를 선발하였다. 이때 선발된 기자는 제주신보 출신 高光泰, 宋產實, 梁太一, 全炳基, 康達秀와 제민일보 출신 金仁奉, 洪性穆, 玄湖中, 韓熙錫 등 9명이다.

제주신문은 통합 이후 처음으로 1964년 2월 23일 국어·작문·상식·영어와 실기 및 구두시험을 통해 제1기 見習기자 4명(咸元宗, 金龍石, 金昊活, 宋大鐘)을 공개 채용했다. 당시 수습기자 응모자격은 만 25세 이하의 남녀로 4년제 대학졸업자(졸업 예정자) 또는 동등 이상의 실력을 가진 자로 한정하였다.

이후 수습기자는 보통 1~2년에 한 번씩 공개채용 시험을 통해 선발되었다. 수습기자의 응모자격도 수시로 바뀌었다. 1965년도의 경우, 응모자격을 4년제 대학 65년도 9월 졸업예정자, 만 30세 미만의 남자로서 대학졸업 이상의 학력을 가진 자(군복무 마친 자)로 한정하였다. 응모자격으로 보아 특정인을 뽑으려고 했던 것으로 보인다.

시험과목의 경우, 현재로 올수록 과목 수가 줄어들었다. 이를테면, 1964년도의 경우 국어·작문·상식·영어 등 필기시험과 실기 및 구두시험 등을 통해 견습기자를 채용했지만, 1971년부터 시험과목이 국어, 상식, 기사작성, 논문, 면접으로 바뀌고, 1977년부터는 시험과목이 논문과 상식 그리고 면접(1차 합격자에 한해)으로 축소되었다.

초창기 공개 시험을 통해 채용된 기자들은 고명윤과 白元弘(1966), 金永環(1966), 高春澤과 사진부 기자 高인智(1967.2), 문충성·수습기자 홍명표(1967.3), 姜英智·梁健雄(1967.7), 李勇吉과 高忠弘(1969.4), 金榮訓과 金亨

珉(1971), 康來保·文景一·梁宇一(1978) 등이다.

한편, 제주신문은 사세가 점진적으로 확장되면서 이에 따른 업무증가에 대응하기 위해 1976년 11월 8일 논문과 상식 그리고 면접시험을 통해 2명의 수습업무사원을 공개 채용했다. 응시자격은 고졸이상 만 30세 미만인 자(병역필)로 한정하였다. 57명이 응시한 제1차 시험(논문과 상식)에서 6명이 합격하였고, 2차 면접결과 2명(吳彰容, 高大元)이 최종 합격하였다.

제❷절 ㅣ 제남신문(濟南新問)의 등장과 폐간

1. 제주매일신문에서 제남신문으로

1961년 5·16쿠데타로 집권한 군부정권의 언론정비 정책으로 제주지역에서 활동하던 10개 신문과 2개 통신사가 사라진 후 약 6년 만에 제2의 신문이 탄생하였다. 1967년 8월 10일에 창간된 주간지 제남신문(주2회 발간)이 바로 그것이다. 이는 2~3개 신문의 뉴스보도 경쟁체제에서 5·16쿠데타 이후 1개 일간지 독점시대를 겪다보니, 뉴스의 다양성에 대한 사회적 욕구가 높아지면서 '제2의 신문'이 필요하다는 움직임이 있었던 결과라 할 수 있다.

당시 제주신문에서 퇴직한 양태일·김인봉 등이 제주신문의 독주를 막기 위해 선의의 경쟁지가 있어야 한다는 도민의 여망에 따라 이를 적극 추진하기로 하고 곧이어 지역유지들인 고정협(高晶協)·오기문·장시영·문종후·오순억·장홍윤·김용수·이덕준·양태일·김인봉 등 10여명으로 〈제주매일신문 창간추진위원회〉를 구성하였다(강용삼·이경수, 1984).

제호를 제주매일신문으로 정한 창간추진위는 제주시장을 지낸 고정협을 발기인 대표로 선임하고, 1966년 10월 제주지방법원에 ㈜제주매일신문사의 법인등기를 마치고 본격적인 창간업무에 들어갔다. 창간추진위원들은 양태일이 내놓은 제주시 삼도2동 1240번지 부지(현학생회관앞) 3백여평에 윤전기와 동판시설, 활자 자모 등 신문발행에 필요한 인쇄시설을 갖춘 후 그해 12월 문공부에 시설기준검사를 신청했다.

이에 따라 문공부는 그해 12월 출판과장 등 직원 2명을 「제주매일」의 신문발행시설을 심사토록 제주에 파견했다. 문공부 검사관들은 도내에 하나밖에 없는 제주신문을 의식, '공정성을 기한다'는 이유를 내세워 도내 각계인사들로 시설기준검사위원회(위원장: 박경훈 전 제주도지사)를 구성하고 공개시설검사를 실시했다. 시설기준검사위원회는 이튿날 문공부검사관들에게 '제주매일신문시설기준이 일간지신문발행에 손색이 없을 정도로 양호하다'라는 합격판정을 정식으로 통보했다.

이에 문공부 검사관들은 제주매일신문 창간추진위원회를 불러 "며칠 있다가 서울로 올라오라. 그 사이에 신문발행등록수속을 다 밟아 둘테니 그때 와서 등록증을 받아가도록 하라"고 말했다. 창간추진위원회 위원이었던 고정협과 양태일이 문공부 검사관이 지정한 날에 문공부를 찾아갔으나 그들은 지난 실사 때의 약속과는 달리 등록증을 내주지 않았다. 문공부는 "시설기준실사 외에도 검토할 사항이 많아 등록증교부가 다소 늦어지고 있다"며 차일피일 미루다가 나중에는 일간지 등록증교부불가방침을 통보해왔다(진성범, 제민일보, 1991년 2월 4일).

이처럼 제주매일신문은 문공부에서 위촉한 시설기준심사위원회의 심사결과, 합격 판정을 받았음에도 불구하고 기존 일간지의 반발 등에 부딪쳐 일간지 창간의 꿈이 끝내 좌절되었다. 그 대신 제주매일은 일간지 발행허가 신청서를 접수한 후 약 7개월이 지난 1967년 7월 24일에야 문공부로부터 일간지 등록증 대신 주 2회(월·목) 발간이라는 조건부의 주간지 발행허가(등록번호 다 195호)를 받게 된다.

진성범은 제민일보 1991년 2월 11일자 신문 3면에 실린 〈제주언론사〉라는 글에서 제주매일신문의 일간지 발행이 좌절된 배경을 다음과 같이 기록하고 있다.

당시 문공부가 불과 며칠 사이에 신문발행등록증 교부방침을 번복한 것은 기존일간지인 제주신문 측의 「저지운동」이 거셌기 때문으로 알려지고 있다.

〈생략〉 당시 제주신문의 청와대 로비는 제주신문 최현식편집국장과 가까이 지내고 있던 여류소설가 최모씨(작고)를 통해 이뤄진 것으로 전해지고 있다. 그녀는 모잡지 기자 시절부터 육영수 여사와 교분을 쌓고 있어서 청와대를 출입하는데 별다른 제한을 받지 않았다. 그래서 그녀는 최국장으로부터 긴급한 부탁을 받고 육여사를 찾아가 최국장이 귀띔해준대로 〈제주도의 여건상 일간지 신문사가 2개나 생기면 출혈이 너무 심해 공존할 수 없다〉며 제주매일신문의 등록교부를 유보해 줄 것을 간청했다고 한다.

〈중략〉 이에 따라 결국 청와대측은 문공부에 「제주매일신문의 일간지 창간은 현실에 맞지 않다」는 박대통령의 의중을 전달했다. 이렇게 해서 제주매일신문은 洪鍾哲 문공부장관으로부터 직접 내락까지 받아놓고서도 창간을 못하게 됐다.

상황이 이렇게 되자, 제주매일신문창간추진위원들은 문공부를 상대로 행정소송을 제기키로 하고, 제주지검에 근무하다 서울에서 변호사업을 개업한 徐모변호사사무실에서 소장을 작성하며 소송준비에 들어간다. 이 정보를 입수한 문공부 관계자는 양태일 등을 그날 저녁 서울시내 모음식점으로 불러내 "당장은 일간지창간이 어렵지만 기다리면 반드시 일간지로 창간할 수 있도록 해주겠다. 그때까지는 주간지로 운영하고 있어달라"며 행정소송을 하지 말 것을 당부했다. 그리고 그는 "처음에는 주2회 발행하고 3개월 후에는 주3회, 또 6개월 후에는 명실상부한 일간지로 발행할 수 있도록 조처하겠다"고 약조했다.

이에 따라 제주매일은 제호를 「제남신문」으로 변경하고 마침내 1967년 8월10일 제주시 삼도1동 268의 1번지 사옥에서 창간호를 발행했다.

당시 제주신문편집국장이었던 최현식씨(65, 제주시 삼도 2동 789의 6)는 그때의 상황을 이렇게 회고한다.

제주매일신문의 창간이 좌절된 것은 제주신문의 저지노력에 영향을 받은 것은 사실이다. 현시점에서 보면 당시 제주매일신문의 창간저지가 어쩌면 지방언론창달에 역행하는 일로 비춰지기도 하지만 그때의 실정으로서는 그렇지만도 안했다.

> 당시 제주의 도세나 여건으로 보아 지방일간지가 두 개씩 존립한다는 것은 여러모로 무리가 아닐 수 없었다. 그래서 우리는 정치인과 중앙인사 등을 통해 이같은 사정을 고위층에 전달하려 노력했다. 결국 여류소설가 최모씨의 도움으로 문공부의 제주매일신문등록허용방침이 막판에 뒤집혀지게 된 것이다.

그러나 제남신문은 주2회 신문을 발행하면서도 계속 서울로 올라가 일간지로의 등록변경운동을 벌였지만 결국 뜻을 이루지 못했다. 제주매일신문창간추진위는 제주매일신문의 창간이 좌절되자 제호를 제남신문으로 바꿔 등록하고 주간지를 발행하기 시작하였다. 비록 일간지로 출발하지는 못했지만 1967년 8월 10일 창간호를 발행한 제남신문은 주간지의 성격을 최대한 살려 지방의 전통문화와 잊혀지고 있는 역사를 발굴하고 이를 재조명하는데 많은 노력을 기울였다.

2. 경영난에서 폐간까지

뚜렷한 자본주도 없이 영세 자본가들이 출자한 자본금 1천3백만원으로 출범한 제남신문은 창간 초기부터 운영난에 시달렸다(진성범, 제민일보, 1990년 2월 4일). 제남신문은 주 2회 발행으로 독자들에게 충분한 뉴스를 제공하지 못했을 뿐만 아니라 주간지의 특성 또한 제대로 살리지 못해 구독자 확보에도 어려움을 겪었다. 제주도내 주요 읍면 지역과 서울 광주에 지사를 설치하고 보급 확장에 힘썼음에도 2~3개월 후 구독을 거부하는 독자가 많았다. 광고 신탁량 또한 부족하여 일간지에 게재된 광고를 먼저 게재한 이후에 광고주의 승낙을 받는 경우도 있었다. 임금을 제때에 지급하지 못하여 사원들이 사장 집까지 찾아가 항의 농성을 벌이는가 하면, 공무국 직원들이 출근하지 않아 기자들이 직접 조판하여 신문을 발행할 정도로 신문사의 경영은 매우 어려웠다(이문교, 1997).

제남신문은 이러한 운영난을 타개하기 위해 대표이사를 고정협(1968.12

~1969.8), 康治男(1969.9~1971.11), 강석범(1971.12~1972.2), 양태일(1972.3~1972.4) 등으로 수시로 교체하면서 자본 확보를 위해 노력했지만 경영난을 극복하지 못하자, 1972년 4월에 열린 주주총회 및 이사회에서 제일교포인 김봉학(金鳳鶴)을 회장에 선출하고 사세 확장을 위한 증자를 의결하였다(강용삼·이경수, 1984: 1009).

제남신문은 제주은행 설립자인 김봉학이 그해 5월 수권자본 1억원에 제남신문을 인수하여 5천만원을 추가 증자하면서 안정된 경영 기반을 갖추게 된다. 김봉학은 취임 즉시 제주시 삼도1동 602-4번지에 지상 3층 지하 1층 300평 규모의 사옥을 신축 이전하고 자동 압축기 등 인쇄 시설을 보강했다.

새로운 대주주인 김봉학의 자금 지원과 의욕적인 자구 노력으로 증면 발행을 시도하며 경쟁력을 갖추어 나가던 제남신문은 1979년 12월 12·12 쿠데타로 정권을 장악한 신군부의 1도1사 언론 통폐합 정책으로 1980년 11월 27일자 4페이지 신문(지령 1,379호)을 마지막으로 발간하고 폐간되었다. 폐간 당시 재직사원은 30여명이었다.

3. 폐간과정

제남신문의 폐간과정은 다음과 같다. 1980년 언론통폐합은 그해 11월 14일에 있었던 신문방송협회의 「자율결의」로 가시화되었다. 이날 한국신문협회와 방송협회는 신문회관과 코리아나호텔에서 각각 총회를 열고 신문·방송의 통폐합을 결의했다. 이 결의문은 문공부에서 작성돼 넘어온 것을 협회사무국 간부가 낭독한 후 별다른 이견없이 만장일치로 채택됐다. 당시 참석자들은 강압적인 회의 분위기에 눌려 단 한마디의 이의도 제기하지 못했다.

이 같은 신문·방송협회의 결의에 따라 그 이튿날인 15일 언론 통폐합 계획이 발표됐다. 10일 내로 신문을 폐간하고 1달여 만에 통합을 완료한다는 것이다. 이 때문에 전국의 통폐합 대상 일간지들은 11월 25일 종간호를 발행했으나, 제남신문은 주간지 또한 통폐합 대상에 포함되어 있다는 사실을 사전에 인지하지 못해 종간호를 찍어내지 못하고 문을 닫게 된다.

당시 제남신문은 11월 26일에야 라디오 뉴스를 통해 이 같은 폐간사실을 알게 됐다. 그러나 당국이 『이날 이후부터는 신문을 일체 발간하지 못한다』라고 통보함에 따라 종간호를 발행할 수 없었던 것이었다.

이처럼 제남신문이 긴박한 상황 속에서도 정국의 흐름을 제대로 파악하지 못하고 있다가 기습폐간을 당한 것은 당시 김봉학 회장이 입법의원으로 활약하고 있었기 때문에 간부들 사이에 '제주신문을 먹지 못한다 해도 설마 폐간조치까지야 당하겠느냐'는 방심이 팽배해 있었기 때문으로 전해지고 있다(진성범, 1997: 412).

이 때문에 제남신문은 폐간된 지 1주일이 지나서야 김윤옥 사장 명의의 〈인사의 말씀〉이란 전단을 인쇄하여, 이를 독자들에게 고별인사를 대신해 배부하였다. 김사장이 인사의 말씀에서 "언론질서의 새지침에 따라 지령 1천 3백 79호를 마지막으로 종간케 됐다"고 서두를 꺼낸 뒤, "도민여러분이 14년에 걸쳐 제남신문을 아껴주신데 감사드리고 소명을 못다 한 자책을 씹으며 이제 이별의 글을 놓는다"며 참담한 심정을 토로했다. 종간인사말의 전문은 다음과 같다.

〈인사의 말씀〉

도민 속에 뿌리박은 지방지로 언론의 일익을 담당하던 濟南新聞은 언론질서의 새로운 형성을 위한 정부 방침에 따라 지난 11월 28일을 기해 지령 1,379호를 마지막으로 종간되었습니다.

주2회 발간이라는 성격 때문에 대세의 흐름에 따라 신문사의 문을 닫습니다만 지난 14년에 걸쳐 걸어온 고난과 영욕의 길을 회상하면 실로 우러나오는 감회와 보람에 대한 감사의 념(念)으로 설레이는 마음을 누를 길이 없습니다.

먼저 제남신문이 창간 이후 오늘에 이르기까지 성원해 주시고, 편달해

주시고, 협조해 주신 도민 제위에게 감사의 말씀을 드리고, 그동안 어려운 여건 속에서도 오로지 지방 언론을 창달하겠다는 일념으로 각고 속에서 모든 노력을 아끼지 않았던 사우 여러분에게는 진심으로 송구하고 미안한 마음을 누를 길이 없습니다.

1967년 8월 10일 창간된 제남신문은 언론 기능의 공평한 견제 역할을 다하고 크게는 국리민복을 추구하며 작게는 지역 사회의 발전과 개발을 촉진한다는 원대한 희망과 의욕 속에서 탄생하였던 것입니다.

그동안 우리들은 도민과 호흡을 같이 하면서 기대에 부응할 수 있는 신문을 만들기 위해 열과 성을 다 했습니다만, 이제 애독자 여러분 앞에서 언론의 사명을 다하지 못하고 미완(未完)인 채 헤어져야만 하는 것을 생각하면 발행인으로서 심정이 실로 착잡합니다. 그러나 지나간 14년간을 회고해 보면 나름대로 긍지와 보람도 있었습니다.

우선 제남신문사는 역점 사업으로 해외 장학사업을 시도하여 일본 사이다마 의과대학에 20여명을 파견 연수를 시킨 바 있으며, 여성의 권익신장을 위한 '미스제주 선발대회'를 열어 이를 전통 있는 연례행사로 발전시켰고, 지역 사회를 위해 묵묵히 일하는 일꾼을 발굴 선양하는 '한라봉사상', 문화 행사로서 '가곡의 밤'과 '여성 독후감모집'·'어린이 붓글씨대회', 그리고 '바둑대회'·'도민걷기운동'·'전도 야구대회' 등은 도내 문화발전과 건전풍토 조성을 위해 다소나마 도움이 됐다고 자부합니다. 또한 지면을 통해서는 '제주의 향사(鄕史)'·'제주의 인맥'·'일제36년'·'비화 30년'·'뭍의 제주인'·'제주의 맥' 등의 장기 기획물로 제주도의 역사의식을 재조명하고 우리의 주체성과 국가관을 심었으며, 후세 훌륭한 역사 자료로 남을 것입니다.

돌아보면 제남신문은 해방 후 한때 무수히 창간됐다가 2~3년을 못 넘기고 숱하게 명멸해 간 이 지방의 여러 신문과는 달리 14년 동안 단 한번의 결간(缺刊)도 없이 숱한 역경 속에서도 야생초와 같이 끈질기게 언론의 길을 걸어 왔습니다. 그러나 애독자 여러분, 인간의 생명이 그러하듯 신문도 유한한 것입니다. 항상 친근하게 대하던 신문을 대하지 못하게 된 애독자 여러분의 마음을 십분 헤아리면서 영고성쇠(榮枯盛衰)의 진리를 직접 터득하는 것 같이 만감이 교차함을 다시금 누를 길 없습니다.

그러나 새 언론사를 정립하기 위한 국가시책을 아니 따를 수는 없습니다. 이런 시기에 서로가 모든 느낌을 억제하고, 아름다운 회고와 지면에 점철되었던 여러 기사를 회상하여 주시고, 제남신문이 이 지역 사회 발전에 다소나마 기여했다고 기억하여 주시면 더 없는 위안이겠습니다. 도민 여러분이 14년에 걸쳐 제남신문을 아껴 주시고 성원해 주신 데 대해 거듭 감사를 드리고 소명을 못다 한 자책을 씹으며 이제 이별의 손을 놓습니다. 귀하의 앞길에 무궁한 발전과 신의 축복이 있기를 기원합니다.

〈1980년 12월 일, 제남신문사 사장 김윤옥〉

이로써 제주지역에서는 1980년 12월 전두환 신군부 정권 주도로 제정된 언론기본법이 1987년 11월에 폐지되어 한라일보가 탄생하기 전까지 제주신문의 독무대 시대가 열리게 된다.

4. 창간 취지 및 편집체제

1) 창간 취지

제남신문은 사시를 '中正·責任·公益'으로 정했다. 제남신문은 창간사에서 "제주가 지역적 특수성으로 인해 세계적인 각광을 받기 시작하면서부터 모든 분야에 도약의 몸부림을 치고 있다. 이러한 몸부림을 올바른 방향으로 이끌기 위해서는 새로운 언론이 필요하다는 도민의 뜻에 따라 신문을 창간하게 되었다"고 밝히고, 앞으로 지역사회의 공정을 좀먹는 일체의 부정과 불의를 광정하는 데 온갖 힘을 다하여 창조적이며 생산적인 활동에 횃불이 될 것을 다짐했다.

〈창간사〉

제남신문의 창간에 즈음하여 우선 그동안 여러모로 아낌없는 성원을 보내주신 도내외 여러분께 진심으로 감사를 드리는 바입니다.

주지의 사실입니다마는 본지 창간의 동기는 쉬일 새 없이 뻗어가는 향토 발전에 대한 올바른 여론 형성과 새로운 방향 제시는 기존 지방지 하나만으로는 불충분함을 느껴 또 하나의 지방 일간지가 있어야 피부로 느낄 수 있는 생생한 도민의 의욕을 자유롭게 토의하는데 노력해 보자는 데에 참 뜻이 있었던 것입니다.

어두운 현실을 밝히고 분열과 추종의 인상을 불식하여 어느 한편의 이해에 구애됨이 없는 신문을 만들기 위한 도민의 절대적 여망과 호응을 얻어 일간지 발간을 목표로 한 만단(萬端)의 준비와 법정 시설 기준을 갖추었으나, 당분간 주 2회의 발행을 하지 않을 수 없게 되었음을 아쉽게 생각하면서 당초 목표 달성에는 일보(一毫)의 후퇴도 없을 것을 확약하는 바입니다.

언론이란 사건의 보도와 논평의 주안점과 병행해서 불행한 불화(不和)들로 하여 야기될 사태 발전에 대한 종합 분석적인 문제 해결의 등불이 되는 것도 중요한 의의가 있지 않을까 합니다. 그날의 사태를 신속하게 보도하고 공평하게 논평하는데 졸속의 우(愚)를 범하느니보다 어떠한 사상(事象)에 대한 원인의 깊이와 결과의 처리에 올바른 방향 제시와 함께 공동의 해결 요인을 조성해 나가는 것도 지역사회 발전은 물론 국가와 민족에 기여되는 점이 많다고 자부하지 않을 수 없습니다.

본도는 지역적인 특수성과 중요성에 비추어 세계적인 각광을 받기 시작하면서부터 모든 분야에 도약의 몸부림을 치고 있습니다. 이 몸부림이 크면 클수록 소화되지 않고 융화되지 않은 생소한 과제들로 하여 엄밀한 의미에서는 공론의 광장이거나 민의의 교량 역할을 담당할 만한 언론이 결여되어 있거나 지방지가 흔히 범하기 쉬운 편파적이라는 상론 때문에 또 하나의 일간지를 필요로 하였으니만큼 그나마 주2회 발간되는 본보의 사명과 책임이 무거움을 느껴집니다. 그러기에 본보는 언론의 자유를 침해하거나 제약하는 어떠한 타율적 구속도 받지 않을 것이며 어디까지나 제주도민의 표현 기관임을 자임하고 불변의 사시에 명시된 中正 責任 公益을 위하여 필봉을 꺾을 수 없는 전통과 기개를 확립해 가려는 것입니다.

탄생하기까지에는 수많은 진통과 예기치 않은 기구한 운명을 타고난 본보이기는 하지만 도민의 여망을 받들고 대의를 위하여 소의에 거리끼지 않으며 公을 위하여 私를 돌보지 않을 것이며 도민의 권익을 위해서라면 1당 1파의 이해에 눈감음이 없이 직언을 삼가려 하지 않겠습니다. 비록 초라한 출발이라 하지만 사회의 공기로서 언론 대열 속의 일원일진대 어떤 위무(威武)도 우리를 굴하지 못할 것이며 부귀도 우리를 음(淫)하지 못할 것입니다.

신문이 정치적 흥정의 대상이 되거나, 활자 한자 한자를 이권의 포석으로 삼던 시대는 지났고 그만큼 국민도 현명해졌음엔 틀림없습니다. 다만 정혼(精魂)을 가다듬어 自자분자려(自奮自勵)하겠으나 주어진 여건과 지니고 있는 환경에 따라 국내 초유의 주 2회 신문을 만들려는 고충도 크다 하지 않을 수 없습니다.

바르고 흰 것은 특수층의 식별물(識別物)이 아니고 지금은 시정(市井)의 어수룩한 시민층에서 더욱 잘 느끼게 되어 있기 때문에, 언론이 적어도 어느 일부의 대변자가 되거나 옹호자가 된다면 존재 의의부터 의심받게 되는 것입니다. 더구나 지역적으로 고립되었거나 후진성을 띤 폐쇄된 사회일수록 언론은 자유 이전에 언론 기관의 수효를 따지게 되는 것도 당연한 이치라 보겠습니다.

주 2회 정도의 햇빛을 보이면서 별다른 경천위지(經天緯地)의 재질(才質)은 미치지 못한다 하더라도 도민과 함께 울고 웃고 피부로 느낄 수 있는 도민의 벗으로서의 대변지가 되고 싶을 뿐입니다. 어두운 곳을 비춰 조그마한 길잡이가 되게 하고 썩어가는 곳을 가리어 큰 허물을 덜게 함으로써 지역사회 개발에 온 힘을 쏟는다는 사명감에 있어서는 그 누구에게도 뒤지지 않을 작정입니다. 문제해결의 시각과 사건 인과의 초점을 어느 특수에 두지 않고, 해부의 희생을 어느 특정에 두지 않을 것이며, 다만 향토개발을 위한 봉사에의 의욕만을 한층 돋구어 거시적이고 장기적인 안목에서 현존 상태를 발전시킬 수 있는 뚜렷한 방향만을 좇을 것입니다.

본보는 앞으로 지역사회의 공정을 좀먹는 일체의 부정과 불의를 광정하는 데 온갖 힘을 다하여 창조적이며 생산적인 활동에 횃불이 될 것을 자처하는 바입니다. 사회 발전에 보탬이 될 수 있고 국민생활 향상에 도움이 되는 신문을 만들기 위해서는 경영자나 제작자의 힘만으로는 주체적인 품위 향상을 기할 수가 없으므로, 도민 여러분께서 끊임없는 감시와 편달로 성원해 주시기 바랍니다.

〈제남신문, 1967년 8월 10일〉

2) 편집체제

제남신문은 창간호부터 배대판 4면을 발행했다. 지면 구성은 15단제로 편집하여 11면은 기사로, 4면은 광고란으로 구분했다. 창간 초기 지면별 성격을 보면, 1면은 사설, 국내외 주요 정치뉴스, 기자 칼럼란인 '위성목'과 만평(사회만보) 등으로 편집하고, 2면은 논평란인 '耽羅時言', 인물 탐방 기사인 '생활진맥(生活診脈)', 탐라세시담(耽羅歲時譚), 남제주판으로, 3면은 사회관련 기사, 부엉씨(4컷 만화), 스케치 기사란인 '等外席' 등으로 편집하고, 4면은 문화관련 행사기사와 독자가 투고한 각종 문예, 문학 작품 등으로 편집하였다.

제남신문의 발행호수 현황은 [표 2-5]와 같다. 1980년 12월 27일 폐간된 제남신문은 1987년 8월 1일 상호를 제주매일신문사로 변경하여 존속하였으나 신문은 발행하지 않았다.

[표 2-5] 제남신문 발행 현황

연도	발행호수	비고	연도	발행호수	비고
1967.8.1 ~ 12.28	1~41		1974.1.1.~ 12.27.	661~763	
1968.1.1 ~ 12.30	42~146	10월 7일 이후 월요판 6면 발행	1975.1.1.~ 12.27.	764~867	
1969.1.1 ~ 12.29	147~249		1976.1.1.~ 12.27.	868~972	
1970.1.1 ~ 12.31	250~352	12월 1일 이후 월요판 8면 발행	1977.1.1.~ 12.27.	973~1076	1977.4.7 지령 1000호
1971.1.7 ~ 12.30	353~454		1978.1.1.~ 12.27.	1077~1180	
1972.1.6 ~ 12.28	455~557	1972.6.12. 지령 500호	1979.1.1.~ 12.27.	1181~1284	
1973.1.1 ~ 12.27	558~660	1월 15일 이후 월요판 8면 발행 12월 6일 이후 월요판 4면 감면	1980.1.1.~ 12.27.	1285~1379	

*출처: 제주언론사(이문교, 1997, 286쪽)

한편, 창간 초기 신문제작에 참여한 기성 언론인으로는 주필 겸 편집국장 韓致文, 편집부국장 김종철, 부장 강용삼, 기자 김종주·金詩雄·문학영, 통신사 左春植, 사진기자 金宗胃, 남제주 주재기자 이원창, 상임 논설위원 겸 편집위원 이기형, 상임 편집고문 이덕준·김용수·고영일 등이 있고, 논설위원으로는 김문규·양중해·고봉식(高奉湜)·조문부·남인희 등이 참여했다(제남신문 창간호, 1면). 제1기 수습기자로는 이문교·원춘택·고원식 등이 선발되었고, 수습기자는 1966년 11월 12일 필기시험과 면접시험을 거쳐 선발되었다.

역대 편집국장은 한치문(1967.8), 김인봉(1968.7), 한치문(1968.9), 고영일(1970.4), 강용삼(1972.8), 김종철(1974.3), 고원식(1978.6) 등의 순으로 임용되었다. 그 외의 간부로는 편집부국장 金炅浩, 정경부장 고광태, 취재부장 康天鍾, 편집부장 오성찬, 부장 高翊朝, 사진부장 문두경, 취재부차장 姜東植 등이 있다.

기자는 공개채용과 특별채용으로 임용했는데, 김원민·이철·강용립(康庸立)·이동호·김호태(金鎬太)·서송묵(徐松黙)·양경순(여)·강태수·강정홍·梁祚勳·金德男·康禎晩·홍석표(洪碩杓)·우강식·金永昌·李起昇·李泰成 등이 있다(이문교, 1997).

제남신문의 역대 대표이사에는 고정협(1968.12~1969.8), 康治男(1969.9~1971.11), 강석범(1971.12~1972.2), 양태일(1972.3~1972.4), 鄭義淳 직무대행(1972.5~1972.6), 金瑢洙(1972.7~1974.3), 鄭義淳(1974.4~1977.2), 金潤玉(1977.3~1980.11) 등이 역임하였고, 이들의 평균 재임 기간은 약 1년 8개월이었다. 운영난을 타개하기 위해 자본가를 수시로 영입하다 보니 불가피하게 사장의 재임기간이 짧았던 것으로 보인다.

대표이사 외에 그 동안 경영에 참여한 임원은 상무이사 현상흡(玄商洽), 이사 현영팔·金泰五·김성춘·고태식·문종후·장시영·서상흠(徐相欽)·강보성·문광호·고영은·김성인(金聖儿)·이상철, 감사 강성언·양경욱·조명옥·金柄洽·홍성대·김인묵(金仁黙)·김성홍 등이다.

제 7 장

전두환 정권의 한국 언론정책과 제주언론

"대중은 거짓말을 듣고 처음엔 부정하고 그 다음엔 의심하지만 거짓말을 되풀이하면 결국 믿게 된다. 언론은 정부의 손안에 있는 피아노가 되어야 한다"(김진욱, 1988, 108쪽). 독일의 선전상이었던 요셉 괴벨스(Joseph Gobbels)가 남긴 대중 선전선동에 관한 수많은 명언 가운데 하나이다.

제1절 | 전두환 정권의 언론정책

1979년 10월 16일부터 부산과 마산 등지에서 '유신체제 타도'와 '정치탄압 중단' 등을 요구하는 부마행쟁(釜馬抗爭)이 일어나자, 박정희 대통령은 18일 새벽 0시를 기해 부산일원에 비상계엄을 선포, 이틀 뒤인 10월 20일 정오를 기해 경상남도 마산 및 창원 일원에 위수령(衛戍令)을 발동하였다. 이와 함께 계엄령이 선포된 부산 지역에는 공수부대가 투입되어 시위하는 시민과 학생들을 무력으로 진압하기 시작하였다(21세기 정치학대사전).

부마항쟁이 무력으로 거의 진압될 무렵인 10월 26일 저녁 박정희 대통령이 궁정동 안가에서 차지철 경호실장, 김계원 비서실장, 김재규 중앙정보부장 등과 함께 만찬 도중 중앙정보부장 김재규(金載圭)에게 시해당하는 사건이 일어난다. 이처럼 부마항쟁 직후 1주일도 안 되어 10·26사건이 발발하였고, 탄압 일변도였던 18년에 걸친 공화당 정권의 유신체제도 종언(終焉)을 고하게 된다.

박정희 대통령의 서거 이후 정부는 헌법 제48조 규정에 따라 최규하 국무총리를 대통령 권한대행에 임명하고, 27일 새벽 4시를 기해 제주도를 제외한 전국 일원에 비상계엄령을 선포하였다. 최규하 대통령 권한대행은 이날 비상계엄사령관에 육군 참모총장이던 정승화 대장을 임명하였다.

박정희 대통령의 서거 이후 군부와 공화당, 정부 관료들 사이에서는 권력의 향방을 장악하기 위한 치열한 암투가 전개됐다. 정국이 혼미한 상황에서 대통령 시해 사건의 합동수사본부장을 맡고 있던 전두환 보안사령관을 중심으로 극우 강경 소장파 세력은 좌파 세력의 포섭을 완료하고, 1979년 12월 12일 쿠데타를 일으켜, 대통령과 국방장관의 승인 없이 국방부를 습격하여 정승화 계엄사령관을 체포하고 고위 지휘관을 무력화시켰다(박종수, 2006: 176). 소장파 장교들이 쿠데타 진영에 합류함으로써 전두환 진영은 군부의 모든 실권을 손에 쥐게 되고, 이렇게 새로 등장한 권력의 실세는 신군부라 불리게 된다.

12·12쿠데타를 통해 한국 정치의 주도권을 장악한 전두환을 중심으로 한 신군부는 1980년 3월경부터 정통성 없는 정치권력을 정당화시키고 이를 유지하기 위해 언론을 무력화하고, 저항체질을 순응체질로 전환시켜야 한다는 목표를 세웠다. 이를 위해 그들은 가장 먼저 비판적인 언론인들을 중심으로 대량 해직을 단행했고, 신문과 방송을 의도대로 통제할 수 있도록 언론사를 대폭 축소하고, 강제 통폐합시켰다. 나아가 신군부 세력은 통제의 3단계 조치로 언론기본법을 만들어 언론을 완전히 장악하였다. 또한 언론에 재갈을 물리고 비판언론의 봉쇄를 더욱 확실히 하기 위해 문공부 내에 홍보 조정실(후에 홍보정책실로 명칭 변경)을 설치하고 매일 각 언론사에 보도지침을 내려 보내 보도와 논평을 자신들의 목적대로 통제하였다(여영무, 1989: 42).

1. 언론인의 대량 해직

전두환 신군부의 언론장악은 언론인 강제 해직에서부터 시작되었다. 1980년 언론인 강제해직은 두 차례에 걸쳐 단행되었다. 먼저 1980년 7~8

월에 전국 각 언론사별로 언론인 강제 해직이 진행되었고, 곧이어 같은 해 11월 언론사 통폐합에 따른 대량해직이 또 이어졌다(여영무, 1989: 38).

1차 언론인 강제해직은 한국신문협회와 방송협회, 통신협회 등 3개 단체가 1980년 7월 29일과 31일 두 차례에 걸쳐 〈언론자율정화와 언론인 자질향상을 관한 결의문〉을 발표한 후 8월 2일부터 전국언론사에서 단행되었다. 당시 이 결의는 외형상 자율결의 형식을 취했지만, 신군부의 강압에 의한 것이었고, 결의문 내용도 문공부가 써준 그대로였다. 결의문이 채택되기 이전인 7월 중순경부터 각 언론사주에게는 7월 말까지 기자 전원으로부터 사표를 받으라는 지시가 내려졌다(주동황 외, 1997: 167-168).

당시 신군부 언론대책반이 작성해 문공부를 통해 전달된 언론계 자체 정화계획서에는 반체제·문제 언론인 제거와 언론계의 부조리·부정 억제를 당면 목표로 삼고, 언론계의 반체제 인사, 용공 또는 불순한 자, 이들과 직간접적으로 교류한 자, 편집·제작 및 검열거부 주동자 및 동조자, 부조리·부정부패한 자, 특정 정치인과 유착돼 국민을 오도한 자 등을 해직대상으로 지목했다(박종수, 2006: 179). 이러한 기준에 따라 8월 2일부터 전국 37개 언론사에서 717명이 강제 해직되었다.

1988년 11월 국회 언론청문회에서 이철(李哲)의원에 의해 처음 공개된, 1980년 8월 16일 문공부가 작성했던 「언론인 정화보고서」에 따르면, 보안사가 지목한 강제해직 대상자는 336명이고, 이 중 38명은 언론사의 보류 요청에 의해 구제되어, 최종적으로 해직된 언론인은 298명이었다. 나머지 419명은 언론사 자체정화계획에 따라 해직된 것으로 보고됐다(주동황, 1997: 170). 이때 언론사가 업무직 사원 216명을 자체적으로 해직시켜 전체 해직자는 933명에 달했다.

언론사가 자체적으로 해직시킨 사람은 언론사주의 눈 밖에 난 자이거나 언론사 내부의 파벌싸움 희생자, 봉급이 고액인 고령자들이었다. 결국 언론인 강제해직은 보안사에 의한 해직뿐만 아니라 언론사주의 끼워넣기 식 자체해고가 곁들여진 결과로, 신군부 세력과 언론사주의 이해관계가 맞아 떨어지면서 단행되었다고 볼 수 있다(채백, 2012: 521).

매체별 해직현황을 보면, 중앙 7개 일간지 265명, 서울 5개 방송사 219명, 2개 통신사 22명, 4개 경제지 57명, 4개 특수통신사 34명, 지방지 14개사 235명, 문화방송 지방사 89명, 기타 2명 등으로 나타났다.

이러한 기자들의 강제해직 사태에 이어 문화공보부는 7월 31일자로 일간지를 제외한 172종의 정기 간행물의 등록을 취소하였다. 대상은 각종 비위·부정·부조리 등 사회적 부패 요인이 되는 간행물, 음란·저속하거나 범죄 및 퇴폐적 내용 특히 청소년의 건전한 정서에 해로운 내용을 게재한 간행물, 계급의식을 강화·조장하고 사회 불안을 조성해 온 간행물 등이었다.

이러한 간행물들은 전체 정기 간행물의 12%에 달했다. 신군부는 '사회정화'라는 명분을 내세웠지만, 이 가운데에는 〈기자협회보〉, 〈월간중앙〉, 〈창작과 비평〉, 〈뿌리깊은 나무〉, 〈씨알의 소리〉 등 사회적으로 큰 영향력을 갖고 있던 정론성 잡지도 대거 포함되어 있었다. 이처럼 등록이 취소된 간행물 가운데에는 부조리나 풍속 파괴, 계급의식 강화·조장, 발행 실적 미달이 아닌 것으로 판단되는 간행물도 있어 당국에 의한 언론 통제의 일환이라는 점에는 의심의 여지가 없다(박종수, 2006: 180).

2. 언론통폐합

2차 언론인 강제해직은 1980년 11월 언론 통폐합에 따른 것이다. 방송사 통폐합으로 모두 1천여 명이 민간방송에서 KBS로 적을 옮겼는데, 이 과정에서 직장을 잃게 된 언론인과 지방언론사의 1도1사제 도입, 지방주재기자 제도의 폐지 등으로 대거 해직된 언론인들이 여기에 포함된다. 이와 같은 언론사 통폐합 과정에서 해직된 언론인은 모두 305명에 이르는 것으로 알려져 있다(채백, 2012: 522).

언론통폐합은 보안사 언론대책반과 국보위 문공분과 위원회가 주도하였다. 1980년 11월 12일 언론통폐합 대상인 언론사 대표들은 보안사에 소환되어 언론통폐합 통고를 받고 이를 수락하는 각서에 서명하였다. 이틀 후인 14일 한국신문협회와 한국방송협의회는 합동으로 언론기관 통폐합을 추인하는 결의문을 채택하였다.

언론통폐합 조치의 골자는 중앙 일간신문사의 정비 및 재편, 지방 신문사의 1도(道)1지(紙) 원칙, 통신사의 통합과 단일화, 신문과 방송의 경영분리 원칙, 방송의 공영화 등이었다. 언론 통폐합 조치에 따라 정리된 내용은 다음과 같다(박종수, 2006: 181-182).

1. 7개 중앙 종합지 중 신아일보가 경향신문에 흡수 통합
2. 4개 경제지 중 서울경제가 한국일보에, 내외경제가 코리아헤럴드에 흡수
3. 1도1지 원칙하에 대구의 영남일보가 대구매일신문에 흡수, 부산의 국제신문이 부산일보에 흡수, 경남 진주의 경남일보가 마산의 경남매일신문에 흡수(후에 경남신문으로 개제), 광주의 전남매일신문이 전남일보에 흡수(후에 광주일보로 개제)
4. 통신은 합동통신과 동양통신이 합병해 연합통신으로 발족하였으며, 기타 시사·경제·산업 등 군소 통신사는 폐사
5. 방송은 민영 방송을 폐지하고 공영 방송체제로 바꾸어 한국방송공사와 문화방송 두 채널로 이원화. 중앙일보의 자매 방송인 동양방송과 동아일보의 자매 방송인 동아방송은 한국방송공사에 통합, 기독교 방송은 보도요원이 모두 한국방송공사에 통합되고 선교 방송만 허락

이로써 1990년대에 민영방송의 부활 등 새로운 방송 체제가 들어서기까지 한국방송공사와 문화방송 양대 공영방송이 방송시장을 독과점하는 체제를 형성하게 되었다. 방송매체의 통합·조정된 결과는 [표 2-6]과 같다.

신문·방송·통신에 대한 통폐합에 앞서 1980년 7월 31일자로 172종의 정기 간행물의 등록 취소를 단행한 바 있으며, 11월 29일에는 66개의 정기 간행물이 추가로 등록 취소되었다. 11월 12일부터 시작된 언론 통폐합은 11월 30일 경에 마무리되었다. 이 조치는 1980년 12월 1일부터 시행되었으며, 이는 우리나라 언론사에 있어 전무후무한 사건이었다.

[표 2-6] 통합·조정된 방송사 일람표

회사명	대표자	개국일	내용
동아방송	최호	1963년 4월 25일	KBS에 흡수·합병
동양방송	홍두표	1964년 5월 9일	〃
전일방송	김종태	1971년 4월 24일	〃
서해방송	문영배	1969년 10월 2일	〃
한국 FM	이무일	1971년 4월 25일	〃
기독교방송	김관석	1954년 12월 15일	복음 방송만 전담
문화방송	이진희	1961년	지방 21개 방송사(지방국, 가맹국 15개)의 소유 주식 51%를 인수해 계열화시킴(부산문화, 부산문화TV, 춘천, 원주, 강릉, 청주, 삼척, 충주, 대전, 대구, 포항, 안동, 울산, 마산, 마산TV, 진주, 전주, 광주, 목포, 여수, 남양)
한국방송공사	이원홍	1973년 3월 3일	문화방송의 소유 주식 70%를 인수함 - 텔레비전: 제1TV, 제2TV, 제3TV - 라디오: 제1방송, 제2방송, 제3방송, FM 방송(제1FM, 제2FM, 부산FM, 대구FM) - 사회 교육 방송(제1방송, 제2방송) - 해외 방송(9개 국어 → 12개 국어 방송)

*출처: '한국 방송 70년사', 619쪽.

언론통폐합 후 전국의 63개 언론사(신문 28, 방송 29, 통신사 6) 중에서 신문 11개(중앙지 1개, 경제지 2개, 지방지 8개), 방송 27개(중앙 3개, 문화방송계열 21개), 통신 1개(종합통신 2개를 1개로 통합)로 축소 조정되었다(여영무, 1989: 44).

언론통폐합으로 전국의 신문 숫자는 대폭 축소되었고, 이로 인해 살아남은 신문들의 시장점유율은 크게 증가하였다. 뿐만 아니라 조간과 석간의 비율이 균형적으로 조정되어 중앙지나 경제지는 각각 신문시장을 양분하면서 일종의 과점체제를, 그리고 1도1사로 통폐합된 지방지는 지역신문시장에 대한 독점체제를 누리게 되었다. 새로운 신문의 시장 진입도 전혀 없었으며 조석간 발행의 변동도 없었고, 신문카르텔이 존속했기 때문에 살아남은 신문기업들은 안정된 시장구조 속에서 괄목할 만한 성장을 이룰 수 있었다(채백, 2012: 525).

언론 통폐합 조치의 명분은 언론기관의 과점화와 특정 개인이나 영리 법인에 의한 신문·방송의 겸영 현상에 따른 폐해를 없앰으로써 언론의 공익성을 강화한다는 것이었지만, 그 내막은 정통성 없는 전두환 신군부 세력이 자신들의 통치를 유리하게 이끌어가기 위한 것이었다.

3. 언론기본법(1980.12.31~1987.11.11)

전두환 신군부의 언론장악 계획은 언론통폐합이 한창 진행되던 1980년 12월 31일 국가보위입법회의에서 언론기본법을 통과시킴으로써 일단락되었다. 계엄령 하에서 해산된 국회를 대신한 '국가보위입법회의'에서 제정된 이 법은 7개장으로 나뉜 전문 57조와 부칙 4조로 구성되어 있다. 이 법의 제정으로 이전에 시행되던 '신문·통신 등의 등록에 관한 법률'(1963.12.12), '방송법'(1963.12.16), 1964년에 제정된 이후 시행이 보류되어 왔던 '언론윤리위원회법'(1964.8.5)이 자동 폐기되었다.

언론기본법은 제1조에서 "국민의 표현의 자유와 알권리를 보호하고 여론형성에 관한 언론의 공적 기능을 보장하는데…" 이 법의 목적이 있음을 밝히면서, '언론의 공적 책임'(제3조)을 특히 강조하고 있지만, 사실상 곳곳에 언론자유를 위축시키고 규제하는 독소조항을 담고 있었다. 이를테면, 위법한 표현물의 압수(제7조), 언론의 주의 의무(제9조), 법인만이 언론사업에 참여할 수 있게 했고(제11조), 신문·방송·통신 중 2종 이상의 매체를 겸영할 수 없게 했으며(제12조), 사실상 허가제나 다름없는 정기간행물의 발행 등록제(제20조)와 시설기준(제21조)을 둠으로써 일정한 시설기준을 갖춘 자만이 정기간행물을 발행할 수 있도록 제한한 조항 등을 들 수 있다. 이는 높은 수준의 진입 장벽을 보장해 줌으로써 기존 사업자들에게 일종의 특혜를 준 것이나 다름없다.

언론기본법의 규제대상은 신문, 통신, 방송 외에도 '동일한 제호로 연 2회 발행되는 계속적인 간행물'(제5조 2호)로 규정하여, 연 2회 이상 동일제호로 발행되는 유인물이나 영세한 간행물도 모두 규제대상이었다. 특히 제24조(등록의 취소 등)는 문화공보부장관이 신문 통신의 등록을 취소하거나, 그 발행정지를 명령할 수 있도록 독소조항을 두어 언론자유를 제한할 수 있도록 했다. 이러한 규정은 언론의 본질적인 내용을 침해할 수 없도록 명시하고 있는 헌법의 기본정신에 배치되는 것이다(정진석, 1987: 8).

언론기본법은 또 새로운 제도로서 언론기관에 의한 명예훼손 구제방법으로 정정보도청구권을 신설하고, 언론인의 정보청구권(제6조), 그리고 취재원의 보호(제8조)를 위한 진술거부권 등 언론보호를 위한 조항을 담았으나 자의적 해석이 가능한 유보조항 때문에 실질적인 효과를 기대하기는 어려웠다(금장환, 28쪽).

광범위한 규제 조항을 담고 있는 언론 규제에 관한 일반법이라는 성격을 지닌 이 법은 그 존속 기간은 짧았지만, 언론통폐합 이후 언론계에서 쏟아져 나오는 각종 불만과 요구사항을 제도적으로 통제하는 전두환 정권의 무기가 되었다.

이 기본법은 1980년대 우리나라 언론이 독립적인 위치에서 다양하게 자유주의적 언론의 본래적 기능을 다했다기보다는 언론기본법 테두리 안에서 체제유지에 기여했다는 비판을 면할 수 없게 만들었다. 즉, 언론은 감시기능과 의견 및 쟁점 제시, 비판기능보다는 책임성이라는 명분 아래 전두환 체제의 동반자적 역할을 수행할 수밖에 없었다(정진석, 1987: 8).

이러한 언론기본법에 대한 개폐(改廢) 요구는 1980년대 전반부터 꾸준히 전개되었다. 1986년 4월 18일 한국일보기자들의 '우리의 결의'를 시작으로 같은 해 6월에 이르기까지 약 2개월 동안 중앙지 6개사 및 1개 통신사, 그리고 지방지 3개사 등 모두 10개 언론사의 일선기자들이 언론자유 수호를 결의하고, 국민의 알 권리에 부응하고 공정하고 진실한 보도를 할 것을 다짐했다.

이후 언론계의 언론기본법 폐지운동이 본격화되자, 1987년 '6·29선언' 이후인 11월 11일 국회는 언론기본법을 폐기하고 '정기간행물 등록 등에 관한 법률'과 '방송법', '한국방송공사법' 등을 통과시킴에 따라 언론기본법은 악법 중의 악법으로서의 생애를 마감했다.

6·29선언 이후 한국 언론은 자유경쟁체제에 돌입하게 되었다. 정부가 발행의 자유를 시장기능에 맡겨 허용함으로써 다양한 신문과 잡지가 새롭게 출현할 수 있게 되었으며, 신문 편집과 방송의 편성 자율성이 상당 부분 확보되었다.

한편, 1980년 언론통폐합 이후 언론기본법이 시행되면서 몇 개의 새로운 법정 단체들이 설립되었다. 이전까지는 신문협회, 편집인협회, 기자협회 등 3개 기간단체와 방송협회, 신문윤리위원회, 방송윤리위원회 등이 있었다.

언론기본법은 방송위원회(제34조), 방송심의위원회(제37조), 그리고 언론중재위원회(제50조)를 두도록 명시하고 있다. 이밖에 언론인의 능력 및 자질 향상을 위한 언론인 연수의 규정(제18조)에 따라 기존의 신문연구소를 해체하여 언론연구원을 새롭게 발족하였고, 이 법과 별도로 한국방송광고공사법(1980.12.31)이 제정되어 방송광고공사가 설립되었다(정진석, 1987: 23). 이들 다섯 개 언론단체들은 언론기본법의 정신을 구현하는 것을 전제로 한 사업과 운영을 하고 있으며, 운영재원은 모두 방송광고공사의 수익금에서 나오고 있다.

언론통폐합과 구조개편 이후 언론인들에 대한 각종 혜택이 늘어나고 처우가 개선된 것도 두드러진 현상이었다. 언론인들의 급료는 1980년 이후 타 기업체와 비교해도 손색이 없을 정도로 개선되었다. 이는 1980년대에 들어 언론기업의 경영이 크게 호전되면서 기자들의 처우가 개선된 것과 함께 방송광고공사의 공익자금에 의한 각종 복지 혜택과 언론인에 대한 세제 혜택 등이 복합적으로 작용한 데에서 그 원인을 찾을 수 있다.

언론인의 복지사업은 1974년 12월에 재단법인으로 창립된 한국언론인금고가 언론인들에게 저리의 융자를 제공한 것이 처음이었는데, 1981년 1

월에 창립된 한국방송광고공사는 언론인해외연수(현재는 언론연구원에서 실시) 및 해외시찰, 언론인자녀 학자금 지원 등의 혜택을 주고 있다. 정부는 대통령령 제10665호 '소득세법시행령중 개정령'에 따라 취재활동을 위한 취재수당에 대해 소득세를 면제시켜주고 있다(정진석, 1987: 23).

4. 보도지침을 통한 여론조작

전두환 신군부는 언론인 강제해직, 언론사 통폐합, 언론기본법 제정 등에 머물지 않고 〈보도지침〉을 통해 보도내용을 직접 통제하였다. 그러나 이미 정권에 길들여진 제도언론은 자유주의를 표방하는 민주사회에서는 도저히 상상조차 할 수 없는 이러한 통제에 아무런 저항 없이 유유낙낙 순종하고, 오히려 여론조작 등을 선도하며 국민의 눈과 귀를 멀게 하는데 앞장섰다.

이 보도지침의 존재가 공식적으로 세상에 알려진 것은 전두환 정권의 막바지였던 1986년 9월 6일 민주언론운동협의회(이하 언협)가 펴낸 〈말〉지 특집호를 통해서였다. 〈말〉지 특집호는 〈보도지침이란 어떤 것인가〉라는 제목으로 다음과 같이 보도하였다(민주언론운동협의회 편, 1988: 244).

> 이 「보도지침」(홍보조정지침)은 문화공보부 홍보정책실이 하루도 빠짐없이 각 언론사(편집국과 보도국)에 은밀하게 '시달'하는 보도통제 '가이드라인'이다. 홍보정책실은 이 「보도지침」 속에서 '가(可), 불가(不可), 절대(일체)불가'라는 전단적(專斷的) 지시용어들을 구사하면서 사건이나 상황, 사태의 보도여부는 물론, 보도방향과 보도의 내용 및 형식까지 구체적으로 결정, 시달한다. 또 이 지침을 충실하게 따르는 제도언론(신문)은 취재한 뉴스의 비중이나 보도가치에 구애됨이 없이 '절대불가'면 기사를 주저없이 빼고 '불가'면 조금 미련을 갖다가 버리며 '가'면 안심하고 서둘러 싣는다. 이 같은 빈틈없는 지시와 충실한 이행과정 속에서 우리 주변은 '있는 것이 없는 것으로, 없는 것이 있는 것으로' 둔갑하는가 하면 '작은 것이 큰 것으로, 큰 것이 작은 것으로' 뒤바뀌는 어이없는 대중조작이 끊임없이 되풀이되고 있다.

전두환 정권은 이 〈보도지침〉에 대한 정보를 언협에 제공한 한국일보의 김주언 기자와 언협의 사무국장 김태홍씨, 언협간부 신홍범씨 등 관련자 3명을 구속해 국가보안법 위반 등의 혐의로 기소하고 다른 관련자들을 수배했다. 1심 재판에서는 집행유예 등 유죄를 선고했으나 이후 9년여가 흐른 1995년 대법원은 이들에 대해 무죄 확정 판결을 내렸다. 〈말〉지를 통해 세상에 공개된 이른바 이 〈보도지침〉은 국제적으로 엄청난 충격을 주었다.

그러나 보도지침을 시달한 곳은 중앙정보부와 홍보조정실에 그치지 않았다. 보도지침은 청와대는 물론이고 보안사, 안기부, 국방부, 문공부 등 정부 각 부처를 통해 수시로 하달됐다. 특히 전두환 정권 때는 홍보조정실에 언론인 출신들을 기용하는 이언제언(以言制言) 수법을 활용했다.

보도지침의 지시방향은 매우 구체적이었다. 'Hold'나 '보도 불가' 등은 가장 많이 사용된 지시어였고, 이외에도 '눈에 띄게', '조그맣게', '적절하게', '조용히' 등 다양한 지시어를 사용했으며, 기사나 제목의 크기, 제목에 들어갈 표현까지 지정했다. 또한 특정인의 사진을 싣지 말라거나 스케치 기사 혹은 가십(gossip) 기사를 쓰지 말라는 지시도 있었다. 한 예로, 1986년에 발생한 '부천서 성고문 사건'의 경우, '운동권 학생들은 성을 혁명 도구화한다'는 공안당국의 발표내용을 쓰고, 제목에 '부천서 사건'으로 쓰라고 지시하기도 했다.

보도지침의 내용을 보면, 주로 야당이나 재야, 학생 등 민주화운동 세력을 깎아내리거나 비난하도록 하고, 학생 시위에 대해서는 과격성과 이념성을 부추기도록 지시함으로써 여론을 조작했다. 반면, 여당에 대해서는 우호적으로 보도할 것을 강요하고, 특히 대통령 등 정부 고위인사에 대해서는 적극적으로 홍보하도록 지시했다. 공산권 국가나 북한 관련 보도는 거의 보도하지 못하게 하고, 북한을 비난하는 기사를 쓰도록 하여 '반공이데올로기'를 전파시켰다. 또한 미국과의 통상협상 등에 대해서는 저자세로 대응하면서 미국의 민주화 압력에 대해서도 철저하게 보도를 통제했다. 물론 군 관련 뉴스나 정부 고위층의 부패도 보도관제 사항이었다(김주언,

2008: 416-417).

보도지침으로 인해 당시 전국에서 발행되는 신문의 1면 보도내용을 비교해 보면, 중앙일간지, 지방신문 할 것 없이 그 보도내용이 판박이처럼 거의 비슷했다. 제주신문의 보도내용도 마찬가지였다.

1985년 10월 19일부터 1986년 8월 8일까지 약 10개월 동안 문공부 홍보조정실에서 각 언론사에 시달한 584개항의 보도지침 내용 가운데 일부를 추려 나열해보면 다음과 같다.

[표 2-7] 보도지침 전문(全文) (85년 10월 ~ 86년 8월)

보 도 지 침
85년 10월 **"농촌 파멸 직전" 보도하지 말 것** 10. 19. ▲ 최근 연행, 억압사건에 관한 건 ① 김영삼, 이민우 민추협 사무실에서 기자회견. ② 이 회견과 합류하려던 김대중, 문익환, 송건호씨 등 재야인사, 가택연금. ③ 이 회견과 관련한 미국무성 논평. 이상 3건은 일체 보도하지 말 것. ▲ 북한 부주석 박성철, 유엔서 연설. ① 오늘 아침 조간 수준의 내용으로 하되 스케치성 기사는 보도하지 말 것. ② 박의 연설 중 △"남북대화, 유엔 동시가입, 리셉션 취소" 등은 보도해도 좋음. △"한반도에서의 외세추방, 정치·군사동맹 가입 반대, 비핵지대 설치, 외채 해결기구 설립" 등은 보도하지 말 것. ※한국 특파원들과 일문일답 내용도 보도하지 말 것. ▲ 중공인 2명 대만 보낸 것, AFP보도 내용은 게재 말 것.(18일 인천서 보냄) 내일 외무부서 발표 예정. ▲ 국회관계 ① 김한수의원(신민) 질문 중 △김근태(「민주화운동청년연합」전의장), 허인회(고대 총학생회장) 등 고문행위 △광주의 홍기일에 이어 경원대의 송광영군 분신자살, 서울대 오정근의 의문의 자살 △올들어 농민 연 32회, 15,000명 시위, 이는 동학한 이래 최대의 농민저항 △국민의 95%가 군부통치 아닌 문민통치 희망 / 이상의 내용은 보도하지 말 것. ② 신민서의원(국민) 질문 중 △농촌 파멸 직전, 매년 60만명이 이농 △"정부가

광부들을 살인하고 있다" 등의 내용은 보도하지 말 것.

10. 20.

▲ 대통령, 민속박물관, 현대미술관 시찰. 충실하게 보도해 주기 바람.
▲ 기능올림픽 6연패. 특히 일본서 올린 쾌거이므로 크게 보도요망.
▲ 한미무역마찰. 기사나 제목 내정하게 다뤄 줄 것. 가급적 1면 톱을 피해 주었으면 좋겠음. 내주에 브리핑 예정.
▲ 북한, 국회회담(11월 초) 제의. 발표 때까지 보도하지 말 것.
▲ 민족중흥동지회/고 박대통령 6주기 추도행사, 사면에 크지 않게(사진도 크지 않게) 보도할 것. 특히 '민족중흥동지회 주최'라는 표현이나 제목은 뽑지 말 것.
▲ 월드컵 축구 예선 1차 한·일전에서 승리해 대통령이 선수단에게 전화했으니 1면 톱기사로 써주었으면 좋겠음.
▲ 일본 요미우리 신문 / "뉴욕서 노신영·박성철 회담 위해 양측 실무자 비밀회담, 한국이 응하면 이루어 질 것" 이 내용은 보도하지 말 것.

특파원들 기사 빨리 사전검열 받을 것

10. 21.

▲ 한국은행이 발표한 "지난 4개월 경상수지, 계속 흑자" 1면 톱기사로 다뤄 주기 바람.
▲ 국회 대법원장 탄핵안. →(해설생략)
① 제안설명 등 요지, 별도 기사로 싣지 말 것.
② 요지 등은 스트레이트(사실보도)기사 속에 포함시킬 것.
③ 기사 단수는 적게(가급적).
▲ 신민당 개헌시안 마련. / 내일 정무회의에서 확정될 때까지 일체 보도하지 말 것.
▲ 노신영총리, 유엔연설(한국시간 22일 오전 5:45~6:00) (현지시간 21일 오후에 17번째로) 연설전문 미리 배포할 것이니 23일자 신문에 취급할 것.
▲ 유네스코 쏘피아 총회 관계 / 특파원들의 총회 결산 기사는 비정치적 풍물 등 섞어서 15매 한으로 허용, 가급적 빨리 사전심사(검열) 받을 것.

10. 22.

▲ 노신영 국무총리 유엔 연설. / 외교 및 통일정책에 관한 우리 입장 재천명, 대외적 선언의 의미가 있으므로 반드시 1면 톱기사(사진넣어)로 보도할 것. 간지에 요지와 해설보도 바람.

야당 질문은 내용 빼고 '그저 했다'로 보도할 것

▲ 국회 송천영의원(신민)질문 대목.→ 일부 문제된 독한 내용을 뺐다고 하나 나머지 내용도 기사나 발언요지 보도에 넣을 수 없는 내용이므로(유언비어의 집대성)

그저 했다는 정도로 보도하기 바람.

▲ 신민당 정무회의 개헌시안 확정. 긴략하게 1단으로 보도하기 바람.

10. 23.

▲ 국회 대정부 질문(경제부문).

① 자극적인 내용은 제목이나 발언요지 보도에 넣지 않도록.

② 발언 요지 보도량도 많지 않게.

10. 24.

▲ 노신영 총리, 박성철 만난 것(뉴욕).

① 1단으로 보도할 것. 톱기사로 올리는 것은 너무 크니 1단기사가 적당. 양자 만난 것에 의미를 부여하지 말 것.

② 정총리 공보관, 남북회담에 관한 현지해명이나 코멘트(논평)는 1단 기사로 보도할 것.

▲ 미, 북괴학자 3인에게 비자 발급. 사실 보도만 할 것. 해설기사는 쓰지 말 것. 북한학자 인터뷰, 스케치, 논문 내용도 보도하지 말 것. 학술회 자체는 보도해도 무방. 민간레벨의 한·미·북한 3자 회동이라는 식으로 보도하지 말 것.

▲ 대사 3명 임명. / 각의 통과했으나 대통령 재가가 아직 안나왔으니 재가가 날 때까지 보도 보류.

▲ 김영남 북괴 외상. 뉴욕서 회견. / "88올림픽 공동개최 안되면 동구불참 권유할 것"이라는 내용은 보도하지 말 것.

▲ 국회, 오늘 발언자 중 김봉호의원(신민)질의 중

① 우리 나라에는 군, 재, 지 등 3벌이 있다.

② "도시민의 저항은 데모와 폭력이고 농촌, 농민의 저항은 자살과 죽음이다"라는 발언내용은 삭제할 것.

③ 선경의 유공 주식 매입경위 등에 대한 추궁은 보도하지 말 것.

▲ 서울에 와 있는 공산권 선수들, 인터뷰하지 말 것.→(해설생략)

"국회의원 미행, 도청 말라" 보도하지 말 것

10. 25.

▲ 국회 야당 의원 보좌관 3명의 검찰 소환으로 국회가 유회, 공전된 것.→(해설생략)

① 스트레이트 3~4단 기사로 보도할 것.

② 스케치기사는 안되고 해설 박스기사는 좋음.

③ 야당 의원들의 의사진행, 신상발언 등을 모은 박스기사는 보도하지 말 것.

▲ 재미 박한식 교수가 중국 하르빈-여순 등 안중근 의사가 있었던 감옥 사진을 독립기념관에 기증했는데 독립기념관 개관할 때까지 보도하지 말 것.

▲ 이재형 국회의장 "정부는 국회의원을 미행, 도청, 잠복하지 말라"는 표현은 보도하지 말도록.

10. 28.
▲ 국회부의장 선출. / 여당 때문에 혼선이 있는 듯한 보도는 삼가할 것.
▲ 미 조지워싱턴대 학술세미나/ 북괴학자 논문을 인용보도하지 말 것. / 세미나가 열렸다는 것과 누가 누가 참석했다는 것만 보도할 것.
▲ 일본 산께이 신문의 시바다 논설위원이 쓴, "한국의 개헌주장, 성급하기 그지 없다"는 내용의 사설은 눈에 띄게 적절하게 보도해 주기 바람. → (해설 생략)

김근태 출신배경 반드시 넣을 것
10. 30. **주일대사 '일본 천황 방한초청'보도하지 말 것**
11월 '군부집권 가능성 20%' 보도하지 말 것
11.1. 보안사, 간첩사건 발표, 크게 보도 요망

*출처: 『말』 특집호: 보도지침 원문(민주언론운동협의회 편, 1988: 250-355).

제❷절 | 제주언론에 미친 영향

전두환 신군부의 언론정책은 제주언론에도 많은 영향을 미쳤다. 첫째, 언론통폐합 과정에서 제남신문이 폐간되었다. 둘째, 제주신문의 경영주가 김선희에서 김대성으로 교체되었다. 신군부 세력은 17년동안 제주신문을 경영해 온 김선희 사장을 1980년 11월 16일 강제로 사퇴시키고, 후임대표이사 사장에 군부세력을 등에 업은 37세의 김대성(金大成)을 선임토록 하였다. 기록에 따르면, 당시 제주 보안대의 金모 대령과 白모 중령이 김선희 사장에게 "후임 제주신문 사장으로 김대성을 앉혀야 제주신문의 문제가 모두 마무리 될 것"이라며 회유 협박했다(진성범, 1997: 408). 참고로 김대성은 김선희 사장 누님의 아들이다. 셋째, 제주지역에서도 많은 언론인들이 강제로 직장을 떠나야 했다.

1. 언론인 24명 강제 해직(직원 포함 총 47명)

1980년 전두환 신군부 세력의 언론인 강제해직은 언론계 정화를 명목으로, 신군부에 비협조적인 언론인을 제거하는데 주안점을 두고 총 933명을 언론사에서 쫓아냈다. 해직기자들은 거의 대부분 계엄사의 검열거부를 주도했던 기자와 신군부에 반대 입장을 표명했던 기자들이었다(김주언, 2008: 79).

언론인 강제 해직에 앞서 각 언론사에는 보안사로부터 기자 전원의 사표를 받도록 하라는 지시가 내려가 있었고, 해직 절차는 이미 제출된 사표를 수리하는 형식으로 처리되었다. 당시 보안사에서 내세운 언론인 해직의 목표는 반체제·문제 언론인 제거와 언론계의 부조리·부정 척결, 국익우선의 언론 풍토조성 등 3가지였다. 또 구체적인 정화대상 사유로는 ① 반체제 인사, 용공 또는 불순한 자, 또한 이들과 직간접적으로 교류한 자, ② 편집 제작 및 검열거부 주동 및 동조자, ③ 부조리·부정·부패한 자, ④ 특정 정치·경제인과 유착되어 국민을 오도한 자, ⑤ 기타 사회의 지탄을 받은 자 등 다섯 가지를 들었다(한국기자협회·80년 해직 언론인협의회 공편, 1997: 528). 이 지침에 따라 8월 4일부터 제주지역에서 강제해직된 언론인은 △ 제주신문: 최현식 편집국장, 강병희 사회부장대우, 김영훈 체육부 차장(8월 7일자), 김지훈 편집국장 대리와 김규필 편집부국장(8월 13일자) △ 제남신문(주간지): 기자 이태성, 수습기자 고영우 △ 제주MBC: 보도부 차장 白興官, 기자 양석완(梁碩完), PD권재효(權在孝), 고응열(高應烈, 기술위원), 변안일(邊晏一, 부장급), 玄彰憲(기술부 사원), 李鍾植(운전기사), 문정권(용원) △ 제주KBS: 이윤도 기자, 정년 6개월을 앞둔 高世赫 성산송신소 차장 등이다.[21]

제주MBC의 경우, 해직자 8명 가운데에는 보도나 방송 제작을 직접 담당하지 않은 업무사원 5명도 포함되었다. 타 지역에서와 마찬가지로 제주도에서도 강제 해직된 언론 종사자에 수습기자나 언론인이 아닌 업무직과 운전기사, 용원까지 포함되어 있다는 사실에 대해 일부 해직자는 계엄사의 강요에 의한 것이 아니라 해당 언론사에서 이를 빌미로 자체적으로 끼워 넣어 강행한 해직이었다는 주장도 있다.

21) 제주에서의 언론인 강제해직 관련 내용은 거의 대부분 이문교의 저서 〈제주언론사〉의 383~384쪽에서 인용하였음.

제주도내에서의 언론인 2차 해직은 1980년 11월 27일 제남신문의 폐간 조치에 따른 것이다. 통폐합 과정에서 제남신문이 갑자기 문을 닫게 되어 전 임직원 30명이 해직되었다. 편집국 요원으로는 강용삼 논설주간, 고원식 편집국장, 김경호 편집부국장, 오성찬 편집부장, 康天鍾 취재부장, 문두경 사진부장, 姜東植 취재부차장과 김영창, 우강식, 이기승, 고임순 기자 등 13명이 해직되었다. 업무국은 김학림 국장 등 7명, 공무국은 김정남 국장 등 10명이 해직되었다.

2. 남양문화방송의 경영권 박탈

1980년의 언론사 강제통폐합은 제주지역 방송계도 예외가 될 수 없었다. 지방의 21개 문화방송사들과 마찬가지로 남양문화방송의 주식 51%가 서울문화방송(MBC)으로 넘어가는 과정을 진성범(1997: 410-411)은 다음과 같이 기록하였다.

> 1980년 11월 12일 저녁 6시 30분. 제주시 연동에 자리한 남양문화방송국에 지프를 탄 일단의 무장국인들이 들이 닥쳤다. 이들은 제주보안부대 소속 장병들이었다. 이들은 박태훈(朴泰勳)사장이 일본출장으로 자리를 비운 것을 알고는 그의 넷째아들 박옥규(朴沃圭)업무부장을 수배했다. 그리고는 그들은 급히 불려온 박부장에게 「상부의 긴급지시」라며 경영권 포기각서에 서명날인토록 요구했다.
>
> 그 내용은 대략 다음과 같은 것이었다.
>
> 『본인은 새시대를 맞아 국가의 언론정책에 적극 호응하여 본인이 사장으로 돼있는 ○○회사를 다음과 같이 조치할 것을 다짐하여 이에 각서하며, 이 각서에 의한 조치에 대해서는 여하한 방식에 의해서도 일체의 이의를 제기하지 않겠습니다 …』
>
> 박부장은 일단 『자신이 대표이사가 아니므로 어쩔 수 없다』고 버텼다. 군인들은 『본부로부터 오늘밤 8시까지 이 각서에 서명날인을 받아 서울로 보내라는 지시를 받았다』며 몰아세웠다. 박 부장은 위압적인 분위기에 더

이상 버티지 못해 박 사장이 출장 중인 오사카로 전화를 걸었다. 그리고는 참담한 심경으로 각서 문안을 읽어 내려가면서 이쪽의 공기를 대충 전했다. 박부장은 끈덕지게 물고 늘어지는 군인들의 위세와 강압에 짓눌려 끝내 각서 문안에 인장을 찍게 된다.

이틀 뒤인 1980년 14일 오후 5시 서울 코리아나호텔에서 전국방송사 대표들로 구성된 한국방송협회 임시총회가 열렸다. 전권을 장악한 신군부가 이른바 「자율결의」란 미명아래 언론통폐합을 가시화하는 총회였다.

이렇게 해서 도내 최초의 민간방송인 남양문화방송은 박사장의 소유 주식 상당부분을 주식회사 문화방송(MBC) 본사에 넘기게 됐다.

당시 제주남양문화방송의 주식은 총 22만 3천 6백 30주(액면가 1천원)였다. 이중 박사장의 지분은 35.8%에 해당하는 것을 「감정가격」에 넘기도록 압력을 가했다. 결국 박사장의 주식은 액면가인 3억여원에 강압적으로 양도됐다. 이렇게 해서 MBC본사가 제주의 주식 51%를 점유하게 됐다. 이와 함께 남양문화방송의 사명(社名)도 제주MBC로 바뀌게 됐다. 주식을 넘겨받은 11월부터 MBC본사는 인사·예산 등의 동결조치를 취했다. 그런 후 박사장의 임기가 끝남과 동시에 서울에서 사장을 발령해 내려 보냈다.

방송공영화라는 미명하에 단행됐던 방송통폐합 조치는 결국 언론통제를 강화하려는 군부 집권세력의 발상에서 전개되었던 것이었다.

하지만 6공들어 언론통폐합이 불법으로 드러나면서 이의 원상회복을 요구하는 소송이 줄을 이었다. 1980년 당시 제주MBC 대주주는 지난 1989년 서울지법 남부지원에 MBC 본사를 상대로 주식인도 청구소송을 제기, 1990년 11월 승소판결을 받았다. 그러나 서울고법에서는 공소시효가 만료됐다는 이유로 패소 판결을 내렸다.

한편, 방송사의 통폐합 과정에서 MBC 본사는 지방 21개 방송사(부산문화, 부산문화TV, 춘천, 원주, 강릉, 청주, 삼척, 충주, 대전, 대구, 포항, 안동, 울산, 마산, 마산TV, 진주, 전주, 광주, 목포, 여수, 남양)의 주식 51%를 각각 인수하여 지방망을 계열화시키고 경영권을 갖게 됐다. 이러한 통폐합 조치 속에서 방송을 공영화시킨다는 명분으로 서울의 문화방송 주식의 70%가 KBS로 넘어가게 된다. 이렇게 하여 KBS와 MBC를 두 축으로 하는 정부주도형 공영방송체제가 완성되었다.

3. 김선희 사장의 제주신문경영권 포기

언론인 대량학살에 이어, 1도1사 언론통폐합 바람이 매섭게 불던 1980년 11월 13일 김선희 사장이 제주공항에서 경찰에 전격 연행되었다. 14일 서울 신문회관에서 열리는 한국신문협회 임시총회에 참석키 위해 상경하려던 길이었다(진성범, 1997: 407).

보안사에서 생산한 '언론창달계획 추진을 위한 언론사 대표 각서징구 계획'에 따르면, 당시 보안사는 전국적으로 언론사별 소재파악 담당관과 각서징구 담당관을 나누고 11월 12일 낮 12시부터 언론사 대표들의 소재를 파악하는 한편, 소재가 파악된 언론사 대표들에게 11월 12일 오후 6시경부터 밤 12경까지 보안사 및 예하부대 안에 언론사별로 배정된 독립된 방에서 언론사 포기 각서문안을 자필로 작성하게 하였다(김주언, 2008: 242).

김사장을 연행한 경찰은 제주신문 경리장부를 압수하고 다시 김재욱 기획관리실장과 韓進업무국장 겸 편집국장을 소환했다. 보안사의 지시에 의한 이른바 김사장의 사퇴외압용 '비리조사'가 착수된 것이었다. 수사당국은 신문사 사장으로서의 인사 청탁, 이권개입 여부 등을 집중 추궁하며 사퇴를 종용했다. 수사관계자들은 밤샘조사에서 '신문사 대표이사직을 사임하지 않으면 온전치 못할 것'이라며 계속 사퇴압력을 가했다. 철야수사가 3일째로 접어든 16일 김사장은 더 이상 버틸 기력이 없어 끝내 사퇴를 결심했다. 그는 수사관계자가 시키는 대로 사직서를 작성하고 신문사로 돌아왔다.

김사장은 사직서를 제출한데 이어 4일 후인 11월 20일 '김사장 개인소유로 돼있는 사옥부지 1백 30평을 기증하라'는 상부의 지시에 따라 다시 이를 기탁하는 각서를 써야 했다. 그리고 그는 3일 뒤인 23일에 보안사 예하부대인 제주보안대로 다시 소환됐다. 김사장을 불러들인 보안부대장 김모대령과 백모중령은 상부의 뜻임을 내세우면서 "후임 신문사장으로 김대성을 앉혀야 제주신문 문제가 모두 마무리 될 것"이라고 말했다.

이렇게 신군부 세력은 17년 동안 대주주로 제주신문사를 이끌어 왔던 김선희 사장을 강제로 퇴임시키고, 후임 대표이사 사장에 김대성을 선임하도록 강요했다. 상부의 지시에 따라 제주신문은 1980년 11월 26일 주주총회와 이사회를 열어 김대성을 대표이사 사장으로 선임하였고, 김대성은 1980년 11월 28일 제주신문 1층 사무실에서 사장으로 취임하였다. 당시 37세였던 그는 의정부의 조그만 전자회사(瑞麟 전자주식회사) 대표이사로 재임 중이었고, 전두환 군부정권에서 추진하고 있는 사회정화 정책의 하나인 대한불교정화중흥회[22]의 전문위원으로 참여하고 있었다(진성범, 1997: 407).

김선희의 퇴진과 함께 그의 장남인 김재병 서울지사장, 이사 고태영, 감사 김재경, 기획관리실장 김재욱 등이 사임하였다. 김대성은 정식으로 사장에 취임한 후 한 달 만에 김선희 사장과 그의 친인척 주식 등 제주신문 총 주식의 34%를 액면가 5백원인 1천 8백여만원에 인수해 대주주가 되었다. 김대성 사장은 이렇게 승용차 한 대 값으로 제주신문을 인수한 것이다(제주신문 노동조합 쟁의특보 제5호, 1989.11.21).

제3절 | 제주신문의 경영진 교체

1. 김대성 사장의 등장

신군부를 등에 업고 등장한 김대성 사장은 취임 직후인 1980년 11월 29일자로 공석중인 편집국장 자리에 宋尙一 편집부국장을 승진 발령하는

22) 10·27법난은 1980년 당시 신군부의 권력핵심인 합동수사본부(합수부·본부장 노태우 보안사령관)에서 불교계 정화라는 미명 하에 전국 사찰과 암자 등 5,731곳을 일제히 수색하고, 스님 및 불교 관련자 153명을 강제 연행해 수사 및 고문 등을 자행한 한국현대사에 유례없는 불교 탄압 사건이다(불교신문, 2018.9.10/문재인 대통령, 현직 대통령 최초로 10·27법난 공식 '사과' 종단협 주최 '한반도 안정과 평화를 위한 기원법회'서).

등 편집국 간부들에 대한 대폭적인 승진이사를 단행하고, 서울지사장에 梁主慶를 전격 기용하였다. 당시 인사내용은 △ 편집국 부장 梁秉允 任 편집국 부국장 △ 편집국 부장 洪明杓 임 편집국 부국장 △ 업무국장 겸 편집국장 韓進 免 편집국장 △ 정경부장 대우 姜政弘 任 정경부장 △ 사회부장대우 吳景保 任 사회부장 △ 편집부장대우 洪淳七 任 편집부장 △ 사진부장대우 徐在哲 任 사진부장(이상 11월 29일자), 李琪亨 비상임 논설위원 해촉(11월 30일자) 등이다.

김대성 사장은 첫 인사를 단행한지 약 6개월만인 1981년 7월 3일자로 송상일 편집국장을 상임논설위원으로, 洪性穆 상임논설위원을 편집국장으로 교체 발령을 냈다가, 약 8개월 후에 홍성목 편집국장을 상임논설위원으로, 양병윤 편집부국장을 편집국장으로 각각 발령하였다(1982년 3월 3일자). 1982년 3월 3일부터 시작된 양병윤 편집국장의 시대는 1988년 8월 15일 열린 이사회에서 편집국장 임명 동의제를 채택하기 전까지 계속되었다. 제주신문은 임명동의제에 의해 8월 16일자로 상임이사 겸 편집국장 양병윤을 상임이사 겸 논설위원으로, 논설위원 송상일을 약 7년만에 다시 편집국장으로 발령하였다.

김대성 사장은 1981년 9월 18일 새마을운동 중앙본부 13개 市道지부 발족과 동시에 제주도지부 회장에 위촉되었다. 새마을운동중앙본부 사무총장인 전경환은 전두환 대통령의 형이었다. 당시 새마을운동중앙본부 하부조직인 서울시내의 각 區의 새마을운동협의회장은 주로 유명재벌 그룹 총수나 계열사 사장들이 맡았고, 지방의 경우도 대부분 큰 회사의 대표들이 새마을운동과 관련된 직책을 맡았다(이문교, 1997: 388). 당시 새마을운동본부는 상당히 영향력 있는 관변기구 가운데 하나였다.

1982년 2월 9일 열린 주주총회 및 이사회에서 金坪珍 회장과 金大成 대표이사 사장·韓進 이사 등 집행부를 모두 유임시키고, 梁主慶 서울지사장을 상근이사로 새로 선임하였으며, 1984년에는 양병윤 편집국장을 이사로 선임하여 이사·편집국장을 겸임시켰다.

제주신문은 지면의 혁신을 위해 1986년 8월 15일자부터 국내 일간신문 가운데 가장 큰 본문 활자를 사용하기 시작하였다. 활자의 면적은 종래의 것에 비해 31% 정도가 더 컸다(제주신문50년사, 1995).

1987년 2월 11일 열린 주주총회 및 이사회에서는 사세확장 등을 위해 제주신문사의 자본금을 1987년 12월 15일까지 14억 4천만으로 증자키로 결정하였다. 그리고 제주신문사는 새롭게 창간되는 신문들에게 시장을 빼앗기지 않기 위해 1987년 11월 29일에는 일선 지·보급소장 회의를 개최하여 87년도 판매현황과 현안, 경쟁시대의 지·보급소장 역할을 설명한 후 각종 건의 사항을 청취하였다.

1962년 11월부터 제주도내 유일한 일간지로서의 독점적 지위를 이용해 급성장한 제주신문은 제주시 연동 2천여평의 대지(현재 롯데시티호텔 자리)에 지하 2층 지상 5층 연건평 1천900평 규모의 신사옥을 신축하고 1988년 5월 22일 이전하였다. 신사옥은 지난 1987년 5월 3일에 착공 총사업비 25억원을 투입하여, 약 1년여의 공사기간을 거쳐 완공된 것이다.

제주신문은 신사옥 이전과 창간 43주년에 맞춰 컬러옵셋 윤전기와 제판시설, 흑백 옵셋 윤전기 모두를 일본에서 도입하여 신문제작 시설을 확충하였다.

2. 제2창업 선언

제주신문은 1988년 6월 20일 신사옥 준공식을 갖고 〈제2創業〉을 선언했다. 제주신문은 〈2천년대를 향한 제2創業-새社屋 준공·創刊 43주년의 다짐〉 題下의 사설을 통해, 현재 11월 20일로 되어 있는 창간기념일을 6월 20일로 변경하게 됨과 이를 기점으로 社是에 적시된 〈正論直筆 民權守護 成實奉仕〉의 실현에 더욱 최선 다할 것을 약속하였다.

이날 창간 43주년을 기념하고 신사옥 준공을 축하하기 위해 특집 14면을 포함하여 전체 24개면을 발행하였다. 특집에서는 노대통령의 축사, 特別

探訪-元老언론인 洪鍾仁씨에게 듣는다. △ 특별르포-어승생 저수지 △ 제주의 技·藝人들-무형문화재를 찾아 △ 창간 43주년 기념 제주도민의 의식조사 △ 다시 보는 濟州史- 현장을 찾아 △ 88서울 올림픽 △ 산업로봇과 자동차 산업 등을 다루었다. 제2창업을 선언한 사설의 전문은 다음과 같다.

〈2천 년대를 향한 제2창업: 새 사옥 준공·창간 43주년의 다짐〉

제주신문은 오늘 다시 태어난다. 신제주에서 새 사옥을 짓고 오늘 우리는 조촐한 준공식을 갖는 한편, 기념일도 종전 11월 20일에서 6월 20일로 옮겨 문자 그대로 '제2창업'을 다짐했다.

1945년 10월 1일 창간되어 광복 직후의 사회적 혼란과 시련, 6·25, 4·19, 5·16 등 격동의 시대를 지나오면서 제주신문은 창간일이 통합 과정에서 11월 20일로 바뀌는 등 우여곡절을 겪어야 했다. 그만큼 시대사의 바람곶에 서서 온몸으로 격동의 역사를 헤쳐 왔음을 말해 주는 징표라고 할 것이다.

지나간 신문철을 다시 펼쳐 보노라면 그 나날이 시련 찼던 과거가 눈앞에 되살아남을 느낄 수 있다. 때로는 흔들리고 넘어지기도 했다. 그러나 우리는 그렇게 다시 일어나 결코 가볍지만은 않았던 걸음걸이로 43년을 걸어 오늘에 이르렀다. 그 걸어온 길이 영욕으로 얼룩진 것이었다고 해도 '없었던 것으로' 하거나 폐기할 생각은 없다. 마치 백전을 치러온 부대의 너덜거리는 깃발처럼 그것은 깊은 감회를 자아내는 것일 수도 있기 때문이다.

그러나 우리는 擬古主義者도 또한 아니다. 역사는 자꾸만 앞으로 치닫는데 고달팠던 과거를 감미로운 회상거리로 삼아 주저앉아 있을 순 없는 일이다. 그래서 정은 담뿍 들었지만 2천년대를 향해 뻗어나가기에는 몸이 자라 맞지 않는 옷처럼 되어버린 舊사옥을 떠나 여기 새 사옥으로 옮겨 올 수밖에 없었던 것이다.

성년은 어른의 옷을 입어야 한다. 옷뿐만 아니라 정신과 자세도 어른다워야 한다. 이 새로운 다짐을 우리는 '제2의 창업 정신'이라는 부르고자 한다.

제주신문의 '제2의 창업'의 표상으로 새 사옥이 우뚝 섰다. 2천여평 대지 위에 지하 2층, 지상 5층, 연건평 1,900평으로 지어진 새 사옥은 알루

미늄 커튼월을 쓴 우아한 외장을 하고 있다. 이 건물을 제주언론의 상징 조형물로 여겨주기를 우리는 기대한다. 신문 제작에 필요한 공간 외에도 전시공간·세미나실·대강당·자료실 등을 갖춰 도민들이 언제든지 아무 부담없이 이용해 주기를 기다리고 있는바, 우리는 이 새 사옥이 도민 여러분의 성원에 의해 세워졌고 또 여러분의 공유 재산으로 서 있어야 한다는 사실을 또 깨닫고 있다.

濟州新聞이 걸어온 과거와 걸어가야 할 미래가 그러하듯이 새 사옥으로의 이전과 창간 43주년에 맞춰 제주신문은 이미 컬러 옵셋 윤전기와 제판시설, 흑백옵셋 윤전기를 모두 일본으로부터 새로 도입해 벌써부터 훨씬 선명하고 산뜻해진 지면을 내보내고 있다.

이제부터 힘써야 할 일은 이렇게 새로워진 사옥과 시설과 지면을 제주신문의 사시가 가리켜 보이는 바 '政論直筆 民權守護 誠實奉仕'하는 언론 정신으로 채우는 일이라고 우리는 다짐하고 있다. 서두에서 '다시 태어난다'고 한 표현은 이같은 다짐의 비장함을 나타냈다.

물론 입으로만 해서 끝날 수 있는 일이 아니다. 우리의 다짐이 훌륭히 결과할 수 있도록 부디 도민 여러분이 부추기고 밀어 주시기를 바라마지 않는다.

〈1988년 6월 20일〉

3. 김대성 사장의 퇴진요구

1987년 6·29선언 이후 전국 곳곳에서 들불처럼 일어난 언론의 민주화 열기는 제주신문에까지 불어 닥쳤다. 제주신문 편집국 기자 일동도 1987년 8월 11일 편집과 경영의 분리, 처우개선 등을 요구하는 결의문을 채택하고 12일까지 수용할 것을 회사 측에 요구했다. 당시 상황에 비추어볼 때 당연한 요구 사항이었다.

〈결의문〉

제주신문사 편집국 기자 일동은 도민들의 알 권리를 왜곡없이 대변하지 못하고 있는데 대한 심한 자괴와 자책감을 느끼며 오늘의 시점을 제주신문 존립의 일대 위기로 보고 대내외적인 요인을 과감히 척결, 공정하고 진실한 취재 보도로 지면 쇄신에 최선을 다할 것을 다짐하면서 다음과 같이 주장한다.

- 편집과 경영의 분리
  · 기사가 아닌 일반 동정 보고 체제의 개선과 기자 사병화를 철폐하라.
  · 취재 사전 승인을 폐지하라.
  · 취재된 기사가 보도 안될 때 이를 공개적으로 해명하라.
- 처우 개선
  · 현 월급여액의 40% 인상과 수령액을 기준으로 한 연 500%의 상여금 지급 및 제수당을 즉각 현실화하라.
  · 판매 및 광고 판촉 활동과 관련한 불합리한 인사고과 및 승진제도를 전면 개선하라.
  · 평사원의 정년을 45세에서 55세로 연장하라.
- 타의에 의해 해직된 언론인의 복직을 보장하라.
- 그 동안 도민의 알 권리를 외면해 온 기회주의적 언론인의 각성을 촉구한다.

이러한 기자들의 요구는 회사 측과의 대화를 통해 부분적으로 개선되고 임시 봉합되었다. 그러나 민주화 운동이 사회 각 분야로 확대되면서 천주교 제주교구 정의구현사제단 등 제주도내 일부 사회단체와 대학생 단체에서는 1988년 7월 22일 '5공 세력'인 김대성 사장의 퇴진을 주장하며 광고거부·불매운동을 선언하고 제주신문이 정론지로서 거듭날 것을 촉구했다(이문교, 1997: 392).

기자협회 제주신문분회(분회장: 고홍철 기자)에서는 7월 31일 김대성 사장을 면담하여 퇴진을 요구하고 8월 2일에는 이와 관련된 성명서를 발표했다. 기자들이 성명서로 발표한 결의 요지는 다음과 같다.

◦ 김대성 사장은 즉각 퇴진하라.

◦ 최근의 사태와 관련 폭력과 상식 이하의 폭언 權言癒着의 망언을 되풀

이하고 있는 사장은 이를 공개 사과하라.

- 우리는 김선희 전 사장과 그의 측근들이 제주신문을 와해시키려는 음모를 절대 용납하지 않는다.
- 우리는 재야 단체의 최근 성명이 진정한 의미의 정론 회복을 위해 도움이 되지 않음을 주시코자 한다.

성명에 이어 시작된 제주신문 노조의 파업투쟁은 한국언론 노동운동사에 뚜렷한 족적을 남겼다. 1988년 8월 4일부터 시작된 투쟁은 결국 언론사상 초유의 폐업 및 대량해고, 그리고 신문발행 중단으로 이어져 결국 새로운 신문인 제민일보가 탄생하는 계기가 되었다. 제주지역의 첫 번째 언론자유투쟁의 역사는 이렇게 시작되었다.

4. 제주신문의 民言鬪 발족과 요구사항 그리고 결과

1) 사장퇴진 및 편집국장 임명 동의제 채택 요구

성명서를 발표한지 이틀만인 1988년 8월 4일 편집국 기자들은 상오 9시 비상총회를 소집, 濟州新聞민주언론쟁취투쟁위원회(이하 민언투)를 결성하고 김대성 사장퇴진을 요구하는 무기한 농성에 들어갔다. 기자들이 강경투쟁으로 선회한 것은 김대성 사장이 2일 하오 공식적으로 퇴임의사를 밝힌 후, 총무국·공무국 등 일부 사원들이 3일 하오 신문제작 등을 거부하고 사장퇴임을 반대하는 성명을 발표했기 때문이다(제주신문, 1988.8.4).[23)]

23) 제주신문(1988.8.4)은 이와 관련된 내용을 다음과 같이 보도하였다. 濟州新聞 金大成 사장의 사퇴의사 표명으로 3일 하오 정상근무에 들어갔던 기협제주신문분회(분회장 高弘哲)는 4일 상오 9시 비상총회를 소집, 濟州新聞민주언론쟁취투쟁위원회를 구성하고 성명을 발표 무기한 농성에 들어갔다. 제주신문 民言鬪는 김대성 사장이 2일 하오 공식으로 퇴임이사를 밝힌 후 총무국·공무국 등 일부 사원들이 3일 하오 사장퇴임을 반대하는 성명 및 신문제작 거부 등 일련의 사태를 야기시키고 있음을 우려하고 이날 金사장이 진정한 퇴임의사가 없다고 판단 제2차 농성에 돌입했다.

제주신문의 내부갈등이 더욱 심화되자 韓進 상무를 비롯하여 국장·논설위원 등 상급간부들도 金사장의 퇴진을 요구하는 입장을 표명하였다. 당시 金大成 사장은 내부갈등과 여러 가지 시대적 상황으로 인해 金坪珍 회장에게 일단 사의를 표명하고, 7월 30일 이사회에 이미 사표를 제출해 있던 상황이었고, 이에 따라 신임 사장을 선임하기 위한 임시 이사회 소집 공고가 8월 1일 각 이사에게 등기로 발송되어 있던 상태였다. 이런 사실이 알려지자 民言鬪는 8월 7일 농성을 해제했다.

1988년 8월 15일 소집된 이사회에서 7월 30일 제출한 김대성 사장의 사표를 수리하고, 후임 대표이사 사장에 韓進 상무이사[24]를 선임하였다. 또한 이날 이사회에서는 편집국 부장단과 민언투(民言鬪)에서 공동으로 건의한 편집국장 임명 동의제를 채택하기로 결정하였다.

제주신문은 8월 16일자 사회면 박스기사로 편집국장 임명 동의제를 회사측에서 수용했다는 내용과 민언투의 해체내용을 다음과 같이 보도하였다.

> 제주신문사는 8월 15일 편집국장 임명 동의제를 채택, 이 방법에 의해 송상일 상임논설위원(43세)을 편집국장에 선임했다.
>
> 제주신문 편집부 부장단과 민주언론 쟁취 투쟁위원회가 편집권 독립 방안으로 공동 건의한 이 임명동의제를 15일 소집된 이사회에서 수용키로 의결하고 신임 韓進사장이 이를 받아들이기로 결정함에 따라 편집권 독립의 한 제도로서 정착하게 됐다,
>
> 이 제도는 발행인이 편집국장 후보를 지명하면 무기명투표에 의해 편집국 전체기자의 과반수의 이상 동의를 얻을 때 비로소 임명하는 제도이다.
>
> 편집국장 임기는 2년으로 1회에 한해 연임할 수 있으며, 임기 중이라 할지라도 편집국 기자의 3분의 2이상 찬성 해임 건의할 수 있다.
>
> 제주신문 민주언론쟁취투쟁위원회는 15일 상오 열린 이사회에서 民言

24) 신임 韓進 사장은 1952년 제주신문 사원으로 입사한 후 36년간 언론계에 몸담아 왔는데, 그동안 제주신문에서 업무국장·편집국장·총무국장 등을 역임하였다. 당시 제주신문사의 재직사원은 총 1백70명이었다. 이날 이사회에서 康仁正 부사장(비상근)을 유임시키고, 吳承明 이사를 부사장으로 새로 선임하였다.

鬪가 건의한 편집국장 임명동의제 등 편집국 독립 방안이 완전히 수용됨으로써 결성된 지 12일만인 이날 하오 6시 총회를 갖고 본위원회의 해체를 결의했다.

8월 16일 취임한 한진 사장은 이 날짜로 상임이사 겸 편집국장 양병윤을 상임이사 논설위원으로, 편집국장에 논설위원 송상일을 발령하고, 편집부국장 金元玟을 논설위원으로, 판매부국장 姜政弘을 논설위원으로 겸직 발령하였다.

2) 5공 인물 복귀반대 투쟁확산

한진(韓進) 사장이 취임한 이후 약 1년 동안 신문사는 별다른 문제없이 순조롭게 운영되고 있는 것처럼 보였다. 하지만 안팎에서는 김대성의 복귀를 위한 치열한 내부공작이 진행되고 있었다. 이러한 조짐이 노골화되자 편집국 기자들은 농성에 들어가기에 앞서 10월 26일 양 상무를 면담하고 김대성 전 사장의 복귀 활동을 중단하고 자진 사퇴할 것을 요구했다. 또 편집국원 38명은 연서로 건의서를 작성하여 양상무의 퇴진과 김 전 사장의 복귀 불가를 확인해 줄 것을 이사회에 건의했다(쟁의특보).

이러한 현안을 협의하기 위하여 11월 9일 소집된 이사회에서는 편집국의 건의와 정반대로 韓進 사장을 부회장으로 퇴진시키고, 적자경영을 타개한다는 이유로, 김대성 前 사장의 복귀음모를 획책해 온 양주하 상무를 사장직무대행으로 전격 발령하였다(제주신문50년사).

이로 인해 돌발한 제주신문의 사태는 그 후 폐업-집단해고-신문발행 중단 등으로 이어져 한국 언론사상 가장 큰 오점을 남긴다. 이사회의 결정에 반발한 사원들은 편집국을 중심으로 민주언론투쟁위원회(위원장 김덕남 편집부국장)를 재결성하고 9일부터 5공 복귀음모 철회와 양 상무의 퇴진을 강력히 요구하며 농성에 들어간다. 이날 이사회가 梁主廈 상무를 사장직무대행으로 선임하게 된 배경을 〈제주신문 50년사〉는 다음과 같이 기록하고 있다(1124쪽).

金大成사장 퇴임 이후 취임한 韓進사장은 오랜 언론 경륜과 성실한 경영으로 제2창업 이후 제주신문사를 이끌어 왔으나 언론자율화로 인한 중앙·지방 언론의 난립 속에 언론 종사자들의 거센 노동권 주장으로 어려움을 겪고 있었다.

이러한 가운데 적자발생 폭이 커지면서 1989년 한 해 동안만 해도 적자 예상액이 10억여원이 발생하기에 이르자, 경영에 한계를 직시한 한진 사장은 89년 9월 金坪珍회장이 일본에서 귀국시 사의를 표명했다. 이듬해 결산에서 89년도 적자액은 10억 2,300만원이었다.

김 회장은 도내에 競爭紙도 출현한 시점이어서 조기 수습을 결심하고 양주하 상무를 사장직무대행으로 하여 대주주가 경영에 참여하는 길을 모색하기에 이른 것이다.

그런데 濟州新聞 '민언투'는 이를 5共인물인 김대성 前사장의 복귀 공작의 일환이라면서 반발하고 나섰다. 이사회 등 경영진은 언론사상 유례없는 제주신문 '민언투'의 경영권 침해에 맞서 이들의 요구를 거절하였으며 제주신문 '민언투'는 철야 농성에 돌입하였다.

이사회 등 경영진이 民言鬪의 요구사항을 거절하자, 제주신문노동조합(위원장:洪薰基)은 11월 11일 비상총회를 개최하여 조합원의 97.9%의 지지를 얻어 그 동안 민주언론투쟁위원회가 전개해온 양주하 상무 퇴진운동(5공청산=민주언론쟁취)을 전폭적으로 승계하기로 하고, 앞으로 모든 투쟁방향을 노동조합이 결정, 전개하기로 결의했다. 그리고 13일부터 철야 농성에 들어갔다. 이날 비상총회에는 105명의 조합원 가운데 98명이 참석하였다.

이날 제주신문노동조합은 〈민주언론과 제주신문사수에 나서는 성명서〉를 통해 △ 오늘의 위기상황을 조장한 양주하는 사장직무대행은 물론 제주신문에서 즉각 물러갈 것 △ 김평진 회장은 즉각 긴급 이사회를 소집하고 정상화 방안을 강구할 것 △ 김대성 추종세력은 조합원 및 비조합원 간부에 대한 와해, 이간, 포섭 공작을 즉각 중단할 것 △ 이사회 임원과 비조합원 간부사원이 중심이 된 제주신문 비상경영대책위원회를 구성해 정상경영에 앞장설 것 등을 요구하고, 이 같은 요구가 관철될 때까지 최후의 한 사람까지 뭉쳐 투쟁해 나갈 것임을 천명했다(제주신문사 노동조합 쟁의특보 제1호, 1989.11.12).

노동조합은 지난 9일 열린 이사회때 김평진 회장과 양주하가 김대성을 두둔할 뿐만 아니라, 비리가 없다고 비호한데 따른 반박자료를 수집하기 위해, 11월 14일자 제주신문 7면에 김대성 前 사장이 5공시절 제주신문사장의 직분을 이용, 얼마나 많은 비리를 저질렀는지 철저히 규명하기 위해 '김대성 전 사장 비리고발 센터'를 설치 운영한다고 보도하고, 도민들로부터 제보를 받았다(쟁의특보 2호, 1989.11.13). 하지만 도민들로부터 어떤 비리 내용을 제보받았는지는 파악되지 않았다.

한편, 신문사 임원·논설위원·각 국장단은 11월 13일 노조의 건의에 따라 제주신문사태수습비상대책위원회(위원장: 양병윤 상임이사)를 발족시켜 수습 절충을 벌였으나 해결의 실마리를 찾지 못해 해체되었다. 11월 24일에는 제주신문사의 부장단이 사태 해결을 위해 양주하 상무의 자진사퇴를 주장하는 입장을 밝히고 농성에 합류했다.

당시 양주하 사장대행은 출근을 시도했으나 노조원들의 저지로 정상출근을 하지 못했고, 한진 부회장은 이미 이사회에 사표를 제출한 상태였다. 임시 이사회를 주재한 김평진 회장이 11월 10일 일본으로 돌아간 후 대화의 채널이 끊기면서 노조의 투쟁은 대화 대상조차 없이 장기국면으로 접어들게 되었다(이문교, 1997: 395).

쟁의특보에 따르면, 11월 11일부터 본격화된 제주신문노조의 '5공 세력' 복귀 반대 투쟁은 지역사회 문제로 비화되어, 재야 단체·언론 노조·학생 단체 등에서 이를 적극 지지한다는 성명서를 발표하기 시작하였다. 제일 먼저 제주신문 논설위원실과 한국기자협회 제주도지부가 11월 11일 민언투의 입장을 적극 지지한다는 성명을 발표하였다. 이어 13일에는 한국기자협회와 제주지역 민주언론실천위원회(제주신문·한라일보·MBC·KBS), 14일에는 제주민족민주운동협의회·제주지역총학생회 협의회·전국교직원노동조합제주지부, 18일에는 전국언론노동조합연맹, 19일에는 도내 각계인사 35인 공동

성명, 12월 5일에는 제주신문지·보급소장 81명, 12월 14일 제주지역 4개 언론사 노동조합(제주신문·한라일보·제주MBC·KBS 제주지부), 제주지역 한겨레신문지국협의회, 12월 18일 제주지역 문인 41명, 12월 30일 평화방송노동조합 등에서 제주신문노조의 투쟁을 적극 지지하는 성명을 발표하였다.

12월 22일에는 전국언론노동조합연맹(위원장 권영길)이 제주신문 4층 대강당에서 전국 22개 언론노조대표 등 30여명과 제주도민 3백여명이 참석한 가운데 〈제주신문 민주언론수호 결의대회〉를 개최하고, '김대성과 양주하는 복귀음모를 즉각 포기하라'는 성명서를 발표하였다. 이외에 일부 독자들과 제주도내 각종 단체들도 개별적으로 노조투쟁을 격려하는 광고를 게재하거나 성금 전달 등으로 지원했다.

한편, 〈제주신문 진로방향〉이라는 안건을 놓고 12월 8일 열린 제주신문 이사회에서는 사태 수습책에 대한 합의안을 도출하지 못하고, 앞으로 주주총회 및 이사회를 열어 폐업절차를 밟기로 결의하였다(제주신문50년사, 1126쪽). 또한 이사회에서는 제주신문사태수습 비상대책위 위원장을 맡았던 양병윤 상임이사 겸 논설위원의 상임이사직을 해임했다.

이에 앞서 제주신문 사태수습비상대책위원회는 12월 4일 "이사회가 12월 8일 소집됨에 따라 수습대책위 소임이 소멸된 것으로 보고 해체한다"라고 발표하고 김 전 사장의 복귀와 양주하 상무의 대표이사 취임 철회를 요구했지만 묵살되었다. 임시 이사회에서 오는 26일 주주총회를 열어 폐업절차를 밟기로 했다는 사실이 알려지자, 제주신문 사원일동은 12월 13일 제주신문 수호비상대책위원회(위원장 金志勳)를 결성하고, 45년 전통을 가진 도민의 대변지가 한 두 사람의 결정에 의해 문을 닫을 수 없음을 선언하고 폐업기도를 막기 위해 끝까지 투쟁할 것을 천명하였다.

3) 폐업단행, 106명 해고

김대성 前 사장의 복귀반대, 양주하 상무의 퇴진을 요구하는 사원들의 농성이 50여일째 계속되는 가운데 제주신문은 이에 대한 대응책을 모색하기 위해 1989년 12월 26일 임시주주총회를 소집하였다. 이날 주주총회에서는 주총의 결의 내용을 노조측이 수용하지 않을 경우 1990년 1월 5일자로 폐업하기로 결정하였다. 또한 이날 주주총회는 김대성을 대표이사 사장으로 선임하고 3억6천만원을 증자하기로 결의하였다.

주주총회와 이사회는 다음과 같은 결정사항을 발표하였다(제주신문, 1989년 12월 27일자 1면).

① 임금 체불을 해소하기 위하여 우선 은행의 융자 한도액을 3억원 증액한다.
② 현재 정관상 수권 자본금 증자 여유 한도액인 3억 6천만원을 빠른 기일 내에 증자하여 운영자금으로 사용한다.
③ 1990년 2월 정기 주주총회에서 수권 자본금을 증액하여 2차로 3억 6천만원을 증자하여 경영 정상화에 기여한다.
④ 앞으로 책임 경영으로 회사를 안정시켜 임금체불이 재발되지 않도록 대주주인 김평진 회장을 상근 회장(무보수)에 또한 대주주인 김대성 씨를 대표이사 사장으로 선임하여 경영을 쇄신한다.
⑤ 임시 주주총회와 임시 이사회는 제주신문사의 누적되는 경영 악화와 사원들의 불법적인 경영권 침해행위 등 회사의 존폐 위기를 맞아 앞으로 새로 선임된 상근 회장과 대표이사 사장의 출근 저지 행위가 1989년 12월 27일 이후에도 계속될 경우, 1990년 1월 4일까지 유예기간을 두고 1990년 1월 5일부터 만부득이 폐업을 단행할 것을 결의한다.

제주신문사는 주주총회의 결정에 따라 양주하의 명의로 1990년 1월 5일 하오 제주세무서에 '경영부실·적자누적'을 이유로 신문제조업 폐업신고서를 제출하고 6일부터 휴간에 들어갔다. 회사 측은 폐업신고의 경위를 다음과 같이 발표하였다.

도민여러분, 오늘 저희 제주신문사는 무슨 말로 형언할 수 없는 쓰라림을 안고 폐업을 신고합니다. 제주신문사는 그 동안 10억원을 상회하는 부채 및 적자 폭의 누적으로 경영 부실이 심화되어 왔습니다. 이러한 가운데 제주신문사 주주총회와 이사회는 구랍 26일 경영 부실을 타개하기 위해서 10억원의 운영 자금을 증자를 통해서 투입하고, 대주주에 의한 책임경영 체제를 구성, 심각한 경영 부실을 바로 잡기 위한 경영 개선 대책을 수립한 바 있습니다. 그러나 사원들은 이와 같은 주주총회와 이사회의 경영 정상화 의지를 전면으로 거부하고 상근 회장과 대표이사를 비롯한 경영진에 대한 출근 저지 등 불법적인 경영권 침해와 위법적인 업무 방해 행위를 일관해 왔으며 그 동안 아무리 설득하고자 해도 막무가내로 투쟁만을 거듭해 왔습니다. 이제 제주신문사는 더 이상 경영 정상화를 기할 수 없음은 물론 회사 운영이 불가능하다고 판단, 주주총회가 의결한대로 만부득이 폐업을 결정할 수밖에 없었습니다.

〈중략〉 언론자유 실현에 총력을 경주해 왔습니다. 취재, 보도, 제작 등 자유언론실천을 위한 사원들의 자유언론실천위원회 구성에 합의하고, 그 활동을 단체협약으로 보장 시행해왔습니다. 〈…〉 제주신문사는 언론기업으로서 자유언론 창달과 사원복지 후생에 전력을 기울였습니다. 이처럼 회사가 총력을 기울여서 사원들의 요구에 부응했음에도 불구하고 사원들의 요구는 무한정으로 치닫고 급기야 〈자본으로부터의 해방투쟁〉이라는 극한투쟁을 전개 회사의 경영권을 전면 부정하고, 주주총회와 이사회의 결의를 거부하고 사장의 업무지시를 전적으로 거부하고 업무수행을 봉쇄하기에 이르게 되었던 것입니다. 도민 여러분! 제주신문의 이같은 사태가 발생하자, 회사를 아끼는 사원들은 성명[25]을 통해 강경사원들의 불법적인 행위를 중단할 것을 촉구했으나, 오히려 불법, 위법행위는 날이 갈수록 심화되고 도저히 회사경영을 할 수 없는 지경에 이르러 폐업을 결정하게 되었던 것입니다. 〈이하 생략〉

제주신문사측이 제주세무서에 낸 폐업신고는 상법상의 법인체 해산이 아닌, 부가세법상의 영업중단의 의사표시로 사실상 사원을 해고하기 위한 조치였던 것으로 보인다. 치밀하게 폐업을 준비해 온 회사는 주주총회 이

25) 이들의 서명서는 12월 26일 주주총회 및 이사회에서 신문사 폐업을 결정한 후에 나온 것들이다.

튿날인 12월 27일 사원 106명에게 解雇豫告 통지를 하고, 폐업 신고일인 1990년 1월 5일자로 이들을 전원 해고했다. 해직된 사원은 다음과 같다(제주신문50년사, 1134쪽).

△ 논설위원 김지훈·강정홍·김원민
△ 편집국 국장 송상일, 부국장 김덕남, 정경부장 양조훈, 사진부장 서재철, 편집부장 고재민, 지방부 차장 조맹수, 사회부 차장 진성범 홍훈기, 편집부 차장 김동훈, 사진부 차장 곽상필, 정경부 차장 고홍철, 기자 하주홍 김종배 허영선 고순형 김재하 고영진 백승훈 진행남 오길창 고두성 김대희 윤정웅 고대경 장제근 김승범 고창범 현승환 김범훈 강한성 김종민 강종택 오석준 고상철 이현모 좌승훈, 사원 조종숙 김군실
△ 광고국 국장 김규필, 부국장 홍순칠, 제1부장 김세도, 제2부장 김동협, 사원 양상훈 김한수 고승훈 김창석 윤덕중 문상흠 김영애 양혜선
△ 판매국 국장 양달성, 판매부 차장 김종주, 사원 이우백 김성호 김용덕 김명혁
△ 공무국 문선부장 김종진 김태녕, 제판부장 이철수, 주조부 차장 정승옹, 문선부 차장 문군석, 사원 임영신 김철문 장기정 김도현 고용문 김창수 김경수 송두길 김두익 김승규 홍성범 문창희 좌태호 오용하 김구택 강제홍 이화중 고태군 이승률 김태음 이승홍 홍도현 이영준 백성훈 고창주 고재봉 변창규 고관옥 이용관 백평관
△ 총무국 총무부 차장 김희경, 사원 양봉규 정원기 좌성호 현의현 김순정 김행미 부희숙 양성희
△ 남부지사 사원 한재홍, 이남종, 오금미

신문사측에서 폐업신고를 하였음에도 불구하고 해고당한 사원들은 신문을 계속 발행했다. 폐업 후 발행되는 신문은 판권난에 〈발행·편집겸 인쇄인 韓進〉으로 표기해 오던 것을 〈발행·편집 겸 인쇄인 제주신문사〉로 변경 표기하였다.

회사측이 폐업을 신고하자 제주신문 노조와 제주신문수호 비상대책위원회(위원장: 김지훈 논설위원) 뿐만 아니라 제주도내 언론사 노조, 재야·사회단체들이 폐업 철회 결의에 참여했다. 1990년 1월 6일에는 제주신문 정상

화를 위한 도민협의회(회장: 조문부 제주대학교 행정학과 교수)가 구성되어 1월 13일 오후 3시 제주북교 운동장에서 '제주신문폐업 철회촉구 도민대회'를 열었다. 3천여명의 도민들이 참석한 이날 대회에서는 다음과 같은 결의사항이 채택되었다. 그리고 폐업 철회를 위한 10만명 서명운동을 펴기로 했다.

- 폐업이라는 폭거를 자행한 대주주들은 45년 전통지인 제주신문의 폐업 신고를 하루 속히 철회하고, 경영일선에서 물러날 것을 촉구한다.
- 적자가 폐업의 진정한 이유라면, 주식증가를 도민들에게 공모하거나 주식을 양도하여 진정한 도민의 신문이 될 수 있도록 합리적 방안을 모색할 것을 촉구한다.
- 사직 당국은 윤전기 도입 의혹사건과 위장 폐업에 대해 공정히 수사하여 조속히 그 진상을 공개할 것을 촉구한다.
- 국회와 정부당국은 진상조사단을 조속히 구성하여, 제주신문 사태를 원만히 수습할 수 있도록 노력해 줄 것을 강력히 촉구한다.

제주신문 사태가 결국 폐업으로 이어지자, 정치권에서도 뒤늦게 사태의 심각성을 인식하여 이에 관심을 갖기 시작하였다. 1월 6일 평민당의 朴錫武, 李相洙 의원이 신문사를 방문하여 진상을 조사했고, 1월 10일에는 제주출신 姜普性 의원을 단장으로 한 통일민주당의 진상조사단(姜仁燮 부총재, 金東英 사무총장·朴寬用·李仁濟의원)이 제주도에 파견되어 진상을 조사하였다. 이보다 앞서 한국기자협회 魯香基 회장·언노련 權永吉 위원장·조선특위 黃憲植위원장·민언협 鄭東益 의장·해직언론인 협회 沈載澤 사무국장 등은 1월 9일 鄭大哲 국회 문공위 위원장을 만나 제주신문 폐업에 대한 국회 차원의 진상조사를 요구하였다. 이런 활동에도 불구하고 정치권에서도 제주신문 사태 수습을 위한 뾰족한 대책을 마련하지 못했다(투쟁속보). 그 후에도 폐업철회를 요구하는 각계각층의 성명이 이어졌지만, 신문사측이 이를 수용하지 않음으로써 모든 노력은 수포로 돌아가고 말았다.

그리고 제주신문사는 1월 5일 폐업신고와 함께 한국전력 제주지사에

'제주신문사에 공급되는 모든 전력을 끊어달라'는 전력수급 계약해지 신청서를 제출하였다. 이를 차일피일 미루어 오던 한국전력이 제주신문경영자 측의 압력에 못 이겨 해지신청 17일만인 1월 23일 새벽 미명을 기해 전력 공급을 차단함으로서 신문제작마저 원천 봉쇄되었다.

결국 폐업 이후에도 언론민주화와 5공 복귀반대 그리고 폐업철회 등을 요구하며 신문을 계속 발행하던 사원들은 한국전력의 단전조치로 신문발간에 필요한 윤전기 등을 작동할 수 없게 되자, 1월 25일 78일 동안의 철야 농성을 중단하고 제주신문사를 떠날 수밖에 없었다(제주신문 노동조합, 투쟁속보 제15호, 1990.1.25).

전두환 정권이 들어선 이후 지난 8년간의 암울했던 과거를 청산하고 참 언론으로 다시 태어나기 위해, 양주하 상무의 퇴진 및 김대성 사장의 복귀반대를 주장하며 1989년 11월 9일부터 시작된 제주신문노조의 투쟁은 결국 폐업 → 집단해고 → 단전·단수 → 신문발행 중단으로 이어졌다. 언론노동운동사상 최장기를 기록한 78일간의 제주신문의 투쟁은 결국 아무것도 얻지 못하고 대주주 자본가의 힘에 의해 120명이 해고당하는 결과로 끝을 맺었다. 이러한 뼈아픈 결과가 제주언론사, 즉 경영진과 기자의 행동양식 등에 어떠한 영향을 미쳤는지에 대해서는 향후 체계적인 연구가 이루어져야 할 부분이다.

제주신문수호 비상대책위원회는 이날 終刊號外 2만부를 발행하여 '제주신문의 정신은 잠들지 않는다'라는 제목으로 도민에게 드리는 글을 발표했다. 이 호외는 신문사 단전으로 제주시 대동원색인쇄소와 중앙인쇄소에서 인쇄됐다.

〈'濟州新聞의 정신'은 잠들지 않는다〉

우리는 도민 여러분께 엎드려 사죄합니다. 그렇게 지키리라던 45년의 전통을 끝내 지키지 못하고 우리는 눈물을 삼키면서 오늘 붓을 놓습니다. 한사람의 끝없는 야욕에 의해 제주신문은 지령 13,653호로 드디어 그 줄

기가 끊기고 말았습니다.

우리는 우리의 역부족을 다시 한번 통감합니다. 우리의 몸을 부딪치면서 그 동안 단전(斷電)을 미뤄오던 한전측도 '수용자'라는 이름으로 가해오는 단전의 압력을 더 이상 이기지 못한 듯, 23일 새벽 제주신문 사옥으로 들어오는 동력선을 절단했습니다.

이제 제주신문은 끝이 난 것입니다. 비록 여린 빛일지라도 어둠의 늪 속에 결코 익사해 버릴 수 없다는 우리의 한결같은 뜻도 어둠의 파도 앞에서는 속수무책이었습니다.

우리는 영원히 '1990년 1월 23일'을 잊지 못할 것입니다. 그리고 우리는 다시 한번 확인했습니다. 역사의 역류는 역사의식이 없는 한 두 사람의 반역사적 행위에 의해 자행될 수 도 있다는 그 비정한 사실 말입니다.

우리는 그 동안 운명이 예고된 사람과 같은 비정한 마음으로 제주신문을 지켜왔습니다. 76일 동안 모진 겨울밤의 추위를 '참言論을 구현하기 위한 빛'이 되길 염원하는 뜨거운 가슴으로 이겨 왔습니다. '資本의 폭거'로 밖에 표현할 수 없는, 온갖 비도덕적 방법으로 우리의 목줄을 조이면서 선택을 강요해도 우리는 마지막 순간까지 언론인의 사명을 지키려고 안간힘을 다해 왔습니다.

신문용지 등 제작 자료의 공급을 중단하고, 중앙뉴스 공급원인 연합통신과의 계약을 해지하는 등 견디기 어려운 압박 속에서도, 서로 호주머니를 털어 신문 용지를 구입하면서까지 제주신문을 지키려고 노력해 왔습니다. 그러나 … 우리는 더 이상 말문을 잇지 못합니다. 활화산 같이 끓어오르는 분노와, 가슴을 저미는 슬픔을 주체하지 못합니다.

그러나 서산에 지는 태양은 아주 저버리기 위해서 지는 것은 아닙니다. 내일 새로운 빛으로 찬란히 떠오르기 위해 우리는 오늘 어둠의 자락을 묵묵히 감수할 뿐입니다.

제주신문의 장(章)은 오늘 막이 내리지만 '제주신문의 정신'은 잠들지 않고 영원히 깨어 있을 것입니다. 역사적 불가피성이나 우연성을 지나치게 강조하여, 역사적 사실을 선택의 여지가 없었던 일로 미루는 어리석음을 우리는 되풀이하지 않습니다. 속절없는 실리(實利)를 들어 불의에 타협하기보다는, 차라리 언론 현장에서 산화하길 택합니다.

명예와 명분을 그 무엇보다도 소중하게 여기는 언론인들의 실리에 타

협한다면 그 언론이 지키는 사회는 어떻게 되겠습니까.

우리는 '진실에 대한 충성'을 위해 오늘 절필(絶筆)의 아픔을 감수할 수밖에 없습니다. 참言論을 구현키 위해선 적극적으로 언론 현장을 지키는 방법도 있지만, 사악한 언론인의 침투를 막기 위해 언론현장에 몸을 던지는 방법도 이에 못지않다는 신념에는 변함이 없습니다.

이것은 진실의 언어를 만들어 내고자 하는 우리의 몸부림입니다. 正導에 어긋난 사도(邪道)를 배척하려는, 뜨거운 가슴에서 우러나는 의지이기도 합니다.

우리가 그 동안 기회 있을 때마다 주장해 왔듯, 화해와 관용도 투철한 역사의식을 바탕으로 하여 발휘돼야 합니다. '화해와 관용의 시대'라 하여, 과거의 잘못까지 두루뭉실하게 없었던 일로 하는 것은 역사의 교훈을 저버리는 반역사적 행위에 다름 아닙니다.

새 역사의 창조는 과감한 과거의 청산에서부터 비롯돼야 합니다. 청산작업이 마무리 됐다하여 다시 과거로 돌아가는 것이 용납되는 것은 결코 아닙니다. 우리가 옥쇄하면서까지 그 암울했던 5공시절에 언론을 장악했던 자들의 복귀를 거부하는 것도 바로 과거의 잘못에 대한 청산과 함께, 과거의 잘못을 되풀이할 수 없다는 역사적 양심에 따른 것입니다.

진리가 때와 장소에 따라 그 내용이 변하는 현상 속에서, 가치를 나타내는 언어의 내용이 말하는 사람마다 다르게 전도되는 상태에서 언론과 언론인이 해야 할 일이 과연 무엇이겠습니까. 진실의 언어를 위해 그 사회의 시대적 요구를 몸으로 실천하는 것만이 우리가 해야 할 일입니다.

이제 '제주신문의 정신'은 거리로 쫓겨날지 모릅니다. 이와 함께 130여명의 사원도 거리로 나서게 될지 모릅니다. 그러나 우리는 엄동설한도 아랑곳하지 않습니다. 생존의 위협도 힘 합쳐 이겨낼 것입니다. 그것들을 생각하기엔 자책의 짐이 너무 무겁습니다.

45년 전통의 제주신문은 惡德 자본주에 의해 문을 닫지만 제주신문의 정신은 도민 여러분과 함께 살아 숨 쉴 것입니다. 이와 같은 '제주신문의 정신'이 배어 있지 않은 것은 그 어떤 형태이든 이미 제주신문이 아닙니다.

도민 여러분, 참言論을 구현하기 위해 몸부림치는 저희들을 지켜봐 주시기 바랍니다. 우리의 정신은 결코 사라지지 않을 것입니다.

〈제주신문, 1990년 1월 23일〉

폐업 이후 4면으로 발행된 신문은 1면 분규 기사·도민에게 드리는 글, 2면 정치면, 3면 사회면, 4면 스포츠·방송란으로 편집되었다. 일반 기사로는 노태우 대통령과 김대중 총재 회담(1.11), 김영삼 총재 회담(1.12), 김종필 총재 회담(1.13), 농축산물 수입 개방(1.15), 南北經協기금 2~3천억 설치(1.16), 제주공항 확장계획 수정(1.17), 제주인구 516,900명(1.18), 민정·민주·공화 3당 통합(1.22) 등 주요 정치 기사와 지역문제 기사들이 포함되었다. 그 외 사설 8건과 '도민에게 드리는 글'이 10회 실렸다(이문교, 1997: 406).

폐업 이후 발행된 14개호의 총 발행지면 수는 60면이고, 8개면짜리 신문 1회, 4개면짜리 신문 13회를 발간하였다. 그리고 고별 호외 1호가 발행되었다.

편집과 경영의 분리, 사원의 복지개선 요구에 이어 5공인물 퇴진요구 등이 쟁점화되어 시작된 제주신문사의 노조 투쟁은 결국 한국언론노동운동사에 영원히 기록될 최장기 폐업과 106명의 직원 해고로 이어졌다.

4) 재발행 준비

제주신문사는 제주신문수호 비상대책위원회가 1월 25일 신문사를 떠나고 2월에 들어서 신문사의 사태가 어느 정도 진정 국면에 들어서기 시작하자, 신문재발행 준비작업에 돌입하였다. 이러한 사실을 알리기 위해 제주신문은 4회에 걸쳐 호외판(2.20/2.26/3.10/3.21)을 발행하였다. 호외판 신문이 보도한 주요 내용은 다음과 같다.

제주신문사는 2월 10일 정기주주총회 및 이사회를 개최하여 제주신문사의 재개업을 의결하고 시기 및 방법, 절차 등 개업에 관한 제반사항은 집행부에 일임하였다. 또한 이날 이사회에서는 현재 수권자본금 28억8천만원을 60억원으로 대폭 증액하여 부채를 청산하고 경영을 정상화하기로 결정하였다. 신문 재발행 결정은 신문사 사원들로 구성된 〈제주신문정상화추진위원회〉의 재발행 요구를 집행부에서 받아들이는 형식을 거쳐 이루어졌다.

우선 제주신문은 2월 14일 신문재발행을 위한 사원을 모으기 위해, 지난 1월 5일 해고된 전 사원들에게 해고의사표시 철회통보를 내용증명으로 송달하고, 2월 17일까지 복귀 절차를 밟아 줄 것을 요청하였다. 이 조치로 해고된 160여명의 사원 중 60여명이 해고철회 절차를 밟고 원직에 복직했다(제주신문 호외, 1990.2.20). 부족한 사원은 3월 1일부터 6일까지 실시된 공개채용 시험[26]을 통해 충원되었다. 3월 10일자로 채용된 직원은 경력기자 4명, 수습기자 12명, 시사만화 1명, 영업 4명, 관리 8명, 전산제작요원 15명, 교환원 1명 등 4개 분야 총 45명이다.

이와 함께 신문발행 다음으로 중요한 신문판촉 및 보급망의 재정비를 위해 2월 15일 30여명의 신문지보급소장이 참석한 가운데 회의를 열고, 회사측은 폐업사태에 따른 피해를 적정선에서 보상, 무가 부수의 확대, 기동력 지원 강화(자전거 지원), 학생 배달원에 대한 장학혜택 확대 등을 실시키로 하였다. 그리고 신문재발행에 앞서 3월 21일 기준 110개의 지·보급소 가운데 1백개 보급망을 완전 재정비하였다. 제주신문사는 폐업 51일만인 1990년 2월 26일 제주세무서에 1월 5일자로 낸 폐업신고를 철회함과 동시에 다시 사업자 등록을 마치고 재개업·정상운영에 들어갔다.

제주신문은 신문제작시스템을 개혁하기 위해 당시 우리나라 신문업계에서는 초보적 단계에 머물러 있던 매킨토시 전산제작시스템을 2월 26일부터 구입해 3월 중순경 완비하였다. 제주신문이 도입한 이 시스템은 컴퓨터 입력·편집기 17대, 고성능 출력 시스템 2대, 교정용 출력기 2대, 컴퓨터 제작 현상기 1대, 고성능 스캐너 2대, 교정용 레이저 프린터 2대 등으로 구성됐다. 이 시스템은 기사 원고의 입력·편집·교정 등 상부 제작 공정과 자동 컴퓨터제판 등 하부 공정에 이르기까지의 신문제작 공정을 완전 컴퓨터화 한

26) 제주신문사는 부족한 사원들을 공개 모집을 통해 충원키로 하고, 1990년 2월 20일자 호외판 1면에 〈제주신문과 함께 2천년대를 열어갈 인재를 찾습니다〉라는 전단광고를 내었다. 모집분야는 기자직(간부, 경력기자, 시사만화가, 수습기자), 영업직, 전산제작요원(시스템프로그래머, 시스템오퍼레이터, 그래픽디자이너), 관리적 사원 등이다.

것이다. 이로 인해 신문제작시간은 종전의 옵셋 인쇄 체제보다 3배 정도가 단축되었다(제주신문 호외판 1990.3.21).

신문재발행에 앞서 제주신문노동조합(위원장: 梁大榮)은 3월 8일 노사 분규 후 처음으로 회사 측과 단체협약을 체결하였다. 이날 勞社는 단체협약안에 △ 자유언론실천 조항과 △ 年상여금 500% 중 100%를 회사가 정상화될 때까지 노조가 반납하는 조항 등을 포함시키기로 합의하였다. 제주신문노동조합은 2월 27일 임시총회를 열어 당시 부위원장이었던 梁大榮(광고국)을 노조위원장으로 선출하고 제3기 집행부를 출범시켰다.

이러한 재발행 준비와 함께 제주신문은 호외판을 통해 새로운 간부직 인사내용을 다음과 같이 발표하였다. 3월 20일자로 편집국장에 고영기(高永琪), 편집국 부국장에 강병희(康炳喜), 정경부장에 이광언(李光彦), 서울지사 광고부국장에 전운길(全雲吉)을 각각 임명하였고, 8일 후인 3월 28일자로 장재성(張宰誠)과 김경호(金炅浩)를 상임논설위원으로, 편집부 부국장 강병희(康炳喜)를 국장대우 편집부국장, 사회부장 김광호(金光浩)를 부국장대우 편집부장, 정경부장 이광언(李光彦)을 부국장대우 정경부장, 정경부 차장 부영주(夫榮柱)를 사회부장, 홍순칠(洪淳七)을 편집위원으로 각각 승진 발령하였다.

이보다 앞서 3월 10일자로 경력기자 및 수습기자를 다음과 같이 임명하였다(제주신문 호외판, 1990.3.10). 한편, 이 날짜로 광고국, 판매국, 전산제작국, 총무국 및 남부지사에 대한 인사도 함께 단행하였다. △ 기자: 韓永祚(한영조)·權在恩(권재은)·高榮埈(고영준)·鄭利根(정이근)·梁萬金(양만금, 시사만화) △ 수습기자: 宋容寬(송용관)·金昌期(김창기)·洪慶僖(홍경희)·玄昌國(현창국)·鄭興男(정흥남)·高尙弘(고상홍)·盧元庸(노원용)·康成輔(강성보)·任宰永(임재영)·洪性雲(홍성운)·吳宅振(오택진)·韓文盛(한문성).

5) 재발행 돌입

제주신문사는 이와 같이 새로운 신문제작시스템과 회사에 복귀한 사원들과 신규 채용한 직원들로 편집국 진영을 새로 구축한 이후, 아무런 일도 없었던 것처럼 3월 28일부터 지령 13,640호로 신문을 재발행하기 시작하였다. 회장 김평진·사장 김대성·발행 편집겸 인쇄인 양주하·편집국장 고영기의 체제가 시작된 것이다. 1990년 1월 5일부터 폐업(당시 紙齡13,639호)에 들어간 지 꼭 83일만이다.

재출발한 제주신문사는 제주신문사의 폐업 이후 노조 측에서 발행했던 13,640호부터 13,653호까지 14개호를 제주신문 지령에 포함시키지 않았다. 이에 이 신문들은 불법간행물이 되었다. 제주신문사측은 이 14개호가 폐업 신고 이후에 발행된 신문들이기 때문에 濟州新聞역사에 포함시킬 수 없다고 주장하지만, 엄밀히 따지면 신문커뮤니케이션의 요소를 모두 갖추었다는 점에서 이 신문들은 당연히 제주신문의 역사에 포함시켜야 한다.

만일 인간이 만든 불합리한 제도와 잣대로, 신문의 기능을 제대로 수행한 이 신문을 해고당한 직원들이 만든 신문이라고 해서, 불온 딱지를 붙여 제주신문 역사에 편입시킬 수 없다고 한다면, 미군정 시절에 법적인 등록도 하지 않고 발간된 濟州民報도 제주신문의 역사에 편입시켜서는 안 된다고 생각한다.

제주신문사는 3월 28일부터 신문을 재발행하면서 파업 당시의 4개면 발행에서 8개면 발행 체제로 복원하고 종전의 夕刊체제에서 朝刊발행체제로 전환하였다. 재발행한 첫 번째 신문의 보도내용은 다음과 같다.

1면에는 사설, 春夏秋冬, 五白羅漢, 세계표정(UPI=연합) 등 고정난을 비롯하여 감귤산업 육성豫算 "생색뿐-道연간 4천만원 편성… 사업추진 어려움(톱기사), 대만 바나나 수입/5월 이후로 연기, 감귤 輸出될 듯 올해産 1백여 톤 미국으로, 本社辭令 등으로 편집되었고, 2면은 국제뉴스(5개)·국내뉴스 1개(대구 갑구 보궐선거 기사), 정가움직임, 제주만평, 인터뷰(신임제주지검 金澤秀 지검장) 등 9개 기사로, 3면은 제주칼럼(영혼이 숨쉬는 소리/강병희 편집부국장), 道종합개발 재검토-문제점과 전망(1) 등 2개 기사로, 4면은 주식시세표와 전산제작과정(CTS) 만화형식으로 소개, 연재소설(春秋松都)(59회)

등 3개 기사, 5면은 전산제작체제 완비, 연재소설(잠들지 않는 밤)(204회) 등 2개 기사, 6면은 도내 각 대학-제자리 찾기 새學風(톱기사), 주부 吳옥단씨 CTS 현장 견학기, 記者席, 인터뷰(제주대학 신입생) 등 4개 기사로, 7면은 창간 당시 기자 李永福씨의 회고 "再發行 정말 기뻐요", '새 시사만화 〈꼬투리〉 연재(1회)' 등 9개 기사로, 8면은 스포츠 기사와 TV 프로 등으로 편집되었다.

1면~8면까지의 편집내용에서 보듯이 이 신문은 재발행에 따른 의지와 컴퓨터를 이용한 신문제작 시스템의 장점을 홍보하는데 많은 지면을 할애하였다. 이때부터 제주신문은 1990년 2월에 구축한 컴퓨터제작시스템을 이용하여 최첨단 인쇄문화를 선보였다. 재발행과 함께 〈제주도 종합개발 재점검〉이라는 기획물을 마련, 분야별로 문제점을 점검하기 시작했다. 이 기획물은 8회(1990.3.28~1990.4.13)까지 연재되었다.

제주신문은 3월 28일자 신문 〈換骨奪胎의 거듭남- 反省과 謝罪로 새로운 奉仕다짐〉 제하의 사설을 통해 "민주화·지방화 시대의 길잡이가 되고…부끄러운 옷깃을 여미고 겸허한 마음으로 과거를 반성 사죄하고 새로운 봉사의 다짐으로 거듭나겠다."라고 다짐하였다. 이 사설의 전문은 다음과 같다.

〈換骨奪胎의 거듭남-反省과 謝罪로 새로운 奉仕다짐〉

제주도민과 함께 살아 온 제주신문이 다시 발행됩니다. 45년 전통의 제주신문이 '재발행'이라는 말을 쓰게 된 데 대해 가슴이 저리고 눈시울이 뜨겁습니다. 해방 후 오늘까지 제주신문과 더불어 기쁨과 슬픔을 같이 해 온 독자 여러분에게 신문 발행 중단까지 이르게 한 우리의 모든 허물을 통감하고 반성하면서 깊은 사죄를 드립니다.

잘못이 있으면 뉘우쳐 깨치고 비판을 주시면 고맙게 받아들여 고치겠습니다. 무엇이 글렀느니 누가 옳았느니 하는 어떤 구차한 변명도 하지 않겠습니다. 한때나마제주신문이 자기 자신의 탓으로 파탄하여 독자 여러분의 눈·귀·발·가슴의 구실을 못함으로써 제주도민에게 실망·환멸·책망을 끼쳐 드리게 되었던 것을 가슴 아프고 부끄럽게 참회할 뿐입니다.

과오와 진실은 시간만이 바른 모습을 밝혀 줄 것으로 믿습니다. 격한 바람이 그치고 냉정이 도사릴 때 모든 일은 제 모습을 드러내고 제 자리로 돌아오기 때문입니다. 다만 제주신문을 재발행하면서, 어둔 과거를 바로잡기 위해 서로 타이르고 함께 아파해야 옳았을 한 몸뚱이가 갈기갈기 찢어지는 통증을 느끼지 않을 수 없습니다.

역사는 가정이 불가능합니다. 과거는 돌이켜 세울 수도, 고칠 수도 없습니다. 이미 '있는 그대로' 남습니다. 오로지 자세, 성격과 모습을 새롭게 탈바꿈하는 것만이 과거를 역사화하는 길이 아니겠습니까.

우리는 지난 잘못과 허물을 씻고 새로 태어나는 길이 신문의 사명과 책임을 통한 봉사라고 다짐합니다. 한밥중이라도 눈을 떠서 주위환경을 감시하며 뜻있는 사회 변천의 정보를 제공함으로써 닥쳐오는 위험에 대응하고 사회적 조치를 취하도록 온 정성을 기울이겠습니다.

모든 보도와 논평은 보다 성숙한 빛 속에서 공정과 진실을 생명으로 삼고자 합니다. 무엇보다도 근원적으로 모두 죄 많고 불완전한 사람으로서 자기 자신은 잊어버리고 남만을 비판·정화의 대상이고 자기는 아니라는 일방통행은 더불어 사는 길이 아니라 더불어 죽는 구렁텅이임을 우리는 이번의 시련과 고통을 통해 배웠습니다.

모두 함께 가슴을 열고 손을 잡아 질책하고 회개할 때에만 이해와 화해의 자리가 마련되다는 이치를 우리는 너무도 뼈저린 체험으로 깨달았습니다. 신문의 첫째가는 기능, 즉 주민의 관심 문제를 표출시켜 토론의 광장에 붙임으로써 사회적 합의에 이르게 하는 언론 관리의 과정에서 우리는 이 교훈을 결코 잊지 않고 살려 나갈 것입니다.

제주신문의 재발행에 즈음하여 우리는 다시 한 번 가장 가까이 있는 것이 가장 소중하다는 '근접성'의 뉴스 원칙을 되새깁니다. 중앙문화의 종속으로부터 벗어나 제주도민과 함께 숨쉬면서 지역 특성을 힘껏 살려 나가는 신문이 되고자 합니다.

제주도민이 제주신문에게 무엇을 아쉬워하며 무엇을 원하는가를 우리는 항상 명심하겠습니다. 그리하여 제주의 삶과 소망이 담기고 제주의 빛깔·멋·향기가 풍기는 신문을 만들어 나가겠습니다.

제주신문은 모든 면에서 자체 혁신하여 재발행됩니다. 이 고장에서 처음인 조간신문으로 태어납니다. 이른바 '환상의 시스템'이라는 컴퓨터 신문 제작 시스템(CTS)을 갖추어 이 고장에서 처음으로 첨단 인쇄 문화의

문을 엽니다. 그리고 치열한 경쟁을 통해 참신하고 우수하며 패기 넘친 젊은 인력들을 보충했습니다.

제주신문은 독자 여러분의 아침 식탁에 날마다 빠르고 알찬 소식을 올려놓겠습니다. 정밀한 컴퓨터 편집으로 산뜻한 감각이 생동하는 지면을 펼쳐 들도록 하겠습니다. 제주신문은 전통을 아끼면서 현실을 사랑하고 미래를 여는 제주도민의 언론이 되고자 합니다. 우선 제주의 자연과 삶, 역사의 문화를 지키는 일이 우리의 터전입니다. 제주도를 제주도답게 발전시키는 일이 우리의 사명입니다. '제주'를 잃는 것은 제주의 자연과 역사와 문화를 잃은 것이요 우리의 모든 것을 잃은 것입니다.

세계는 지금 '분권화'의 시대로 들어서고 있습니다. 우리나라 역시 민주화·지방화 시대를 마장 제주도의 지역 인식을 확고히 하기 위해 제주신문은 긍정에 못지않게 개혁에 기여하면서, 자기 방어 능력과 機制가 없는 일반 대중의 편에 서려고 합니다.

신문은 민주화·지방화의 길잡이입니다. 이 시대를 구성하는 일발 대중의 말문이며 말길이며 말발입니다. 우리는 언론이 잘못 관리될 경우 대중의 이익보다 위해가 된다는 사실을 늘 경계하고 사회의 건전한 신경 계통으로서 신문의 사명과 책임, 말의 질서와 언론의 윤리성을 바로 세울 때 비로소 참 언론이 이루어진다고 믿습니다.

특히 지금까지 모자라고 허술했던 곳에 관심을 돌리렵니다. 내일의 주인공인 젊은이들에게 신문의 가슴을 활짝 열어 그들의 활기찬 '말마당'이 되고 싶습니다. 또한 모진 삶의 역경을 이겨 넘어 제주 문화를 창조하고 지켜 온 주인공인 여성들에게 허물없는 '말벗'이 되고 싶습니다.

지반 반세기 동안 이 고장 역사의 기록자로서 제주도민과 함께 자라온 제주신문은 이제 이 고장의 과거 축적적이며 미래 지향적인 지역 문화 구현체가 되려고 합니다. 제주신문이 내세운 正論·民權·奉仕의 약속은 어떤 어려움 속에서도 그 빛나는 죽지를 결코 접을 수 없습니다. 긴 안목으로 볼 때 오늘의 아픔이야말로 다함없는 재생의 진통이라고 하겠습니다.

삼가 부끄러운 옷깃을 여미고 겸허한 마음으로 과거를 반성 사죄하고 새로운 봉사의 다짐으로 거듭나려는 제주신문에게 독자 여러분의 매서운 채찍과 함께 뜨거운 지도와 지원을 바라마지 않습니다.

〈1990년 3월 28일〉

제주신문의 김경호 논설위원은 1990년 4월 17일자 〈제주칼럼〉에 쓴 〈今日也 放聲大哭〉을 통해 5共시절 나약했던 언론인들이 정권이 바뀌자 5共을 규탄하는 아이러니컬(ironical)한 기회주의적 행태를 힐난했다(제주신문 50년사, 1151쪽). 5공 청산과 민주언론쟁취를 외치다 해고당한 106명과 5공 세력을 두둔하며 신문사에서 살아남은 자들 간의 선명성에 대한 논쟁은 이후에도 계속되었다. 이 사태가 제주지역 언론사에 어떠한 영향을 미쳤는지는 다방면으로 연구되어야 할 것이다. 〈제주칼럼〉의 전문은 다음과 같다.

신문왕 퓰리처도 사실은 가출소년이었다. 헝가리의 부다페스트에서 살다가 아버지가 돌아가는 바람에 의붓아버지를 맞아들여야 했다. 결손가정 출신인 것이다.

그가 단신 미국으로 건너가 뉴욕 월드지를 인수하고 이브닝월드지를 창간하는 등 수많은 신문을 발행한 것은 후일의 일이었다.

오로지 신문만을 위해 열심히 일하던 그는 만년에 장님이 되는 불운을 맞았다.

1911년 세상을 떠난 퓰리처는 사망하기 직전 계열신문사의 한 편집국장에게 이런 편지를 보낸 일이 있다.

『불의와 탐관오리를 용서치 말라. 각 정당의 악질정치인들과 싸워라. 어떠한 정당에도 예속되지 말아야 한다. 특권계급과 공명약탈자들과 싸우고 빈민계급을 동정하라. 특종기사를 매일 게재하고 항상 눈에 번쩍 띄는 뉴스를 준비해야 한다. 정확 정확 또 정확, 그리고 간결하라』

구구절절 옳은 글들뿐이다.

미국의 독립선언문을 기초했던 제퍼슨은 在野시절 「신문없는 정부와 정부없는 신문중 하나를 택하라면 후자를 택하겠다」는 유명한 말을 남겼다.

퓰리처가 그의 동상건립을 제의한 것도 「정부없는 신문을 택하겠다」는 그 말이 고마워서였을지도 모른다. 참으로 이상한 것은 그러한 제퍼슨도 대통령이 되고서는 태도가 표변해 버린 것이다. 「신문에 나는 것은 하나도 믿을 것이 못 된다」고 혹평했으니 말이다.

권좌에 오르자 아마도 신문이 싫어졌던가 보다.

집권자들이 신문을 싫어하는 것은 東西나 古今이 마찬가지 인 것 같기도 하다.

우리 자유당 시대의 언론탄압은 너무나 유명하거니와 朴正熙 대통령도 유신을 선포해 놓고 프레스카드를 발행하는 등 언론에 많은 제약을 가했었다. 그것이 「5共」에 이르러서는 더욱 가관이었다.

언론기관 통·폐합에다 수많은 기자들을 무자비하게 몰아냈다.

지배민족이 피지배민족에 대한 언론기피현상은 더욱 치졸한 것이었다.

일제식민지 당시 일본이 우리나라에 대한 신문정책이 바로 그런 것이었다. 정간·폐간·압수뿐 아니라 우리 국민에게 실시했었던 것처럼 신문에도 창씨개명(?)을 강행하였다.

韓·日 합방조약 후 日帝統監府는 國權을 상징하는 신문제호를 모조리 강제 改題해버렸다. 「大韓신문」이 「漢陽신문」으로, 「皇城신문」은 「漢城신문」으로, 그리고 「大韓民報」는 「大東新報」로 이름을 바꿔버렸고 「大韓每日申報」도 「每日新報」라 改題하여 그들의 기관지로 만들어 버렸다.

신문은 독자를 위해 태어나지만 그러한 영광 뒤에는 끊임없는 권력의 간섭, 재벌의 회유 등에 의해 욕됨을 저지르기도 한다.

18세기 영국의 하원의원 에드먼드 바아크는 의회연설 도중 신문기자석을 가리키면서 이렇게 말했다. 「저쪽에 제4계급이 앉아있다. 3개의 계급(귀족·승려·시민) 전부를 합친 것보다도 더 유력한 계급이다」

그럼에도 신문들은 권력의 그늘에 들어가 온갖 행태의 치욕을 저지른 예가 허다하다.

신문이 막강한 영향력을 갖고 있으면서도 권력 앞에 얼마나 약한가를 잘 보여준 것이 1815년 5월, 나폴레옹 백일천하를 이루었을 때 파리의 모니투울지[27]의 일련의 보도들이었다.

5월 9일 = 악마가 유형지 엘바섬을 탈출했다.

5월 10일 = 콜시카 태생의 식인귀는 쥬안반도에 상륙했다.

5월 11일 = 맹호는 가프에 나타났다.

5월 13일 = 僭主(참주)는 지금 리옹에 있다.

---

27) 모니투울은 기회주의적인 한국의 언론인과 언론들을 비판할 때 자주 등장하는 프랑스의 신문 "모니퇴르"를 말한다. 이 신문의 1면은 사례에서 보듯이 1815년 나폴레옹 시절 엘바섬에 갇혀있던 나폴레옹이 탈출해서 차츰차츰 파리로 진격해 오는 동안 주요 경로를 지날 때마다, 카멜레온의 등짝처럼 변신에 변신을 거듭하였다.

5월 19일 = 보나파르트는 무장군을 이끌고 전진하고 있다.
5월 20일 = 나폴레옹은 내일 파리에 도착할 것이다.
5월 21일 = 皇帝 나폴레옹은 지금 포욘데부로에 있다.
5월 22일 = 皇帝폐하는 어젯밤 파리에 정식 입성하셨다.

나폴레옹 파리입성과정을 놓고 겨우 12일 사이에 그렇게도 엄청난 변화의 보도들을 서슴없이 해냈던 것이다. 이런 치욕이 어찌 프랑스의 신문 모니투울 뿐이던가. 일제 식민지하의 우리 신문 중에도 친일신문이 활개를 친 적이 있다.

그래도 그때는 張志淵같은 논객이 있어 「是日也 放聲大哭」이란 불후의 명 사설로서 韓·日 합방의 敵臣들을 질타했다. 그러나 최근 韓國의 언론은 잦은 검열과 신문·방송·통신의 통·폐합, 언론인의 대숙청이 있었지만 「是日也 放聲大哭」같은 사설은 등장하지 못했다. 도리어 「5共」 언론정책을 지극히 타당한 것처럼 보도했다.

집권자의 눈치를 살피고 그들의 회유에 놀아나는 등 어찌보면 「5共」 시절은 한국신문의 암흑시대 같은 느낌이었다. 적어도 그 시기에 언론인들은 독자들로부터 신뢰를 받을 수 있는 책임있는 신문을 만들었는지 깊이 自省해야 할 것이다.

올해 신문의 날 구호를 「책임있는 신문, 신뢰받는 신문」으로 결정한 것도 우리 신문들이 크게 반성하자는 뜻에서 일 것이다. 신문의 날을 맞아 신문사속의 편린들을 더듬어 보는 것도 앞으로 책임있고 신뢰받는 신문을 만들어 보고자 하는 뜻에서이다. 10년 전 「5共」에 의해 강제로 신문사를 떠나야 했던 필자가 오늘 신문의 날을 맞는 감회는 퍽이나 유별나다.

〈是日也 放聲大哭〉

1990년 3월 28일자부터 〈김평진 회장·김대성 사장·양주하 발행 편집 겸 인쇄인·고영기 편집국장〉 체제로 운영해온 제주신문은 4개월만인 8월 7일부터 〈발행 편집 및 인쇄인〉을 양주하에서 김대성 사장으로 변경하였다. 이것은 최대의 대주주가 직접 경영일선에 나서면서 새롭게 창간한 일간지인 한라일보(창간 1989.4.22)와 제민일보(창간 1990.6.2) 등과 경쟁하기 위한 조치라고 판단된다.

1992년 3월 25일 열린 정기이사회 및 주주총회에서 수권 자본금을 60억원에서 1백 20억원으로 갑절 증액하여, 勞使분규로 파생된 일부 부채를 청산하고 최첨단 시설확충에 투자하기로 의결하였다. 또한 이날 주주총회에서는 梁主厦 상무이사를 전무이사로, 고영기 편집국장과 金世勳 총무국장을 상임이사로 그리고 金大祐(김대성 사장의 동생) 주주를 이사(비상임)로 각각 선임하여 임원진을 보강하였다.

제주신문은 3월 이사회에서 증자한 자본금으로 6월 20일 창간 47주년을 맞이하여 제2별관 사옥을 준공하고 최대 40면을 흑백·컬러로 동시에 인쇄할 수 있는 최첨단 윤전기 크로모세트(CROMOSET/독일 MAN社 제품)를 도입 설치하였다. 그리고 1993년부터 국내 일간지로서는 처음으로 최신 편집프로그램인 QUARK3.1을 채택함과 동시에 세계 최초로 스피드 웨어를 장착한 2페이지 4度分析 출력기·고성능 사이텍스 컬러스캐너 등을 도입 설치하여 최첨단 컴퓨터시스템으로 신문을 발행하기 시작하였다(제주신문50년사, 1279쪽).

제주신문은 이처럼 신문의 질적 향상보다 최첨단 신문 제작시스템 및 인쇄기계를 구입 설치하는데 심혈을 기울였다. 제주신문은 이러한 최고의 인쇄시설을 이용하여 1992년 1월 15일부터 제주지역에 배포할 朝鮮日報의 현지인쇄를 대행하기 시작하였다. 조선일보에 이어 1993년 12월 21일에는 동아일보, 1994년 5월 20일에는 중앙일보와 현지 인쇄 대행계약을 체결하였다. 그 결과 중앙일간지들은 서울 본사에서 신문을 인쇄 배포할 때보다 반나절 정도 빠르게 신문을 독자들에게 배포할 수 있게 되었다.

제주신문의 입장에서 중앙일간지의 현지 인쇄 대행은 수입을 늘릴 수 있어서 좋았지만, 그로 인한 부작용도 하나 둘 나타나기 시작하였다. 중앙지의 현지 인쇄는 독자들에게 보다 신속하게 신문을 배달할 수 있었지만, 동시에 이는 중앙지의 지방판 확대로 지방지의 입지를 더욱 약화시키는 계기가 되었다(이문교, 1997: 411). 당시 제주신문사의 외주인쇄 대행 수입은 꽤 많았던 것으로 알려져 있다.

김대성 사장은 1995년 6월 20일자 신문에 실린 〈창간 50주년을 맞으면서- 頂上紙 책임·임무 성실수행〉 제하의 기념 메시지를 통해 “제주신문은 최고의 전통, 최고의 인재, 최고의 시설, 최고의 발행부수로 국내·외적으로 시대를 앞서가는 전통일간지”라고 선포하였다. 이후부터 이 내용은 제주신문이 내거는 단골 메시지가 되었다.

5. 제주신문에서 제주일보로 개제

제주신문은 창간 51년만인 1996년 11월 1일부터 제호를 한글 〈제주일보〉로 변경하였다. 이와 함께 기존의 세로쓰기에서 전면 가로쓰기 편집으로 전환하고 본문 서체도 9.5포인트(장평 95%)로 바꾸었다. 그리고 당시 매일 20면으로 발행하던 지면을 24면으로 증면하였다. 증면된 지면은 서귀포시판, 북제주군판, 남제주군판으로 각각 배정하여 각 지역의 뉴스를 보다 상세히 보도하기 시작하였다. 또한 모든 보도기사(논평기사 포함)의 작성자가 책임과 의무를 다하도록 하기 위해 바이라인(by-line)에 기자 실명제를 도입하였다.

그리고 1996년 2월 12일 한국신문윤리위원회 이사에 선임된 김대성 사장은 약 11개월 후인 1997년 1월 17일 한국신문윤리위원회 이사장에 선출되었다.

제주일보사는 1998년 3월 13일 정기 주주총회 및 이사회를 열고 집행부를 재선임하고 1997년도 매출액 122억 5600만원과 당기 순이익 2억 621만원을 각각 확정승인 통과시켰다. 1998년 이후부터의 제주일보의 경영상태에 대해서는 자세히 알 수 없다.

1997년 10월 1일부터 제주일보 전자신문 서비스시스템(http://www.chejunews.co.kr)을 개설하여 인터넷을 통해 세계 각국에 기사와 컬러화상을 서비스하기 시작하였다. 1997년에는 지방의 신생지 창간과 중앙일간지의 물량 공세에 대응하고, 지방신문사간의 경영·취재보도 등에 관한 정보를 교환하기 위해 광주일보, 부산일보, 매일신문, 대전일보, 강원일보 등 지방 5개 신문사로 구성된 춘추회에 가입하였다.

> 1990년 9월 21일 대전일보사가 주체가 되어 재창립한 춘추회는 회원사간 회사경영과 신문편집·제작에 관한 상호정보 및 자료교환, 회원사간 업무협조 및 친목도모, 공동사업 전개로 공동이익 도모, 중앙사 및 신간사에 대한 공동 대처방안 강구 등을 목적으로 창립한 단체이다. 춘추회에 가입된 회원사는 대전일보(대전), 강원일보(춘천), 광주일보(광주), 매일신문(대구), 부산일보(부산)와 제주일보(제주) 등 6개 사이다. 춘추회는 지역신문 콘텐츠의 질을 높이기 위해 1992년 5월부터 공동으로 일본, 홍콩, 모스크바, 워싱턴, 파리 등지에 해외특파원을 파견했다.
>
> 〈한국언론 100년사 1, 880쪽〉

제주일보는 1998년 6월 13일자 社告를 통해 제주일보 창간기념일을 6월 20일에서 10월 1일로 환원한다고 발표하였다. 제주신문(당시 명칭)은 1988년 6월 20일 제주시 연동에 신사옥을 준공하여 제주시 북초등학교 옆에 있는 사옥에서 이전하고 제2창업을 선언하였다. 제2창업을 선언하면서 창간기념일도 제주신문이 탄생한 1962년 11월 20일에서 6월 20일로 변경하였다. 창간기념일을 변경한지 10년만에 또 변경한 것이다. 제주신보의 창간일이 1945년 10월 1일로 알려져 있지만 그 근거 또한 명확하지 않다.

1998년 12월 8일부터 쌍방향 신문시대를 열기 위해 국내 지방언론 사상 처음으로 독자평가제를 도입하였다. 독자평가제를 위해 독자가 기자 개인에게 의견을 직접 전할 수 있도록 모든 기사 바이라인(by-line)에 취재기자들의 ID(전자우편주소)를 기자 이름 옆에 함께 표기하도록 하였다.

또한 2000년에 들어 처음 실시되는 4·13총선에서 유권자들의 올바른 선택을 돕기 위해 제주일보는 특별취재반을 구성하고 새로운 보도준칙을 마련하여 정확하고 공정한 선거정보를 제공하기 위해 노력하였다. 당시 제주일보가 2월 9일자 지상에 발표한 공명선거보도준칙은 다음과 같다.

1. 새로운 선거문화를 창조한다는 사명감으로 한국신문윤리위원회 윤리강령에 충실한 공정하고 객관적인 보도를 하겠습니다.
2. 유권자들의 올바른 판단을 돕기 위해 후보자의 자질 검증과 정책 중심 보도에 노력하겠습니다.
3. 특정 정당이나 후보를 편향적으로 보도하지 않고 모든 정당과 후보자들 동등하게 대하겠습니다.
4. 편집간부 및 기자 개개인의 정치적 성향이나 혈연·지연·학연 등에 절대 얽매이지 않겠습니다.
5. 출처가 분명하지 않은 자료에 대해서는 반드시 확인과정을 거친 후 보도하겠습니다.
6. 불법·부정선거운동행위를 차단하고 공명선거 분위기 조성을 위한 지상 캠페인을 전개하겠습니다.

2001년 6월 1일부터 제주일보는 춘추회의 5개 회원사 및 중앙일보와 함께 전국 뉴스라는 인터넷 사이트(www.news.co.kr)를 구축해 공동으로 서비스하기 시작하였다. 한·일 월드컵 대회가 열리던 2002년에 제주일보는 한·중·일 3국의 13개 유력지방지들(西日本신문, 고배(神戶)신문, 가호쿠(河北)신문, 니카타(新潟 신갈)일보, 시즈오카(靜岡)신문, 중국의 상하이 해방일보 등)과 협력체계를 구축해 자기 지역의 경기와 월드컵 분위기를 취재한 기사와 사진을 상호교환·게재하였다. 또한 제주신문은 2002년에 국내에서 처음으로 원클릭 서비스를 구현한 인터넷 신문 제주뉴스 홈페이지(jejunews.com)를 개설하여 같은 해 10월 1일부터 서비스에 들어갔다. 2003년 4월 14일부터는 영문제호도 The Daily News로 변경하였다.

1980년 12월 31일 국가보위입법회의에서 언론을 통제하기 위한 제도적 장치로 제정된 언론기본법이 1987년 11월에 폐지된 이후, 전국적으로 많은 언론사들이 창·복간된다. 새로 탄생한 후발 언론사들이 2002년 5월에 전국지방신문협의회를 창립하여 지방언론 활성화 논의와 지방언론 육성법 제정 등을 위한 활동을 벌이기 시작하자, 이에 대응해 제주일보를 비롯한 춘추 6개사(강원일보·광주일보·대구매일·대전일보·부산일보·제주일보)와 경남신문·경인일보·전북일보·충청일보 등 10개사가 모여 2003년 3월 5일 한국지방신문협회를 창립, 회원사간의 협력과 교류를 강화시켜 나가기 시작하였다.

이들은 자사(自社)의 社告를 통해 스스로를 '역사와 전통을 지닌 전국의 대표적인 10개 지방신문사'로 규정하고, 한국지방신문협회 출범을 '지방분권을 향한 의미 있는 출발'이라고 주장하였다. 한국지방신문협회 소속 회원사는 5공의 언론통폐합 정책의 산물이며 1도1사라는 정책적 보호망 아래서 성장한 신문사들이다. 언론사 통폐합의 기본 목적은 신군부 세력의 권력장악과 유지를 위함이었고, 여기서 살아남은 언론은 정권의 나팔수 역할에 충실하면서 각종 특혜와 더불어 해당지역에서 독점적 지위를 제공받았다.

2003년에는 8월 4일부터 8일까지 중국 베이징에서 제주-중국 베이징 청소년 축구교류전을 개최하였다. 2001년에 이어 두 번째 열린 이 교류전에서는 지난 4월 열린 제32회 백호기쟁탈 전도청소년 축구대회에서 우승한 제주제일고 선수들과 중국내 최상위권 전력을 갖춘 베이징 삼고축구클럽, 국안구락부와 우정의 대결을 펼쳤다.

제주일보의 보도기사가 2003년 9월 1일부터 〈아리랑 라디오뉴스〉를 통해 하루 3회(오전 9시, 낮 12시, 오후 6시)씩 한국어와 영어로 동시에 방송되기 시작하였다.

제주일보는 2004년 4월 1일자로 1998년 12월 1일 임명된 부영주 편집국장을 논설실장으로, 김범훈 편집부국장 대우를 논설위원(국장급)으로, 양해석 편집부국장 대우 남부지사장을 편집국장으로 각각 발령하여 편집국 체제를 일신하였다.

제주일보사는 2005년 1월 30일 열린 정기 주주총회 및 이사회에서 김대성 대표이사를 회장 겸 발행인으로, 강병희 공동대표 이사를 사장 겸 편집 인쇄인으로 각각 선임하였다. 오랜기간 동안 제주신문의 대주주로 지역언론의 발전에 많은 기여를 해온 김평진 회장이 경영일선에서 물러나면서 김대성 대표이사의 영향력은 점차 커지게 되었다.

그리고 2005년 10월부터 제주일보는 다음 커뮤니케이션(대표이사 이재용)과 업무협약을 체결하여, 제주일보에서 취재 보도하는 뉴스를 다음 포털 사이트를 통해 제주도를 비롯한 전국 네티즌들에게 신속하게 제공하기 시작하였다.

6. 새로운 주요 사업 및 행사

김대성 사장이 취임한 이후에 창설한 행사로는 제주도새마을청소년대상(1982.12), 전국학술대회(1985.11.15), 통일문제 세미나(1987.10.29. 3회), 濟州新聞盃 대상경주(1994.9), 고대 濟州海路 테우探査(1985. 10.4), 가파도를 푸르게 나무심기 캠페인(1991.4.5), 제주 時調백일장 대회(1991.11.15. 14회), 제주학생토론왕 선발대회(2000.11.13), 제주일보旗배드민턴대회(2001.6.30) 탐라문학상(1997), 제주학 학술상(2002) 등이 있다.

〈제주도 새마을청소년 대상〉(1982.9.28)은 복지농촌 건설과 영농후계자를 발굴 육성하기 위해 제정된 것이다. 이 같은 사실을 1982년 9월 28일자 社告를 통해 발표하고, 이에 대한 첫 시상식을 12월 1일 시민회관에서 가졌다. 이 사업은 제주농촌진흥원이 주관하고 제주도 새마을청소년 후원회가 후원하였다. 1988년 제7회 때부터 이 대회 명칭은 〈제주도 4-H 대상〉으로 바뀌었다.

제주신문은 1985년 창간 40주년을 맞으면서 문화예술·체육·사회복지 사업에 이어 학술활동에도 관심을 갖기 시작하였다. 대표적인 것으로 '제주도문제 심포지엄'과 '통일문제 세미나'를 들 수 있다. 濟州島연구회와 공동으로 개최한 '제주도문제 심포지엄'은 〈제주도 개발과 보존〉(1985.11.15.~16), 〈濟州島史의 재조명〉(1986.11.14), 〈제주도 연구의 오늘과 내일〉(1987.11.13), 〈國際化 시대의 濟州島 연구〉(1988.11.25) 등의 주제로 4회까지 개최되었다.

이 행사와 더불어 제주신문은 1987년부터 분단민족사의 비극을 극복하고 평화통일 의지를 재조명한다는 취지로 '통일문제 세미나'를 3회에 걸쳐 개최하였는데, 그 주제는 〈中共과 北韓의 政策변화와 韓半島〉(1987.10.29), 〈中·蘇개방과 올림픽 그리고 한반도〉(1988.10.7), 〈동북아 정세와 한반도 통일〉(1989.9.29) 등이었다.

제1회 통일문제 세미나가 개최되던 1987년 당시 한국사회는 언론자유의 보장, 직선제 개헌과 평화적 정부이양, 대통령선거법 개정, 김대중의 사면복권 등을 주요 내용으로 하는 6·29선언으로 정국이 매우 혼란스럽고, 전국이 민주화의 태동으로 몸살을 앓고 있었다. 이와 같은 시대 상황과 동떨어진 통일문제 세미나가 열린 것이다.

또한 1985년에 제주신문은 창간 40주년 기념사업으로 〈고대 濟州海路 테우 探査〉를 실시하여, 제주와 남해안지방 사이의 海路변천사를 규명하는데 지대한 공헌을 하였다. 이 탐사의 목적은 문헌에 나타난 제주-한반도 사이의 가장 오래된 해로로 알려진 제주-강진(康津) 간 뱃길을 따라 테우(떼배) 항해를 시도하면서, 이 뱃길에 대한 항해학적 규명과 문화교류의 경로 등을 추적하는 것이었다.

탐사단 일행[28]은 先祖들이 왕래했던 제주와 전라남도 강진 간의 고대 항로를 탐사하기 위해 테우 물마루호를 타고 1985년 10월 4일 제주시 화북포구에서 출발, 7일 만인 10월 10일 종착지인 전라남도 康津郡 마량(馬良)포구에 무사히 도착하였다. 海路탐사과정에서 태풍 브렌다의 북상으로 이틀 동안 추자도에 대피했다가 재도전하다 보니, 예정보다 목적지에 늦게 도착했지만, 아주 먼 옛날 선조들처럼 70해리 구간을 테우로 항해하는데 성공하였다. 당시 도민들은 '과연 근해에서 자리돔이나 잡기 위해 이용하던 테우라고 하는 조그마한 배가 제주해협을 건너갈 수 있을까'하는 의심과 호기심의 눈으로 이 행사를 지켜보고 있었는데, 이 의문을 풀어준 것이

28) 탐사단(단장: 양병윤 편집국장)은 학술조사팀(鄭公炘 교수·운용학, 盧洪吉 교수·어장학, 安長榮 교수·항해학, 高昌錫 교수·사학, 高光敏 연구원·민속학), 의료팀(1명), 취재팀(3명), 총무팀(3명), 사공팀(9명)으로 구성되었다(1985년 10월 4일자 신문 社告).

다. 이 탐사는 선박과 항법이 매우 원시적이던 아득한 옛날부터 한반도와 제주도 간의 교류가 이루어질 수 있었다는 사실과 고대항법 추정에 매우 소중한 근거를 제시해 주었다.29)

제주신문의 대표적인 사업으로는 제주도 및 남제주군과 공동으로 추진한 〈馬羅島를 푸르게〉 나무심기 운동을 들 수 있다. 이 사업 첫해인 1991년 4월 5일에는 마라도 주민과 관광객 등 2백여명이 해송·구실잣밤나무·동백나무·가마귀쪽나무 등 3천여 그루를 심었는데 그 가운데 약 70%가 활착되었고, 이듬해인 1992년 4월 4일에는 돈나무·황근·청사철 등 11종 5백여 그루의 나무를 심었다.

마라도를 푸르게 가꾸기 위한 植木사업에 총 2천5백여만원의 성금이 투자되었다. 제주신문은 이 기금을 마련하기 위해 1990년 11월 15일 서울 인터콘티넨탈 호텔에서 첫 자선모임을 개최해 1천 5백여만원을, 12월 8일에는 제주시 한라체육관에서 연예인 자선공연을 개최해 1천만원의 기금을 모금하였다. 제주신문은 2회에 걸쳐 모금한 성금 총 2천5여만원을 제주도에 기탁하였고, 제주도와 남제주군은 여기에 道예산 2천만원을 보태어 2회에 걸쳐 마라도에 나무를 심는데 사용하였다.

1991년에는 〈제주 時調 백일장 대회〉를 창설하여 11월 15일부터 도내 중·고등학생과 일반인 대상으로 시조 작품을 모집한 결과 2백1편이 응모하였다. 이 가운데 우수작품 8개를 선정하여 1992년 1월 11일자 신문에 발표하였다. 이 대회는 2005년 제14회 때까지 계속되었다.

1994년에는 제주신문 紙齡1만5천호 발간을 기념하기 위한 〈濟州新聞盃 대상경주(競馬)〉를 창설하였다. 1천7백50만원의 배당금이 걸린 첫 경마대회는 9월 11일 한국마사회 주관으로 제주경마장에서 열렸다. 2005년에

29) 이 탐사에 이용된 테우 물마루호(길이 5.9m, 선수 1.4m, 선미 2.6m)는 삼나무 통나무 14개로 건조되었고, 돛 높이는 3.5m, 평균 속도는 1.6노트였다. 항해방법은 조류·노·돛을 이용, 사공 9명이 1개조 3명씩 3개조를 짜서 각 조가 번갈아가며 매일 24시간 내내 노를 저어 항진하였다.

열린 12회 경주대회에는 1,890만원의 상금이 내걸렸다.

1996년에는 1997년 창간 52주년을 기념하기 위해 5,500만원의 고료를 내걸고 장편소설과 시·동화·시조를 공모하는 〈제1회 탐라문학상〉을 제정하였다. 탐라문학상은 한국문학의 지평을 넓히고 역량있는 작가를 발굴하기 위한 것이다.

1997년에는 한라일보, 제민일보, MBC 제주문화방송, KBS제주방송총국 등 제주지역 언론 4개사와 함께 〈21세기 제주 변해야 산다〉라는 주제로 공동캠페인(도민의식 공동설문조사, 대토론회, 선거포럼 등)을 개최하였다.

2000년도부터는 제주도교육청과 공동으로 초·중·고 대상 제주학생토론왕 선발대회(2000.11.13)를 개최하고 있는데, 이 대회는 학생들의 유연한 사고와 창의성을 계발하고 수업현장에 토론문화를 정착시키는데 많은 기여를 하였다. 제1회 토론 본선대회에 참가한 학생들은 〈흥부는 본받을 만한 인물인가(초등학교)〉, 〈인터넷 채팅의 건전성 여부(중등)〉, 〈급속한 디지털 혁명은 인간에게 행복을 가져다 줄 것인가(고등부)〉 등의 주제로 토론을 벌였다.

2001년부터는 제주일보旗 배드민턴대회(2001.6.30)가 열리고 있다. 6월 30일부터 이틀간 서귀포시 동홍체육관에서 개최된 제1대회(2001. 6.30)에는 초등학생부터 일반부에 이르기까지 연령별·단계별(단식, 복식, 단체전 등)로 모두 35개팀 1천여 명의 선수들이 참가해 기량을 겨루고 동호인 간의 친목을 도모했다.

2002년부터는 사단법인 제주학회와 공동으로 제주학 학술상(인문·사회·자연 분야)을 제정하여 제주학 발전에 탁월한 업적을 남긴 연구자를 매년 발굴해 시상하고 있다. 제1회에는 〈제주목장사(濟州道牧場史)〉의 저자인 동국대 명예교수 남도영 박사, 2회에는 〈제주농촌경제의 변화〉의 저자인 제주대학교 故 이기욱 교수, 3회에는 제주방언에 대한 국어사 위상을 높인 강정희 한남대 교수(국어국문과)가 수상하였다.

2003년 8월 4일부터 8일까지는 중국 베이징에서 제주–중국 베이징 청소년 축구교류전을 개최하였다. 2001년에 이어 두 번째 열린 이 교류전에서는 지난 4월 열린 제32회 백호기 쟁탈 전도청소년 축구대회에서 우승한 제주제일고 선수들과 중국내 최상위권 전력을 갖춘 베이징 삼고축구클럽, 국안구락부와 우정의 대결을 펼쳤다.

2005년 3월 31일 창간 60주년을 맞이하여 농업기반공사 제주도본부와 공동으로 〈제주 수자원관리 심포지엄〉을 열었다. 이날 토론자들은 효율적인 수자원 관리 대안을 제시하였다.

이외에 제주신문사가 김대성 사장의 취임(1980년 11월 26일) 이전부터 제주지역사회의 체육·문화 예술인 등을 발굴 육성하기 위해 개최하고 있는 행사에는 백호기 쟁탈 전도 청소년 축구대회(1971.10.30-31~2005.4.13, 제35회), 道一周 역전 경주대회(1971.5.6~7)가 있으며, 1977년에 창설한 청룡기 쟁탈 전도 학생농구대회는 1982년 제6회 대회를 끝으로 중단되었다.

예술행사로는 제주 학생문예작품 모집(1968.3.15), 모자 寫生대회(1970.5.9), 제주도 미술대전(1975.11.20) 등이 있다. 1975년 11월 20일 창설되어 운영되어 온 제주도 미술대전은 1988년 제14회까지는 제주신문사에서 개최되었고, 이후 예총제주도지회로 이관되었다. 미술대전은 한국화·서양화·서예·사진·응용미술 등 5개 부문으로 열리다 1986년부터 조각 부문이 추가되었다.

이외에 정례 행사로 제주도 바둑 王位戰(1968.11.23-24~2004. 12.5, 제31회), 제주 보훈대상 시상(1975.6.3~2005.6.8. 제31회), 제주 어린이 명예기자제도(1979.5.12~2003.3.29. 제25회) 등이 있다.

2006년 기준으로 역사가 오래된 행사로는 백호기쟁탈 전도청소년축구대회(36회), 제주학생문예공모(35회), 제주도바둑왕위전(33회), 제주보훈대상(32회), 4-H대상(26회) 등이 있다.

7. 편집체제 및 주요 보도내용

기사는 기자가 취재현장에서 수집한 정보를 토대로 작성되지만, 기자의 의도대로 최종 뉴스가 되는 것은 아니다. 뉴스생산과정에서 기자는 신문사의 간부와 동료로부터 그리고 취재원과 광고주 등으로부터 각종 압력과 회유, 부탁을 받는다. 뉴스생산 과정에서 가장 많은 영향을 미치는 집단은 간부와 경영진이다. 간부는 국장, 부국장 및 부장 등을 포괄하는 개념이다. 이 가운데에서도 신문사 조직의 정점에 있는 경영진이 국장에서부터 말단부서에까지 영향을 미치고, 편집권을 가진 권력자는 신문의 보도내용을 통해 사회를 통제하려고 한다. 그렇기 때문에 경영진이 바뀌면 편집방침도 대부분 바뀌게 된다.

1) 편집체제

제주신문은 1979년 7월 25일자부터 매일 8개면씩 발행하기 시작했다. 이를 구체적으로 보면, △ 1면 = 국내외 정치·경제·만평, △ 2면 = 사설·외신·스포츠, △ 3면 = 뉴스해설·춘하추동 政街 움직임, △ 4·5면 = 문화·어린이·가정·여성·취미, △ 6면 = 경제·民情·상담, △ 7면 = 사회, △ 8면 = 지방종합으로 구분하여 관련기사를 편집하였다.

김대성씨가 사장으로 취임한 이후, 1983년 11월 21일자부터 8개면 가운데 문화면 2개면과 스포츠·방송연예 1개면을 시범적으로 가로짜기 편집에 들어갔다. 그리고 이때부터 2면(외신면) 일부를 할애해 게재하던 스포츠 관련기사를 떼어내어 연예소식과 함께 8면에 보도하기 시작하였다. 그리고 8면의 지방기사는 6면으로 옮겨 편집하였다.

1984년 4월 2일부터는 1981년 11월 16일 이후 사용해 오던 17단 체제(기사 12단·광고 5단)를 15단 편집체제로 개편하였다. 이로써 단수높이가 종전보다 커지고, 수용글자수가 늘어나게 되어, 신문읽기가 전보다 훨씬 편해지게 되었다. 또한 독자들의 편의를 위해 1986년 8월 15일자 신문부터 국내 일간지 가운데 가장 큰 본문활자로 사용하기 시작하였다. 이 활자의 면적은 종래의 것에 비해 약 31% 정도가 더 컸다. 신문의 글자가 클수록 可讀性이 높아져 눈이 나쁜 사람도 종전에 비해 신문을 보다 빨리 읽을 수 있는 장점이 있지만, 그만큼 지면에 들어가는 기사건수와 정보량은 줄어들게 된다.

1990년 9월 15일부터 매일 12면(週 72개면)으로 증면 발행하기 시작하였다. 12면 발행체제를 보면, 1면에 제주지역 관청 뉴스와 국내정치·春夏秋冬·五白羅漢, 2면에 국내정치 관련 뉴스, 종합게시판, 당직병원, 단신, 3면에 제주칼럼·중앙정가 소식·기획기사 등, 4면에 주식시세표·경제, 5면에 문화관련 기사와 기획기사, 6면에 건강·연재소설, 7면에 문화·단신·연재소설, 8면에 스포츠 관련기사, 9면과 10면에 지역 종합·記者席, 11면에 사회관련 기사·날씨·4컷 시사만화, 12면에 연예가 소식과 TV프로 소개 등으로 편집하였다.

1992년 7월 14일부터 매일 16개면(週 96면) 발행에 돌입하였다. 12면에서 16면으로 증면하면서 국내정치와 외신·지방기획기사를 더욱 많이 싣기 시작하였으며, 전국경제 및 지역경제 관련 정보 수요를 충족시키기 위해 경제면을 신설하고 지역 종합면도 확대하였다.

16면 편집체제를 보면, 1면에는 지역의 현안 의제, 2·3면에는 전국종합, 4·5면에는 사회, 6면에는 지역, 7면에는 문화, 8면에는 경제, 9면에는 스포츠, 12면에는 방송, 13면에는 인물 동정, 14면에는 오피니언, 15면은 TV프로그램 안내면으로 배정하고, 16면은 전면 광고로 편집되었다. 이와 같은 제주신문의 증면은 1987년 언론기본법이 폐지된 이후 새로운 일간지들이 탄생하면서 발행지면, 구독료 등에 대한 기존 언론사들 간의 카르텔 체제가 붕괴되면서 나타난 경쟁의 결과이다.

1992년 7월 14일자부터 매일 16개면을 발행해 오던 제주신문은 타사와 발행지면수 경쟁을 위해 1993년 5월 1일자부터 매일 20면 발행에 들어갔다. 20면 발행시기 편집체계 및 내용을 보면(2000.2.8), △ 1면 = 종합·기사지면 안내, △ 2면 = 종합(중앙정가 소식), △ 3면 = 지역종합, △ 4면 = 사설·시론·春夏秋冬, △ 5면 = 열린 페이지(화촉, 모임알림, 개업, 영화 소개, 모집 등)·4컷 연재만화, △ 6면 기획면(정치, 문화, 행사 등), △ 7면 = 경제면·주식 시세표(광고면까지 편집), △ 8면 = 사람과 사람들, △ 9면 = 부동산 광고(중개업소 광고), △ 10면·11면 = 문화면, 연재소설(2편 연재), △ 12면 = 전면광고, △ 13면 = 스포츠, △ 14면 = 북군 소식, △ 15면 = 사람과 사람들, △ 16면 = 남군, △ 17면 = 서귀포시, △ 18면·19면 = 사회관련 기사, △ 20면 전면광고 등으로 편집되었다. 주로 전국 종합면, 생활정보란, 광고, 주식시세표, 문화면, 지역면이 확대되었다.

1994년 11월 13일자부터는 본문을 전면 한글로 쓰기 시작하였다. 사전 여론조사결과 한글전용을 희망하는 독자가 압도적으로 많았기 때문이다. 부득이한 경우에 한해서는 한자(漢字)를 괄호 안에 표기하여 독자들의 이해를 도모하였다. 그리고 이 날짜부터 문화면에 〈한자교실〉을 신설하여 독자들이 한자를 이해하고 익혀나가는데 도움이 되도록 하였다. 이 기획은 1999년 1월 29일(899회)까지 계속되었다.

2000년 3월 15일부터는 20개면에서 24개면으로 증면 발행하기 시작하였다. 24면 발행시기 편집체계 및 내용을 보면(2000.4.20), △ 1면 = 종합(지역과 중앙정가소식 1개), △ 2면 = 종합(중앙정가 소식), △ 3면 = 지역종합, △ 4면 = 사설·시론·春夏秋冬, △ 5면 = 열린 페이지(화촉, 부음, 알림, 개업, 모집 등)·4컷 연재만화, △ 6면 = 부동산 광고, △ 7면 = 경제면·Biz & Money, △ 8면 = 주식 시세표, △ 9면 = 코스닥·금융지표, △ 10면·11면 = 경제, △ 12면 = 기획(제18회 유채꽃 잔치), △ 13면 = 스포츠, △ 14면 = 생활정보 광고(매매, 구인 및 구직, 중고차 등), △ 15면 = 사람과 사람들, △ 16면과 17면 = 문화면, 연재소설(4월 안개 호텔과 명포수와 야수), △ 18면 = 사람과 사람들, △ 19면 = 북제주군, △ 20면= 남제주군, △ 21면= 서귀포시, △ 22면·23면 = 사회관련 기사, △ 24면= 전면광고 등으로 편집되었다.

4개면이 증면되면서 경제섹션 Biz & Money를 신설해 국내외 경기진단을 비롯해 금융·부동산·건설·유통·재태크 등과 관련된 정보를 게재하였고, 1개면에 보도하던 주식과 코스닥 시세표를 2개면에 걸쳐 보도하기 시작하였다. 광고와 다름없는 주식 및 증권 시세표는 대다수 독자들의 관심에서 멀리 떨어져 있는 정보유형에 속한다.

2) 기획보도의 주요 내용

1981년 1월 1일자 신년호는 특집면을 포함하여 16개면을 발행하였다. 1월 1일부터 〈水脈을 따라서〉(1981.1.1), 1월 7일자부터〈體育逸話〉(1981.1.7), 4월 23일자부터 제주곳곳에 산재해 있는 〈城〉(4.23)을, 10월 12일부터 제주도의 아름다움을 오늘에 되살려 재음미하는 시리즈로 〈濟州美의 재조명〉(10.12) 등을 연재하기 시작하였다.

1982년에는 제주도의 부존자원과 지리적 여건 등을 통해 제주산업을 전망해보기 위한 기획물인 〈82년 제주산업전망〉을 마련하여 1월 31일자부터 감귤, 관광, 特作, 수산, 축산, 건설, 해상운송, 수출 등 8개 분야로 나눠 8회에 걸쳐 보도하였다. 이와 더불어 5월 14일부터 제주도 개발의 裏面史를 엮은 〈제주개발사〉(1982.5.14)를 연재하였다. 이 기획물은 1957년 개장된 국립 松堂 목장을 비롯하여 그 후 반세기 동안 전개해온 각종 개발사업에 참여하였던 당사자들의 증언과 기록을 중심으로 1983년 1월 14일까지 42회에 걸쳐 연재되었다.

1983년 5월 18일부터 사료(史料)와 현장을 중심으로 엮은 〈流配人 列傳〉를 연재하였다. 이 기획물은 조선조 중종 때 유배되어온 金淨에서부터 최후의 유배인으로 전해지는 李昇薰까지 약 3백년 동안의 인물을 대상으로 이들의 謫居地와 逸話를 사료와 함께 정리한 것이었다(제주신문50년사, 912쪽).

1987년 11월 20일 창간 42주년을 맞이하며 제주신문 역사상 처음으로 컬러면 8개면 포함 첫 20개면을 발행하였다. 이후부터 신년이나 창간기념일의 경우 계기성 특집으로 20개면을 발행하는 회수가 점차 늘어나기 시작하였다.

1987년 9월 8일자부터는 증권시세표를 매일 게재하였다. 이것은 기획보도물은 아니지만, 1980년대 중반 이후부터 증권시세 등에 대해 관심을 보이는 사람들이 많아지자, 이에 대한 독자들의 궁금증을 덜어주기 위한 것이었다. 초기에는 한 면의 3분의 2정도를 차지하던 증권시세표가 나중에는 2개 지면을 차지했다. 증권시세표는 신문사의 수입원이 되었지만, 이로 인해 뉴스 보도지면은 줄어들게 되었다.

1988년에는 제주의 곤충(1988.1.1), 危險航海 바나나 산업 진단(1988.3.18), 방황하는 10대(1988.5.1) 등을 기획 연재하였다. 바나나의 산업 진단의 경우, 1982년부터 5년간 6백억원 이상을 투자한 바나나 산업이 외국산 바나나의 수입으로 몰락 위기에 처해있는 상황을 진단하고, 아울러 본도 농업의 새로운 이정표를 모색하기 위한 것이었다(제주신문50년사, 1066쪽).

제주신문은 1988년 6월 20일 신사옥 준공식을 갖고 〈제2創業〉을 선언했다. 이날 창간 43주년을 기념하고 신사옥 준공을 축하하기 위해 특집 14면을 포함 모두 24개면을 발행하였다. 특집으로 노태우 대통령의 축사, 特別探訪-元老언론인 洪鍾仁씨에게 듣는다 △ 특별르포-어승생 저수지 △ 제주의 技·藝人들-무형문화재를 찾아 △ 창간 43주년 기념 제주도민의 의식조사 △ 다시 보는 濟州史-현장을 찾아 △ 88서울 올림픽 △ 산업로봇과 자동차 산업 등을 보도하였다.

1989년에는 '신제주 개발사'(1989.1.1)와 '제주인의 항일운동'(2.28), '농어촌의 실태와 문제점'(1989.3.8)을 기획으로 보도하였다. 후자는 제주도민의 절반을 차지하고 있는 농어민의 생활현장을 진단하고 그 치유책을 모색하기 위한 것이었다. 또한 〈기생관광 무엇이 문제인가〉(1989.2.20) 제하의 기획보도를 통해 경제성장 뒷면에 자리잡아왔던 기생관광, 매춘·향략산업 등 제주관광의 그늘진 면을 조망하고 해결책을 제시하였다. 3월 3일자부터 30년 전 제주의 생활상을 사진필름을 통해 살펴볼 수 있는 〈스냅제주 30년〉을 시리즈로 연재하였다.

4월 3일자부터는 제주도 역사상 최대 비극사인 4·3사건의 實錄 〈4·3

의 증언〉(1989.4.3)을 연재하기 시작했다. 제주신문의 대표적인 이 기획보도는 그동안 땅속에 파묻혀 있던 제주 4·3사건의 진상을 세상 밖으로 드러내는데 지대한 공헌을 하였다. 이 탐사보도를 위해 제주신문은 1988년 3월 21일 〈4·3특별취재반〉(16명)을 편성하여, 1년여에 걸친 마을 현지조사와 서울·부산 등의 출장조사를 통하여 5백여명으로부터 증언을 청취하고, 국내외에서 발간된 2백여종의 자료를 수합 분석하였다. 제주신문은 4·3의 증언을 연재하게 된 이유와 목적을 社告를 통해 다음과 같이 밝혔다.

〈濟州의 비극사 밝힐 大河企劃－4·3의 證言〉

〈전략〉 우리나라 근대사에 4·3처럼 비극적인 사건은 없으며, 40여년이란 세월이 흘렀건만 아직도 근 본질에 대해서 인식의 관점에 따라 첨예한 대립상을 보이는 역사적 사건도 드물 것입니다. 4·3은 그 사건 자체가 안고 있는 특수한 성격 때문에 체험자들도 좀처럼 말을 꺼내기조차 꺼려왔고, 그러다보니 왜곡되거나 과장된 자료들이 검증의 과정도 없이 반복 인용됨으로써 진실의 규명에 오히려 걸림돌이 되어온 부분도 없지 않습니다.

제주신문사는 이에 역사적 사건의 사실적 접근을 위하여 작년 3월 21일 〈4·3특별취재반〉(16명)을 편성, 1년여에 걸친 마을 현지조사와 서울·부산 등의 출장조사를 통하여 5백여명으로부터 증언을 들었고, 국내외에서 발간된 2백여종의 자료를 수합, 현재 컴퓨터에 의한 분류작업을 진행중에 있습니다. 〈이하 생략〉

이렇게 4·3의 진상규명을 위해 첫발을 내디딘 〈4·3의 證言〉 기획보도는 1989년 12월 1일 56회까지 연재되었고, 이후 노사분규로 중단되었다. 이 기획보도는 이후 제민일보의 〈4·3은 말한다〉로 이어져 제주4·3사건 진상규명을 위한 귀중한 자료가 되었다. 그리고 같은 해 8월 15일자부터 4·3사건의 산증인이었던 당시 제9연대장 金益烈 장군의 육필 원고를 서울에서 입수하여 〈증언－4·3의 진실〉이라는 제목으로 연재하였다. 이 연재물은 그 가치가 워낙 막중하였기 때문에 친필원문을 그대로 살려 연재하였으며 4·3진상규명에 큰 보탬이 되었다.

이외에 양병윤 화백(제주신문 논설위원)의 〈제주만평〉이 11년만에 부활되어 1989년 4월 17일자부터 연재되기 시작했다.

제주신문은 1989년 창간일을 11월 20일에서 6월 20일로 변경한 이후 첫 번째 창간 기념일을 맞이하여 특집 16개면을 포함 24개면을 발행하였다. 창간특집 기획물로 〈심층진단: 지하수가 고갈된다〉, 〈제주농업 이대로 좋은가〉, 21세기 제주의 청사진을 알아보는 〈서기 2019년 6월 20일〉, 〈21세기 超高速항공시대 중심지는 제주〉를 게재하였다. 또한 전설의 섬 제주에서 우리의 가슴 속에 살아 숨 쉬고 있는 바위에 얽힌 전설을 정리해 보는 〈바위傳說〉(1989.6.20)을 연재하기 시작하였다.

1989년에는 우리의 유일한 지방자치 경험인 1952년 3월부터 1961년 5월까지 10년 동안의 지방자치제를 돌아보는 〈제주지방의회 10년〉(1989.6.21)을 6월 21일부터 게재하였다. 이외에 〈위생관리 이대로 좋은가〉(1989.7.18)와 〈濟州國監이슈〉(1989.9.19. 8회) 등을 기획 연재하였다.

또한 제주신문은 1989년 10월 31일자 1면에 제주신문 역사상 처음으로 백두산 정상에서 펄럭이는 제주신문社旗의 컬러사진을 게재하고, 그날부터 기행물 〈아! 백두산〉을 10회에 걸쳐 연재하였다. 제주신문사가 중국 북경대학에서 개최한 학술세미나에 참석하는 양승봉 교수를 객원기자로 위촉하여 이루어진 이 기획보도는 백두산·두만강·만리장성과 천안문 거리·북경대학 조선문화 연구소·황하·상해시 등 당시 독자들에게 생소했던 북녘 땅과 중국풍물 등을 10여회에 걸쳐 자세히 소개, 독자들로부터 대단한 반향을 불러 일으켰다.

제주신문이 1990년 3월 28일자부터 재발행 되면서 梁萬金 화백이 그리는 새 시사만화 〈꼬투리〉가 등장하였다. 1990년에는 제주사회의 도시화에 따른 변화를 점검하는 새 기획물 〈달라지는 세태〉(1990.4.5~8.5)를 35회에 걸쳐 연재하였다. 7월 10일부터 국내외의 시사문제를 폭넓게 다루기 위한 고정란 〈제주논단〉(1990.7.10)이 신설되었다. 이 논단의 필진은 道外

인사인 김동길(연세대 교수)·서정우(연세대 교수)· 이동욱(언론인)·임종철(서울대 교수)·한승조(고려대 교수) 등 5인이었다.[30] 이들은 주 1회씩 돌아가면서 정치·경제·문화·언론 등의 주제로 칼럼을 썼다.

1990년에는 파업과 대량해고로 인한 제주신문의 부정적인 이미지를 개선하기 위해서인지는 모르지만, 유독 기획기사가 많았다. 하지만 거의 대부분이 비시사성 기획기사였다. 8월 15일 전후부터 매주 1-2회 연재된 기획기사로는 광복 45주년을 맞아, 45년 전의 이야기를 각계 원로로부터 듣는 기획 〈그때〉(8.15), 불멸의 마라토너 孫基禎옹의 회고록 〈나의 조국 나의 마라톤〉(1990.8.16), 〈제주환경오염 어디까지 왔나〉(1990.8.14), 〈읍·면 변천사〉(1990.8.21), 〈2천년대의 유망직종〉, 각계 원로들의 어린 시절을 재조명하는 〈나의 어린 시절〉(1990.9.22), 민속학자 金仁顥의 〈제주문화의 뿌리〉(1990.9.15) 등을 들 수 있다. 〈제주문화의 뿌리〉는 2년여에 걸쳐 연재됨으로써 독자들로부터 많은 성원을 받았다.

1991년 신년호는 특집면을 포함한 36개면을 발행하였다. 이때부터 계기성 특집의 경우 36면을 발행하기 시작했다. 3월 26일 실시될 지방의회 의원 선거에 대비하여 1월 1일자부터 〈지방의회 뛰는 사람들〉이라는 특집을 마련하여 시·군구 기초의회 의원 출마예상자들과 선거양상을 소개하였고,[31] 〈제주인 재조명〉(1991.1.1)을 7회에 걸쳐 연재하였다. 특집으로 하와이 폴리네시안 민속촌 르포, 日本 현지 취재 〈四天王寺왔소〉 등을 다루었다. 그리고 1991년에 체육·문화 등 각 분야에서 제주를 빛낼 것으로 예상

30) 〈濟州論壇〉의 2차 필진이 1994년 9월 16일자로 새롭게 구성되었다. 새로운 필진은 김세원, 김용준, 朴贊郁, 서정우, 신명순, 신용하, 안병준, 원우현, 윤형섭, 이동욱, 이상우, 이수정, 이영선, 이완재, 임상원, 이용출 등 16명이다(이상 가나다順).

31) 1961년 5·16군사쿠데타로 중단되었던 지방자치제가 30년만에 부활되면서 1991년 3월 26일 시·군구 기초의회 의원선거가 처음 실시되었고, 같은 해 6월 20일에는 시·도 광역의원 선거가 있었다. 1991년 3월 26일 실시된 제주도 시·군 기초의회 의원선거에서는 43개 선거구(51명 선출)에 95명의 후보가 등록해 1.86대1의 경쟁률을 보였고, 6월 20일에 실시된 제주도의회 의원선거에서는 17개 선거구에 48명이 입후보하여 평균 2.9대1의 경쟁률을 보였다.

되는 인물들을 소개하는 기획물 〈91 기대주〉(1991.1.4)를 연재하기 시작했다. 그리고 〈地脈-濟州의 風水地理〉(1991.1.29) 기획물을 마련하여 주 1회씩 제주의 지맥을 소개하였다. 1995년 9월말까지 1백13회를 연재하였다.

그리고 三國遺事의 〈駕洛國記〉에 나오는 제주도의 역사를 정리해보는 〈三國유사와 제주도〉를 1991년 6월 20일부터 5회에 걸쳐 연재하였고, 각종 개발로 파괴되고 있는 자연자원의 실태와 문제점을 진단해보는 〈파괴의 현장〉(1991.6.20. 5회), 제주 화산섬의 생성내력과 그 모양새를 더듬어보는 〈제주도와 화산〉은 1992년 3월 3일자까지 33회에 걸쳐 연재되었다.

창간 46주년 기념 기획물 가운데 하나인 중국의 심양, 장춘, 길림지역에 산재해 있는 우리 겨레의 생활문화와 민속 등을 소개하는 현지 취재 기획물 〈여기는 민족의 발상지〉(1991.6.20)가 6월 20일부터 11월 14일까지 20회 연재되었다. 그리고 향토사 연구의 활성화를 위해 日帝침략기 제주도에 대한 일본의 침략적 행정과 정책의 변천사를 고찰해보는 기획물로 향토사학자 金璨洽의 〈濟州島의 日帝侵略史〉(1991.9.28)를 싣기 시작하였다. 1994년 8월 20일까지 1백27회에 걸쳐 연재된 이 기획물은 濟州島學의 정립에 크게 기여하였다.

1992년 1월 1일자 신년호는 36개면을 발행하였고, 신년 특집으로 〈본지에 나타난 지난 30년간 사회상 변모〉 등을 실었고, 1월 14일부터 〈제주경마장 겉과 속〉을 8회에 걸쳐 연재하였다. 이 기획물에서는 당초 내·외국인 관광객을 유치하기 위한 목적으로 설립된 경마장이 설립취지와 다르게 도민들의 사행심을 부추기는 공개 도박장으로 전락해 겉과 속이 다른 양상을 보이고 있다고 지적하였다.

1992년 3월 24일 치러질 14대 국회의원 선거를 앞두고 1월 25일자부터 〈공명선거의 새 場을 열자〉(1.25) 題下의 기획물을 마련, 〈유권자의 주권의식〉, 〈공무원의 중립〉, 〈통반장의 선거관여〉 등으로 나눠 16회에 걸쳐 공명선거 캠페인을 벌였다. 그리고 공명선거 지상캠페인을 전개하면서 2월 16일부터 〈선거부정 고발센터〉를 운영하였다. 1992년 5월 22일자부터 家庭欄에 연재하는 〈가정의학〉을 〈濟州홈닥터〉로 바꾸고 필진도 대폭 확대하여 계속 연재하였다.

또한 외국 농산물이 수입개방 되면서 위기에 직면한 제주감귤과 농업의 진로를 모색하기 위해 1992년부터 여러 차례 기획기사를 연재하였는데, 5회 이상 보도한 기획물로는 〈UR 이겨내는 길, 현장르포 지금 이곳에선〉(1992.3.4. 18회), 〈外國産이 들어온다-감귤산업의 위기〉(1992. 4.16. 6회), 〈감귤을 살리자〉(1992.9.26. 13회), 〈UR 극복현장을 가다〉(1994.6.25. 52회) 등이 있다. 특히 1994년에는 〈감귤-수입개방 이후의 전략〉(1994.1.5. 8회)이란 기획물을 마련하여 분야별 전문가들의 의견을 중심으로 새로운 재배기술, 품질 개선방안, 유통체계 개선, 수출 확대방안 등을 8회에 걸쳐 보도하였다.

이 밖에도 제주신문은 농업위기에 대한 대응 방안을 모색하기 위해 〈제주농업의 오늘과 내일〉(1992.10.23)이라는 논단을 만들어 매주 두 차례(화요일과 금요일)에 걸쳐 농업전문학자들의 글을 10월 23일부터 연재하였다. 제주농업문제 진단필진은 백자훈, 유영봉, 강지용, 강경선, 현공남, 강동일, 김문철, 소인섭, 김광호(金昳浩), 현해남, 김경택, 장전익, 송창길 등 13명이었다.

7월 8일자부터 〈황금 알을 낳은 거위〉(1992.7.8)로 알려진 골프장 조성사업에 따른 문제점을 4회에 걸쳐 보도하였다. 이 기획취재는 "재력이 충분치 않은 사업자가 마을공동목장을 헐값으로 사들여 특혜의혹을 받으면서 골프장 허가를 받은 후, 외부자본을 끌어들이는 방법으로 地價상승에 의한 엄청난 이득을 보고 있다"고 지적함으로서 도민사회에 큰 반향을 불러 일으켰다.

1992년에는 제주도의회가 개원된 1952년부터 1961년 5월까지 이어진 제3대까지의 도의회 발자취를 돌아보는 〈道議會 10년〉(1992.9.4)이라는 기획물을 마련하여 9월 4일부터 1995년 3월 11일까지 91회에 걸쳐 연재하였다.

1993년에는 지상캠페인 〈제주사회 이젠 달라져야 한다〉(1993.1.7)라는 기획물을 마련하여 1월 7일자부터 게재하기 시작하였다. 이와 더불어 3월 9일자부터 文民시대를 맞아 언론부패의 개혁을 내걸고 〈사이비 言論, 사이비 기자〉(1993.3.9) 제하의 시리즈를 마련하여, △ 인사개입 △ 해외여행 △ 골프물주 △ 광고강매 △ 행사비 지원 △ 겸업언론인 △ 언론윤리 △ 도민의식 등을 주제로 4월 7일까지 10회에 걸쳐 연재하였다. 당시 이 기사는 독자로부터 상당한 반향을 불러일으켰지만, 그에 못지않게 제주신문이 과연 그렇게 말할 자격이 있는지를 묻는 뒷담론도 무성했다. 예를 들면, 당시 각종 기관으로부터 행사보조비와 광고협찬을 가장 많이 지원받은 언론사가 바로 제주신문이었기 때문이다.

제주신문은 이 시리즈를 시작한 다음날인 3월 10일자에 〈변화와 개혁, 언론부패 척결부터〉 題下의 사설을 통하여 〈32년 만에 문민시대를 맞아 근본적인 개혁과 변화가 태동되는 시기에 언론도 새 시대의 새 언론으로 거듭나지 않으면 안 된다〉고 강조하였다. 사설의 全文은 다음과 같다.

> 87년 이후의 정치민주화 과정과 6공기간을 거치는 동안 우리는 유례없는 言論自由의 시절을 맞았다. 더구나 民意가 분출하는 총선과 大選을 거쳐 文民政府를 수립하기에 이른 오늘 量的으로 급팽창한 매스컴은 막대한 영향력을 누리고 있다. 안기부와 機務司(옛 보안사)는 축소되고 주민·독자·시민운동에 의한 언론통제는 아직 미미한 상황에서 신문·방송 등은 그야말로 權力機構의 第四府가 되었다.
>
> 그런데 무책임한 언론자유의 강화는 逆說的으로 또 다른 부패, 또 하나의 民權침해의 위협으로 떠오르고 있다. 영향력이 커질수록 언론에 대한 국민의 비판과 원성은 더욱 높아지고 있다.
>
> 사이비기자의 파렴치한 공갈행각이나 행정관서·기업의 약점을 미끼로 한 금품수수 같은 명백한 非理 또는 프라이버시·人權 침해하는 두 말 할 필요도 없는 司正대상이다. 그러나 「언론부패」는 검찰의 司正의 칼날만으로 척결할 수 있는 皮相的인 문제가 아니며 기자 개개인에 대한 도덕주의적 비판을 넘어서는 뿌리 깊은 사회구조적 문제다.
>
> 현대 산업사회의 필수적 신경조직인 매스컴은 情報·意見·論評을 전

달하는 그 본래의 기능 때문에 제거할 수도 없고 통제하기 힘든 존재다. 자율과 창의가 더욱 존중돼야 할 새 시대에 더구나 公正한 논평과 객관적 보도라는 지적 작업은 검찰 司正의 칼끝에서 좌우될 문제는 아니다.

그러나 사회공동체의 생존을 위해 이토록 필수적인 言論의 기능을 맡고 있는 신문·방송·잡지사나 언론인들이 언론의 公益的 機能을 자신의 이권과 사업을 위한 방패로 삼고 認·許可 등 이권 청탁이나 廣告강매를 일삼는다면 民族史를 위해서나 地域社會를 위해서나 크게 불행한 일이다. 87년 이후 작년 말까지 사이에 전국 일간신문이 32개에서 1백18개로 늘었다는 사실만 보더라도 雨後竹筍처럼 생겨난 언론매체들의 억지 경영이 초래하는 사회문제의 심각성을 어림짐작할 수 있다.

32년만에 文民시대를 맞아 근본적 개혁과 변화가 태동되는 시기에 언론도 새 시대의 새 언론으로 거듭나지 않으면 안 된다. 권력·이익집단의 눈치나 보며 부당한 특혜를 누려온 낡은 시대의 타성을 벗어나지 않고는 民權守護·正論直筆의 사명을 다할 수 없을 뿐 아니라, 언론 자체가 부패와 不信의 함정 속에 버림받게 될 것이다.

현대사회의 예인자 역할을 맡아 할 언론의 개혁은 「개혁과 변화」의 先決要件이다.

주민과 독자들 또한 언론에 적극 참여하고 감시함으로써 언론을 바로잡을 궁극적 주체는 바로 독자요 주민들임을 보여줘야 할 것이다.

1993년 10월 15일자부터는 국정감사에서 지적된 제주현안들에 대한 문제점을 집중적으로 조명하는 기획물 국정감사 이슈를 마련 10회에 걸쳐 보도하였다.

역사성 기획으로는 12회에 걸쳐 연재된 新南宦博物(신남환박물) (1993. 6.20)을 들 수 있다. 첫 회로 〈제주의 옛 이름 탐라의 유래〉를 보도하였다. 본래 南宦博物(남환박물)은 이형상 목사가 제주목사에서 이임한 다음해인 1704년(肅宗 30년)에 편찬한 제주인문지리지를 말한다. 즉, 이 책은 제주도 및 그 주변 도서의 자연·역사·산물·풍속·방어 등에 대한 기록으로 1만 3850여자에 달한다.32)

1994년에는 △ 〈서로 돕는 사회〉(1994.1.1. 12회), △ 〈지역현안을 살핀다〉(1994.1.1. 13회), △ 〈지방시대가 열린다〉(1994.3.22. 13회), △ 오폐수 오염 현장 고발 시리즈(1994.2.1. 9회) 등과 같은 기획보도를 통해 지역현안과 오염현장 등을 이슈화시켰다. 또한 3월 22일자부터 〈지방시대가 열린다〉(1994.3.22 13회)라는 기획을 마련, 5월 4일자까지 13회에 걸쳐 연재하였다. 이 기획기사는 △ 예고된 지방의 혁명-제주, △ 政黨정치기반 취약, △ 법정비용과 현실비용, △ 지방선거의 기회균등 등과 같은 제목으로 보도되었다.

1994년 6월 20일 창간 49주년 기념 특집으로 36개면을 발행하였다. 특집으로 〈신기술 개발의 현장-첨단의 신문 세계화로 大雄飛〉 제하의 제주신문 발전계획, 〈종합개발계획 어떻게 추진되나〉, 〈수입개방에 따른 제주농업전망〉, 〈지역자금 域外유출 이대로 좋은가〉, 〈지방시대 열리는데…〉, 〈重病 한라산 回生대책 없나〉, 〈慶弔事 부조 오늘의 세태 달라져야 한다〉, 현지 르포 〈울릉도 제주해녀〉 등을 다루었다.

제주신문은 1994년 8월 26일자 지령 1만5천호 발간기념 특집으로 36개면을 발행하였다. 특집으로 〈제주신문제작 변천사 수동식에서 컴퓨터化까지〉, 〈미리 보는 2010년 제주신문〉, 〈濟州新聞으로 본 濟州現代史〉, 〈설문조사- 濟州新聞 진단, 구독형태, 언론 종합진단〉 등이 실렸다. 또한 8월 26일자부터 1995년 8월 17일자까지 〈제주교육 50년〉을 45회에 걸쳐 보도해 제주교육을 되돌아보는 기회를 제공하였다.

9월 3일자부터 탐라순력도(耽羅巡歷圖)를 따라가는 〈耽羅巡歷圖 산책〉이라는 기획을 마련하여 62회에 걸쳐 보도하였다. 耽羅巡歷圖는 제주목사 겸 병마수군절제사 이형상(李衡祥)이 1702년(숙종 28) 한 해 동안 제주도 각 고을과 군사 주둔지를 순시하며 거행했던 여러 행사 장면을 기록한 채색화첩이다. 이 그림은 이형상 목사의 전속화가인 使畵工 김남길(金南吉)이 목사를 수행하면서 그렸다. 총 41폭으로 이루어졌으며, 각각의 폭 하단에

32) 이형상은 1702년 3월, 51세 때 제주목사로 도임하였다가 이듬해 6월에 이임하였다. 재임기간(1년 3개월)은 짧았으나 그의 업적은 후세까지 전하고 있으며, 여러 업적 가운데 하나가 『남환박물』의 저술이다(한국민족문화대백과, 한국학중앙연구원).

그림에 대한 간결한 설명이 적혀 있다. 이 기획보도는 독자들에게 18세기 초 제주모습을 알리는데 상당히 기여했다.

巡歷圖라는 이름의 기록화로는 우리나라에서 유일한 것으로 18세기 초 제주도의 관아 건물, 군사 시설, 지형, 풍물 등이 자세하게 기록되어 있어 제주도 역사 연구에 매우 귀중한 자료로 평가받고 있다. 이는 이형상의 후손들이 보관해오다가 1998년 12월부터 제주시가 관리하고 있다(네이버 지식백과, 탐라순력도).

건국후(建國後) 처음으로 지방 4대 선거(기초의회 의원 및 기초 단체장, 광역의회 의원 및 광역자치단체장)가 1995년 6월 27일에 동시에 치러지게 되었다. 제주신문은 1월 1일자 신문에서부터 공명선거를 위해 〈공직선거 및 부정선거 방지법〉이 제정된 후 달라진 선거법을 자세히 보도하고, 〈95 지방4대 선거 누가 뛰나〉 기획을 마련하여 도민들 사이에 거론되고 있는 광역·기초자치단체장 후보 그리고 도의원·시의원·군의원 후보 물망에 오른 인사들에 대해 10회에 걸쳐 연재 보도하였다. 그리고 지방선거 20여일을 앞둔 5일과 6일에는 도민의 가장 큰 관심사인 도지사후보 예정자를 대상으로 특별회견을 갖고 이를 특보하였다.

1995년 1월 24일자부터 우리보다 먼저 지방자치를 실시하고 있는 외국의 지방자치 성공사례를 살펴보기 위해 〈프랑스의 지방자치〉를 5회에 걸쳐 보도하였다. 이 기사는 당시 제주신문의 파리 특파원이었던 윤기수 기자가 쓴 것이다.

한편, 제주도 개발과 밀접한 관련이 있는 〈제주도 개발특별법 시안〉(1991년 5월 20일 공개)과 〈제주도종합개발계획 최초보고서〉(1992년 10월 13일)가 각각 공개되자, 제주신문은 〈特別法 試案-무엇이 문제인가〉(1991.5.24. 5회), 〈특별법 立案-왜 不信받고 있나〉(1991.6.13. 4회), 〈진단- 특별법 조례〉(1993.3.10), 〈진단-2차 道종합개발계획〉(1991.9.3. 20회), 〈종합개발계획 최초 보고서 진단〉(1992.10.25. 5회), 〈종합개발계획 무엇이 문제인가〉(1993.1.7. 28회), 〈진단-제주도종합개발계획 안〉(1993.6.24. 24회), 〈疑惑 … 분출되는 현안〉(1993.12.9. 12회) 등과 같은 기획보도를 통해 제주개발계획의 각종 문제점을 지적하였다. 그리고 1994년에는 〈爭點-특별법 개정〉(1994.11.12)이라는 기획을 마련하여 제주도특별개발법 개정에 신중을 기해야 한다는 입장을 7회에 걸쳐 보도하였다.

제주일보사는 1997년 춘추회에 가입하여, 같은 해 2월 11일부터 춘추 6개사 공동기획인 〈노래따라 삼천리〉를 기획 보도하였다. 그 후 춘추 6개사가 공동으로 취재해 보도한 기획물로는 제15대 대선 각 지역별 유세상황과 판세 보도(1997), 금강산 답사기(1998.11.18), 한국의 건축미(1999.2.5), 오지탐사대 공동취재 보도(2001.7.11), 민주당 대통령 후보 국민경선 공동보도(2002.3.9), 지방분권 실현 공동캠페인 전개(2002. 10.19), 지방분권 선진현장을 가다(2003.1.8), 금요칼럼(2003.1.3) 등이 있다.

금요칼럼의 필진은 강만길(상지대 총장), 현길언 교수, 강지원 변호사, 황우석 교수(이상 2003.1.3) 박원순 변호사, 고원정 소설가, 유재천 한림대 교수, 복거일 소설가(이상 2003.7.4), 이시형(의사), 이종상 문화비평가, 이외수 소설가, 차병직 변호사(이상 2004.3.1), 공병호(공병호 연구소장), 공성옥 소설가, 정현백 성균관대학 교수, 최종태 조각가(이상 2004.7.2), 강준만 전북대 교수, 한동철 서울여대 교수, 강은교 시인, 최열 환경운동연합공동대표(이상 2005.1.7) 등이었다.

1999년 4월 1일부터는 국내외에 흩어져 있는 제주 문화유산을 찾아 그 현황을 파악, 향후대책을 제시하기 위한 〈제주문화 유산을 찾아서〉를 연재하기 시작하였다. 그리고 1999년 9월 3일부터 제주일보는 감귤수확을 앞두고 〈우리 힘으로 감귤을 살립시다〉 제하의 기획시리즈를 1999년 11월 3일까지 31회 연재하였다. 1999년 감귤생산 예상량이 사상 최대 풍작을 이룰 것으로 예상되는 가운데 가격폭락을 미연에 방지하기 위한 처방을 집중적으로 보도했다. 2000년 3월 15일부터는 제주 못의 내력과 실태, 문제점, 보존방안을 찾아보는 〈사라지는 못〉을 이듬해 4월 28일자까지 52회 연재보도하였다.

제주일보는 1966년부터 1998년까지 32년간 생활칼럼으로 편집해온 고정난 〈해연풍(海軟風)〉을 2000년 11월 14일자부터 다시 게재하는 한편, 신세대 발언대를 11월 16일자부터 새로 선보였다.

2001년 6월 23일자 신문에는 전국 처음으로 제주도의 그린벨트가 해제되었다는 소식을 집중적으로 보도했다. 제주도 그린벨트는 건설교통부 고시 제88호에 의거, 1973년 3월 5일에 지정되어 28여년 동안 주민재산권을 제약해 왔다. 그 면적은 제주시 79.62㎢, 북제주군 2.98㎢로 총 82.6㎢이었다. 해당 지역 내에는 41개 마을, 4,994가구, 1만 6,592명이 거주하고 있었다. 지정 사유는 부동산 투기를 억제하기 위해서였다. 이후 제주도는 정부의 개발제한구역제도개선(안)에 따라 2001년 8월에 전국 최초로 개발제한구역이 전면 해제되었다(출처: 한국향토문화전자대전).

2001년 10월 1일에는 창간 56주년을 맞아 특집으로 40개면을 발행했다. 창간특집으로 〈제주·푸동·오키나와의 무한경쟁〉을 비롯해 〈제주국제자유도시 이렇게 태동했다〉, 〈제주인의 DNA뿌리 찾기〉, 〈제주초기 정착민은 누구인가〉, 〈최근 10년간의 도민생활의 변화〉, 〈2002 월드컵 평화의 섬 알린다〉 등을 다뤘다.

2003년 3월 29일, 정부가 '제주 4·3사건 진상조사보고서'를 55년만에 공식 채택함에 따라, 같은 해 10월 21일자부터 〈4·3의 과제〉라는 기획을 만들어 5회에 걸쳐 연재하였다. 이 기획은 △ 4·3의 진상규명 △ 4·3의 명예회복 △ 4·3의 피해배상 △ 4·3의 가해자 처벌 △ 4·3의 재발방지 등으로 나눠 보도되었다. 또한 2003년 11월 8일자부터는 해외취재 리포터인 〈제주국제자유도시 언어경쟁력〉을 기획시리즈로 보도하였다.

이밖에 노무현 대통령이 2003년 10월 31일 제주를 방문해 도민들과의 대화를 통해 '제주특별자치도 구상'을 밝힘에 따라, 제주일보는 KBS제주방송총국, 제주대 사회과학연구소와 공동으로 '제주특별자치도에 대한 전문가 인식조사'를 실시하여 12월 9일자 신문에 그 결과를 보도하였다.

2005년 10월 1일부터 〈홍가포르 프로젝트 제주의 새로운 도전〉이라는 제하의 기획물을 마련하여 일주일에 두 차례씩 15회에 걸쳐 집중보도하였다. 이 기획물은 제주의 미래비전인 제주특별자치도의 추진전략을 모색하기 위해, 제주일보의 해외 취재팀이 국제자유도시를 선도하고 있는 홍콩과 싱가포르를 직접 취재한 내용으로 구성되었다.

제 8 장

6월 항쟁이후 제주언론의 변화

제❶절 | 한라일보의 탄생

1. 창간 및 창간취지

한라일보는 1987년 11월 28일 악명 높았던 언론기본법33)이 폐지된 이후에 제주도에서 첫 번째로 창간된 일간지이다. 자유언론을 목말라하던 많은 사람들의 기대 속에 1989년 4월 23일 탄생했다. 창간 발기인은 강영석(청암기업 대표), 강용삼(前 제남신문 편집국장), 김태진(前 제주시장), 양승부(변호사), 양치종(前 제주도교육감), 이기형(前 제주문화방송 보도국장), 이동일(동일의원 원장) 등 7명이다. 창간 발기인회는 대표이사 사장 겸 발행인으로 강영석(姜榮石)을 선임하였다. 이들은 1988년 8월 29일 창간발기 취지문을 발표하고 본격적인 창간준비에 들어갔다. 같은 해 9월 2일 창립총회를 열어 자본금 5천만원으로 주식회사 제주도민신문을 설립하였다. 회사설립과 동시에 한라일보는 25명의 주주로부터 수권자본금34) 20억원을 확보하였다.

33) 한국 언론법제사상 최고의 악법 가운데 하나로 꼽히는 언론기본법은 1980년 12월 26일 제정되었다. 당시 허울뿐이던 국무회의는 5일 뒤인 12월 31일, 이 법을 확정, 공포했다. 언론기본법은 정기간행물의 발행 자격으로 일정의 시설기준(제21조)을 둠으로써 정기간행물 발간의 자유를 제한했을 뿐 아니라, 언론기관의 등록을 취소하거나 발행정지를 명할 수 있는 권한을 문화공보부 장관에게 부여(제24조)하고 정기간행물의 납본제도(제26조)를 의무화함으로써 언론의 행정부 종속을 부채질했다. 그러나 1987년 6월 민주항쟁으로 전두환 독재정권이 퇴각하고 그해 11월 28일자로 언론기본법이 폐지되었다. 1988년 5월 1일부터 정기간행물등록법이 시행되면서 신문발행이 자유로워졌다.

34) 수권자본금은 주식회사를 설립할 때 이사회에서 증자할 수 있는 최대자본금을 말하는 것으로 정관에 기재된다. 수권자본제도 하에서는 자본금의 최대한도를 정해놓고 필요

그 후 10월 15일 제주도민신문을 한라일보로 제호를 변경하였고, 1988년 12월 5일 문공부에 신문발행 등록(등록번호 가-81)을 마쳤다.

한라일보는 독자들에게 신문창간 소식을 사전에 홍보하기 위해 창간 준비기간 중 3회에 걸쳐 〈한라일보 뉴스〉를 발간 배포하였다. 1989년 1월 26일 발간된 〈한라일보 뉴스 1호〉는 창간 준비과정의 모습을 다음과 같이 보도하였다.

> 〈전략〉 민주화·지방화 시대에 부응하기 위해 자유언론의 기치를 높이든 한라일보는 일간지로서의 제반시설을 갖추고 1988년 12월 5일 문공부에 소정을 등록(문공부등록 번호 가-81호)을 마쳤으며, 신속하고도 깨끗한 지면 제작을 위하여 시간당 3만부를 인쇄할 수 있는 최신식 컬러 옵셋 윤전기를 美國 아트라스(Atlas) 사에 발주 빠르면 오는 2월초 도입된 예정으로 되어있다. 〈중략〉
>
> 지난해 12월에 수습기자를 비롯한 사원공개모집을 실시, 치열한 경쟁과 공정한 심사를 거쳐 1백10여명의 신입사원을 공채한 다음, 각 부서별로 밀도 있는 교육에 들어갔다. …… 특히 경력 및 수습기자들은 자유언론의 참다운 기수가 되기 위하여 3개월간의 일정으로 하루에 7시간씩 고된 교육을 이수중이며, 총무·업무·광고·판매·제작국 사원들도 위탁교육과 자체교육을 통하여 소관업무수행을 위한 능력배양에 혼신의 노력을 기울이고 있다. 〈이하 생략〉

이 내용을 보면, 한라일보는 정부로부터 온갖 특혜를 받으며 탄탄한 성장 기반을 이미 구축한 기존의 지방일간지와 경쟁하기 위해 나름대로 기초부터 철저히 다졌음을 알 수 있다. 초창기의 한라일보는 회사조직으로 논설위원실을 비롯하여, 편집국, 총무국, 광고국, 판매국, 제작국 등 1실 6국을 두었다. 신문의 신속한 배달을 위해 제주시와 북제주군 지역 이외 서귀포에 남부총국과 12개 지국 5개 보급소를 설치하였으며, 서울·부산지사

에 따라 이사회가 분할 발행해 자본금을 늘릴 수 있으므로, 회사설립이 쉽고 자본조달의 기동성과 편의성이 확보된다는 장점이 있다(네이버 지식백과: 매일경제).

와 일본에 대판지사를 두어 해외 보급망을 확보했다. 한라일보는 초창기부터 사내직원만 해도 1백명 이상이 되는 큰 회사로 출범했다. 창간 당시 신문사 주요 임원진과 기자는 다음과 같다(1989년 4월 1일자 인사내용).

△ 편집국

간부로는 편집국장 강용삼, 정경부장 이광언, 사회부장 함원종, 문화교육부장 연현배, 사회부 차장 강정만, 편집부 차장 강문규, 문화교육부 차장 오경훈, 정경부 차장 이동탁 등이 있다. 창간 기자는 김계춘, 강권수, 강순원, 강영보, 강홍균, 고창일, 고현국, 김동욱, 김명준, 김봉식, 김영필, 김용덕, 김윤식, 김인배, 김정두, 김양희, 김학수, 김희영, 신용훈, 여운성, 오명문, 윤보석, 이관숙, 이대원, 이혜경, 주미령, 한승철 등 27명이다.

창간 이후에는 김병준, 김석교, 김일승, 오명문, 1990년 4월에는 김지택, 문상호, 오태현, 이성권이 입사하고, 그해 6월에는 강종우, 김종익, 김승철, 오윤정, 고대용, 현순안, 김오순, 강경희가 입사했다.

상임 논설위원으로는 이기형, 홍순만, 홍성목, 고영기, 양성종(동경주재), 장군삼(대판주재) 등이 있고, 편집위원은 김원민·김태윤, 화백은 김윤식이다.

△ 그 외 임원 및 간부

그 외 임원 및 창간 간부 사원은 총무국장 정치홍, 광고국장 김종창, 판매국장 고춘택, 제작국 부국장 강수철, 상무·서울지사장 한재헌, 이사·부산지사장 김성화, 이사·대판지사장 김수옥, 서울지사 광고국장 박요섭, 남부총국장 김인규, 오문보 영업부장, 김정일 영업부차장 등이 있다. 1990년 이후에는 총무국장 고춘택·장행림, 출판국 부국장 변안일, 남부총국장 강우청, 광고국 부국장 박안치, 판매국장 이기훈, 이사·서울지사장 양건웅·김수호 등이 있다.

이러한 만반의 준비 끝에 1989년 4월 23일 한라일보가 창간되었다. 한라일보는 正義具現, 福祉追求를 사시(社是)로 내걸었다. 창간호는 특집으로 타블로이드 배대판(倍大版) 20면을 석간으로 발행하였다.

창간호 편집내용을 보면, 1면은 창간축시(김광협 시인), 화보(고길홍 작가), 2면에 창간사, 축하휘호, 특별기고, 기관장 축사 만평, 3면에 국회의원, 기관장 축사, 4면 경제평론, 사고: 창간, 5대 사업(한라봉사상, 제주도문제 세미나, 전도 배구·탁구대회, 신춘문예현상모집, 전도낚시대회) 축화, 5면 풍속도, 문인들 축사, 연재소설(바람까마귀), 6면 TV프로그램 안내, 제주언론소사, 7면 사회면, 46년만에 빛 본 애국지사 졸업증, 김명식 선생후손들, 와세다 대학서 찾아와(톱기사), 날씨, 만화(돌킹이), 8·9면 전면광고, 10면 地自制 전망과 과제, 11면 사연따라 七白理(홍순만 논설위원), 제주도 역사현장을 찾아, 연재소설(말 달리는 선구자), 12·13면 제주도 종합개발계획 청사진과 과제, 14면 先賢의 고장: 제주인의 뿌리를 재조명하는 대하 시리즈(강용삼 편집국장), 고려말 제주인물 文敬公 高兆基, 15면 도덕재건을 주창한다(창간정담), 16면 전면광고, 17면 〈꼬레〉… 아침이 맑은 땅, 세레·롱베(佛)의 제주 탐험기, 18·19면 창간특집: 본사 김태윤 특파원 중국을 가다, 중국연변일보와 한라일보 자매의 정을 나눕시다, 중국대륙에 맥박치는 제주인의 혈맥, 20면 광고 등으로 편집되었다.

특히 사회면 톱기사로 1920년 동아일보 창간에 참여한 제주 출신 언론인 金明植의 후손이 일본 와세다 대학에서 그의 졸업증명서를 46년 만에 받았다는 기사를 톱으로 싣고 항일운동 경력을 소개했다.

창간사는 다음과 같다.

〈民主言論의 새로운 地平을 열어:
어둠을 몰아내고 빛 밝히는 도민의 파수꾼 될 터〉

제주도민의 오랜 여망과 기대 속에서 마침내 한라일보(漢拏日報)가 오늘 창간되었습니다. 지난 8년 동안 이른바 '일도일지(一道一紙)'라는 제도언론의 일방통행으로 올바른 '말문'이 막혔던 제주도민들은 이제 무엇보다도 앞서 '말길'을 갖게 되었습니다.

민주사회란 무엇보다도 앞서 참된 언로(言路)가 트일 때 이루어집니다.

한라일보는 오랫동안 일그러진 언론사로 얼룩져 왔던 이 땅에 '우리도 한 번 도민의 신문다운 正言紙를 만들어 보자'는 불타는 의욕과 신념으로 벅찬 진통을 깨치고 태어났습니다. 남한 최고봉으로서 미리내를 끌어당겨 제주의 삶을 기르고 키워 온 '漢拏'라는 이름이 상징하는 것처럼 제주도민들은 억눌리고 맺혔던 뜻과 한을, 염원하고 추구하는 소망과 의기를 한라일보를 통해 마음껏 펼치게 되었습니다.

한라일보는 한 시대를 마무리 짓고 새로운 시대를 여는 역사적 전환점에서 민주 언론의 새 횃불을 치켜들게 된 것을 자랑스럽게 생각합니다. 지금 국제적으로는 대결보다도 화해, 이념보다도 인간이 내세워지는 평화 추구의 조류가 흐르는 가운데 국내적으로는 민주화·자율화·개방화·통일 의지 등의 몸부림이 고조되고, 지역적으로는 21세기 태평양 시대의 거점으로서 주체화·실내화가 크게 요청되는 등 일대 전환기를 맞고 있습니다. 묵은 껍질을 벗고 거듭나려는 희망과 함께 현실적으로 극복되어야 할 갈등과 모순들이 극명하게 노출되는 마당에, 한라일보는 제주도민의 자존과 긍지를 드높일 선구적 공기(公器)로서의 결연한 사명을 안고 보람찬 장정(長程)의 첫걸음을 내디뎠습니다.

우리는 정의구현과 복지추구라는 사시(社是)로써 제주 언론의 새 지평을 열고자 합니다. 한라일보의 출발은 그 동안 언론이 사회의 목탁으로서, 민중의 등대로서 과연 제 구실을 다해 왔는가 하는 뼈저린 반성 위에서 비롯합니다. 이른바 시대의 길잡이며 역사의 증인이라는 언론이 왜곡된 정치권력 구조와 동반하면서, 특히 독점 언론은 정치·경제·정실 유착으로, 때로는 반드시 알려야할 정보도 안 알리는가 하면 때로는 강자에게 나약하고 약자에겐 매서웠던 부끄러운 일면을 부인할 수 없습니다. 때로는 일방적으로 비판받거나 매도되어도 해명하고 구제 받을 방도조차 없었습니다.

여기에 한라일보가 '새 술은 새 부대에'라는 시대적 소명(召命)으로 새롭게 태어나는 당위성이 있습니다. 우리는 오히려 기존 언론의 아픈 허물을 거울삼음으로써 길들여지거나 주눅 들지 않는 청신한 품격과 신의를 창조해 나갈 것입니다.

한라일보는 제주도민 외에 어떤 다른 우상(偶像)도 결코 섬기지 않겠습니다. 도민의 필요와 이익보다 더 우선할 수 있는 것은 아무 것도 없습니다. 신문은 민중과 더불어 숨 쉬어야 합니다. 지난날 신문을 '無冠의 帝王'이라고 일컬었다면 오늘날 이 영광된 이름은 나라의 주인이며 신문의 독자인 민중에게 돌아가야 마땅합니다. 우리는 오지 도민들을 '제왕'으로 섬기는 마음가짐과 자세를 뚜렷이 세워 나가겠습니다. 특히 힘없고 그늘지고 가난하고 소외된 곳과 사람들 편에 서서 민중의 욕망을 표현하고 권익을 지키는데 앞장 설 것입니다.

원천적으로 신문에게 요청되는 바 어둠을 몰아내고 빛을 밝히려는 우리의 결의는 확고합니다. 한라일보는 주위환경의 감시자로서 닥쳐오는 위험을 경고하고 뜻있는 변화를 알리는 신문의 첫째가는 기능인 파수꾼의 역할을 다하겠습니다. 정보화·국제화·다양화·자율화의 시대를 맞아 사회적 조치를 취해야 될 일들은 너무도 많습니다.

하루속히 청산해야 될 구시대의 비리를 비롯하여 숨겨진 진실과 드러내야 할 가치로부터 민중을 따돌려 온 거짓과 속임수를 부수고, 갖가지 문화적 지체(遲滯) 현상들을 바로잡는 데서 우리는 진실과 공정을 실천할 것입니다.

한라일보는 지역사회의 정의로운 발전, 주민 복지증진을 준거(準據)의 틀로 삼아서 과거의 독점 언론과는 달리 상대적 균형 속에서 도민이 만드는 도민의 신문이 되려고 합니다.

지금 제주도는 국내외적으로 중요한 관광 요충으로 부상되고 있습니다. 한라일보는 중앙에 대비되는 변방으로서의 지방지가 아니라 제주도가 지닌 고유한 특성을 국내외적인 안목에서 주체적으로 표출시키는 정통적 지역신문의 길을 열어 나가고자 합니다. 이를 위해 모든 취재와 편집은 지역의 눈을 통해 마련하고 지역의 채로 걸러야 함은 더 말할 나위도 없습니다.

제주도의 사회적 진보, 경제적 성장, 정치적 발전의 향도로서 주민 생활에 관련되는 자세한 서비스를 베푸는 한편 독자의 요망과 당국자의 응답을 중개 소통시키는 등 지역사회의 핵심에 파고들어 도민의 욕구를 충족시킴으로써 그야말로 도민의 주인이 되는 지역사회 문화발전의 민간 중심체가 될 것입니다.

우리는 신문이 그날그날의 '역사적 기록'임을 확신합니다. 그 기록을 올바르게 하느냐 못하느냐는 언론의 용기와 책임에 달려 있습니다. 기존 언론이 빠져 온 타성, 즉 표면적으로 나타난 사실만을 알리는 상투적 태도에서 벗어서 그 사건에 내포된 구조적 문제가 자아내는 원인과 배경 등을 조명함으로써 처방과 전망을 주는 심층적이며 총체적인 평가 보도의 선도적 사명을 구현하겠습니다. 신문의 새로운 활로로 각광받는 평가보도는 단순한 전달이나 발굴 보도에 그치지 않고 사건에 대한 심층 조사 분석과 평가가 가해져야 하므로, 각 분야별로 전문적 식견을 가진 기자들의 양성이 전제됩니다.

더구나 앞으로의 사회는 정보사회입니다. 신문은 정보의 생산자, 관리자, 경영자로서 전문화에 터전하지 않으면 안 됩니다. 한라일보는 이러한 미래지향적 요청에 따라 모든 인력의 능력과 자질을 끊임없이 연마하여 보다 젊은 시야와 깊은 지식을 가진 전문화의 과제를 촉진해 나가려고 합니다. 신문 종사자 스스로의 실력 향상에 충실하면서 인격적으로 깨끗하고 밝은 품성을 행동신조로 삼아 누구나 신뢰할 수 있는 언론인상을 기필코 확립할 작정입니다.

그리고 미래 사회는 기술 공학의 사회입니다. 한라일보는 본도 초유의 최신식 신문 제작 실습을 갖추었습니다마는 앞으로 더욱 기술적 혁신을 수용하는 진취적 자세를 아끼지 않을 것입니다.

한라일보는 매일 매일 달라지는 참신한 지면을 독자들에게 보내기 위해 신명을 바치고자 합니다. 그리하여 어둠과 불의를 몰아내고 광명과 행복을 심는 제주의 양심, 제주의 용기로 자라나고자 합니다.

신문은 물론 제작진이 만듭니다. 그러나 궁극적으로는 독자들이 참여하여 채찍질하고 비평하고 격려하면서 만들어 가는 것입니다. 그동안 도민 여러분의 뜨거운 성원으로 한라일보가 매우 짧은 준비기간에 창간된 것을 깊이 감사드리면서 제주도민과 함께 한라일보와 함께 가는 언론의 대도(大道)를 거듭 다짐합니다.

〈1989.4.22〉

2. 임금인상, 편집권 독립 등 요구

한라일보사는 창간 1주년을 앞둔 1990년 3월 20일 주주총회를 열고 부족한 운영자금을 조달하기 위해 회장에 김봉학(제주은행 회장), 부회장에 김영수(대광개발 대표), 부사장 차대선(일본 공동신문 사장)을 새로 선임하는 한편 임원의 일부를 개선하였다. 이날 개선된 임원은 이사 강창식(정환건설 전무이사)·이상철(천마물산 상무이사)·김홍원(청암기업 대표이사), 감사 강공택(대신관광호텔 전무)·강남익(삼일하나로 건축사무소 소장) 등이다(한라일보, 1990.3.21).

새로운 주주를 영입해 경영진을 개편한 한라일보는 선발주자인 제주신문과 경쟁하기 위해 1990년 10월 15일부터 8개면 발행에서 12개면(주72면) 발행에 들어갔다. 당시 경쟁지인 제주신문은 이보다 한 달 앞선 1990년 9월 15일자부터 지역종합면을 신설하면서 1일 12개면을 발행하고 있었다. 이렇게 양적 측면에서 경쟁력을 갖추어 나가던 신생지인 한라일보는 창간 3년째인 1992년 4월부터 노사분규(勞使紛糾)로 1년여 동안 심한 진통을 겪게 된다. 집단해고와 법정 다툼으로까지 비화된 한라일보의 노사분규는 경영진과 기자들에게 큰 멍울을 남겼을 뿐만 아니라 제주언론사에 또 하나의 나쁜 선례를 남겼다. 노사분규 사태의 전말은 이렇다.

1989년 5월 14일 직원들의 권익향상 등을 위해 31명의 사원들이 모여 한라일보 노동조합(위원장 고창일)을 결성한다. 한라일보 노조는 신문사의 기반이 어느 정도 다져지기 시작하자, 도민들에게 경쟁지보다 더 좋은 뉴스를 제공하는 신문으로 거듭 태어나기 위해 1992년 1월 22일부터 '사내 민주화', '타사 수준의 임금인상', '편집권 독립'을 요구하며 회사 측과 협상을 벌이기 시작한다. 그 후 노조측은 여러 차례에 걸쳐 회사측과 단체협약 및 임금협약 교섭을 벌였으나 번번이 의견대립으로 협상이 결렬됨에 따라 4월 1일 제주지방노동위원회에 쟁의발생 신고를 하였다.

협상과정에서 노조측은 신문사의 위계조직상 사장 다음으로 중요한 위치에 있는 편집국장에 대한 직선제와 인사원칙 확립 등을 요구했지만, 회사 측은 인사권이 사장의 고유 권한임을 내세워 서로간의 합의를 보지 못했다. 임금인상과 관련하여 노조측은 통상임금 기준 1인당 13만원에서 16만원까지 정액인상을 요구하다가 9만원으로 조정안을 제시했지만, 회사측은 6.7% 인상안(2만1천원)으로 맞서, 이 또한 합의를 보지 못했다. 협상결과가 이렇게 되자, 노조는 철야농성 15일째인 4월 9일 쟁의행위(파업)돌입 가부 여부를 묻는 투표를 실시하였다. 전체 조합원 72명 중에 62명이 참가한 무기명 비밀 투표에서 찬성 52명, 반대 9명, 기권 1명으로 나와, 투표자의 84%가 파업을 지지하였다. 파업당시 노조에는 총 120명의 사원 중 노조 가입대상자 98명 가운데 76%인 74명이 가입해 있었다. 그리고 조합원들이 마지막으로 희망을 걸었던 4월 11일 열린 14차 임금 단체교섭에서도 노사양측의 주장이 팽팽히 맞서 협상이 결렬되자 노조측은 4월 13일부터 전면 파업에 들어갔다.

1) 노조파업에 집단해고와 충원으로 맞서

노조가 파업에 들어가자 회사측은 이에 맞서 이날 제주도와 지방노동위원회에 부분 직장폐쇄 신고서를 제출하였고, 노조는 4월 15일 강영석 사장을 쟁의기간 중에 대체 근로를 시키고 있다는 이유로 제주지방법원에 대체근로금지 가처분 신청서를 제출하는 한편, 제주지방검찰청에 노동쟁의조정법 위반 혐의로 고발하였다(한라노보 파업투쟁 특집판).

노조원들은 16일부터 매일 회사 현관에서 항의 집회를 계속하는 한편 투쟁일지 유인물을 만들어 시민들에게 배포하며 가두 홍보활동을 폈다. 파업이 길어지면서 노사관계는 극도로 악화되고, 회사 측의 집요한 교란작전에 의해 노조 내부에서도 갈등이 나타나기 시작했다. 노조원이던 기자 15명이 파업에 동조하지 않고 신문 제작에 참여하자 노조측에서는 4월 21일과 22일에 이들을 제명 처분하고 홍보지를 통해 제명자들을 규탄했다.

회사 측은 이에 맞서 노조 간부 6명을 업무방해 혐의로 경찰에 고발한데 이어 5월 6일에는 고창일(高昌一) 위원장, 이대원(李大源)·최재윤(崔載倫) 부위원장, 강종우(姜鍾友) 사무장, 오문일(吳汶日) 교육부장, 이태권(李泰權) 교육부차장 등 6명을 집단 해고했다. 이에 맞서 노조는 이날 제주지방노동위원회에 부당해고 구제신청을 내는 한편 강영석 사장을 근로기준법 위반 혐의로 고발하는 등 사태는 더욱 악화되어 갔다. 갈등이 계속 증폭되자 노조는 5월 13일자 한라노보에 그동안 강영석 회장이 편집권을 어떻게 유린했는지 고발하는 내용을 보도하였다. 그 내용의 일부는 다음과 같다.

〈전략〉 그동안 강영석은 〈생략〉 한라일보 '92년 신년호를 제작하는 과정에서는 도민여론조사 결과를 객관적 시각에서 올바르게 보도한 내용에 대해 "출장갔다 온 사이에 회사방침과는 다른 내용이 나간다"며 돌아가고 있는 윤전기를 세우고 마음에 안 드는 부분을 삭제, 수정하는 반언론적 작태를 자행했다. 〈중략〉

강영석은 기사의 비중을 결정하는데도 압력으로 일관, 타언론사에서 기사를 키우는 상황도 아랑곳없이 자신의 입지만을 강조하면서 편집권을 무참히 유린했다. 대표적인 사례만 들면 △ 4·3에 관한 기사 삭제, 게재불가 △ 한림공원농로 무단점용 축소보도 △ 재벌비리 은폐기도 △ 제주신라호텔 충수논란 외면 △ 권력형 비리 축소보도 등이 있으며 상공회의소와 자신에 관한 기사는 아무리 사소해도 △ 2단 이상 키울 것 △ 최대한 사진 게재를 할 것 등 파행, 변칙보도의 전횡을 일삼았다.

〈중략〉 지난 90년 5월 30일자 한라일보 1면 톱기사는 백두산 정상 천지를 배경으로 강영석 사장이 두툼한 등산복으로 중무장한 채 한라일보기를 펼쳐든 컬러사진이 지면을 장식하고 있다.

보무도 당당한 대형컬러 사진 밑에는 "겨레의 영봉(靈峯) … 가슴 막히는 감동이"란 표제하에 강영석 사장 등정기가 가슴 뭉클한 미사여구로 장식돼 있다.

강영석은 백두산 정상에 오르지도 않았으면서 몇몇 간부들을 동원, 비밀리에 교묘하게 사진을 합성시켰고 이 사실이 알려지면서 독자들의 항의 전화가 빗발치는 한편 사내에서도 일선기자들을 중심으로 진상규명모임이 잦아지자 직원 아침조회를 통해 "나는 오로지 애사심의 일환으로 합성사진을 실을 수밖에 없었다. 사진조작의 예는 얼마든지 찾아볼 수 있다" 〈이하 생략〉

이런 가운데 회사측은 5월 27일에 이르러 업무방해 및 회사의 명예 실추 등을 들어 노조원인 여운성(呂雲城), 김정두(金正斗), 문상호(文詳晧) 기자 등 3명을 2차로 해고했다. 6월 4일에는 노조 사무실을 폐쇄했다. 노조는 회사 밖으로 사무실(제주시 삼도1동 543-9)을 옮겨 파업 장기화에 대응했다. 파업이 장기화되자 7월 4일 노조원 가족들로 구성된 한라일보 정상화를 위한 가족협의회(공동대표 김도명)가 결성되어 회사측에 협상을 요구했으나 진전을 보지 못했다.

회사측은 인력 부족으로 신문 발행이 어려워지자 7월초 기자 8명 등 사원 19명을 뽑아 편집국의 기자 등을 충원하고 8월 1일에는 재직 사원 22명을 승진시키는 대폭적인 인사를 단행했다. 승진인사는 국장, 부국장, 부국장 대우 각 1명, 부장대우 6명, 차장 1명, 차장대우 12명 등이다(이문교, 1997: 424). 이 조치는 사태를 전환시키는 계기가 되었다. 내부문제는 수그러들기 시작했고 편집국의 독립 주장은 수면 아래로 가라앉았다.

한편, 노조가 행정기관에 쟁의행위 발생신고를 하고 전면 파업에 들어가자, 한라일보사측은 취재인력이 없어 신문의 정상발행이 어렵다는 사실을 사고(社告)[35]를 통해 알리고, 1992년 4월 13일부터 4면(1면 지역종합, 2면 사설,

---

35) 사고내용: 漢拏日報를 사랑하시는 讀者 여러분! 그리고 도민 여러분!
폐사는 지난해부터 진행되어온 勞使협상이 결렬되고 13일부터 勞組員들이 파업에 들어감에 따라 부득이 당분간 4면 체제로 발행하게 됨을 송구스럽게 생각합니다.
아울러 창간 3주년을 불과 1주일여 앞둔 시점에서 이 같은 상황이 발생하게 된데 대해 그간 성원을 보내주신 도민과 독자여러분에게 심심한 사과의 말씀을 드리고자 합니다. 저희 임직원들은 현재 당면하고 있는 과제와 진통이 보다 나은 漢拏日報의 내일을 위한 시련임을 직시하면서 어떤 어려움도 슬기롭게 극복, 진정 도민으로부터 사

중앙정가소식, 3면 사회면, 4면 TV프로그램 안내, 연재소설) 발행에 들어갔다. 그리고 파업 8일째인 4월 21일부터는 8개면으로 증면 발행하기 시작하고 파업 한 달만인 5월 13일부터 12개면을 정상적으로 발행하기 시작하였다. 한라일보사는 신문의 정상발행에 들어가면서 아래와 같은 광고를 1면에 실었다.

〈新聞 정상發行에 들어가며: 道民들게 알리는 말씀〉

저희 漢拏日報는 오늘로 파업 한 달을 맞아 그간 파행적인 신문제작과 배달로 독자여러분과 광고주들에게 심려를 끼치게 된 데 대해 심심한 사과의 말씀을 드리면서 저희 회사의 입장과 결의를 밝히고자 합니다.

지난 4월 13일부터 발생한 파업을 전후해 본사 姜榮石사장은 노사협상의 최대 장점사항이었던 노조의 임금인상 요구를 전폭 수용, 그 내용을 창간일인 22일 이전에 전 사원 앞에서 밝히겠다고 수차례 천명했음에도 불구하고 노조원들은 사장의 거듭된 약속을 외면, 파업에 돌입함으로써 회사 일부기능이 마비되고 신문지면이 비정상적으로 제작되어야 하는 아픔을 겪었습니다.

특히 노조에서는 파업돌입과 함께 8회에 걸쳐 발간한 투쟁 속보를 통해 자신들이 몸담고 있고 꿈을 펼쳐야 할 직장과 신문을 철저히 매도하는가 하면 한솥밥을 같이해온 동료들마저 단지 자신들과 의견을 달리하고 행동을 함께하지 않는다는 이유만으로 갖은 중상과 모략을 다했으며, 사장과 간부 동료 사원들의 명예를 훼손시키는 부끄러운 모습도 서슴지 않았습니다.

저희 회사가 이러한 환경 속에서도 침묵으로 일관한 것은 「가족끼리의 사내문제」를 갖고 밖에서 다툴 수 없다는 생각과 함께 어떠한 상황에서도 신문제작 중단으로 가는 파국만은 막아야 한다는 일념 때문이었습니다.

이제 걸음마를 갓 배운 세살박이 회사에 주어진 시련은 원인이야 어디에 있건 간에 참으로 가혹하고 견딜 수 없는 일이지만, 그 속에서 저희 회사는 결코 좌절하지 않는 용기와 시련을 성장과 발전의 계기로 삼으려는

랑과 신뢰를 받는 신문으로 거듭 태어날 결의를 다짐하고 있습니다. 아무쪼록 폐사는 앞으로 신문정상화에 최대한의 노력을 경주할 것을 다짐하면서, 변함없는 성원과 편달을 기대합니다.

강한 결집력과 지혜를 발견하였으며, 부단한 창간 정신의 구현을 통해 언제나 도민과 함께하는 민주언론으로 거듭 태어나야함도 절감하였습니다.

저희 회사는 이러한 고통과 반성과 지혜를 바탕으로 어떤 세찬 비바람 속에서도 이 땅에 민주언론의 깃발을 세워나갈 것이며 오늘부터 12면 정상체제로 신문발행에 돌입함으로써 그 의지를 도민여러분에게 굳게 다짐하고자 하는 것입니다.

아무쪼록 독자, 광고주 드리고 도민여러분께서 저희 회사가 처한 어려움을 이해해 주시고 끊임없는 성원이 있으시길 진심으로 바라마지 않습니다.

〈1992년 5월 13일〉

2) 한라일보 노사분규의 교훈

제주지방노동위원회는 노조의 부당노동행위 구제 신청을 받아들여 1992년 7월 15일 해고자 원직복귀 판정을 내렸다. 이 판정은 중앙노동위원회에서 적법 판정을 받아 해고자들이 복직·구제되었다. 한라일보노동조합은 1993년 2월 25일 총회를 열고 3월 2일부터 조업을 재개키로 결정, 323일 간의 파업을 마감하고 일부 노조원들이 복직했으나, 이들 또한 얼마 지나지 않아 회사 내에 흐르는 냉기를 견디지 못해, 모두 사표를 내고 회사를 떠났다.

한라일보의 노사분규는 신문사 내외에 적지 않은 상처를 남겼다. 이 사건을 통해 한라일보는 대중이 알아야 할 것은 제대로 보도하지 않는, 사실을 왜곡 축소 보도하는 언론사로 그리고 저임금으로 사원들을 혹사시키는 나쁜 기업이라는 좋지 못한 이미지를 도민들에게 심어주었고, 내부로는 창간시절부터 많은 공을 들여 키워온 아까운 인재들을 잃었다. 반면에 노조 집행부는 조합원의 절대적인 지지를 받으며 조합원의 권익향상과 저널리즘의 이념을 실현하기 위한 편집국장의 직선제, 편집권의 독립 등을 요구하면서 파업을 주도했지만, 결국 경영진의 회유와 일부 노조원의 이탈 등으로 뜻을 관철시키지 못하고 신문사를 떠나야 했다.

이와 동시에 지난 1989년 5월 14일 결성되었던 한라일보 노조도 1992

년 4월부터 시작된 파업을 거치면서, 회사측이 노동조합원을 대량 해고하는 극한 사태로 이어져 끝내 와해되었다. 그러나 강영석 회장의 권력이 서서히 약화되어 가던 2004년 4월 한라일보 노동조합이 12년 만에 부활하였다.

3. 사주의 구속과 계속되는 고난

한라일보 노사는 1993년 6월에 이르러 해고자 원직복직, 파업기간의 임금지급 등 6개항의 쟁점사항에 합의하고 그해 8월 1일부터 정상근무에 들어갔다. 1년 3개월 동안의 치열했던 노사분규는 해결되었지만 그 앞에는 새로운 복병이 기다리고 있었다.

약 1년여 동안의 노사분규로 회사와 노조, 노조와 사원들이 상호 고소하며 심한 진통을 겪었던 한라일보는 안정을 되찾기도 전에 사주인 강영석 대표가 1993년 4월 9일 공갈 및 공갈미수 건축법 및 국토이용관리법 위반혐의로 구속되면서 또 한 번의 위기를 맞는다. 제주지역에서 일간지의 대표가 광고관련 협박 혐의 등으로 구속당하는 사건이 처음으로 발생한 것이다. 이 사건에 대한 지역언론의 보도는 사실과 진실여부를 떠나서, 신문사가 기업들로부터 광고를 받기 위해 어떤 보도를 하고 어떻게 압력을 가했는지를 검찰의 입을 통해 독자들에게 적나라하게 보여주었다. 이후 강영석 사장의 혐의는 무죄로 결론났지만, 이 사건은 한라일보에 대해 좋지 않은 이미지를 심어주는데 많은 영향을 미쳤다.

강영석 사장의 구속사건 전말(顚末)에 대해 제민일보사의 편집국장과 대표이사 등을 역임했던 진성범씨는 다음과 같이 기록하였다(진성범, 1997: 564~568).

> 문민정부(1993년 2월 2월 25일 ~ 1998년 2월 24일)의 사정바람이 거세게 몰아치던 1993년 4월초였다. 제주지방검찰청이 도내 10여개 종합건설업체의 경리장부 등을 임의제출형식으로 압수, 본격적인 수사에 들어갔다는

소문이 파다하게 나돌기 시작했다.

이때까지만 해도 이 같은 검찰의 수사는 공사입찰을 둘러싼 종합건설업체의 담합행위 등에 초점을 두고 있는 것으로 관측됐다. 그러나 검찰은 이들 종합건설업체외에도 다른 관광업체의 경리장부와 제주상공회의소의 관련 자료 등까지 압수해간 것으로 알려져 심상치 않은 조짐을 나타냈다.

〈중략〉

제주지검은 3월부터 검찰의 모든 정보망을 풀가동, 공직자와 사회지도층 인사에 대한 사정작업에 박차를 가해 나갔다. 그리하여 3월 하순께 도당국의 렌터카 증차와 관련, 관계공무원 6명을 무더기로 구속했다.

검찰은 건설업체에 대한 내사에 착수한지 1주일쯤 지난 4월 8일 낮 12시께 제주상공회의소 회장으로 있던 姜榮石(강영석) 한라일보 사장을 『상공회의소 판공비를 유용한 혐의가 있다』며 상공회의소에서 전격 연행, 파문을 몰고 왔다.

강 사장을 연행한 검찰은 그동안 종합건설업체와 관광관련업체 등을 대상으로 확보한 수사자료 등을 제시하며 강사장을 집중 추궁했다. 그러나 姜사장은 검찰의 철야조사에서 혐의사실을 완강히 부인했다.

그러나 이튿날인 4월 9일 제주지검 부정부패사범 특별수사부(부장 明東星)는 姜사장이 모 건설업체에 협박을 가해 광고를 수주하는가 하면 모 관광관련업체에 대해서는 姜사장이 경영하는 전기회사에 공사를 주지 않자 폭로기사를 게재했다는 혐의로 구속하였다

당시 검찰이 姜사장을 구속한 죄목은 폭력행위 등 처벌에 관한 법률 위반, 공갈, 공갈미수, 건축법위반, 국토이용관리법위반, 노동조합법위반, 노동쟁의법 위반, 근로기준법 위반 등 무려 8가지이다. 〈중략〉

姜사장이 구속되자 한라일보는 『姜사장의 구속은 표적수사에 의한 것』이라며 강력히 반발, 사회면과 제2사회면 등 많은 지면을 동원해서 검찰수사의 부당성을 조목조목 따졌다. 특히, 한라일보 기자들은 『姜사장의 구속은 언론 비판기능 등을 백안시한 처사』라고 지적하였다. 당시 姜사장은 노사분규의 여파로 노조 측에 의해 근로기준법 위반 등의 혐의로 고발당하거나 유인물 등에 의해 인신공격을 받고 있던 중이었다.

姜사장이 구속 기소되자 도내 상공인을 비롯한 각계인사 5천여명이 그의 석방을 법원에 탄원했다.

姜사장에 대한 1심 선고공판은 구속 만기일을 10일 앞둔 그해 9월 28일 오전 10시 제주지방법원 제2호 법정에서 형사합의부(재판장 유철균 부장판사) 심리로 열렸다.

재판부는 이날 검찰의 일부 공소사실을 인정, 姜피고인에게 징역 1년에 집행유예 3년 벌금 1천만원을 선고했다. 그러나 재판부는 姜피고인과 관련된 ㈜성안관광에 대한 공갈미수와 ㈜한라레저에 대한 공갈부분에 대해서는 무죄 판결을 내렸다.

구속된지 5개월여만에 석방된 姜사장은 1심 재판부의 판결에 불복, 곧 광주고법에 항소했다.

그로부터 약 3년가량 지난 96년 7월 10일 열린 광주고법의 선고공판에서 형사합의부(재판장 李鴻薰)는 姜피고인에게 유죄를 선고했던 일부분에 대해 원심을 파기, 무죄를 선고했다

재판부는 판결문에서 『피고인이 광고국장과 공모하여 광고료를 갈취했다고 하나 이를 입증할만한 증거가 없다』면서 『또 우주건설 대표이사를 위협하여 광고료를 받아 냈다고 하나 그렇게 볼 수 없어 무죄를 선고한다』고 판시했다. 재판부는 그러나 노조측에 의해 고발된 근로기준법과 건축법위반에 대해서는 일부 유죄가 인정된다며 벌금 5백만원을 선고했다. 〈중략〉

언론의 권력을 이용한 강사장의 여러 혐의는 항소심에서 무죄로 판결났지만, 그의 행위는 형사법 교과서에 수록되어 수사의 참고자료로 활용되고 있다. 그리고 이 사건 이후 일정기간을 두고 신문의 내용을 분석해 본 결과, 신문의 논조에 많은 변화를 보이는데, 특히 행정시책과 사업들에 대한 비판적 목소리가 눈에 띄게 줄어든 것으로 나타났다. 이 사건은 저널리즘이 여론에 막대하고 직접적인 영향을 미치기 때문에 언론권력을 함부로 사용해서는 안 된다는 것을 보여주었다.

이 사건 이후 신문사의 신뢰가 어느 정도 회복되어 가던 중에 한라일보는 또다시 경영상의 위기에 직면하게 된다. 한라일보 창업주인 강영석 회장은 10년간 신문사를 운영해오면서 자금난 등으로 회사 경영이 더욱 어려워지자, 이를 타개하기 위해 2003년 6월 미래저축은행의 대표이사인 김찬경

씨를 새로운 대주주로 영입하였다. 이 과정에서 두 사람은 투자계획과 향후 한라일보 운영에 관한 '합의각서'를 작성하였다.

이 합의각서의 이행여부를 놓고 강영석 회장이 김찬경씨를 고소했다가 취하하는 사건이 언론에 보도되었다. 2003년 6월 5일 김찬경씨와 강영석 회장 간에 체결한 '합의각서' 내용은 다음과 같다.

〈합의각서〉

한라일보 대표이사 강영석(갑)과 김찬경(을)은 한라일보사를 건실한 언론기관으로 육성, 발전시킴으로써 제주지역의 언론문화 창달에 기여하기 위하여 상호신뢰하여 다음과 같이 합의한다.

① 한라일보사의 원활한 경영을 위하여 김찬경은 2003년부터 단계적으로 증자를 실시하되 2004년7월31일까지 2차 증자하고 그 이후 증자규모와 시기는 회사의 운영실적 및 기타여건을 감안해 김찬경이 결정한다.
② 위 사항에 따라 김찬경으로부터 최초의 증자가 실행되면 강영석의 소유지분 15만주의 의결권을 김찬경에게 위임하고, 2차 증자 완료시 강영석의 소유지분 15만주를 김찬경에게 무상 양도한다.
③ 강영석과 김찬경은 향후 회사를 운영함에 있어서
③-가) 강영석은 대표이사 회장으로서 주로 대외업무를 관장한다.
③-나) 김찬경 또는 김찬경이 지명한 대표이사 사장은 사내업무를 권한과 책임을 가지고 운영하되 강영석과 협의한다.
③-다) 사내 인사에 관하여는 강영석과 김찬경이 합의하여 3년 시행한다.
④ 한라일보 대표이사 사장직은 김찬경 또는 김찬경이 지명한 덕망과 능력을 갖춘 인사를 선정하고 정관에서 정한 선임절차에 따른다.
⑤ 강영석이 대표이사 회장직을 수행하는 동안에 김찬경이 사정에 따라 본 각서 합의일로부터 5년 이내에 김찬경이 소유주식을 제3자에게 양도하고자 하는 경우 강영석이 김찬경에게 무상양도한 주식은 강영석에게 반환한다.

이 합의각서는 〈갑〉과 〈을〉의 약속대로 실행되었다.[36] 이 합의각서에 따라 김찬경 미래저축은행 대표는 10억원을 증자(10만주)한 후 강 회장으로부터 15만주(15억원) 의결권을 위임받았으며, 이에 따라 김찬경 주주의 경영 체제를 갖추면서 한라일보사는 2003년 6월 30일 이사회를 열어 회사 경영진을 교체하였다. 즉, 신임 대표이사 부회장에 조재린(趙載麟·64) 전 강원일보 서울지사담당 사장대우를, 신임 대표이사 사장에 강만생(姜萬生·51) 편집국장, 감사에 임춘웅(64)씨를 각각 선임했다. 신임 조 부회장은 대한일보 기자를 거쳐 동부그룹 종합조정실장, 우성그룹 기조실 사장을 지냈다. 신임 강 사장은 조선일보 기자, 한라일보 논설위원과 총무국장을 역임했다.

2003년 7월 2일자 신문부터, 신문 판권란에 회장·발행인 강영석, 주필 김형환, 편집국장 강만생으로 표기되었던 것이, 회장·발행인 강영석, 편집·인쇄인 강만생, 주필 김형환, 편집국장 강문규로 이름이 교체되어 발간되기 시작했다. 회사 경영권에 변동이 생겼음을 알 수 있다.

4. 도약의 발판 마련

신임 대표이사인 강만생 사장은 2004년 7월부터 일단 내부 개혁을 단행하여 기존의 6국 1실의 조직을 4국 1실로 축소하여 긴축 운영에 돌입하였다. 2004년 10월 6일부터 석간으로 발행하던 『한라일보』를 조간 발행으로 전환하였으며, 상징 슬로건으로 '새 아침 젊은 신문'을 표방하였다. 조간발행을 알리는 社告 내용은 아래와 같다.

> 한라일보가 오는 6일부터 '새 아침 젊은 신문'으로 독자 여러분을 찾아 갑니다. 한라일보는 지난 7월 새로운 경영·편집진의 구축과 더불어 논조와 지면체제의 쇄신 등 시대의 변화와 독자들의 욕구에 부응하기 위한 변화의 몸짓을 보여 왔습니다. 이런 일환으로 한라일보는 창간이래 14년간 고수해 온 석간체제를 접고, 조간발행체제로 전환함으로써 '제주의 새벽을 여는 새 아침 젊은 신문'으로 거듭 태어나고자 합니다.

36) 여기서는 독자들의 이해를 돕기 위해 합의 각서상 (갑)을 강영석, (을)은 김찬경으로 표기한다.

△ 지면쇄신

먼저 지면을 쇄신합니다. 창간호부터 전국 지방지 중에서는 가장 먼저 1면과 사회면의 로컬화를 시도해 온 한라일보는 앞으로도 구태의 답습을 거부하는 정신과 몸짓으로 지면 쇄신을 추구하고자 합니다. 이에 따라 최근 사회면과 시·군 종합면 전진 배치, 오피니언면 강화, 기획 특집면을 한데 이어 조간 단행과 함께 주말 특집판을 정기 발행코자 합니다. 이는 점차 우리 사회에 확산되고 있는 '주 5일제 근무'에 따른 '황금의 이틀'을 어떻게 사회발전의 활력소와 삶의 질 향상으로 견인해 나갈 것인가에 관한 고민을 풀어내는 광장이 될 것입니다.

△ 다양한 기획과 특집

본지는 지난 5년간 한라산을 비롯한 제주의 가치를 정립하는데 선도적 역할을 해 왔던 '한라산 학술대탐사/ 제1부·하천과 계곡'을 성공리에 마감하고, 제2부인 '한라대맥(漢拏大脈)대탐사'를 시작합니다. 도내 각 대학교수를 비롯한 전문가와 취재진이 함께 나서는 이 탐사는 한라산의 가치 발굴과 정립은 물론 '자연과 인간이 공존하는 제주'를 가꾸는 텃밭이 될 것입니다.

'새 아침 젊은 신문 한라일보'는 다양한 기획을 통해 젊은이들의 아픔과 꿈을 함께 가꾸어 나가고, 벼랑으로 내몰리는 감귤산업의 대안을 마련하고, 시름에 잠긴 도민들에게 꿈과 희망을 불어넣기 위한 '꿈을 키우는 마을' '명품으로 승부를 건다' 등의 다양한 기획을 통해 '제주의 파이'를 키우는데 앞장서겠습니다.

△ 도민과 함께 하는 신문

지금 제주사회는 국제자유도시 조성 등 급속한 변화의 물결이 밀려오고 있으며, 자치단체를 비롯한 주요 기관들의 정책과 역할은 더욱 중요시되고 있습니다. 본지는 이에 대한 비판과 감시는 더욱 날카롭게 하되 대안을 제시하는 언론으로서의 역할을 충실히 수행해 나가고자 합니다. 더구나 관변(官邊)중심의 시각이 아니라 제주의 진정한 주인인 도민들의 생각과 바람이 지면에 올곧게 반영될 수 있도록 도민속을 파고드는 현장 취재를 대폭 강화하고자 합니다. 특히 국제도시를 향해 나가는 제주의 변화상을 다각도로 조명함은 물론 이미 도민의 이웃으로 살아가는 외국인들의 시각과 애환, 인권의 사각지대를 조명함으로써 국제도시 제주의 성숙과 밝은 미래를 선도해 나가고자 합니다.

△ 업그레이드 '디지털 한라일보'

정보통신의 발달로 '모든 매체는 인터넷으로 통한다'는 말이 실감나게 다가오고 있습니다. 인터넷을 통한 '정보고속도로'의 발전은 신문·라디오·TV·출판·영화 등 각종 매체들을 인터넷이라는 하나의 매체로 '융합'시켜 가고 있습니다.

이 같은 시대변화에 맞춰 디지털 한라일보는 도내 언론사 가운데 가장 먼저 기사검색 및 PDF서비스 등 다양한 서비스를 제공하면서 전자신문 활성화에 앞장 서 왔습니다. 이 바탕위에 디지털 한라일보는 조간 전환이라는 제2의 창간을 맞아 한 단계 더 업그레이드 시켜 도민과 함께하는 새로운 전자신문으로 거듭날 것입니다. 이를 위해 △ 인터넷 전문기자의 도입 △ 새로운 콘텐츠 개발 △ 실시간 기사서비스 등을 새롭게 재공하고, △ 본지 기자들의 기사에 대한 네티즌 평가제 △ 사이버 시민기자제 등을 도입해 도민과 함께 숨쉬는 디지털 한라일보가 되도록 노력해 나갈 것입니다. 도민 여러분의 많은 성원을 바랍니다.

한라일보는 이와 같이 2004년 10월 6일부터 조간발행 체제로 전환하면서 신문의 질적 향상과 경쟁력 강화를 위해 기획보도의 양을 늘리고 인터넷 전문기자, 기사에 대한 네티즌 평가제 등의 도입을 약속하였다.

조간체제로 전환하고 나서 약 1년 7개월만에 한라일보 창업주인 강영석 회장이 2006년 5월 15일 일신상의 이유로 대표이사 회장직과 발행인직을 사퇴하면서 한라일보는 새로운 전기를 맞이하게 된다. 강영석 회장은 1989년 4월 22일 한라일보를 창간해, 17년 동안 대표이사 및 회장직을 수행하면서 제주지역사회에서 막강한 영향력을 행사해 왔다. 또한 강 회장은 1988년 2월부터 2005년 3월까지(13대 보선~18대) 제주상공회의소 회장직을 연임했으며 대한상의 부회장도 역임했다. 강영석 회장이 퇴임하면서 한라일보사의 경영권은 김찬경 대주주와 강만생 사장에게 넘어가게 되었다.

5. 법정관리 이후, 차별화에 주력

한라일보는 2004년 10월부터 조간 발행체제로 전환하고, 2006년 7월 1일부터 신문의 질적 향상 기반을 다지기 위해 1일 20개면 발행에서 16면으로 감면 발행하며 내실을 다지던 도중에 또다시 위기를 맞는다. 한라일보의 대주주인 김찬경 회장이 미래저축은행 영업정지 조처를 앞두고 회삿돈 수백억원을 인출하고 여러 건의 부실대출을 해준 혐의(특정경제범죄 가중처벌법의 횡령·배임)로 2012년 5월 8일 검찰에 의해 구속되는 사건이 발생한 것이다.

한라일보사는 미래저축은행의 파산으로 김 회장이 책임지기로 한 34억원 상당의 채무를 떠안게 되면서 또다시 경영난을 겪게 되었다. 한라일보사는 이 부채를 갚지 못할 처지에 놓이게 되자, 2013년 1월 15일 법원에 법정관리(기업회생절차[37])를 신청하였다.

법원의 승인 하에 같은 해 4월에 기업회생 절차에 들어간 ㈜한라일보는 지난 9월 30일 30억7000만원을 투자하기로 한 제주지역 건설업체인 JPM 컨소시엄과 인수합병을 체결하면서 정상화의 전기를 맞게 된다. 기업회생계획에 따라 확정된 채권 모두를 한라일보사가 변제한 사실이 소명됨에 따라 제주지방법원은 2013년 12월 23일 ㈜한라일보사에 대해 기업회생절차(법정관리) 종결 결정을 내렸다. 이렇게 한라일보는 8개월 만에 법정관리에서 벗어나 경영 정상화에 들어서게 된다.

법정관리의 종결결정이 나자 한라일보를 인수한 ㈜JPM 대표이사인 유병호씨가 한라일보 신임 대표이사로, 부사장에 제주MBC 보도국장 출신인 김건일씨가 2013년 12월 30일에 동시 취임하였다. 강만생 사장은 유임되었다.

유 대표이사는 취임식에서 "오늘날 신문사들은 목표도 없고 방향도 잃

37) 기업회생 절차는 법원관리 아래 진행되는 기업구조조정 절차다. 기업을 살리는 것이 청산(파산)할 때 가치보다 높고 회생할 가능성이 상대적으로 크다고 판단될 때 이뤄진다.

고, 미디어가 다양화되면서 요즘 신세대는 신문을 보지 않는 것도 사실이지만 이러한 때에 왜 안 되는 신문을 한다고 이 자리에 섰겠느냐"고 반문한 뒤 "도내에서 발행하는 일간지가 많을수록 최고의 차별화가 가능하기 때문에 한라일보의 차별화와 명품화 전략을 추진하기 위해 할 수 있는 모든 것을 할 것"이라고 취임소감을 밝혔다.

취임당시 유 대표[38)]는 △ 사람 중심의 신문 △ 칭찬하는 신문 △ 경제 및 관광산업을 집중 취재 보도하는 제주지역 전문지로 거듭나겠다는 취재 편집 방향과 함께 △ 인터넷신문 활성화를 통한 종이신문 경쟁력 강화 △ 부가사업을 창출해 최고의 복지와 최고의 연봉으로 모든 사람들이 출근하고 싶어하는 회사로 만들어 나가겠다는 경영방침도 함께 밝혔다.

유병호 회장 취임 이후 한라일보는 인터넷을 즐겨 이용하는 영상세대를 독자층으로 끌어들이기 위해 영상뉴스보도 시스템을 도입하였다. 그리고 제주를 찾는 중국인들을 위한 중국어 신문인 〈자유한국〉을 매주 1천부씩 발행해 무료로 배포하기 시작하였다. 이 신문은 제주를 중국인들에게 알리는데 많은 기여를 하고 있다.

이와 같이 한라일보를 제주의 대표신문으로 만들기 위해 여러 가지 새로운 시스템을 도입하던 유병호 회장은 취임한지 약 3년인 2016년 12월 29일 갑자기 자신의 지분과 경영권을 ㈜부영에 넘기고 2016년 12월 29일 퇴임하였다.

6. 경영진 교체

언론사의 위계상 최고 상층부에 자리하고 있는 경영진은 신문사 편집

---

38) 유병효 대표이사는 중앙대 대학원 도시공학과를 졸업하고 중국 칭화대학 정책CEO과정을 수료했다. 2006년 11월 (주)JPM 대표이사 회장에 취임했고 제주도 건설심의위원·계약심의위원·하천관리심의위원·도시계획심의위원을 비롯해 제주도장애인체육회 이사 등으로 활동하고 있다.

방침과 보도내용에 가장 많은 영향을 미친다. 한라일보는 창간 이후 약 27년 동안 4번의 최고 경영자 교체가 있었다. 가장 최근인 2016년 12월 30일 한라일보는 이사회를 통해 유병호 회장이 갖고 있던 지분을 부영그룹(회장 이중근)이 인수, 경영권을 확보하게 됐다고 발표했다. 한라일보의 1대 주주는 유병호 JPM엔지니어링 회장, 2대 주주는 부영, 3대 주주는 강동화 제스코마트 대표로 구성돼 있었다. ㈜부영그룹이 유병호 회장 주식을 모두 넘겨받음에 따라, ㈜부영은 우호 지분을 포함해 한라일보 주식의 70~80%를 확보함으로서 최대 주주가 된 것이다.

강영석(제1대)－김찬경(제2대)－유병호(제3대)에 이어 4번째로 한라일보의 대주주가 된 ㈜부영그룹(회장 이중근)은 우리나라 재계 순위 16위(자산 기준) 그룹으로 2017년 기준 22개(6월 1일 기준) 계열회사를 거느린 대기업집단이다. 자산규모는 20조 4340억 원으로 상호출자 제한에 포함된 기업집단 중 21위에 속한다(머니투데이방송, 2017.6.16).

㈜부영그룹이 한라일보와 같은 언론기업을 인수한 것은 이번이 처음이다. 한라일보의 대주주가 바뀜에 따라 강만생 전 한라일보 사장이 3년만인 2017년 1월 3일부터 대표이사 및 사장으로 복귀했다. ㈜부영그룹은 한라일보를 인수한데 이어 2017년 4월경에 인천일보의 지분 49%를 확보했다. 한라일보와 인천일보가 각각 뿌리를 둔 제주도와 인천은 부영그룹이 대규모 신사업을 추진하면서 논란을 빚고 있는 지역이다. 이 때문에 이 회장이 여론 방패막이로 활용하기 위해 지역언론사를 인수한 게 아니냐는 말이 나오기도 했다(businesspost, 2017.5.29).

㈜부영그룹(대표이사 이중근)은 제주도 중문에 부영호텔과 서귀포시 남원읍 수망리에 부영CC를 운영하고 있고, 제주도 일원에 임대아파트를 지어 운영 중이다. 2016년 6월에는 더클래식 골프장을 380억원에 인수하였다. 또한 전국 각 지역에 리조트와 호텔, 골프장, 부동산 등 막대한 자산을 보유하고 있다(제주=뉴시스, 2016.12.29.).

7. 유료부수 1위 신문으로 자리 매김

한라일보는 2005년 지역신문발전지원법에 의해 우선 지원대상 5대 지역일간지로 선정된 이후 2018년까지 13회에 걸쳐 '지역신문발전기금 우선지원 신문 대상사'로 선정되었다.[39] 우선지원 대상 신문으로 선정되어 정부로부터 각종 취재지원을 받아 좋은 기획물을 생산해 내고 있다.

그리고 한국ABC협회가 2017년도 일간신문 163개사에 대한 발행부수와 유료부수 인증결과, 제주지역에서 한라일보가 2년 연속 가장 많은 유료독자를 확보하고 있는 것으로 나타났다. 유료부수율 또한 도내에서 발행되는 신문사 중 가장 높은 것으로 확인됐다. 제주지역 유료부수 2위는 제주新보로 1만2568부(55.95%)였으며, 제민일보가 1만1498부(62.99%)로 뒤를 이었다. 제주일보는 6641부, 제주매일은 2878부인 것으로 밝혀졌다.

또한 한라일보는 2018년 상반기 뉴스스탠드 제휴평가를 통과하여 독자들이 포털 네이버 메인페이지에서 한라일보의 생생한 뉴스를 접할 수 있게 됐다.

8. 독자위원회 운영

한라일보는 2005년 6월부터 독자위원회를 발족 운영하고 있다. 독자위원들은 대개 1년 동안 활동하면서 한라일보의 편집과 취재보도에 대해 의견을 제시하고, 독자 주권확립과 독자 권익보호를 위해 지면을 평가하며, 신문사는 이들이 제시하는 다양한 의견을 지면에 적극 반영하기 위해 노력한다. 신문사 입장에서 다양한 의견을 지면에 반영하기 위해서는 각계각

39) 2018년도 지역신문발전기금 우선지원대상사로 선정된 일간지는 강원도민일보, 강원일보, 경기일보, 경남도민일보, 경남신문, 경남일보, 경북매일, 경북일보, 경상일보, 광남일보, 광주일보, 기호일보, 매일신문, 무등일보, 부산일보, 영남일보, 울산매일, 전남일보, 전라일보, 전북도민일보, 전북일보, 제민일보, 중도일보, 중부매일, 충청투데이, 한라일보 등이다.

층의 사람들로 위원회를 구성하는 게 가장 바람직하다. 이에 한라일보의 독자위원회가 어떤 계층(직업)의 시민들로 구성되어 있는지 알아보았다. 2008년 1월 23일 출범한 한라일보 제3기 독자위원회 위원 명단은 다음과 같다(가나다 順).

▷강덕주 제주농협본부 총무기획팀장 ▷강지윤 제주중 학교운영위 부위원장 ▷강희철 서귀포농협조합장 ▷고경윤 제주특별자치도사회복지협의회 상근부회장 ▷김경호 제주대학교 언론홍보학과 교수 ▷김기홍 제주은행 노형지점장 ▷김병선 한화리조트 제주본부장 ▷김순보 KT제주본부 CSR팀장 ▷김종헌 생활체육제주도패러글라이딩연합회 회장 ▷문정섭 이도2동새마을협의회 회장 ▷문평원 한라일보지국장협의회 회장 ▷송상훈 제주특별자치도새마을회 회장 ▷심인보 서귀포시관광협의회 상임이사 ▷오종훈 제주특별자치도의회의원 ▷이석창 제주세계자연유산연구회 회장 ▷이승택 갤러리 하루 관장 ▷이신선 서귀포YWCA 사무총장 ▷전호종 변호사 ▷정윤종 제주특별자치도관광협회 기획홍보팀장 ▷조명철 제주불교청소년연합회 명예회장 ▷한동균 다나 동물병원장 ▷허경자 서귀포시여성발전연대 사무국장 ▷현경철 제주민예총 사무처장 ▷현길화 탐모라로타리클럽 총무이사 ▷현진수 제주특별자치도 도시건설본부장

독자위원회 멤버들이 시간의 변화에 따라 달라지는지 살펴보기 위해 2008년과 2018년 독자권익위원회 구성원들의 직업을 비교해 보았다. 그 결과, 10년 전이나 지금이나 거의 변화가 없는 것으로 나타났다. 2018년 독자권익위위원회 명단은 다음과 같다(가나다 순).

▷강민숙 예일출판인쇄사 대표 ▷강전애 변호사 ▷강종우 제주사회적기업경제지원센터장 ▷고광언 제주중독예방교육원장 ▷김관선 건설업 ▷김장환 서귀포시귀농귀촌협의회장 ▷김정학 전 제주도기획조정실장 ▷김지은 더 핀란드 대표 ▷김창현 한국수산업경영인중앙회 부회장 ▷김창효 제주도관광협회 정책기획실장 ▷김희현 제주도의회 문화관광스포츠위원장 ▷문만석 (사)미래발전전략연구원장·법학박사 ▷변대근 제주농협조합공동

사업법인 대표이사 ▷부재호 제주예총 회장 ▷신승훈 돌집 by 신대장 대표 ▷오명찬 제주글로벌센터장 ▷오홍식 대한적십자사 제주지사 회장 ▷이선화 제주도의회 의원 ▷이승택 제주도 도시재생지원센터장 ▷이정훈 SK 타미제주 대표 ▷장빈 장빈 빈에듀컬처 대표 ▷홍인숙 제주도체육회 이사

9. 자문그룹 리더스 클럽 발족

한라일보사는 2014년 4월 17일 1층 대회의실에서 한라일보의 정론직필을 위해 자문할 제주도내 각계각층 대표·리더 37명으로 구성된 '리더스 클럽'을 발족했다. 이 클럽도 앞으로 독자권익위원회처럼 신문사의 발전방안과 신문의 품격 향상 등을 위한 다양한 의견을 제시하고 보도내용에 대한 평가를 통해 신문제작에 반영토록 노력하게 된다(한라일보, 2014.4.18).

유병호 대표이사는 리더스 클럽 출범식에서 "한라일보를 경영하게 되면서 수익을 낼 수 있을까, 도민들에게 칭찬받는 사회적 기업이 될 수 있을까 많은 고민을 했다"며 "그 결과 사람 중심, 비판보다 칭찬하는 신문, 모두가 보고 볼 수밖에 없는 신문을 만들자는 모토를 갖게 됐다"고 말했다. 이어 "한라일보가 오는 22일 창간 25주년을 맞는데 앞으로 종이신문을 뛰어넘어 온라인, 모바일 등을 총망라한 종합 미디어 신문으로 나갈 것이며 모든 할 수 있는 종합미디어사업을 통해 수익을 내고 그 수익은 도민에게 돌려주는 기업이 되겠다며 지켜봐 달라"고 강조했다.

한라일보사의 리더스 클럽 회원은 다음과 같다.

▷강문원 변호사 ▷강신보 (주)제주유리의 성 대표이사 ▷고광민 동남종합건설(주) 대표이사 ▷고석홍 제주서부경찰서장 ▷고성호 (주)제주레미콘 대표이사 ▷구성지 제주특별자치도의회 의원 ▷김경희 보오메 꾸뜨르 부띠끄호텔 사장 ▷김길홍 전 제주도환경건설국장 ▷김상훈 라온 총괄사장 ▷김영보 전 제주도 정무부지사 ▷김영탁 (주)한라에너지 대표이사 ▷김철빈 현대기계공업(주) 대표이사 ▷김택주 대원종합건설(주) 대표이사

▷김홍삼 제주보타리에너지(주) 대표이사 ▷문승준 힐이진(주) 대표이사 ▷백찬효 성지건설개발(주) 대표이사 ▷변영실 변영실리더십코칭센터 대표 ▷양문석 세기건설(주) 대표이사 ▷양준봉 하나원 수산 사장 ▷양택훈 (주)제인종합건축사사무소 대표이사(공학박사) ▷유행수 (주)삼다 대표이사 ▷이근일 (주)그린종합건설 대표이사 ▷이방훈 이방훈재활의학과의원 원장 ▷이시복 대한건설협회 제주도지회장 ▷임병현 (주)한진건업 대표이사 ▷임정우 제주도동부소방서장 ▷장규성 삼남석유(주)대표이사 ▷장태범 (주)성우ENC 대표이사 ▷조여진 전 제주도 환경도시국장 ▷조학봉 대한주택건설협회 제주자치도회장 ▷현석만 (주)메디클린 대표이사 ▷홍창도 난타 사장 ▷한영석 제주새마을금고 이사장 ▷이동은 제주센타천혜향연구회장(이학박사) ▷허경자 (주)대경엔지니어링 부사장 ▷이석창 (주)자연제주 대표이사 ▷김상균 (주)대륜엔지니어링 대표이사

이들 회원의 직업(직장 포함)을 살펴보면, 제주지역의 대표적인 건설업계 대표들과 기업인들이 대다수를 차지하고 있다. 이들의 자문과 의견을 신문편집에 적극 반영한다면 한쪽으로 기울어진 언론이 될 것이다. 왜냐하면 신문의 품질을 높이고 공공성과 공익성을 확보하기 위해서는 무엇보다도 다양한 견해와 관점을 토의할 수 있는 공론장이 마련되어야 하고, 다양한 견해가 나오기 위해서는 거기에 출전하는 인적구성원이 다양해야 하기 때문이다.

10. 지면편집 체계 및 주요내용

한라일보는 창간 다음날인 4월 24일부터 8개면을 발행하기 시작했다. 편집체계를 보면, 1면은 종합면으로 제주도의 주요 정책과 이슈, 백록담, 딱따구리, 만평, 2면은 사설과 중앙정가소식, 政街風向(가십란), 3면은 주식시세표와 지역경제, 4면은 문화, 외국인이 본 제주도(연재기획), 연재소설(바람까마귀), 5면은 한라칼럼, 연재소설(말달리는 선구자), 체육, 6면 시군종합, 툇마루(가십란), 7면 사회면, 옹달샘(가십란), 연재만화(돌킹이), 일기예보, 8면

문화, TV프로그램 안내, 풍속도(연재) 등으로 구성되었다.

1990년 10월 15일부터는 12면을 발행하였다. 1면은 종합면으로 제주도의 주요 정책과 이슈, 백록담, 2면과 3면은 전국종합면으로 사설과 중앙정가 소식(2, 3면은 연합통신기사로 채워짐), 4면은 주식시세표와 경제, 5면은 기획(해녀 등)과 연재소설, 6·7면 문화, 8면 스포츠, 9·10면 지역 종합, 11면 사회, 12면은 연예가소식, TV프로그램 안내 등으로 편집되었다.

1992년 12월 1일부터는 16면을 발행하기 시작하였다. 1면은 종합면으로 제주도의 주요 정책과 이슈, 백록담, 2면과 3면은 전국 종합면으로 중앙정가 소식(2, 3면은 연합통신기사로 채워짐)과 사설, 4면은 주식시세표, 5면은 지역경제와 기획기사, 6면 전면광고, 7면 기획, 8·9면 문화, 여성, 10면 전면광고, 11면 스포츠, 12면은 사람들, 13면 지역종합, 14·15면 사회, 16면 TV프로그램 안내, 연예가 소식 등으로 편집되었다.

2000년 1월 20일부터는 매주 20면을 발행하다가 경영난으로 인해 2006년 7월 1일부터 16면으로 감면 발행하기 시작하였다. 20면 발행당시 편집체계를 보면(2003년 10월 6일자), 1면 지역 종합, 2면과 3면은 전국 종합면으로 중앙정가 소식, 툇마루, 4·5면 사회, 6면 7면 지역종합, 8·9면 경제, 10·11면 기획, 12면 문화, 13면 전면 부동산 종합광고, 14·15면 오피니언, 사설, 한라칼럼, 편집국 25시, 열린마당, 일하면 생각하며(독자란), 16·17면 스포츠, 18·19면 사람과 사람, 각종 알림, 20면 TV프로그램 안내, 연예가 소식 등으로 편집되었다.

매주 20면 발행에서 16면 발행체제로 바뀐 2006년 7월 1일 이후 신문 편집체계를 보면, 대체로 1면에는 지역 종합, 2·3면 지역 종합, 4·5면 사회, 6면 경제, 7면 기획, 8면 문화, 9면 스포츠, 10면 TV연예, 11면 전면 부동산광고, 12·13면 사람과 사람, 14·15면 오피니언, 사설, 한라칼럼, 편집국 25시, 열린마당, 일하면 생각하며(독자란), 16면 전면광고 등으로 구성되고 있다.

한편, 한라일보는 1998년 2월 2일(제2693호)부터 전면 가로쓰기로 전환하기 전까지 국한문 혼용 세로쓰기 편집을 하였다.

1) 지역발전에 앞장선 기획물 등

1998년 2월부터는 전면 가로쓰기 편집 체제를 갖추면서 기획기사를 강화하였다. 세부 내용으로는 심층 분석 기사, 환경·문화·생활면 기사를 강화하고, 「독자와의 대화」를 확대했으며 기획기사로 「제주항일인사실록」을 연재하였다.

기획기사 가운데는 「한라산학술대탐사」가 두드러진다. 「한라산학술대탐사」는 대하 기획으로 연재된 생태 탐사 기획기사이다. 제1부 「생명의 원류-하천과 계곡」은 1998년 12월부터 2003년 8월까지 4년 7개월 동안 현장 취재를 통해 매주 1회씩 166회에 걸쳐 연재되었다. 제2부 「한라대맥」 종주 탐사는 2003년 9월부터 2005년 4월까지 74회에 걸쳐 연재되었다. 기사는 1·2회를 합쳐 총 240회로 마감되었다.

취재 기사 중 「생명의 원류-하천과 계곡」을 체계화하여 『제주 최장의 하천 천미천』, 『산을 벌른내 효돈천』, 『제주 최대의 하천 한천』 등 3권의 하천 생태 보고서를 단행본으로 출판하여 생태 연구 및 교육 자료 등으로 제공하기도 하였다. 「한라산학술대탐사」와 연관된 부대 행사로 한라산생태학술대탐사 사진전(1999.7. 제주국제공항), 한라에서 백두까지 사진전(2000.12. 서울)을 열었다.

2000년 3월 창간 11주년을 기념하여 자매지인 일간 『소년한라일보』를 창간하여 1년 4개월 동안 발행하다 2001년 7월 운영난으로 휴간하였다.

특히 한라일보는 제주가 생물권보전지역, 세계자연유산, 세계지질공원 등 유네스코 3관왕(트리플크라운)의 위업을 달성하는데 선도적인 역할을 했다. 흑룡만리(黑龍萬里) 제주밭담이 세계농업유산으로 등재되는 데에도 크게 기여했다. 2007년에는 유네스코 세계자연유산 기획보도로 제1회 전국지역신문 컨퍼런스에서 영예의 대상을 차지하며 지역신문발전기금과 뗄레야 뗄 수 없는 인연을 이어가고 있다.

특별 취재팀은 2000년 9월 「백두산·두만강 비교탐사」를 취재하고, 2001년 11월에는 「일본 규슈(九州) 지역 해외 비교 탐사」를 실시하여 현지 생태를 연재 보도하였다. 이에 따라 다양한 해외 취재 기획물을 연재하였다. 주요 기획으로는 하와이, 뉴질랜드, 이탈리아 등을 대상으로 한 「제주를 세계유산으로-세계자연유산을 찾아서」, 포르투갈의 마데리아와 일본 북해도를 현지 취재한 「특별자치도 선진사례」, 「고난의 역사현장-일제 전적지를 가다」, 일본의 센다이, 시즈오카, 가마고리, 마츠야마 등지를 취재한 「업그레이드 제주농업」 등이 있다.

논설 기사는 내부 필진이 집필하는 사설 「삼각봉」·「편집국 25시」, 「송상일의 세상읽기」 등이 있다. 외부 필진으로는 「한라칼럼」·「경제칼럼」 필진으로 각계 전문가 60여 명을 위촉하여 고정 집필하고 있다.

2) 행사를 통해 지역발전에 기여

주요 행사로는 창간 기념으로 개최한 행사와 해마다 기획하는 행사가 있다. 그 중 역사의 주요 현장에 표석 세우기 운동을 펼쳐 좋은 성과를 거두었다. 1996년부터 시작한 표석 세우기는 주요 전적지, 문화 발상지, 선인 유적지, 저명한 유배인 적거지, 설촌 유래지 등을 대상으로 모두 120곳의 유적지에 표석을 세웠다.

1996년에는 제주산악회와 공동 주최로 매킨리 등정에 성공하였다. 북미 최고봉인 매킨리봉은 해발 6,194m로 1996년 5월 31일 제주 원정대가 정상을 밟았다. 제주 원정대는 5명으로 구성되었으며, 그 중 강정효(姜定孝) 기자가 동반 취재하였다.

2006년 현재 정례 행사로는 전도농구대회(4회), 한라일보기쟁탈 생활체육게이트볼대회(8회), 제주감귤마라톤대회(4회), 신춘한라문예시상 등이 있다.

3) 조직체계 및 신문제작자들

창간 초기 한라일보는 1실 6개국을 두었다. 그 후 시대 변화에 맞게 조직을 개편해 오다 현재는 임원(2)과 논설위원실(2), 경영기획국, 편집국, 마케팅국, 독자지원국, 서울지사와 서귀포지사 등 1개실과 4개국 2개 지사로 기구를 축소하였다.

편집국에는 편집 뉴미디어부(10)·정치경제부(5)·행정사회부(3)·교육문화체육부(2)·기획탐사부(2)·사진영상부(4), 마케팅국에는 마케팅팀(4)·광고관리팀(2)·광고 디자인팀(2), 독자관리국에는 독자관리팀(2)·전산제작팀(1)·윤전팀(4), 경영기획국에는 사업부(5)와 총무부(5)를 두고 있다.

[표 2-8] 한라일보 편집국 간부 및 취재진 현황 추이

구분	논설위원	국장 (대우포함)	부장 (대우포함)	차장 (대우포함)	기자	계
2005	5	3	9	14	13	44
2006	6	1	9	14	10(2)	42
2007	6	1	8	13	11	39
2008	5	1	6	13	10	35
2009	4	1	6	14	9	34
2010	4	1	7	14	7	33
2011	4	2	6	14	3(3)	32
2012	3	2	6	14	6	31
2013	2	2	6	12	5	27
2014	2	5(부국장)	6	10	7	30
2015	2	4(〃)	8	7	12	33
2016	2(국장겸)	4(〃)	9	4	16	35
2017	2	4(〃)	9	3	13	31
2018	1	5(〃)	7	5	11	29

2018년 말 기준 편집국에서 활동하고 있는 간부와 취재진은 논설실장(국장)김병준, 논설위원 고대용, 편집국장 김기현, 부국장 현영종, 부국장

대우 이윤형·조상윤, 부장 강희만·위영석·진선희·문미숙·김성훈·고대로, 차장 백금탁·표성준·오은지·부미현·이상민, 기자 김지은·박소정·송은범·이태윤·채해원·조흥준·손정경·홍희선·김현석·이진원·이소진 등이다.

도내에서 가장 많은 기자를 채용하고 있는 한라일보의 편집국 간부 및 취재진 현황의 변화추이를 보면 현재로 올수록 편집국의 인원이 점차 줄어들고 있는 것으로 나타났다. 현장에서 직접 취재활동을 하는 기자수가 줄어들게 되면, 뉴스기사 생산에 직간접으로 영향을 미치게 된다. 한라일보의 역대 논설위원과 및 편집국장은 다음과 같다.

△ 역대 논설고문/논설위원(실장)/주필

이기형(1990~1991), 홍순만(1993~2009), 홍성목(1993~2000), 강만생(1994~2001), 김원민(1996~2004), 송상일(1996~1999, 2001~2004), 김형환(1996~1997, 1999~2003), 송원옥(1995~1996, 1997~1998), 이관숙(2004~2005), 강문규(2001~2010), 김계춘(2006~2014), 현영종(2011~2014), 오태현(2015~2016), 김병준(2016~현재), 이윤형(2015~2016, 2017~현재)

△ 역대 편집국장

홍성목(1989~1993), 김원민(1993~1996), 송원옥(1996~1997), 김형환(1997~1999), 송상일(1999~2001), 강만생(2001~2003), 강문규(2003~2004), 김계춘(2004~2006), 김인배(2006~2010), 오태현(2010~2014), 김병준(2014~2016), 고대용(2016~현재)

제❷절 | 제민일보

1. 창간과정과 배경

제민일보는 언론민주화 투쟁을 벌이다 회사에서 집단해고를 당한 제주신문 퇴직사원 106명이 〈제주 참언론 동지회〉를 결성하여 1990년 6월 2

일에 창간한 석간신문이다. 제민일보의 탄생은 1987년 6·29선언과 밀접한 관련이 있다. 6·29선언을 계기로 전국 언론계에서는 언론 민주화 선언이 계속 이어졌다. 『제주신문』 기자들도 8월 11일 '편집과 경영의 분리', '처우 개선'을 요구하는 결의문을 채택하고 회사에 이를 수용할 것을 요구했다. 기자들의 요구는 부분적으로 수용되었고 사건은 일단 봉합되는 것처럼 보였다.

그러나 일은 예기치 못했던 곳에서 터졌다. 민주화 운동이 사회 각 분야로 확산되면서 1988년 7월 22일 천주교 제주교구정의구현사제단 등 제주도내 일부 사회단체와 대학생 단체에서 5공(共) 세력인 김대성(金大成) 사장의 퇴진을 요구하며, 광고거부·불매운동을 선언하고 제주신문이 정론지로서 거듭날 것을 촉구했다(이문교, 1997: 392). 기자협회 제주신문분회(분회장: 高弘哲 기자)에서도 8월 2일 김대성 사장을 5공 세력으로 지목하고 즉각 퇴진할 것을 요구하는 성명서를 발표했다. 8월 4일에는 편집국 기자들이 비상총회를 소집하여 제주신문 민주언론쟁취투쟁위원회(이하 민언투, 위원장: 김덕남 편집부국장)를 결성하고 무기한 농성에 들어갔다.

이러한 과정에서 제주신문은 같은 해 8월 15일 이사회를 소집하여 김대성 사장의 사표를 수리하고 후임 대표이사 겸 사장에 한진(韓進) 상무이사를 선임하였다. 그리고 민언투에서 건의한 편집국장 임명동의제를 수용키로 의결하였다. 이 제도는 발행인이 편집국장 후보를 지명하면, 무기명 투표에 의해 편집국 전체 기자의 과반수 이상 동의를 얻을 때 비로소 임명하는 제도이다. 그러나 약 14개월 뒤 1989년 11월 9일 소집된 임시 이사회에서 적자경영을 이유로 한진 사장을 부사장으로 퇴진시키고, 梁主廈 상무를 사장직무대행으로 선임하여 김대성 사장의 복귀작업을 추진한다.

제주신문노동조합(위원장 홍훈기)은 김대성 사장이 복귀 움직임을 보이자, 1989년 11월 11일 비상총회를 소집하고, 조합원의 98%의 찬성을 얻어 제주신문사 사원들은 민주언론투쟁위의 투쟁활동을 승계하고 13일부터 김대성 사장의 복귀 반대 철야농성에 돌입한다. 그리고 11월 11일자 사회면에

〈신문사 파괴공작 상무퇴진〉이라는 글을 싣고 梁主厦 상무가 김대성 前 사장의 복귀를 획책하고 있다고 비난하였다(제주신문50년사, 1995: 1124).

제주신문사는 사원들의 농성 투쟁이 50여 일째 계속되자 1989년 12월 26일 임시주주총회를 소집하여 제주신문 사태수습을 위해 상근회장, 사장 등 임원진들의 출근을 저지시키고, 회사의 업무집행을 완전히 봉쇄하는 상황이 계속될 경우 1990년 1월 5일자로 폐업키로 결정했다. 이날 주주총회에서는 김대성 前 사장을 대표이사로 선임하고, 3억6천만원을 증자하여 경영을 쇄신키로 했다. 주주총회의 요구가 받아들여질 기미가 보이지 않자 회사 측은 주주총회 이튿날인 12월 27일 金志勳 논설위원 등 사원 106명에게 해고(解雇)예고 통지를 하고, 1990년 1월 5일자로 폐업신고와 함께 이를 모두 해고하였다. 이때 해고당한 사원은 다음과 같다(제주신문50년사, 1995: 1134).

논설위원 김지훈·논설의원 강정홍·논설위원 김원민·편집국장 송상일·편집부국장 김덕남·정경부장 양조훈·사진부장 서재철·편집부장 고재민·지방부차장 조맹수·사회부차장 진성범·사회부차장 홍훈기·편집부차장 김동훈·사진부차장 곽상필·정경부차장 고홍철·기자 하주홍·김종배·허영선·고순형·김재하·고영진·백승훈·진행남·오길창·고두성·김대희·윤정웅·고대경·장제근·김승범·고창범·현승환·김범훈·강한성·김종민·강종택·오석준·고상철·이현모·좌승훈·편집국사원 조종숙·편집국사원 김군실·광고국장 김규필·광고부국장 홍순칠·광고제1부장 김세도·광고제2부장 김동협·광고국사원 양상훈·강한수·고승훈·김창석·윤덕중·문상흠·김영애·양혜선·판매국장 양달성·판매부차장 김종주·판매국사원 이우백·김성호·김용덕·김명혁·문선부장 김종진·문선부장 김태녕·제판부장 이철수·주조부차장 정승웅·문선부차장 문군석·공무국사원 임영신·김철문·장기정·김도현·고용문·김창수·김경수·송두길·김두익·김승규·홍성범·문창희·좌태호·오용하·김구택·강제홍·이화중·고태군·이승률·김태음·이승홍·홍도현·이영준·백성훈·고창주·고재봉·변창규·고관옥·이용관·백평관·총무국 총무부 차장 김희경·총무국 사원 양봉규·정원기·좌성호·현의연·김순정·김행미·부희숙·양성희·남부지사 사원 한재홍·이남종·오금미

제주신문의 폐업 단행에도 불구하고, 해고당한 사원들은 제주신문수호 비상대책위원회(이하 비상대책위(위원장 金志勳, 논설위원)를 결성하여 신문 발행을 계속하였다. 비상대책위는 판권난에 〈발행·편집인 겸 인쇄인: 한진〉으로 표기해오던 것을 〈발행·편집인 겸 인쇄인: 제주신문사〉로 변경 표기하여 신문발행을 강행했다. 그리고 1월 8일자부터 종전의 8개면 발행에서 4개면으로 감면(減面) 발행하기 시작하였다.

4면 발행은 1990년 1월 23일 한국전력공사에서 전력 공급을 중단하기 직전까지 계속되었다. 제주신문 해직사원들은 단전(斷電) 조치로 더 이상 신문을 발행할 수 없게 되자 1989년 11월 9일부터 시작된 78일간의 철야 농성을 중단하고 1월 25일 제주신문사를 떠났다. 제주신문사의 폐업 이후 비대위에 의해 1990년 1월 5일(지령 13,639호)부터 1990년 1월 22일(지령 13,653호)까지 발행된 신문은 14개호이다. 폐업 이후 발행된 신문은 투쟁소식을 주로 다뤘다.

제주신문사에서 쫓겨난 퇴직사원 110명은 제주시 2도(徒) 2동 1171- 2번지에 위치한 옛 제주감귤협동조합 제주지소를 임대하여 사무실을 마련하고 새로운 신문사를 창간하기 위해 1월 29일 〈제주 참언론 동지회〉를 결성하였다. 이날 결성대회에서 김지훈 前 제주신문 논설위원을 회장으로 선출하고 논설·편집·업무·제작위원회 등 4개 위원회를 구성하여 새로운 일간지(가칭 제주도민일보사) 창간준비위원회를 발족시켰다.

이러한 사실을 알리기 위해 1월 30일부터 10회에 걸쳐 〈제주 참언론 소식지〉를 발간하였다. 창간준비위원회는 1990년 2월 9일 5천만원의 자본금으로 제주지방법원에 주식회사 제주도민일보사(대표이사 김지훈) 법인 등기를 마치고 본격적으로 자본금 확보방안을 모색하기 시작했다.

창간준비위원회는 제주도민일보의 자본형태를 사원주와 도민주로 구성하기로 하고, 15억을 목표(30만주)로 3월 1일부터 3월 31일까지 도민들을 대상으로 주식을 공모했다. 주식을 주당 5천원으로 하여, 10개 주식 단위로 판매한 결과, 109명의 사원이 출자한 5억 2천 8백만원과 각계각층에서 2천753명이 청약한 17억2천 3백만5천을 합쳐 총 22억5천1백5천원을 공모기간 내에 확보하였다.

〈제주참언론 소식지〉에 따르면, 도민주 청약에는 농·어민과 소상인·공무원·법조인·교수·교사·예술인·의사·성직자·군인·주부·학생에 이르기까지 다양하게 참여하였다. 도민공모주 모금액은 당초 목표했던 15억보다 2억2천여만원이 초과되었다. 이것은 제주도민일보 창간에 대한 사회적인 호응도가 매우 높았다는 것을 의미한다(제주참언론소식, 1990년 4월 4일).

이렇게 도민주 공모가 인기를 끌 수 있었던 것은 당시 민주주의에 목말라하던 시대상황도 한몫을 했지만, 권력과 자본의 입장보다 독자들의 입장에서 어떠한 어려움이 닥치더라도 꿋꿋하게 권력을 감시 비판하는 진정한 언론의 탄생을 학수고대하는 도민들이 그 만큼 많았다는 것을 보여준 것이라 할 수 있다.

창간준비위원회는 3월 24일 그동안 사용해온 題號 〈제주도민일보〉를 〈제민일보〉로 바꿔 확정하고, 3월 27일에는 공보처에 정기간행물 등록신청을 하였다. 〈제민일보〉라는 제호는 濟州道民을 축약하여 濟民으로 하고, 뒤에 日報를 붙여 만든 이름이다. 〈제민일보〉 창간 준비작업은 이렇게 순조롭게 진행되었다.

회사기구로는 논설위원실, 편집국, 총무국, 광고국, 판매국, 제작국 등 1실 5국 17개 부서를 두고 편집국 산하에 자료 조사실을 별도로 두었다. 그리고 4월 14일에는 창간 준비위원 109명 중 입사를 결정한 사원 1백 6명과 촉탁 직원 3명을 부서별로 발령하였다. 아울러 비상임 논설위원 13명도 함께 위촉하였다(제민일보 소식지, 1990년 5월 4월 11일).

제민일보사는 일단 조직구성이 마무리되자, 부족한 운영자본을 보다 많이 확보하기 위해 4월 24일 주주총회를 개최하여 새 이사진(이사 17명, 감사 1명)을 구성하고, 4월 26일에는 이사회를 열어 대표이사 회장에 安太義(미화개발 대표이사), 사장에 김지훈(창간준비위원회 대표이사)을 선출하였다.

4월 30일에는 일본 히타치사에서 제작한 고속 윤전기(ORS-1250)를 도입하여 5월 11일부터 윤전기 시험가동에 들어갔다. 이 윤전기는 16면 기준, 시간당 3만5천부를 컬러와 흑백으로 인쇄할 수 있는 성능을 갖춘 것이었다. 이렇게 만반의 창간준비를 마친 제민일보사는 5월 18일 공보처의 실사를 받고 5월 30일 공보처로부터 등록증(등록번호 가-100)을 교부받아 모든 법적 절차를 마쳤다.

제민일보사는 신문의 원활한 보급과 유통을 위하여 서울·부산·동경·대판 등에 4개 지사와 제주도내에 20개 지국, 80개 보급소를 설치하였다. 신문사가 온갖 정성을 다해 아무리 좋은 신문을 생산하더라도, 그것을 구독자들에게 제시간에 신속히 배달하지 못하면 있으나마나한 신문이 되고 만다. 신문의 유통체계 및 보급망은 신문산업의 흥망에 직접적인 영향을 미치는 아주 중요한 요소 가운데 하나이다.

2. 창간 취지 및 목적

제민일보는 창간호 1면에 실린 〈인간중시 정론을 다짐한다〉라는 제목의 창간사에서 창간의 취지 및 목적을 아래와 같이 밝혔다.

> 아침 해가 찬란한 것은 어젯밤의 어둠이 깊었기 때문이다. 우리는 어둠의 터널을 지나 오늘 자신있게 새로운 신문을 도민 앞에 내놓는다. 이것은 50만 도민의 부름에 대한 화답이요, 3천여 주주의 명령에 대한 이행의 결과다.
>
> 우리의 출발은 새로운 만큼이나 과거의 반성에서부터 시작된다. 이것은 새로운 것이되, 결코 새롭지 않다는 것을 의미한다. 새롭다는 것은, 오늘 우리가 내놓는 신문이 이 시대 정신에 부합하다는 것을 뜻하며, 새롭지 않다는 것은, 그 동안 도민에게 약속해왔듯, 그 어려웠던 시절의 정신을 한치의 흔들림 없이 지켜나갈 것이라는 뜻이기도 하다.
>
> 그러나 현실에서 사유하는 한, 우리가 서있는 위치와 그 과정을 우리는 결코 무시할 수가 없다. 그러나 우리의 반성과 회한은 과거 우리가 몸을 담았던 특정사의 특정인의 특정 형태에 쏠리지 않는다. 오히려 우리는

자책을 전제로 하여, 도민의 신문으로서의 역할을 다짐하는 책임의식을 앞세우는데 주저치 않는다.

자유롭고 공정한 언론이야말로 민주주의의 전제임을 우리 모두는 알고 있다. 그러나 불행하게도 오늘날의 우리의 언론은 구조적으로 금력과 권력을 가진 사람에게만 가용한 것이 되고 말았다. 특히 오늘의 언론이 민중의 여망을 형성하고 표현하는 데 기여하는 민주적 언론이기보다는, 특정 계층의 주장을 매개로 하여 민중을 조작하려는, 반민주적 언론으로 전락했다는 비난도 세간에서 나오고 있지 않은가. 실제로 언론은 환경의 중요한 감시자이면서도 그 감시가 누구를 위해 무엇을 지키는가 하는 질문에 우리는 할 말을 잃고 만다.

우리는 그 책임의 일단이 우리에게도 있음을 부인치 않는다. 따라서 우리는, 강자들의 특수 이익을 지키는 이데올로기적 기능을 전담해 왔었다는 비판을 겸허하게 받아들여, 일반인들의 보편적 이익을 지키는 기능을 충실히 담당할 것을 다짐한다. 의견과 사실을 분리한다는 허울좋은 객관주의로 특정 소수의 의견을 전체의 의견인양 호도했던 지난날의 잘못을 뼈저리게 반성하여 책임 있는 정론을 펼 것을 도민에게 엄숙히 약속드린다.

우리는 인간을 중시하는 정론을 구현하고자 한다. 우리가 내놓는 대전제는 바로 《인간중시》이다. 우리가 강조하는 인간은 역사적 실천과 사회적 연관성을 떠나 고독하고 불안에 떠는 인간이 아니라, 자각적으로 실천하는 새로운 인간이다. 우리는 인간의 개념을 자족완결적으로 추상화하는 관념적 미망에서 벗어나고자 한다. 인간을 한낱 감정적인 자기완결체로 치부하여 현실에 안주하기보다는, 오히려 우리는, 역사적으로 특정한 생활 관계 또는 제도 속에서 활동하는 일정한 사회적 존재로서의 인간을 상정하고자 한다.

우리는 제도하의 인간을 제주라는 특정 환경 속의 인간으로 해석한다. 그것은 바로 《제주민》이다. 지금 제주민은 내외로 많은 도전을 받고 있다. 세련되지 못한 개발은 그만큼 제주민의 삶의 질을 거칠게 하고 있다. 또한 그것은 선조로부터 내려온 제주라는 생활 터전에서 제주민을 밀어내고 있다.

그러나 개발에 의한 자아 상실과 필연적이라면, 역사적 방향을 자각하고 실천에 옮기는 변혁 주체로서의 생존적 새로운 인간형의 탄생 또한 필연적이지 않던가. 문제는 제주라는 사회적 환경 속에서 그 긍정적인 면과 부정적인 면을 어떻게 파악하고 어떻게 실천하느냐 하는데 달려 있다.

그 해결의 임무를 우리가 자임해 나선다. 사회는 고정불변의 것이 아니라, 오히려 역사적으로 끊임없이 변화하고 발전하는 것이다. 따라서 제주민도 그 지위나 존재양식을 언제나 부동적으로 고정할 수는 없다. 바로 여기에 사회 발전에 조응하여 점차 자기 인식을 새롭게 해 나가야 할 인간 역사의 발전 법칙을 깨달아야 하는 이유가 있다. 그러나 아는 것만으로는 부족하다. 그것을 주체적으로 자기 것으로 만들어야 한다. 그리고 몸소 그 주체가 되지 않으면 안된다.

그러기 위해 우리는 정론을 구현코자 한다. 제주민을 언론의 단순한 소비자로 대상화시키지 않고, 제민일보로 표현되는 제주 언론의 참된 생산자로 주체화시키고자 한다. 능동적인 발언자로 유도함이 바로 그것이다. 가능하다면 그것을 위한 조직과 동원의 역할까지 감히 감당해 나서려 한다.

정론은 진실에의 충성을 의미한다. 모든 사물을 도민의 입장에서 바르게 보고, 제주민의 이익을 위해 바른 의견을 적극적으로 개진하는 역할도 이에 다름 아니다. 따라서 우리는 우리의 실천 지표를 다음과 같이 밝힌다. 무엇보다도 우리는 민주 언론을 정착시켜 나갈 것이다. 제민일보가 도민주로 이뤄졌다는 것은 바로 우리의 힘이자 우리의 바탕이다. 여기에서 민주언론의 성취하는 지상과제가 도출된다. 따라서 우리는 보도와 논평의 기준을 '민의 입장'에 두고 투철한 비판의식으로 진실을 꿰뚫어 보는 진실에의 추구자가 될 것이다.

또한 우리는 민족적 자존을 지키는데도 소홀하지 않을 것이다. 이것은 피와 살을 갖춘 그리고 영혼과 독특한 역사를 지닌 제주민의 자존과 맥락을 같이 한다. 민족으로 표현되는 공동체는 스스로 살아가고 커가는 유기체다. 그 유기체는 자체 구조에 의해 반드시 새로워지는 데가 있어야 한다.

또한 우리는 소외 계층을 대변하는 언론이고자 한다. 노동자, 농민 그리고 도시 빈민 등이 사회의 힘없는 계층을 사회 문제에 참여토록 유도할 것이다. 아울러 스스로의 주체적인 태도와 견해를 형성하여 표현토록 그들을 격려할 것이다. 그들이 계속 소외 계층으로 남아있는 한 진정한 사회 발전은 이룰 수가 없기 때문이다.

이제 우리는 참다운 언론이고자 하는 우리의 다짐을 도민에게 바친다. 우리는 이 시대가 요구하는 미래지향적 지방지로서 맡은 소임을 다할 것을 다시 한 번 엄숙하게 다짐한다.

제민일보는 창간사를 통해 사람이 사람답게 사는 사회, 사람을 중요시하는 사회, 그리고 정치 및 자본권력의 눈치를 보지 않고 옳은 것은 〈옳다〉, 그른 것은 〈그르다〉고 바르게 말할 수 있는 용기, 이것이 바로 제민일보가 지향하는 바라고 밝히고 있다.

이러한 창간의 목적을 달성하기 위해 크게 두 가지의 기본방침을 제시하였다. 첫째, 濟州民을 변혁의 주체자로 만들기 위해 제주민을 언론의 단순한 소비자로 대상화시키지 않고, 제주 언론의 참된 생산자로 주체화하여 능동적인 발언자로 유도하고, 노동자, 농민 그리고 도시 빈민 등과 같은 우리 사회의 힘없는 소외 계층을 대변하여 이들이 사회 문제에 주체적으로 참여토록 유도하겠다고 하였다. 둘째, 오늘의 언론이 민중의 여망을 형성하고 표현하는 데 기여하는 민주적 언론이기보다는, 특정 계층의 주장을 매개로 민중을 조작하려는, 반민주적 언론으로 전락했다는 비난도 세간에서 나오고 있는 것을 알고 있으며, 실제로 언론은 환경의 중요한 감시자이면서도 그 감시가 누구를 위해 무엇을 지키는가 하는 질문에 할 말을 잃고 만다고 고백하면서, 지난날의 잘못을 뼈저리게 반성하여 책임 있는 정론을 펼치기 위해 보도와 논평의 기준을 '민의 입장'에 두고 투철한 비판의식으로 진실을 꿰뚫어 보는 진실에의 추구자가 될 것임을 밝혔다.

〈人間중시, 正論구현〉이라는 제민일보의 社是는 지금까지 제 목소리를 감추고 힘 있는 자의 눈치를 보며 허튼소리로 대중조작을 일삼았던 과거의 부끄러움을 겸허히 반성하고 천부적 인권을 존중하며 바른 소리로 사회정의를 실현하자는 실천적 의지를 담은 것이라고 하였다(제민일보의 창간호, 1990.6.2). 하지만 이러한 창간취지와 목적은 해가 갈수록 퇴색된 것으로 나타났다.

3. 편집체계의 변천과정

창간호는 특집으로 32면이 발행되었다. 1면에는 〈"北의 제주 高씨 족보

찾았다" -入北 시조는 高碩禧 文忠功 18세손 연산戊午士禍때 함경도 유배〉라는 제호의 톱기사, 창간사, 제민만평, 2면 제민일보 8대 사업(올해 제주인 선정, 제주도문제 논문 현상모집, 제주도민 생활 사회의식 지표조사, 제민 청소년 문학상 모집, 전도마을 대항 장기대회, 濟民日報旗 전도 배구대회, 제민문화광장 운영, 제민데이터 뱅크창설 운영)과 창간축하 메시지, 3면 대하기획 〈4·3은 말한다〉〈1〉, 4면은 작가 한림화씨의 제민일보 탐방, 5면 창간주주들 〈제민일보에 바란다〉, 6·7면 제주관광개발을 위한 제언-지방정부는 〈둘러리〉 노릇에서 벗어나야(서경림 교수), 심층취재: 〈하와이는 제주 이상향인가〉-도민이 주체되는 濟州型 개발 모형 정립해야, 8면 제주체육 뒤안길〈1〉, 9면 제주문학의 현장〈바람타는 섬〉〈1〉, 10면 臨床진단 제주의 시름〈1〉-제주는 中央상륙 징검다리인가, 11면 혁명가(故 張俊河선생)의 아내 가시밭 인생, 12면 전면광고, 13면 대담: 우리시대의 知性 李泳禧교수에게 듣는다, 14면 제주 속의 외국인이 말하는 제주, 15면 "요 땅이 내 땅이었주" 한맺힌 절규 -중문단지 행상 金蓮生 할머니의 비통, 16면 제주여성의 어제·오늘 그리고 내일, 17면 金鐘喆 濟州島 기생화산 기행 -오름 나그네〈1〉, 18면 이런 것 바로 잡아주세요 -김치도 外製, 농민은 어떻게 살라고, 19면 미래에 도전하는 제주석학들, 20면 TV프로그램·주말영화 등 소개, 21면 제주에 펼쳐질 정보화시대, 22·23면 좌담 〈지역사회와 지방신문〉, 24면 김종두 화백이 만나본 제민독자들 목소리, 25면 문충성 시인의 창간축시 〈탄생의 노래〉, 박경훈의 그림〈북을 쳐라〉, 26·27면 〈白頭에 서다〉 徐在哲기자 백두산 등정 르포 기사〈1〉, 28면 전면광고, 29면 〈제주인의 자존심〉 -본사의 캐치프레이즈를 위한 변명(편집국장 宋尙一), 30·31면 진행남 기자의 현지 르포기사 -돌담의 열도… 오끼나와를 가다〈1〉, 32면 전면 광고로 구성되었다.

창간 특집호를 제외하고 창간 초기부터 약 2년 동안 블랭키드판 12면을 週 6일 발행했다. 기사는 국한문혼용으로 쓰여 졌으며 가로쓰기 편집을 하였다. 지면구성은 1면에 지역문제·만평, 씨줄날줄, 지면안내, 2면은 중앙정치·외신, 3면 사설·기획기사, 4면은 경제·주식시세, 5면은 해동청(고정논단)·기획기사·사설, 연재소설, 6~7면 각종 문화행사, 연재소설, 8면 스포츠, 9면 지방소식: 내 고장의 명물, 우리 마을 이모저모, 교통정보(항공·선박편) 등, 10면 지역사회기사·독자란, 11면 사회면·시사만화 고슴도치 연재(金東國 화백), 12면은 TV프로그램·영화프로, 바둑 등으로 편집되었다. 이 시기에는 대중소설이 매일 2~3개씩 연재되었다. 하지만 연재소설은 현재로 오면서 점차 줄어들다가 신문지면에서 사라졌다.

1) 뉴스 및 기획면 확충

제민일보는 격변하는 국내외의 정세와 이에 따른 뉴스 수요에 능동적으로 대처하기 위해 9월 1일부터 16면 발행체제로 돌입하면서 뉴스와 기획면을 확충했다. 즉, 국제뉴스면, 지방경제면, 생활특집면, 지방종합면 등 4개 면을 신설하고 해설 기획면과 문화면 그리고 인물 동정란 등을 보강 확충하였다. 16면으로 증면 발행함에 따라 월구독료도 월 3천원에서 3천5백으로 인상하였다.

이보다 약 2개월 앞선 1992년 7월 14일자부터 제주신문이 16면 발행체제로 전환했고, 한라일보 또한 경쟁에서 뒤쳐지지 않기 위해 12월 1일부터 16면을 발행하기 시작했다. 이때부터 제주지역 3개 일간지간의 증면경쟁이 본격화되었다.

증면경쟁을 위해서는 무엇보다도 예산과 취재인력이 뒷받침되어야 한다. 타 신문과 마찬가지로 제주도민의 출자금(도민 공모주)으로 출범한 제민일보는 운영자본이 취약했다. 3개 일간지 간의 경쟁뿐만 아니라 생활정보지의 광고시장 잠식 등으로 경영난을 겪어 오던 제민일보는 안태의(安太義) 대표이사가 경영하는 (주)미화주택(회장 안태의, 사장 강영진)이 거액 부도로 경영위기에 몰리자 창간 5년째인 1995년 6월 17일 오후 이사회를 열어 김효황 부사장을 대표이사 회장으로 선임했다.

김 회장은 북제주군 한경면 고산리 출신의 재일동포로 현재 대판 한국상공회의소 이사를 맡고 있는 사업가이다. 한편, 안태의 전 회장은 이 날짜로 사임했다(한국경제신문, 1995년 6월 18일). 제주지역 신문사 대표이사의 모기업이 부도로 신문사의 회장이 사임한 첫 번째 사례다. 김효황(金孝晃) 신임 회장은 경영난 타개를 위해 개인적 증자를 하는 등 적극적으로 경영에 참여하였다. 1995년 12월부터는 최첨단 전산제작시스템(CTS: Computerized Yypesetting System)을 도입해 신문제작의 전 과정을 자동화하였다.

2) 전면 가로쓰기 편집 착수

제민일보는 1996년 6월 1일 창간 6주년 기념 특집호 신문부터 제주지역 일간지 가운데 처음으로 전면 가로쓰기 편집을 시작하였다.

국내에서 가로쓰기를 최초로 도입한 신문은 1985년 6월 22일 창간한 〈스포츠 서울〉이다. 젊은 층을 주 고객으로 삼는 〈스포츠 서울〉은 창간호부터 가로쓰기 체제를 과감하게 도입하면서 기존 신문의 세로쓰기 체제를 뒤집어 화제가 되었다. 그로부터 10년 후인 1995년 10월 9일부터 중앙일보가 종합일간지 중 최초로 가로쓰기를 시작하면서 모든 신문이 점차 가로쓰기 체제로 바꾸었다.

국내 신문들이 지금까지 수십년간 사용해 온 세로쓰기 신문편집체제는 일본식 신문제작 스타일이다. 가로쓰기는 일본식 세로쓰기보다 읽기가 쉽고 내용의 전달력도 높은 것으로 알려져 있다. 신문사들은 이런 사실을 알면서도 신문편집 체제를 쉽사리 바꾸지 못한 것은 일본식 세로쓰기 신문 판형에 익숙한 독자들이 많았기 때문이다.

1997년 1월 3일부터 4개면을 증면해 20면 발행에 들어갔다. 1면에 지역종합, 2면은 전국종합, 3면 사설, 전국종합/해설, 4면 지방정가 소식, 기획 5면은 기획기사, 6면 주식시세표, 7면 지역경제, 8면 전면 부동산 광고, 9면 스포츠, 10면·11면 문화, 12면 TV프로 소개, 13면 기획특집, 14면 전면광고, 15면 사람들 동정, 16면 지방종합 1(북군), 17면 지방종합 2(서귀포시 남제주군), 18면 사회, 19면 사회 연재만화 꼬투리, 20면에는 전면광고가 배치되었다.

4개면이 증가했지만, 기사면은 거의 늘어나지 않았다. 이때부터 맨 뒤쪽에 전면광고가 고정적으로 배치되기 시작하고, 광고지면도 3개로 늘어났다. 하지만 이 시기에는 16면-20면을 번갈아 가며 발행했기 때문에 각 면별로 고정된 주제영역이 자주 변경되었다.

1997년 2월 7일부터는 제주동포가 가장 많이 거주하는 일본 오사카에 현지 지사를 설립하여 『제민일보』의 일본어판 〈코리아 뉴스〉를 주간으로 발행하기 시작하였다. 이는 한국의 지역신문을 일본어로 번역해 발행한 한국언론사상 첫 번째 사례이다.

그로부터 약 3년 후인 1998년 3월 8일 김지훈이 제3대 대표이사 사장에 취임하였다. 1998년 창간 8주년을 계기로 한문 제호 〈濟民日報〉를 한글 제호로 바꾸는 한편, 같은 해 12월 1일부터 석간에서 조간 발행으로 전환하였다. 2000년에는 제주도 제주시 도두1동에 제2사옥을 준공하는 한편 일본산 초고속 윤전기를 도입하였다.

2001년 4월 2일부터 종전 20면에서 24면으로 증면 발행에 들어갔다. 24면으로 증면하면서 여성생활과 교육면을 신설하고, 주식 및 코스닥 시세 등을 알리는 경제지면을 확대하고, 환경 분야 심층취재 기획면을 강화하였다. 지역신문이 다룰 수 있는 뉴스거리 또는 주제가 한정되어 있음에도 계속 증면한 것은 제주신문과의 경쟁에서 지지 않으려는 경쟁심리가 그 동력이 되었을 것이라 짐작된다.

24면의 지면구성을 보면, 1면 지역종합, 2면 전국종합, 3면 지역종합, 4면 사설, 전국종합/해설, 5면은 기획기사/경제, 6면 국제, 7면 기획, 8면 오피니언, 9면 여성과 생활, 10면과 11면 경제 주식시세표, 12면과 13면 전면 부동산 광고, 14면과 15면 사람과 일, 16면과 17면 문화, 18면 스포츠, 19면 스포츠 종합, 20면과 21면 시군종합, 22면과 23면 사회, 24면 TV가이드 등으로 편집되었다.

3) 전국 지방지 중 최초 36면 발행 돌입

제민일보는 창간 초기 12면 발행에서 16면(1992.9.1) → 20면(1999. 10.1) → 24면(2001.4.2)으로 증면 발행하다가 2001년 8월 1일부터 36면 발행에 들어갔다. 이로써 제민일보는 전국 지역일간지 중 가장 많은 지면을 발행하는 최초의 신문이 되었다. 증면 발행은 날로 증가하는 정보에 대한 독자들의 요구에 다가서려는 노력의 일환인 동시에 지역신문시장을 잠식해오는 중앙일간지와 경쟁하기 위한 것이다.

36면의 지면 구성을 보면, 1면은 전국/지방종합, 2면 지역종합, 3면 전국종합(대부분 연합통신 기사), 4면 사설, 전국종합, 5면 전국종합, 6면 오피니언-제민포럼, 날줄씨줄, 기고, 7면 기획, 교육(Education), 교단일기, 8·9면 전면 광고(부동산과 극장광고), 10면 국제, 11면 전국경제, 12면 지역경제, 13면 경제인, 쇼핑·유통, 14·15면 사람과 일(People & Affairs), 16·17면 거래소 주식시세표/코스닥 주식시세표, 18면 전면 광고, 19면 남제주군, 20면 서귀포시, 21면 북제주군, 22·23면 사회면, 24면 전면광고, 25면 @터치[40](지면의 절반정도는 시원한 관계사진으로 채워짐), 26·27면 건강/레츠고(Let's go), 28면 TV 가이드, 29면 방송/대중문화 소개, 30·31면 문화면-각종 문화행사 소개, 32·33면 스포츠 종합, 34면 전면광고, 35면 바둑/외국어, 오늘의 운세, 36면 전면광고 등으로 편집되었다.

제민일보는 36면으로 증면하면서 신문의 얼굴인 1면의 뉴스지면을 확대하기 위해 광고지면을 5단에서 4단으로 줄이고, 중앙일간지 편집형태와 유사하게 정치·경제·국제·사회·문화·여성 등으로 묶고 타 일간지와 차별화하기 위한 여러 가지 기획물을 대폭 늘렸다. 전국 종합면과 경제면 그리고 국제면의 뉴스기사는 대부분 연합통신기사로 채워졌다. 새로 선보인 기

40) @터치= 제민일보 @터치는 독자 여러분과 함께 합니다. 나누고 싶은 제주의 아름다움, 가까이 있는 사람들의 진솔한 삶, 따스한 감동의 사연들을 보내주십시오. 전화 (064) 741-3204, FAX(064)741-3117, E메일 Chemin@bora.dacom.co.kr

획물들은 △ 청와대의 제주 사람들 △ 제주의 현안과 미래, 장관에게 듣는다 △ 역사학자 김기협의 '제주 오디세이' △ 재 제주시 향우회 탐방 △ 명사들의 '나의 살던 고향은' △ 농어촌, 우리가 책임진다 △ 경제 쉽게 읽어내기 △ 여성 CEO 릴레이 인터뷰 △ 우리는 문화가족 등이다. 새로운 기획물들은 대부분 피처기사(feature news)[41]였다.

제민일보는 이와 같이 새로운 기획물과 전국의 중요 뉴스 보도량을 대폭 늘려 타 일간지와 차별화시킴으로서 중앙일간지와 지역 일간지를 각 1개 이상 병독하는 독자들을 유인하고 새로운 독자층을 확충하려고 했지만, 이 시도는 결국 1년여 만에 실험으로 끝나고 말았다. 실패 이유를 굳이 들자면, 제민일보의 지면이 이전에 비해 12개면 늘어났지만 지역뉴스를 다루는 지면 수는 종전에 비해 크게 달라지지 않았고, 지역 뉴스의 보도 량도 타 지역신문에 실린 기사 양과 비교해 별반 차이가 없어 독자들의 주목을 끌 수 없었기 때문이다.

25면-29면까지 배정된 @터치면은 우리 일상과 관련된 제주의 산과 바다의 아름다운 풍경, 사람들의 일상적인 삶의 모습에 관한 가벼운 이야기와 사진으로 꾸며졌다. 기사유형으로 분류하면, 이들은 연성기사에 속한다. 이런 뉴스는 아무리 재미있게 구성하더라도, 영상매체에 익숙한 사람들의 눈을 즐겁게 할 수 없다.

여러 가지 이유가 있겠지만 제민일보는 36면으로 증면 발행에 들어간지 1년도 채 되지 않은 같은 해 12월부터 24면, 28면, 32면을 번갈아 발행하다가 2002년 7월부터 28면으로 감면 발행에 들어갔다. 그리고 2003년

41) 신문기사의 내용은 크게 세 가지 유형 즉, 뉴스(news), 피처 (features), 광고(advertisement)로 나누어 볼 수 있다. 피처는 신문에 실리는 메시지 내용들 중에서 객관적 보도기사와 광고를 제외한 그밖에 모든 기사를 말한다. 피처는 또한 뉴스 피처(new feature)와 비뉴스 피처(no-new feature)로 나눌 수 있다. 뉴스피처란 시사적 사건들에 관한 사설·논설·칼럼·인사탐방·패션·시사만평·연극영화평 TV 평 등의 기사를 말하는데, 이러한 뉴스 피처들이 객관적인 보도뉴스와 다른 점은 그 속에 집필자의 개인적인 의견과 느낌이 삽입된다는 데 있다. 이에 반해 비뉴스 피처는 시사성이 없는 서평·낱말퀴즈·만화·소설·수필 등을 말한다(차배근, 1997: 115).

4월 1일부터 경영난으로 또다시 발행지면을 대폭 줄여 2년 4개월 만에 20면 발행(토요일 판 16면 발행)으로 되돌아갔다.

지면감축과 더불어 제민일보는 2003년 4월 12일자 1면에 알림을 통해 "지난 1990년 창간이후 제주지역의 대표적 정론지로 자리매김해 온 제민일보가 기존의 편집 틀을 완전히 깨고 〈…〉 지방 뉴스에 최고의 가치를 부여해 진정으로 지방지다운 지방지를 제작해 나갈 방침"이라고 하면서, "지금까지 1면을 비롯해 여러 면에 걸쳐 전국뉴스와 국제뉴스를 혼합해 편집해 오던 편집방침을 변경해 앞으로는 원칙적으로 지방뉴스만 보도할 것"임을 밝힌다. 이것은 창간 당시 사시(社是)였던 '인간 중시·정론 구현'의 편집 이념이 '지방 뉴스에 최고의 가치부여'로 변경되었음을 의미한다.

2003년 11월부터는 제1기 독자위원회를 구성하여, 매달 보도내용에 대한 이들의 객관적 평가결과와 제안을 청취하여 이를 취재보도에 활용하기 시작했다. 이러한 조치들은 경영난을 타개하고 독자들의 요구를 지면에 적극 반영시키기 위한 것이다.

4) 16면으로 전환

2005년 7월 4일부터 부동산 광고면과 주식 시세면 등을 축소하여 20면 발행에서 16면 발행으로 전환해 현재에 이르고 있다. 이와 더불어 제민일보는 지역밀착형 보도와 독자들의 참여를 확대하기 위해 2005년 11월 12일 학생, 사회복지, 1차 산업분야에 종사하는 사람들 가운데 70명을 제1기 도민기자로 위촉해 부족한 취재인력을 보강하고 취재 영역을 넓히기 시작하였다.

제민일보의 발행지면 변천사를 보면, 창간초기 12면 발행에서 16면 → 20면 → 24면 → 36면으로 점차 증면 발행하다가 1년도 채 안 되어 32면 → 28면 → 20면 → 16면으로 감면발행해 현재에 이르고 있다.

이렇게 발행지면 수를 감면한 것은 신문사의 경영난과 밀접한 관계가 있다. 신문산업에 영향을 미치는 여러 가지 환경변인들 가운데 경제적 요인은 편집국 규모와 신문지면 증감 그리고 논조에 직접적인 영향을 미친다. 또한 신문의 발행지면수는 정보의 양과 질적 수준에 많은 영향을 미치는 것으로 알려져 있다. 발행지면이 많을수록 더 많은 정보와 다양한 기사를 독자들에게 제공할 수 있다. 똑같은 사안을 놓고 쓴 기사라 하더라도 기사 양(기사의 크기)이 많을수록 정보량도 많고 기사의 질적 수준도 높은 것으로 확인되고 있다. 이러한 결과를 놓고 본다면, 제민일보의 지면변화는 보도량과 논조 및 편집방향에도 많은 영향을 미쳤을 것이라 판단된다.

4. 주요 기획물

창간호에서부터 제민일보가 심혈을 기울인 기획기사로는 〈4·3은 말한다〉, 金鍾喆의 〈오름 나그네〉, 〈제주문학의 현장〉, 〈제주체육의 뒤안길〉, 〈臨床진단 제주의 시름〉, 〈제주의 10대 현안〉(겉도는 탑동, 초미의 관심사 새공항, 처방없는 외지인의 땅투기, 무분별한 지하수 개발, 방황하는 감귤산업, 무방비의 농산물 수입개방, 멀어지는 내집 마련, 몸살 앓는 자연환경, 제주개발 특별법 제정, 4·3의 진상규명)이 있다. 그리고 제2호(1990.6.4)부터 〈제주의 상권〉과 〈제주언론사(27회)〉, 제3호부터 〈道伯列傳 -우여곡절의 道政편력의 史話〉, 13호부터 〈陣中日記(1990.6.16)〉, 〈在日 濟州人〉 등이 연재되었다.

특히 제주의 외형적 성장에 불구하고 의식구조면에서 적지 않은 모순과 문제를 안고 속앓이를 하고 있는 제주인의 고민을 진단하는 〈제주의 시름〉은 장기간 연재되었다. 1990년 6월 2일 창간 이후 12월 말까지 〈제주의 시름〉에서 다룬 주제들은 다음과 같다.

최근에 다루고 있는 기획 특집으로는 △ 해녀공동체를 엿보다 △ 용암숲 곶자왈 자연유산으로 △ 사유의 인문학 詩네마 토크 △ 청년 행복시대 제주가 먼저 △ 〈제주 4·3 유네스코 기록유산으로 2〉 등이 있다.

5. 독자위원회

독자위원회[42]는 일반 독자들을 대신해 해당 신문의 보도내용을 모니터링해서 개선 사항 및 기획취재 방향 등을 제시하는 역할을 담당한다. 그렇기 때문에 우리사회 각계 계층의 다양한 의견과 비판을 신문지면에 반영하기 위해서는 일단 위원회가 다양한 사람들로 구성되어야 한다. 독자위원 임기는 2년으로 재위촉이 가능하다. 초창기와 최근 독자위원회의 진용을 보면 다음과 같다.

△ 2016년 제11기 제민일보 독자위원회 명단(가나다 순)

강문실 제주국제대 교수, 강수영 제주중장년일자리희망센터 소장, 구자헌 변호사, 김경모 폴리텍대학 산업디자인과 교수, 김경학 제주특별자치도의회 의원, 김상훈 제주한라병원대외협력처장, 김영훈 전 민선 제주시장, 김종우 감귤사랑동호회장, 김찬수 난대아열대산림연구소 박사, 김태윤 제주발전연구원 선임연구위원, 김희정 제주여성인력개발센터 관장, 문경희 농협중앙회 제주지역본부 경영지원 부본부장, 문정수 제주어보전회 이사장, 서영숙 제주 사회복지공동모금회 사무처장, 손유원 제주특별자치도의회 부의장, 신명식 전 교통안전공단 제주지사장, 이중환 제주특별자치도 문화관광스포츠국장, 장우순 전 제주특별자치도교육청 행정국장, 정찬식 제주특별자치도체육회 운영부장, 한봉금 중증장애인직업재활시설 엘린 원장, 홍유식 ㈜하나투어제주 대표.

제12기 독자위원회는 제주도내 정치, 경제, 관광, 환경, 복지, 여성, 의료, 교통, 노동, 교육, 체육, 농업, 어업, 건설, 법률, 회계, 금융 등 다양한 분야에서 활동하는 전문가 27명으로 구성됐다.

---

42) 신문 등의 진흥에 관한 법률(약칭: 신문법) 제6조(독자의 권리보호) ②항은 "신문사업자·인터넷신문사업자 및 인터넷뉴스서비스사업자는 독자의 권익을 보호하기 위한 자문기구로 독자권익위원회를 둘 수 있다"고 규정하고 있다. 이는 의무조항은 아니지만 대다수의 신문사들이 이에 근거해 독자위원회 등을 구성하여 운영하고 있다.

△ 2018년 제12기 독자위원회 명단(가나다 순)

강수영 제주중장년일자리희망센터 소장, 강승표 농협중앙회 제주본부 부본부장, 고성오 제주시수협 지도상무, 김경모 제주폴리텍대 산업디자인과 교수, 김경학 제주특별자치도의회 의원, 김상훈 제주한라병원 대외협력 부원장, 김수근 백록레미콘 대표, 김양보 제주도 환경보전국장, 김왕승 전 제주국제관악제 조직위원회 위원장, 김용균 제주도감사위원회 명예 도민 감사관, 김종우 감귤사랑동호회장, 김찬수 한라산 생태문화 연구소장, 김태윤 제주발전연구원선임연구위원, 김희정 제주여성인력개발센터 관장, 문정수 제주어보전회 이사장, 변장선 국제라이온스협회354-G총재, 부정숙 제주관광대 관광호텔조리과 교수, 서영숙 사회복지공동모금회 사무처장, 신명식 한국교통안전공단 제주본부 수석전문위원, 오승민 회계사, 이효경 제주미래산업 대표 전문위원, 조은정 참사랑실천학부모회장, 조창식 일영종합건설대표, 한보규 제주은행 상무, 한봉금 중증장애인직업재활시설엘린 원장, 허향진 전 제주대학교 총장, 홍유식 ㈜하나투어제주 대표 등 27명

독자위원회 구성

2018년 제12기 제민일보 독자위원회 구성

(사진은 가나다순)

다양한 분야 도내 각계 전문가 27명 위촉

출범식 3월 22일 오후 5시 본사 대회의실

2018년 제12기 제민일보 독자위원회가 구성됐다.

제12기 독자위원회는 제주도내 정치, 경제, 관광, 환경, 복지, 여성, 의료, 교통, 노동, 교육, 체육, 농업, 어업, 건설, 법률, 회계, 금융 등 다양한 분야에서 활동하는 전문가 27명으로 구성됐다.

제민일보 독자위원회는 앞으로 제민일보 지면 모니터링은 물론 개선사항 및 기획취재 방향 등을 제시하게 된다.

제민일보는 독자위원들의 의견을 토대로 제주의 미래비전을 설정하고 도민의 삶의 질 향상과 사회문제 개선에 적극 나설 방침이다.

독자위원회 출범식은 오는 22일 오후 5시 본사 1층 대회의실에서 개최되며, 독자위원 임기는 2년으로 재위촉이 가능하다.

다음은 독자위원회 명단(가나다 순).

강수영 제주중장년일자리희망센터 소장, 강승표 농협중앙회 제주본부 부본부장, 고성오 제주시수협 지도상무, 김경모 제주폴리텍대 산업디자인과 교수, 김경학 제주특별자치도의회 의원, 김상훈 제주한라병원 대외협력 부원장, 김수근 백록레미콘 대표, 김양보 제주도 환경보전국장, 김왕승 전 제주국제관악제 조직위원회 위원장, 김용균 제주도감사위원회 명예 도민 감사관, 김종우 감귤사랑동호회장, 김찬수 한라산 생태문화 연구소장, 김태윤 제주발전연구원 선임연구위원, 김희정 제주여성인력개발센터 관장, 문정수 (사)제주어보전회 이사장, 변장선 국제라이온스협회355-G총재, 부정숙 제주관광대 관광호텔조리과 교수, 서영숙 사회복지공동모금회 사무처장, 신명식 한국교통안전공단 제주본부 수석전문위원, 오승민 회계사, 이효경 제주미래산업 대표 전문위원, 조은정 참사랑실천학부모회장, 조창식 일영종합건설 대표, 한보규 제주은행 상무, 한봉금 중증장애인직업재활시설 엘린 원장, 허향진 전 제주대학교 총장, 홍유식 (주)하나투어제주 대표.

6. 주요 부대사업(附帶事業)

제민일보가 신문발행 이외에 이미지 개선 및 지역사회관계 프로그램 일환으로 펼치고 있는 주요 부대사업으로는 △ 올해의 제주인 선정(1990), △ 제민일보기(旗) 전도배구대회(1990), △ 백록기 전국고교 축구대회(1993년), △ '평화의 섬' 제주국제마라톤대회, △ 제주관광대상, △ 제주경제대상, △ 전도학교 미디어콘테스트 등이 있다.

제민일보는 창간 당시 8대 사업을 선정해 추진하겠다고 발표했는데 그 내용은 다음과 같다. △ 올해의 제주인 선정 △ 제주도문제 논문 현상모집 △ 제주도민 생활·사회의식 지표조사 ·· △ 청소년문화상 공모 △ 전도마을대항 장기대항 △ 제민일보기(旗) 전도배구대회 △ 문화광장 운영 △ 데이터뱅크 창설운영 등이다. 8대 기념사업 중에 현재까지 남아있는 사업은 △ 올해의 제주인 선정 △ 제민일보기(旗) 전도배구대회 등 2개이다. 그 외의 행사들은 회사의 경영방침에 맞춰 새롭게 선정된 사업들이다. 이들 사업은 신문사의 주요한 수입원 가운데 하나이다.

제③절 | 제주新보의 창간

1. 제주新보의 탄생 배경

1) 제주일보사 부도

제주新보는 제주일보에서 JJ제주일보로 제호를 바꾸며 발행하다가 2015년 12월 15일 태어난 일간지 명칭이다. 그 탄생과정을 통시적으로 살펴보면, 제주일보는 국내에서 가장 오랜 역사를 지니고 있는 지역일간지 가운데 하나였다. 이를 발행하고 있는 제주일보사가 2012년 12월 6일 만기가 도래한 어음 8000만원을 결제하지 못해 이날 오후 6시께 최종 부도 처리되는 사건이 발생하였다. 그리고 12월 10일자로 금융당국으로부터 최종 부도라는 통고를 받는다. 당시 제주도내 언론들은 '제주일보사의 총 부채 규모는 정확히 알려지지 않고 있지만, 채권단은 기업은행, 농협, 그리고 신한은행 등이며, 은행권에서 빌린 수십억원을 비롯, 사적인 채무관계까지 합치면 300억원 내외에 이를 것으로 추정되고 있다'고 보도하였다(뉴시스, 2012.12.12).

제주일보사는 부도에 앞서 IMF 때부터 누적되기 시작한 부채 탕감을 위해 지난 2011년 신제주의 연동사옥을 롯데 측에 330억여원에 매각해 부채 일부를 갚는 등 재무구조를 개선하고, 제주시 애월읍 광령리 2599-2번지로 사옥을 옮기며 제3의 창업을 선언했으나 결국 위기를 넘기지 못한 채 1년만에 파국을 맞은 것이다(제주도민일보/제주의 소리 2012.12.10).

제주일보사(대표 김대성)는 2012년 8월 1일 제1차 부도로 직원들에게 임금을 제대로 지급하지 못하는 등 자금 사정으로 경영상의 어려움을 겪게 되자 김대성 회장은 이에 책임을 지고, 채무를 제외한 경영권한 일체를 각 실·국·본부·지사장 등에게 위임하였다. 이에 따라 제주일보사 임직원들은 신문 발행이 중단되는 최악의 상황을 막기 위해 2012월 12월 9일 이정유 외 6인을 공동대표로 하는 제주일보비상대책위원회(이하 비상대책위원회)를 창립하였다.

㈜제주일보사 김대성 회장은 비상대책위원회에 2012년 12월 9일 제주일보사 소유의 상표권 등 〈아래 1〉의 지적 재산권과 〈아래 2〉의 권한을 위임하는 양수양도계약을 체결하는 한편, 2012년 12월 10일 제주일보 사태에 책임을 지고, 사직원을 제출하였다.

<아래 1>

1. 제주일보의 상표권 2. 제주일보 신문(지령 1호부터 제주일보 비상대책위원회 해체시까지 발행호) 3. 제주일보 인터넷 뉴스(2002년 7월 1일부터 제주일보 비상대책위원회 해체시까지)

<아래 2>

1. 제주일보사 회장, 발행인으로서의 신문 제작, 인쇄, 발행, 광고, 판매, 재정(채무 제외) 등 경영 권한 2. 미지급된 직원 중간정산 퇴직금, 상여금, 월급 등 증빙서류 발급 3. 제주일보 상표권, 발간 신문, 인터넷 뉴스 등 지적재산권 사용

위와 같이 ㈜제주일보사로부터 채무를 제외한 일체의 경영권한을 위임받은 비대위는 경영정상화를 위한 다각적인 노력을 펴나가기 시작하였다. 비대위는 12월 11일자 신문 1면에 실린 〈도민들께 드리는 말씀〉를 통해 "이 시점에서 어떠한 어려움과 시련이 있더라도, 신문 발행에 한 치 차질이 없도록 더욱 정성을 쏟고 …… 경영 정상화를 위해 최선을 다 하겠다"는 의지를 밝혔다. 그 전문은 아래와 같다.

〈도민들께 드리는 말씀〉

제주일보를 사랑하는 독자와 도민 여러분께 송구의 말씀을 드리고자 합니다. 본보가 경영 악화로 인해 2012년 12월 10일자로 금융당국으로부터 최종 부도라는 경영상의 위기 상황을 맞이했습니다.

대한민국 광복과 함께 창간돼 67년이라는 기나 긴 세월을 도민과 함께 해 온 본보의 이러한 뜻밖의 사태를 차마 전해드리기가 안타깝고 비통한 심정입니다. 또한 이 소식을 접하는 독자와 도민 여러분의 충격도 크실 것이라 생각합니다. 제주일보의 구성원으로서 먼저 이러한 사태를 초래한 것에 대해 무거운 책임을 통감하는 바입니다.

이에 대한 원인과 책임에 대해서는 앞으로 법적 절차 등을 통해 분명히 가려질 것이라 생각합니다. 하지만 누구를 탓하기에 앞서 제주일보는 도민과 독자 여러분께 크나 큰 심려를 끼쳐 드리게 된 점에 대해 진심으로 사죄를 드리고자 합니다.

우리는 이 시점에서 어떠한 어려움과 시련이 있더라도 신문 정상화에 최선을 다할 것을 결의했습니다. 이미 비상대책위원회를 구성하고 신문 발행에 한 치 차질이 없도록 더욱 정성을 쏟고 매진할 것입니다.

독자와 도민들에게 신의를 저버리지 않고 사회적 공기로서 언론의 역할과 제주 역사를 대변해온 전통지로서의 소임과 사명을 다하겠습니다. 거듭해서 이 사태에 대해 깊은 양해를 구합니다. 도민과 독자 여러분의 변함없는 성원과 따뜻한 격려를 부탁드립니다.

〈2012년 12월 10일 제주일보비상대책위원회〉

그리고 2013년 2월 5일 개최된 ㈜제주일보사 이사회에서 2012년 12월 9일에 김대성 대표이사 회장과 제주일보 비대위가 체결한 제주일보 상표권 등(지적재산권) 양도·양수 계약서와 제주일보 경영권한 및 지적재산권 사용에 대한 위임장에 대하여 참석한 이사 만장일치로 추인을 결의하였다. 이로써 신문발행 권한 등이 비대위로 완전히 넘어가게 된다.

2) 제주일보의 자산매각

신문사 직원들은 2012년 8월 제1차 부도 직전까지만 해도, 연동 사옥 부지가 팔리면 뭔가 해결될 것이라는 기대 속에 경영진을 믿고 따랐다. 하지만 제주시 연동 사옥이 매각된 이후에도 직원의 복지와 급여 수준이 오히려 이전보다 못하자 직원들은 경영진에게 자금의 행방을 밝히라고 요구했다. 경영진은 이에 대한 명확한 대답을 회피하였다.

상황이 이렇게 되자 제주일보 임직원 34명은 부도의 원인을 규명하기 위해 2012년 12월 3일 제주지방검찰청에 "제주일보 옛 사옥 매각대금이 어디로 흘러갔는지 밝혀달라"는 진정서를 제출하였다. 이후 중앙일보사가 마치 기다렸다는 듯이 2013년 1월 21일 김대성 전 회장 등을 특정경제범죄가중처벌에 관한 법률 위반(횡령) 등의 혐의로 고소하였다. 이때부터 검찰의 본격적인 수사가 이루어지기 시작하였다(헤드라인 제주).

김대성 제주일보사 회장은 지난 2009년부터 2012년까지 제주일보사 옛 사옥을 롯데호텔에 매각하여 받은 340억원 중 94억원과 운영자금 중 40억원 등 총 134억원을 횡령하였고, 중앙일보로부터 인쇄 선급금 명목으로 10억원을 받아 가로챈 사기혐의 등으로 지난 2013년 2월 21일 구속 기소된 후 항소심에서 징역 4년형을 선고받았다(연합뉴스, 2014.8.20).[43]

신문사의 최종부도에 이어, 김대성 회장이 구속되면서 설상가상으로 여기저기서 채권단들이 채무와 세금체납으로 제주일보의 자산들을 압류시켰다. 1순위 채권단인 제주세무서가 제주일보사로부터 그동안 체납한 국세와 지방세 49억원과 가산금 4억원 등 총 3억여원을 받아내기 위해 한국자산관리공사에 제주일보의 자산 공매를 의뢰하였다. 이 요청에 의해 2013년 7월 4일 상표권을 제외한 제주일보의 자산이 공매에 붙여졌다.

제주세무서가 공매에 붙인 부동산은 제주시 애월읍 광령리 제주일보사 대지 5316㎡, 2,103㎡ 등 2필지와 제주일보 신사옥 본사 2023.24㎡, 부속 건물 697㎡, 기계기구(윤전기) 2대 등이다. 감정평가액은 토지 18억5475만

43) 항소심에서는 법원이 김 전회장의 횡령액 중 13억원에 대해서는 무죄로 판단해 형량이 4년으로 줄어들었다. 2014년 12월 대법원에서 원심이 확정됐지만 만기출소를 석달가량 앞둔 2016년 11월 30일 가석방으로 풀려났다. 김대성 전 회장은 출소 후 (주)제주일보사 주주총회를 열어 대표이사로 재취임 하였다(제주의 소리, 2017년 4월 30일).

원, 건물 2동 33억7207만원, 윤전기 등 기계기구 10억8천10만원, 기타 135만원 등 총 63억692만원이다. 공매결과, 애월읍 광령 신사옥과 인쇄공장 등은 경매를 통해 단독 응찰한 제민일보의 최대주주 ㈜천마(대표 김택남)에게 약 44억여원에 넘어갔다(제주도민일보, 2013.04.26).

3) 주식회사 '제주일보' 법인 설립

김대성 전 회장의 구속과 부도 처리에 이어 사옥 건물과 최신 윤전기까지 경쟁대상인 제민일보사의 최대 주주에게 넘어가면서, 제주일보 비대위는 설 자리와 신문을 인쇄할 공장마저 없어지는 또 다른 위기를 맞았다. 즉, 사옥 이전 및 신문의 외주 인쇄가 불가피한 상황에 처하게 된 것이다.

사태가 이렇게 심각해지자 2013년 8월 초순경에 열린 제주일보비대위 회의에서 신문을 정상적으로 발행하기 위한 여러 가지 대책으로 새로운 법인 설립의 필요성이 논의되었다. 비대위는 새로운 법인 설립을 위해 기존의 제주일보사 주주이자 비상임이사로 활동해 오던 오영수 원남기업 대표이사를 접촉하여 도움을 요청하였다. 당시 오영수 대표가 제주일보비대위 측에서 제안한 새로운 법인 설립안을 수용하면서, 새 법인의 설립은 급물살을 타게 되었다.

새로운 신문사의 설립을 위한 발기인으로 비대위 전원이 참여하는 방안도 논의되었으나, 법률적인 최종 발기인은 대표 1인으로 하기로 결정하였다. 그 대신 비대위에서 일부 인원이 전체 직원을 대표하여 신설 법인에 임원으로 참여하기로 결정하였고 이들이 발기인이 되어 2013년 8월 27일 신문발행 등을 목적으로 하는 주식회사 제주신문(현 제주일보)을 설립하였다. 새 법인은 초대 대표이사에 오영수(원남기업(주) 대표이사), 송용관(전 제주일보사의 이사 영업본부장)과 함성중(비상대책위원회 공동대표)을 사내이사로 그리고 김승종(비상대책위원회 집행본부장)을 감사로 선임하였다. 법인등기부상 회사 설립 일자가 2013년 8월 27일로 되어있는 것은 바로 이날이 회사 창립총회가 열린 날이었기 때문이다.

새로운 법인이 설립되자 비상대책위원회는 2013년 9월 1일 ㈜제주일보에게 자신들이 갖고 있는 ㈜제주일보사의 지적재산권(제주일보 상표권 등 양도 양수 계약서)과 ㈜제주일보사의 경영권한 등을 양도하였다. 이러한 권한을 넘겨받은 ㈜제주일보(대표 오영수)는 9월 중 복역 중인 김대성 ㈜제주일보사 회장과 만나 2013년 9월 27일부터 제주일보사 소유의 상표권 공·경매를 통한 매각시점까지 사용할 수 있도록 양도 양수 계약을 다시 체결하고, 특허청에 2013년 12월 9일자로 제주일보 상표(제호)를 2013년 9월 27일부터 2017년 11월 14일까지(10월 22일 확인) 사용할 수 있는 전용사용권을 설정 등록하였다.

㈜제주일보(대표 오영수)는 이와 같이 ㈜제주일보사(대표 김대성)로부터 제주일보라는 제호 사용 승인을 얻고,[44] 2013년 9월 24일 신문법 제9조[45]에 의하여 제주도청에 제호를 〈제주일보〉로 한 신문·인터넷신문 사업자 등록을 하였다. ㈜제주일보는 이러한 제도적 절차를 밟고 제호를 제주일보로 한 일간신문을 계속 발행할 수 있는 권한을 얻은 것이다. 하지만 계약에 따르면, ㈜제주일보(대표 오영수)의 '제주일보' 발간은 상표권(제호) 매각시까지라는 시효가 정해져 있는 불완전한 것이었다.

제주일보 비대위는 기존의 인쇄시설과 사옥이 매각되어 이를 더 이상 사용할 수 없게 되자 2013년 9월부터 신문을 외부 인쇄시설을 이용하여

44) 제주일보는 ㈜제주일보사 전 대표와 계약을 통해 보증금 100만원에 월 50만원씩의 사용료를 내는 조건으로 〈제주일보〉라는 제호를 빌려 신문을 발행을 해 왔다(제주일보, 2017.5.1).

45) 제9조(등록) ① 신문을 발행하거나 인터넷신문 또는 인터넷뉴스서비스를 전자적으로 발행하려는 자는 대통령령으로 정하는 바에 따라 다음 각 호의 사항을 주사무소 소재지를 관할하는 특별시장·광역시장·특별자치시장·도지사 또는 특별자치도지사(이하 "시·도지사"라 한다)에게 등록하여야 한다. 등록된 사항이 변경된 때에도 또한 같다. 다만, 국가 또는 지방자치단체가 발행 또는 관리하거나 법인이나 그 밖의 단체 또는 기관이 그 소속원에게 보급할 목적으로 발행하는 경우와 대통령령으로 정하는 경우에는 그러하지 아니하다. 〈개정 2016.2.3.〉 1. 신문 및 인터넷신문의 명칭(신문 및 인터넷신문에 한정한다) 〈이하 생략〉

발행하기 시작하였다. 또한 2013년 9월 2일 본지 알림을 통해 "제주일보는 지난해 12월 초 부도 이후 갖은 고난과 역경을 극복하며 제주를 상징하는 전통지로서 시대정신을 갖고 도민, 독자 여러분들과 함께 서고자 각고의 노력을 기울여왔다"면서 "신문의 정상화로 가는 길목에서 회사사정(외주 인쇄)으로 인해 비록 2-3개월 동안이지만 부득불 컬러 지면의 일부를 축소 발행할 수밖에 없는 상황이 발생해 도민과 독자 여러분들의 양해를 구한다"고 하였다(시사제주, 2013.9.2).

그리고 제주일보는 2013년 9월 13일 제주시 애월읍 광령리 사옥에서 제주시 일도 2동 원남기업 빌딩으로 사옥을 이전하였다. 2011년 8월 제주시 애월읍 광령리 사옥에 입주한 지 2년 만이다. 제주일보비대위는 회사가 부도난 지 약 9개월 만에 새로운 법인을 설립하고 새로운 사옥으로 이전하면서 점차 안정을 되찾기 시작하였다. 제주일보비대위는 본지 1면 알림을 통해 "지난해 12월 부도 사태로 인해 불가피하게 새로운 터전을 마련, 자리를 옮기게 됐다"며 "전국 지방지 중 가장 오래된 역사와 전통을 자랑하는 제주일보는 사옥 이전을 계기로 다시 한 번 정신을 가다듬고 뜨거운 열정과 냉철한 이성으로 미래를 향한 도전에 나서려고 한다"고 밝혔다(한국기자협회보, 2013.9.17).

4) 새 발행인 취임

새로운 법인 제주신문이 발족된 지 약 1개월이 지난 2013년 9월 27일 제주신문의 대표이사 회장 겸 제주일보의 새 발행인으로 오영수 원남기업 대표이사가 취임하였다.[46] 오영수 제주일보 회장 겸 신임 발행인은 취임사에서 신문대표 자리를 맡기까지 개인적으로 적지 않은 고민이 있었음을 고백하면서, "오랜 세월 도민사회와 호흡하며 동고동락을 해 온 전통의 제

46) 오영수 대표이사는 서귀포시 남원읍 출신으로 중견업체 원남기업 대표와 제주도 탁구협회 회장, 제주특별자치도체육회 이사, 제주상공회의소 부회장 등을 맡고 있다.

주일보가 이대로 끊기거나 좌초돼서는 안 된다는 생각이 어떤 사명감으로 다가와서 신문사를 맡게 되었다"고 밝혔다. 취임사의 전문은 다음과 같다.

〈발행인을 맡으면서〉

제주일보를 아끼고 성원해주시는 독자와 도민 여러분.

오늘 제가 제주일보의 새 발행인으로 취임하면서 인사를 드립니다.

먼저 이 자리를 맡기까지 개인적으로 적지 않은 고민이 있었음을 고백합니다. 운영 위기의 언론사를 맡는 부담감도 그렇지만, 신문의 중차대한 역할과 책임 앞에 고뇌하고 망설이지 않을 수 없었습니다.

하지만 오랜 세월 도민사회와 호흡하며 동고동락을 해 온 전통의 제주일보가 이대로 끊기거나 좌초돼서는 안 된다는 생각이 어떤 사명감으로 다가왔습니다.

거기에 제주일보를 사랑하는 독자들의 응원아래 새로운 미래를 열어나갈 수 있다는 확신이 있기에 감히 이 자리를 맡았습니다.

올해 창간 68주년을 맞은 제주일보는 그 역사만큼이나 파란과 굴곡이 점철돼있습니다. 특히 지난해 12월의 부도 사태는 제주일보 역사에 최대 시련으로 남아 있습니다. 그 절체절명의 위기와 혼돈 속에서도 신문이 차질 없이 발행된 것은 직원들의 노력에 앞서 그 원동력이 되어준 독자와 도민 여러분들의 사랑과 신뢰가 있었기에 가능한 일이라 생각합니다.

무릇 신문이란 그렇게 누가 사주고 주인이든지간에, 그리고 이유가 어떠하든 독자들과의 무언의 약속으로 공인된 사회적 공기(公器)로서의 책임을 다해야 하고, 더 나아가 역사와 시대를 이끌어가는 선구자적 역할을 충실히 수행할 때 그 존재의 가치가 있다고 여깁니다.

새 발행인으로서 어깨를 짓누르는 무게감을 떨치지 못하는 건 바로 그런 책무 때문일 것입니다.

부족하나마 제주일보의 맥을 변화된 모습으로 계승하고 새로운 이정표를 세우는 데 맡은 바 소임을 다하려 합니다.

그 속에서 제주일보가 힘 있는 사람이 옳고 목소리 큰 사람이 이기는 그런 사회가 아니라, 이성이 존중되고 건전한 상식이 소통하는 제주사회를 만드는 데 노력할 것입니다.

존경하는 독자와 도민 여러분.

가을빛이 완연해지고 있습니다. 지난 여름 혹독한 폭염과 유례없는 가뭄이 있었기에 이 계절이 더 없이 청명하고 반갑게 느껴지는 요즘입니다. 제주일보 역시 지난(至難)의 역경을 견디고 새롭게 출발하는 이 순간의 감회가 뜻깊지 않을 수 없습니다.

변함없는 애정과 관심으로 지켜봐주시고 아울러 언론 본연의 역할을 다해나갈 수 있도록 든든한 나침반이 되어 주실 것을 부탁드립니다. 감사합니다.

〈2013년 9월 27일 발행인 오영수 드림〉

비대위는 전기·통신·소방 공사업체인 원남기업 대표를 새 투자자로 영입하여 새로운 법인을 설립하고, 새 법인에 대표이사 겸 발행인이 취임함으로써, 2012년 12월 부도 이후 약 10개월 동안 지속되어 온 비상운영체제에서 벗어나 새로운 분위기 속에서 신문을 정상적으로 발행할 수 있는 기틀을 구축하게 되었다.

비대위가 존속해야 할 필요성이 사라지자, 기존의 제주일보사 직원이자 제주일보비대위 구성원들은 '제주일보'를 계속 발간하기 위해 9월 27일자로 부도난 주식회사 제주일보사를 퇴사하고 오영수 원남기업 대표가 설립한 주식회사 제주신문(현 제주일보)에 재입사하였다(제주의 소리, 2013.9.27). 이와 같이 비대위는 제주일보사 직원 가운데 중도에 퇴사한 직원을 제외한 나머지 전 직원이 2013년 8월 말 퇴사하고 ㈜제주일보(대표이사 오영수)로 입사하면서 해체되었다. 비대위의 해체로 ㈜제주일보사와 비대위 간 맺은 양도·양수 계약의 효력도 사라졌다.

이렇게 〈제주일보〉의 발행주체가 '주식회사 제주일보사'에서 '주식회사 제주일보'로 바뀌고, 직원들 전원이 새로운 법인 ㈜제주일보로 적을 옮김으로서 ㈜제주일보사는 서류상의 회사로만 남게 되었다. 제주일보사(대표 김대성)는 2013년 10월 23일 제주세무서에서 세금미납 및 채무초과 등으로 직권 폐업시킨 회사이다. 이로써 문서상 1962년 12월 31일 신문 발행업 등을 목적으로 설립된 ㈜제주일보사가 약 55년만에 문을 닫게 된 것이다(제주의소리, 2013.9.27).

2. 신문 제작자들

신문사의 내외 환경이 정리되자 오영수 발행인은 10월 1일자로 취임한 후 첫 번째 인사를 단행하였다. 상무이사 편집인에 송용관, 신임 편집국장에 김승종 편집국 국장대우 등을 선임하여 새로운 진용을 갖추었다. 새로운 임원과 편집진은 상무이사 편집인 송용관, 총무국장 김한섭, 미디어국장 함성중, 편집국장 김승종, 논설실 논설위원(국장)오택진, 영업본부 영업국장 진대종, 영업본부 판매국장 이정유, 편집국 편집부국장 박상섭, 서울지사 정치부국장 강영진, 편집국 편집부국장 대우 홍성배, 미디어국 부장 부남철, 편집국 경제부장 김재범, 총부국 관리부장 대우 좌윤화, 미디어국 부장대우(화백) 김경호, 편집국 사회2부장 대우 김문기, 편집국 문화부차장 김현종, 편집국 사회부차장 현봉철, 서귀포지사 차장 박미현, 영업본부 광고영업3팀 과장 고우재 등이다(2013년 10월 1일자).

이렇게 새로운 임원과 취재 편집진이 꾸려지고, 2012년 12월 초 부도와 제주일보사의 김대성 회장이 횡령 등의 혐의로 구속되면서 시작된 '제주일보비상대책위원회'(비대위)의 운영 체제가 막을 내리고 새롭게 신문을 발행할 수 있는 인적 체제가 완전히 갖추어지게 되었다.

신문 발행에 있어 인적자원 다음으로 가장 중요한 것은 인쇄시설이다. 하지만 제주일보는 2013년 7월에 사옥 부지와 건물, 윤전기 등이 매각되어 기존의 인쇄시설과 사옥을 더 이상 사용할 수 없게 되자 2013년 9월부터 신문을 외부 인쇄소와 계약해 발행해 왔다. 이러한 불편함을 해소하고 보다 빠르고 선명한 신문제작을 위하여 제주일보는 2014년 1월 초순부터 제주도 서귀포시 대정읍 안성리 2천여평 부지에 인쇄공장을 준공하고 새로운 윤전인쇄시스템을 도입 설치하였다. 이 윤전인쇄시스템은 시간당 16페이지를 한꺼번에 인쇄할 수 있으며, 컬러지면도 10~12면까지 인쇄할 수 있는 기능을 가지고 있다(한국기자협회보, 2014.2.12). 그 동안 외주 인쇄를 해온 제주일보는 새로운 윤전시스템의 도입으로 지난해 9월부터 8면에서 4면으로 축소 발행하던 컬러지면을 10~12면으로 늘려 발행할 수 있게 되었다. 현재 이곳에서 제주일보와 중앙일보 등도 함께 찍어내고 있다.

3. 제주일보 제호(題號) 매각

새로운 사옥으로 옮기고 인쇄공장을 준공하여, 부도 이전처럼 신문을 정상적으로 발행할 수 있는 환경을 거의 갖추어 놓은 이후, 제주일보는 예상치 못했던 복병을 만나게 된다. 그것은 다름 아닌 제주일보가 그동안 ㈜제주일보사(대표 김대성)로부터 임대해 사용하던 제주일보라는 상표권(제호)이 지난 2014년 12월 23일 제주지방 법원 경매법정에서 제3자인 김대형씨에게 매각된 것이다.

제주일보 상표권(제호)47)이 경매에 나오게 된 배경은 이렇다. 2012년 12월 ㈜제주일보사가 부도를 내자 당시 직원들은 두 달 치 임금과 퇴직금을 받지 못한 상태에서 신문사를 그만두게 되는 상황이 벌어지게 되었다. 박봉에 시달리던 직원들은 14억여원에 달하는 임금 및 퇴직금을 받기 위해 2013년 1월 15일 ㈜제주일보사를 상대로 퇴직금 지급 독촉을 요구하는 소송을 제기하는 한편 2013년 6월 7일 회사를 상대로 상표권 압류절차를 밟았다.

이후 제주일보 직원들은 2013년 7월 3일 ㈜제주일보사를 상대로 상표권 매각명령 신청을 내고 제주지방법원이 이들의 요구를 받아들여 2014년 12월 23일 오전 10시 101호 경매법정에서 주식회사 제주일보사(회장 김대성)가 보유한 '제주일보', '濟州日報', '濟州新聞' 3개 상표권에 대한 일괄 매

47) 언론보도에 따르면. 현재 제주일보사가 특허청에 등록한 상표는 제주일보, 濟州日報(제주일보), 제주신문, 통일제주일보, 'CHEJU NEWS', 제주뉴스, 제주연감 등이 있는 것으로 알려졌다.

각을 진행하였다. 경매에는 현재 제주일보 제호를 임대해 사용하는 주식회사 제주일보(회장 오영수)의 대리인과 제주일보사 김 회장의 동생인 김대형씨, 신분이 확인되지 않은 오 모씨 등 3명이 참여했다. 경매는 최저 입찰가 5억원에 시작됐다. 30여 차례의 호가 경쟁 끝에 김대형씨가 9억원에 상표권을 낙찰 받았다. ㈜제주일보(대표 오영수)도 경매에 참여했지만 중간에 입찰을 포기하였다.

김대형씨는 제주일보라는 상표권(제호)을 낙찰 받은 당일(2014년 12월 23일) 자신이 대표로 있는 주식회사 대경케미칼의 상호를 제주일보방송으로 변경하고, 사업목적도 신문발행업 등으로 바꿔 등록하였다. 김대형은 2015년 7월 29일 자신이 대표이사로 있는 ㈜제주일보방송 명의로 〈뉴제주일보〉라는 제호로 신문사업자 등록을 한 다음 2015년 8월 6일 공매법정에서 낙찰 받은 각 상표권을 ㈜제주일보방송에게 양도하였다.

이어서 ㈜제주일보방송(대표 김대형)은 신문을 발간하기 위해 2015년 8월 17일 복역 중인 김대성 제주일보사 전 회장과 만나 채무를 제외한 모든 영업과 체육, 문화사업, 도메인 등의 일체를 무상으로 넘겨받는다는 양도양수 계약서를 체결하였다(〈아래 3〉 참조). 하지만 법정에서는 김대성 전 회장이 ㈜제주일보사의 이사회나 주주총회의 결의도 없이 〈아래 3〉의 내용을 제주일보방송에 무상으로 양수받는 양도 양수계약을 체결한 것은 무효라고 판정했다.

<아래 3>

1. ㈜제주일보사가 신문사업자 제주일보(신문사업 등록증 : 제주가01001호)로서 운영해오던 지령, 신문발행, 판매 및 광고 등 모든 영업과 체육, 문화사업의 업무(단, 채무 제외) 행사의 권한 2. 기발행된 신문에 대한 저작권과 인터넷 뉴스와 도메인, 홈페이지 등의 권한

㈜제주일보방송은 〈제주일보〉 상표권을 자신들이 경매에서 낙찰 받은 후에도 ㈜제주일보가 이 제호를 사용하여 계속 신문발행을 이어가자 지난

2015년 9월 30일 제주지법에 상표권침해금지 가처분 신청을 제기하였다. ㈜제주일보는 이에 맞서 10월 23일 신문발행금지 가처분 신청을 법원에 냈다.

제주지방법원 제3민사부(허일승 부장판사)는 지난 11월 30일 ㈜제주일보방송이 ㈜제주일보를 상대로 제기한 상표권침해금지가처분 신청을 일부 인용하여 일단 ㈜제주일보방송의 손을 들어줬다. 그리고 ㈜제주일보가 ㈜제주일보방송을 상대로 제기한 신문발행금지가처분 신청은 받아들이지 않았다. 재판부는 ㈜제주일보가 〈제주일보〉 제호를 신문과 온라인신문, 포장용기, 광고, 간판, 거래서류, 홈페이지에 사용하거나 배포, 공표, 전송해서는 안된다고 밝혔다. 또 ㈜제주일보는 〈제주일보〉 제호를 사용한 신문과 서류에 대한 점유를 풀고 채권자가 위임하는 집행관에게 보관하도록 했다. 이를 어길시 하루 200만원씩 지급하라고 주문했다.

한편, 이에 앞서 제주도에서는 2015년 11월 16일부터는 2곳의 신문사가 '제주일보'를 각각 발행하는 초유의 일이 벌어지게 된다. 그동안 ㈜제주일보와 제호 사용 문제로 다툼을 벌였던 ㈜제주일보방송이 지난 9일 호외에 이어 16일부터 제주일보를 정식 발행했기 때문이다. ㈜제주일보와 ㈜제주일보방송은 각각 지령 제21,341호와 21,295호를 발행했다. ㈜제주일보방송의 지령이 제주일보보다 46호가 적은 것은 지난해 12월 23일 '제주일보' 제호가 경매에 나온 이후부터 지령이 중단됐다고 판단했기 때문이다. 제주도내 언론들은 두 개 신문의 제호 갈등을 다음과 같이 보도했다.

△ 강아영(2015.11.18). '제주일보' 제호로 2개의 신문 발행//제주일보 -제주일보방송, 제호사용 놓고 법적 다툼. 〈제주의 소리〉

△ 이상민(2015. 11.30). "㈜제주일보, '제주일보' 제호 사용 못해"//법원 ㈜제주일보방송 제호 사용 금지 가처분신청 일부 인용 결정. 〈한라일보〉

△ 김명선(2015.12.11). ㈜제주일보 제호 '제주新보'로 변경//15일부터… 제주신보·제주신문·제주일보로 이어진 역사·정통성 굳건히 지킨다/ "현재 복역 중인 前 사주 김대성씨 일가와 빚어진 악연·적폐와 단절"

〈제주도민일보〉

△ 홍희선(2015.12.01). 상표권 분쟁 ㈜제주일보 제호, 'JJ제주일보'로 변경 발행//"JJ제주일보, 진짜 제주일보 의미한다" 〈제주도민일보〉

㈜제주일보는 '제주일보' 제호와 관련, 지난 11월 30일 법원이 내린 판결을 받아들여 제호를 12월 1일 'JJ제주일보'로 변경해 발행하기 시작했다. ㈜제주일보는 이날 1면에 "상표권 소송으로 지난달 16일부터 제주일보라는 제호로 2개의 신문이 발행되는 사태로 도민과 독자 여러분들께 심려를 끼쳐드려 송구스럽다"며 "㈜제주일보는 1심판결에 따라 앞으로 '제주일보' 제호를 'JJ제주일보[48]'로 변경한다"고 밝혔다.

JJ제주일보는 "신문제호가 다소 생소하지만 권력에 대한 감시와 견제, 사회 부패에 대한 고발, 다양한 뉴스제공과 깊이 있는 정책 분석, 소외계층과 어려운 이웃에 대해서 온정이 넘치는 '참 좋은 신문'이 되겠다"며 포부를 밝혔다.

현재 ㈜제주일보는 가처분 패소와 관련해 곧바로 법원에 항고장을 제출하고 이와 별도로 상표권 무효 심판 청구소송을 벌이고 있다. ㈜제주일보 측은 아래와 같은 사고(社告)를 통해 '제주일보'라는 제호대신 '제주新보'라는 제호를 사용하게 된 배경과 입장을 다음과 같이 밝히고 있다.

존경하는 독자와 도민 여러분.

㈜제주일보가 발행하는 본보(本報) 제호를 12월 15일(화)자부터 '제주新보'로 변경합니다. 오랜 전통을 간직하며 도민사회와 동고동락하며 뿌리 깊게 각인된 본보가 신문의 얼굴인 제호를 바꾼 데는 깊은 고뇌의 결단이 필요했습니다.

첫째는 최근 제호를 둘러싸고 벌어진 초유의 사태와 관련해 더 이상 도민사회에 혼란과 불편을 끼쳐드리지 않고 새로운 각오와 사명감으로 정

48) ㈜제주일보는 'JJ제주일보'에 사용된 JJ는 영문으로 JEJU를 뜻하기도 하고 '진짜 제주일보'라는 의미를 내포하기도 한다며 제주일보 부도사태 속에서도 온갖 어려움을 극복하며 제주일보를 지켜낸 기자와 직원들이 만드는 신문이라고 설명했다.

진하자는 자기 다짐에서 결정됐습니다. 여러 법적 소송이 진행 중이지만, 지난달 30일 제주지방법원은 상표권 침해 금지 가처분 소송과 관련해 우리의 주장을 일단 받아들이지 않았습니다. 우리는 그 판결에 따라 지난 10일 여간 부득이 'JJ제주일보'란 이름으로 신문을 발행했습니다. 이제 그 과도적 상황을 접고 새로운 제호 '제주新보'로서 70년 역사가 수놓은 신문의 역할과 그 정신을 계승하고자 합니다.

'濟州新報'는 1945년 10월 1일 탄생한 본보의 창간 제호입니다. 우리는 제호 변경을 계기로 정론직필의 신문을 만들고자 했던 열정과 초심을 다시금 되짚고 정도와 기본을 지키며 도민과 함께 호흡하는 신문으로 거듭날 것을 약속드립니다.

둘째, '제주新보'로의 재탄생은 부도덕하고 무책임한 전 사주 김대성 씨와 그 일가와의 지긋지긋한 악연을 청산하고, 그 적폐와의 단절을 의미합니다. 전 사주는 회사 돈을 제멋대로 쓰고 횡령 등의 온갖 비리가 드러나 4년형을 확정 받아 복역 중에 있습니다. 신문사의 부도 사태를 초래하고 그 속에서 직원들의 생존권을 짓밟은 행태는 그 어떤 변명으로도 정당화될 수 없을 것입니다. 본보 70년 역사를 절망의 나락으로 떨어뜨린 장본인입니다.

그런데 다시 그 친동생이 제주일보 상표권 경매에 뛰어 들어 낙찰 받고, 복역 상태인 친형으로부터 부채를 제외한 과거 제주일보사의 권한을 무상으로 넘겨받아 신문을 발행하고 있습니다. 법적인 타당성을 떠나서 이는 사회적 통념이나 상식, 그리고 최소한의 인간적 양심을 저버린 행위입니다. 사회적 공기인 신문이 다시 퇴행의 어두운 길로 들어가서야 되겠습니까.

셋째, 새로운 제호 출범으로 우리는 전통지의 혼을 계승하되 일신우일신(日新又日新)의 자세로서 지면의 차별화를 시도하겠습니다. 한자 제호 새로울 '新'에 설 '立'자를 빨간색으로 표기한 것은 '새로운 뜻을 세운다'는 의미로서, 바로 그런 혁신의 의지를 담은 것입니다.

새로워지지 않으면 제자리에 머무는 것이 아니라, 뒤처지는 세상입니다. 창의적인 콘텐츠를 개발해 모든 세대를 아우르는 더욱 신뢰감 있고 사명감 있는 도민의 길잡이로서 재도약하겠습니다. 공익과 도민의 삶을 최우선하는 책임 있는 자세로서 제주사회의 거울이 될 것입니다.

본보를 성원해주시는 독자와 도민 여러분.

신문은 어느 누구의 사유물이 아니라 모두의 공기 같은 존재라 생각합니다. 돌이켜보면 정확히 3년 전 이맘때쯤, 제주일보가 경영 사망선고를 받은 것은 전 사주의 일인주의 적폐가 낳은 예고된 참사였습니다. 제주의 역사 속에서 사라질 위기에 처한 신문을 저희 직원들이 비상대책위를 꾸려가며 어렵게 살리고 오늘날까지 그 소임을 다하고 있음을 감히 말씀드립니다.

따라서 '濟州新報'로 창간돼 '濟州新聞','제주일보' 등으로 이어진 본보 70년 역사성과 정통성은 '제주新보'를 통해 저희들이 굳건히 지켜갈 것입니다.

누군가는 작금의 이 상황을 빗대 강풍에 쓰러진 나무를 어렵게 일으켜 곧게 받쳤더니, 오불관언(吾不關焉. 나와는 상관없는 일)하던 자가 갑자기 튀어나와 "이거 내 나무야"라고 주장하는 식이라고 했습니다.

황당한 일이지만, 우리는 결코 좌절하지 않을 것입니다. 이 모든 역경을 오히려 강한 신문이 되기 위한 자양분으로 삼을 것입니다.

독자와 도민 여러분. '제주新보'로 탈바꿈한 본보에 대해 변함없는 성원과 관심을 부탁드립니다.

본보는 제주 언론의 역사와 전통 그 자체입니다. 비록 다소의 혼란스러운 터널을 통과하고 있지만 도내 판매부수 1위를 자랑하는 자타 공인의 대표 언론입니다. 도민과 독자 여러분들의 성원으로, 그리고 부도 사태라는 최악의 위기를 극복한 우리 임직원들의 정성과 노력의 결실일 것입니다.

지금 구독하고 봐 주시는 그대로 본보를 따뜻하게 지켜주실 것을 거듭 당부 드립니다. 다시 한 번 독자와 도민 여러분들이 보내주신 사랑에 머리 숙여 감사드리며 초심으로서 미래를 여는 저희들을 응원해주시기를 바랍니다.

〈(주)제주일보 임직원 일동〉

제주일보와 제주일보방송이 상표권(제호)을 놓고 서로 다투는 가장 중요한 이유는 해방되던 1945년 제주지역에서 창간된 신문들의 맥을 제주일보가 이어오고 있다는 허구적 상징성과 그것이 주는 의미 때문이다. 아이러니하게도, 신문상품의 가치는 신문의 제호나 신문의 역사가 결정하는 것이 아니라, 돈을 주고 뉴스를 사서 보는 사람들이 결정하는 것이다.

4. 조직체계

현재 제주新보의 조직체계는 임원실, 재무 회계팀, 총무국, 미디어국, 편집국, 논설위원실, 광고국, 서울지사, 서귀포지사 등으로 구성되어 있다. 편집국에는 편집부, 정치부, 경제부, 사회부, 교육·체육부, 문화부, 사진부 등 7개 부서를 두고 있다. 현재 편집인은 송용관이고, 편집국장은 고동수이다. 제주신보는 한국지방신문협회의 회원사이고, 회원사는 제주신보를 포함해 경남신문, 경인일보, 매일신문, 대전일보, 전북일보, 강원일보, 부산일보, 광주일보 등 9개 사이다.

제주일보가 2014년 10월 1일자로 두 번째로 단행한 인사는 ▷ 논설위원(국장) 고경업 ▷ 사회부장대우 강재병 ▷ 사회2부장대우 좌동철 ▷ 정치부 차장 고경호 ▷ 사회부 차장 한애리 ▷ 광고영업부 차장 양정호 ▷ 편집부 차장대우 고현영 ▷ 광고영업부 차장대우 강승철 ▷ 제작국 차장대우 김재남 ▷〃 강동해 ▷〃 김동효 등이다.

한편, 제주일보사를 창립한 비대위 57명 가운데 2013년 10월에 ㈜제주일보에 입사한 사람은 43명이고, 나머지 13명은 신문사를 그만두었다. 그리고 제주일보에 입사한 43명 가운데 12명이 또다시 2013년 10월 이후에 제명되거나 사임하였다. 이들 12명은 제주일보 제호를 낙찰받은 ㈜제주일보방송에 입사한 것으로 알려졌다.

5. 독자위원회

제주신보는 2016년 6월 8일 정치, 경제, 사회, 문화, 1차 산업 등 다양한 분야에서 활동을 하고 있는 사람들 가운데 15명을 독자위원회 위원으로 위촉하였다. 독자위원회 위원 명단은 ▷ 고경윤 제주도사회복지협의회 상근 부회장, ▷ 김상훈 김만덕기념관 관장, ▷ 김석종 제주대 교수, ▷ 김선영 제주예총 부회장, ▷ 김원일 제주도상인연합회장, ▷ 김의근 제주국제대학교 교수, ▷ 김해곤 섬아트문화연구소장, ▷ 송용진 전국새농민회 서귀포시회장, ▷ 안창남 제주도의회 문화관광스포츠위원장, ▷ 유춘기 前 제주대 사무국장, 라마다제주호텔 대표이사, 동원교육학원 이사장, ▷ 이영웅 제주환경운동연합 사무국장, ▷ 이진희 제주도부모카페 '제주어멍' 대표, ▷ 이치헌 제주도개인택시운송조합 이사장, ▷좌광일 제주경실련 사무처장, ▷ 허창옥 제주도의회 의원(이상 가나다순) 등이다.

[표 2-9] 2013년 기준 제주일보사 임직원 변동사항

구분	㈜제주일보사 소속 및 직위	2012년 12월 창립 인원	2013년 10월 ㈜제주일보 입사	2015년 12월 인쇄포함 재직	2013년 10월 이후 제명/사임
07	국장대우	김대용			(김대용)
08	서울지사장(국장)	최병석	최병석	최병석	
09	서귀포지사장(국장)	고동수	고동수	고동수	
10	국장대우	김승종	김승종	김승종	
11	차장	좌윤화	좌윤화	좌윤화	
12	총무부장	고창현	고창현	고창현	
13	경리부장	강경돈			
14	관리부 과장	고재필	고재필	고재필	
15	부국장대우	박상섭	박상섭	박상섭	
16	교육체육부장	홍성배	홍성배		홍성배
17	정치부장	김대영	김대영	김대영	
18	경제부장	김태형	김태형		김태형
19	편집부장	조문욱	조문욱	조문욱	
20	미디어부장	부남철	부남철		부남철
21	사회부장대우	김재범	김재범	김재범	
22	편집부 차장	김경호	김경호		김경호
23	정치부 차장	강재병	강재병	강재병	
24	사회부 차장	좌동철	좌동철	좌동철	
25	편집부 차장대우	김현종	김현종		김현종
26	사회부 차장대우	현봉철	현봉철		현봉철
27	정치부 차장대우	고경호	고경호		고경호

28	문화부 차장대우	한애리	한애리	한애리	
29	보도부 기자	최충일	최충일		최충일
30	기자	고현영			
31	기자	강민성	강민성		강민성
32	기자	양호민			
33	기자	문정혁	문정혁	문정혁	
34	논설위원(부국장)	고경업	고경업	고경업	
35	디자인부장	양정열			
36	광고관리부(차장급)	양영훈	양영훈	양영훈	
37	광고영업부 차장	진창우	진창우	진창우	
38	광고영업부 과장	강승철	강승철	강승철	
39	광고영업부 사원	고우재	고우재	고우재	
40	CTP개발실장(부장)	문성철	문성철	문성철	
41	윤전부장대우	송봉언			
42	윤전부 차장	고원필	고원필		고원필
43	CTP개발실 차장대우	신동환			
44	윤전부 과장	김재남	김재남	김재남	
45	윤전부 과장	강동해	강동해	강동해	
46	윤전부 과장	김재철			
47	사원	김상훈			
48	CTP개발실 사원	김동우			
49	사원	이승훈			
50	사원	문호준	문호준		문호준
51	사원(계약직)	양순종			
52	사원(계약직)	김덕중			
53	정치부국장대우	강영진	강영진		강영진
54	사원	전화경			
55	사회부 차장	김문기	김문기	김문기	
56	차장대우	박미현	박미현	박미현	
57	광고부 과장	송성철	송성철	송성철	
		57명	**43명**	**31명**	**12명**

*출처: (주)제주일보사 제공

제④절 | 제주타임스에서 제주매일로

1. 창간배경 및 변천과정

제주매일은 제주도에서 네 번째로 탄생한 일간지이다. 이 신문의 전신은 1999년 1월 11일 문화관광부에 일반 주간지 등록(등록번호 문화 다 05485)을 마치고 1999년 3월 30일에 제주도 제주시 연동 314-7번지에서 창간된 제주타임스이다. 창간 발기인은 강천종, 강대선, 고계추, 김세중, 문태언, 정만화, 현길훈, 현상훈 등이다. 초기 경영진으로 이광언(李光彦)이 참여하였다.

『제주타임스』는 사시(社是)로 '인본주의(人本主義) 실현'을 내걸고 있다. 이를 실현하기 위해 편집 방침으로 공평무사(公平無私)·사회광제(社會匡濟)·생명존중(生命尊重)을 표방하고 있다. 신문의 판형은 타블로이드 배판(대판)이며, 창간 특집호는 24면을 발행했고, 매주 2회 화요일과 금요일에 12면을 발행하였다. 그리고 2004년 3월 30일부터 일간체제로 전환한 이후에도 한동안 12면을 발행하다가 2012년 7월 2일부터 16면을 발행하기 시작해 오늘에 이르고 있다.

신문발행지면 수는 뉴스를 생산하는 편집국 기자 수와 밀접한 관계가 있다. 창간 특집호 1면에는 公職이 선거 전리품이냐, 民選자치인사 해도 너무한다, 제발 이제 편 가르기 그만(3면), Time Line(간지에 실린 주요 기사 안내), 본사인사: 편집국장 김덕남, 편집부국장 강정만, 광고홍보국장 강화준(3월 30일자), 2면에는 창간사, 타임스 논단: 지역정책과 언론의 역할(고영철 교수), 社是, 이제부터 제주언론이 달라집니다, 3면에 민선 1·2기 인사스타일(우근민과 신구범), 4면 창간특집: 지금 제주엔 이런 신문이 필요, 5면 창간특집: 21C 인간의 꿈, 더 아름다운 삶을 위하여(현길언 교수), 6면 문화, 7면 영화 쉬리 감독 강재규 인터뷰, 8면 생활경제, 9면 날씨·운세, 10면 사회2: 고교생 보란 듯 집단술판, 11면 사회1: 춤바람이 달라지고 있다/"남자

품에 얼싸 안겨…", 12면 전면광고, 13면 창간축하 메시지, 14면 신뢰를 주는 매체가 되기를(소설가 고원정), 전국 시사만화가 창간 祝畵, 15면 창간 축하 휘호(昔山 강창화), 축하메시지 우근민 도지사, 강태혁 교육감, 강신정 제주도의회 의장, 16~17면 새천년기획: 인터넷이 광속 경제산업 창출, 정보인프라가 제주의 생존전략, 18~19면 공상기획: 미리 가 본 20년/밀레니엄 베이비의 웨딩마치, 20~21면(제주타임스 focus) 건강: 치매/유병률 전국서 가장 높아, 22면 기획취재: 타임스 세태보고/젊음 따라 상권이 이동한다, 23면 좌담: 제주타임스 창간기자 방담/"기사로 말하자", 24면 전면광고 등으로 편집되었다.

창간배경은 창간사에 잘 드러나 있다. 강천종 발행인 겸 편집인은 창간사에서 "시대의 변화와 함께 도민의 정체성이 흔들리고 있습니다. 무엇이 도민을 위한 것인가. 무엇이 진실인가. 거짓은 무엇인가. 도민들의 혼란 속에 있습니다. 가치관의 혼돈입니다. 이 틈새를 이용해 분열과 갈등이 자리 잡았습니다. 비정상적인 것들이 정상적인 것인 양 통용되고 있습니다"라 전제하고 "이러한 사회에서 중심지대로서의 역할을 할 수 있는 언론이 필요하다"며, "제주타임스가 이러한 역할을 떠 맡겠다"고 선언했다. 그리고 "제주타임스가 창간되는 이 시점은 도내외 언론의 환경과 여건은 최악이고, "또 무슨 신문이냐?"는 비아냥이 있었다"도 있었지만, 제주사회에서 중심자적 역할을 할 수 있는 신문다운 신문을 만들어 달라는 도민들의 요구에 부응하기 위해 신문을 창간하게 되었음을 밝히고 있다. 창간사 전문은 아래와 같다(1999년 3월 30일, 2면).

〈건전한 중심지대의 형성〉

제주타임스를 창간합니다. 무척 어려운 시기입니다. 그러기에 기쁨에 앞서 부끄러움을 느낍니다. 한 사회의 건강의 척도는 건전한 '중심지대'의 존재에서 알 수 있습니다. 굳건한 중심지대가 존재하는 사회는 도덕적이며 역동적인 사회라고 할 수 있습니다. 제주사회 역시 마찬가지입니다. 제주사회의 건전성도 이 같은 중심지대의 존재와 역할에 있습니다.

제주사회가 튼튼한 중심지대를 갖고 있느냐 하는 물음을 저는 오늘 제주타임스를 창간하며 독자 여러분에게 던집니다.

제주사회를 스크린에 비춰봅니다. 시대의 엄청난 변화가 제주의 기존 질서를 서서히 무너뜨리고 있습니다. 이 변화는 21세기의 시작과 함께 광속으로 다가올 것입니다. 그리고 우리의 모든 것들을 완전히 뒤바꿔 놓을 것입니다.

시대의 변화와 함께 도민의 정체성이 흔들리고 있습니다. 무엇이 도민을 위한 것인가. 무엇이 진실인가. 거짓은 무엇인가. 도민들의 혼란 속에 있습니다. 가치관의 혼돈입니다.

이 틈새를 이용해 분열과 갈등이 자리 잡았습니다. 비정상적인 것들이 정상적인 것인 양 통용되고 있습니다.

저는 제주사회의 건전한 '중심지대'로서 지역언론을 들고 싶습니다. 이 지역 언론이 과연 건실한 중심지대로서 그 본분의 사명을 다하고 있는지 되돌아봅니다.

제주타임스는 이 시대 이 지역의 굳건한 '중심지대'의 역할을 하려고 합니다. 이것이 제주타임스 창간의 취지입니다. 도덕적이고 건실한 이 지역 중심지대로서 제주타임스가 한 몫을 하려고 합니다.

제주타임스가 창간되는 이 시점은 대외 언론의 환경과 여건이 최악입니다. "또 무슨 신문이냐?"는 주위의 비아냥이 있었습니다.

"정말 신문다운 신문을 만들어 달라"는 주문도 있었습니다. 창간을 앞두고 우리는 이런 모든 여론을 수렴했습니다. 결론은 '신문다운 신문을 만들어야 한다'는 것이었습니다.

'신문다운 신문'에 대한 도민들의 애정이 있었습니다. 갈증과 기다림이 있었습니다. 활화산이 마그마를 토해내듯 강렬한 욕구였습니다. 제주타임스는 이 같은 성원과 사원들의 희생적 노력으로 만들어 졌습니다.

제주타임스는 사시(社是)를 '人本主義 실현'으로 정했습니다. 사람을 아끼고자 함입니다. 인재를 키우고자 함입니다. 사람이 사람답게 사는 세상을 만들고자 함입니다.

제주타임스는 편집방침으로 공평무사(公平無私) 생명존중(生命尊重) 사회광제(社會匡濟)로 정했습니다. 사람답게 사는 사회를 만들기 위한 구체적 실천의 의지입니다.

귀천(貴賤)에 관계없이 공평무사한 신문을 만들겠습니다. 공정성과 정확성은 제주타임스의 생명입니다. 제주타임스는 일간신문보다 긴 호흡을 하며 이 사회를 바라볼 수 있습니다. 때문에 검증된 정보를 선택할 수 있습니다.

소외된 사람들, 억울한 사람들의 벗이 될 것입니다. 불우한 이웃들에게는 '희망'으로 다가서겠습니다. 그 그늘진 곳에 따뜻한 빛이 스며들 수 있도록 앞장서겠습니다. 억울한 시민들을 위한 해원(解冤)의 장을 마련해 놓겠습니다.

자연을 사랑하고 뭇 생명을 존중하는 신문을 만들겠습니다. 제주도의 천혜의 환경을 지키는 파수꾼이 될 것입니다. 풀 한포기를 아끼고, 새 한 마리의 보금자리도 보살필 수 있는 신문을 만들겠습니다.

거짓과 비정상을 광정(匡正) 함으로써 사회 모든 계층과 조직에서 마음놓고 열심히 일할 수 있는 환경을 조성토록 하겠습니다.

이것이 제주타임스가 지향하는 인본주의 실현입니다. 이렇게 하여 제주타임스는 명실상부(名實相符)한 제주지역의 '중심지대'에 감히 서려고 합니다. 보통의 제주도민의 공감대를 바탕으로 중심지대를 만들어 나가려고 합니다.

중심이 흔들리지 않고 튼실하면 이를 중심축으로 회전하는 사회도 튼튼합니다.

어느 한쪽으로 쉽게 경도(傾倒)되지 않습니다. 거기에는 힘이 있습니다. 바로 흡인력입니다.

중심은 모든 사물을 지탱시키는 힘입니다. 중심이 강하면 정의가 달려와 붙습니다. 진실이 당기어 옵니다. 정의와 진실이 모여 이룩되는 사회. 그것이 제주타임스가 돌팔매를 맞으면서라도 지키려는 중심축입니다.

이는 제주타임스의 의지이고 지향이고 희망이지만 이 중심지대를 형성하는 것은 제주타임스만으로 어렵습니다. 건전한 상식의 도민, 정의와 진실을 사랑하는 이들의 참여로만 가능합니다.

우리의 출발은 미약합니다. 왜소합니다. 험난한 도정(道程)입니다. 그러나 그 길을 마다 않고 함께 가려는 열정적인 사원들이 있습니다.

제주사회를 걱정하는 이들이 지켜보고 있습니다. 외롭지 않습니다. 우리의 의지와 정신만큼은 미명(未明)을 사르고 나타나는 찬란한 태양처럼 선명합니다. 부디 지켜봐 주십시오. 성원을 보내주십시오.

1) 일간체제로 전환

1999년 3월 30일 창간 이후 매주 2회(화요일과 금요일) 12페이지 신문을 발행하던 제주타임스는 창간 5년만인 2004년 3월 30일자부터 '바른 신문, 강한 신문, 젊은 신문'을 표방하며 일간체제로 전환함과 동시에 조간발행 체제로 전환하였다.

제주타임스는 일간발행을 위해 2004년 1월 28일 문화관광부에 현행 주간발간에서 일간발간으로 발행주기를 변경 등록신청 하였고, 2월 26일에는 문광부의 실사를 받았으며, 2004년 3월 11일에 일간발행 등록필증(문화가 00252-제주가 01011)을 교부받았다.

제주타임스는 2004년 2월 6일 제주도 제주시 연동 314-7번지 임대사옥에서 제주시 오라 2동 1473-1번지에 새로운 사옥을 신축·이전했으며, 20면을 시간당 2만 8000부를 인쇄할 수 있는 윤전기를 구입하여 자체 인쇄 시설을 갖추었다.

이어서 제주타임스(대표이사 강천종)는 2004년 3월 25일 정기 주주총회 및 이사회를 열고 일간신문 발행을 의결하는 한편 일간 발간에 필요한 자본 확보를 위해 증자를 결의하였다. 이날 제주타임스 이사회에서 고계추 이사를 전무이사로 선임하여 4월 1일자로 발령하였다(제주타임스, 2004.4.1). 일간발행 체제로 전환하면서 편집국과 광고국의 임직원들에 대한 승진인사를 4월 1일자로 단행하였다.

제주타임스는 자신이 주간지 시장을 놔두고 이미 제주도내 3개의 일간지가 피 터지는 경쟁을 하고 있는 레드오션(red ocean)에 진출하게 된 이유와 배경을 사고(社告)를 통해 다음과 같이 말하고 있다. "일간 제주타임스는 여러 이름의 언론은 있지만 제 목소리를 내지 못하고 시류에 영합하는 언론, 권력의 부정과 불의를 보고도 제대로 비판하지 못하고 못본 척 외면하는 신문, 도민분열과 갈등에도 중심을 잡지 못하고 우왕좌왕하는 이름뿐인 나약한 언론, 나태와 매너리즘에 빠져 현실에 안주하려는 제주의 언론환경을 타파해 나갈 것"임을 선언하면서 그 목적은 오직 (권력자와 지역의 토호세력이 아니라) 도민에게 충성을 다하기 위한 것임을 밝히고 있다. 한마디로 말하면, 제주지역에 권력의 부정과 불의를 보고도 이를 제대로 비판하고 고발하는 언론다운 언론이 없기 때문이라는 것이다. 사고(社告)의 전문은 다음과 같다.

> 제주타임스가 3월 11일 문화관광부의 일반 일간신문 등록필증(문화가 00252호)을 교부받고 3월 30일부터 매일 발행하는 조간체제 일간신문으로 새 출발 합니다.
>
> 5년전인 1999년 3월 30일, 제주지역에 바른말 하는 제대로 된 신문하나를 바라는 도민들의 열망에 따라 주 3회 발행으로 아장 걸음을 시작한 제주타임스는 이제 보무당당한 거보를 내딛게 된 것입니다.
>
> 일간 제주타임스는 여러 이름의 언론은 있지만 제 목소리를 내지 못하고 시류에 영합하는 언론, 권력의 부정과 불의를 보고도 제대로 비판하지 못하고 못본척 외면하는 신문, 도민분열과 갈등에도 중심을 잡지 못하고 우왕좌왕하는 이름뿐인 나약한 언론, 나태와 매너리즘에 빠져 현실에 안주하려는 제주의 언론환경을 타파해 나갈 것입니다.
>
> 일간 제주타임스는 사회중심에 꿋꿋이 서서 부당한 권력과 불의한 사회현상에는 날카로운 비판을 서슴지 않고 아름답고 따뜻한 이야기는 뜨거운 가슴으로 보듬어 감싸 안으며 제주도민의 건강한 의식을 하나로 묶어 나가는 작업을 해 갈 것입니다.
>
> 따라서 제주타임스는 일간신문으로 출발하면서 '도민에의 충성'을 다짐하고자 합니다.
>
> 그렇게 하기 위해 일간 제주타임스는 사회정의와 진실을 위한 비판정신으로 무장할 것입니다. 비판을 위한 비판, 시비를 위한 시비가 아니고 시시비비를 가려 대안을 제시하는 확실한 여론의 견인차가 될 것입니다.
>
> 차가운 머리와 뜨거운 가슴으로 정의를 위해선 치열하고 진실 앞에선 겸손한 신문이 될 것입니다.
>
> 일간 제주타임스는 일당백의 소수 정예화로 근성있는 신문 제작에 임할 것입니다. 소수정예의 인력관리는 지방신문의 만성적 적자 경영을 타파하여 조직원들의 삶의 질을 향상시켜주는 획기적 경영합리화의 새로운

모델이 될 것입니다.

제주타임스의 도민과 독자에 대한 '충성다짐'은 지금까지 언론의 소비자로만 인식되어 왔던 독자들을 언론의 생산자로 함께 동참하여 만드는 열린 언론이 될 것임을 다짐하는 것이기도 합니다.

검증된 정보, 균형감각을 잃지 않고 거짓과 진실을 변별해 낼 수 있는 통찰력과 가치기준을 제공하는 것이 일간 제주타임스 제작의 기본틀입니다.

'바르고 화끈한 젊은 신문'. 일간 제주타임스가 갖는 또 다른 이름이 될 것입니다.

일간 제주타임스는 이것이나 저것이나 비슷비슷한 또 하나의 닮은꼴 신문이 아니라 확실하게 차별화된 근성있는 새로운 신문이 될 것입니다. 도민여러분의 관심과 애정넘치는 충고와 격려를 기다립니다. 제주타임스 일간화에 협조해 주신 모든 이들에게 감사 인사를 드립니다.

〈제주타임스 일간 발행/오는 30일부터 조간체제로 새출발, 2004년 3월 26일, 1면〉

제주타임스는 일간지로 전환하게 됨을 3회(3월 19일, 23일, 26일)에 걸쳐 사고(社告)로 알린 후, 2004년 3월 30일부터 일간발행에 돌입하였다. 일간발행 기념 특집호는 24면이 발행되었다. 그런데 현재 해당 신문사와 도내외 도서관에서조차 이 신문을 소장하고 있지 않은 관계로 이 특집호에 어떤 내용이 실렸는지는 자세히 파악할 수 없으나, 지역언론의 보도내용에 따르면 다음과 같은 내용이 실렸던 것으로 보인다.

제주타임스는 창간 특집기사로 전남 나주시의 한라봉 재배현장 탐방기사를 실었으며, 소설 '순이삼촌'으로 박정희 군사정권시절 4·3사건에 대한 논의의 물꼬를 튼 현기영 한국문예진흥원장과의 특별대담도 다뤘다. 강천종 대표이사 발행인은 '일간발행에 즈음하여'란 인사말을 통해 "일간 제주타임스는 편벽되지 않는 중간지대에서 부당한 권력과 불의한 사회현상에 날카로운 비판을 서슴지 않을 것"이라면서 '도민에의 충성', '진실에의 충성'을 다짐했다. 강천종 발행인은 또 "비판을 위한 비판, 시비를 위한 시비가 아니고 차가운 머리와 뜨거운 가슴으로 냉철하게 시시비비를 가리고 대안을 제시하는 기사와 논평으로 제주지역 여론을 이끄는 든든하고 올곧은 견인차가 될 것"이라고 밝혔다.

제주타임스는 계속되는 경영난을 헤쳐 나가기 위해 2010년 10월 5일 이사회를 개최하여, 신임 대표이사로 홍오성 이사를 선임했다. 1997년 제주킹마트를 설립한 사업가이기도 한 신임 홍오성 대표이사는 2004년에 제주교역 대표이사 등을 역임한 뒤, 제주도체인본부 협의회장, 제주도 중소상인협회 공동대표 등을 맡고 있다.

한편, 1999년 3월 30일 제주타임스를 창간한 이래 약 11년 6개월 동안 회사를 경영해왔던 강천종 대표이사는 이 날로 경영일선에서 물러났다. 강천종 대표의 시대가 막을 내린 것이다.

2) 제주타임스에서 제주매일로

홍오성 신임 대표는 취임하자 신문사의 이미지 쇄신을 위해 가장 먼저 신문제호를 제주타임스에서 제주매일로 변경하는 작업에 들어갔다. 이를 위해 2011년 1월 3일 제주도청에 신문제호 변경등록 신청을 하였고, 2011년 3월 30일자로 제주세무서에 ㈜제주타임스에서 ㈜제주매일로 상호변경등록을 하였다.

제주도청에서 제호변경 등록허가를 하자, 제주타임스는 2월 15일부터 수차례 알림을 통해 "제주타임스는 창간 기념일인 3월 30일부터 '제주매일'로 새로 태어난다"며 "제주타임스는 기존의 모든 것을 자성하고 이를 거울삼아 새로 태어나려 한다"고 밝혔다. 이를 위해 제주매일은 재창간의 각오로 "사람중심의 보도, 제주다움을 지향하는 보도, 토착상권발전을 위한 보도"를 약속하였다. 이 사고는 제주매일이 앞으로 어느 방향으로 가려고 하는지 잘 보여주고 있다. 사고의 전문은 다음과 같다.

> 1999년 창간한 제주타임스가 창간 기념일인 오는 3월 30일부터 '제주

매일'로 새로 태어납니다. 제주타임스는 창간 후 지금까지 열악한 지역 언론환경에도 불구하고 사회발전을 위해 최선의 노력을 경주해 왔습니다. 그 결과 제주사회의 발전과 제주사회 근본인 도민 독자 여러분의 삶의 질을 높이는데도 일조했다고 자평하고 있습니다. 제주타임스는 그러나 이 같은 결실에도 불구하고 도민 독자 여러분 모두께 만족스러운 결과만을 드리지는 못했습니다. 이는 후발 언론사라는 태생적 한계에도 기인하지만 언론 본연의 의무에 충실하지 못한 내부의 역량부족에도 있었음을 인정합니다.

이제 제주타임스는 기존의 모든 것을 자성하고 이를 거울삼아 새로 태어나려 합니다. 제주타임스라는 간판을 내리고 새로운 '제주매일'이라는 기치를 내걸려고 합니다. 재창간의 각오로 새로 태어나는 '제주매일'이 도민 독자께 약속드립니다.

△ 사람중심을 추구하겠습니다.

산업화 물질화의 급격한 변화 속에 서있는 제주사회 역시 사회 곳곳에서 인간다움이 퇴색되고 있습니다. 우리사회 중심인 사회 구성원 개개인의 존엄성은 대부분의 경우 뒤로 밀리고 그 위를 물질만능주의가 덮고 있습니다.

이에 '제주매일'은 우리 사회의 주인인 개개인 모두의 존엄성을 회복하고 삶의 질 향상을 최우선 추구하는 언론이 되겠습니다.

△ 제주다움을 지향하겠습니다.

각종 개발사업과 밀려드는 외부의 다양한 물질적 행태들은 제주 고유의 가치관과 제주만의 정체성을 빼앗고 있습니다. 제주섬 곳곳이 개발이라는 명분 앞에서 너무 쉽게 헐벗겨 졌으며 이는 자연 생태 환경뿐만 아니라 사회 동질성 또한 갈기갈기 찢기는 결과로 이어지고 있습니다. '제주매일'은 제주의 환경과 제주만이 갖고 있는 독특한 생활 문화의 보전과 발전에 최우선의 노력을 기울여 나가겠습니다.

△ 토착상권발전을 이끌겠습니다.

제주사회에는 다양한 분야에서 크고 작은 상권이 운영되고 있지만 그래도 제주의 근간은 우리 이웃들과 동고동락 해온 토착상권임을 부인할 수 없습니다.

이에 따라 토착상권의 발전은 제주사회 및 제주사회 구성원 그 자체의 발전이 될 수 밖에 없습니다.

'제주매일'은 토착상권이 제 목소리를 내고 공정한 틀 속에서 발전할 수 있도록 토착상권 발전에 각별한 노력을 기울여 나가겠습니다.

잘못되고 어긋나는 그 모든 행태들에 대한 도민 독자여러분의 질책을 '제주매일'은 항상 준엄하게 받아들이고 이를 통해 도민독자여러분 곁에 늘 함께 할 것을 약속드립니다. 도민 독자여러분 많은 성원 부탁드립니다.

〈바른신문 강한신문 젊은 신문/제주타임스 일간 발행, 2011년 2월 21일, 1면〉

언론사의 최대 주주라고 할 수 있는 대표이사의 이와 같은 편집방침이 과연 얼마나 지면에 반영되고 있는지 실증적으로 밝혀진 것은 거의 없다고 해도 과언이 아니다. 사주가 언론보도에 미치는 영향력은 사주가 바뀌기 전후의 보도내용과 논조를 비교분석해 보면 명확히 확인할 수 있을 것이다.

신문사의 알림을 통해 약속한대로 제주도청에서 제호변경 허가가 나자, 제주타임스는 창간 12주년을 맞이하는 2011년 3월 30일부터 '제주타임스'를 '제주매일'로 제호를 바꿔 발간하기 시작했다. 제호변경 및 창간 12주년 기념 특집으로 평소보다 4면이 더 많은 16면이 발행되었다. 창간을 기념하는 내용은 별도로 편집되었지만, 제호변경과 관련된 특집면은 찾아볼 수 없었다.

특집으로 ① 우근민 지사의 공약 가운데 하나인 수출 1조원 시대 전망과 과제, ② 농협 연합사업단 출범 10년 평가, ③ 서귀포 3대 개발 프로젝트 앞날은(영어교육도시, 제2관광단지, 헬스케어타운), ④ 제주말산업 재도약 전기 마련 등 4개 주제가 다뤄졌다. 그리고 2면에는 東岩 姜景昌 서예가가 창간 12주년을 기념하기 위해 쓴 '正論感民'이라는 휘호가 실렸다.

제주타임스는 이날 사설을 통해 "창간 당시 사회비리와 부정을 고발하고 부정하고 부도덕하고 부당한 권력을 날카롭게 비판하여 국민의 알권리를 충족시키기 위해 진실에 충성을 다할 것을 다짐해지만, 지난 12년 동안 '제주매일'이 이러한 창간 정신에 얼마나 충실했는지, 되돌아보면 부끄럽기만 하다"면서, 지금까지 소홀히 해왔거나 무사안일에 빠져 독자나 도민에 소홀했던 점을 반성하고 진실한 마음으로 도민과 독자들에게 다가서서 그들의 목소리를 전하며 불법과 반칙이 발붙일 수 없는 제주사회를 만드는 데에 전력할 것임을 다짐했다. 사설의 전문은 다음과 같다.

〈"제주다움을 위하여"
창간 12주년을 맞는 '제주매일'의 반성과 다짐〉

'제주매일' 창간 12주년이다. 오늘(30일)은 '제주매일'이 '제주타임스'에서 이름을 새롭게 바꿔달고 첫발을 내 딛는 첫 번째 창간 기념일이다. '제주매일'로서는 새로운 각오로, 새롭게 출발하는 '제 2창간'이 되는 셈이다.

지난 1999년 3월 30일 '인본주의(人本主義) 실현'을 사시(社是)로 내건 '제주매일'은 그동안 건전한 상식을 가진 사람이 사회 중심에서는 사회 실현을 위해 나름대로의 열과 성을 다해 왔다.

사회적 차별이 배제되는 공의(公義)로운 사회, 모든 살아있는 것에 대한 존중과 애정을 바탕으로 정의가 강물처럼 흐르고 진실이 이슬처럼 내리는 사회 공동체를 위한 언론의 사명에 충실하고자 노력했다.

사회비리와 부정을 고발하고 부정하고 부도덕하고 부당한 권력을 날카롭게 비판하여 국민의 알권리를 충족시키는 '진실에의 충성'을 다짐했었다.

'공평무사(公平無私), 생명존중(生命尊重), 사회광제(社會匡濟)'라는 편집방향은 그래서 공적정의가 올곧게 일어서는 정의로운 사회를 만들기 위한 제주매일의 계명(誡命)이나 다름없다.

지난 12년 동안 '제주매일'이 이러한 창간 정신에 얼마나 충실했는지, 되돌아보면 부끄럽기만 하다.

적자생존의 무한경쟁시대 언론환경에서 원칙과 질서는 무너지고 불법과 반칙이 판치는 사회현실에서, 불의가 정의를 누르고 거짓이 진실을 압도하는 세태에서, '진실에의 충성'은 흔들릴 수밖에 없었다.

그러나 이렇게 삭막하고 열악한 세태와 환경 속에서도 나름대로 사회정의 구현을 위한 노력은 포기할 수 없었다. 창간 후 만 12년 동안 한 호도 거르지 않고 신문을 내놓을 수 있었던 것도 언론의 사명을 지키기 위한 최소한의 노력이라 할 수 있다.

그래서 창간 12주년에 임하는 '재주매일'의 각오는 더욱 새롭고, 더욱 강해 질 수밖에 없다. 지금까지 소홀히 해왔거나 무사안일에 빠져 독자나 도민에 소홀했던 점을 반성하고 진실한 마음으로 도민과 독자들에게 다가서서 그들의 목소리를 전하며 애환을 함께하려는 각오를 다져야하는 것이다.

지금은 다양성의 시대다. 사회 모든 분야가 얼 키고 설 켜 버렸다. 앞뒤가 뒤바뀌고 좌우가 혼란스런 혼탁의 시대다. 이런 혼탁하고 혼란스런 사회현실을 타개하고 올바르게 사회공의를 일으켜야 할 책임이 언론에 있는 것이다.

그래서 창간 12주년을 보내는 제주매일의 책임은 더욱 막중하다 하겠다. 이런 각오아래 제주매일은 우선 사람이 사람답게 사는 사회를 만들기 위한 노력을 게을리 하지 않을 것이다.

사회공동체의 중심은 누가 뭐라고 해도 사람이다. 그래서 개개인의 인격이나 인권을 보호하는 것은 사회를 건강하게 만드는 자양분이다. 그늘지고 어두운 곳에서 허덕이는 소회계층에게 다가서서 그들의 목소리를 대변하자는 다짐은 이를 통해 사람답게 사는 사회를 건설하자는 것에 다름 아니다.

다음은 '제주를 제주답게 만드는 일'에 전력할 것이다. 무분별한 개발로 파괴되고 훼손되는 제주의 자연을 지키고 망가지는 제주의 정체성과 인문환경을 지키는 일에 앞장 설 것이다.

거대 외래 자본에 잠식되고 신음하는 제주의 골목상권을 보호하고 지켜내는 일도 제주매일이 감당해야 할 언론적 사명이다. 제주매일은 이렇게 '제주적인 것의 가치'를 높이고 지키는 일에 매진 할 것이다. 창간 12주년의 각오다.

〈2011년 3월 30일, 15면〉

3) 경영난에 봉착

새로운 출발을 외치면서 취임한 홍오성 대표이사가 약 9개월 만에 갑자기 대표직에서 물러나고, 2011년 6월 22일 신임 대표이사로 강선종 전무가 선임되었다. 제주타임스에서 제주매일로 명칭을 바꾼 지 약 3개월 만에 일어난 일이다.

홍오성씨가 대표이사에서 갑자기 물러난 이유에 대한 공식자료가 없는 관계로 그 이유를 알 수는 없다. 제주매일의 판권란을 보면, 사전에 아무런 예고도 없이 2011년 6월 22일자부터 신문사 대표이사 이름이 홍오성에서 강선종으로 바뀐 것이 확인되었다. 그리고 강선종 대표이사의 이름도 이날 단 한번 신문에 게재되었을 뿐, 그 후 장동훈 신임대표가 취임하기 전까지 강선종 대표이사의 이름은 신문에 단 한 번도 나가지 않았다. 신임 강선종 대표는 제주시 애월읍 출신으로 2004년 3월 제주타임스(현 제주매일)가 일간지로 전환할 때 기획실장으로 발탁돼 전무 등을 역임해 왔다.

불행하게도 강천종에서 홍오성, 강선종으로 경영진을 교체하면서 활로를 모색하던 제주매일(전 제주타임스)의 부동산이 2012년 2월 20일 법원경매에 붙여진다. 제주언론 사상 '언론사 경매'는 초유의 일이다. 홍오성 대표이사의 뒤를 이어 강선종 전무가 2011년 6월에 신임대표에 취임한지 약 8개월 만에 일어난 일이다. 2월 20일 첫날 경매에서는 입찰자가 나타나지 않아 유찰되었다. 한달 후인 3월 19일 오전 10시부터 제주지방법원에서 이뤄진 제주매일의 부동산에 대한 제2차 임의경매에서 6억2000만원을 써낸 유모씨가 낙찰을 받았다. 낙찰자는 제주시 한림 출신의 유모(47)씨로 알려졌다. 유씨는 새마을금고 한림 분회장과 제주도씨름연합회장을 역임했다.

제주매일이 경매에 나오게 된 것은 채권자인 국민은행이 제주매일에 빌려준 돈을 받기 위해 2011년 10월 제주매일(전 제주타임스) 부동산에 대해 임의경매 신청을 했기 때문이다. 경매에 나온 제주매일의 자산은 제주시 오라2동에 소재한 제주매일 소유의 토지 1285㎡(대지) 약 4억8800만원, 3층 규모의 철재식 건물 2억1700만원, 윤전기(신문 옵셋 프레스 포함) 약 1억5500만원, 그 외 건물 900여 만원 등이다. 감정평가액 합계는 약 8억7000만원이다.

제주매일의 자산이 경매로 넘어가자, 제주매일은 불가피하게 신문발행을 중단해야 할 상황에 처하게 된다. 이때 경영난에 빠져 폐간 위기에 처한 신문을 인수하겠다는 사람이 구세주처럼 나타난다. 그는 제주지역의 중견 건설업체 대표이면서 제주도의회 전 의원인 장동훈씨이다.

지역언론들은 장동훈 전 제주도의회 의원이 2012년 4월 24일 제주매일 경영진과 인수 계약서를 작성, 서로 교환했다고 보도하였다. 인수조건은 고용승계와 신문발행의 연속성 등이다(제이누리, 2012.4.26).

제주매일은 2012년 5월 10일자 신문 1면에 알림을 통해, 지난 3월 19일 신문사의 자산이 경매로 넘어간 후 처음으로 그동안의 경영난을 털어내고 새로운 각오와 다짐으로 재창간을 통해 새롭게 태어나겠다고 선언하였다. 그 다음 날인 2012년 5월 11일자(2903호) 신문에는 약 1년 만에 제주매일의 대표이사와 발행인·편집인·인쇄인·편집국장의 이름이 판권란에 다시 나오기 시작하였다. 제주매일은 2011년 6월 23일부터 2015년 2월 10일까지 약 1년 동안 대표이사, 발행인·편집인·인쇄인 등의 이름을 게재하지 않은 채 신문을 발행해 왔다. 이들 이름을 신문지면에 게시하지 않은 것은 문제가 발생했을 경우 이를 공식적으로 책임질 사람이 없다는 것을 의미한다.

신문 등의 진흥에 관한 법률(약칭: 신문법) 제21조(필요적 게재사항)에 의하면, 신문사업자 및 인터넷신문사업자는 해당 신문 및 인터넷신문에 그 명칭·주사무소 또는 발행소의 전화번호·등록번호·등록연월일·제호·간별·발행인·편집인·인쇄인·발행소 및 발행연월일을 독자가 알아보기 쉽게 게재 또는 공표하여야 하며, 편집인이 여럿 있는 경우에는 그 책임분야와 함께 각자의 성명을 게재 또는 공표하여야 한다. 다만, 인터넷신문의 경우 간별 및 인쇄인에 관한 사항은 그러하지 아니하다라고 되어 있다.[49] 제주타임

49) 신문법 제2조 (정의)에 따르면, "발행인"은 신문을 발행하거나 인터넷신문을 전자적으로 발행하는 대표자를 말하고, "편집인"은 신문의 편집 또는 인터넷신문의 공표에 관하여 책임을 지는 자이며, "인쇄인"이란 신문사업자가 선임한 자 또는 신문사업자와 인쇄계약을 체결한 자로서 그 신문의 인쇄에 관하여 책임을 지는 자를 말한다.

스는 이 조항을 지키지 않았다. 이것은 내부에 여러 가지 사정이 있었음을 보여주는 것이다.

약 2개월 후인 2012년 7월 2일 장동훈 발행인 겸 편집인은 신문 1면에서 알림을 통해 취임사 겸 앞으로 제주매일이 나아갈 방향에 대해 발표하였다. 그는 이 메시지에서 "제주의 언론 상황은 말 그대로 너무 어렵다. 시장은 한정돼 있는데 언론사가 난립하면서 언론사들의 경영상황은 갈수록 악화되고 있으며 이 과정에서 적지 않은 부분이 도민사회에는 생채기로 남겨지고 있다"라고 전제한 후, "1999년 주간지 '제주타임스'로 출발한 제주매일은 기존의 경영진에 의해 비롯된 제반 경영난을 모두 털어내고 이제 새로 출발하는 선에 섰다"고 하면서, 새 출발하는 제주매일을 반드시 제주를 대표하는 언론으로 굳건하게 자리를 굳힐 수 있도록, 힘 있는 권력과 집단에 맞서 상대적 약자인 서민들의 입장을 대변하고, 팍팍한 이들의 삶의 모습들을 통해 우리사회가 올곧은 방향으로 나갈 수 있도록 하겠다고 약속하였다. 취임사 전문은 다음과 같다.

〈도민·독자께 드리는 새출발 제주매일의 약속〉

안녕하십니까? 제주매일 대표이사 장동훈입니다. 올해로 13년째인 제주타임스를 마감하고 새로 탄생한 제주매일 대표이사로 취임, 지면을 통해 도민·독자 여러분께 공식으로 인사를 드립니다. 젊은 시절 건설현장 일반직원을 시작으로 CEO에 이어 정치생활까지 거치면서 저는 수많은 역경과 서민들의 한, 눈물을 운명처럼 항상 함께했습니다.

젊고 새로운 경영마인드를 통해 새로운 경영혁신, 새로운 기자진, 새로운 터전으로 경영혁신을 통해 탈바꿈하는 제주매일의 새로운 출발을 지켜봐 주십시오.

정치인으로 마음을 비우고 주변의 권유로 언론의 길에 들어서게 된 지금 도민·독자여러분 앞에서 무거운 책임감을 느끼고 있습니다.

언론인으로서의 역량은 비로 부족하지만 그 동안 터득한 민생경험과 기업경영 과정에서 축적한 모든 능력은 모아 가치관이 충실한 언론으로 출발하려고 합니다.

제가 있어야 할 자리를 찾은 것으로 생각하고 진정 서민들의 아픔과 또 그들 가슴마다 드려져 있는 가슴속 그늘을 보듬어 함께 사회발전을 위해 앞으로 나아갈 수 있는 토대를 마련하는데 제 모든 역량을 쏟아내겠습니다.

서민들의 처절한 삶의 현장에서 생존을 위해 그들이 흘리고 있는 땀과 눈물을 한시도 잊지 않고 그들과 함께 하겠습니다.

그래서 지금 이 순간 도민·독자 여러분에게 내보이는 제 약속이 더욱 무겁고 또 간절합니다.

도민독자 여러분.

제주의 언론 상황은 말 그대로 너무 어렵습니다. 시장은 한정돼 있는데 언론사가 난립하면서 언론사들의 경영상황은 갈수록 악화되고 있으며 이 과정에서 적지 않은 부분이 도민사회에는 생채기로 남겨지고 있습니다.

1999년 주간지 '제주타임스'로 출발한 제주매일은 기존의 경영진에 의해 비롯된 제반 경영난을 모두 털어내고 이제 새로 출발하는 선에 섰습니다. 새 출발하는 제주매일을 반드시 제주를 대표하는 언론으로 굳건하게 자리를 굳힐 수 있도록 하겠습니다.

도민·독자여러분을 최우선시하는 저널리즘원칙에 충실한 언론으로 나가겠습니다.

특정 권력이나 이념에 치우침 없이 도민·독자만을 위해 언론 본연의 역할에 최선을 다할 것을 약속드립니다.

우리사회 구성원 모두가 인간으로서 존엄성을 갖고 행복한 삶을 영위할 수 있도록 도민·독자 여러분의 숨 쉬고, 땀 흘리고, 기뻐하고, 슬퍼하는 삶의 현장을 항상 함께 하겠습니다.

힘 있는 권력과 집단에 맞서 상대적 약자인 서민들이 입장을 대변하고, 팍팍한 이들의 삶의 모습들을 통해 우리사회가 올곧은 방향으로 나갈 수 있도록 하겠습니다.

도민·독자 여러분.

제주매일은 아울러 제주사회의 진정한 문제가 무엇인지 항상 도민독자여러분께 묻고 또 의논하겠습니다. 이를 위해 얼마나 제주매일은 도민·독자 여러분께 늘 열려있는 언론이 되겠습니다. 지금 무엇이 제주사회의 의제가 되어야 하는지, 올바른 여론 형성을 위해 제주매일이 어떤 노력을 해야 하는지를 고민하겠습니다.

재 창간, 새 출발하는 제주매일이 지금은 분명 아쉽고, 모자란 부분이 많습니다. 그러나 이 역시 머지않은 시간 내에 채우고 메워 정정당당한 언론의 본 모습으로 자리할 것을 약속드립니다.

제주매일에 대한 도민·독자 여러분의 끊이지 않는 관심과 진솔한 비판을 늘 기다리겠습니다. 항상 겸손함으로 도민·독자 여러분을 섬기겠습니다.

〈2012년 7월 2일 제주매일 대표이사 장동훈〉

제주매일은 이날 3면에 실린 "언제나 제주사회의 중심에 서겠습니다"라는 제하의 글을 통해 2012년 7월 2일부터 12면에서 16면으로 증면 발행하고, 매일 다양한 소재로 기획 탐사보도, 사람과 사람들 동정면을 2개면으로 확대 운영, 제주지역 일간지 중 처음으로 서귀포면을 독립지면으로 운영, 학교 소식지면 확대, 관급기사의 비중을 축소하고 그 대신 탐사기획 심층보도를 확대하겠다고 약속하였다.

4) 대표의 구속

장동훈 신임 대표이사가 제주매일의 새 출범을 약속한지 3일만인 2012년 7월 5일 대표가 구속당하는 사건이 벌어졌다. 지난 2012년 4·11 제19대 총선 당시 제주시 갑선거구에 무소속 후보로 출마했던 장동훈 후보가 한림지역 유세현장에서 아무개 후보측이 자신에게 총선 사퇴를 조건으로 30억원과 제주국제자유도시개발센터(JDC) 이사장직을 제안했다는 허위사실을 유포한 혐의로 구속된[50] 것이다. 제주지역에서 국회의원 후보가 공직

50) 이 사건으로 인해 장동훈 신임 대표는 2012년 11월 9일 제주지방법원 제4형사부(재판장 오현규)에서 징역 1년 4월과 벌금 200만원을 선고받았다. 장동훈 대표는 무죄를 주장하며 고등법원, 대법원까지 항소했지만, 2013년 4월 26일 대법원 상고심에서 장동훈 대표에게 징역 1년4월에 집행유예 3년을 선고한 원심을 확정했다. 집행유예 이상 형이 확정되면서 공직선거법에 따라 장동훈씨는 10년간 공직과 선출직 선거에 나서지 못하는 등 공무담임권과 피선거권이 제한된다.

선거법 위반 혐의로 구속되기는 이 사건이 처음이다.

장동훈 제주매일 대표이사는 2012년 4·11총선 당시 사회적 물의를 일으킨데 대한 책임을 지고, 2013년 3월 18일 언론계에서 잔뼈가 굵은 김종배씨에게 대표이사직을 물려주고 2선으로 물러난다. 김종배 신임 대표이사는 제주신문사에서 기자생활을 시작해 제민일보 사회부 차장, 교육체육부장, 편집부국장, 논설위원 등을 역임했다. 제민일보 기획관리실장과 상무이사를 거쳐 CBS제주방송 보도제작국장도 지냈다.

제6대 김종배 대표에 이어 2017년 4월 10일 황용진씨가 신임 대표이사에 취임했다. 황 대표이사는 취임 인사말을 통해 "'세상을 보는 맑고 바른 창'을 지향하는 제주매일이 도민들 삶의 질 향상에 기여하는 정론지로 자리매김할 수 있도록 최선을 다하겠다"며 "직원들의 처우개선 등 사기진작을 통해 제주매일이 제주를 대표하는 언론사로 우뚝 설 수 있도록 하겠다"고 말했다. 황 대표이사는 극동방송 이사를 역임했다. 그는 제주대학교 대학원에서 경영학 석·박사 학위를 받았으며, 현재 제주대학교 경영학과 강사로 출강하고 있다.

2. 편집체계 및 내용

주간 『제주타임스』의 편집체계를 보면, 한두 건의 지역 이슈를 집중 편집하여 심층 보도하는 체제로 꾸며져 있다. 1면에는 지역의 주요정책과 3면의 톱기사 제목, 기사 안내(Times Line), 2면(종합) 사설과 지역이슈, 3면(기획) 지역이슈 심층보도, 4면(기획), 5면(오피니언), 6면에는 시 군정 소식, 각종 생활정보(날씨, 건강, 게시판, 교통상식 등), 7·8면에는 기획, 9면(종합) 사건사고 확대경, 10면에는 화보 중심보도, 11면 〈사회 1〉에는 지역사회 각종 정책 진단, 12면에는 각종 행사, 제주시의 각 동을 소개하는 기사 또는 광고 등을 실었다.

1면에는 대형사진(21.5cm×18.5cm)을 바탕으로 초대형 활자로 제목을 배치하여 시각적인 면을 중시하였다. 3면에는 1면의 톱기사를 심층 해설하는 형태로 구성되어 있다. 5면 오피니언 면에는 세평시평(世評時評)(내부 필진의 칼럼), 카메라 고발, 독자의견 등의 기사를 실었다. 이와 같은 편집체계는 고정된 것이 아니라 유동적이었다.

제주타임스는 2001년 1월에는 독자들에게 보다 다양한 중앙의 뉴스를 전하기 위해 인터넷 신문 〈오마이뉴스〉와 기사연대 협약을 맺었다. 이 협약에 의해 제주타임스의 중요기사는 〈오마이뉴스〉에 싣고, 〈오마이뉴스〉의 주요기사는 제주타임스의 한 개 지면에 게재하였다. 〈오마이뉴스〉에 보도된 뉴스의 재게재는 2001년 1월 5일부터 같은 해 12월 28일자 신문에까지 계속되었다. 1년 만에 기사연대 협약을 중단한 것은 호응도가 별로 높지 않았기 때문이라 짐작된다.

제주타임스 지령 500호 돌파(2004년 2월 13일)를 계기로 시사만화가 양병윤(梁秉允) 화백의 4컷 시사만화인 〈황우럭〉과 한 컷 만평인 〈타임스 카툰〉이 2004년 2월 17일부터 1면과 11면에 연재되다가 2006년 9월 30일부터 중단되었다. 양병윤 화백은 제주매일에서 나온 후, 2009년 4월 1일부터 2015년 4월 27일까지 한라일보에서 만평과 시사만화 〈황우럭〉을 연재하였다.

창간 초기에 다루었던 주요 기사의 주제를 보면, △ 공직이 선거 전리품이나, 민선 자치인사 해도 너무한다(1999년 3월 30일) △ 인사파행 공직분열 부른다 △ 제주의 온천개발 문제 있다(1999년 4월 2일) 개발실패 했을 때 책임 누가 지나 △ 무분별 외자유치 접촉/국제망신 살 뻔했다/가짜나라 부수상과 만나(1999년 4월 6일)/무분별한 외자유치의 함정/유치 타당성에도 위험 상존/대졸 실업자 급증 사회불안요인/인턴사원제 재취업 훈련 실효의문 △ 2016년 제주시 비전과 발전전략/동북아 거점도시 꿈은 있으나.../심각한 환경파괴, 급격한 오염우려(1999년 4월 9일)/학교폭력/여중생 폭력 조직폭력 뺨친다(1999년 4월 9일) △ 국제자유도시 핵심 어디에 있나/국제도박도시인가/도민 통제도시인가(1999년 4월 16일)/까바리고, 다 내주고, 그 다음 제주도민 어디서 무얼하나 △ 특별별 개정안 토지수용심의 논란/누가 제주도민의 땅, 강제로 뺏으려하는가(1999년 4월 20일)/개발업자엔 사탕, 도민들에겐 극약/특별법개정실무위, 운영규정 없는 회의체 △ 道와의 밀월 10개월 도의회 왜 토라졌나(1999년 4월 27일)/도-의회, 도박산업 등 마찰요인 잠복 △ 제주교역 〈코트라〉 기능 탈바꿈 계획 아리송하다(1999년 4월 30일)/갑작스런 문제제기 배경 의아심/10%가 90% 주무르는 이상한 회사/민자 유치 부진/사업자 지정만 받고 땅값 오르기만 기다리나/포커스/치매 유병률 전국서 가장 높아 △ 토지 수용권 또 들먹/토지수용문제, 추진협 부결사안 또 거론(1999년 5월 4일) △ 택시 지입제 세금포탈 등 각종 비리 양산(1999년 5월 7일)/회사 차량 대당 2천만원대 구입, 겉은 회사차 실제는 개인택시/서류상 노사관계로 꾸며 각종 병폐 숨겨/도민광장/제주복합형 자유도시 조건 하나도 갖추지 못했다(1개면 제공) △ 치매/유병률 전국서 가장 높아 △ 1999년 5월 21일 경마장 오락장인가 도박장인가, 자살·가정파탄 속출, 경마도박 재산탕진(10·11면) △ 1999년 5월 25일 관람석 만들어 교미장면공개 물의/말 짝짓기가 관광활성화냐(10·11면) △ 1999년 6월 8일 관덕로 지하상가 주차장 설치비 3억6천만원 어디로 샜나, 10년 동안 쓰인 곳 불투명, 관련 자료도 없어 의혹증폭(1·3면) 등이다.

기사의 제목에서 알 수 있듯이, 제주타임스는 창간 초기에 주간지의 특성을 유감없이 발휘해 지역이슈들의 이면을 깊이 파헤치며 매우 비판적인 보도성향을 보였다. 이처럼 제주도정에 대해 비판적 성향을 보이던 주간 제주타임스가 일간 체제로 바뀐 이후, 점차 타 일간지와 차별성이 사라지기 시작하더니 결국 경매에 붙여진 것이다.

일간발행의 첫 호(지령 513호)는 24면을 발행하고 기념 주제를 '제주사회를 바꾸자'로 내걸어, 「공인의 사회적 책임」, 「제주사회의 사회적 강점」, 「제주언론의 역할」 등을 특집으로 편집하였다.

일간체제로 전환한 이후의 편집체계를 보면, 12면 체제를 그대로 유지했다. 1면에는 종합, 2면 사설, 종합, 3면에는 해설기사와 가십란 說往說

來, 4면은 기획/종합면으로 중앙정가의 소식을 주로 보도했고, 5면은 오피니언 면으로 世評時評(내·외부 필진 칼럼란), 독자기고, 생활정보(법률상담 등), 6면에는 경제, 7면 문화·스포츠, 8면 타임스&피플, 9면 지역 종합(2개시·3개 군 관련 기사 등), 10·11면은 사회, 12면 TV프로그램과 방송연예가 소식 등을 실었다.

1면의 경우, 주간 편집과 같은 체제로 유지하다 2004년 5월부터 1면의 대형 사진 편집과 초대형 활자의 기사 표제를 지양하여 표제 활자를 축소하고 레이아웃을 개선하였다. 그리고 일간지로 전환한 이후 폭넓은 기사 소재를 발굴하기 위해 2004년 4월 24일부터는 민간단체를 중심으로 11명의 객원 기자를 위촉하여 이들이 제공하는 기사를 매주 토요일판에 '단체소식'으로 보도하였다. 제주도내 일간지 중에 유일하게 〈국제자유도시 Jeju English〉란 명칭 아래 실용 외국어 회화 문장을 2005년 5월 9일부터 2013년 4월말까지 매일 연재하였다.

특히 지역 현안을 집중적으로 심층 취재 보도하던 해설 분석기사는 주간체제에서 일간으로 전환한 이후에도 3면에 계속 유지하다가 서서히 보도빈도와 기사 양이 줄어들기 시작한다. 즉, 타 일간지의 편집체계를 흉내내기 시작하면서 제주타임스가 초기에 보여주었던 비판적 보도성향도 상실하기 시작하였다.

장동훈 대표이사가 취임한 이후인 2012년 7월 2일부터 신문지면을 12면에서 16면으로 증면하여 발행하고 있다.

3. 제주매일의 전·현직 임직원 현황

제주타임스에서부터 제주매일에 이르기까지 이 신문사에 근무했던 전·현직 임직원으로는, 역대 편집국장으로는 김덕남(金德男)·김규필(金奎弼)·강정만(康禎晩)·김원민(金元玟)·김경호·정흥남 등이 역임하였다.

△ 창간 초기에 제주타임스를 이끌었던 진용:

회장 김세중, 발행인 겸 편집인 강천종, 편집국장 김덕남, 편집부국장 강정만, 광고홍보국장 강화준(3월 30일자) ▷ 任기자: 김용덕, 김일승, 김애자, 신성우(任기자), 任 인턴기자; 고안석, 강호진, 김동현, 정용복(任 인턴기자), 고철호, 정재상, 윤성운, 오운중(任 광고홍보국 사원), 현승부(남부지사 간부사원), 송순선(총무국 사원), 김윤심(총무국촉탁사원) (이상 4월 1일자)

△ 홍오성 대표시절:

대표이사 홍오성, 총괄본부 전무 강선종, ▷ 논설위원실 주필 김덕남, 대기자 김광호 ▷ 편집국 편집국장 김경호, 부국장 정흥남, 경제부장 임성준, 편집체육부장 고안석, 교육문화부장 한경훈, 기획취재부장 김종현, 사진부장 고기호, 사회부차장 좌광일 편집 박유현, 강효송, 이형옥, 문서현, 김은지 ▷ 광고국 광고국장 김공남, 부국장 양재철, 디자인 부장 김선창 ▷제 작국 제작국장 강대선, 부장대우 박용범, 송영호, 김원익, 김성웅 ▷ 기획실 실장 김윤심, 이지선, 식당 고정희

△ 강선종 대표시절:

총괄 본부 대표이사 강선종 ▷ 논설위원실 주필 김덕남, 대기자 김광호 ▷ 편집국 편집국장 김경호, 부국장 정흥남, 편집체육부장 고안석, 교육문화부장 한경훈, 사진부장 고기호 ▷ 광고국 광고국장 김공남, 부국장 양재철, 광고디자인 김선창, 판매국 차장 김원익, ▷ 총무국 부국장 김윤심, 고정희(식당)

△ 장동훈 대표이사 재임기간 임직원 현황:

회장 장동훈, 사장 김종배, 전무이사 강선종, 상임논설위원 김경호·김광호 ▷ 광고국 광고국장 김공남, 광고부국장 김성현, 광고부장대우 고창현, 디자인부장 김선창, 팀장 김원익 총무국 부국장 김윤심 ▷ 편집국 편

집국장 정흥남, 부국장 현경훈 이태경, 경제부장 진기철, 사진부장 고기호, 기자 김동은 고영진 허성찬 김지석 박민호 박수진 고권봉, 편집부국장 신정익, 편집부장 고안석 기자 박성현 양미숙 이상수

△ 현재 임직원 현황:

대표이사 황용진, 비서 박슬기 ▷ 총무국 총무국장 이일준, 총무실장 김윤심, 판매국장 김원익, 기획/광고부장 고창현, 광고디자인부장 김선창, 사업부장 이제원, 사업/전산팀장 장진우, 기획팀장 장보람 ▷ 편집국 주필 김계춘, 편집국장 김철웅, 편집부국장/사업본부장 한경훈, 편집실부장 고안석, 정치부장대우 박민호, 교육문화부차장 문정임, 사회부기자 김진규 오수진, 취재기자 김종광, 편집실기자 백윤주, 고은리, 기자 나철균

제⑤절 | 제주우먼타임스에서 제주신문으로

1. 탄생배경 및 변천과정

제주신문은 2013년 11월 22일 제주도에서 다섯 번째로 탄생한 일간지이다. 사시는 正論直筆·公正報道·人權守護이다. 제주신문의 전신은 2007년 4월 24일에 창간된 제주우먼타임스이다. 제주우먼타임스는 제주지역 여성들의 세계를 전문적으로 보도하기 위해 창간된 첫 번째 주간지이다. 제주우먼타임스의 발기인은 부임춘, 전영식, 강정만 등 3인이다. 이들은 2007년 2월 1일 제주시 연동 268-4번지 영보빌딩 3층에서 발기인 총회를 열어 대표이사 부임춘, 이사 김종완, 감사에 전영식을 선임하여 주식회사를 발족하고 같은 날 제주지방법원에 ㈜제주우먼타임스 설립등기(제305호)를 마쳤다. 부임춘 대표이사는 2007년 2월 12일 신문법 제9조(등록)에 의해 제주도청에 주간지 제주우먼타임스 신문발행 등록을 마치고 본격적인

신문발행에 들어갔다.

창간호는 특집으로 대판형 16면이 발행되었다. 1면에는 △ 외자유치 빙자한 용도용적률 특혜/ICC앵커호텔 외지유치 진실, 창간 축하메시지(김태환 도지사와 양대성 제주도의회 의장), 2면(종합)에는 발간에 즈음하여(창간사), 창간메시지(김두관 전행자부 장관), 생리 공결제… 득보다 '실'?, 스포츠 뉴스 아줌마들이 주시청자, 3면(집중기획)에는 1면 관련기사: ICC앵커호텔 무서운 공인들/외자유치 도민상대로 한 사기극? 4면(기획) 한미FTA: 도내 여성농가 FTA독감에 백신 목마름, 5면(기획/우먼rush) 파워인터뷰: 임점순 '한국여성경제인연합회 제주지회장'과 정순희 '참정치를 여는 여성연대 제주지회장'과의 인터뷰, 6면(경제 톡톡) 알아두면 좋은 창업정보, 7면(교육/문화) 고두심 7년만의 무대복귀, 창간메시지(양성언 교육감), 8면(환경& 풍경) 오름탐방, 9면(논객마당) 안창흡 언론개혁제주포럼 사무국장, 김신영 제주교육대학교 도서관 사서, 장복금 독자의 글, 10면(기획) 장애인의 날 특집: 스포츠 댄서 고명순, 여성 장애인 쉼터와 여성장애인 교육사업, 11면(우먼 프라자)은 여성관련 기사 및 동정, 12(사회 속으로) 실종된 어린이 관련 기사, 13면(사회 속으로) 저출산제도 무색한 보육료 인상, 어머니 급식당번제 무늬만 봉사, 14면 제우타zone(The Jeju Woman time), 생활정보 저가 화장품, 15면 제주도의회 의원들의 창간 축하메시지, 16면은 전면광고 등이 실렸다.

부임춘 발행인 겸 편집인은 창간사에서 "인류의 역사를 돌아볼 때 지난 100년 동안 엄청난 여성권익 신장이 이루어졌지만, 진정한 양성평등시대라고 하기엔 여전히 여성에 대한 차별적이고, 폭력적인 시선들이 우리사회에 팽배해 있다"고 하면서 제주우먼타임스는 올바른 양성평등 정착을 위한 견인차가 되도록 노력하겠다고 밝혔다. 창간사 전문은 다음과 같다.

> 사랑하는 도민여러분 안녕하십니까.
> 2007년 4월 24일 제주우먼타임스를 창간하게 되었습니다.
> 인류의 역사를 돌아볼 때 지난 100년을 조금 넘는 시간동안 엄청난

여성 권익신장이 이루어졌지만 '진정한' 양성평등의 시대라고 하기에는 여전히 여성에 대한 차별적이고 폭력적인 시선들이 우리 사회에 팽배해 있습니다.

더구나 남성 중심적 가부장문화가 뿌리 깊게 남아있는 우리사회는 여성들을 남성통제하의 수동적 객체로 가두어 가사와 양육이라는 전통적 여성상을 강요함으로써 다수의 여성들에게 이중의 부담으로 작용하고 있습니다.

급변하는 사회에서 여성의 역할은 다양하게 분화되고 그에 마준 다양한 현대적 여성상이 요구되고 예전에는 고유 성별의 성역으로 구분지어졌던 사회의 많은 분야들의 경계가 허물어지고 있습니다. 일종의 고정관념으로 작용했던 전통적인 성별의 경계를 뛰어넘는데 있어 단지 '여성'이라는 이유로 차별받는 많은 상황들이 우리를 힘들게 하고 있습니다. 약자를 보호하기 위한 여러 법·제도적 장치들이 마련돼 있지만 빠르게 변화하는 시대의 요구에는 부응하지 못하고 있는 게 현실입니다.

또한 약자보호를 위한 제도적 정비들이 이루어지고 있는 가운데 오히려 사회성원내의 양성평등의식에 대한 인식 부족으로 인해 사회구성원의 의식이 제도적 변화에 따라가지 못하는 경우도 있어 남녀대결이 사회분열의 한 축으로 작용하고 있습니다.

2006년 제주자치도가 출범한 이래 제주도는 굵직한 현안들을 계속적으로 직면하게 되었습니다. 해군기지건설로 인한 제주 사회의 심각한 갈등 양상, 한미FTA 체결로 제주경제의 위기, 도민과의 유대관계 설정 부족으로 인해 흔들리는 제주도정, 제주의 미래를 결정하는 차세대 교육의 질과 방향을 설정할 다가오는 교육감선거, 대통령선거, 2008년 18대 총선 등 제주도에 미칠 파급효과가 엄청날 것으로 예상되는 사안들이 놓여져 있습니다.

따라서 제주우먼타임스는 현 시대를 살아가는 여성의 눈으로 출산의 고통을 인내하는 어머니의 마음으로 사회 각층의 다양한 목쇠를 대변하고 나아가 제주도가 어려움에 처할 때 마다 사회 버팀목이 되었던 제주 옛 선조 여성들의 정신을 바탕으로 사회 내의 산재한 부조리에 문제제기 할 것입니다.

가부장적 문화가 여전히 우리 의식의 한 부분을 차지하여 판단의 잣대로서 작용하는 한 진정한 양성평등시대의 도래는 요원하기에, 남녀의 고정관념을 깨고 올바른 관계설정을 위한 견인차가 되도록 노력하겠습니다.

제주우먼타임스의 판형은 대판(타블로이드판 2배)이고, 매주 화요일에 16면 약 5천부 내외를 발행하다가 나중에는 4천부로 발행부수가 줄어들었다. 구독료는 월 5천원이고, 연 5만원이었다. 제주우먼타임스의 기사는 현유미 기자, 현윤경 기자, 김연실 기자, 오경희 기자, 뉴시스, 특별취재팀(반), 제주우먼타임스의 이름과 무기명으로 보도되었다.

1) 제주우먼타임스에서 제주프레스로

제주우먼타임스는 창간한지 약 8개월 만에 여성 전문지로서의 뉴스개발과 시장개척에 한계를 느끼고, 같은 해 12월 26일 제주도청에 제주우먼타임스를 시사저널 ㈜프레스로 제호를 변경 등록하였다. 2008년 1월 7일자부터 ㈜제주우먼타임스는 제주프레스라는 제호로 신문을 발행하기 시작했다. 그리고 2010년 3월 16일자로 법인의 명칭도 ㈜제주우먼타임스에서 ㈜제주프레스로 상호를 변경 등록하였다.

㈜제주우먼타임스는 제호를 변경한 이유에 대해 1월 7일자 사설을 통해 종합주간지로서 그리고 감시견(watchdog)으로서의 역할을 철저히 할 것을 밝히고 있다. "제호변경은 '우먼'이라는 한정된 '폭과 길이'에 머물지 않고 제주도의, 제주도민의 언론으로 굳건히 서고자 함이라고 밝히고, 그동안 같은 업계에서 보여준 우리에 대한 무시와 냉대는 예상 못한 바는 아니었지만 유별났다"고 반추하면서, 이에 굴하지 않고 "제주프레스의 지면은 항상 쟁점이 있을 것이다. 이슈가 있을 것이다. 그러기 위해 무엇보다도 권력을 비판하는데 주저하지 않겠다. … 우리는 비판받고 감시받는 권력이야 말로 참된 권력이며 백성에게 봉사할 수 있는 권력이라고 믿는다. … 우리는 제주도의 공직사회를 큰 돋보기를 가지고 들여다 볼 것이다"라고 밝혔다. 이어서 "우리는 괸당문화가 뿌리 깊게 자리 잡은 제주도 특유의 문화 속에서 공직사회의 변화와 개혁을 주도하기 위한 견인차 역할을 마다하지 않겠다"고 하면서 종합주간지로서 그리고 감시견(watchdog)으로

서의 역할을 철저히 할 것을 밝히고 있다. 사설의 전문은 다음과 같다.

〈'우먼 타임스'에서 '제주프레스'로 제호를 변경하며〉

제주우먼타임스가 2008년 1월 7일자부터 제주프레스로 제호를 변경했다.

제호변경은 '우먼'이라는 한정된 '폭과 길이'에 머물지 않고 제주도의, 제주도민의 언론으로 굳건히 서고자 함이다.

제주프레스의 창간일정은 일천하다. 지난해 4월 제주우먼타임스로 제주언론의 한 귀퉁이를 차지한 이래 제호 변경까지 8개월간 그야말로 힘들게 한걸음씩 걸었었다. 호기심에서 펼쳐본 독자들의 격려가 있었다. 그 독자들은 마침내 우리의 애독자로, 애정과 관심을 늘 보내줬다. 여느 신문과는 다른 지면제작에 환호하는 독자들이 있었다. 질책도 엄청 있었다. 신문제작을 똑바로 하라는 무서운 충고도 있었다.

같은 업계의 우리에 대한 무시와 냉대는 예상 못한 바는 아니었지만 유별났다. 상대의 동냥은커녕 쪽박을 차버리고 망가지고 처참한 모습을 봐야만 직성이 풀리는 이 아사리 판 같은 세상에서, 우리는 언론의 지향점과 사명과 독자에 대한 사랑을 다시 한 번 가다듬었다.

제주프레스로 제호변경은 제2의 창간이다. 우리는 주간지라는 마이너의 위치를 부정적으로 보지 않는다. 오히려 주간지라는 특성이 곧 우리의 장점이요, 무기라는 것을 우리는 깊게 인식한다. 마이너이지만 우리는 언론의 진화를 위해 무지하게 욕심을 내려고 한다. 그러므로 제주프레스의 앞길은 멀고 험난하다. 그렇다고 하여 우리는 포기하지 않을 것이다. 때때로 불어올 사막의 모래바람과, 북풍한설을 벗 삼아 우리는 우리가 선택한 멀고 긴 여정은 이미 시작됐다.

제주프레스의 지면은 항상 쟁점이 있을 것이다. 이슈가 있을 것이다. 부자들과 가난한 사람들, 강자와 약자의 얘기에 차별이 없다. 이에 덧붙여 우리의 희망은 늘 평범한 사람들의 진한 감동이 잔잔하게 녹아 있는 지면을 만드는 것이다. 사람냄새가 나고 사람 사는 세상의 맛을 전하는 일, 우리의 가장 큰 사명이다. 그러기 위해 무엇보다도 권력을 비판하는데 주저하지 않겠다. 우리는 비판받고 감시받는 권력이야 말로 참된 권력이며 백성에게 봉사할 수 있는 권력이라고 믿는다. 참된 권력자는 그 비판을 두려워하거나 증오의 대상으로 삼을 것이 아니라, 오히려 감사하게 생각할 수 있어야 한다.

우리는 제주도의 공직사회를 큰 돋보기를 가지고 들여다 볼 것이다. 우리는 '제주도 공직사회가 바로 서야 도민들이 바로 선다'라는 믿음을 가지고 있다. 괸당문화가 뿌리 깊게 자리 잡은 제주도 특유의 문화속에서 공직사회의 변화와 개혁은 필연적이다. 할 수 있다면 우리가 그 견인차 역할을 맡으려고 한다. 다수의 의견이 선택되는 것 마땅하지만 소수의 의견이 무시되는 것 또한 옳지 않다. 우리는 다수의 의견에 따르되 소수의 의견을 존중하는데 인색치 않겠다. 제주 사회 각계각층의 다양한 스펙트럼을 수용하고 이를 알리는 일, 우리에게 주어진 일이라 믿는다.

제주프레스는 자신의 주장이 공허한 말장난이 아니라는 것을 실제로 보여주기 위해, 제주도의 각종 정책문제를 비판 고발하는 뉴스를 많이 보도하였다.

2) 제주프레스에서 제주신문으로

㈜제주프레스(Jeju press)는 신문의 제호가 판촉에 많은 영향을 미칠 것이라 판단하고, 한글과 외국어를 혼용해 사용하는 제주프레스를 순수한 우리말로 바꾸기 위해 2013년 7월 12일 제주도에 시사저널 제주프레스(Jeju press)를 제주신문으로 명칭변경 등록신청서를 제출하였고, 제주도는 7월 23일 제주프레스가 신청한 제호변경 등록을 허가하였다. 그리고 8월에는 주간지에서 일간지로 발행주기 변경 신청을 하였다.

㈜제주프레스가 제호변경 허가를 받자, '濟州新聞(제주신문)' 상표권을 보유한 〈제주일보사〉는 2013년 7월 29일 제주프레스를 상대로 제주지방법원에 상표사용금지 가처분 신청을 제기하였다. 하지만 ㈜제주일보사는 ㈜제주프레스와 상표권(제호) 다툼에서 패배하였다.

제주프레스는 2013년 8월 5일부터 〈제주프레스〉 대신 〈제주신문〉이라는 제호로 신문을 발행하기 시작하였고, 2013년 8월 28일에는 법인명도 ㈜제주프레스에서 ㈜제주신문사로 변경했다. 그리고 일간지로 전환하기 위해 자본금도 5천만원에서 3억원(부임춘 65%, 전아람 25%, 전현욱 10% 소유)으로 증자하였다.

3) 주간지에서 일간지로

제주신문사는 2013년 11월 22일부터 주간체제에서 일간체제로 전환하여 16면 신문을 발행하기 시작하였다. 제주신문 발행인이자 창업주인 부임춘 대표는 1면에 실린 "일간 제주신문 출범에 즈음하여 도민과 독자들께 드리는 말씀"이라는 메시지를 통해 "도민들의 자존을 지키는 제주의 대표 신문으로 자리매김 할 것을 약속드린다"며, 이어서 "제주신문을 발행하는 제주신문사의 창업주이자 제주신문의 발행 편집 책임자로서 무거운 사회적 책임감을 갖고 그 의무를 다할 것이며, 설령, 그 어떤 훼방과 어려움이 닥쳐오더라도 제주의 대표 신문으로서 제주사회의 원칙과 신뢰를 바로 세우는 동력이 되고 과거와 현재, 그리고 미래를 이어가는 핏줄, 동맥 역할을 해나가는데 그 책무를 뒤로 하지 않겠다"며 일간지로 전환하게 된 소감을 말했다. 그리고 제주신문은 2면에 실린 사설을 통해 일간지로 전환하게 된 배경을 다음과 같이 밝혔다.

〈"인권존중, 진실 추구 충실할 것"
일간지로 다시 태어나는 '제주신문'의 다짐〉

제주신문이 오늘(22일)부터 일간지로 전환돼 매일 아침 도민들에게 생생한 정보를 전달할 수 있게 됐다. 제주신문은 지난 2007년 4월 24일 첫선을 보인 주간 여성전문지 '제주우먼타임스'에서 같은 해 12월 종합주간지로 바뀐 '시사저널 제주프레스'가 그 모태이다.

짧다면 짧은 연륜 속에서도 주간지로 제주지역사회의 여론을 선도하는 중심 매체로 자리매김할 수 있었던 것은 도민과 독자들의 아낌없는 성원 덕택이었다.

솔직히 주간지로 7년 동안이나 쉼 없이 독자들 곁에 다가간다는 것은 그리 쉬운 일이 아니다. 그 동안 우리는 대부분 창간된 지 얼마 안 돼 소리없이 사라지고 마는 주간지들을 많이 보아왔다.

하지만 제주신문의 전신인 '제주프레스'는 달랐다. 언제나 중립적인 입장에서 옳고 그름을 명백하게 가리는 시시비비주의(是是非非主義) 정신으로 언론의 사회적 책무를 다하기 위해 혼신의 노력을 기울여 왔다고 감히 말할 수 있다.

항상 인간을 중시하면서 정치, 경제, 사회 등 제주지역 각 분야의 문제점 등 현안들을 다른 언론매체들보다 깊이 있게 심층 취재해 공정하게 보도함으로써 그나마 차별화된 볼만한 신문이라는 독자들의 평가를 받아왔다.

이렇듯 지난 7년 가까이 쌓아온 경험과 경륜을 바탕으로 이제 새롭게 출발하는 일간 제주신문은 보다 더 인권을 존중하고, 바른 정보와 정확한 뉴스를 전달하는 신문이 되려고 한다.

특히 도민 위에 군림하는 정치, 도민을 우습게 여기고 관광개발 등 각종 지역개발이라는 미명아래 개발업자와 결탁해 난개발을 자초하려는 정경유착형 지방자치행정도 철저히 감시해 나갈 것이다.

'세계적인 관광제주'는 '제주다울 때' 영원히 존속될 수 있다. '제주다움'이란 바로 수려한 자연경관이다. 세계적인 보물이 될 수 있도록 보존할 생각은 하지 않고 이곳저곳 분별없이 특정인에 대한 특혜성 개발에 눈을 밝히는 위정자들에 대한 감시도 결코 소홀히 하지 않을 것이다.

근년 제주지방자치 행정은 마치 부패의 온상인양 비쳐지고 있다. 많은 도민들은 잊을만 하면 터지는 공직자들의 공금횡령 등 부정과 비리에 실망을 넘어 분노를 느끼고 있다. 우리는 공직사회의 고위층들이 도민을 업신여기고 군림하고 속이면서 측근 또는 특정기업과 재벌 등에 이권을 챙겨주려는 잘못된 행위에 대해 감시의 눈을 부릅뜨고 철퇴가 가해지도록 할 것이다.

관광산업과 함께 감귤산업 및 특용작물과 수산·축산업은 제주경제를 이끄는 산업들이다. 더욱이 FTA로 인해 1차산업이 겪을 시련은 실로 엄청날 것이다. 제주의 생명산업인 농·수·축산업 등 지역경제 활성화를 위한 비전을 제시하고 선진 지방문화를 창달하는 일에도 적극 앞장 설 것이다.

비판이 없는 신문은 정도(正道)를 걷는 신문이라고 할 수 없다. 얼마전부터 상당 수 언론이 공정보도를 소홀히 하고 있다는 지적이 나오고 있다. 정치권과 지방정부의 눈치보기식 보도가 심심찮게 감지된다는 것이다.

어떤 이유로든 권력에 유착해 흰 것은 희고, 검은 것은 검은 것이라고 진실을 말하지 않는 나약하고 비굴한 신문은 도민과 독자로부터 외면을 받을 수 밖에 없다.

제주신문은 바른 정보와 정확한 뉴스를 전달하고, 특히 독자들이 궁금히 여기는 각종 현안의 심층보도에 주력할 것이다. 지금까지 "그래도 할 소리를 제대로 하는 뭔가 다른 신문"이라는 평가를 받아왔듯이 앞으로도 늘 도민과 약자의 편에서 공명정대한 보도와 논평으로 도민들 곁에 다가가려 한다.

거듭 강조하거니와 제주신문은 어떤 경우에도 인권을 존중하고 진실을 추구하는 투명하고 공정한 신문으로 거듭날 것이다.

도민들과 함께 희로애락(喜怒哀樂)을 같이 함으로써 '제주언론의 중심 제주신문'으로 우뚝 서려는 제주신문에 독자와 도민 여러분의 보다 큰 사랑과 성원을 당부드린다.

제주신문은 2015년 4월 24일 제주시 도두동 제주신문사 신사옥 1층에 32페이지 지면을 한꺼번에 인쇄할 수 있고, 10칼라 인쇄가 가능한 고스사(Goss)의 최첨단 윤전시스템과 현대식 현상기를 갖춘 인쇄공장을 완공하였다. 자체 인쇄공장을 갖추게 됨으로서 그동안 외주인쇄로 인해 겪던 여러가지 불편한 문제가 해소되고 보다 더 빠르게 그리고 좀 더 선명한 신문을 제작하게 되었다. 신문사 사옥도 제주시 도령로 5길 6번지 연동 엘리시아 상가(1107호)에서 제주시 도두동 9-1번지 신축사옥으로 이전하였다.

2. 편집체계 및 내용

이 신문은 창간 이후 현재까지 16면 발행체제를 유지하고 있다. 창간 초기 지면구성을 보면 1면에는 지역이슈, 2면 사설과 정치종합, 3면에는 1면 관련기사 심층보도, 4면은 정치 종합, 5면(우먼rush) 주로 여성단체 대표

혹은 여성 CEO와 인터뷰 내용, 6면 경제, 7면 문화, 8면 오름과 풍경, 9면 논객마당, 10-11면(제우타Zone) 생활정보, 12-13면은 사회 속으로, 14면(우먼 프라자) 여성들의 동정, 15면은 건강·연예, 16면 전면광고 등으로 편집되었다.

제주우먼타임스는 창간 초기 몇 달 동안은 1-2개 무거운 주제를 제외하고 대부분 여성과 일상생활 정보와 관련된 연성뉴스를 집중적으로 다뤘다. 대표적인 사례로 여성을 대상으로 파워 인터뷰와 제주정상에 서 있는 여성CEO를 소개하는 기사를 들 수 있다. 그리고 10-11면(제우타zone)은 제호가 제주프레스로 바뀌기 전까지 광고없이 사진을 중심으로 각종 생활정보를 소개하는 기사로 편집되었다. 그러나 시간이 흐르면서 제주우먼타임스의 지면에서 여성관련 뉴스의 비중이 줄어들고 대신에 다양한 분야의 뉴스가 등장하면서 여성전문지로서의 성격을 점차 상실하고 종합주간지로 변하기 시작하였다. 이를테면, 제5호 신문에서부터 우먼프라자 동정난에 남성들이 등장하면서 타 신문과의 차별성이 사라지기 시작하였다.

지역의 현안 이슈에 대해서는 제호보다 큰 활자를 사용한 헤드라인을 뽑아서 독자의 주목을 끌기 위해 노력했고 수차례에 걸쳐 심층 보도하는 끈질김을 보여주었다. 특히 독자들의 호기심을 유발하기 위해 물음표(?)로 끝나는 헤드라인이 매 신문마다 최소 1-2개씩 등장했다. 또한 타 신문과 달리 한눈에 확 들어오는 빨간색의 제호를 사용했다.

제주우먼타임스 시절에 타 신문과 달리 1면에 톱기사로 다루고 관련기사를 3~4면에 심층적으로 보도했던 주요 기사로는 △ 제1호(2007년 4월 24일~30일) 외자유치 빙자한 용도용적률 특혜, ICC 앵커호텔 외자유치 진실(1면), ICC앵커호텔 무서운 공인들/외자유치 도민강대로 한 사기극?(3면) △ 제2호(2007년 5월 1일~7일) ICC-직무유기 도- 직권 남용?/앵커호텔 외자유치 계약위반 따른 계약금 몰수 불이행(1면), ICC앵커호텔 무서운 공인들/권리행사 의도없는 환매특약 효력 관심(3면) △ 제4호(5월 17일~23일) 해군기지 일방수용 동의 상고심 판결전 결론 반칙/정치적 신분보장에 도민들 분노(1면), 끝없는 기만행정/독단적 행보, 위정자 인격 심판대에(3면) △ 제5호(2007년 5월 24일 ~30일) 평화와 생존권을 담보하라? 참여정부 선물 '한미 FTA''해군기지 건설', 노 대통령 농심 달래기용 제주방문(1면), 해군기지 건설 갈등심화/민주적 가치화합·통합만이 살 길(3면) △ 제9호(2007년 6월 21일~27일) 무능? 아니면 '쇼'를 하라?/도의회 의장·군사특위 위원장, 도민대의 자격 없어 사퇴 마땅(1면), 도정과 도의회, 밀월의혹 증폭, MOU의혹도 없었던 것으로 하자?(3면) △ 제10호(2007년 6월 28일~7월 4일) 도의회마저 신뢰 땅에 '뚝'/주권지키기 '우리가 직접 나선다'… 주민투표 실시(1면), 도민화합위한 민주적 절차 필수, 찬반 떠나 주민투표 반드시 필요(3면) △ 제16호(2007년 8월 9일~15일) 계층화 조장, 교육계 도마위에/청소년 계층분류 거름망으로 변질된 제주고입제도(1면) 고입선발제도, 끝없는 '진통' 中 (3면) △ 제17호(2007년 8월 16일 22일) '방석인사' 그 밥에 그 나물/국장은 만능국장, 지사 눈도장 찍는 자리 최고(1면), 요란한 빈 수레 … 기대할게 뭐 있나(3면) △ 제26호(2007년 10월 25일 ~31일) 섭지코지 협약서 변조 드러나/제주검·경 못믿겠다. 대검 등에 진정서 제출… 마을 총회서 결정(1면), 도 협약서와 동의서 구별 못해?/사라진 협약서 제11조 조항… 주민총회 승인 사항 '주민회의록'누락, 협약서 도의성 구별 못한다? 이것 또한 적극적 행정행위?(3면) △ 제31호(2007 11월 29일~12월 5일) '삼다수' 브랜드 누구거?//제주 삼다수 브랜드 농심 삼다수로 변신(1면) 등이다.

기자가 많지 않았음에도 이처럼 심층보도를 할 수 있었던 것은 시간에 쫓기지 않은 주간지의 특성 때문이다. 이들 기사는 현유미 기자, 현윤경 기자, 김연실 기자, 오경희 기자, 뉴시스, 특별취재팀(반), 제주우먼타임스의 이름과 무기명으로 보도되었다.

〈제주신문〉은 일간체제로 전환된 이후 처음 몇 달 동안은 새로운 면모를 보이려고 노력했지만, 차차 타 일간지의 편집체제를 답습하는 모습이 나타났다. 제주신문의 편집체계를 보면, 1면은 종합면으로 도내 주요기사와 인사이드(간지의 기사안내), 2면(오피니언)에는 사설과 제주칼럼, 오늘의 제주포트, 날씨, 시로 여는 제주아침, 3면은 종합, 4면 사회 1, 5면 사회 2, 6면에는 서귀포시 뉴스, 7면에는 스포츠 뉴스, 8면 경제, 9면에는 국제뉴스, 10과 11면에는 동단위의 소식, 각종 사회단체 및 행정기관장의 동정, 12면에는 문화, 13면은 전면 광고, 14면은 기획, 15면은 오피니언면으로 독자기고문, 16면에는 TV 연예가의 소식 등을 실었다. 특히 제주신문은 제주도내의 타 일간지와 달리 국제면을 신설하여 1개면 전체를 연합뉴스 기사로 채우고 있다.

3. ABC협회의 발행부수 검증방식 공론화

ABC(Audit Bureau of Certification: 신문·잡지·웹사이트 등 매체량 공사기구)란 신문, 잡지, 뉴미디어 등 매체사가 자발적으로 제출한 부수 및 수용자 크기를 표준화된 기준을 근거로 객관적인 방법으로 실사, 확인하여 이를 공개하는 것을 말한다.

매체의 발행부수 및 수용자 크기는 매체사의 주요 재원인 광고수입과 깊은 관계가 있으며, 이는 광고주, 광고회사의 경영과 광고의 과학화, 합리화를 위한 기본 자료로 활용되고, 궁극적으로는 광고주의 매체에 대한 광고비 집행 근거가 된다(네이버 두산백과). 그렇기 때문에 각 신문사는 ABC의 실사결과에 많은 관심을 갖고 있으며, 좋은 평가를 받기 위해 많은 노력을 기울이고 있는 것으로 알려져 있다(고영철, 2017).

하지만 제주신문은 2015년 11월 29일자 신문 1면에 실린 〈ABC 도내 신문 발행부수 등 발표 '허위'/한국 ABC 발표 신문 발행부수 데이터 불신 자초/6천 여부 발행부수 신문 2년 연속 1만부로 발표 등〉이라는 제목의 사고(社告)를 통해 다음과 같이 ABC협회 발행부수 검증 결과에 대한 문제를 제기하였다. 이로 인해 제주신문은 ABC협회로부터 고발당해 재판을 받기도 하였다.

〈전략〉 오늘 독자와 도민 여러분들께 말씀드리고자 하는 것은 세계 ABC협회 회원인 한국ABC협회가 전국에서 발행되는 신문들의 2014년(작년)도 발행부수와 유류부수를 조사해 발표한 결과에 따른 제주신문의 입장입니다. 그 이유는 한국ABC협회가 발표하는 각 신문사의 발행부수는 정부 및 관공서, 그리고 일반 기업체나 국민들이 신문광고를 할 때 참고 기준으로 삼는 중요한 자료이자 신문사에는 경영에 커다란 영향을 미치는 주요 자료이기 때문입니다.

〈중략〉 금번 2014년도 ABC협회의 제주지역 5대 일간지에 대한 실사 결과를 공표 게재된 것을 보고 참으로 개탄을 금할 수가 없습니다. 너무도 눈에 보이는 허위사실이 버젓이 게재된 것입니다. 특히 2012년에 창립한 모 일간지인 경우 2013년과 2014년 모두 1일 약 6천여부를 발행했는데도 1만부 발행으로 공표하는가 하면, 요즘 사회적 물의가 되고 있는 모 언론사인 경우는 2014년도에는 존재하지도 않았음에도 폐간된 구 제주일보의 내용을 갖다 붙여서 발표함으로써 부도덕한 언론에 정부의 국민 혈세를 지원하는 경우가 발생했습니다. 이어 올해도 ABC협회가 지난 2014년도 발행부수(유·무가 포함)를 조사한 결과를 보면 너무도 납득하기 힘든 결과를 내놓아 제주신문은 물론이고 관련 업계의 큰 불만을 사고 있습니다. 물론 제주신문 발행부수 대비 유가부수가 타사에 비해 적게 공인 된 이유도 있습니다.

이번 2014년도 조사분에서 실제로 신문대금을 받기 시작한 것은 약 반년 밖에 안되고 이를 다시 12개월로 나눈 것이기에 이는 어쩔 수 없다 하더라도 부실 조사에도 이유가 있다고 생각합니다. 이에 제주신문은 ABC협회에 강력히 항의하고 제주지역 5대 일간지에 대한 정직하고 정확한 재조사를 요구했습니다. 하지만 ABC협회는 시정하려는 노력조차 없이 이미 자신들의 행위를 정당화 하는 발행 부수에 대한 임의적 실사 결과를 독단적으로 발표했습니다. 이에 대해 ABC협회는 비록 2015년도 올해분 실사 때 제대로 잘하겠다는 답변을 내놓았지만 제주신문은 신뢰를 바탕으로 해야 할 ABC협회에 강력한 유감을 표하며 공인기관에 대한 불신을 자초했다고 지적합니다. 따라서 도민 및 독자 여러분들께서는 한국ABC협회가 발표한 도내 5대 일간지 발행부스(유·무가 포함)의 비정상적인 내용에 현혹되지 않기를 바랍니다.

〈제주신문 드림, 2015.11.29〉

이러한 기사가 나가자, 한국ABC협회는 곧바로 제주신문이 허위사실을 보도해 ABC협회의 명예를 훼손했다며, 이에 대한 정정보도를 요구했지만 제주신문사는 이를 거절하였다. 또한 한국ABC협회는 언론중재위원회에 제소(결론: 조정 불성립)하고 이어 제주지방법원에 3억원의 금전 피해보상을 요구하는 소송을 제기하였지만 이 또한 패소하였다. 이러한 결정에 불복한 한국ABC협회는 고등법원에 항소하였고, 상고심 재판부(고등법원)는 제1심과 달리 제주신문에 아래와 같은 〈정정보도문〉을 내도록 판결하였다.

〈정정보도문〉

1. 제목
ABC 도내 신문 발행부수 등 발표 '허위' 관련 정정보도문

2. 본문
본지는 2015년 11월 29일자 제주신문 온라인 기사 및 2015년 11월 30일자 제주신문 1면에 게재된 'ABC 도내 신문 발행부수 등 발표 허위'이라는 제목의 사고(社告)에서 "너무도 눈에 보이는 허위사실이 버젓이 게재된 것입니다. 특히 요즘 사회적 물의가 되고 있는 모 언론사(제주일보)의 경우에는 2014년도에는 존재하지도 않았음에도 폐간된 구 제주일보의 내용을 갖다 붙여서 발표함으로써 부도덕한 언론에 정부의 국민 혈세를 지원하는 경우가 발생했습니다."라고 보도했습니다. 그러나 위 보도 내용은 사실과 달라 아래와 같이 바로 잡습니다.

사단법인 ABC협회가 2014년도에 부수공사를 한 제주일보를 2013년에 폐업한 주식회사 제주일보사가 발행한 제주일보가 아니라 새로 설립된 주식회사 제주일보가 주식회사 제주일보사에 이어 발행한 제주일보이므로, 그 공표도 정당한 것이고, 2014년도에는 존재하지도 않았음에도 폐간된 구 제주일보의 내용을 갖다 붙여서 발표한 것이 아닙니다. 이에 사실과 다른 부분에 대한 해당 기사를 바로 잡습니다.

〈제주신문, 2018.10.14〉

위와 같은 〈정정보도문〉을 게재하라는 고등법원의 결정에 대해 제주신문은 2018년 10월 14일자 1면에 〈정정보도와 관련한 제주신문의 입장〉이라는 제목의 기사를 통해 다음과 같이 자신들의 입장을 밝혔다.

> 〈전략〉 이에 제주신문은 사회 정의와 부정경쟁으로 피해보는 경쟁사로서 2015년 11월 30일자 1면(현재 정정보도문 게재 위치)에 'ABC 도내 신문 발행부수 등 발표 허위'라는 제목으로 한국ABC협회의 부적한 공사 태도를 지적하고 피해자로서의 입장을 '사고'로 비판 보도했습니다. 제주신문의 보도는 제주매일에 대해서는 2014년도에 발행한 1만부 발행부수가 허위라는 것이고 2013년도에 신문사들이 발행한 발행부수를 조사하는 2014년 ABC협회 실사에서는 제주일보(대표이사 오영수, 현 제주신보)라는 신문사가 존재하지 않았는데 발행부수를 발표한 것은 허위라는 것이었습니다. 그런데 한국 ABC협회는 제주신문이 허위사실을 보도해 명예를 실추했다며 한국 언론중재위에 제주신문을 상대로 제소했고 이것이 뜻대로 되지 않자 법원에 소송을 했습니다. 하지만 제주지법은 제주신문이 보도한 내용이 허위사실이라는 이유가 없다고 판결했습니다. 그런데 항소심인 광주고법은 제주매일 1만부 발행이라고 한 것은 허위가 아니라고 하면서도 제주일보인(대표이사 오영수, 현 제주신보) 경우는 2014년도에 제주일보가 있었다면서 제주신문이 보도한 내용이 허위라고 판결해 오늘 정정보도를 하게 된 것입니다. 〈후략〉
>
> 〈제주신문, 2018.10.14〉

재판결과에 관계없이 신문평가에 많은 영향을 미치는 한국ABC협회의 발행부수 검증방식에 문제를 제기한 이 기사는 제도개선을 위해 충분히 눈여겨 볼만한 가치가 있다. 실제 제주지역 6개 신문사의 영업(판매) 책임자와 신문보급 및 판매지국(또는 지사) 책임자들을 대상으로 실시한 한국ABC협회의 신문발행부수 검증제도에 대한 인식조사 결과(고영철, 2017: 37-66)에 따르면, 이 제도에 많은 문제가 있음을 알 수 있다.

조사결과에 따르면, 제주도내 6개 일간지 가운데 3개 신문사는 현재 한국ABC협회의 신문 발행부수 검증제도에 '매우 문제가 많다'고 응답했고, 나머지 2개 신문사는 '어느 정도 문제가 있다'고 답변했으며, 1개 신문사만 '그저 그렇다'라고 응답했다. '문제가 없다'고 긍정적으로 답변한 언론사는 한 곳도 없었다. 전체적으로 정도의 차이만 있을 뿐, 현행 한국ABC협회의 검증제도에 불만이 많은 것으로 확인되었다.

3개 신문사가 지적한 한국ABC협회의 발행부수 검증 방법에 대한 문제는 다음과 같다.

△ E신문이 지적한 문제점

① 공사 대상지(신문부수), 보급소장에 따라 수치 변동 가능하다.

② 중앙 일간지와 지역일간지 공사 대상지, 보급소 비율 편차가 심하다.

③ 유료부수 보고 비율에 따라 수치 변동 가능하다.

④ 발행부수 다소에 따라 수치 변동 가능하다.

⑤ 세트부수(끼워 넣은 신문) 인증에 있어 지역신문 불리한 조건으로 작용한다.

△ F신문이 지적한 문제점

① ABC협회가 언론의 옥상옥으로 변질, 언론위에 군림하는 기관으로 권력화 됨

② 공사 직원의 임의적이고 주관적 판단에 따른 불공정

③ 자료의 부실, 부실검증에 따른 신뢰성 결여

④ 발행부수경쟁에 따른 자원 낭비 및 신문사의 경제적 부담 가중

⑤ 유가부수경쟁에 따라 신문사의 흥망성쇠 운명이 ABC협회와 지국장들 손에 좌우 되는 구조로 언론의 자존감 훼손

⑥ 신문사들의 생존경쟁을 위한 새로운 부정부패구조 형성

△ B신문에서 지적한 문제점

가장 먼저 유가부수 검증 방식에 있다. 현재 ABC협회에서는 유가부수 책정 방법은 전체 발행부수에 협회에서 각 센터를 통해 검증한 데이터를 통해 백분율로 환산하여 부수 책정을 한다. 신문을 많이 인쇄하는 것이 유가부수를 많이 받는 하나의 방법이 된다. 예를 들어 20,000부 인쇄에 50% 인정을 받으면 10,000부 유가부수를 인정받는 것이고 15,000부 인쇄에 50%

인정을 받으면 75,000부를 인정받게 되는 것이다. 때문에 각 신문사에서는 돈과 시간, 인력을 투입하여 버려지는 신문이라도 많은 부수를 찍어 낸다.

다음 문제는 협회의 신뢰도이다. 유가부수 검증방법에 있어서 공개적이거나 납득할 만한 데이터 또는 설명이 없다. 현재 신문구독 인구가 줄어들고 있다는 것이 정설이지만, 최근 한국 ABC협회에서 내놓은 제주도내 매체의 유가부수는 보면 증가추세에 있다.

한편, 중앙일간지의 보급을 책임지고 있는 A지국장과의 심층 인터뷰 결과도 부정적이었다. 그는 신문유통구조를 정상화하려면 ABC협회에서 매년 실시하고 신문부수검증제도가 하루 빨리 없어져야 한다고 말했다. 그는 ABC협회 신문부수검증제도가 신문유통구조를 왜곡시키고 신문의 유통질서를 어지럽히는 부패온상이나 다름없다고 했다. 그 이유를 다음과 같이 설명했다.

ABC협회검증제도가 도입된 이후에 각 본사에서는 자기 신문의 평가를 좋게 받기 위해 우리에게는 필요도 없는 신문을 몇 박스씩 보내와서 지국에서 알아서 구독자 확장하라고 한다. 지국에서는 그 신문들을 한꺼번에 재활용 쓰레기로 폐품처리하기도 뭐하고 해서 다른 신문들에 끼워서 함께 배달하는 신문들이 많다. 그러다보니 어떤 집에서는 신문 1개 값으로 3~4개씩 받아보게 되니 누가 신문의 가치를 높게 보겠는가? 신문 3-4부 받고 신문 1부 값만 받다보니 신문의 가치가 점점 떨어지고 있다.

한국ABC협회 조사결과가 다 허위다(신문판매부수 실사 나온 공사 직원들에게 한 말). 최근에 발표된 것 가운데 상당부분이 거짓이라고 생각한다. 우리들은 그 발표결과를 보면서 웃는다. 작년보다 A신문 판매부수가 떨어졌다고 하면 본사에서 우리를 가만히 놔 둘 것 같은가? 여기서 온갖 수치 조작이 이루어진다. (입금등록만 남김) 컴퓨터에 남아 있는 입금관련 자료들은 커다란 의미가 없다.

현재 신문배달하고 있는 우리 세대가 끝나면 배달원이 없어서 신문을 집에서 받아볼 수 없을 것으로 생각한다. 왜냐하면 신문을 배달할 사람들도 없고 인터넷으로 신문을 다보고 있지만, (기자와의 안면 등) 마지못해 부조로 신문을 받아보는 구독자들을 제외하고는 진정으로 원해서 자발적으로 종이신문을 보는 사람이 없으니 종이신문의 사막화가 빠르게 올 수 있다고 생각한다.

인터넷을 통해 전 세계의 각종뉴스를 접하는 시대에 종이신문 전성시대에 호황을 누리던 메이저 신문들이 자신들이 권력을 지속 확대시키기 위해 만들어 놓은 ABC제도를 통해 유가지 무가지를 따지고 평가하는 것은 무식한 발상이라고 생각된다(고영철, 2017: 59).

한편, 제주지역 6개 신문사의 판매 또는 영업부 책임자를 대상으로 조사한 결과, 3개 신문사는 발행부수가 줄어들고 있다고 응답한 반면에 1개 신문사만이 발행부수가 증가하고 있다고 대답했다. 나머지 2개 신문사는 변화가 없다고 대답했다.

이러한 결과들은 실무자들의 답변과 ABC협회의 발행부수 검증결과 사이에 차이가 있음을 보여준다. 팩트(fact)는 하나인데 이에 대한 해석이 다르다는 것은 어딘가에 불순물이 섞여있기 때문이라고 판단된다.

제❻절 | 제주일보의 탄생

1. 제주일보의 탄생배경

여기서 말하는 제주일보는 김대형(제주일보방송 대표)씨가 2014년 12월 제주지방법원 공매법정에서 9억원에 낙찰을 받은 상표(제주일보)로 2015년 11월 16일부터 발행하는 일간지의 명칭이다. ㈜제주일보방송(대표 김대형)에서 발행하는 신문을 '제2의 제주일보'로 명명한 이유는 제주 언론사적으로 볼 때 과거의 ㈜제주일보사(대표 김대성)가 발행하던 제주일보와 명확한 구분을 할 필요가 있다고 판단했기 때문이다. 이 부분에 대해서는 관점에 따라 논란의 여지가 있기 때문에 차후에 기회가 되면 후술할 생각이다.

제2의 제주일보가 탄생하게 된 배경은 원했던 결과는 아니겠지만, 회사의 경영난으로 인한 부도 때문이다. ㈜제주일보사가 부도나고, 김대성 회장이 공금횡령 혐의 등으로 구속되자 ㈜제주일보사 직원들은 약 14억여 원에 달하는 월급과 퇴직금을 받기 위해 제주일보 상표권에 대한 압류신청을 하고, 이어서 법원에 매각명령(경매)을 신청하였다.

제주지방법원은 이들의 요구를 받아들여 지난 2014년 12월 23일 국내 언론계의 이목이 집중된 가운데 제주일보 상표권을 공매에 붙였다. 이날 경매에 나온 ㈜제주일보사의 소유인 상표권은 한문 濟州新聞(등록번호 제222172호), 한문 濟州日報(등록번호 제382276호), 한글 제주일보(등록번호 제379115호) 등 3개였다. 경매에는 주식회사 제주일보(회장 오영수)의 대리인과 제주일보사 김대성 회장의 동생인 김대형씨, 신분이 확인되지 않은 오모씨 등 3명이 참여했다. 경매는 최저 입찰가 5억원에 시작됐다. 30여 차례 호가 경쟁 끝에 가장 많은 금액 9억원을 제시한 김대형씨가 이 상표권을 낙찰 받았다. 신문의 제호를 법정에서 돈을 주고 파는 일은 한국언론사상 처음 있는 일이다.

김대형씨는 제주일보 상표권을 낙찰 받은 그날, 자신이 대표로 있는 주식회사 대경케미칼의 상호를 신문 발행업 등을 목적으로 하는 ㈜제주일보방송으로 제주지방법원에 변경 등기를 하였다. 당시 등기된 회사의 임원을 보면 대표이사는 김대형, 감사 김승환, 사내이사 김진호·이종철 등 4인이다.

제주일보 상표권을 소유한 김대형씨는 2015년 1월 13일 제주지방법원에 상표권의 등록권자 명의변경 등록, 질권 설정 말소, 압류 말소 등록을 요구했으며, 특허청은 이를 받아들여 2015년 1월 19일자로 상표권 명의변경 등록 및 압류 등록을 말소하였다. 이것은 제주일보 상표권 등록권자의 명의가 ㈜제주일보사에서 ㈜제주일보로 그리고 김대형씨로 넘어가고, 제주일보사 직원 및 채권자들에 의해 압류 설정됐던 모든 질권(質權)이 해제되었음을 의미했다.

이렇게 신문을 발행할 수 있는 제도적 기반이 조성되자 김대형씨는

2015년 3월 16일 ㈜제주일보 방송의 대표이사로 취임하였다. ㈜제주일보 방송 김대형 대표는 2015년 6월 24일 ㈜제주일보와 ㈜제주일보사 간에 체결한 제주일보 상표 전용사용권[51] 설정 말소 촉탁신청을 제주지방법원에 제출하고, 제주지법은 특허청에 말소등록 촉탁을 했으며 특허청은 7월 10일 전용사용권 설정등록을 말소하였다. 특허청이 ㈜제주일보(대표 오영수)의 제주일보 상표 전용사용권을 말소시키자 김대형 대표는 2015년 8월 6일자로 제주일보 상표권을 ㈜제주일보방송(대표 김대형)으로 이전 등록하였다. 그리고 2015년 7월 29일 등록했던 '뉴제주일보'라는 제호를 2015년 8월 6일 '제주일보'로 변경 등록하고 제주도청으로부터 신문사업·인터넷신문사업 등록증을 교부받았다.

그리고 2015년 8월 17일 김대형 ㈜제주일보방송 대표는 친형인 김대성 (주)제주일보사 전 회장에게서 채무를 제외한 제주일보 지령, 신문발행, 판매 및 광고 등 모든 영업과 체육 및 문화사업의 권한, 인터넷뉴스, 도메인 등을 넘겨받는 양도양수 계약서를 체결하였다(〈아래 1〉 참조).

<아래 1>

1. ㈜제주일보사가 신문사업자 제주일보(신문사업 등록증: 제주가01001호)로서 운영해오던 지령, 신문발행, 판매 및 광고 등 모든 영업과 체육, 문화사업의 업무(단, 채무 제외) 행사의 권한 2. 기발행된 신문에 대한 저작권과 인터넷 뉴스와 도메인, 홈페이지 등의 권한

이렇게 제반문제들이 해결되자, ㈜제주일보방송(대표 김대형)는 제주시 서사로 25번지(삼도 2동 803-1번지)에 위치한 수정빌딩에 사무실을 마련하고 제주도내 타 언론사의 기자들을 적극 영입하는 등 본격적으로 제2의 제주

51) ㈜제주일보(대표 오영수)는 비상위가 해체된 이후, ㈜제주일보사(대표 김대성)와 ○○○계약(2013년 9월 27일부터 상표권의 공·경매를 통한 매각시점까지)을 맺고 특허청에 2013년 12월 9일자로 제주일보 상표 사용에 대한 전용사용권(2013년 9월 27일부터 2017년 11월 14일까지)을 설정 등록하였다.

일보 창간(재발간)을 위한 준비에 들어갔다.

㈜제주일보방송(대표 김대형)은 자신이 소유한 '제주일보' 상표권(제호)을 제주일보가 계속 무단사용하자 2015년 9월 25일 제주동부경찰서에 ㈜제주일보와 발행·인쇄인, 편집인을 상표법 및 부정경쟁방지법 위반으로 형사고소하였다. 이때부터 피할 수 없는 상표권 분쟁이 시작되었다. 그리고 ㈜제주일보방송은 2015년 9월 30일 제주지방법원에 제주일보 상표권침해금지 가처분 신청을 제기하였다. ㈜제주일보도 이에 맞서 2015년 10월 23일 ㈜제주일보방송을 상대로 법원에 신문발행금지가처분 신청을 냈다.

이 두 사건을 배정받은 제주지방법원 제3민사부(허일승 부장판사)는 2015년 11월 30일 ㈜제주일보방송(대표 김대형)이 ㈜제주일보를 상대로 제기한 상표권침해금지가처분 신청내용을 일부 인용하여 "㈜제주일보가 〈제주일보〉 제호를 신문과 온라인신문, 포장용기, 광고, 간판, 거래서류, 홈페이지에 사용하거나 배포, 공표, 전송해서는 안 된다"고 판결하였다. 또한 재판부는 ㈜제주일보가 '제주일보' 제호를 사용한 신문, 포장용기, 간판, 거래, 서류에 대한 점유를 풀고 ㈜제주일보방송이 위임하는 집행관에게 보관하도록 해야 한다고 주문했다. 만약 ㈜제주일보가 이를 어길 시 ㈜제주일보방송에 1일 200만원씩 지급하라고 주문했다. 반면, ㈜제주일보가 ㈜제주일보방송을 상대로 제기한 신문발행금지가처분 신청은 받아들여지지 않았다. 이로서 제1차 상표권 다툼은 일단락 되었고, 제주도에서 여섯 번째로 제2의 제주일보가 탄생하게 되었다.

㈜제주일보방송(대표 김대형)은 제호(상표권)를 둘러싼 이러한 법정 다툼과 별도로 2015년 11월 9일 ㈜제주일보가 발행하는 똑같은 제호의 제주일보 호외판 발간을 통해, 지난 3년간의 파행을 접고 오는 16일부터 '제주일보' 제호로 같은 신문을 발간하게 될 것임을 공식화했다. 이날 발간된 4면짜리 호외판 제주일보 1면에는 "언론의 바른 길, 제주일보의 다짐입니다"라는 통단 헤드라인 아래 지난 1973년 1월 1일 문화면에 실렸던 소암 현중화 선생이 쓴 이 사시의 휘호(正論直筆, 民權守護, 誠實奉仕)' 사진과 함께

발행인 김대형 대표 명의의 '도민과 독자 여러분께 드리는 글'이 실렸다. 2면에는 "결과에 승복하는 게 민주주의입니다"라는 타이틀 아래 '도전받는 '법원 공신력'이라는 제목의 사설을 통해 "법원 경매를 통해 이뤄진 상표권 경매 결과에 승복을 하지 않는 것은 모순"이라고 ㈜제주일보가 제주일보 제호를 여전히 사용하고 있는 부분을 비판했다. 이어 3면에는 "두 개의 제주일보, 진실은 이렇습니다"라는 타이틀로 지금까지 제호를 둘러싼 분쟁 과정을 설명한 해설기사를 실었고, 4면에는 "정의에 등 돌리면 내일이 없다"는 제목의 정흥남 논설실장 명의의 칼럼을 게재했다.

㈜제주일보방송은 호외판에서 한 약속대로 2015년 11월 16일 제주지역에서 6번째 일간지인 제2의 제주일보를 발행하기 시작하였다.[52] 이것은 언론 역사상 그 유례를 찾아보기 힘든 사례이기 때문에 복간 혹은 재창간이라고 부르기도 적합하지 않다. 그리고 네이버와 같은 사이트에 들어가서 제주일보 기사를 검색할 때, 2015년 11월 16일 이전에 발간된 제주일보의 기사들을 찾을 수 없는 것은 현재 2개 신문사가 법정에서 상표권 다툼을 벌이고 있기 때문이다.

16면으로 첫 발행된 제2의 제주일보 1면에는 발행인 김대형 대표의 '도민·독자께 드리는 제주일보의 약속'이라는 글과 제주일보방송의 첫번째 인사 내용 그리고 2016년 4·13 총선 여론조사(제주시 갑구)내용 등이 실려 있다.

발행인 김대형 대표는 '도민·독자께 드리는 제주일보의 약속'이라는 메시지를 통해 제주일보 발행인을 맡게 된 지금 막중한 책임감을 통감한다면서 지역과 공존공영의 길을 가고, 편집국의 자율성을 보장하고, 독자중심의 언론으로 거듭나겠다고 약속하였다. 그 전문은 다음과 같다.

52) 제2의 제주일보의 탄생과정은 다음과 같다. 제주일보사 부도 → 김대성회장 구속 → 상표권(제호) 경매법정에 나옴 → 상표권 낙찰 받음 → (주)제주일보방송 설립→ 제1차 법정 다툼에서 승리 → 제2차 법정싸움에서 패배 → 제주일보 호외판(4면) 발행 → 2015년 11월 16일 제2의 제주일보 탄생

존경하는 도민·독자 여러분. 제주일보가 새해엔 창간 71주년을 맞이합니다. 공자는 70세를 '종심(從心)'이라고 일컬었습니다. 굳이 그 뜻을 풀자면 마음 가는 대로, 마음이 원하는 대로 해도 어떤 규율이나 법도·제도 등을 벗어나지 않았다는 말로, 유교에서 말하는 성인의 경지에 이르렀다는 뜻을 의미합니다.

그러나 70세를 넘긴 제주일보는 아직도 성인의 반열에 오른 신문이기보다는 부족함이 너무 많습니다. 그만큼 채우고 담아야 할 많은 여백을 갖고 있습니다.

1945년 10월 1일 창간된 제주일보는 그 긴 기간만큼이나 굽이진 굴곡을 지나왔습니다. 물론 이처럼 굴곡이 깊이 팬 데는 외부의 요인보다 내부 역량문제가 더 컸습니다. ㈜제주일보방송 법인의 대표이사이자 제주일보 발행인을 맡게 된 지금 무엇보다 막중한 책임을 통감합니다.

제주일보가 다시 시작합니다. 새로 출발하는 이 순간, 도민·독자 여러분께 약속드립니다.

첫째, 지역과 공존공영의 길을 가겠습니다. 언론기업은 이익 추구를 최고의 목적으로 둔 일반의 기업과는 근본적으로 다를 수 밖에 없는 공공적 측면을 갖고 있습니다. 그에 걸맞게 지역사회와 함께 공존할 수 있도록 도민·독자들이 폭넓게 참여할 수 있는 다양한 문화·체육 등의 사업을 지속적으로 전개해 나가겠습니다. 회사 경영을 투명하게 하기 위해 외부 인사들로 이사회를 구성, 경영의 건강성을 확고히 하겠습니다.

둘째, 편집국 자율성을 보장하겠습니다. 편집국장 임기제를 시행, 편집국 기자들이 편집국장을 정점으로 올곧은 기자정신을 실천하고 이를 지면에 반영토록 하겠습니다. 편집국장 임명에 편집국 구성원들의 뜻이 충분히 반영될 수 있도록 하겠습니다. 아울러 외부 전문가 및 중립적 인사들로 가칭 '제주일보 편집위원회'를 구성, 제주일보 지면 구성 및 기사 배치 등을 정례적으로 검증받도록 하겠습니다.

셋째, 독자 중심의 언론으로 거듭나겠습니다. 우리 사회 곳곳에서 다양한 삶을 살아가고 있는 우리 이웃들의 애환을 최우선으로 지면에 녹여 나가겠습니다. 묵묵하게 우리 사회를 지탱하고 있는 사회구성원들의 생생한 목소리가 지면에 넘쳐나도록 하겠습니다.

존경하는 도민·독자 여러분. 동일한 제호로 2개의 제주일보가 발행되고 있는 최근의 사태와 관련, 이유 여하를 불문하고 진심으로 송구스럽게 생각합니다.

도민·독자 여러분의 걱정과 우려, 그리고 질책을 누구보다 잘 알기에 제주일보 발행인으로서 이 상황이 최대한 빨리 마무리 될 수 있도록 모든 조치들을 취해 나가겠습니다. 제주일보는 앞으로 우리 사회의 모순을 파헤쳐 이를 바로잡고, 부정과 비리에 더더욱 옹골차게 맞서겠습니다. 좌고우면 하지 않고 도민·독자만 바라보고 나가겠습니다. 그래서 제주 언론의 새 지평을 열어나가겠습니다. 감사합니다.

2. 창간 주역들

㈜제주일보방송이 1915년 11월 16일자로 단행한 첫 번째 인사발령 내용을 보면, 감사에 김진호, 논설고문에 김종배, 논설실장 정흥남(제주매일에서 이적), 편집국장 강영진(제주일보에서 이적) 광고국장 김공남(제주매일에서 이적), 편집국 부국장 홍성배, 편집국 부국장 대우 신정익(제주매일에서 이적), 편집국 부장 김경호 화백(제주일보에서 이적), 정치부 부장 대우 김현종 등이다. 편집국 간부들은 타 신문사에서 활동하던 기성 언론인들로 구성되었다.

이어 제주일보방송은 2015년 11월 17일자로 사외이사 16명을 위촉하였다. 그 명단은 ▷ 강재업 제주지방검찰청 피해자 지원센터 이사장 ▷ 고성효 제주도변호사회 회장 ▷ 김영진 제주특별자치도관광협회 회장 ▷ 부만근 전 제주대 총장 ▷ 부평국 제주특별자치도 생활체육회 회장 ▷ 서석주 제주특별자치도 버스운송사업조합 이사장 ▷ 송상훈 ㈜한림공원 대표이사 ▷ 송승천 전 제주특별자치도체육회 상임부회장 ▷ 송재호 제주대 교수 ▷ 신명순 연세대 명예교수·전 연세대 부총장 ▷ 신상범 ㈜제주중앙언론인회 회장 ▷ 양문석 ㈜세기건설 대표이사 ▷ 양창헌 한국유네스코 제주협회 회장 ▷ 이시복 대한건설협회 제주특별자치도회 회장 ▷ 허영배 제외제주도민총연합회 회장 ▷ 현승탁 법무부법사랑 제주특별자치도협의회 회장 ▷ 현인택 고려대 교수·전 통일부 장관(이상 가나다 순) 등이다.

그런데 제주일보가 발행되기 시작한지 두 달도 채 되기 전에 강영진 초대 편집국장이 서귀포시 지역에서 제20대 4·13 총선에 출마하기 위해 1월 12일 사표를 제출하고, 새누리당 제주도당에 입당했다. 공석이 된 제2대 편집국장 자리는 2016년 1월 13일자로 홍성배 편집국 부국장으로 채워졌다. 이어서 편집국과 광고국의 진용을 보강하는 인사를 단행했다. 그 내용은 ▷ 이사 이종철 ▷ 편집국 부국장대우 김태형 ▷ 편집국 팀장(부국장 대우) 부남철 ▷ 광고국 디자인부장 양정렬 ▷ 광고국 부장대우 오창현(이상 2016년 1월 4일자) ▷ 이사 정종철(2016년 1월 4일자) ▷ 편집부국장 겸 서귀포지사장 한국현(2016년 2월 1일자) ▷ 사회부장대우 현봉철(2016년 9월 1일자) 등이다.

그리고 제주일보 방송은 내부 역량을 강화하기 위해 ㈜제주일보사가 부도로 폐업당하기 이전에 오랜 기간 동안 편집국장과 편집인 등을 역임했던 부영주씨를 2016년 11월 10일자로 또다시 주필·편집인 겸 사장으로 임용하였다.

한편, 제주일보방송사 설립 초창기인 2015년 9월에서 11월까지 입사한 간부와 사원들은 대표 김대우, 논설실장 정흥남, 편집국장 강영진, 편집국 부국장 홍성배, 편집국 부국장 신정익, 편집국 화백 김경호, 편집국 차장 변경혜, 편집국 차장 고현영, 편집국 기자 강민성, 편집국기자 홍수영, 편집국기자 고권봉, 편집국 기자 고기철, 편집국 기자 문서현, 편집국 기자 박미예, 편집국 기자 박수진, 편집국 기자 이상수, 경리이사 이종철, 영업본부 본부장 김공남, 영업본부 부장 양정열, 영업본부 사원 이영주, 영업본부 사원 배수련, 부속실 처장 부훈필 등 22명이다.

3. 독자위원회 구성

제주일보방송은 2016년 4월 28일자로 제1기 독자위원 32명을 위촉하였다. 이렇게 많은 사람들을 한꺼번에 독자위원에 위촉한 것은 매우 보기

드문 사례이다. 이들은 이날 제주상공회의소 4층 중회의실에서 공식 출범하고 첫 회의를 가졌다. 이날 회의에서 위원장에는 김광수 제주도의회 교육의원, 부위원장과 사무국장에는 고신관 제주시 주민자치위원장협의회장과 현태용 동서문학회장이 각각 선임됐다. 이들은 앞으로 분기별 정기회의를 통해 지역사회 발전과 독자권익 신장을 위한 다양한 의견과 대안을 제시하게 된다.

독자위원 명단은 ▷ 강영준(제주도건축사협회장) ▷ 강지윤(㈜삼영교통 대표이사) ▷ 강창권(제주주민자치연대 볼런티어위원장) ▷ 강창화(전 제주예총 회장) ▷ 고광민(한국자유총연맹 제주시지회장·동남종합건설 대표이사) ▷ 고문화(제민신협 이사장·신협중앙회 이사) ▷ 고신관(제주시 주민자치위원장협의회 회장) ▷ 김광수(제주도의회 교육의원) ▷ 김길리(한국발레협회 제주지회장) ▷ 김대희(제주도체육회 사무처장(직대)) ▷ 김종현(한국사진작가협회 제주지회장) ▷ 김태석(제주도의회 의원) ▷ 김화경(제주국제대 교수) ▷ 남진열(제주대 행정학과 교수) ▷ 문순덕(제주발전연구원 책임연구원) ▷ 박홍배(제주도 자치행정국장) ▷ 백원민(예나산부인과 원장) ▷ 백진주(전 제주YWCA 사무총장) ▷ 부용철(부용철치과 원장) ▷ 송정률(에이플러스 제주 대표) ▷ 신석종((주)푸른제주 대표·제주도체육회 부회장) ▷ 양은정(한국여성경제인협회 제주지회장) ▷ 오광석(제주은행 부행장) ▷ 용제영(서귀포시 서홍동 새마을지도자협의회장) ▷ 이상철(한국노총 제주본부 의장) ▷ 전정환(제주창조경제혁신센터 센터장) ▷ 하민철(제주도의회 의원) ▷ 현재웅(㈜한라산 대표이사) ▷ 현정화(제주도의회 보건복지안전위원회 위원장) ▷ 현태용(동서문학회 회장) ▷ 홍창도(법무부 법사랑위원회 제주도협회 부회장) ▷ 황용남(전 제주도공보관) 등이다.

4. 자문위원 위촉

㈜제주일보방송은 2016년 8월 1일 오전 제주 메종글래드 호텔에서 정치·경제·관광·사회·문화·보건 등 각계에서 활동을 하고 있는 사람들 가운데 60명을 자문위원으로 위촉하였다. 이날 회장에는 백원민 예나산부인과

원장이 만장일치로 선출됐으며, 총무에는 안성 ㈜금강축산유통 대표이사가 선임됐다. 고문에는 신상범 ㈔제주중앙언론인회 회장과 부만근 전 제주대학교 총장이 추대되었다.

김대형 제주일보 회장은 인사말을 통해 "지역사회 각 부분에서 활발히 활동하시는 여러분을 자문위원으로 모신 것은 정론직필, 민권수호, 성실봉사라는 제주일보의 사시(社是)를 실현하고 올바른 언론의 길을 밝히기 위한 지혜를 얻기 위함"이라며 "언론의 역할과 소통의 문제를 풀어나가기 위해 좋은 의견을 제안하고 도와주시기 바란다"고 말했다.

자문위원회 명단은 다음과 같다.

■ 회장 ▷백원민(예나산부인과 원장)

■ 고문 ▷신상범(㈔제주중앙언론인회 회장) ▷부만근(전 제주대학교 총장)

■ 자문위원 ▷강동화(㈜제스코마트 대표이사) ▷강성훈(주원종합건설㈜ 대표이사) ▷강지윤(㈜삼영교통 대표이사) ▷강태욱(제주신용보증재단 이사장) ▷고경진(한국지엠제주판매㈜ 대표이사) ▷고광민((합)동남종합건설 대표이사) ▷고상후(㈜제주막걸리 대표이사) ▷고성남(제주축협 조합장) ▷고성호(㈜제주레미콘 대표이사) ▷고성효(법무법인 탐라 대표 변호사) ▷고시오(㈔해피트리 이사장) ▷고신관(CTM대표이사) ▷고영두(㈜영도종합건설 대표이사) ▷김경란(㈜제주사랑렌트카 대표이사) ▷김광수(제주도의회 교육의원) ▷김동철(월드컵상사 대표) ▷김양근(김양근치과 원장) ▷김양옥(타미우스CC 대표이사) ▷김영진(제주특별자치도관광협회장) ▷김영찬(나인브릿지 퍼블릭 대표) ▷김영채(DK서비스 대표이사) ▷김영희(제원학원 원장) ▷김창홍(파라다이스건설㈜ 고문) ▷김태문(㈜대웅건설 대표이사) ▷김태석(제주도의회 운영위원회 위원장) ▷김택주(대원종합건설㈜ 대표이사) ▷문성철(문성철정형외과 원장) ▷문원규(현보전력㈜ 대표이사) ▷박권철(㈜삼보산업 대표이사) ▷부평국(㈜서흥전기 대표이사) ▷서석주(제주특별자치도 버스운송사업조합 이사장) ▷송상훈(㈜한림공원 대표이사) ▷송승천(㈜웅진건설 대표이사) ▷송재호(전 한국문화관광연구원 원장) ▷송정률(에이플러스제주 대표) ▷신석종(㈜푸른제주 대표이사) ▷안성(㈜금

강축산유통 대표이사) ▷양광순(명동감귤영농법인 회장) ▷양문석(㈜세기건설 대표이사) ▷양성훈(법사랑협의회 운영실장) ▷양연호(㈜대성자원 대표이사) ▷양용창(제주농협운영협의회 회장) ▷양은정(한국여성경제인협회 제주지회장) ▷양창헌(한국유네스코연맹 제주협회 회장) ▷오창환(㈜늘푸른건설 대표이사) ▷유행수(㈜삼다 대표이사) ▷이숙자(㈜성일레미콘 대표이사) ▷이시복(대한건설협회 제주특별자치도회장) ▷이종근(㈜한국공조시스템 대표이사) ▷조영숙(㈜미사 대표) ▷하민철(제주도의회 환경도시위원회 위원장) ▷한영석(제주새마을금고 이사장) ▷한용선(제주양식어류수협 조합장) ▷현동수(㈜동원설비 대표이사) ▷현재웅(㈜한라산 대표이사) ▷홍창도(호텔난타 대표이사) ▷홍철기(홍철기세무사 대표) (이상 가나다 순)

제주일보 발행인의 (창간)메시지 그리고 독자위원회와 자문위원의 면면을 보면, 이 신문이 앞으로 진보, 보수, 중도 가운데 어느 방향으로 걸어갈지는 알 수 없다. 하지만 이를 유추해 볼 수 있는 것으로 신문사 발행인의 메시지를 들 수 있다. 김대형 발행인은 창간 당시(달리 표현할 단어가 없음) 사고(社告) 형식의 글을 통해 독자와 도민들에게 한 약속 가운데 가장 눈길을 끄는 것은 "우리 사회의 모순을 파헤쳐 이를 바로잡고, 부정과 비리에 더더욱 옹골차게 맞서 싸우겠다는 것이다"라는 문장이다. 이것은 언론이 가장 기본적으로 수행해야 하는 첫 번째 역할이다. 제주일보가 이 약속을 제대로 이행한다면 제주도내에서 가장 진보적인 성향의 신문이 될 가능성이 높다.

그러나 분명한 것은 기존의 5개 일간지와 마찬가지로 제주일보 앞에도 험난한 가시밭길이 기다리고 있다는 점이다. 우선 2012년 12월 도산한 제주일보사를 대신해 '비상대책위원회'를 꾸려서 제주일보를 발행해 오다가 그 제호(제주일보 상표권)가 팔려나가자, 불가피하게 〈제주新보〉를 발행하고 있는 ㈜제주일보를 비롯한 5개 일간지와 한정된 시장 속에서 치열한 생존경쟁을 해야 하기 때문이다.

인구수와 기업체 수에 비해 전국에서 가장 많은 언론사가 서로 피 터지게 싸우는 레드오션(red ocean)에 뛰어들어야 하는 사주와 기자들은 더욱 괴로울 것이라고 생각한다.

5. <제주일보> 제호 다툼에 대한 반응

당시 ㈜제주일보와 ㈜제주일보방송사가 똑같은 제호(제주일보)로 신문을 발간한 데에 대한 타 신문사와 독자들의 생각은 제주매일 2015년 11월 19일자 오피니언 란에 실린 〈두개의 제주일보 사태에 대한 단상〉이라는 제목의 칼럼을 통해 유추해 볼 수 있다. 이 칼럼에서는 해당 사건이 일어난 배경과 성격 그리고 '기자 빼가기' 문제 등을 상세히 소개하고 있다. 칼럼의 전문은 다음과 같다.

〈두개의 제주일보 사태에 대한 단상〉

제주사회가 '웃프(웃기면서 슬프)'다. 같은 이름, 다른 내용의 일간지 '제주일보' 2개가 동시에 발행되는 사상 초유의 사태가 벌어졌다. 어느 쪽의 정통성 여부를 떠나 분명한 사실은 발생해선 안 될 상황이라는 점이다(다른 3개의 법인이 발행한 제주일보를 시간 순으로 '원'제주일보·'구'제주일보·'신'제주일보로 구분해 본다).

2개의 제주일보 '비극'의 발단은 '원'제주일보의 부도다. 김대성 당시 제주일보 회장이 2012년 12월 200억원대의 부채와 14억원대의 임금체불 등으로 부도를 냈다. 이후 김 전 회장은 회사자금 120억원 횡령과 수십억원의 차명계좌 입금 등 횡령 및 사기죄로 징역 4년을 선고받고 수감 중이다.

회사 부도·대표이사 구속 등 위기 상황에서 직원들이 비상대책위원회를 구성, 신문 발행이 중단되는 최악의 상황을 막아냈다. 이어 '원'제주일보의 지령은 직원들이 새롭게 대표를 영입하고 설립한 ㈜제주일보의 '구'제주일보로 이어진다. 그런데 변수가 생겼다. 김대성 전 회장의 동생인 김대형 제주상의 회장이 2014년 12월 제주일보 상표권을 낙찰 받은 뒤 "3년간의 파행을 접고 제주일보를 정상 발행하겠다"며 지난 16일 '신'제주일보 첫호를 발행한 것이다. 어려움을 딛고 3년간 지령을 이어온 게 파행인지, 또 하나의 제주일보를 발행하는 게 정상인지 모르겠으나 이렇게 '이란성 쌍둥이 제주일보'가 태어났다. '신'제주일보를 시작한 이유가 형님의 실패에 따른 가문의 명예 회복일 수도 있다. '참언론'을 통한 제주일보 가치 지키기도 말은 된다.

둘 다 좋다. 그런데 경우라는 게 있다. 구멍가게도 아니고 '정론'과 '민권'을 사시(社是)에 담고 '언론'을 하겠다면 경우는 지켜져야 한다. 더욱이 대표이사 발행·편집인이 제주상공업계의 얼굴인 제주상공회의소 김대형 회장이라면 더욱 그러할 것이다.

그래서 '신'제주일보 시작에 앞서 제호 매입과 신문사 운영 정도의 경제력이 있었다면 형님이 지역사회에 끼친 채무 등 금전적 피해 해소 노력을 우선했으면 좋지 않았을까, 그리고 형님을 회장으로 모시고 언론인으로 종사하다가 하루아침에 맞은 부도 때문에 제대로 받지 못한 직원 70명의 퇴직금을 챙겨줄 수는 없었을까하는 아쉬움이 든다. 20년 이상 근무한 직원도 제주일보 상표권 경락 후 받은 퇴직금은 국가가 지급하는 체당금(3년치)이 전부였다.

결국 가문의 명예를 회복하고 제주일보의 가치를 지키는 일은 '신'제주일보의 발행보다 형님의 부도 때문에 끊길 뻔했던 지령을 어려움 속에서도 이어온 사람들을 먼저 챙기는 일이 아니었나 생각해 본다.

'신'제주일보 '창간' 과정도 경우가 아니었다. 대표이사 편집발행인이 제주상의 회장이라기엔 너무나 '상도의'에 어긋난 '스카우트'가 자행됐다.

현재 '신'제주일보 기자 중 적지 않은 수가 제주매일 출신들이다. 이들은 돌연 사직서를 제출하고 대체 인력을 충원할 시간도 주지 않고 나가버렸다. 제주매일에서 써오던 장기기획기사도 내팽개친 채다. 이것은 신문사 조직에 대한 배신을 넘어 독자들에 대한 기만이다. 이런 친구들이 기자를 하겠다고 한다. 무슨 염치로 누구의 '허물'을 어떻게 지적할 수 있을지 기가 찰 노릇이다. 더욱이 문제는 이러한 상황을 조장하고 방임한 '신'제주일보의 '지도부'다. 모 선배기자는 제주매일에서 근무해봐서 사람이 절대적으로 부족한 사정을 잘 알면서도 '즉시' 빼 가버렸다. 설령 후배가 원해도 "제주매일에 사람이 없으니 충원할 때까지 기다렸다가 오더라도 오라"고 해야 하는 게 우리네의 경우다.

'구'제주일보도 비슷한 처지다. '신'제주일보로 5명의 '현직'이 넘어갔다. 그리고 그들이 빠져나간 자리를 메우기 위해 선발해 놓은 수습기자까지 '신'제주일보로 갔다고 한다. 대표이사인 김대형 제주상의 회장이 이러한 정황을 몰랐을 수도 있다. 그러나 무릇 지역 경제계를 대표하는 사람이라면 상도의에 어긋난 행동들은 미리 경계시켰어야 했다고 본다. 훤히 아는 인력 사정의 신문사에서 편집과 외근기자들을 빼갔다는 것은 손님이 밀려오는 식당에서 주방장은 물론 홀서빙까지 빼 가버리는 것과 다름 아니다. 상생이 없다. 우리도 없다. 나만 살자는 식이다. 2개의 제주일보 사태에 대한 단상이다.

〈제주매일 편집국장 김철웅, 2015년 11월 19일〉

또한 제주신문 2015년 11월 22일자 오피니언 면에 실린 〈역사 왜곡 2개의 '제주일보'와 사회적 함의〉라는 제목의 칼럼에서는 두 신문의 정통성과 제호를 둘러싼 역사의 논쟁에 대한 문제를 제기하고 있다. 오래된 신문 제호를 사용한다고 하여 자연히 신문의 역사가 만들어지는 것이 아님을 강조하고 있다. 일부 내용을 인용하면 다음과 같다.

〈역사 왜곡 2개의 '제주일보'와 사회적 함의〉

吳제주일보냐 金제주일보냐? 이는 제주일보에 대해 말할 때 제주일보를 구별하기 위해 통용되는 발행인의 성을 딴 별칭이다. 이와 같이 2개의 법인에서 서로 다른 내용으로 하는 제주일보 신문이 발행되는 사상 초유의 사태가 벌어져 제주사회가 혼란스럽다. 거기에다 이들은 서로 자신이 1945년 해방시기에 창간해 지난 68년간 발행해오다 2013년 폐간된 전 제주일보(발행인 김대성 구속 수감)의 역사를 계승한 신문이라고 다투며 대도민 사기극을 벌이고 있다. 세월이 형성한 역사가 누구나 입맛대로 내 것이기도 하고 네 것이기도 할 수가 있는 것인가. 〈중략〉

역사의 진실은 속일 수 없다. 새로 발간한 신규 창간 신문(제주일보방송사)이 과거 제주일보라는 제호를 가졌다고 하여 68년의 역사를 가졌던 과거 제주일보신문이라고 하는 것은 중국이 고구려 역사가 현재 자신들의 영토 안에 있다하여 고구려사를 자신들의 역사로 왜곡하는 동북공정 행위와 다를 바 무엇인가, 만약 2개의 제주일보 논리가 맞는다면 제주일보의 제호는 20년, 제주신문은 48년 역사를 가진 신문이 아니던가. 제주신문

발행인(부임춘)으로서 말도 안 되는 저속한 역사관 논쟁이 부끄러울 뿐이다.

이런 가운데 속칭 吳제주일보와 金제주일보가 '제주일보' 상호를 놓고 상표권 소송전을 펼치고 있다. 그 사용권한이 누구에게 있든 지간에 그것은 법원이 판단 할 일이다. 하지만 이와는 별개로 제주 언론의 역사에 대한 왜곡이자 스스로 과거 제주일보의 좀비를 자청하는 사회적 패륜 행위는 당장 중단해야 한다. 〈후략〉

〈제주신문 발행인 부임춘, 2015년 11월 22일〉

위의 칼럼에서 지적한 신문사의 역사와 정통성에 대한 논의는 두 신문사의 주장이나 해석과 관계없이 학계 차원에서 체계적인 연구가 필요한 주제라 판단된다.

■ 12월 1일자로 발행된 비슷한 제호의 2개 신문. 위 신문은 (주)제주일보방송에서 발행된 '제주일보', 아래 신문은 (주)제주일보에서 발행된 'JJ 제주일보'. ⓒ헤드라인제주

■ 1988년 완공된 제주시 연동의 옛 제주일보 사옥. 제주일보는 경영난이 심화되자 2010년 이 부지를 롯데에 매각하고 2011년 제주시 애월읍 광령리에 신사옥을 건립해 이전했다.

■ 제주일보가 제주시 노형동 사옥을 매각하고 2011년 신축한 애월읍 광령리 신사옥. 2012년 부도후 건물이 통째로 공매로 넘어갔고 경쟁사인 제주일보의 대주주 (주)천마(김택남 회장)가 이 부동산을 사들였다. 현재는 제민일보 사옥으로 사용 중이다.

제 9 장

제주언론사를 돌아보며

1. 제주언론사의 특징

역사는 기사처럼 수많은 사안(fact) 가운데 누군가에 의해 선택되어 기록된 것이다. 여기서는 개화기부터 최근까지 약 135년 동안에 걸친 제주언론의 역사를 살펴보았다. 제주언론은 각 정권의 영향을 받으면서 지속적으로 성장을 거듭해 왔음을 보여주었다. 개화기 때부터 정부는 언론정책을 국가의 중요 정책의 하나로 삼아 언론을 이용하고 활용하고 억압하고 통제해온 것으로 확인되었다.

제주도에서 첫 번째로 등장한 신문은 일제의 패망 직전인 1945년 7월경 총독부의 지시에 의해 일본신문 기자들이 주축이 되어 창간한 일어신문 〈제주신보(濟州新報)〉이다. 이를 제외하고 제주도에서 발행되었던 신문은 없다. 일제강점기에는 제주도가 전라남도의 행정구역에 편입되어 있는 하나의 부속도서였기 때문에 1938년부터 일제가 본토에서 실시한 〈1현(縣) 1지(紙)〉 정책에 의해 제주도에서는 신문을 창간할 수 없었다. 그 이유는 전라남도에 이미 일본인이 발행하는 〈전남신보〉가 있었기 때문이다.

8·15해방과 더불어 전국 곳곳에서 신문·잡지·통신 등의 언론매체가 마치 봇물이 터지듯 쏟아져 나왔다. 1945년 10월 1일, 제주도에서도 제주인에 의해 최초의 지방지인 〈제주민보(濟州民報)〉가 창간되었다. 이 신문은 현존하는 지방신문들 가운데 가장 오래된 신문인 것으로 알려져 있다. 이 신문의 창간멤버들은 일어신문 〈제주신보〉의 발간을 도왔던 20대 젊은이 5명이다. 당시 전국 대부분의 지역에서는 주로 사업가나 지역유지들이 지역신문

창간을 주도했던데 반해, 제주지역에서는 인쇄비를 지불할 돈도 없는 젊은 이들이 정열 하나만을 갖고 신문을 창간했다는 데 중요한 의의를 갖는다.

제주민보는 1946년 1월경 미군정청 공보부에 등록하면서, 일제가 발행했던 신문의 이름인 〈제주신보〉로 제호를 바꾸었다. 36년이란 오랜 식민지배에서 해방되자마자 일제가 발행하던 신문의 제호로 신문을 발간한다는 것은 당시의 분위기로 보아 별로 도움이 되지 않는 결정이었다. 당시 왜 이 제호를 사용했는지는 정확히 알 수 없다. 다만, 일본인이 운영하던 인쇄소 건물인 적산가옥을 미군정 당국으로부터 무료로 불하받기 위해 즉, 역사적 연고권을 주장하기 위해 불가피하게 개제(改題)한 것이라 추정된다.

1947년도 초반에 발행된 신문들의 보도내용을 보면 비교적 진보적인 성향을 보였던 반면, 제주 4·3사건 발발한 이후부터는 보수적인 성향을 보이고 있다. 이것은 미군정과 이승만 정부의 언론정책 때문이라고 보아진다.[53]

1950년대에 들어서면서 〈제주신보〉의 독무대였던 신문시장에 주간 〈재건타임스〉(1951.9.26), 주간 〈한라신문〉(1951.11), 그리고 격일간 〈탐라신보〉(1952.8. 이후), 순간 〈영주시보〉(1953.11. 이후), 주간 〈제민시보〉(1956.5.8), 〈제민일보〉(1960.7.1. 전신은 제민시보), 〈제향시보〉(1959.10. 이후) 등이 창간되면서 7개 신문사가 본격적인 취재보도 경쟁시대를 열었다. 그리고 4·19혁명 이후에 〈의회보〉(1960.12.5)와 〈제주매일신문〉(1961.3.2) 등이 창간되어 신문시장에 새로이 진입하면서 제주지역은 그야말로 '언론의 범람기'를 맞이하게 된다.

---

53) 일본이 8월 15일 무조건 항복을 선언한 후 점령군의 자격으로 우리나라에 진주한 미군은 곧 군정청을 발족하고 남한에 대한민국 정부가 들어서는 1948년 8월 15일까지 군정을 실시했다. 미군정은 초기에는 언론의 자유를 보장할 것이라고 공언했다. 그러나 1946년에 접어들면서 미군정은 치안 유지를 명분으로 진보진영과 좌익계 그리고 공산주의 계열의 언론을 엄격하게 통제하기 시작했다. 그 목적은 우익보수 진영을 중심으로 미국이 바라고 원하는 정부(반공 국가의 확립, 자본주의 경제체제의 확립, 의회 제도에 바탕을 둔 자유민주주의의 제도화)를 세우기 위해서는 좌익과 진보진영의 매체가 걸림돌이 된다고 판단했기 때문이다.

이러한 신문사의 수는 당시의 경제적 수준과 인구수에 견주어 볼 때, 지나치게 많은 숫자라고 할 수 있다. 1955년부터 1960년까지 제주도의 인구는 약 28-29만명 정도였고, 가구수는 6만4천 가구에 불과했다(국가통계포털 통계자료). 총 인구가 30만명도 안 되는 자그마한 섬 제주도에서 통신사를 제외한 10개 정도의 신문이 취재보도 경쟁을 하였다는 것은 제주사회의 민도(民度)가 그만큼 높았다는 것을 의미하는 것으로 볼 수도 있다. 하지만 그에 따른 부작용도 적지 않았을 것이다.

한편, 제주지역에서 최초의 방송시대를 연 것은 1950년 9월 10일 KBS 제주방송국 라디오방송이 개국되면서 부터이다. 텔레비전 방송은 제주문화방송(제주MBC)에 의해 1970년 8월 1일부터 처음 시작되었다. 제주지역에서는 이때부터 본격적으로 신문과 방송의 뉴스보도 경쟁시대에 들어서게 된다.

이렇게 활기를 띠던 언론출판의 자유는 1961년 5·16쿠데타로 등장한 박정희 정권이 집권하면서 쇠퇴의 길로 접어들기 시작하였다. 박정희 정권이 발표한 언론정비 방침에 따라 같은 해 5월 28일 제주도에서는 일간지 1개, 주간지 7개, 통신 2개가 폐간되었다. 이것은 지역언론의 기능을 약화시키기 위한 조치였으며, 결국 통폐합 과정에서 살아남은 신문에게는 자연스럽게 과점체제를 만들어 주는 계기가 되었다.

언론통폐합 정책으로 제주신보와 제민일보도 통합되어 1962년 11월 20일부터 〈제주신문〉란 이름으로 재출발하였다. 이후 제주신문은 1967년 8월 격일간지인 〈제남신문〉이 탄생하기 전까지는 제주지역의 유일무이(唯一無二)한 일간지로서 정부의 특혜지원을 받으면서 성장기반을 다지게 된다.

1979년 12·12쿠데타로 정권을 장악한 전두환 군부도 박정희 정권과 마찬가지로 가장 먼저 언론을 통폐합시키고, 언론기본법과 보도지침을 통해 언론자유와 취재활동을 통제하면서 서서히 언론의 기능을 위축시켜 나갔다. 제주에서도 다양한 언론통제가 이뤄졌다. 첫째, 언론통폐합 과정에서 1967년 8월에 창간하여 주 2회 발행하던 〈제남신문〉이 폐간되었다. 둘째, 제주신문사 사장이 17년 동안 제주신문사를 경영해 온 김선희 사장에서 1980년 11월 신군부세력을 등에 업은 김대성(金大成·37세)으로 교체되었다. 셋째, '방송공영화'라는 미명하에 단행됐던 방송통폐합 조치로 지방의 21개 문화방송사들과 마찬가지로 남양문화방송(제주MBC)의 주식 51%가 강제로 서울문화방송(MBC)으로 넘어가면서 지역언론의 기능이 대폭 축소되었다. 넷째, 제주지역에서 강제 폐간된 제남신문사의 직원 이외에도, 언론인 24명(직원 포함 총 47명)이 강제로 직장을 떠나야 했다.

한편, 사주가 바뀐 제주신문에서는 언론본연의 기능을 기대하기가 어려운 상황이 전개되면서, 당시 제주지역에 단 하나뿐인 제주신문의 언론활동을 크게 위축되는 결과를 가져왔다. 이렇게 지방언론의 기능이 고사되는 가운데, 제주신문에게는 정부의 온갖 지원과 특혜를 받으면서 성장기반을 든든하게 다지게 되는 기회가 되었다.

이렇게 언론의 기능이 위축되어 가던 지역언론시장은 1987년 6월 민주화 항쟁 이후, 언론출판의 자유를 옥죄던 언론기본법이 폐지되고, 정기간행물의 발행이 실질적인 등록제로 바뀌면서 다시 활기를 띄기 시작했다. 6·29 민주화 투쟁이후 제주지역에서는 〈한라일보〉(1989.4.22 창간)가 가장 먼저 창간되었다. 이어 〈제민일보〉(1990.6.2 창간)가 잇달아 창간되어 일간지 정립시대를 열었다.

이후 〈제주타임스〉(1999.3)와 〈제주우먼타임스〉(2007.4) 등과 같은 주간지들이 연달아 창간되고, 이들 신문이 다시 일간지로 전환되면서 현재 제주지역에는 6개 일간지뿐만 아니라, 3개 지상파 방송과 KCTV제주방송, 그리고 수십 개의 인터넷 신문들이 한정된 독자시장과 광고시장을 놓고 서로간의 치열한 생존경쟁을 벌이고 있다. 언론환경이 이렇다 보니 일부 방송사를 제외하고 서로가 좀처럼 어려운 국면을 벗어나지 못하고 있다. 더불어 최근 방송통신 융합과 뉴미디어의 등장은 신문 구독자의 감소에 영향을 미칠 뿐만 아니라 방송 생태계에도 경영 위협의 요인이 되고 있다.

2. 재평가해야 할 국민의 알권리를 위한 투쟁

이와 같은 언론자유의 생태계가 만들어지기까지의 역사를 고찰하는 과정에서 주목해야 할 사실은 제주지역 언론계에서 국민의 알권리 신장[54]과 편집권 수호를 위한 3차례의 투쟁이 있었다는 점이다. 이는 언론사적 측면에서 높이 평가되어야 할 부분이다.

지금까지 잘 알려지지 않은 사실이지만, 제주지역 언론인들은 이미 1960년대부터 언론의 활동을 위축시키는 신문사 사주의 편집권 통제 및 간섭행위에 맞서 싸우기 시작했다. 당시 제주지역의 유일한 일간지였던 〈제주신보〉가 1960년 7월 18일 보도기사의 책임을 물어 해당 기자를 해임시킨 사건이 발생하자, 편집국장을 선두로 한 11명의 기자들이 '편집권 간섭'을 내세워 동진동태(同進退陣)를 결의하고 집단으로 사표를 제출하였다. 당시 경영진은 이를 '경영권에 대한 도전행위'로 간주하여 11명의 사표를 수리하는 사태가 벌어졌다. 이 사건은 독자의 알권리를 위해 제주에서 일어났던 첫 번째 편집권 수호 투쟁이었다는 점에서 매우 중요한 역사적 의의를 지닌다.

제주신보는 신문의 정상발행을 위해 해직기자들을 개별적으로 접촉하며 회유하였지만, 단 한명도 회사에 복귀하지 않았다. 이에 경영진은 신문의 정상발행을 위해 타 신문사에서 경력기자들을 빼앗아오고, 나머지 인원은 수습기자를 모집하여 충원하였다. 이때부터 다른 신문사로 자리를 옮기는 기자들이 많아지기 시작했다. 당시 지방신문사에서 편집권 갈등으로 편집국 기자들을 전원 해고시킨 사례는 타 지역의 신문사에서는 유례가 없는 것으로 확인되었다.

언론자유와 편집권 독립을 위한 두 번째 투쟁은 〈제주신문〉에서 일어났다. 1987년 6·29선언 이후 전국 곳곳에서 들불처럼 일어난 '언론의 민

54) 알권리는 저해하는 요소는 크게 두 가지이다. 첫째는 정보의 수집을 막는 것이고, 둘째는 출판과 배포를 막는 것이다(한동섭·김형일(역), 1999: 92).

주화' 열기는 〈제주신보〉의 역사를 이어온 〈제주신문〉에까지 불어 닥쳤다. 제주신문 노조는 1988년 8월 4일부터 전두환 정권이 들어선 이후 지난 8년간 제주신문(제주일보의 전신)의 편집권을 좌지우지 했던 5공 인물인 김대성 사장의 퇴진을 요구하는 투쟁에 돌입하였다. 회사 측은 이에 대해 폐업과 집단해고 등으로 맞섰고, 결국 신문발행이 중단되는 사태로 이어졌다. 편집과 경영의 분리, 사원의 복지개선 요구 등에 이어 5공 인물 퇴진을 요구하며 시작된 제주신문사의 78일간의 투쟁은 결국 대주주 자본가의 힘에 의해 120명이 해고당하는 결과로 막을 내렸다. 제주신문사의 대량해고는 결국 새로운 신문인 〈제민일보〉(1990.6.2 창간)가 탄생하는 계기가 되었다. 제민일보는 창간 이후, 과거의 사례를 교훈삼아 제주도에서 편집국장 추천제를 가장 먼저 채택하였다.

편집권 수호 투쟁은 1990년대에 들어 〈한라일보〉에서도 일어났다. 한라일보 노조는 1992년 4월 13일부터 조합원 84%의 지지 아래 타사 수준의 임금인상과 편집국장 직선제 등을 요구하며 파업에 들어갔다. 하지만 한라일보 경영진은 이에 대해 집단해고와 신규충원으로 맞섰다. 해고당했던 한라일보 노동조합 간부 7명은 추후 제주지방노동위원회의 결정으로 복직·구제되어 회사에 복귀했으나, 회사 내의 흐르는 냉기를 견디지 못해 전원 사표를 내고 회사를 떠났다. 노조집행부는 조합원의 절대적인 지지를 받으며 조합원의 권익향상과 편집권의 독립 등을 위해 파업을 주도했지만, 결국 경영진의 온갖 회유 등으로 투쟁의 대열이 와해되는 바람에 뜻을 관철시키지 못하고 신문사를 떠나야 했다.

'국민의 알권리'와 '편집권 쟁취'를 위한 제주지역 기자들의 3차례의 투쟁은 결국 자본가들인 경영진의 승리로 끝을 맺었지만, 그 투쟁이 제주언론계와 제주사회에 미친 파급 효과는 적지 않았을 것이다. 이러한 투쟁의 결과가 제주언론사, 즉 경영진과 기자의 행동양식 등에 어떠한 영향을 미쳤는지에 대해서는 향후 체계적인 연구가 이루어져야 할 부분이다. 그 이유는 최근 2개의 큰 사건을 겪고 난 이후, 제주지역 신문사에서는 편집권 독립을 요구하는 기자들의 목소리가 수면 아래로 가라앉은 반면에 경영진은 여전히 편집방침을 좌지우지 하고 있기 때문이다.

3. 미래는 신뢰회복과 차별화에 달려 있다

전 세계적으로 미디어 이용환경이 고정형 미디어에서 이동형 미디어로 빠르게 변화하고 있다. 한국언론진흥재단이 시행한 〈2018 언론수용자 의식조사〉 결과에 따르면, 종이신문 열독률과 고정형 미디어 기기라 할 수 있는 텔레비전과 PC 인터넷 이용률은 해를 거듭할수록 감소하고 있다. 종이신문 열독률의 하락세를 보면, 신문의 시대는 끝난 것처럼 보이지만, 인터넷이나 스마트폰 등을 통해 신문기사를 읽고 이용하는 사람은 전보다 증가하고 있다. 이러한 현상은 인터넷 보급이 낮은 후진국을 제외한 전 세계에서 공통적으로 나타나고 있다.

현재 제주지역에서는 65만이라는 인구를 대상으로 6개 일간지, 9개 방송사(3개 지상파 방송과 KCTV제주방송 등), 53개 인터넷 신문사, 21개 주간지(일반주간지 13개, 특수 주간지 8개), 3개 통신사가 치열한 뉴스보도 경쟁을 펼치고 있다.

대부분의 언론학자들은 언론의 숫자가 증가하면 언론이 발전한 것으로 간주한다. 하지만 언론의 발전여부를 평가하려면 언론의 활동결과를 갖고 논해야 한다. 아무리 언론사가 수적으로 늘어나고, 신문의 발행지면 수가 증가하더라도, 그들의 보도행위가 각종 정책결정과 사회변혁에 영향을 미칠 수 없다면, 언론의 보도행위는 아무런 소용이 없는 잡소리에 불과한 것이다. 따라서 제주언론과 제주도의 미래는 제주언론이 제주도의 각종 정책결정과 사업 그리고 사회변혁에 영향을 미치는 보도를 얼마나 많이 하는가에 달려 있다고 볼 수 있다.

새로운 매체환경에서 제주지역주민들은 제주언론이 지방정부의 역할을 제대로 감시비판해주기를 바라고 있지만, 현실은 이와 정반대로 돌아가고 있다. 제주지역에서 발행부수가 상위에 속하는 신문사들은 서로 간에 이념적 성향을 차별화를 하는데 실패함으로서 '그놈의 신문이나 저놈의 신문이나' 똑같다는 평가를 받고 있다.

전국적으로 언론보도활동에 직·간접적으로 영향을 미치는 정치권력의 통제는 현저히 줄어들었다. 하지만, 광고주로서 그리고 언론사가 주최하는 각종 행사의 후원기관으로서 제주도와 공기업들이 도내언론 보도에 미치는 영향은 점차 극대화되고 있다. 제주언론의 보도 내용 가운데 80~90% 정도가 제주도와 같은 관공서 등에서 제공하는 선전홍보용 보도자료와 발표내용으로 채워지고 있다는 사실은 이를 반증한다.

또한 언론사 내부상황을 보더라도, 대부분의 신문사가 적자경영을 내세워 기자들의 임금을 박하게 주고 있다. 현재 제주도 일부 신문사를 제외하고 대부분의 신문사 기자들이 박봉에 시달리고 있다. 이러한 신문사의 운영방침은 기자들의 활동을 위축시키고, 미래세대 인재들로 하여금 기자직을 멀리하게 하는 결과로 이어진다.

언론사 경영진들이 기자들에게 월급도 제대로 주지 못하면서, 그리고 적자경영을 하면서도 언론사를 운영하는 것은 언론사를 '권력기관이나 사업체의 방패막이'로 생각하고 있기 때문이다. 그렇지 않다면, 수익이 생기지 않은 신문사를 계속 운영할 이유가 없다. 언론사주의 입장에서 기자는 사업의 방패막이이자, 언론권력을 집행하는 하나의 아바타에 불과해 보일 가능성이 매우 높다.

그 결과, 언론권력을 사익 추구에 이용함으로서 제주도 전 지역을 파괴시키는 각종 개발업자와 도정을 감시·비판·고발하는 공익적 기능을 제대로 수행하지 못하고 있다. 언론의 생태계는 급변하고, 독자들의 지식수준 또한 날마다 업그레이드되는데 언론들이 제공하는 뉴스 내용과 정보는 여전히 도청 주변에 맴돌고 있다. 나아가 개발업자들이 광고를 통해 언론의 기능을 위축시킴에 따라 언론은 오히려 각종 개발행위를 부추기는 발동기의 역할을 하고 있는 상황이다.

게다가 언론사의 증가로, 언론의 권위가 떨어지고 언론보도에 대한 불신풍조가 증가하고 있는 가운데, 지방선거 때마다 대부분의 언론들이 특정 도지사 후보를 당선시키기 위한 편파·왜곡보도를 교묘히 함으로써 언론 스스로가 공신력과 신뢰도를 더욱 떨어뜨리고 있다. 하지만 이러한 현상은 최근에 나타난 특이한 보도현상이 아니다. 과거부터 이러한 왜곡 편파보도는 지속되어 왔다.

제주지역의 경우, 1995년 6월부터 실시된 지방자치단체장을 뽑는 선거 때부터 부정선거를 감시·고발해야 할 지역언론들이 직접 선거전에 뛰어들어 특정후보를 지지하는 모습을 보였다. 대표적인 사례로 특정 후보자를 띄워주기 위한 제주신문의 선거유세장 군중사진의 조작연출보도 사건을 들 수 있다.

당시의 선거가 얼마나 치열했는지를 보여주는 또 다른 사례로 '껍데기 위장광고'를 들 수 있다. 특정 후보를 당선시키기 위해, 특정세력들이 자신을 〈지방자치발전연구모임〉 또는 〈제주민주동우회〉라는 그럴듯한 이름으로 포장하여 제주신문의 왜곡보도를 비판하는 광고들을 한라일보와 제민일보 1995년 6월 26일자 1면에 각각 5단 통으로 실었다. 광고 내용은 다음과 같다.

△ 도민 여러분께 호소합니다!

여러분이 아시다시피 지금은 민주주의의 축제인 지방자치 선거의 열기가 한창 불타오르고 있습니다. 그러나 제주도지사 선거의 경우, 진정 도민의 축제로 치워져야 될 선거가 특정언론의 오만과 횡포, 편파성 때문에 걷잡을 수 없는 혼란 속으로 빠져 들고 있습니다.

제주신문은 이미 언론이기를 포기했습니다.

제주신문의 언론을 빙자한 어처구니없는 행태는 어제 오늘의 일이 아닙니다. 제주신문은 우리도민의 지성과 도덕성을 무시하고 도민의 판단력을 작위적으로 우롱하는 작태를 보이고 있습니다.

우리 도민은 이제 더 이상 제주신문의 빗나간 행동을 좌시하지 않을

막판 '무소속바람' 강타

4大선거 내일 투표

道民 여러분께 호소합니다!

'유권자 선택만 남았다'

16일간 선거운동 오늘 마감

道民여러분께 호소합니다

濟州新聞

지방선거 도민 선택의 날

與 野 정당후보 강세

유권자 결단만 남았다

투표율 관심 고조

도덕성 갖춘 인물을

신구범후보는 진실을 공개하라!

제주민주동우회

것입니다. 우리가 사랑하는 제주사회와 제주도민의 자존을 위해 더 이상 좌시하는 것은 죄악입니다. 언론은 언론으로서의 사명을 다할 때 비로소 가치 있는 것입니다. 제주신문은 우리를 분노케하고 우리를 우롱하기 위한 보도로 일관함으로써 스스로 언론이기를 포기하고 있는 것입니다.

그동안 제주신문은 각종 사회단체들의 공개적인 공정보도 촉구와 시민들의 항의에도 부룩하고 휴간일인(6월 26일자)에도 호외형식의 신문을 발행하면서 1면 TOP으로 "제대의대 설립 무산과 관련한 지역국회의원들의 『당시 반대자가 도지사였다.』"는 기자회견 사회면 준TOP으로 "민자측 신구범 후보 허위학력 홍보 고발" 등의 기사를 통해서 특정인 깍아내리기 작업을 계속함으로써 언론 본연의 자세를 망각하는 오만불손한 행위를 연출하고 있습니다.

이제 우리는 그들의 오만불손한 편파·왜곡보도 사례를 몇 가지만 적시하면서 다음과 같은 우리의 요구와 앞으로의 방침을 밝힙니다.

1. 6월 11일자 공명선거를 위한 신구범후보 기자회견내용 중 "공명선거 실천을 위한 대표자회의수락"에 대해 제주신문은 "시자체 동일장소 개인연설회 개최 조건부의 수락"으로
2. 타당후보의 유사한 선거홍보물에 대한 문제제기는 전혀 없고 유독 신구범후보의 홍보물만 문제가 되는 것 같이 보도하기
3. 신구범 후보의 연설회 참석인원 축소하기 및 유력한 경쟁자인 모후보의 연설회 참석인원 부풀리기
4. 이미 지나간 내용의 재탕, 삼탕을 통한 의도적이고 노골적인 특정후보 흠집내기(새로운 내용이 없는 구좌읍 이장단 사건을 6월 23일 재게재)
5. 제주대 의대설립 무산과 관련한 반대인물에 대해 일방적인 주장만 게재, 여성편력 등 마타도어식 유인물이나 성명을 여과없이 내보내기
6. 우리는 이에 따라 지금까지 인내심을 가지고 꾸준히 제주신문의 자성과 자숙을 바래 왔던 자세를 떠나 이러한 작금의 형태에 대해 강력하게 그들의 잘못을 지적하고 교정해 나가는 활동을 전개해 나갈 것임을 천명하는 바입니다.

그 일환으로 우리는 선거결과와 관계없이 제주신문에 대한 불매운동을 공개적으로 전개할 것입니다.

제주신문에 대한 항의운동을 조직할 것입니다.

제주도민 여러분! 우리는 제주신문이 정론지로서 다시 태어날 수 있도록 도민 여러분들의 결연한 태도를 보여줄 것을 호소하며 도민여러분의 동참을 기대합니다.

〈1995년 6월 26일 지방자치발전연구모임〉

아래의 내용은 특정세력이 〈제주민주동우회〉라는 이름으로, 자신들이 지지하는 후보를 당선시키기 위해 제주신문 1995년 6월 27일자 1면(5단통 크기)에 실은 광고전문이다.

> △ 신구범 후보는 진실을 공개하라!
>
> 오현고 졸업인가, 중퇴인가?
>
> 신구범 후보는 자신의 학력을 교묘히 위장하여 홍보물에는 오현고 졸업·중퇴 여부를 밝히지 않고 선전하고 있으며 전화홍보(ARS)에는 졸업한 것으로 선전하고 있는데 그 진실은 무엇인가?
>
> 선거법에는 분명히 허위 학·경력 선전은 선거법위반으로 규정하고 있는데 법규정을 무시하고 교묘하게 학력을 위조 선전해야 하는 피치못할 사유가 있는 것이 아닌가? 불리하면 무조건 흑색선전인가?
>
> 신구범 후보와 육사 퇴학문제, 제주도청 사무관 시절의 여성편력 문제, 그린벨트 설정 문제, 구좌 이장단 여행비 문제, 제주대 외대 신설 반대 문제 등 자신이 저지른 사실에 대해서도 자신에게 불리하다고 판단되면 무조건 흑색선전으로 상대방에 책임을 전가하는 무책임한 행동은 무엇 때문인가?
>
> 이제라도 자신의 잘못을 인정하고 도민 앞에 사죄할 용의가 없는가?
>
> 위장된 탄압술책의 진실은?
>
> 신구범 후보는 있지도 않은 장관자리 제공, 전국구 보장설을 유포하며 계속 탄압을 받고 있다고 주장하면서 도민을 기만하는 행동을 계속하는 저의가 무엇인가?
>
> 입만 열면 거짓을 선전하며 도민의 눈과 귀를 멀게하는 그 저의와 탄압주체를 떳떳하게 밝히지 못하는 이유는 무엇인가?
>
> 탄압이 있다면 누가, 언제, 어떻게 탄압하고 있는지 떳떳하게 밝혀라.
>
> 〈1995년 6월 27일, 제주민주동우회〉

선거보도에 있어 언론의 역할은 바로 상대후보를 헐뜯고 비방하는 이런 광고를 비판하고 검증하여 정책선거가 치루어질 수 있도록 선거환경을 조성하는 것이다. 이러한 사례들은 언론이 오히려 선거를 혼탁하게 만드는

데 앞장서고 있음을 보여준다.

이와 같은 현상은 지방언론들이 자신들이 지지한 특정 도지사 후보가 당선될 경우, 관으로부터 여러 가지 혜택을 받을 수 있기 때문이라 생각한다. 이처럼 지역언론들이 공익을 위해 사용해야 할 언론권력을 사익추구를 위해 사용하면서 스스로 자신의 신뢰도와 공신력을 떨어뜨리고 있다. 따라서 제주언론이 무엇보다도 시급히 해결해야 것은 언론의 신뢰와 공신력을 회복하는 것이다.

2014년 4월, 우리는 세월호가 침몰하는 것을 보면서 국가라는 존재가 무엇을 하는 곳인지 물었다. 우리는 세월호가 침몰하는 것을 보면서 대한민국이 얼마나 과포장된 나라인지 보았다. 우리는 세월호가 침몰하고 난 후 대한민국의 언론이 거짓말쟁이자 '기레기'(기자+쓰레기)라는 것을 알았다. 언론들은 진실을 말하지 않았고, 정부의 입장만을 대변했다. 언론은 팩트(fact)를 진실하게, 정확하게, 공정하게, 다양하게 전달하지 않았다.

언론이 존재해야 하는 목적은 "사람들이 주권을 확보하는데 필요한 정보를 가질 수 있도록 진실을 말하는 것"이다. 이것은 〈시카고 트리뷴(Chicago Tribune)〉을 발행하는 트리뷴 출판사 사장 잭플러(Jack Fuller)가 한 말이다.

언론이 왜 존재해야 하는지 그 이유를 모르는 기자들이 많아질수록, 언론의 자유와 국민의 알권리를 위해 싸울 줄 아는 기자가 줄어들수록, 사주와 광고주, 출입처와 권력자, 그리고 수많은 이해관계자로부터의 각종 회유와 부탁, 압력에 굴하는 기자들이 늘어날수록 언론의 생명력은 그만큼 빨리 단축될 것이다.

제10장

케이블TV에 대한 이해

최초로 케이블 텔레비전이 사용된 것은 1950년 Robert Tarlton에 의해서였다. 그는 펜실베니아의 Lansford에서 라디오와 텔레비전 수리상을 하고 있었다. 그의 수리상은 필라델피아로부터 65마일 밖에 떨어져 있지 않았으나 Lansford 앞에 있는 큰 산으로 가로 막혀 텔레비전 시그널이 방해받고 있음을 알았다. 이에 그는 이 도시에서 시그널 수신이 원활해지면 텔레비전 세트를 더 많이 팔 수 있다는 것을 알게 되었다. 그는 Panther Vally 텔레비전 회사를 설립하여, 대형 안테나를 이 산에 세워 케이블을 텔레비전이 있는 각 가정에 연결시켰다. 이 대형 안테나는 난시청 극복은 물론 다양한 채널의 선택권을 가정에 제공해 주었다(이상철, 1982: 395). 이같이 1950년대와 1960년대 케이블 텔레비전의 기능은 장애물이나 원거리로 인한 흐릿한 텔레비전의 화면을 밝고 선명하게 하는데 있었다.

한국에서는 언제부터 케이블TV 방송이 시작되었는지에 대한 명문화된 기록은 없으나 1970년 12월에 개정된 유선방송수신관리법 시행령에 「텔레비전 방송의 중계에 관한 규정」이 추가된 점으로 미루어 1960년 말에 유선TV 방송사업이 이 땅에 등장했음을 추정할 수 있다. 또한 1984년 문화공보부가 유선방송 실태를 조사했을 당시, 강원도 화천읍 「명전사」의 경영자인 장현성 씨가 1971년 5월 14일에 허가를 받아 총 900가구의 계약자를 대상으로 영업을 해왔다는 기록이 남아 있다.

종합유선방송(케이블TV) 도입에 대한 논의가 본격화된 것은 1980년대 후반에 들어 정부와 여당이 케이블TV의 필요성을 인식하고, 1987년 민정당의 제13대 대통령 후보가 「민간 종합유선방송의 허용」을 선거공약으로 제시하면서부터이다. 그 후속조치로 1990년 4월 공보처 안에 「종합유선방송추진위원회」를 구성하면서 케이블TV 도입계획이 구체화되기 시작하였다(종합유선TV방송협회, 2000).

제❶절 | 케이블TV 탄생과정

종합유선방송법은 1991년 12월 31일에 제정 공포되었다. 종합유선방송의 건전한 육성·발전과 이용자의 편의를 도모함으로써 국민문화의 향상과 공공복리의 증진에 이바지하는 것이 이 법의 목적이다. 이 법은 종합유선방송을 "영상·음성·음향 등을 유선전기통신시설을 이용하여 수신자에게 송신하는 다채널 방송"으로 정의하고 있다.

주요 내용은 방송프로그램을 송출하는 종합유선방송국과 방송프로그램을 전문적으로 공급하는 프로그램 공급업 그리고 종합유선방송을 전송하는데 필요한 전송선로를 설치 운용하는 전송망사업 등의 3개 사업으로 구분하고 하나의 사업자가 2가지 이상의 사업을 동시에 상호 겸영할 수 없도록 하였다. 또한 무선방송국, 일간신문·통신 및 대통령령이 정하는 대기업은 종합유선방송국을 겸영할 수 없고, 1인이 종합유선방송국을 복수로 운영하는 것도 금지하고 있다. 설립시 종합유선방송국을 운영하고자 하는 자는 공보처의 허가를 받아야 하고, 프로그램 공급업을 하고자 하는 자는 종합유선방송위원회를 거쳐 공보처장관이 허가하도록 했다. 사업구역 광역화 제한이 없는 전송망사업자 지정은 체신부장관이 하게 했다.

그리고 종합유선방송의 채널구성 및 편성은 자유롭게 할 수 있도록 하되, 특정분야에 편중되거나 법정 편성기준에 위반되지 아니하도록 하고, 국가가 공공의 목적으로 이용하는 공공채널을 두도록 하며, 종합유선방송국이 스스로 제작한 지역정보 등을 송신하는 지역채널을 운용할 수 있도록 하였다(종합유선방송법).

케이블TV산업의 제도 도입의 법적 근거인 종합유선방송법은 1999년 1월 6일 〈개정법안〉과 2000년 〈통합방송법〉이 제정되기까지 국내 케이블 TV산업과 관련된 모든 영역에 막대한 영향을 미쳤다.

1. SO사업자 선정

종합유선방송국 사업자(System Operator: SO)란 케이블TV 방송의 운영 설비를 갖추고, 프로그램 공급자(Program Provider: PP)로부터 프로그램을 공급받아 이를 전송망사업자(Network Operator: NO)의 전송망을 통해 가입자의 가정으로 송출하고, 자체적으로 운영하는 지역채널을 통해 허가지역 내 모든 정보를 제공하는 사업자를 말한다. 유선방송사 운영자라고 불리기도 하며, 편성권과 송출권, 지역채널 운영권, 가입자 관리권을 갖고 있다.

정부는 1993년 5월 29일 종합유선방송국을 운용할 구역을 전국 116개로 확정 고시하였다. 당시 고시된 지역별 SO방송구역 수는 서울 21개, 부산 8개, 대구 6개, 인천 5개, 광주 2개, 대전 2개, 경기 20개, 강원 5개, 충남 6개, 충북 5개, 전북 6개, 전남 8개, 경북 9개, 경남 11개, 제주 2개(제주시·북제주군과 서귀포시·남제주군)였다. 1개 구역 당 10만 가구기준으로 분할하였다. 2만 가구 가입 시 SO의 손익분기점 도달을 예상했다(한국 케이블TV방송협회, 2000).

1차 SO 허가대상 방송구역은 전국의 116개 방송구역 중에 서울 등 6대도시 전역의 44개와 각 도의 시범지역 1개씩, 모두 54개 지역으로 한정했다. 이 중 경기도 수원시 권선구는 국산기자재 시범방송구역으로 지정되었다. 54개 지역을 대상으로 10월 30일까지 각 시·도에서 신청접수결과 국산기자재 시범방송 구역과 신청자가 없는 부산 금정구와 대구의 동구 및 서구 등 3개 지역을 제외하고 50개 구역에서 151개 법인이 지원하였다.

공보처는 이들 대상으로 12월 중에 시·도의 심사와 심사 평가단의 평가점수를 종합해 1994년 1월 14일 1차 SO 허가 대상 50개 구역의 50개

업체를 선정, 발표하였다. 그리고 1차 모집 때 신청자가 없었던 부산 금정구, 대구의 동구 및 서구 등 3개 구역의 SO대상자를 재모집한 결과 8개 법인이 신청했고, 1차 때와 같은 요령으로 심사 끝에 1994년 10월 8일 추가 사업자가 지정되었다.

[표 2-10] 1차 SO 허가대상 법인

지역	법인명
서울 21개	중앙케이블비전, 서서울케이블TV,용산케이블TV, 성동종합유선방송, 동대문연합방송, 동부종합유선방송, 북부종합유선방송, 미래종합유선방송, 노원종합유선방송국, 은평종합유선방송, 마포종합유선방송, 한국통신, 강서종합유선방송, 구로종합유선방송, 한강종합유선방송, 동작종합유선방송국, 관악종합유선방송, 서초종합유선방송, 강남종합유선방송, 우리종합유선방송, 강동종합유선방송
부산 8개	중부산종합유선방송, 서부산종합유선방송, 범진케이블네트워크, 부산케이블티브이방송국, ㈜동남케이블비전, 낙동종합유선방송, 해운대종합유선방송, 금정종합유선방송(주)
대구 6개	대구케이블 텔레비전, ㈜보광종합유선방송, (주)서대구케이블TV, 금호방송, 수성종합유선방송, 푸른방송,
인천 5개	중동종합유선방송국, 남부종합유선방송, 서인천종합유선방송, 남동종합유선방송, 북인천종합유선방송(주)
광주 2개	광주종합유선방송국, 광주케이블TV네트워크
대전 2개	한밭종합유선방송, 대전종합유선방송
경기	수원방송국
강원	강원케이블 TV
충북	(주)청주종합유선방송
충남	천안종합유선방송
전북	전주종합유선방송
전남	서남종합유선방송
경북	포항케이블TV(주)
경남	창원종합유선방송
제주	제주종합유선방송
경기도 수원	국가기기 시범 방송/수원종합유선방송

*출처: 『한국 케이블TV 5년사』

[표 2-10]에서 보듯이 서울 21개, 부산 8개, 대구 6개, 인천 5개, 광주 2개, 대전 2개, 수원 1개(국가기기 시범방송), 각도 9개 시범구역(경기, 강원, 충남, 충북, 전북, 전남, 경북, 경남, 제주)에서 각 1개 업체가 선정되었다.

공보처는 1994년 3월 2일 1차 SO 50개사에 대해 그리고 12월에 3개사에 대해 방송국 개국 허가장을 교부했다. 방송개국 허가를 받은 전국의 53개 SO들은 이때부터 본격적으로 인력확보, 방송시설 및 전송망 설치 계약 등을 추진한다. 그러나 이 안은 충분한 여론 수렴을 거치지 않은 채 졸속으로 이루어진 점과 대부분의 선진국이 이미 채택하고 있는 MSO제도를 배척한 점, 그리고 구역을 너무 세분화한 점은 적지 않은 비판을 받아야만 했다(한국 케이블TV방송협회, 2000: 10).

2. 방송프로그램 공급업자 선정

방송프로그램 공급업자 또는 방송채널사용사업자(Program Provider: PP)라고 부르는 PP는 케이블TV나 위성방송에 고유 채널을 가지고 TV 프로그램을 제작·편성해 종합유선방송 사업자(SO)나 위성방송 사업자에게 제공하는 사업자를 말한다. 프로그램 공급업자는 방송프로그램을 시청자들에게 전달할 수 있는 수단을 가지고 있지 않기 때문에 지상파, 케이블, 위성방송사업자의 방송채널을 계약하여 이용해야 한다(방송학개론, 2008).

공보처는 1993년 4월 23일 종합유선방송위원회가 제정한 〈PP 허가관련 업무처리규정〉에 따라, 1993년 6월 1일 프로그램 제작 공급업자 선정기준과 허가신청방법 등을 공표하였다. 허가대상 분야는 제한을 두지 않았다.

1993년 7월 15일 마감결과, 종합유선방송위원회에 접수된 PP 허가 신청건수는 13개 분야에 36개 업체에 달했다. 문화·예술채널 신청자는 단 한곳도 없었다. 공보처는 36개 업체를 대상으로 종합유선방송위원회의 1차 심사와 공보처의 2차 심사를 걸쳐 8월 31일 11개 분야 20개 업체를 PP로 선정, 발표하였다.

그로부터 약 1년이 지난 1994년 7월 1일 2차 PP 허가 대상이 공고되었다. 그 대상은 1차 모집 당시 신청이 없었던 〈문화·예술〉 분야와 추가 허가의 필요성이 있다고 판단되는 〈홈쇼핑〉, 〈만화〉, 〈바둑〉 분야였다. 8월 16일 마감한 결과 문화 예술분야에 2개, 만화에 3개, 바둑에 1개, 홈쇼핑에 9개 법인 등 4개 분야에 총 15개 법인이 지원하였다. 이들 중 4개 분야의 5개 PP사업자가 1994년 10월 8일 추가로 선정되었다. 그리고 1차 PP 허가 선정과정에서 공보처의 1종교 1채널 방침에 어긋나 허가를 받지 못했던 기독교 채널이 1994년 12월 21일 확정되었다.

기독교 채널이 마지막으로 선정됨으로써 보도(2), 교양(2), 오락(2), 영화(2), 스포츠(1), 교육(3), 여성(2), 관광교통(1), 음악(2), 어린이(1), 종교(3), 문화예술(1), 만화(1), 바둑(1), 홈쇼핑(2), 공공(1) 등 16개 분야의 27개 PP사업자가 모두 확정되었다(한국 케이블TV방송협회, 2000). 1·2차 PP에 선정된 대상 분야와 허가받은 법인은 [표 2-11]에 제시된 바와 같다.

[표 2-11] 1, 2차 선정된 PP 초기 명단

분 야	회사명	대표	최대주주	장르	채널
보 도	연합TV뉴스(YTN) 매일경제TV(MBN)	현소환 장대환	연합통신 매일경제	종합보도 경제보도	24 20
영 화	캐치원 대우시네마네트워크(DCN)	신세길 정주호	삼성물산 대우전자	유료영화 기본영화	31 22
스포츠	한국스포츠TV(KSTV)	배효진	국민체육진흥공단	스포츠	30
교 양	큐채널 센추리TV	윤기선 김지호	제일기획 김지호	교양·다큐 〃	25 29
오 락	현대방송(HBS) 제일방송(JBS)	채수삼 심현우	금강기획 심현우	가정오락 드라마	19 36
교 육	두산수퍼네트워크(DSN) 미래교육(myTV) 다솜방송	권태명 김도진 차종호	동아출판사 시사영어사 한샘	사회교육학습 〃 〃	23 44 26
음 악	코리아음악방송(KMTV)※ 뮤직네트워크(m.net)	김승곤 정순일	현대음향 영유통	대중음악, 공연예술 〃	21 27
어린이	대교방송(dbc)	이승우	대교	어린이	17

여 성	동아TV(DTV) GTV	신현일 갈천문	동아건설 진로	여성 〃	34 35
종 교	평화방송(PBC) 불교TV(btn) 기독교(KCTV)	박신언 김태호 이필용	서울대교구유지재단 불교중앙교원 한국기독교유선TV	천주교 불교 기독교	33 32 42
관광교통	교통관광TV(TTN)	김창원	교통안전관리공단	교통관광	28
문화예술 만 화 바 둑 홈쇼핑	A&C 코오롱 오리온카툰네트워크 한국바둑TV(BTV) 홈쇼핑TV(HSTV) 하이쇼핑	송대평 박중길 김현정 박경홍 오세희	코오롱건설 동양제과 한국기원 삼구통상 금성정보통신	문화예술 만 화 바 둑 홈쇼핑 〃	37 38 46 39 45
공 공	한국영상제작소(KTV)		(공보처)	공공	14

*출처: 『한국 케이블TV 5년사』

3. 전송망사업자 선정

전송망사업자(Network Operator: NO)는 종합유선방송을 전송하는 데 필요한 전송선로시설을 설치·운영하는 자를 말한다. 전송망사업자 지정은 체신부 주도로 진행되었다. 체신부는 NO사업 신청자 8개 업체를 대상으로 1993년 12월 13일부터 24일까지의 심사를 진행하여, 그달 30일 데이콤(신윤식-서울), 금양통신(김을재-부산), 금성통신공사(신화순-서울), 한국전력공사(이종훈-서울), 강남텔레콤(최준국-서울), 한국전기통신공사(조백제-서울) 등 6개 업체를 전송망사업자로 선정하였다. 하지만 전국 54개 SO와의 계약협의 과정에서 한국전기통신공사와 한국전력공사만 NO로 남고 나머지 4개 업체는 전송망 사업을 포기하였다. 이렇게 NO까지 확정됨에 따라 케이블TV 방송의 미래를 이끌어나갈 3개 분야의 사업자가 모두 허가 또는 지정되어 일단 케이블TV의 틀이 완성되었다(한국케이블TV방송협회, 2000).

제❷절 | 케이블TV 방송시대 개막

공보처는 1994년 6월 15일 전국 케이블TV 사업자 간담회 석상에서 1995년 1월 5일부터 시험방송을 실시하고, 3월 1일부터 일제히 본 방송을 송출한다는 케이블 TV방송 시작일정을 발표했다. 이 일정에 따라 케이블 TV방송체제를 갖춘 전국의 39개 SO는 PP 21개 채널을 1995년 1월 5일 오전 10시부터 서울 강남구와 부산 해운대구 등 전국 32개 지역 총 9천 6백 25가구를 대상으로 송출하는 시험방송을 개시하였다.

1차 SO 51개사 모두가 시험방송에 참가할 예정이었지만, 19개사는 프로그램 분배망과 전송망 설치 미흡, 컨버터 수급 차질 등의 문제로 실시할 수 없었다. 참여 PP 21개사 중 제일방송이 시험방송 개시 며칠 후에 방송을 중단하는 사태가 빚어졌다. 시험방송은 SO에 따라 하루 2시간에서 12시간까지 하루 평균 6.6시간을 방송했다. 그리고 대부분의 방송내용은 칼라바(colour bar)와 자료화면 및 방송 프로그램 안내였기 때문에 국민의 관심을 끌기에 미흡하였다.

시험방송 결과 프로그램 송출 면에서는 기술적으로 양호하다는 평을 받았다. 그러나 39개 SO 가운데 중앙케이블비전 등 4개사만이 21개 채널을 모두 방송했을 뿐, 분배망 미비로 한국통신계 21개사는 11개 채널, 한국전력계 10개사는 10개 채널만을, 나머지 4개사는 분배망이 전혀 연결되지 않아 지상파 재송신과 지역채널만을 방송하는 등 파행 방송도 속출했다.

이와 같이 본방송 시작 전부터 많은 문제점이 노출되었다. 전송망 설치사업이 원활치 못했고, 기술 인프라의 취약으로 컨버터 등 핵심 국산 기기의 생산 및 공급에도 차질이 생겼다. 전국 동시 다발적인 공사 실시로 방송전문 기술 인력 확보는 계획의 40% 미만에 그쳤으며, 방송시설장비는 국내기업들이 납품일정을 맞추지 못해 상당부분 수입에 의존해야 하는 상황이었다.

여러 가지 애로사항이 표면화 되자 일부에서는 본방송 연기론도 나왔다. 하지만 사업자 전체의 합의로 원래 계획대로 추진하면서 정상 궤도에 오를 때까지 시청자에 대한 서비스 차원에서 4월 말까지 무료방송을 실시한 후 5월 1일부터 유료방송으로 전환하기로 하고, 일단 3월 1일 오전 10시를 기해서 48개 SO는 20개 PP의 채널로 본방송에 들어갔다(한국케이블TV방송협회, 2000).

케이블 TV방송 시작의 의미는 24시간 잠을 자지 않는 국내 다채널 방송과 본격적인 유료방송 시대를 개막했다는 데에 있다. 뿐만 아니라 우리나라 방송시장을 지상파 방송과 케이블TV로 양분하면서 영상산업의 발전을 이끄는 방송 인프라를 확충시켰다는 점도 빼놓을 수 없다.

제❸절 | 케이블TV 방송에 대한 각종 규제 완화

1993년 9월 23일 창립한 한국케이블TV방송협회는 케이블TV 사업운영기반 구축과 보급 촉진 지원에 우선순위를 두었다. 1994년 7월부터 1995년 2월까지 3단계 광고전략을 세워 신문, 라디오, TV 그리고 전광판과 현수막 등을 통해 케이블TV가 지상파 방송보다 나은 점을 홍보하는 데 70여억 원을 투입하였다.

공보처도 앞서 제기된 방송 초기의 문제점을 조속히 타개하고 케이블TV 가입자 확충지원을 위해 1995년 9월 5일 일명 〈은하수 계획〉을 발표하고, 각종 대책을 강구해 나갔다. 주요내용은 ▲ 전송망의 획기적 증설 ▲ 프로그램 질 향상 및 채널 특성화 추진(종합유선방송위원회와 PP간 협의) ▲ 판촉활동 강화로 경쟁력 제고(수신료 가격 조정, 채널 패키지 추진) ▲ SO 2차 허가 조기 시행(방송구역 광역화로, 남은 62개 지역을 20~30개로 재조정) ▲ SO 지역채널에 보도기능 허용 추진 등이다.

이런 총체적 노력에도 불구하고 전송망의 확충 속도는 늦어지고, 이에 따라 가입률은 저조했으며, PP측은 수신료 수입과 광고 수입이 기대에 못 미치자 프로그램 제작에 대한 투자를 기피하여 고품질 프로그램의 제작을 유보하면서 재방송의 빈도를 늘려갔다. 특히 프로그램의 재방송 등은 시청자들의 외면과 프로그램에 대한 실망적 평가로 이어져 결국 케이블TV 사업은 부진에 빠졌다.

이런 악순환은 1995년 12월 말 현재, 총시청 55만 6천 3백 5가구, 유료시청 20만 6천 8백 86가구라는 결과를 낳았다. 그리고 전송망 설치 부진과 가입률 저조, 이에 따른 광고 청약 저조와 수신자의 프로그램에 대한 실망적 평가로 이어져 1995년 말, PP의 당기 총수입이 1천억 원(수신료 66억, 광고료 3백 81억, 기타 수익 4백 92억)인데 반해, 당기 순손실은 YTN의 2백 34억 원을 필두로 모두 1천 7백 74억 원에 달했고, SO의 당기 순손실은 5백 16억 원으로 집계되었다.

공보처는 이러한 상황에서 케이블TV 산업을 활성화시키고 가입자 확충을 유도하기 위한 조치로 SO구역을 재조정하고, 케이블TV 방송에 취재보도기능을 부여하기 위한 규정개정작업에 들어간다.

1. 케이블TV의 방송권역 재조정

공보처는 〈은하수 계획〉에 의해 예정보다 늦어졌지만, 1997년 2월 15일 전국의 116개 케이블TV 구역 중 1차 허가된 54개 지역을 제외한 나머지 중소도시와 농어촌의 2차 SO 허가 대상 62개 구역을 23개로 재조정(경기: 20→9, 강원: 5→2, 충북: 5→2, 충남: 6→3, 전북: 6→3, 전남: 8→3, 경북: 9→4, 경남: 11→5, 제주: 2→1) 고시했다. 이것은 지역적 특성상 사업권역을 광역화하지 않으면 사업성이 없다는 업계 측의 주장을 받아들인 것이다. 이에 따라 SO 사업구역의 규모는 종전 10만 가구 대에서 20만 가구 내외로 증가했다.

신규 23개 지역의 2차 SO 사업자는 1997년 5월 29일 확정되었다. 1차 사업허가를 받은 54개 SO에 이어 3년 2개월여 만에 2차로 23개 SO가

허가됨으로서 전국에는 77개 SO 사업자가 등장하여 비로소 케이블 TV의 전국화가 시작되었다. 케이블TV 개국 초기에는 전국을 116개 사업권역으로 나누었지만, 그 동안 방송구역을 너무 세분화했다는 비판을 받아들여 77개로 재조정한 것이다(한국케이블TV방송협회, 2000).

2. 케이블TV 지역채널에 취재·보도기능 부여

케이블TV 방송은 1998년 1월 1일 전까지 〈지역생활정보 프로그램에 관한 규정〉 제2조(정의) 제1항[55]과 제2항[56]에 따라 정치·경제·사회·문화 등 우리사회 전반에 관한 취재보도와 방송국의 해설·논평 등을 전송할 수 없었다. 여기서 말하는 지역생활정보란 당해 종합유선방송구역 안의 비정치적인 생활프로그램으로서, 언론기관의 보도 논평과는 구별되는 정보를 말한다(공보처 공문 문서번호: 유선 84650-368).

〈비정치·비보도 원칙〉을 준수토록 한 이 규정이 지역채널 활성화에 걸림돌이 되고 있다는 비판이 고조되자, 종합유선방송위원회는 이와 관련한 공청회를 통해 시사 해설·평론의 허용 여부, 취재·보도의 허용 여부 등에 대한 여론을 수렴한 후 SO의 지역정보매체로서의 위상정립을 위해 1997년 12월 19일 〈지역생활정보 프로그램에 관한 규정〉을 개정함과 동시에 SO당해 구역 내 지역생활정보의 취재 보도권한을 1998년 1월 1일을 기해 전면 허용하였다(한국케이블TV방송협회, 2000).

즉, 기존의 관련 규정 제2조(정의)에서 지역생활정보 방송 프로그램을 "당해 종합유선방송 구역 안의 지역정보를 내용으로 하는 비정치적인 생활정보프로그램"으로 정의하던 것을 "…내용으로 하는 지역뉴스 및 주민

---

55) 지역생활정보 프로그램(이하 지역생활정보라 한다)이라 함은 당해 종합 유선방송 구역안의 지역정보를 내용으로 하는 비정치적인 생활정보 프로그램을 말한다.

56) 지역생활정보의 송신이라 함은 지역생활정보를 수집하여 당해 방송구역내의 수신자에게 전달하는 것으로서 정기간행물의 등록에 관한 법률 제2조 및 방송법 제2조의 규정에서 정의하고 있는 언론기관의 보도·논평과 구분되는 정보를 말한다.

생활정보프로그램"으로 수정하여 지역채널에서의 정치적 내용을 제한하던 문구를 삭제했다. 또한 당해 종합유선방송국 허가구역 안에서의 각종 사건·사고 및 지역 현안 문제를 포함한 지역생활정보의 취재·보도를 할 수 있도록 하되 지역주민과 밀접한 관련이 있는 사안에 한하여서는 해당 광역자치단체까지 확대할 수 있도록 했다.

이렇게 관련 규정이 개정되고 동시에 취재·보도에 관한 세부적 내용(범위 및 준수사항)이 마련됨으로서, 케이블TV방송은 당해 허가구역 내에서 일어나는 각종 사건·사고 및 지역 현안 문제를 포함한 지역생활정보를 취재·보도할 수 있게 되면서 지역주민에게 동네소식을 상세히 알리는 생활 언론매체로 자리 잡게 되었다.

3. 종합유선방송법 개정-3분할 체제 해소

정부와 업계가 그간 많은 노력을 기울였음에도, 개국 초기의 장밋빛 청사진과 달리 케이블TV의 참모습은 정권교체를 계기로 국회의 국정감사를 통해 낱낱이 드러났다. 1995년 방송을 개시한 이래 3년간의 누적 적자규모가 6,563억 원에 달하는 것으로 나타났다. 문화관광부가 1998년 10월 21일 국회에 제출한 국정감사 자료에 따르면, 그해 7월 현재 문민정부의 방송정책 실패로 인한 사업자별 누적 적자 규모는 ▲ PP 8,726억 원 ▲ SO 1,494억 원 ▲ NO 2,828억 원 등으로 파악되었다. 이들의 부채규모도 ▲ PP 9,123억 원 ▲ SO 5,019억 원 등 모두 1조 4천억 원에 이르는 것으로 집계됐다고 밝혔다. 특히 PP의 경우는 1997년에 이미 자본잠식 상태에 빠져 있었다(한국케이블TV방송협회, 2000).

29개 PP 중 공공채널인 KTV와 아리랑TV, OUN 등 3개 업체를 제외한 26개 업체의 당기 순손실은 출범 첫해인 1995년 1,790억 원, 1996년 2,401억 원, 1997년 2,372억 원 등 총 6,563억 원으로 집계되었다. 1개 업체 당 평균 적자는 1995년 69억 원, 1996년 92억 원, 1997년 91억 원 등으로, 3년 평균 252억 원에 달했다. 각 SO의 경우는 1998년 말까지 평균 약 26억 원의 누적적자를 기록했다.

이렇게 케이블TV 업계가 사업 시작부터 적자 경영에 빠진 것은 볼만한 프로그램이 부족하다는 수신자들의 실망과 전송망 설치부진 및 가입률 저조로 인한 수익감소 등 때문이었다. 게다가 1998년에 들어서 케이블TV 업계에 불어닥친 IMF 한파는 가히 〈핵폭탄〉이라고 할 정도로 가혹한 것이었다. 가입자가 늘어나기는커녕 줄어들고 있는 데다, NO의 양대 산맥인 한국전력(현 파워콤)과 한국통신(현 KT)이 IMF 외환위기를 빌미삼아 전송망 사업 철수, PP와 SO들의 잇단 부도 등으로 케이블TV 업계는 더 큰 어려움에 봉착했다.

상황이 이렇게 되자 법·제도의 제정과 운용이 케이블TV 산업발전의 걸림돌이 되었다는 비판이 쏟아져 나왔다. 케이블TV 산업이 이렇게 어려움에 직면하게 된 데에는 정부가 산업적 측면보다 방송의 공공성과 공익성을 강조해 만든 각종 규제사항이 그 원인이 되었다는 것이다. 이러한 난관을 극복하기 위해서라도 특단의 전환 대책이 요구되었다.

그 방법의 하나로 우선 종합유선방송법을 개정하여 케이블 TV 산업의 활성화에 걸림돌이 되고 있는 각종 관련 규제를 완화시키자는 것이었다. 정부와 여당이 업계의 요구사항을 적극 반영해 마련한 「종합유선방송법 개정안」이 1999년 1월 6일 국회 본회의에서 통과되었다. 이날 통과된 케이블TV 규제 완화안은 1995년 출범한 케이블 TV체제의 실패를 인정하고 새로운 틀 짜기 계기를 마련했다는 점에서 의미가 크다고 볼 수 있다.

정부는 종합유선방송법의 개정사유를 전송망의 사업 중단 및 경기침체 등으로 경영상의 어려움을 겪고 있는 종합유선방송의 활성화를 도모하기 위하여 소유제한, 진입제한 및 전송선로 시설의 설치와 이용 등에 대한 각종 규제를 완화하려는 것임을 밝히고 있다. 개정법에는 그동안 업계에서 지속적으로 요구해왔던 SO, PP, NO 간 상호 겸영 허용, 복수 SO 허용, 대기업과 외국인의 SO 및 PP(보도 채널 제외) 지분 33%로 확대, NO 사업자의 등록제 전환 등의 조항을 담고 있으며, 전송선로 및 종합유선방송 이용약관의 신고제 전환, 방송 프로그램 공급분야 지정제도와 외국 방송 프로그램의 사전 심의 등 각종 규제 철폐 등을 주요 내용으로 하고 있다.

이를 좀 더 구체적으로 살펴보면, 1999년 6월 2일 개정된 〈종합유선방송법 시행령〉이 의결됨으로써 SO·PP·NO 간 상호 겸영 허용, MSO(Multiple System Operator) 허용 등의 조치도 취해졌다. SO는 PP의 20%, PP는 SO의 10%까지 소유할 수 있도록 했다. 이에 따라 그동안 유지해온 SO·PP·NO의 3분할 체제는 미국, 일본 등 선진국의 케이블 TV시장처럼 SO·PP의 2분할 체제로 바뀌게 되었다. 또한 MSO와 MPP(Multiple Program Provider)의 확대 등 자유시장 경쟁 시대의 본격적 도래를 알렸다. 특히 SO와 NO 간 끊임없는 불협화음을 일으키던 전송망 설치 문제를 해결하기 위해 SO가 전송선로 시설을 자체적으로 설치하거나, NO의 시설 또는 〈전기통신기본법〉 상의 기간통신사업자 설비를 이용할 수 있도록 개정하였다.

〈종합유선방송법〉의 개정으로 PP허가제가 등록제로 전환됐다. 프로그램 사전심의제도는 폐지되었다. PP들은 광고방송 이외에 방송용 극영화 및 만화영화, 외국방송 프로그램 등을 종합유선방송위원회의 사전 심의 없이 방송할 수 있게 되었다. PP의 일정비율 방송 프로그램 자체 제작 의무는 물론 외국 프로그램 작업자와의 방송 프로그램 공동 제작 시 요구했던 문화관광부 장관 승인 조항도 없앴다. 아울러 정부의 방송 프로그램 공급분야 지정 조항 역시 삭제되었다.

PP관련 규제 완화에서는 방송 법인 주식 소유 상한선의 원칙적 폐지, 지상파방송 지분 소유자의 보도채널 참여 허용 등도 이루어졌다. 개정된 법은 또한 SO 및 보도채널을 제외한 PP 지분의 대기업과 외국인 소유를 33%로 확대했다. 또한 PP의 타 매체 전송과 SO의 채널 티어링(Tiering) 제도 도입 가능성도 열어 사업 활성화를 도모할 수 있는 기반을 마련하게 되었다.

모든 SO는 그동안 동일 〈표준이용약관〉으로 모든 가입자에게 기본 1

만5천원, 유료채널 7800원의 단일가격에 똑같은 서비스를 제공해 왔다. 이 같은 상황은 케이블TV의 서비스 차별화 상품의 잠재수요를 흡인하지 못하는 결과를 낳았다. 도시와 농·어촌 등 지역적 특성과 관계없이 동일 〈표준이용약관〉을 적용한 것은 케이블TV 도입 초기 PP의 경영 안전과 시청자의 다양한 채널접근을 보장하기 위한 것이었다. 이를 위해 정부는 SO의 자율적 채널구성을 제한하여 허가장 부과사항으로 모든 PP채널을 의무적으로 송출하도록 명시했다. 결과적으로 이러한 조치는 케이블TV 유료가입자 확대에 부정적 영향을 미쳤다.

정부는 1차 SO허가 시 법률에도 없는 허가장 부관 사항에 28개 PP채널 의무전송(3년)을 명시했다. 28개 PP채널 의무전송기간 3년이 지나자 전 채널 의무전송규정을 폐지하였다. 전 채널 의무 전송 규정폐지로 SO는 가격을 차별화하여 다양한 채널 패키지를 구성할 수 있게 되었다. 이러한 각종 규제의 완화로 케이블TV 방송업계의 외자 유치, 인수, 합병 등이 본격화되기 시작하고 치열한 시장경쟁체제로 진입하게 되었다.

제4절 | 케이블TV 사업의 구조

1. 사업자 구조

케이블TV 사업자는 방송법상 종합유선방송사업자(System Operator: SO), 프로그램공급사업자(Program Provider: PP), 전송망사업자(Network Operator: NO) 간의 상호 겸영을 금지하는 3분할 체제로 이루어져 있다.

SO사업자란 케이블TV 방송의 운영 설비를 갖추고 프로그램 공급자(PP)로부터 프로그램을 공급받아 이를 전송망 사업자(NO)의 전송망을 통해 가입자의 가정으로 송출하고, 자체적으로 운영하는 지역채널을 통해 허가지역 내 모든 정보를 제공하는 사업자를 말한다. 유선방송사 운영자라고 불리기도 하며 편성권과 송출권, 지역채널 운영권, 가입자 관리권을 갖고 있다. 공중파TV와 달리 케이블TV SO는 그 제한된 지역에서 배타적 특약권을 갖게 되는데 이를 지역사업권(franchise)이라고 부른다(방송법 제12조). 이는 지역 단위의 유선방송 시스템을 독점적으로 운영할 수 있는 권리를 말한다.

프로그램 공급사업자 또는 방송채널사용 사업자라고 불리는 PP는 지상파 방송사업자나 종합유선 방송사업자(SO) 또는 위성방송 사업자의 특정채널 전부 또는 일부 시간에 대한 전용 사용계약을 체결하여 그 채널을 사용하는 사업자를 말한다(방송법 제2조 용어의 정의). PP는 방송프로그램을 시청자들에게 전달할 수 있는 수단을 가지고 있지 못하기 때문에 지상파, 케이블, 위성사업자의 방송채널을 계약하여 이용해야 한다.

마지막으로 전송망사업자는 케이블 프로바이더(Cable Provider), 케이블 오퍼레이터(Cable Operator), 네트워크 오퍼레이터(Network Operator) 혹은 그냥 줄여서 CP나 NO로도 불리며, 다중 전송 설비와 망 설비를 갖추고 유선방송 프로그램을 전송하는 사업자를 말한다(정인숙, 2013).

케이블TV의 개국 초기에는 정부의 엄격한 규제정책으로 3자 상호간 겸영 또는 인수합병이 불가능했지만, 1999년 종합유선방송법 개정으로 복수지역의 사업권을 가지는 복수SO(MSO: Multiple System Operator), 여러 개의 PP를 소유한 복수 PP(MPP: Multiple Program Provider), 2000년 통합방송법이 제정된 이후부터 한 개의 사업자가 여러 개의 SO나 PP(MSO, MPP), 그리고 SO와 PP를 동시에 소유하는 것(MSP)을 허용하면서 M&A에 의한 복수 사업자들이 등장하기 시작했다.

2. 재원 구조

케이블TV 전체 사업자의 기본적인 수입원은 가입자의 수신료에 의존한다. 이를 세 사업자가 일정한 원칙에 따라 수신료를 나눠 갖는 재원 구조를 갖고 있다([그림 2-1] 참조). 가입자 수가 증가할수록 세 사업자 모두의 수익이 증가하는 구조이다.

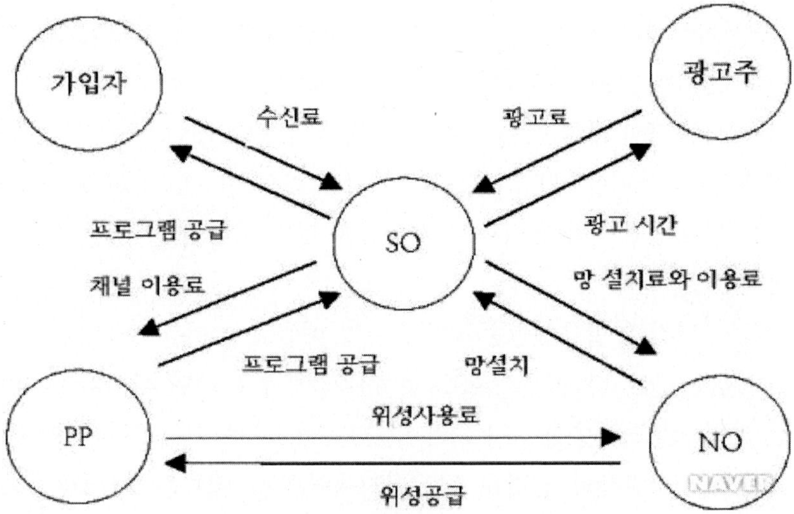

[그림 2-1] 케이블TV 재원 구조 관계

*출처: 정인숙(2009).『방송산업과 정책의 이해』

1) SO 재원 구조

SO의 재원 구조는 [그림 2-1]에서 보는 것과 같이 방송 수신료, 광고료, 인터넷 접속사업, 단말장치대여(판매), 홈쇼핑 송출 수수료 등으로 구성되어 있다. SO는 PP로부터 콘텐츠를 공급받아 채널과 상품을 구성하고 이를 NO의 전송망을 이용하여 가입자에게 방송 서비스를 제공한다. 가입자는 SO의 채널 상품에 가입하고 시청한 대가로 수신료를 SO에 납부한다. 가입자로부터 SO가 거둬들인 수신료는 1차적으로 PP- SO-NO 간에 배분되며, PP 간에는 시청률, 마케팅 기여도, 방송시간 등의 기준에 따라 다시 차등 배분된다. 이때 SO는 부가수입으로 사업지역 내 광고를 제작·송출하고 광고주에게 광고비를 받는다.

SO는 가입자 확보와 케이블망 설치 등의 비용적인 부담이 크기 때문에 몇 가지 권한을 갖게 된다. 먼저 법적으로 특정지역 내에서 케이블TV 방송사업을 독점적으로 할 수 있는 지역독점사업권(franchise)을 부여받는다. 특정지역에서 종합유선방송사업자는 거의 대부분 1개 사업자다. 또한 사업자별로 방송채널사용 사업자의 채널번호를 부여하는 채널 편성권과 채널을 어떤 가격대의 묶음상품(tiering)으로 구성할 것인가에 대한 권한을 가지고 있다. 동일한 채널이 지역마다 서로 다른 번호로 방영되거나, 시청 가능한 채널이 지역마다 다르게 구성되는 것도 이런 권한 때문이다(한진만 외, 2008).

최근 3년간 종합유선방송의 방송사업 매출의 추이를 보면, 방송 수신료의 비중은 2013년 49.0%, 2014년 45.4%에서 2015년 41.6%로 감소 추세인 반면, 홈쇼핑 송출 수수료의 비중은 34.1%로 최근 3년간 증가했다. 디지털방송 가입자의 증가로 단말장치대여(판매) 매출은 2013년 13.2%, 2014년 15.2%, 2015년 17.3%로 연속 증가하였다(보고서, 26쪽).

2) PP의 재원 구조

방송채널사용사업자의 재원은 홈쇼핑 매출액의 수수료, 광고, 방송프로그램의 제공(수신료의 수익), 방송프로그램 판매, 협찬, 기타 방송사업 수익 등으로 구성된다. 이 가운데 가장 큰 비중을 차지하는 것은 홈쇼핑 매출액 수수료 수익과 광고, 수신료 수익이다. 최근 3년간 추이를 보면, 홈쇼핑 매출액의 비중은 2013년 56.2%, 2014년 55.1%에서 2015년 52.2%로 감소추세를 보이고 있다. 반면, 방송프로그램 제공 비중은 유료방송의 가입자 증가에 따라 2013년 10.9%에서, 2014년 11.5%에 이어 2015년 12.4%로 증가하였다(보고서, 28쪽).

PP의 주 수익원은 SO로부터 받는 수신료가 되는 것이 정상인데, PP가 받는 수신료 수입이 적기 때문에 PP의 수입 중에서 홈쇼핑 매출액의 수수료,

광고 수입 등이 차지하는 비중이 매우 높다. PP의 주 수입이 광고다 보니 인기 채널을 포함한 모든 채널이 가입자 수가 많은 저가 티어(채널 묶음)에 편성되기를 원하고 있고, 시청률 상위 10개 내외의 채널을 제외하고는 모든 PP가 인포머셜 광고를 하고 있다.

PP협의회는 각 SO로부터 거둬들인 수신료 총액의 일정 비율을 개별 PP사들에게 분배한다. 이것은 다시 PP와 SO의 협약에 따라 시청률, 방송 시간, 마케팅 기여도 등을 감안해 PP에 배분된다. 시청률은 특정 시기에 행한 시청률 조사 자료에 따라 시청률 상위 채널과 하위 채널로 나눈 뒤 차등 지급한다. 한편, 홈쇼핑 채널은 SO에서 오는 수신료의 몫을 분배받지 않도록 협정이 되어 있다(정인숙, 2013: 49).

3) 종합유선방송사업자 및 가입자 현황

1995년 3월 1일에 45개 SO와 24개 채널로 본 방송을 실시한 우리나라 케이블TV는 초기에는 가입자 수가 제대로 확보되지 못하고 관련 법규도 규제 중심이어서 케이블TV 산업 전반에 혼란이 적지 않았다(20년사). 1999년 1월에 종합유선방송법이 개정되어 소유·진입·가격 규제 등 각종 규제가 완화되면서 시장이 활성화되자 케이블TV 산업에도 다양하고 복잡한 변화가 일어나기 시작했다. 가장 큰 변화는 여러 개의 SO를 가진 복수종합유선방송사업자(MSO: Multiple System Operator)가 등장하기 시작했다는 점이다.

개국 초기에 54개였던 SO가 1997년 5월에 제2차 SO 허가대상 구역의 23개 SO가 선정됨으로서 1차 SO선정 이후 3년 2개월여 만에 전국적으로 77개 SO 선정 작업이 마무리되었다. 그 후 2001년 4월에 3차 SO 38개사가 선정되고, 2002년 11월에는 제4차 SO 8개사가 승인받았다. 3차와 4차 SO는 모두 중계유선방송사업자에서 SO로 전환한 법인들이다(20년사).

2016년 조사결과에 따르면, 전국 78개 권역에서 종합유선방송사업(SO)을 하는 법인은 91개사이다. 이들 가운데 복수 SO는 ㈜티브로드 계열 23

개, CJ헬로비전계열 23개, 딜라이브 계열 17개, 현대에이치씨엔 계열 8개, 씨엠비계열 10개 등 총 80개이고, 개별 SO는 KCTV 제주방송 등 10개사이다. 방송사업 매출액을 보면, 복수 SO(81개사) 매출액이 SO 전체 매출액의 89.0%를 차지했다.

케이블TV 가입자 수는 1995년 55만 가구였던 것이, 1997년 12월에 250만 가구(유료시청가구는 82만여 가구)로 증가했으며, 2001년 12월 중계유선방송사업자(33개)를 SO로 전환하면서 800만 가구로 급증했다. 2017년 4월 말 현재 케이블TV 가입자 수는 약 1455만여 가구다.

미래창조과학부와 방송통신위원회에 따르면, 케이블TV 가입자 수는 지난 2009년 1529만에서 2015년 1442만으로 90만 가까이 감소했다. 이 기간 IPTV 가입자 수는 237만에서 1099만으로 862만이나 증가했다. 케이블 TV 가입자는 지속적인 감소세를 보이고 있는 반면 IPTV 가입자 수는 계속 증가하고 있다.

[표 2-12] 년도별 케이블TV와 인터넷TV(IPTV) 가입자 수 추이

	케이블TV	IPTV
2009년	1529만	237만
2010년	1508만	350만
2011년	1493만	482만
2012년	1491만	631만
2013년	1485만	827만
2014년	1468만	1011만
2015년	1442만	1099만
2016년	1450만	

*출처: 한국케이블TV방송협회(www.kcta.or.kr), 매년 12월 말 기준.

MSO의 가입자는 씨제이헬로비전이 382만으로 가장 많으며, 다음은 티브로드(324만), 씨엔엠(196만), 현대에이치씨엔(196만), 개별SO(185만), 씨엠비(151만), 현대에이치씨엔(135만) 순으로 나타났다. MSO(복수종합

유선방송사업자)별 아날로그, 8VSB 그리고 QAM 가입자 비율을 보면, QAM가입자의 비율이 가장 높은 MSO(복수종합유선방송사업자)는 씨앤엠(81.5%)이며, 다음은 씨제이헬로비전(66.6%), 현대에이치씨엔(57.4%)과 티브로드(52.3%), 개별SO(38.1%), 씨엠비(11.7%) 순으로 나타났다.

[표 2-13] 복수종합유선방송사업자(MSO) 가입자 현황

(2015년 12월 말 기준)

MSO	전체 가입자		8VSB 가입자		QAM 가입자	
	가입자 수	비율(%)	가입자 수	비율(%)	가입자 수	비율(%)
씨제이헬로비전	3,823,156	27.8	5,559	0.4	2,545,800	34.0
티브로드	3,238,533	23.6	36,431	2.3	1,693,197	22.6
씨앤엠	1,964,312	14.3	0	0.0	1,601,874	21.4
현대에이치씨엔	1,348,208	9.8	10,703	0.7	773,537	10.3
씨엠비	1,506,369	11.0	1,239,785	79.6	176,669	2.4
개별SO	1,851,464	13.5	265,287	17.0	705,076	9.4
합계	13,732,042	100.0	1,557,765	100.0	7,496,153	100.0

*출처: 미래창조과학부와 방송통신위원회 〈2016년 방송산업실태조사 보고서〉, 136쪽 재구성.

[표 2-14] 종합유선방송사업자의 복수 SO(MSO) 운영 현황

구분	종합유선방송사	가입자수	점유율(%)
씨제이 헬로비전	㈜씨제이헬로비전, 은평방송, 중부산방송, 중앙방송, 해운대기장방송, 금정방송, 대구수성방송, 대구동구방송, 북인천방송, 부천김포방송(구 드림씨티방송), 경기북부방송(구 나라방송), 강원방송, 영동방송, 영서방송, 충남방송, 전북방송, 호남방송, 전남동부방송(구 아라방송), 신라방송, 영담방송, 경남방송, 마산방송, 가야방송 (23개사)	3,823,156	29.7
티브로드	종로중구방송, 서대문방송, 광진성동방송, 동대문방송, 도봉강북방송, 노원방송, 강서방송, 서부산방송, 동남방송, 낙동방송, 대구케이블방송㈜, 대구방송, 티씨엔방송, 대경방송, 서해	3,238,533	25.6

	방송, 새롬방송, 남동방송, 수원방송, 에이비씨방송, 한빛방송, 기남방송, 중부방송, 전주방송 (23개사)		
씨앤앰	㈜씨앤앰, 중앙, 서서울, 용산, 동서울, 중랑, 북부, 노원, 마포, 구로금천, 서초, 강남, 송파, 경기, 우리, 경동, 경기동부 (17개사)	1,964,312	18.1
현대 에이치씨엔	㈜현대에이치씨엔, 서초방송, 부산방송, 금호방송, 충북방송, 경북방송, 새로넷방송, 동작방송 (8개사)	1,348,208	9.5
씨엠비	동서방송, 한강케이블티비, 대구수성방송, 대구동부방송, 광주방송동부지점, 광주방송, 대전방송, 대전방송동대전지점, 충청방송, 광주방송전남지점 (10개사)	1,506,369	5.9
MSO 전체(81개사) 방송사업매출		11,880,578	89.0
개별SO(10개사) 방송사업매출		1,851,464	11.0
SO전체(91개사) 방송사업매출		13,732,042	100

제5절 ｜ 방송채널사용사업자 현황

방송채널사용사업자는 보통 프로그램 공급자 또는 프로그램 프로바이더(Program Provider)를 줄여서 PP라고 부른다. 1995년 케이블TV 도입시 대통령령이 정하는 바에 따라 종합유선방송위원회를 거쳐 공보처장관의 허가를 받아야 하는 사업 영역이었다(종합유선방송법 제13조 제1항). 그러나 1999년 1월 종합유선방송법의 개정으로 PP허가제가 등록제로 바뀌면서 중복소유나 교차소유에 대한 제한을 없앰으로써 명실상부한 시장의 논리가 지배하게 된다. 여러 개의 PP를 소유한 복수PP(MPP: Multiple Program Provider)가 허용되면서 MPP가 계속 증가하고 있으며, 특히 지상파 방송사의 PP 진출로 인해 지상파 3사가 MPP의 상위권을 형성하고 있는 점이 특징이다. 2000년 방송법부터는 한 개의 사업자가 여러 개의 SO나 PP(MSO, MPP), 그리고 SO와 PP를 동시에 소유하는 것(MSP)을 허용하면서 M&A에 의한 복수 사업자들이 등장하고 있다.

[표 2-15] MPP 현황

지배주주	운영채널 채널 수	점유율(%)
씨제이㈜	tvN, OCN, CH.CGV, SUPER ACTION, OCNseries, 엑스티엠 스퀘어, XTM, On Style, O'live, O tvN, Mnet, 투니버스, UXN, OGN, 중화TV, Catch On1(Catch On), Catch On2(Catch On pius), Catch On Demand(18)/ OZIC 음악채널(30개)/ 넷마블 TV게임, 아이코 플레이(2), CJ오쇼핑, CJ오쇼핑플러스(Data)(2)	25.1
㈜에스비에스	SBS GOLF(1), SBS MTV, 니켈로디언(2) SBS Sports1 SBS플러스, SBS Fun E, SBS CNBC 3 SBS 교통정보 데이터 방송(Data)	8.5
㈜문화방송	MBC에브리원, MBC스포츠플러스, MBC드라마넷, MBC퀸, MBC 뮤직/ 5엠비씨넷	7.2
㈜티브로드	스크린, 패션앤, 뷰, 씨네프, 드라마큐브(5) 폭스채널, FXm FOXlife (3) e채널 /챔프1 /쇼핑엔T	3.4
중앙일보	JTBC/ JTBC2(QTV), JTBC Golf 2/ 제이티비씨삼 폭스스포츠 (JTBC3 FOX SPORTS)	9.2
한전케이디엔㈜	YTN, YTN사이언스, YTN웨더 포드라이브(4DRIVE)(Data)	3.3
매일경제신문사	MBN, MBNplus 매일경제TV	4.0
㈜딜라이브 (구 ㈜씨앤엠)	코미디TV, 드라맥스, 케이스타, 라이프엔, 큐브이티브이 에이엑스앤(AXN)	2.6
㈜케이티 스카이라이프	애니맥스, 애니맥스플러스(2), skyDrama, skySports, skyTravel, skyPetpark, skyENT, skyA&C, skyICT, skyHealing, kids Talk Talk, kids Talk Talk plus, viki, skyUHD(skyUHD2), skyUHD1(skyUHD1), 레드초이스, 무비초이스, 스카이원, ch Olleh (17)	2.5
① 2개 이상 PP사업체가 결합한 MPP유형		72.1
한국방송공사	KBS N LIFE, KBS Kids, KBS W, KBS Joy, KBS N Sports, KBS Drama	4.5
조선일보	TV조선, C'TIME	3.8
동아일보	채널에이, 채널에이플러스	3.8
SO연합(6)	케이블TV VOD, 케이블TV VOD Movie, 케이블TV VOD plus, 케이블TV VOD 페이퍼뷰, 케이블TV VOD 키즈, UMAX	4.6
② 1개 PP사업체가 2개 이상 채널을 운영하는 MPP 유형		20.1
전체 MPP 방송사업매출(①+②)		92.2
방송채널사용사업 방송사업매출(홈쇼핑 PP제외)		100.0

*주: 점유률 2.0% 이하는 생략.

케이블TV의 경우, 상위권의 채널이라 해도 시청률은 1% 정도이며, 0.5%만 돼도 상위 10위권에 속할 만큼 아직 케이블TV 채널의 시청률은 낮은 편이다. 등록 PP는 대개 자본 규모가 작고, MPP나 MSP에 비해 SO와 수신료 계약에서 불리한 입장이며(특히 단일 PP), 지상파 방송사 PP의 진입 증가로(SO 송출 등록 PP 중 1/3이 지상파 계열) 지상파와 관련이 없는 PP는 경영상의 어려움을 겪고 있다(정인숙, 2013: 52).

20년여 전 개국 초창기의 시청자들은 16개 분야의 27개 채널 밖에 볼 수 없었지만 현재는 최소한 178개 PP채널을 시청할 수 있다. 2016년 방송산업 실태조사 보고서에 따르면, 씨제이계열이 전체 178개 채널 가운데 22개를 운용하고 있으며, ㈜케이티스카이라이프가 17개, 중앙미디어네트워크 계열이 6개, ㈜에스비에스 8개, MBC와 KBS가 각 6개 채널을 운영하고 있는 것으로 나타났다. 2개 이상 PP가 결합된 복수 방송채널사용사업자의 시장점유율은 72.1%로 전년(77.0%)보다 감소한 것으로 나타났다.

SO와 PP 결합사업자(MSP)의 현황을 보면, 씨제이계열이 4개 PP와 23개 SO, 티브로드 계열이 5개 PP와 23개 SO, 시앤엠이 2개 PP와 SO 17개, 씨엠비 계열이 1개 PP와 10개 SO, 현대 에이치 씨엔 계열이 2개 PP와 9개 SO를 소유하고 있는 것으로 나타났다. 이들 5개 MSP는 전체 방송사업 매출액의 약 56%를 차지할 만큼 케이블 TV 시장에서 영향력이 막강하다.

[표 2-16] SO와 PP의 결합(MSP) 현황

기업집단	PP사업자	SO사업자	점유율(%)
씨제이㈜	씨제이이앤엠㈜, 씨제이파워캐스트㈜, 씨제이올리브네티웍스㈜, ㈜씨제이오쇼핑	㈜씨제이헬로비전, 은평방송, 중부산방송, 중앙방송, 해운대기장방송, 금정방송, 대구수성방송, 대구동구방송, 북인천방송, 부천김포방송(구 드림시티방송), 경기북부방송(구 나라방송), 강원방송, 영동방송, 영서방송, 충남방송, 전북방송, 호남방송, 전남동부방송(구 아라방송), 신라방송, 영덤방송, 경남방송마산방송, 가야방송 (23개사)	26.8

㈜태광산업 (티브로드)	㈜티캐스트, ㈜티캐스트콘텐츠허브, ㈜이채널, ㈜챔프비전, ㈜아이디지털홈쇼핑	종로중구방송, 서대문방송, 광진성동방송, 동대문방송, 도봉강북방송, 노원방송, 강서방송, 서부산방송, 동남방송, 낙동방송, 대구케이블방송㈜, 대구방송, 티씨엔방송, 대경방송, 서해방송 새롬방송, 남동방송, 수원방송, 에이비씨방송, 한빛방송, 기남방송, 중부방송, 전주방송 (23개사)	12.8
씨앤엠	㈜아이에이치큐, 에이엑스앤코리아(유)	㈜씨앤앰, 중앙, 서서울, 용산, 동서울, 중랑, 북부, 노원, 마포, 구로금천, 서초, 강남, 송파, 경기, 우리, 경동, 경기동부 (17개사)	9.2
㈜현대백화점 (현대HCN)	㈜현대미디어, ㈜현대홈쇼핑	㈜현대에이치씨엔, 서초방송, 부산방송, 금호방송, 충북방송, 경북방송, 새로넷방송, 동작방송 (8개사)	4.4
㈜씨엠비 홀딩스	㈜씨엠비홀딩스	동서방송, 한강케이블티비, 대구수성방송, 대구동부방송, 광주방송동부지점, 광주방송, 대전방송, 대전방송동대전지점, 충청방송, 광주방송전남지점 (10개사)	2.7
MSP 전체 매출			56.0
SO 매출액 + PP 매출액(홈쇼핑PP 제외)			100.0

제6절 | 제주지역 케이블TV의 등장

1. KCTV제주방송의 설립 및 개국

공보처는 1994년 6월 15일 '전국 케이블TV 사업자 간담회'에서 1995년 1월 5일 시험방송을, 3월 1일 본방송을 시행하겠다고 공표했다(CMB, 2015, 126). 1991년 12월 31일 우리나라의 케이블 TV방송제도 도입의 법적 근간이 될 〈종합유선방송법〉이 제정·공표되었다. 케이블TV는 법 제정으로 제도 도입의 법적 근거를 갖췄다. 이를 근거로 공보처는 1993년 연내 케이블TV 방송사업자를 선정하고, 1995년 초부터 케이블TV 방송을 본격적으로 실시도록 하겠다는 방침을 1993년 6월 15일 공표하였다(CMB, 2015: 126).

공보처는 일정에 맞춰 1993년 5월 29일 전국의 케이블TV 방송구역을 116개로 분할 고시하였다. 이때 고시된 제주지역의 방송구역 수는 2개(제주시·북제주군과 서귀포시·남제주군)이다.57) 공보처는 이어서 1993년 6월 3일 1차 SO 허가대상구역을 서울 등 6대 도시 전역의 44개 지역과 각 도의 시범지역 1개씩, 모두 54개 구역으로 한정 발표하였다. 제주도에서는 제주시·북제주군 구역이 지정되었다(한국케이블TV방송협회, 2000).

공보처는 54개 구역을 대상으로 1993년 10월 30일까지 각 시·도에서 SO 허가신청을 받도록 하였다. 제주도에서 1993년 10월 30일까지 제1차 유선종합방송 허가신청 법인을 모집한 결과 제주종합유선방송국, ㈜탐라종합유선방송58)과 제주종합유선방송주식회사59) 등 3개 업체가 지원하였다.

공보처는 1994년 1월 14일 3개의 케이블TV사업 신청자를 대상으로 공개 청문회를 통한 1차 심사와 심사평가단의 점수평가를 종합한 결과 제주시·북제주군 구역의 사업대상자로 제주종합유선방송국이 선정되었음을 발표하였다.

제주종합유선방송국 발기인회60)는 1994년 2월 14일 제주종합유선방

57) 정부는 4년 후인 1997년 2월 25일 전국의 2차 SO허가 대상 62개 구역을 24개로 재조정 고시하였다. 이때 제주지역은 2개 권역에서 1개 권역으로 재조정되고, 서귀포시·남제주군 구역은 제주시 권역으로 통합되었다. 이것은 업계의 손실을 줄이기 위해 케이블TV방송(SO) 허가 구역을 종전 10만 가구 내외 기준에서 20만 가구 기준으로 광역화한 결과이다.

58) ㈜탐라종합유선방송국은 중계유선방송 컨소시엄(consortium)이 주축이 되어 만든 회사이다. 납입자본금은 30억원이고, 구성주주는 개인사업자 19명이다. 주요 주주는 이근실(제일가스), 문익부(제주유선방송), 김보균(금정산업) 김상준, 한경·애월·구좌 유선방송업자 등이다. 대표자는 제일가스 이근실 대표이다.

59) 제주종합유선방송 주식회사는 의회의원(議會議員) 주축 컨소시엄이 만든 회사이다. 납입자본금은 30억원이고, 구성주주는 24명(법인 6개, 개인 18명)이다. 주요 주주는 삼오종합건설(주), 장홍윤(제일극장), 삼성개발(주) 이승택, 문헌영(나사로 병원), 김익찬(공인회계사), 강지순, 양세훈·동성개발(이태석), 현태식, 김영보, 현경희, 강영철 등이다. 대표자는 강지순이고, 최다주주는 삼호종합건설 임제호씨이다.

60) 제주종합유선방송국의 발기인은 (주)한림공원 공동대표이사 송봉규·송상훈, (합자)동남종합건설 대표 고명수, (주)골드 대표이사 공성용, (유한)제주물산 대표이사 문홍익, ㈜제주근대화연쇄점 대표이사 정팽조, ㈜흥아 대표이사 김희상, 정한종합건설(주) 대

송국 창립총회를 열어 초대 대표이사에 송봉규(宋奉奎)와 오길웅(吳吉雄)을 선임하고 이사 7명과 감사 2명을 선임하여 주식회사로 발족했다(제주도, 2005). 그리고 2월 23일 제주종합유선방송국㈜ 설립등기를 했다. 1994년 3월 11일 공보처로부터 종합유선방송사업자(SO) 허가를 받은 제주종합유선방송국은 본격적으로 방송 준비작업에 들어갔다.

제주종합유선방송국은 제주시 연동 한진관광㈜ 건물을 임대하여 총면적 약 990㎡의 공간에 스튜디오, 방송제작실, 송출실 등을 확보하고 1년여 동안의 준비를 마쳐, 1995년 1월 5일부터 제주시 연동지구 200여 가구를 대상으로 역사적인 시험 방송을 개시하였다. 시험방송이 성공함에 따라 제주종합유선방송국은 1995년 5월 1일부터 PP 21개사와 본방송에 들어갔다. 이것은 전국의 케이블TV 본방송 시작에 비해 약 2개월 정도 늦은 것이다(제주시, 2005).

제주종합유선방송국은 개국 초기 전국의 39개 케이블TV 방송과 마찬가지로 뉴스보도 전문채널(연합TV뉴스, 매일경제TV)을 비롯하여 영화, 스포츠, 교양, 교육, 오락, 문화·예술, 음악, 어린이, 여성, 종교, 관광교통, 공공채널(KTV) 등 16개 분야 21개 채널을 송출했다. 그리고 지상파인 방송인 KBS1, KBS2, MBC, EBS 채널도 재전송했다. 지역채널에서는 KCTV스포츠, 문화마당, 뮤직5, 살아가는 이야기, 취미정보와 생활정보 등을 주로 방송했다. 개국 초기에 24시간 동안 방송을 볼 수 있는 채널은 YTN 뿐이었다.

제주종합유선방송국은 1997년 3월 제2기 이사회를 열고 오길웅 사장을 대표이사로 재선임했으나, 숙환으로 별세함에 따라 그해 11월 공성용(孔聖龍) 이사를 대표이사 사장으로 선임했다. 제2기 이사회에서는 사명을 제주종합유선방송국에서 〈한국케이블TV제주방송〉으로 변경하였다. 이것은 한국케이블TV방송협회(KCTA)가 1997년 1월 1일부터 중계유선방송 등 타 매체와의 혼동을 막기 위해 SO 53개사의 명칭을 〈한국케이블TV○○방

표이사 강창식, 오길웅, 고용문씨 등 10명이다.

송〉으로 통일하여 시행토록 했기 때문이다(한국케이블TV방송협회, 2015). 이를 줄여서 현재 KCTV제주방송이라고 부르고 있다.

KCTV제주방송은 2005년 3월 제주시 연동 422번지(아연로 2) 일대 부지 8,177㎡(2,473평)에 지하 1층, 지상 3층, 총면적 4,852㎡ 규모의 신사옥을 건축하여 이전했으며, 이때 제주지역의 읍면 단위로 운영되던 중계유선방송 13개 업체를 모두 인수하여 단일 종합 유선망으로 구축하였다(제주도, 2005).

케이블TV제주방송의 가입자는 개국년도인 1995년 말에는 1만 가구에 불과했으나, 그 후 지속적으로 증가하여 약 10년 후인 2004년 말에는 16만 가구로 늘어났다. 제주도 전체 가입대상 19만 가구의 84%가 가입한 것이다. 현재 KCTV제주방송의 가입자는 184,300가구(2017년 7월 말 기준)인 것으로 조사되었다. 제주도의 전체 가구 수의 82.0%가 케이블TV에 가입한 것으로 나타났다.[61)]

제주지역의 유료방송 가입자 수는 전국의 가입자 수(28,266,499명)의 1.3%에 해당하는 363,036명인 것으로 조사되었다. 이 가운데 종합유선방송 가입자는 166,085명, 위성방송 29,441명, IPTV(D) 167,510명으로 나타났다. 해가 갈수록 종합유선방송의 가입률이 점차 줄어들고 있는 반면에 IPTV 가입자는 증가하고 있는 것으로 나타나고 있다(미래창조부·방송통신위원회, 2016).

2. 조직

2017년 7월 30일 현재 ㈜KCTV제주방송의 대표이사 회장은 공성용(孔聖龍), 대표이사 사장은 김귀진이 각각 맡고 있다. ㈜KCTV제주방송의 자본금은 60억원이다. 최대주주는 골드이며, 38%의 지분을 소유하고 있다.

---

61) 2016년 12월 말 현재 제주도의 주민등록인구는 661,190명(외국인 포함)으로 전년에 비해 19,835명(3.1%)이 증가한 것으로 나타났고, 총 세대 수는 266,972명이다(2016 제주도 통계연보). 2015년 11월 1일 기준 제주도의 총가구수는 총 224,724가구이다.

KCTV제주방송의 구성원은 총 187명이다. 조직으로는 대표이사 회장과 대표이사 사장 아래 기획관리국·영업1본부·영업2본부·서귀포지국·보도국·편성제작국·선로 운용국·기술국 등 8국과 고객 감동실을 운영하고 있다.

기획관리국은 관리팀·전산팀·광고팀·자재 관리팀·시설관리팀·채권관리팀·기획조정팀으로 구성되어 있으며, 영업1본부는 영업1·2·3팀과 고객서비스팀과 모바일 사업팀으로, 영업2본부는 B2B팀·특수영업팀으로 구성되어 있고, 서귀포지국은 동부팀·서부팀·중부팀으로 구성되어 있다.

보도국은 취재보도팀과 영상취재팀으로 구성되어 있고, 편성제작국은 콘텐츠 제작팀과 편성제작팀으로 구성되어 있다. 선로운용국은 기술기획팀·선로기술1팀·선로기술2팀·선로포설팀·증설팀, 절체이설팀으로, 기술국은 제작기술팀, 디지털 기술팀, 인터넷기술팀 등 3개 팀 그리고 고객감동실은 in-bound 마케팅팀과 out-bound 마케팅팀으로 구성되어 있다.

[표 2-17] KCTV제주방송 종사자 세부 현황

사업체명	임원	경영	방송직					기술	연구	영업홍보	기타	합계
			기자	PD	아나운서	제작관련	기타					
㈜KCTV 제주방송	3	48	20	10	5	15	4	20	0	54	8	187

*출처: 미래창조부·방송통신위원회의 『2016년 방송산업 실태보고서』, 재구성.

방송의 프로그램 편성과 보도에 가장 많은 영향력을 미치는 방송직의 종사자 수를 보면, 기자 20명, PD 10명, 아나운서 5명, 제작관련 15명, 기타 4명인 것으로 조사되었다.

3. PP채널 운용 현황

시청자가 지상파TV 방송을 놔두고 케이블TV를 선택하는 것은 일단 케이블TV의 다양한 채널을 보기 위해서이다. 리모컨 하나로 내게 필요한 정보가 있는지 없는지 아니면 어느 채널이 재미있고 유익한지 찾아다닌다. 케이블 TV방송에서 송출하는 PP채널이 많을수록 시청자들의 채널 선택권은 그 만큼 넓어진다. SO의 경쟁력은 시청자들이 원하는 재미있고 유익한 PP채널을 얼마나 많이 저렴한 가격으로 서비스할 수 있는가에 달려있다고 해도 과언이 아니다.

케이블TV는 그 재원에 따라 무료 채널과 유료 채널로 구분할 수 있다. 무료 채널은 베이식 채널(basic channel)이라 부르며, 일단 케이블TV에 가입해 설치하면 더 이상의 추가 비용 없이 볼 수 있는 기본 채널을 말한다. 반면, 유료 채널은 페이 케이블(pay cable)[62]이라 부르며 별도의 시청료나 가입비를 지불해야 볼 수 있는 채널을 말한다. 미국의 경우 대표적인 페이 케이블로는 HBO, 쇼타임, 무비채널, 시네막스 등이 있다.

우리나라는 2001년 9월 확정된 '종합유선방송 이용약관 개선안'에 따라 이용자가 선택 가능한 채널 수신 상품을 '채널 상품'이라는 개념을 도입해 요금도 다르게 책정하고 있다.

KCTV제주방송은 개국 초기에 21개 PP채널을 운용했지만, 2017년 7월 현재 아날로그방송 61개 채널과 디지털 방송 188개(오디오 채널 30개 포함), 그리고 8VSB채널[63] 66개를 송출하고 있다.

디지털 방송 채널은 지상파 채널 5개, 직사채널 1개, 뉴스 전문채널 2개, 종합편성채널 4개, 지역채널 1개, PP채널 140개, 위성채널 8개, 음악 30개, 데이터 방송 7개 채널 등으로 구성되어 있다. 음악 채널은 최신인기가요, 팝, 재즈, 흑인음악, 클래식, 영화음악, 동요, 천주교·불교·기독교 음

62) PPV는 페이퍼 뷰(Pay Per View)의 약자로 유료 가입자들이 시청한 프로그램 편수에 따라 요금을 지불하는 방식을 말한다. 특히 대작 영화나 빅 이벤트, 스포츠 결승전 등 인기 있는 프로그램을 주요 대상으로 한다. PPC는 페이퍼 채널(Pay Per Channel)의 약자로 PPV와는 달리 특정 채널의 수신료를 매월 납입하는 방식을 말한다.

63) 8VSB(8레벨 잔류측파대, 8-level vestigial sideband)는 디지털 지상파 방송에 이용되는 전송방식으로서 기존의 아날로그 케이블 방송가입자가 8VSB로 변경할 경우, 별도의 디지털 셋톱박스 없이 고화질 디지털 방송 시청이 가능함(양방향서비스 이용불가).

악, 국악마당, 호프뮤직, 제주민요 등 다양한 장르의 전문 오디오 채널 30개를 서비스하고 있다. 디지털 채널의 경우에는 셋톱박스를 설치해야 시청이 가능하다.[64)]

아날로그 방송채널은 지상파 채널 5개, 뉴스 전문채널 2개, 종합편성채널 4개, 영화 2개, 취미·다큐 채널 6개, 스포츠 게임 5개, 교육 어린이 8개, 종교 3개, 드라마 채널 10개, 직사채널 1개(정보채널), 지역채널 1개 등 64개 채널로 구성되어 있다.

KCTV제주방송은 총 178개 PP채널을 '종합유선방송 이용약관'에 따라 이용자가 선택 가능한 채널 수신 상품을 아날로그(61개 채널), 8VSB(66개) 디지털 HD120(131개 채널/음악방송 30개 채널 포함), HD150(161개 채널/음악방송 30개 채널 포함), HD180(188채널/음악방송 30개 채널 포함) 등 5개 유형의 상품으로 묶어서 서비스하고 있다. 그리고 6개 유료채널(Catch ON 1, 2, midnight 등)과 오디오채널 30개는 별도로 운용하고 있다. 상품유형에 따라 시청료가 달라진다. 아날로그방송은 일단 KCTV제주방송에 가입해 라인을 설치하면 기본적으로 볼 수 있는 기본채널을 말한다.

대다수의 시청자들은 케이블TV를 통해 지상파 방송도 시청하고 있는 것으로 조사되고 있다. 이처럼 KCTV제주방송의 채널수는 개국 초기에 비해 약 13배 정도 많아지고 장르도 매우 다양해졌다. 그 결과, 시청자들은 마음만 먹으면 채널별로 다양성과 전문성으로 차별화된 다양한 프로그램을 골라서 볼 수 있게 된 것이다.

현재 우리나라의 90개 케이블TV에서 송출하는 178개 PP채널의 장르는 총 19개인 것으로 조사되었다.[65)]

---

64) 디지털 방송채널의 경우, 아날로그방송을 제외한 SD, HD, UHD 방송을 모두 포함한 것이다(2016년 방송실태조사보고서, 146쪽).

65) 178개 PP가 공급하는 19개 장르는 다음과 같다(미래창조과학부· 방송통신위원회, 2016). ① 홈쇼핑 ② 보도전문, ③ 종합편성, ④ 공공정보(공공채널, 국방정보와 홍보) ⑤ 특정대상(노인, 농어민, 이산가족, 노인생활문화) ⑥ 경제정보(비즈니스 정보, 증권) ⑦ 교양(교양, 다큐멘터리, 환경) ⑧ 교육(수능, 어린이, 직업, 영어, 육아, 유아등) ⑨ 종교

[표 2-18] KCTV HD60(8VSB) PP채널 현황 (총 66개 채널)

종류	개수	종류	개수	종류	개수
KCTV(지역방송)	1(1)	지상파 방송	6(6)	뉴스(종편)	4(4)
영화	2(6)	스포츠·게임	5(10)	드라마	10(9)
홈쇼핑	8(11)	종교	3(7)	연예·라이프스타일	4(4)
취미·다큐	6(17)	공익	3(4)	교육·어린이	8(14)
해외	2(3)	KCTV정보	1(1)	음악	1(2)
뉴스전문	2(2)	오디오	30		

*출처: KCTV 제주방송 편성국. 괄호( )안의 수치는 실내에 셋톱박스를 설치했을 경우 시청할 수 있는 채널의 수(총 101개)를 말함.

4. 지역채널의 프로그램 편성기준 및 현황

1) 프로그램의 편성기준

지상파방송은 전국의 불특정 다수를 시청대상으로 한다는 점에서 지역주민들의 다양한 생활정보욕구를 충족시켜 주기가 매우 어려웠다. 그러나 1991년 종합유선방송법이 제정되면서 케이블TV는 지역주민들의 다양한 생활정보욕구 등을 채워줄 수 있는 지역채널을 운용할 수 있게 되었다.

1991년부터 제정된 〈종합유선방송법〉은 케이블TV의 〈지역채널 구성과 운용 방식〉 등에 관한 사항을 법조항으로 명문화하고 있다. 이후 종합유선방송법은 현실에 맞게 개정작업을 거치면서 현재의 방송법에 이르고 있다. 지역채널 운영에 관한 법규는 케이블TV가 다른 유료 방송 플랫폼(platform)과의 차별화를 가질 수 있는 부분이며, 이를 통해 케이블TV

(기독교, 천주교, 불교, 증산도) ⑩ 취미(낚시, 레저, 댄스, 레포츠, 바둑, 여행, 애완동물 등) ⑪ 드라마 ⑫ 만화 ⑬ 스포츠(골프, 각종 스포츠) ⑭ 영화 ⑮ 오락(연예정보, 가족문화, 공연, 오락, 코미디, 버라이어티 쇼 등) ⑯ 음악 ⑰ 게임(게임쇼, 게임) ⑱ 문화(국가별 문화, 미술, 문화예술) ⑲ 정보(건강의료, 법률, 생활, 의회, 이벤트, 건설, 부동산 정보, 창업/취업, 요리/건강, 패션/뷰티, 식문화와 생활정보 등)

방송 사업자가 공적 기능을 수행할 수 있는 근거를 제공하고 있다(한지만 외, 2007).

1991년 제정된 종합유선방송법 제22조(채널의 구성과 운용) 제3항에서 "종합유선방송국은 대통령령이 정하는 바에 따라 스스로 제작한 지역정보 및 방송프로그램 안내와 공지사항 등을 송신하는 지역채널을 운용할 수 있다"고 해서 케이블TV 방송국의 선택에 맡겨두었으나, 2000년 1월 12일 제정된 방송법 제70조(채널의 구성과 운용) 제4항에서는 "종합유선방송사업자는 대통령령이 정하는 바에 의하여 지역정보 및 방송프로그램 안내와 공지사항 등을 제작·편성 및 송신하는 지역채널을 운용하여야 한다"라고 문구를 수정하여 의무화하고 있다.

방송법 시행령 제55조(지역채널의 운용)에서는 지역채널을 통하여 송신할 수 있는 방송프로그램의 범위를 다음과 같이 다섯 가지로 정리하고 있다.

① 법 제70조제7항의 규정[66]에 의하여 시청자가 자체 제작하여 방송을 요청하는 방송프로그램
② 과학기술정보통신부령이 정하는 기준에 의한 종합유선방송구역안의 지역생활정보 방송프로그램[67]
③ 지방자치단체의 시책홍보를 위한 방송프로그램
④ 방송프로그램안내
⑤ 기타 지역사회 발전 및 지역주민 편의를 위하여 과학기술정보통신

66) 방송법 제70조(채널의 구성과 운용) 제7항의 규정에 따르면, "종합유선방송사업자 및 위성방송사업자는 미래창조과학부령으로 정하는 바에 의하여 시청자가 자체 제작한 방송프로그램의 방송을 요청하는 경우에는 특별한 사유가 없는 한 이를 방송하여야 한다"라고 의무화하고 있다. 이 조항은 〈종합유선방송법〉 속에는 들어 있지 않던 조항이다.

67) "방송통신위원회규칙이 정하는 지역생활정보 방송프로그램의 기준"이라 함은 다음 각 호와 같다. 〈방송통신위원회규칙 제24조(지역채널의 운용 등)〉. 1. 당해 방송구역내의 지역보도 프로그램 및 주민생활정보프로그램 2. 당해 방송구역이 속한 광역자치단체 내의 보도프로그램 및 생활정보프로그램 중 지역주민의 공동 관심사항으로 지역사회 발전과 지역주민의 편의를 도모하기 위한 생활정보

부장관 또는 지방자치단체의 장이 필요하다고 인정하는 방송프로그램 등이다. 다만, 지역채널에서는 지역보도 이외의 보도, 특정 사안에 대한 해설·논평은 금지한다고 명시하고 있다.

이와 같은 현행 법·규정에 따라 전국의 77개 방송구역의 119개 케이블TV 방송국은 각각의 지역채널 프로그램을 운영하고 있다. 지역채널의 운용목적은 지역사회의 발전 및 지역주민의 편의를 위한 지역 밀착형 생활정보를 제공하는 데 있다. 각 지역 SO의 지역채널 프로그램을 비교 분석해 보면, 각 케이블TV 방송사들이 무엇을 중요시하고 있으며 유사점과 차이점이 무엇인지를 알 수 있을 것이다.

2) 프로그램의 편성현황

KCTV제주방송은 188개 PP채널 가운데 CH7(KCTV)과 CH20 (KCTV N)을 지역채널로 배정하여 운용하고 있다. 제주방송이 지역채널을 어떻게 편성하고 있는지 알아보기 위해 먼저 프로그램의 제작원과 프로그램의 유형을 타 방송사와 비교해보았다.

케이블TV의 지역채널 프로그램은 제작원이 누구냐에 따라 크게 자체제작, 외주제작, SO교환, 시청자 제작, 구매 및 기타 등 다섯 가지 유형으로 나눌 수 있다.

10개사의 지역채널 프로그램 제작원별 연간 편성비율을 비교해 보면, [표 2-19]에서 보는 바와 같이 대다수의 케이블TV 방송국은 자체 제작한 프로그램을 최소한 60% 이상을 사용하고 있다. 개별SO별로 살펴보면, 푸른방송이 94.8%, 남인천 방송 82.6%, 하나방송 78.7%, 중앙방송 55.1%, 제주방송이 51.6%를 자체 제작해 편성하고 있다. 그리고 외주제작 프로그램의 비율은 중앙방송(33.6%), SO간 교환비율은 금강방송(26%), 시청자 제작 프로그램 비율은 서경방송(6.9%)이 가장 높았다.

[표 2-19] 지역채널 프로그램 제작원별 연간 편성현황 (2015년 기준)

사업체[68]	자체제작		외주제작		SO교환		시청자제작		구매 및 기타	
	시간	비율	시간	비율	시간	비율	시간	비율	시간	비율
충북방송	329,090	62.6	33,465	6.4	70,220	13.4	34,680	6.6	58,145	11.1
금강방송	261,426	60.7	45,901	10.7	111,912	26.0	11,660	2.7	0	0.0
하나방송	413,436	78.7	0	0.0	78,000	14.8	34,164	6.5	0	0.0
서경방송	338,478	64.4	18,450	3.5	9,250	1.8	36,415	6.9	123,007	23.4
제주방송	271,230	51.6	25,260	4.8	0	0.0	5,960	1.1	223,150	42.5
푸른방송	498,461	94.8	0	0.0	4,930	0.9	22,209	4.2	0	0.0
남인천방송	434,150	82.6	0	0.0	59,390	11.3	32,060	6.1	0	0.0
광주방송	319,577	60.8	75,350	14.3	600	0.1	22,513	4.3	107,560	20.5
중앙방송	289,605	55.1	176,570	33.6	21,580	4.1	7,005	1.3	30,840	5.9
아름방송 네트워크	372,810	70.9	20,115	3.8	67,695	12.9	30,360	5.8	34,620	6.6

*출처: 미래창조부·방송통신위원회의 『2016년 방송산업 실태보고서』, 239~241쪽 재구성.
*연간방송시간(분)을 보면, 금강방송의 430,899분이고 나머지 9개 방송은 모두 525,600분임.

KCTV제주방송의 프로그램 수급현황을 보면, 자체제작비율이 51.6%로 가장 높고, 그 다음은 구매 및 기타 비율이 42.5%, 외주제작 4.8%, 시청자제작 1.1% 등의 순으로 나타났다. 구매 프로그램의 비율은 10개사 중 가장 높은 반면에 시청자 제작 프로그램과 자체 제작 프로그램의 비율은 최하위권인 것으로 나타났다. 특히 타사와 달리 SO간의 교환 프로그램은 한 편도 없는 것으로 조사되었다(미래창조부·방송통신위원회, 2016).

지역채널 프로그램의 장르별 연간 편성비율을 보면, 보도 프로그램의 비율은 아름방송 네트워크(41.3%), 교양의 경우 광주방송(75.2%), 오락은 서경방송(29.3%), 생활정보는 중앙방송(71.6%), 기타는 하나방송(17.7%), 본방비율은 금강방송(46.7%), 순환방송은 푸른방송의 비율(97.0%)이 가장 높았다. 이처럼 지역채널 프로그램의 제작원 비율과 프로그램 유형의 편성량이 각 SO마다 차이를 보이는 것은 각 방송사의 제작능력, 그리고 편성방침의 영향을 받기 때문이다.

68) [표 2-19]에 나온 사업체는 90개 SO 가운데 개별 SO 10개사이다.

[표 2-20] 지역채널 프로그램 유형별 연간 방송시간 현황 (단위: 시간, %)

사업체명	보도	교양	오락	생활정보	기타	본방비율	순환비율
	시간(비율)	시간(비율)	시간(비율)	시간(비율)	시간(비율)		
푸른방송	65,700 (12.5)	238,320 (45.3)	129,825 (24.7)	43,836 (8.3)	47,919 (9.1)	3.0	97.0
남인천 방송	53,610 (10.2)	45,200 (8.6)	83,570 (15.9)	267,530 (50.9)	75,690 (14.4)	7.7	92.3
광주방송	21,900 (4.3)	387,210 (75.2)	38,775 (7.5)	59,895 (11.6)	7,200 (1.4)	15.0	85.0
중앙방송	66,800 (12.7)	28,456 (5.4)	54,118 (10.3)	376,226 (71.6)	0 (0.0)	29.4	70.6
충북방송	117,610 (22.4)	128,105 (24.4)	59,645 (11.3)	162,095 (30.8)	58,145 (11.1)	15.4	84.6
금강방송	68,730 (16.0)	218,128 (50.6)	71,599 (16.6)	48,569 (11.3)	23,873 (5.5)	46.7	53.3
아름방송 네트워크	217,000 (41.3)	157,845 (30.0)	39,645 (7.5)	103,120 (19.6)	7,990 (1.5)	20.3	79.7
하나방송	155,000 (29.5)	48,000 (9.1)	84,500 (16.1)	145,000 (27.6)	93,100 (17.7)	21.9	78.1
서경방송	137,610 (26.2)	212,677 (40.5)	154,195 (29.3)	12,860 (2.4)	8,258 (1.6)	27.0	73.0
제주방송	81,910 (15.6)	290,250 (55.2)	138,570 (26.4)	1,000 (0.2)	13,870 (2.6)	33.6	66.4

*출처: 미래창조부·방송통신위원회의 『2016년 방송산업 실태보고서』, 236~238쪽 재구성.

KCTV제주방송 지역채널(CH7)의 프로그램 유형별 방송시간은 보도 15.6%, 교양 55.2%, 오락 26.4%, 생활정보 0.2%, 기타 2.6% 비율로 편성되어 있으며, 평일 뉴스는 4회로 편성되어 있다. 교양의 비중이 가장 크며, 그 다음은 오락, 보도 등의 순으로 나타났다. 즉, 단위 프로그램 당 제작비가 적게 들어가는 프로그램의 자체 제작이 많은 편이다. 연간 뉴스 보도시간과 비율은 제주도내 3개 지상파에 비해 적은 것으로 나타났다.

연간편성 비율을 보면, 본방송의 비율이 33.6%이고 순환비율이 66.4%를 차지하고 있는 것으로 조사되었다. 본방송 비율은 전국 90개 SO 가운데 3번째로 높은 것으로 나타났다. 반면, 순환편성방송비율은 금강방송(53.3%)이 가장 낮았고, 제주방송(66.4%)이 그 뒤를 이었다(미래창조부·방송통신위원회,

2016). 순환방송은 동일한 프로그램을 반복하여 편성하는 것을 일컫는다. 즉, 지상파의 재방송과 달리 케이블 방송과 위성방송에서의 순환편성은 특정 프로그램을 편성시간별, 요일별, 날짜별로 달리 방영함으로써 시청자로 하여금 시청의 기회를 더 제공하자는 취지에서 행해지고 있다고 볼 수 있다(한진만 외, 2006).

[표 2-21] KCTV 제주방송의 편성 제작 현황 (2017년 6월 1일 현재)

장르	프로그램 명	방송시간	비고
뉴스	KCTV NEWS 7	월-금 07:00	
	KCTV NEWS	월-토 09:00, 11:00	
	KCTV 낮 NEWS	월-금 14:00, 17:00	
	KCTV NEWS 7(종합뉴스)	월-금 19:00, 21:30, 23:00	
	주말 뉴스	토-일 19:00, 21:30, 23:00	
	영어 뉴스	월-금 08:00, 19:30, 23:30	
	중국어 뉴스	월-금 08:10, 11:30, 14:20 17:20, 19:40, 23:40	
시사토론	시시토론 세남자 2	금 10:10, 15:00, 22:00	
드라마	시트콤 웃당보민	금 08:30, 13:30, 18:30	격주편성 10부작
교양	탐라오디세이 제주올레	목 10:10, 15:00, 22:00	격주편성 12부작
	글로벌 아카데미	수 10:10, 15:00, 22:00	
	챌린지 퀴즈챔프	화 10:10, 15:00, 22:00	
	우리동네 골목가게	수 08:30, 13:30, 18:30	
	인사이드 제주	목 08:30, 13:30, 18:30	
	문화카페	목 08:45, 13:45, 18:45	
	스페셜 피싱	월 08:30, 13:30, 18:30	
쇼/오락	농사의 신	금 08:30, 13:30, 18:30	격주편성
	우리는 해녀의 딸이다	목 10:10, 15:00, 22:00	격주편성 10부작
	삼촌 어디감수과	화 08:30, 13:30, 18:30	
	삼다공원 힐링야간콘서트	목 16:10, 20:10	5~6월 8부작
	제스피 콘서트	토 17:00, 22:00	총 50부작
교육	들엄시민 골암시민 제줏말	매일 10:00, 14:50, 20:00	
	배워봅서 관광중국어	월 12:00, 화 18:00, 수 13:00 목 18:00, 금 12:00, 토 13:30	
	배워봅서 관광영어	매일 11:50, 14:30	추가 수시 편성
	배워봅서 관광일본어	매일 11:40, 14:40	추가 수시 편성

KCTV N(CH 20번)에서는 지역의 날씨, 항공편 소식, 화촉 및 부고, 동문회 소식, 맛집·문화행사·축제·관광지 정보 등 제주의 다양한 생활정보를 제공하고 있다. 이 지역채널을 통해 수신자들은 단전단수, 각종 취업정보, 물가, 법률·세무정보, 이웃의 경조사 소식 등을 접할 수 있다. 그리고 날마다 개최되고 있는 지역의 다양한 문화·예술행사와 각종 축제 및 행사 소식도 제공한다.

KCTV제주방송의 가장 큰 특징은 제주지역의 3개 지상파 방송사와 달리 외국인 관광객을 위한 영어뉴스(4회)와 중국어 뉴스(6회)를 매일 10분씩 내보내고 있다는 점이다. 그리고 외국 관광객과의 원활한 의사소통을 위해 지역주민을 위한 외국어 회화 프로그램, 관광객을 위한 지역 관광 정보 프로그램을 제작·편성하고 있다.

지역채널은 활용하기에 따라서는 지역사회가 안고 있는 여러 문제점을 해결하는 공론장의 역할도 할 수 있다. 지역주민 스스로가 지역사회마다 가지고 있는 문제(교통문제, 쓰레기 문제, 환경오염 문제, 청소년문제, 교육문제 등)를 해결하기 위한 프로그램을 제작하여 방영해줄 것을 요구할 수도 있다. 또한 케이블TV 방송은 특별한 이유가 없는 한 시청자 제작 프로그램을 방영해야 한다.

케이블TV는 이와 같이 24시간 방송으로 확보되는 충분한 시간을 활용해 마음만 먹으면 지역사회 발전을 위한 다양한 프로그램을 자체적으로 기획제작 편성해 전달할 수 있다. 그것은 지상파TV 방송에 비해 자체적으로 조정할 수 있는 방송시간의 여유가 많기 때문이다. 대표적인 것으로 지역선거방송과 도의회 중계방송 등을 예로 들 수 있다.

KCTV제주방송은 1995년 6월 실시된 제1회 전국동시지방선거 때부터 선거방송을 시작했다. 이후 지방선거, 국회의원 선거 때마다, 케이블TV의 가장 큰 강점인 자율편성권을 이용해 후보자 경력 및 연설방송, 후보 대담은 물론 후보자별 토론회, 개표방송 등을 제작 방송하고 있다. 도의원 선거의 경우도 지역별로 출마 후보를 초청해 토론회 기회를 제공하고 이를 중계하고 있다. 이러한 선거방송은 지역 유권자들에게 후보자의 다양한 신상 정보를 제공해 후보자 선택에 많은 도움을 주고 있는 것으로 조사되고 있고, 또한 투표참여를 유도할 수 있는 장점이 있다. 가장 최근에 치러진 2016년 4·13 총선에서는 8원 생방송(스튜디오-개표장-제주시 갑 2-제주시 을 2-서귀포시 2)을 통해 개표소와 각 후보의 캠프 분위기를 생생하게 전달하였다.

지방의회 중계방송도 의무사항 중 하나다. KCTV제주방송은 1995년 제주도의회 도정질문(도지사-교육감 출석)때부터 생중계방송을 시작했다. 이후부터 지방자치의 중심인 제주도의회 의정활동을 안방에 전달하고 시청자들의 알권리 충족을 위해 제주도의회 도정 질의응답의 전 과정을 생중계하고 있다. 그리고 지난 2013년부터 도정질문에 국한됐던 중계방송을 상임위원회로 확대해서 중계하고 있다. 도의회의 세세한 움직임까지 시청자들의 안방에 전달할 수 있도록 한다는 취지에서이다.

이를 위해 KCTV제주방송은 제주도의회에 자체예산을 투입해 중계방송 전송망을 구축했다. 간이 중계시스템과 카메라만 있으면 언제든 생방송할 수 있는 시스템을 만든 것이다. 이는 덩치 큰 중계차와 대규모 인력 투입 없이 최소의 장비와 최소의 인력으로 생중계할 수 있는 체계를 만든 첫 사례로 꼽히고 있다.

지방의회 중계방송으로 과거 무턱대고 윽박지르던 질의와 무성의한 답변이 사라졌다는 평가를 받고 있다. 이밖에도 원내대표 연설, 행정시장이나 감사위원장 등 인사청문회를 탄력적으로 중계방송하고 있다(KCTV제주방송 자료에서 발췌). 또한 KCTV제주방송은 지방의회의 상임위원회 의정활동까지 생중계하여 지역주민들에게 지방의원들이 일하는 모습을 직접 감시할 수 있는 기회를 제공하고 있다.

제11장

생활정보지

제1절 | 생활정보지의 개념 정의

1990년대에 들어서면서부터 전국 어디에서나 손쉽게 접할 수 있는 정보매체 가운데 하나는 바로 생활정보지이다. 그러면 생활정보지란 어떠한 매체를 말하는가? 한국언론연구원이 1994년에 발행한 '매스컴 대사전'에는 '생활정보지'에 대해 별도로 정의하는 항목이 없다. 이 당시만 해도 생활정보지라는 정보매체가 우리사회에 등장한지 불과 5~6년밖에 되지 않았기 때문에 이에 대해 명확히 정의하기가 어려웠을 것이라 판단된다. 다만 '생활정보'라는 항목에서 "생활정보란 생활에 직접 관련된 정보, 시민들이 일상생활에 직접 이용할 수 있는 정보로서 식품이나 생활용품의 구매방법이나 장소에 관한 정보, 각종 행사의 안내, 단전·단수의 예고, 일기예보 등을 말한다"라고 정의하고 있다(정진석, 1994). 생활정보지는 이상과 같은 내용의 정보를 전문적으로 다루는 매체라는 것이다.

국어사전 정의에 따르면, 생활정보지란 "주로 소규모의 광고로 지면을 채워 무가로 배포하는 신문" 또는 "구인, 구직, 부동산 등의 다양한 생활 관련 정보를 자세하게 알려 주는 잡지나 신문"을 일컫는다. 정진석은 이보다 좀 더 자세하게 생활정보지에 대해 정의하고 있다. 그에 의하면 생활정보지란 "광고료에 의존하여 운영하는 정기간행물로서 특정지역 단위로 그 지역의 생활정보를 제공하는 내용으로 편집되어 무료로 배포하는 것"을 말한다. 이 정의에 의하면, 생활정보지는 "무료, 특정지역 배포, 생활정보 제공, 정기적인 발행의 요건"을 갖춘 것이어야 한다.

〈잡지 등 정기간행물의 진흥에 관한 법률[69]〉에 따르면, "정기간행물"이란 동일한 제호로 연 2회 이상 계속적으로 발행하는 간행물로서 신문을 제외한(이는 「신문 등의 자유와 기능보장에 관한 법률」에 따름) 잡지, 정보간행물, 전자간행물, 기타간행물(월 1회 이하 발행되는 간행물 중 책자 형태가 아닌 간행물)을 말한다. 이 법에 의하면 생활정보지는 "정보간행물"에 속한다. 정보간행물이란 "보도·논평 또는 여론 형성의 목적 없이 일상생활 또는 특정사항에 대한 안내·고지 등 정보전달의 목적으로 발행되는 간행물"이라 규정함으로서, 정치·경제·사회·문화·시사 등에 관한 일반적인 보도와 논평 및 여론 등을 전파하기 위하여 매일 발행하는 일반신문이나 특수신문과는 구별짓고 있다.

이러한 논의를 바탕으로 여기서는 생활정보지란 "보도·논평 또는 여론 형성의 목적 없이 특정 지역에서 일상생활과 밀접한 부동산 임대·매매, 구인·구직, 자동차 매매, 각종 생활용품의 구입 및 교환 등에 대한 각종 세분화된 생활정보나 광고를 일정 지면에 채워 길거리에서 무료로 배포하는 정보간행물"이라고 정의하고자 한다.

제❷절 | 생활정보지의 기능 및 특성

전국 각지에서 특정지역 주민들에게 무료로 배포되는 생활정보지는 오늘날 매스 미디어와 함께 지역주민들의 일상생활에 매우 필요한 정보를

69) 정기 간행물 등록등에 관한 법률(이하 정간법)은 정기적으로 발행하는 신문·통신·잡지·기타 간행물에 관한 사항을 규정함으로써 언론의 건전한 발전을 도모하기 위해 제정된 법이다. 정간법은 전두환 정권 시절 '언론기본법'이 1987년 6월 항쟁 이후 폐지되면서 그해 12월에 제정된 법률이다. 그 뒤 1989년과 1991년, 1995년, 1999년에 걸쳐 개정되었지만 기본 골격은 변하지 않다가, 지난 2008년 12월 「잡지 등 정기간행물의 진흥에 관한 법률」로 새롭게 제정되었다. 정간법에 따르면 '생활정보지'는 일반일간신문, 특수일간신문, 외국어일간신문, 일반주간신문, 특수 주간신문, 잡지 등을 제외한 대통령령이 정하는 "기타간행물"에 포함된다.

제공하는 매체 가운데 하나가 되었다.

지역주민들은 지역사회에서 발생하는 각종 사건·사고와 관련된 뉴스와 정보 이외에도 일상생활에 유익한 정보를 얻기 원한다. 그들은 누가 어떤 물건을 저렴한 가격으로 팔거나 사고 싶어 하는지, 누가 어떠한 직장을 구하거나 제안하고 있는지를 알고 싶어 한다. 그들은 어느 지역에 가면 저렴한 가격으로 원룸 또는 방 2개짜리 주택을 임대할 수 있는지, 그리고 얼마정도의 돈이 있으면 아파트 또는 단독주택을 구입할 수 있는지 알고 싶어 한다. 그리고 어떠한 아르바이트 자리가 새로 생겼는지, 주택 리모델링 업체나 집수리 대행업체에는 어떤 것이 있는지, 누가 상가건물이나 사업체 그리고 과수원이나 임야를 팔려고 내놓았는지, 중고차의 가격은 얼마인지 등등을 알고 싶어 한다. 이는 다양한 계층의 사람들이 함께 살아가는 도시에서는 흔히 볼 수 있는 현상들이다. 이와 같은 일상문제들은 필연적으로 발생하며, 대다수의 시민들은 이러한 문제를 해결해줄 정확하고 신뢰할 수 있는 다양한 생활정보를 필요로 한다. 시민들이 찾고 있는 이런 생활정보들을 모아서, 체계적으로 분류해 제시해 주는 매체가 바로 생활정보지이다.

이러한 생활정보지는 1983년 국내에 처음 도입된 지 약 25여년 만에, 다양한 매체 환경 속에서 일간지나 기타 방송매체 등 대규모 전국 단위의 매체들이 다룰 수 없는 영역을 파고들어 지역생활에 중요한 정보를 제공하는 친근한 생활매체로 급격한 성장을 이루었다(한국언론연구원, 1997). 짧은 기간 동안 생활정보지가 전국적으로 많은 독자층을 형성할 수 있었던 것은 생활정보지가 갖고 있는 몇 가지의 기능과 특징 때문이다. 이를 요약하면 다음과 같다.

첫째, 생활정보지는 아파트, 지하철, 정류소, 번화가, 상가 앞, 골목길 등에 설치된 배포대를 통해 무료로 불특정 다수에게 직접 전달하는 방식을 채택하고 있다. 유가로 특정인에게 판매하는 일간신문이나 기타 정기간행물들과 달리 누구나 마음만 먹으면 손쉽게 생활정보지를 구할 수 있다.

둘째, 광고비가 타 매체에 비해 저렴하다. 그리고 일간지들에 비해 저렴한 가격으로 광고를 지속적으로 반복 게재해 주기 때문에 그 만큼 광고의 주목도가 높다.

셋째, 생활정보지는 일상생활에 필요한 정보를 유형별로 분류해 체계적으로 전달하기 때문에 필요한 정보를 쉽게 찾을 수 있다. 이를테면, 사람들이 생계나 살림을 꾸려나가는데 있어 필요한 특정 분야에 대한 정보들을 부동산, 구인구직, 생활용품 등으로 체계적으로 분류 편집하여 소지역 단위의 정보욕구를 충족시키고 있다. 그 결과, 이용자들은 생활정보지 하루치만 보아도 자신이 알고 싶어 하는 분야의 정보를 한꺼번에 파악할 수 있다. 이러한 특성 때문에 생활정보지는 소비자에게 특정 분야의 다양한 정보를 전문적으로 전달하는 매체로 자리 잡게 되었다.

넷째, 일간신문과 기타 정기간행물들은 발행자 측에서 모든 정보를 직접 취합 발췌하여 지면을 편집하는 형태인 반면, 생활정보지 전체 지면의 3분의 2 이상을 차지하는 줄 기사 생활광고는 소비자들이 직접 제공해 준 것으로 만들어지고 그 정보가 다시 소비자들에 의하여 유통되고 있다는 점이다. 즉, 생활정보지의 광고주를 보면 개인이 60.8%이고 사업자가 39.2%로 나타났다. 이는 일반소비자가 주요 광고주임과 동시에 정보공급자임을 보여준다(한국소비자원, 1999).

다섯째, 〈잡지 등 정기간행물의 진흥에 관한 법률〉에 의하면, 생활정보지는 정보간행물(보도·논평 또는 여론 형성의 목적 없이 일상생활 또는 특정사항에 대한 안내·고지 등 정보전달의 목적으로 발행되는 간행물)에 속하기 때문에 보도·논평 및 여론 등을 전파하는 보도행위를 할 수 없다. 외국의 경우, 언론의 규제가 거의 없어 생활정보신문들이 전체 지면의 20~40% 정도를 지역뉴스 보도 및 해설 등에 할애하고 있으나, 우리나라의 생활정보지는 '현행 정간법'에 의하여 철저하게 통제되어 있어 뉴스보도와 논평 등 여론형성을 주목적으로 하는 기사들은 취급할 수 없다.

여섯째, 4×6배판으로 발행되는 중앙 일간지나 지역일간지들과 달리 생활정보지는 타블로이드 판형으로 제작되고 있다.

일곱째, 생활정보지 구독자 600명 및 광고게재 의뢰 경험자 206명을 대상으로 한 생활정보지 이용실태 조사결과에 따르면, 생활정보지의 주요 구독목적은 유익한 생활정보를 얻기 위해서(41.8%)가 가장 높게 나타났고, 다음으로 물품이나 용역(서비스)을 사거나 팔기 위해서(33.3%), 심심해서 소일삼아(뉴스 등 읽을거리를 보기 위해서)(22.7%) 등의 순으로 나타났다. 생활정보지의 성격에 대해서는 정보전달지(62.8%)로 가장 높게 인식하고 있으며, 가장 중요한 기능과 역할로는 생활정보 제공(84.9%), 지역경제 활성화(45.3%), 중고품 재활용 유도(36.0%) 등을 꼽았다(한국소비자원, 1999; 한국언론연구원, 1997).

하지만 정보지에 대한 소비자 인식을 보면, 구독자의 82.4%는 생활정보지의 역할에 대해 긍정적으로 평가하고, 86.0%는 생활정보지 광고의 필요성은 인정했으나 생활정보 광고에 대한 신뢰는 55.0%에 불과했다. 불신의 이유는 타 매체보다 허위, 과장, 불법, 부당광고가 많을 것 같아서(52.0%), 피해사례를 많이 들었기 때문에(25.1%), 물품, 용역의 출처, 품질을 알 수 없어서(12.9%) 등이며, 가장 불신하는 분야는 구인, 구직 및 부업, 아르바이트로 34.9%를 차지했고, 이어 대출, 신용카드(26.6%) 등의 순으로 조사되었다.

이와 같이 생활정보지는 일상생활에 유익한 정보제공을 통해 다양한 판매자와 구매자 간의 직거래를 유도함으로 쌍방의 경제에 도움을 주는 가교 역할과 중고품 판매와 물물교환의 장을 제공하여 자원 재활용에 기여하고 있다는 기능상의 긍정적인 측면과, 한편으로는 생활정보지가 타 매체에 비해 허위, 과장, 불법, 부당광고를 많이 게재하고 있다는 인식을 심어주고 있는 것으로 조사됐다. 실제로 광고에 게재된 전화번호를 이용한 일부 범법자들의 범법행위 등 부정적인 측면이 동시에 대두되고 있는 실정이다(한국언론연구원, 1994). 따라서 생활정보지가 지속적으로 발전하기 위해서는 생활정보지에 대한 불만 피해 내용을 최소화 할 수 있는 방안을 시급히 제도화해야 할 것이다.

끝으로 덧붙인다면, 생활정보지가 탄생하게 된 가장 근본적인 이유는 소비자가 거주하고 있는 특정 지역 내의 실생활에서 필요로 하는 정보를 보다 쉽게 교환하여 이익을 얻는데 있다. 생활정보신문을 구독하는 가장 중요한 이유가 정보추구 욕구에 있는 만큼, 이러한 욕구를 충족시켜 주는 것이 생활정보지 발행사가 존립할 수 있는 최선의 방법이다. 이와 같은 맥락에서 생활정보신문의 광고가 곧 정보라는 인식을 재음미해야 한다(조재영, 2003).

제3절 | 생활정보지의 현황

외국에서는 이미 오래 전에 정착된 생활정보지가 국내에서 처음 선보인 것은 1983년 2월 2일 창간된 〈리빙뉴스〉이다. 〈리빙뉴스〉는 당시 서울신문 전무 출신인 임삼(林森)씨가 창간한 무료신문으로, 일본 산케이신문이 발행하던 〈산케이리빙〉을 모델로 삼았다. 서울 강남 영동지역에 무료로 배포된 〈리빙뉴스〉는 주민들의 관심을 유도하기 위해 지역 내 소규모 상점들을 주로 소개했다. 처음에는 주간으로 1만 부 정도를 발행하다 나중에는 3만부까지 늘렸고, 지역도 영동지역에서 서초동·도곡동 판과 여의도판 등 3곳으로 확대했다. 4면이던 지면은 85년에 12~20면까지 늘었으나, 경영상의 이유로 얼마 되지 않아 문을 닫았다(2002 생활정보신문편람).

〈리빙뉴스〉의 창간에 힌트를 얻은 대구매일신문사가 1983년 8월 12일 무료주간지인 〈매일생활정보〉를 창간했다. 지역광고 중 소매광고를 흡수하고, 본지의 자연감소율을 줄이며 일간지 독자들에게 광범위한 생활정보를 제공한다는 것이 발행 취지였다. 〈매일생활정보〉는 창간 당시 타블로이드판 8면, 30만부를 발행하였으며, 1면과 8면에는 칼라광고를 게재하였고, 1985년에는 창간 2주년을 앞두고 8면에서 24면으로 증면하고, 발행부수도 당초 30만부에서 35만부로 확장했다.

편집체제와 내용은 주말여행, 레포츠, 부동산 정보(매물전화 무료게재), 자동차매매정보, 독자투고, 건강, 과학, 해외뉴스, 지방뉴스, 칼럼, 독자퍼즐 등 다양한 내용으로 구성되었다(정진석, 1994). 이후 〈매일생활정보〉의 성공을 눈여겨 본 영남일보사가 1990년 6월 〈주말영남〉을 발행하였으며, 이외에도 광주, 대전, 제주 등지의 지역신문사들이 주말 판을 무료로 배포하면서 생활정보지(신문)는 급격하게 확산되었다.

〈리빙뉴스〉가 '스트리트페이퍼(street paper)'의 효시라면, 엄격한 의미에서 오늘날처럼 각종 생활정보와 안내광고(Classified advertising) 등을 주로 다루는 생활정보지가 전국적으로 활성화되기 시작한 것은 1989년 7월 대전에서 창간된 〈교차로〉부터이다. 〈교차로〉는 박권현 박사가 프랑스 유학시절에 접했던 생활정보지에 대한 경험을 토대로 '한국원자력 연구소' 소속 박사 연구원 7명과 공동출자해 창간한 것이다. 또한 그 다음 해인 1990년 4월에 인천에서는 〈인천광장〉, 5월에 〈인천알림방〉이 창간되었고, 7월에는 부천에서 〈벼룩시장〉이 창간되었다. 〈교차로〉와 〈벼룩시장〉 등의 생활정보지가 발행되고, 정보지 시장이 급격하게 성장하게 됨에 따라 이러한 생활정보지(신문)는 1990년대부터 커다란 시장을 형성하기 시작하였다(2002생활정보신문편람). 1987년 6·29선언 이후 언론자율화 정책으로 각종 정기간행물등록이 자율화되면서부터 각종 일간지와 더불어 본격적으로 등장하기 시작한 생활정보지는 전국적으로 짧은 기간 동안에 그 유래를 찾아볼 수 없을 정도로 성장을 거두고 있다.

2015년 12월 말 기준으로 생활정보지의 시장규모(정기 광고간행물 사업체의 매출액)는 3,471억원대 규모로 추산되고 있다. 48개 지역 판을 발행하는 〈벼룩시장〉과 더불어 생활정보지 시장에서 가장 큰 회사인 〈교차로〉의 경우, 전국에서 76개 지역판을 발행하며 하루 250만 부를 무료로 배포하고 있다. 최근 들어 일부 회사에서는 소비자들의 정보소비 패턴 변화에 맞춰 인터넷 웹사이트를 운영하면서 그 인지도가 더욱 높아지고 있다. 또한 사회가 점차 다양화, 전문화 되고, 각 분야의 전문지식과 정보에 대한 수요가 빠른 속도로 증가하면서 생활정보지와 같은 각종 전문 분야의 정보간행물이 급속하게 늘어나고 있다.

[표 2-22] 정기 광고간행물 사업체 수 및 매출액 (단위: 개, 명, 백만원)

산업분류	사업체 수	종사자 수	남	여	매출액	영업비용	영업이익
정기 광고 간행물 발행업	422	4,373	2,086	2,287	347,134	310,317	36,817

*출처: KOSIS국가통계토털 2015년(자료 갱신일: 2017-06-23)내용 재구성.

[표 2-23] 정보간행물 및 기타간행물 등록 현황 (단위: 개)

구분	간별 무시*	일간, 주간, 주2회	일간
정보간행물	1,714	453	223
기타간행물	2,044	201	52
합계	3,758	654	275

*출처: 문화체육관광부2017 정기간행물 통계, 필자가 내용 재구성.

*문체부에 등록(신고)된 정기간행물 가운데 연간, 연2회간, 계간, 월간, 격월간, 주간, 격주간 기타주간, 기타일간, 일간, 주간 등으로 발행되는 정보간행물 및 기타간행물의 숫자를 말함.

2017년 7월 말 기준 정보간행물과 기타간행물 등록현황을 보면, 간별 구분 없이 전체 등록자를 추출한 결과 정보간행물은 1,714종이고, 기타간행물은 2,044개지인 것으로 조사됐다. 총 3,758개 정기 간행물 가운데 일간, 주간, 주2회 발생되는 정보간행물은 모두 합쳐 453개, 기타간행물은 201개, 총 654개로 집계되었다. 이 등록현황만으로 이 가운데 순수한 생활정보지가 몇 개인지를 가려내기는 어렵다. 왜냐하면 여기에는 대학·종교단체·기업체·외식업체, 한국마사회, 협동조합, 의료법인, 일반사회단체 등에서 발간하는 각종 정기간행물이 포함되어 있기 때문이다. 이 가운데 일간으로 발행되는 정보간행물과 기타간행물만을 재차 추려낸 결과, 총 275개인 것으로 조사되었다. 그리고 일간으로 검색한 결과, 순수한 생활정보지가 아닌 간행물들이 많이 제외되었다. 이런 결과로 미루어 보아, 우리나라에서 발간되는 생활정보지는 대략 450여개 정도로 추정된다.

또한 지난 1995년에 창립된 한국생활정보신문협회의 자료에 따르면,

2017년 7월 말 현재 회원사로 등록된 생활정보지는 총 147개사이다. 이를 지역별로 보면, 서울지역 28개, 인천·경기 32개, 강원 11개, 대전·충남 13개, 경북·대구 15개, 부산·울산·경남 18개, 전북지역 10개, 광주·전남 12개, 제주지역 3개사인 것으로 파악되었다.

제④절 | 제주지역 생활정보지의 현황 및 정보유형

1. 생활정보지의 현황

제주 최초의 생활정보지는 1991년 4월 30일 창간된 '주간신문 오일장㈜'(발행인 김형규)이다. 오일장은 창간 당시 타블로이드 판 8면으로 출발했다. 그 후 1992년 12월 21일에 '새장터(발행인 조희덕)', 1993년 10월 25일에 '해오름(발행인 강상근)', 11월 11일에 '활주로(발행인 박상호)'가 각각 창간되었다.

전국적으로 '무료신문' 또는 '지역광고지'라는 이름으로 생활정보지들이 우후죽순(雨後竹筍)처럼 확산되던 1990년대 상반기에 제주지역에도 4~6개 생활정보지가 연달아 창간되었다. 한정된 시장에서 유사 정보지의 난립은 경쟁을 심화시켰다. 그 결과 오일장을 제외한 나머지 정보지인 활주로, 새장터, 해오름, 돌하르방, 사랑방 등은 경영난과 구독률 저하 등으로 얼마 없어 폐간되거나 타사에 인수합병되었다.

대표적인 사례로 〈활주로〉의 인수합병을 들 수 있다. 현 제주교차로 대표인 곽광진씨는 이 시기에 생활정보지 발행사업에 뛰어들어, 1998년 8월에 〈활주로〉를 인수하여 대표로 취임하였다. 그 후 곽광진 대표는 〈활주로〉를 약 1년 동안 발행하다가 1999년 8월부터는 〈활주로〉의 제호를 전국체인 형태인 〈㈜제주교차로〉로 바꾸어 등록했다. 이때부터 제주지역에서 〈활주로〉는 사라지고, 〈교차로〉라는 정보지가 발행 배포되기 시작했다.

지금의 제주교차로의 모태는 폐간된 '활주로'인 셈이다.

제주교차로신문사는 이를 계기로 제민일보사가 별지 형태로 발행 배포해오던 생활정보지 〈신구간〉(창간: 1995년 10월 14일)을 2000년 8월에 인수했다. 〈신구간〉은 그 후 약 5개월 동안 발행되다가 2001년 1월부터는 〈제주교차로〉로 통폐합되고, 〈신구간〉이라는 제호도 역사 속으로 사라졌다.

2017년 7월 말 현재 제주도에 등록(신고)된 생활정보지의 일종인 정보간행물은 10개사이고, 기타간행물은 58개사이다. 제주지역에 등록된 총 68개 정기 간행물(기타간행물+정보간행물) 가운데 서귀포 교차로는 정보간행물로, 오일장과 제주교차로는 기타간행물로 등록되어 있다.

현재 '한국생활정보신문협회'70)에 가입된 제주지역의 순수한 생활정보지는 '제주 오일장'과 '제주교차로, 서귀포 교차로' 등 3곳이다. 각 업체의 종사자 수와 발행주기, 발행면수, 발행부수 등을 비교해 보면, [표 2-24]에서 보듯이 〈오일장〉과 〈교차로〉 둘 다 주5회, 1회 평균 160~168면, 매회 평균 15,000부를 발행하고 있는 것으로 나타났다. 정보지 배부는 가두배부방법을 이용하고 있으며, 2개 회사가 제주시(3,749개소)와 서귀포시(925개소)에 설치한 배포대에 매일 아침 일정량의 정보지를 갖다놓으면 주민들이 이를 무료로 가져다본다.

[표 2-24] 제주지역의 생활정보지의 세부현황

내용	오일장(주)	제주교차로
창간일 대표자	1991. 04. 30 / 김형규	1993. 11. 12 / 곽광진
연 혁	1991년 01월 오일장신문 예비1호 배포 1991년 04월 오일장신문 1호 8면 창간 1991년 06월 서귀포 오일장신문지국 개소	1993년 11월 ㈜활주로 신문사 설립 1998년 08월 ㈜활주로 신문사 인수 1999년 08월 ㈜제주교차로신문사 제호 변경 1999년 10월 제주최초 주3회 발행에서 주5회 발행으로 전환

70) '한국생활정보신문협회'는 생활정보신문 업계의 발전과 회원사간의 이해증진 및 친목을 위해서 1995년 6월 15일에 창립된 언론단체이다.

	1991년 10월 주간신문오일장(주) 상호법인등록 1992년 07월 주 2회 발행 1995년 01월 4면 칼라 인쇄 1995년 10월 주 4회 발행 1999년 11월 주 5회 발행으로 전환 2002년 12월 1호 평균 100면 발행 배포 2003년 01월 인터넷 홈페이지 개설 2006년 10월 인터넷 신문 그대로 보기 서비스 시작 2013년 01월 홈페이지 리뉴얼 및 웹버전 오픈 2015년 08월 오일장신문 어플오픈 2015년 12월 160면 발행 2015년 07월 신문편집 PC편집으로 전환 2016년 01월 콜센터 오픈 2016년 06월 오일장신문 어플 리뉴얼 오픈	1999년 11월 서귀포교차로신문 독립 발행 (주3회) 2000년 08월 ㈜신구간 신문사 인수 2001년 01월 신구간 ㈜제주교차로 신문사로 통합 2002년 01월 홈페이지 서비스 시작 2004년 10월 '2004 한국산업의 고객 만족도 생활정보신문부문 1위' 선정 2010년 01월 교차로 모바일 웹서비스 개시 2011년 11월 교차로 모바일APP 출시 2013년 10월 취업전문사이트 '교차로 잡' 오픈 2015년 08월 부동산전문 앱 '빠방' 공식 런칭 2016년 05월 구인/구직 전문앱 '교차로 잡' 공식런칭 2017년 04월 서귀포 교차로신문 주3회 에서 주5회 발행으로 전환 2017년 06월 부동산 아파트 전문앱 '교차로아파트' 공식런칭
임직원수	정규직 40명, 비정규직 15명	정규직 44명, 비정규직 26명
부서	총무팀, 영업본부, 인터넷팀, 편집팀, 콜센터	업무기획실(총무팀), 편집팀, 인터넷 사업팀, 광고기획실, 생활정보실, 신문관리실
발행주기	주5회 발행(월~금)	주5회 발행 (월~금)
배포방식	제주시 3,749개소, 서귀포시 925개소	제주시 3,749개소, 서귀포시 925개소
홈페이지 개설	2003. 01. 02	2002. 01
광고유형	줄 광고, 박스광고, 통 광고, 기타광고	줄광고, 박스광고, 통광고, 기타광고
발행부수/ 발행면수	1일 평균 15,000부/ 168면	1일 평균 15,000부/ 160면
온라인 방문자	1일 평균 6,658명 월평균 20만 여명	1일 평균 2만 여명, 월평균 60만명 (2016년 6월말기준)

*출처: 각 회사 관계자가 작성한 내용을 토대로 필자가 재구성.

임직원수를 보면, 교차로의 종업원 수(70명)가 오일장(55명)에 비해 15명 정도 더 많은 것으로 조사되었다. 직원 수가 많다는 것은 그만큼 일거리가 많다는 것을 의미한다. 정보지의 발행부수 면에서는 두개 업체 간의 차이가 없지만, 온라인 방문객수에서는 큰 차이를 보이고 있다. 두 업체의 1일 평균 온라인 방문객 수를 보면, 오일장의 경우 1일 평균 약 6,658명 정도(월평균 20만여명)가 방문하는 것으로 나타난 반면, 교차로는 2만여명(월평균 60만명)이 방문하는 것으로 조사됐다.

교차로의 온라인 방문자가 오일장에 비해 약 3배 정도 더 많은 것은 전국 각지에서 동일제호를 사용하는 교차로 이용자들이 함께 집계되었기 때문에 나타난 결과라 추정된다. 즉, 동일 명칭을 쓰는 전국 76개 교차로의 온라인 네트워크를 통해 정보를 검색하기 위해 들어오는 사용자가 많기 때문에 나타나는 현상이다.

그러면 20여년 전 제주지역 생활정보지들의 상황은 어떠했을까? 1994년 한국언론연구원이 수행했던 한 조사결과에 따르면, 당시 제주지역의 3개 생활정보지의 평균 종사자수는 23.8명이고, 1개 정보지가 1회 평균 30.7면 정도를 발행했던 것으로 조사됐다. 이 결과에 견주어 보면, 현재 제주지역의 2개 생활정보지는 비약적인 발전을 했다고 볼 수 있다. 같은 기간 제주지역 신문들이 경영난 등으로 기자를 비롯해 종사자를 계속 감원해 온 것과 달리, 생활정보지 발행사들은 계속 사세를 확장해온 것이다.

2. 생활정보지의 편집형태 및 정보유형

전국에서 발행되고 있는 생활정보지들은 전 지면을 기본 7단으로 나눠 편집하고 있으며, 타블로이드 판형으로 제작되고 있다. 생활정보지의 편집내용은 서민들의 일상생활과 매우 밀접한 관계가 있는 생활용품의 구입 및 교환, 구인·구직, 부동산 임대·매매, 자동차 매매, 전문업체 소개 정보 등으로 구성되어 있다.

이들 내용은 기사형태가 아니라 광고형태로 나가고 있고, 이런 광고는 보통 물건을 사고 팔거나, 직장을 구하거나 제안하기 때문에 안내광고(classified ad)라고 일컫는다. 이들 정보내용은 광고주의 요구에 따라 크게

△ 줄 광고, △ 박스광고, △ 전단광고, △ 전단의 1/2 광고, 1/3 광고, 1/4 광고, △ 기타(칼럼, 알림, 소식, 공고, 사고 등의 사용) 등 7개 유형으로 나눠 편집되고 있다.

[표 2-25] 생활정보지의 주요 내용 (단위: 건수, %)

구분	주요 내용	오일장	교차로
		건수(비율)	건수(비율)
구인구직 아르바이트 등	교사, 강사, 공부방, 어린이 집, 과외지도 교사 등 모집, 배달운전, 의료기술, 사무영업사원, 교사, 강사, 과외, 학원 수강생, 음식점, 호텔, 레스토랑, 빠(bar), 전기기사 사원모집, 대리운전 모집	1,833 (38.5)	1,902 (39.4)
부동산1	일반 주택, 아파트, 빌라, 원룸, 다세대 주택, 오피스텔 분양 및 임대	1,363 (28.6)	1,142 (23.7)
부동산2	사업체/상가건물 임대 및 매매(일반음식점, 사무실, 유흥단란주점, 다방, 소주&호프, 빠, 카페 등)	588 (12.4)	597 (12.4)
부동산3	과수원, 임야, 농지 매매/임대	185 (3.9)	227 (4.7)
부동산4	부동산 중개업소 광고	330 (6.9)	367 (7.6)
자동차	신차/중고차 대리점, 승용차, 승합차, 화물차, 중장비, 선박, 오토바이, 중고차 매매 등 포함	150 (3.2)	321 (6.7))
전문업체1	집수리, 리모델링, 인테리어, 누수, 방수, 도배, 장판, 커튼, 페인트칠, 하수구, 전기, 보일러 수리설치, 청소, 폐기물 처리·철거 등	145 (3.1)	130 (2.7)
전문업체2	결혼상담, 법률자문 개인희생, 운명철학 등	11 (0.2)	19 (0.4)
생활용품	주방도구, 가전가정용품 냉동·냉장·저온 창고, 주방도구, 업소용품, 냉난방기구, 중고용품(에어컨, 식당용품, 가정용품 등) 매매 대여, 교환 등	98 (2.1)	62 (1.3)
금융정보	소액대출, 차량·부동산 담보 대출, 일수 등	7 (0.2)	7 (0.2)
생활정보	판매, 여행, 어플, 정보통신사 등	27 (0.6)	28 (0.7)
기타	칼럼 홍보성 기사, 제주시/도청 알림	23 (0.5)	22 (0.5)
전체	오일장 자체광고 10개 미포함 교차로 자체광고 10개 미포함	4,760 (100)	4,824 (100)

[표 2-26] 생활정보지의 광고 유형 (단위: 건수, %)

구분	줄광고	박스광고	전단	½	⅓	¼	기타	전체
오일장	4,005 (84.0)	666 (14.0)	31 (0.7)	11 (0.2)	38 (0.8)	18 (0.4)	1 (0.02)	4,770 (100)
교차로	3,997 (83.0)	715 (14.9)	18 (0.4)	13 (0.3)	45 (0.9)	25 (0.5)	1 (0.02)	4,814 (100)

*출처: 2017년 7월 10일자 오일장과 제주교차로의 내용을 토대로 필자가 재구성.

현재 제주지역 생활정보지들이 어떤 정보를 어떠한 유형의 광고로 편집보도하고 있는지 알아보기 위해, 〈오일장〉과 〈제주교차로〉 하루치 내용을 분석했다. 15일치 정보지 내용을 예비 조사한 결과, 하루치 내용만을 충실히 분석해도 제주지역의 생활정보지의 편집방식과 내용을 파악하는데 별 지장이 없는 것으로 판단되었다.

분석결과, 교차로는 하루에 줄 광고 3천997개, 박스광고 715개, 1/3단 광고 45개, 1/4단 광고 25개, 전단광고 18개 등 모두 합쳐 약 4천814개 광고를 내보내고 있고, 오일장의 경우 줄 광고 4천5개, 박스광고 666개, 1/3단 광고 38개, 1/4단 광고 18개, 전단광고 11개 등 모두 합쳐 하루에 대략 4천770개 정도의 광고를 제공하고 있는 것으로 보인다.

어떤 정보가 어떤 유형의 광고로 제공되고 있는지 살펴보기 위해 교차로 하루치 내용(2017년 7월 24일자)을 분석한 결과, 줄 광고의 경우, 개인 간의 직거래 광고와 업체이름으로 나가는 광고로 구분되었다. 개인광고 중에는 구인 구직내용이 1,907건으로 가장 많았고, 그 다음은 부동산 1,230건, 자동차 83건, 일반생활 정보(중고품 판매 등) 40건 등의 순으로 나타났다. 업체 광고의 경우에는 부동산 광고가 828건으로 가장 많았고, 이어서 자동차 92건, 생활용품 광고 25건으로 조사됐다.

현재 제주지역 생활정보지에 실리는 각 분야별 광고가 어떤 내용으로 구성되고 있는지 좀 더 구체적으로 알아보기 위해 [표 2-26]와 같이 분석했다. 오일장의 경우, 부동산 정보가 전체의 51.8%로 가장 많은 지면을 차지하고 있는 것으로 나타났다. 그 다음은 취업정보(38.5%), 자동차 정보(3.2%), 전문업체 정보(3.3%), 생활용품(2.1%) 등의 순으로 나타났다. 교차로도 오일장과 마찬가지로 부동산 정보가 전체의 48.4%를 차지하고 있으며, 이어 구인구직 광고(39.4%), 자동차(6.7%), 전문업체 정보(3.1%), 생활용품정보(1.3%), 금융정보, 생활정보 및 법률상담, 기타 등의 순으로 그 비중이 높은 것으로 나타났다. 차이가 있다면, 오일장의 경우 교차로에 비해 부동산 관련 광고를 상대적으로 많이 게재하고 있는 반면, 교차로의 경우 자동차 관련 광고량이 오일장에 비해 곱절이 많은 것으로 나타났다.

각 정보유형별로 그 내용을 구체적으로 살펴보면, 부동산 정보의 경우, 주택, 아파트, 원룸/오피스텔, 다세대/빌라, 펜션, 상가 등의 분양, 임대, 매매 등(공인중개업소 광고 등 포함)과 관련된 정보들이며, 특히 상가건물(일반음식점, 소주·호프·치킨·빠, 유흥·단란주점, 카페, 슈퍼·신발·의류·판매, 커피·제과, 학원·책방·공부방, 오락 PC방 노래방, 이미용·피부 관리·헬스, 사무실·빈 점포 등) 임대에 관한 광고가 높은 비중을 차지하고 있다. 이것은 구제주와 신제주를 비롯한 제주도 전 지역에 미분양 주택과 상가 건물들이 남아돌고 있다는 것을 의미하는 것이다.

그리고 부동산 관련 광고 중 부동산 중개업소 광고가 양쪽 모두 합쳐서 약 700개에 달하고 있는 것으로 나타났다. 현재 제주도에 등록된 중개업소가 약 900개 정도라는 점을 감안할 때, 도내 전체 중개업소 중 약 90% 정도가 정보지에 광고를 싣고 있다고 볼 수 있다.

두 번째로 많은 비중을 차지하고 있는 취업정보 관련 내용을 보면, 운전배달, 학원, 의료기술, 어린이집 보육교사, 강사, 과외교사, 사무직, 영업판매직, 음식점, 서비스업, 아르바이트 등의 구인·구직과 관련된 정보들로 구성되어 있다. 교차로의 경우, 유흥·서비스업 종사자 구인(단란주점, 노래방, 빠, 카페, 노래텔 등) 광고가 3개 지면을 차지하고 있다.

세 번째로 많은 비중을 차지하고 있는 자동차 정보는 신형 자동차와 중고 자동차 매매와 같은 정보들로 채워져 있으며, 금융정보는 대개 소액

대출, 차량·부동산 담보 대출, 일수, 수표, 부동산 후순위 대출처럼 급전을 필요로 하는 사람들을 유혹하는 광고가 주를 이루고 있다.

이밖에 집수리·보수 등과 관련된 정보내용을 보면, 인테리어, 리모델링, 하수구, 누수, 방수, 도배, 장판, 커튼, 블라인드, 페인트 칠, 샷시, 온돌, 보일러 수리 설치, 에어컨 설치 수리, 청소, 폐기물 처리 철거 등과 관련된 것들이다. 이 분야의 광고가 각각 6페이지를 차지할 정도로 그 비중이 커지고 있는 것으로 나타났다.

생활정보는 가전 가정용품, 냉난방기구, 사무기기, 업소용품, 중고제품 매매 등에 대한 정보, 법률상담 정보 등으로 구성되고 있으며, 나머지는 결혼정보나 운세 정보 등으로 채워지고 있다.

생활정보지가 제공하는 정보내용 중에 이용자들이 어떤 것에 가장 관심을 갖고 읽고 있는지 알아본 결과, 제주지역 생활정보지 이용자들은 '부동산정보'(25.4%)와 '취업정보'(24.6%)를 가장 선호하는 것으로 나타났고, 이어서 '생활정보(중고매매)'(19.4%), '자동차정보'(11.1%), '읽을거리'(10.0%), 기타(6.5%), '금융정보'(3.1%) 등의 순으로 나타났다. 타 지역의 연구에서도 이와 비슷한 결과가 이미 도출된 바 있다(양정선, 2011).

1977년 서울지역 거주자 중 생활정보지에 광고를 의뢰했던 경험이 있는 500명을 대상으로 한 조사에서는, 응답자들은 정보지 내용 중에 부동산 광고(48.8%)에 가장 높은 주목률을 보였으며, 다음으로는 생활용품광고(38.4%), 구인광고(25.0%), 생활안내기사(23.4%), 일반기사(20.2%), 구직광고(18.6%), 자동차광고(18.0%), 영업/일반상품 광고(12.2%), 금융광고(5.0%), 유흥업소 광고(4.4%) 등의 순으로 높은 주목도("자세히 읽는다"는 응답자의 경우)를 보였다(한국언론연구재단, 1997).

2년 뒤인 1999년 한국소비자원에서 전국 5대 도시에 거주하는 생활정보지 구독자 600명과 광고게재 의뢰경험자 206명을 대상으로 한 생활정보지 이용실태 조사결과에 따르면, 응답자들이 가장 많은 관심을 갖고 읽는 분야는 구인, 구직 및 부업, 아르바이트(29.0%) 분야인 것으로 나타났고, 이어 일반 물품, 용역(서비스)매매(23.8%), 부동산(21.7%), 뉴스 읽을거리(15.5%), 자동차(6.6%) 등의 순으로 나타났다(한국소비자원, 1999).

이러한 조사결과를 종합해 보면, 빈도상의 차이는 있지만, 생활정보지의 구독자들이 시대와 지역을 막론하고 가장 관심을 갖고 읽는 생활정보지의 내용은 '부동산정보', '취업정보(구인구직)', '생활정보(중고매매)' 등임을 알 수 있다. 20여년 전이나 지금이나 제주지역주민들이 생활정보지에 가장 많이 내는 광고는 부동산과 구인구직, 생활정보 광고인 것으로 확인되고 있다.

제3부

제주지역 언론의 현황과 과제

제1장

지역언론의 개념 정의

지역언론에 대한 정의에 앞서 '지역'과 '지방'에 대해 알아볼 필요가 있다. 왜냐하면 지역언론과 지방언론은 개념상 각기 인식을 달리할 수 있는 언론임에도 불구하고 학문적으로 뚜렷한 구분 없이 연구자 또는 언론인의 편의에 따라 자의적으로 사용하는 경향이 있기 때문이다.

국어사전에 따르면, 지역(region, 地域)이란 "일정하게 구획된 어느 범위의 토지 또는 전체 사회를 어떤 특징으로 나눈 일정한 공간 영역"을 말한다. 또한 백과사전에서는 "동질적인 특징을 가진 지구(地區)를 가리키는 말"이라 정의하고 있다. 백과사전적 풀이로는 "일정한 지표면의 범위를 가리키는 지방 또는 지구 등과 거의 동의어로 쓰이는데, 학술상으로는 일정한 목적과 방법에 의하여 구획되어진 특색 있는 지구"를 말한다. 지역에는 대·중·소의 면적의 구분도 있으나, 대지역으로 갈수록, 구체적 개성은 적어진다. 따라서 대지역의 이해는 되도록 많은 소지역이나 아(亞)지역으로 구분함으로써 얻어진다. 지역은 다시 산맥이나 구릉·하천유역 등과 같은 자연환경에 의하여 구분되는 자연적 지역과 정치적·행정적 영역이나 역사적 영역, 동일한 방언이나 민속, 경제지역 등으로 된 인문적 지역으로 대별된다.

지역은 또한 우리가 보고 만지는 실제적인 지표를 말하기보다는 우리의 머릿속에서 인식되고 구성되는 지표를 말하는 것으로 추상적인 개념이다. 그리고 어떤 지역 내의 여러 환경들이 서로 유기체적인 상호 작용을 통하여 형성된 그 지역만이 가지는 독특한 성질을 지역성(地域性)이라고 하는데, 이러한 지역성은 시간의 경과나 다른 지역과의 관계 등에 따라 변한다.

따라서 지역은 전체 사회를 어떤 특징(인구의 크기, 경제적 기반, 정부의 행정 구역 등)으로 나눈 일정한 공간 영역이면서, 기능적으로 독자성을 지니며 역사적으로 어떠한 응집력을 가진 국토의 부분 공간이라 할 수 있다. 오늘날 지역적 구분은 크게는 국가 또는 민족국가의 형태로 나누어지고, 작게는 그 속에서의 행정적 구분, 즉 특별시·광역시·도·시·읍·면의 형태로 나누어진다. 그리고 지역사회(local community)란 일정한 지역을 중심으로 그 지역의 공통된 문제(교육, 치안, 환경, 교통, 보건 등) 해결을 위해 다양한 지역사회의 주체들 간에 지속적인 상호작용과 네트워크를 통해 그 지역이 추구하는 목표와 가치를 달성하기 위하여 교류, 협력하는 사회를 말한다.

지역과 비슷한 개념으로 사용되는 용어로 지방을 들 수 있다. 지방(region, 地方)이란 용어는 국어사전에는 "어느 방면의 땅, 서울 이외의 지역 비슷한 말로는 주현(州縣), 중앙(中央)의 지도를 받는 아래 단위의 기구나 조직을 중앙에 상대하여 이르는 말, 중앙의 반대되는 지역"이라 정의하고 있다. 즉, 지방은 서울/수도라는 중앙에 대응하는 반대 개념으로 사용되는 용어지만, 현재 한국에서는 서울이나 대도시에 비해 정치, 경제, 사회, 문화 등 여러 측면에서 낙후되고 미개하고 촌스러운 곳을 일컫는데 더 많은 의미를 부여하는 열등한 개념으로 사용하는 경향이 많다.

이상의 개념 정의를 종합해 보면, 지방은 중앙을 전제로 그 밖의 지역을 비교 대상으로 하는 개념인 반면에 지역이라는 전국의 국토를 평준화한 일정한 수평적 공간을 의미한다고 볼 수 있다. 즉, 지역개념으로 볼 때 서울/수도권과 제주도는 물리적으로 공간적 크기와 거기에 들어있는 하드웨어와 소프트웨어의 규모만 다를 뿐 독립된 별개의 지역이다.

이런 맥락에서 보면, 지역 혹은 지방에서 활동하는 언론의 명칭을 차별적이고 종속적이고 열등한 의미로 낙인된 지방이라는 개념보다 독립적인 단위를 지칭하는 지역을 접두어로 사용하는 게 더 바람직하다고 할 수 있다.

지방과 지역에 대한 개념 정의에 의하면, 언론의 구분은 활동무대가 어디인지에 따라 서울/중앙언론과 지역언론으로 구분될 수 있고, 전국의 모든 국민을 대상으로 하느냐 아니면 특정 지역주민을 대상으로 취재활동을 하느냐에 따라서도 달라질 수 있다. 신문의 경우, 수도에서 발행되는 신문을 중앙지라 한다면, 전국적인 보급망과 독자를 확보하고 있는 신문은 전국지라 볼 수 있다. 이러한 관점에서 볼 때, 지역언론이란 중앙언론과 전국언론에 대립되는 개념, 즉 어떤 한정된 지역의 주민을 대상으로 저널리즘의 활동을 전개하는 언론을 말한다.

따라서 여기서는 지역언론의 개념을 서울을 포함해 전국이 아닌 광역지방자치단체인 시·도와 기초지방자치단체인 시·군 자치구에서 지역사회의 구성원들을 대상으로 취재 보도활동을 하는 언론이라고 정의하고자 한다. 이를 좀 더 구체적으로 설명하면, 지역언론이란 지역사회를 대상으로 취재보도활동을 하는 지상파 텔레비전의 지역방송, 지상파 라디오방송, 케이블방송, 지역일간지 및 주간지, 인터넷방송, 인터넷신문 등을 통칭한다.

[표 3-1] 전국 일간지의 등록현황

시도별	매체수	매체명
서울	119	타임아시아뉴스, 일간스포츠 한국, 친환경산업일보, 매일환경일보, 그린타임즈, 중소기업일보, 한국주차관리신문, 일간매일환경, 환경산업일보, 산업경제신문, 굿모닝경제, 일간스마트포털, 에코환경일보, 호텔관광레져신문, 대동일보, 남북장애인일보, 한국스포츠경제,亞洲經濟, 아시아투데이 해외판, 여성경제신문, 환경무속일보,일간경제 노컷경제신문, 브릿지경제신문, 극동일보, 나눔데일리, 산경일보, 실버건강신문, 시사일보, 전국이·통장연합신문, 가로수생활경제, 내외일보, 더스타트타임즈, 자유일보, 국법일보, 한민일보, 아시아 타임즈, 동아매일, 시사통신일보, 한성일보, 내외경제, 신한일보, 제일경제, 스마트온타임스, 시사매일일보, 코리아경제, 파이낸셜데일리, 한반도일보, 경향매일, 데일리 부자동네타임즈, 뉴아시아일보, 환경매일신문, 그린투데이, 국정일보, 조간시사일보, 천지일보, 창조일보, 에코데일리, 일간스포츠, 대한건설일보, 미래일보, 대한환경일보, 새누리신문, 굿모닝서울, 건설경제, 이데일리, 일간투데이, 아주경제, 한양일보, 재경일보, 아시아투데이, 선경일보, City(시티), 서울일보, 데일리노컷뉴스, 전국일보, 매일일보, 전국 내외일보, 서울매일, 매일노동뉴스, 통일일보, 해공일보(海公日報), 대한뉴스, 새한일보, 석간대한일보, 신아일보, 석간대한일보TV, 더데일리포커스, 아시아글로브, 한국국정일보,메트로(metro), 데일리경제신문, 시민일보, 머니투데이, 아시아일보, 내일신문, 종합일간, 대한일보, 디지털타임스, 파이낸셜뉴스, 한반도대운하일보, 스포츠투데이, 내외대한뉴스, 문화일보, 기독일보, 에너지경

		제, 헤럴드경제, 국민일보, 서울경제, 한겨레, 세계일보, 매일경제, 중앙일보, 농민신문, 서울신문, 한국일보, 경향신문, 동아일보, 조선일보, 한국경제
부산	7	부산매일신문, 일간 리더스 경제신문, 영남매일신문, 부산파이낸셜 뉴스, 국제신문, 부산일보
대구	8	충북매일, 대구광역일보, 대구영남매일, 대구매일, 대구일보, 대구신문, 영남일보, 매일신문
인천	7	국일일보, 인천경제, 일간인천, 경도신문, 일간경기, 기호일보, 인천일보
광주	21	지방자치일보, 전광일보, 남도매일, The대한일보, 매일광주신문, 광남일보, 광주드림, 아침일보, 조간호남일보, 광주타임즈, 남도투데이, 호남일보, 전남도민일보, 호남신문, 남도일보, 전남매일, 광주매일신문, 호남매일, 전남일보, 무등일보, 광주일보
대전	10	대전신문, 금강일보, 대전투데이, 서해일보, 중앙매일, 충청신문, 충남일보, 중도일보, 충청투데이, 대전일보
울산	12	경상매일, 신울산일보, 일간울산경제, 울산광역매일, 울산일보, 울산광역일보, 울산제일일보, 울산신문, 울산시사, 광역일보
세종	4	대청일보, 코리아플러스, 세종문화일보, 세종매일
경기	31	국제일보, 광주매일, 국민투데이, 시정타임스, 전국소방안전일보, 조은일보, 경인매일, 매일신보, 경인주민일보, 경민일보, 화성오산일보, 한강일보, 경기시사일보, 안산일보, 경기도정신문, 남양주일보, 경기매일, 전국매일신문, 대한투데이, 시대일보, 화성교육, 경인종합일보, 도민일보, 수도일보, 경기도민일보, 경기신문, 현대일보, 중부일보, 수도권일보, 경기일보 ,경인일보
강원	4	강원도민일보, 강원일보, 속초벼룩시장, 정경신문
충북	8	충북신문, 동아환경일보, 충청타임즈, 충북일보, 충청매일, 동양일보, 중부매일, 충청일보
충남	2	NEWS충남일보, 충남뉴스
전북	15	전북신문, 호남제일신문, 전북타임스, 전북연합신문, 전주일보, 전라매일, 전주매일, 새만금일보, 전민일보, 전북중앙신문, 전북매일신문, 새전북신문, 전라일보, 전북도민일보, 전북일보
전남	4	여순광 신문, 목포교차로신문, 전광투데이, 교차로신문
경북	19	중부신문, 뉴스1, 세명일보, 대구경북일보, 영남도민일보, 경상투데이, 영남미래신문, 경북일일신문, TK신문, 경안일보, 타임뉴스, 경북신문, 경상매일신문, 대경일보, 일간경북신문, 경북도민일보, 경북일보, 경북매일. 경북연합일보
경남	7	경남도민신문, 한남일보, 경남연합일보, 경남도민일보, 경남매일, 경남일보, 경남신문
제주	6	제주新보, 제주일보, 제주매일, 제주신문, 제민일보, 한라일보

*출처: 문화체육관광부 정기간행물 등록현황(2016.12.31).

제 2 장

지역언론의 존재 이유 및 목적

지역언론이 왜 존재해야 하는지 그 이유와 목적을 설명하기에 앞서, 대중매체로서 지역언론의 기능을 간략히 살펴보겠다. 전통적 신문학에서는 언론의 주요 기능을 크게 보도기능, 지도기능, 오락 및 광고기능으로 분류하고 있다(Agee, Ault, & Emery, 1982). 하지만 현실세계에서 전개되고 있는 언론의 기능은 현재의 사회조사 수단만으로는 다 포착할 수 없을 정도로 광범위하며 미묘하다고 지적한 라이트 밀즈(Mills, 1956/1979, 414쪽)의 주장처럼, 언론이 우리사회에서 수행하거나 수행해야 된다고 상정하는 모든 기능을 단 몇 개의 범주로 묶어 일괄적으로 설명하기란 그리 쉽지 않다. 언론의 기능 및 역할은 고정된 것이 아니어서, 시대와 환경변화에 따라 이미 오래 전부터 어떤 활동은 새로운 미디어가 등장하면서 쇠퇴하는가 하면, 또 어떤 활동은 역으로 비대화되는 면도 있기 때문이다.[1]

그리고 지역언론의 사회적 기능은 관찰하거나 분석하는 사람의 입장이나 가치관 또는 이해관계에 따라 다르게 이해될 수도 있기 때문이다. 이런 지적을 염두에 두면서 그 동안 한국사회에서 지역일간지의 기능과 역할을 어떻게 구분해 왔는지 개괄해 볼 필요가 있다.

한국사회에서 지역언론 연구는 1960년대부터 시작됐지만, 1980년대 중반에 들어서야 활성화되었고, 이때부터 지역의 관점에서 신문의 기능과 역할을 본격적으로 조망하기 시작했다고 볼 수 있다(강상욱, 1989: 23). 그간

1) 예컨대, 속보성과 현장성에서 방송매체들이 신문과의 보도경쟁에서 점차 우위를 차지하게 되자 신문매체는 최근 들어 사건의 단순 보도보다는 이를 심층 보도하는 지도나 해설기능을 점차 강화하고 있다.

에 한국사회에서 제시된 지역일간지의 기본적 기능은 대체로 5-6가지 범주로 분류되고 있다.

이치백은 1987년 지역언론을 주제로 한 논문들을 엮어 출간한 〈지역사회와 지역언론〉에서 지역신문의 사회적 기능을 (1) 로컬리즘의 구현 (2) 애향심의 고취 및 지역주민의 합의도출 기능 (3) 지역 외 뉴스를 지역사회와 연결시키는 기능 (4) 지역사회 이익의 대변기능 (5) 지방행정기관에 대한 비판과 감시기능 등 5가지로 나눠 제시한 바 있다(1987: 55-56). 10년 뒤인 1997년에 김세철은 지역사회 발전을 위한 지역언론의 과제를 설명하면서 지역신문이 수행해야 할 역할을 5가지로 분류 제시하였다. 그는 이들의 기능을 (1) 지역사회의 문제나 주민의 관심사에 대한 심층보도 (2) 지역에 대한 자부심과 애향심 고취 (3) 지역주민의 여론대변 (4) 지역현안문제에 대한 합의 도출 (5) 지역사회의 고유한 문화와 전통 그리고 역사의 정리 보존 육성 등 5가지로 나누고 있다(1997). 그리고 김민남은 〈언론학원론〉(1998)에서 지역매체가 수행해야 할 기능으로 (1) 지역주민의 의견대변, 지역사회와 주민의 이익 보호 및 신장 (2) 지역사회 문제의 올바른 진단 및 해결방안 제시 (3) 지역주민의 의식계발, 즉 자치의식의 배양 및 지역공동체 의식 함양 (4) 지역문화의 보존, 개발, 전승의 기능 등 4가지를 들고 있다.

이외에도 많은 학자들이 지방일간지가 수행해야 할 핵심적 기능을 여러 가지로 분류 제시하고 있지만[2] 앞에서 서술한 선행연구들의 논의 범주와 대동소이하다. 그리고 기존의 연구에서 제시한 지방일간지의 기능들은 대부분 라이트(C. Wright) 등이 제시한 정보전달, 교육, 상관조정, 오락 등의 매스커뮤니케이션 기능을 중심으로 몇 개의 부수적 역할을 추가하거나

2) 여기에 대한 자세한 내용은 이치백 편(1987) 『지역사회와 지방언론』, 김영호·강준만(1995)의 『현대사회와 지역언론』, 김세철 외(1997)의 『지역사회와 언론』, 윤석년, 문철수, 김덕모(1999)의 『지역언론 개혁론』, 이상철(1997)의 『신문의 이해』, 그리고 한국언론재단의 『지역공동체와 저널리즘』(2000)을 참조하기 바람.

용어상 표현만 조금 달리해서 지방지의 기능을 전국적 언론과 차별화하는 경향을 보이고 있다. 이들의 관점은 대부분 커뮤니케이션이 사회발전(변동)의 원동력이라고 보는 슈람과 런너(Schramm & Lerner, 1976) 등과 같은 발전 커뮤니케이션론자들의 사상에 근거해 지역발전의 견인차로서 지방일간지가 수행해야 할 임무와 역할을 설명하고 있는 것이 특징이다.

따라서 이상의 논의를 종합하여 한국의 지방일간지가 수행하고 있는 보편적 기능 및 역할을 정리해 보면, (1) 지역사회에 대한 환경감시(비판감시기능) (2) 애향심 고취 (3) 지역사회의 주요 현안에 대한 합의 도출 (4) 지역사회문화 창달 및 전수 (5) 지역사회 이익의 대변 (6) 지역주민의 여론 대변 등 6가지로 범주화 할 수 있다.

그러면 지역언론은 왜 이러한 기능 및 역할을 수행해야 하는가? 그 이유는 간단하다. 저널리즘 활동을 통해 지역민들의 삶의 질과 복지 향상에 공헌하고, 현재의 지역사회를 좀 더 살기 좋은 곳으로 만드는데 기여하기 위한 것이다.

제 3 장

제주지역 언론 생태계의 현황과 특징

'언론산업'의 범위는 크게 신문, 방송, 인터넷신문, 뉴스통신 등으로 분류할 수 있다. 현재 제주도에 등록되어 있는 언론사는 총 84개사이다. 여기에는 일반 일간신문 6개사, 일반 주간지 12개사, 특수 주간지 6개사, 인터넷신문 46개사, 인터넷 뉴스 서비스 2개사, 방송 9개사, 통신사 3개사가 포함되어 있다.

[표 3-2] 제주지역 언론사 현황

구분	매체명
일간지(6개)	제민일보, 제주일보, 한라일보, 제주매일, 제주신보, 제주신문
일반주간지 (12개)	서귀포신문, 제주여성신문, 제주관광신문, 제주경제, 제주위클리, 제주광장, 뉴스제주, 제주주간, 주간제주, 自由韓國, 自由濟州, 국제헌법재판신문 등 12개
특수 주간지 (6개)	제주크리스천라이프, Journal of Eternal life, 월드관광신문, 이엔시경매신문, 제주기독신문, 제주불교신문
방송사 (9개)	KBS 제주방송총국, MBC 제주문화방송, JIBS 제주방송, KCTV 제주방송, CBS 제주방송본부, 극동방송 제주지사, YTN 제주지부, CTS 제주방송제주지사, TBN 한국교통방송 제주본부
인터넷신문 (46개)	시사TV코리아, 제주교통복지신문, DWB(디더블유비), 장애인방송, 제라헌교육 Journal, 국제헌법재판신문, 힐링승마뉴스, 난과 함께, 제주차이나뉴스, 제주시대, 올레뉴스, ㈜제주리포트, 제주뉴스, 제주내일, 제주경제신문, 제주퍼블릭뉴스, 제주도민일보, 콘티비, 제주광장, 브레이크뉴스 제주, 제주환경일보, 데일리차이나 뉴스, 해피코리아뉴스, 제주청소년인터넷신문사, 영주일보, 제이누리, KTNTV, 제주레저신문, 제주저널, 헤드라인제주, 제주뉴스24, 휴먼사이언스, 제주중소기업뉴스, 제주인뉴스, 스쿠버TV, 시사제주, 일간제주, 제주신문, 제주인터넷뉴스, 제이티뉴스, 코리아인터넷방송, 미디어제주, 제주의소리, 뉴스제주, i-서귀포, ㈜이슈제주, 제주투데이
통신사(3개)	연합뉴스 제주지사, 뉴시스 제주본부, 뉴스1
인터넷 뉴스 서비스업(2개)	주식회사 카카오, 제주교차로닷컴

*출처: 제주도청 공보실(2017년 2월 말 기준).

여기서는 제주지역의 언론현황을 신문, 방송, 인터넷신문 등으로 나눠서 간략히 살펴보고자 한다.

제1절 | 신문산업

1. 제주지역 신문산업의 약사 및 현황

우리나라 근대신문의 효시는 1883년 10월에 창간된 〈한성순보〉이다. 본격적인 민간신문의 새 시대를 열고 근대적인 언론활동이 시작된 것은 1896년 4월 7일 〈독립신문〉이 창간되면서부터이며, 일제 식민통치의 종식과 더불어 전국적으로 수많은 신문들이 창간되었다. 제주도에서의 신문의 역사는 1945년 10월 1일 진중신문(陣中新聞)에 종사했던 20대 젊은 기자들이 주축이 되어 만든 〈제주신보(濟州新報)〉로부터 시작된다. 이 신문은 발행초기에는 빈약한 시설로 타블로이드판 2면에 5호 활자로 격일로 발간, 보급부수는 초창기에 1천여부밖에 되지 않았으나, 한국전쟁으로 피난민들이 들어 온 1951년에는 2천7백여부까지 발행했다. 〈제주신보〉는 1950년대 들어 보수성이 강한 종합편집을 지향했고 반공과 안정 추구의 자유당 정책에 대한 지지성향을 강하게 표출했다.

그 다음으로 중요한 신문으로는 1956년 4월 2일 창간된 주간지 〈제민시보(濟民時報)〉를 들 수 있다. 〈제민시보〉는 〈제주신보〉보다 늦게 창간되었지만, 타블로이드판 4면으로 발행된 이 신문은 1, 2면을 정치경제, 3면을 사회, 4면을 문화면으로 할애하여 일간지 편집체제를 따랐고 1면에는 사설을 실었다. 이 신문은 4·19 혁명 이후 신문발행허가제가 등록제로 완화되자, 1960년 7월 6일 국무원 사무처에 제호를 〈제민일보(濟民日報)〉로 변경 등록하여 일간으로 개편, 〈제주신보〉와 함께 제주도내 일간지의 양대 산맥을 이루었다.

그 후 〈제민일보〉는 브랑케트판 4면으로 발행하다가 1962년 11월 18일 5·16 군사쿠테타로 집권한 박정희 정권의 언론시책에 의해 〈제주신보〉와 통합됐다. 〈제주신보〉와 〈제민일보〉는 통합 후 제호를 〈제주신문〉으로 변경하는 한편, 지령은 역사가 오랜 〈제주신보〉의 것을 따르기로 하고 11월 20일 통합 창간호를 발간했다.

〈제주신문〉은 이후 한국의 다른 신문들과 마찬가지로 신문용지 관세율 30%를 5%로 내려 조정한 정부의 혜택과 경쟁사 없는 지방 광고시장을 독점함으로써 안정된 지방언론기업으로 성장하면서 시설과 인원 등을 보강해 나갔다. 1973년 2월에는 제주출신 제일교포인 김평진 씨가 회장에 취임하여 자본금을 5배로 증자했고, 지면은 통합 당시 4면에서 1978년 7월 19일부터 6면, 1979년 7월 25일부터는 8면을 발행하기 시작했다.

하지만 1980년 11월 12일 전두환을 정점으로 한 신군부세력은 언론을 장악하기 위해 물리적 강제력을 동원하여 전국 64개 언론매체 가운데 신문 14개사, 방송 27개사, 통신 7개사를 통폐합하고, 이어 12월 31일에 언론기본법을 제정 발표한다(김주언, 2008). 이로 인해 우리나라의 언론은 암흑기에 접어들고 국민의 알 권리는 보도지침에 의해 봉쇄당한다.

중앙일간지의 경우, 〈신아일보〉는 〈경향신문〉에, 〈서울경제〉는 〈한국일보〉에, 지방지는 '1도 1사(一道一社)' 원칙에 따라 흡수·통합됐고, 통신사는 〈합동통신〉과 〈동양통신〉을 합병해 연합통신을 신설하고, 시사통신, 경제통신, 산업통신 등을 흡수해 단일 통신사를 새로 발족시켰다. 방송사의 경우, 동아·동양·전일·서해 방송 등을 KBS에 흡수 통합, KBS와 MBC 두 개 공영방송체제로 탈바꿈시켰다. 또한 지방주재 특파원 제도를 폐지하여 신문이 발행되는 지역 밖의 뉴스는 정부 지배하의 통신사에 의존할 수밖에 없도록 제도화시켜 언론매체를 완전히 장악한다.

제주도의 경우도 예외가 아니다. 〈제주신문〉은 1980년 전두환 정권 출범 직후 '건전 언론육성'이라는 이름 아래 자행된 언론인 강제해직, 언론통폐합, '1도 1사' 등의 언론정책에 의해 사주가 김선희에서 김대성으로 바뀌었다. 〈제주신문〉은 제주지방의 유일한 신문이라는 독과점적 환경 아래 정부의 각종 특혜를 받으면서 안정적인 운영기반을 갖추고 시설을 현대화했을 뿐만 아니라 1988년에는 발행부수도 약 3만 부에 육박하게 된다.

한편, 〈제주신문〉과 함께 60년대 후반기부터 전두환 정권의 '1도 1사' 언론정책에 의해 폐간되기까지 약 14년 동안 제주 지역사회의 발전에 영향을 미쳤던 신문으로는 주 2회 발행하던 〈제남신문(濟南新聞)〉을 들 수 있다. 1967년 8월 10일 창간된 이 신문은 일간지의 보도체계를 따르면서 주간지의 성격을 살려 지방문화의 역사 발굴, 재조명에 힘썼다. 발행부수는 창간 당시 3천부에서 1976년 4천7백65부, 1979년 9천3백91부까지 늘어났으나, 일간지가 되지 못하고 1980년 언론통폐합 조치에 따라 1980년 11월 27일 지령 1천3백79호를 종간호로 발행하고 폐간됐다.

그러나 1987년 6·29 민주화선언 이후 전두환 정권이 만든 악명 높았던 언론기본법의 폐지와 정기간행물 등록법 및 방송법, 한국방송공사법 등의 제정으로 지방신문의 '1도 1사' 원칙이 무너지고 신문의 발행이 자유로워지면서, 각 지역에서 새로운 신문들이 우후죽순처럼 나타나기 시작한다.

1987년 6·29선언 이후 '언론기본법'이 폐지되자 4·19 직후와 같이 또 한 번의 언론자율 시대를 맞은 제주도에서도 기업인 강영석 등 지역인사 7인으로 구성된 신문 창간발기인회에 의해 1989년 4월 22일에 〈한라일보〉가 창간되고, 이어 1990년 6월 2일에는 〈제민일보〉가 창간됐다. 〈제민일보〉는 편집권 독립과 김대성 사장퇴진을 요구하며 투쟁하다가, 결국 뜻을 이루지 못하고 〈제주신문〉(현재 제주일보)을 퇴직한 사원 110명으로 결성된 '제주참언론동지회(회장 김지훈)'가 주축이 되어 이들이 출자한 자본(5억2천8백만원)과 제주도민을 상대로 모금한 자본 17억2천만원(주식응모자 2천7백53명)을 바탕으로 만든 신문이다. 이로써 〈제주신문〉이 독점적 지위를 누려오던 제주지역에 2개의 일간지가 창간되면서 제주도는 제주언론사상

두 번째로 일간지의 병립시대를 맞이하게 된다.

그리고 2000년 4월 30일 〈제주매일〉(1999년 3월 30일 창간된 제주타임스/주 2회 발행에서 일간으로 전환), 2013년 10월 〈제주신문〉(2007년 4월 24일 주간으로 창간된 제주우먼타임스가 일간으로 전환), 2015년 8월 30일 〈제주신보〉(1945년에 창간된 제주일보가 제주일보와 제주신보로 분리되면서 창간된 신문) 등이 잇달아 창간되거나 주간지들이 일간지로 전환되면서 현재 6개 일간지가 한정된 독자와 광고시장을 놓고 치열한 생존경쟁을 벌이고 있다.

주간지의 경우, 현재 12개사가 등록되어 있고, 〈서귀포신문〉을 제외한 거의 대부분이 제주시에서 발행되고 있다. 1996년 창간된 〈서귀포신문〉은 현재 서귀포 지역의 중요한 소통수단이 되고 있다.

2. 제주지역 신문시장의 외적 환경

한국의 신문산업은 1987년 정기간행물법의 제정 공포로 신문발행이 자유로워지면서 비약적으로 팽창했다. 당시 종합 일간지수가 28개(중앙지 18개, 지방지 10개)였던 것이 30년이 지난 2016년 12월 말 기준 전국적으로 총 399개가 등록되어 있다는 사실이 이를 증명해 준다.

문화체육관광부의 통계자료에 따르면, 2017년 2월 현재 총 399개의 일간신문이 등록되어 있고, 이 가운데 서울지역에서 발행되거나 등록되어 있는 208개의 일간지를 제외한 191개가 지역일간지이다. 특히 1981년 언론통폐합 이후 1987년 6·29 민주화 선언까지 전국적으로 10개사이던 지역일간지는 2016년 말 기준 191개사로 크게 증가했다.

발행지역은 경기지역이 36개사로 가장 많고, 이어 광주 22개사, 전북 20개사, 경북 19개사, 대전 13개사, 울산 12개사, 경남 11개사, 인천 9개사, 대구와 충북 각각 8개사, 부산 7개사, 강원과 제주 각각 6개사, 세종시 4개사, 충남지역에서 3개 신문이 발행되고 있는 것으로 나타나고 있다([표 3-3] 참조).

[표 3-3] 정기간행물 등록 현황 (2016년 12월 31일 현재)

구분	일간신문	기타일간	주간	월간	격월간	계간	연2회간	인터넷
서울	208	69	1742	3392	467	985	389	3332
부산	7	16	77	121	25	73	20	115
대구	8	4	41	99	14	34	7	88
인천	9	14	172	146	27	49	12	225
광주	22	4	50	56	7	22	17	120
대전	13	1	51	75	13	37	7	136
울산	12	6	42	33	8	11	8	51
세종	4	5	17	11	3	13	3	36
경기	36	117	540	542	100	183	82	1189
강원	6(2)	25	65	66	6	19	2	102
충남	3	16	99	69	7	19	15	167
충북	8	9	80	58	5	19	7	64
전남	4	11	116	60	8	16	6	150
전북	20	13	65	74	5	27	19	49
경남	11	29	129	61	15	38	16	191
경북	19	23	142	85	14	31	8	297
제주	6	10	45	35	8	21	7	48
계	399	372	3473	4983	732	1597	625	6360

*출처: 문화체육관광부 통계자료.

한 지역에 대부분 한 개의 신문으로 시장이 형성된 미국이나 유럽지역들과 달리 한국의 지역신문들은 한정된 시장 속에서 적게는 3-4개, 많게는 22-36개 지역일간지가 동일한 독자와 광고주를 대상으로 독자확보와 시장 점유율 확대를 위하여 이종(異種) 또는 동종(同種)업체 간에 치열한 생존 경쟁을 벌이고 있다. 이에 이들 신문이 지속적으로 성장 발전할 수 있을지, 지역신문의 활로를 판단하는 데 중요한 지표가 되는 인구규모, 사업체 수, 발행부수 등 신문매체의 외적 환경을 간략히 분석해 보았다.

우선 시·도 지역별 사업체 수를 살펴보면([표 3-4] 참조), 국내 전체 사업체수의 5% 이상을 차지하고 있는 지역은 서울, 경기, 부산, 경남, 경북, 대구 등 6개 지역이고, 이들 지역이 전체의 67.5%를 차지하고 있다. 반면,

[표 3-4] 전국 지역일간지의 외적 환경 (단위: %, ( )괄호 안은 %)

구분	인구 현황		지역지 등록현황		사업체 현황	
	인구수	(%)	신문수(%)		사업체	(%)
전체	51,696,216	100	399(100)*	284(100)**	7,625,640	100
서울	9,930,616	19.2	208(52.1)	119(41.9)	1,625,596	21.3
부산	3,498,529	6.8	7(1.8)	7(2.5)	555,426	7.3
대구	2,484,557	4.8	8(2.0)	8(2.8)	397,528	5.2
인천	2,943,069	5.7	9(2.3)	7(2.5)	367,190	4.8
광주	1,469,214	2.8	22(5.5)	21(7.4)	222,570	2.9
대전	1,514,370	2.9	13(3.3)	10(3.5)	219,070	2.9
울산	1,172,304	2.3	12(3.0)	12(4.2)	157,276	2.1
세종	243,048	0.5	4(1.0)	4(1.4)	18,248	0.2
경기	12,716,780	24.6	36(9.0)	31(10.9)	1,620,520	21.3
강원	1,550,806	3.0	6(1.5)	4(1.4)	266,628	3.5
충북	1,591,625	3.1	8(2.0)	8(2.8)	238,998	3.1
충남	2,096,727	4.1	3(0.8)	2(0.7)	308,076	4.0
전북	1,864,791	3.6	20(5.0)	15(5.3)	289,804	3.8
전남	1,903,914	3.7	4(1.0)	4(1.4)	285,864	3.7
경북	2,700,398	5.2	19(4.8)	19(6.7)	427,626	5.6
경남	3,373,871	6.5	11(2.8)	7(2.5)	517,426	6.8
제주***	641,597	1.2	9(2.3)	6(2.1)	107,794	1.4

*출처: 인구는 2016년 말 기준(통계청 홈페이지), 시도별 정기간행물 등록현황은 2016년 말 기준(문화체육관광부 홈페이지), 시도별 산업 및 사업체 수는 2014년 말 기준(통계청 홈페이지 자료). 이 표는 필자가 각종 통계자료를 중심으로 재구성한 것임.

*이 칸의 수치는 일반 일간지와 특수 일간지를 전부 합친 숫자임.

**이 칸의 수치는 전체 일간지에서 특수 일간지를 뺀 순수일반일간지의 숫자임.

***현재 〈제주일보〉라는 제호가 3개 등록되어 전체 9개 제호가 등록되어 있으나, 6개 제호만이 실제 신문을 발행하고 있음.

기업체 수가 전체 3% 이하의 지역은 광주, 대전, 울산, 제주, 세종시 순이었다. 이들 지역의 기업체 수는 전부 합쳐도 9.5%에 불과했다. 기업체 수는 한 지역의 경제규모를 말해주는 경제지표인 동시에 광고시장의 규모를 결정하는 요인이기 때문에 신문의 경영환경 분석에 있어 매우 중요하다. 제주지역의 사업체수가 최근 생긴 세종시를 제외하고 가장 적다는 것은 곧 신문사의 운영재원 확보수단의 하나인 광고시장이 제대로 형성될 수 없다는 것을 의미하는 것이다. 이처럼 제주지역의 경우, 강원, 충남, 전남 지역에 비해 사업체 수가 최소 2.5배 정도가 적음에도 지역일간지 수는 이들 지역보다 2-4개가 더 많다.

인구수를 기준으로 할 때, 가장 두드러진 특징 가운데 하나는 서울과 세종시 지역을 제외한 15개 광역자치 시·도 가운데 광주, 대전, 울산, 전북, 경북, 제주 등 6개 지역은 전체 인구수의 비율에 비해 지역신문사의 비율이 상대적으로 높다는 것이다.

즉, 지역 기업체 수와 신문구독 가능 인구 및 신문의 수를 비교해 볼 때, 부산, 대구, 인천, 경기, 강원, 충북, 충남, 전남, 경남은 안정된 시장을 형성한다고 할 수 있는 반면에 광주, 대전, 전북, 울산, 제주 등은 열악한 지역으로 분류된다. 특히 제주, 광주, 전북지역 등은 일간지의 등록현황으로 볼 때, 지역경제규모나 인구수에 비해 지역신문이 활동하기에 가장 열악한 시장으로 판단된다. 즉, 외적환경에 비해 신문사가 너무 많다는 것이다.

지역신문의 이러한 양적 팽창에 대해서는 상반된 평가가 존재한다. 일부 연구자들은 지역신문의 증가가 독자들의 정보욕구를 충족시키는데 기여할 뿐만 아니라 상호경쟁을 통한 신문의 질적 향상을 도모하여 지역발전에 기여할 수 있다고 주장한다. 이들의 의견은 지역신문이 다양한 여론의 창구로써 건전한 기능을 수행한다면, 지역신문의 수적 증가는 그다지 문제가 되지 않는다는 입장이다.

한편, 다른 연구자들은 지역신문의 양적 팽창은 지면확장 등 외적인 규모나 양적인 측면에 치중한다는 점에 초점을 맞추어 부정적인 입장을 취하고 있다. 이들의 의견은 지역신문의 양적 팽창이 지역여론의 다양성을 확보하는 건전한 질적 경쟁이 아니라 협소한 광고시장 안에서 제살 깎아먹기 식의 경쟁으로 지면부실, 경영악화의 상태를 초래할 수 있다는 입장이다(김선남, 지방신문의 생존전략학술회의 발표문, 1쪽).

신문의 외적 환경과 더불어 신문의 영향력 및 경쟁력을 추정해 볼 수 있는 또 하나의 요소는 신문의 발행부수이다. 신문 발행부수는 해당 신문 규모를 설명하는 지표라 볼 수 있다. 신문은 소비자들에게는 정보를 제공하고, 광고주들에게 광고 지면을 팔아 이익을 내는 사업으로, 신문을 보는 사람이 많으면 많을수록 신문 광고지면의 가치는 더 높아진다. 즉, 발행부수가 광고와 직접적인 연관이 있다는 것이다. 시청률이 높은 시간대에 전파를 타는 TV광고의 단가가 비싸듯이, 구독률이 높은 신문의 광고단가 또한 더 올라가기 마련이다. 이는 발행부수가 많으면 더 많은 사람에게 노출이 될 것이라는 믿음 때문이다. 이러한 이유 등으로 신문사들은 오랜 시간 동안 정확한 발행부수를 공개하지 않았다. 이러한 불공정한 거래를 막기 위해 신문공정 경쟁규약이라는 법적 제도를 마련하여 방지하고 있으나 발행부수가 명확하게 조사되지 않기 때문에 신문사에게는 솜방망이와 같은 제도라는 비판도 많이 받아왔다.

이러한 문제를 바로 잡기 위해 만들어진 기구가 바로 ABC협회[3]이다. 미국은 1914년에 세계 최초로 ABC를 설립했으며, 아시아에서는 인도가 1943년에 처음으로 창립했다. 한국에서는 1989년 5월에 세계에서 23번째로 ABC협회(KABC)가 창립되었다.

한국ABC협회는 1996년에 처음으로 발행부수 공개를 시작하였으나 약 15년 동안 조사가 제대로 이뤄지지 않았다. 이는 발행부수 공개가 가져올 불이익 때문에 언론사들이 이 조사에 적극 동참하지 않았기 때문이다. 그러다 한 해 1200억여원 수준의 정부 광고를 집행하는데 있어 한국ABC협회의 검증을 받은 신문사를 우선시 하겠다는 정부의 훈령(2009년 〈정부광고 시행에 관한 규정(국무총리 훈련 541호)〉)이 발표되면서 점차 많은 신문사들이 한국ABC협회의 부수 검증 절차에 동의하기 시작하였다. 이러한 정부의

3) ABC는 Audit Bureau of Circulations(신문·잡지·웹사이트 등 매체량 공사기구)의 약자로 신문, 잡지, 뉴미디어 등 매체사에서 자발적으로 제출한 부수 및 수용자 크기를 표준화된 기준 위에서 객관적인 방법으로 실사, 확인하여 이를 공개하는 것으로 매체사의 경영합리화와 광고발전에 기여한다.

노력에 힘입어 한국에서도 2010년 12월에 전국 116개 일간지를 대상으로 한 ABC협회의 조사결과가 처음 발표되었다.[4] 이후부터 한국ABC협회는 전국일간지 발행·유류부수 등을 해마다 조사해 발표하고 있다.

올해 발표한 한국ABC협회의 자료에 따르면, 2016년도(2015년도분) 신문의 발행부수와 유료부수를 통합 인증받은 신문사는 문체부에 등록된 399종의 일간지 가운데 161개사이다. 이들 가운데, 발행부수 인증을 받은 전국일간지는 25개사, 지역일간지 100개사, 경제지 14개사, 영자지 3개사, 스포츠지 7개사, 특수일간지 2개사, 소년지 2개사, 무료일간지 3개사이다. 5개사는 예비공사를 받았다.

발행부수는 배달 및 판매 가능한 신문의 부수, 유료부수는 지국 혹은 가판업자가 구독자에게 판매한 부수를 의미한다. 2016년도 전국의 일간지 161개사의 총 발행부수는 9,746,698부이고, 총 유료부수는 7,180,975부이다. 전국 종합일간지 11개사의 총 발행부수는 4,743,169부이고, 총 유료부수는 3,786,536부이다. 지역일간지 100개사의 총 발행부수는 1,591,301부이고, 총 유료부수는 980,398부이다. 경제지 14개사의 총 발행부수는 1,697,389부이고, 총 유료부수는 1,214,304부이다. 스포츠지 7개사의 총 발행부수는 758,561부이고, 총 유료부수는 549,524부이다. 영자지 3개사의 총 발행부수는 70,248부이고, 총 유료부수는 55,420부이다. 특수일간지 2개사의 총 발행부수는 344,824부이고, 총 유료부수는 326,642부이다. 3개 무료지의 총 발행부수는 95,918부이다.

2016년도 전국의 일간지 161개사의 발행부수는 전년대비 3.2% (326,605부) 감소했고, 유료부수는 1.5%(110,527부) 감소했다. 전국 종합일간지 11개사의 발행부수는 전년대비 4.9%(244,026부) 감소했고, 유료부수는 1.7%(64,079부)

4) 2009년 전국일간지 중 대표적인 신문인 조선(발행부수 1,844,783/발송부수 1,843,302), 중앙(1,309,568/1,308,128), 동아(1,289,973/1,288,968), 한겨레(281,814/279,573), 경향신문 (292,721/291,302)등의 발행부수인증결과를 보면, 발행부수와 발송부수 간에 큰 차이가 없었던 것으로 조사됐다.

감소했다.

중앙일간지와 지역일간지의 시장 점유율을 보면, 국내 161개 일간지에서 발행하는 총 9,746,698부 발행부수 가운데, 지역일간지가 차지하는 비율은 16.3%이고, 전국일간지는 48.7%를 차지하고 있다. 즉, 전국일간지와 지역일간지의 시장 점유율이 3대 1정도인 것으로 확인되었다.

2016년도 제주지역 6개 일간지의 발행부수 및 유료부수 현황을 보면 ([표 3-5] 참조), 유류부수의 경우, 〈한라일보〉가 1만1549부로 1위를 차지했고, 이어 〈제민일보〉 1만1262부, 〈제주新보〉 1만511부, 〈제주일보〉 5608부, 〈제주매일〉 3870부, 〈제주신문〉 3114부 등의 순으로 조사됐다. 제주지역 신문 발행부수 현황은 〈제주新보〉 2만2460부, 〈제민일보〉 1만8417부, 〈한라일보〉 1만8045부, 〈제주일보〉 1만1330부, 〈제주신문〉 1만1100부, 〈제주매일〉 1만부 등으로 〈제주新보〉가 가장 많은 신문을 찍어내는 것으로 나타났다. 발행부수는 말 그대로 신문이 몇 부 발행됐는지를 계산한 것이다.

[표 3-5] 제주지역 일간 발행부수 및 특성

신 문 명	순위	발행부수	유료부수	부수 차이	창간일
한라일보	61	18,045	11,549	6,496	1989.4.22
제민일보	63	18,417	11,262	7,155	1990.6.2
제주신보	66	22,460	10,611	11,849	2013.9.27
제주일보	83	13,330	5,608	7,722	1945.10.1
제주매일	92	10,000	3,870	6,130	1999.3.30
제주신문	100	11,100	3,114	7,986	2007.4.24

*출처: 한국ABC 2016년 일간신문 발행 유료부수 발행 기준.

[표 3-5]에서 보듯이 제주지역 일간지들은 1일 최소 10,000부(제주매일·제주신문)에서-22,460부(제주신보)까지 발행하고 있으며, 이 가운데 유료부수는 3,114부(제주신문)-11,549부(한라일보)로 큰 차이를 보이고 있다.

미국 신문편집인협회의 기준에 따르면, 발행부수가 5만 부 미만인 신문은 작은 신문으로 분류된다. 미국의 전체 신문 1456개 일간지 중 15%인 217개 일간지만이 5만 부 이상을 발행하여 '대형' 일간지로 분류된다. 나머지 85%(1239개)는 '소형' 일간지이다. 1239개의 소형 일간지 가운데 85%인 1047개는 2만 5000부 이하를 발행한다. 이러한 대형/소형의 구분은 미국신문편집인협회의 기준이다.

〈에디터 앤드 퍼블리셔(Editor & Publisher)〉 2004년도 연감에 따르면, 총 9321개의 신문 가운데 9104개가 작은 신문이다. 한국과 정반대로 지역신문(주간지와 소형 일간지)이 미국 신문의 지형을 지배하고 있다. 미국 신문의 경우, 발행부수와 유료부수가 거의 일치하지만, 우리나라 신문의 경우 중앙일간지와 지역일간지 할 것 없이 유류부수와 발행부수 간 편차가 많은 것으로 조사되고 있다.

그리고 취재윤리 강령과 편집위원회가 설치되어 있는 신문사는 〈한라일보〉와 〈제민일보〉 2곳뿐인 것으로 조사되었다. [표 3-5]에서 보듯이 제주지역 일간지 중에 발행부수와 유류부수 간의 편차가 가장 큰 신문은 〈제주신보〉이고, 가장 작은 신문은 〈한라일보〉와 〈제주매일〉인 것으로 조사됐다.

3. 제주지역 일간신문의 편집체계

6개 일간지의 편집체계와 보도내용을 보면, 6개 신문 모두 16면을 발행하고 있으며, 오피니언 면을 제외한 보도내용을 보면, 지방자치단체와 관공서 등에서 제공하는 보도자료로 생산된 뉴스기사가 거의 90% 이상을 차지하고 있다. 단지 차이가 있다면, 같은 내용의 뉴스기사지만 각 신문사의 편집방침과 뉴스가치 판단에 따라 보도지면과 위치, 기사크기(양)가 달라진다는 점이다.

각 사의 1일 평균 보도건수(3일치 보도량의 평균치, 단, 사람들 동정면 기사는 제외)를 비교해 보면, 한라일보는 기자 수는 가장 많지만 보도건수는 37건

[표 3-6] 제주지역 6개 일간지 편집체제 및 발행면수 (2017년 5월 기준)

지면구분	제민일보	제주신보	한라일보	제주신문	제주매일	제주일보
1	종합	종합	종합	종합	종합	종합
2	종합	종합	종합	사설/종합	종합	종합
3	종합	종합	종합	종합	종합/기획	종합
4	사회	사회	사회	사회1	사회1	사회
5	사회	사회	사회	사회2	사회2	사회
6	경제	교육/문화	경제	경제	경제	경제
7	스포츠	경제	기획	오피니언	전국/국제	스포츠
8	문화	사람과 사람들	문화	문화	연예, TV	문화
9	문화/TV	사람과 사람들	전면광고	스포츠	게시판	연예, TV
10	전면광고	전국종합/기획	전면광고	전국종합	사람과 사람	스포츠/기획
11	기획	열린 페이지	스포츠/TV	부동산광고	사람과 사람	광고
12	일과 사람들	스포츠	사람과사람	사람 동정	문화	사람과사람
13	일과 사람들	방송/운세	사람과사람	사람 동정	스포츠	열린페이지
14	오피니언	오피니언	오피니언	라이프존	오피니언	오피니언
15	오피니언	오피니언	오피니언	오피니언	오피니언	오피니언
16	전면광고	전면광고	전면광고	TV,연예	광고	광고
편집국	20명	20명	30명*	10명	12명	26명
하루평균 기사량	53.5	50	37	51.5	54	50
연합통신 기사 수	2개	5.5개	2.5개	10건	21건	5건

*출처: 이 표는 연구자가 직접 작성한 것임.

*타 신문사에 비해 한라일보의 기자 수가 많은 것은 영상사진기자 4명이 있기 때문임.

으로 가장 적었다. 반면에 제주매일은 기자 수는 가장 적지만 기사 보도건수는 가장 많은 것으로 조사되었다. 1일 평균 기사 수는 사설·칼럼·사람들 동정면 기사는 제외한 수치이다. 단, 사람들의 동정기사와 기자 칼럼기사의 경우, 해당 기사의 바이라인(by-line)에 기자의 이름이 명시된 경우에만 기사건수에 포함시켰다.

한라일보의 경우, 기자 수는 가장 많지만 기사보도량이 가장 적은 것은 기획기사가 타사에 비해 상대적으로 많고, 한 기자가 하루에 쓰는 평균 기사건수가 가장 작고, 연합통신 기사를 거의 사용하지 않기 때문이다. 반면에 1명의 기자가 하루 7건에서 10건 이상의 기사를 쓰는 신문사도 4곳이나 되었다. 이처럼 1명의 기자가 하루에 많은 기사를 쓰게 되면 관공서의 보도자료에 충실할 수밖에 없고, 그 결과 기사의 내용이 부실해질 수 밖에 없다.

또한 연합통신 기사를 가장 많이 사용하는 곳은 제주매일과 제주신문 등으로 조사되었다. 기자수가 적은 신문사일수록 연합뉴스의 의존도가 높았다. 즉, 언론사들은 자체적으로 생산한 기사만으로 지면을 다 채울 수 없을 경우, 통신사의 기사를 사용하는 경향이 나타났다.

제❷절 | 방송

1. 제주지역 방송의 현황

1) 지역 라디오 방송의 등장

우리나라 방송의 역사는 일제 강점기부터 시작된다. 일제 식민지 통치의 강화수단으로 개국한 '경성방송국'(현재: 한국방송공사)이, 1927년 2월 호출부호 'JODK'로 첫 방송을 시작했다. 그리고 1935년 9월에는 첫 지역방송인 부산방송국이 개국하고, 이후 1938년 7월까지 평양, 청진, 함흥, 이리 등지에 지역방송사가 설립된다.

우리나라 방송이 호출부호 상으로 국적을 회복한 것은 1947년 9월 3일 국제전기통신연합(ITU)으로부터 호출부호 'HLKA'를 부여받고 같은 해 10월 2일부터 이 콜사인으로 방송하면서부터다. 이를 우리나라 방송의 국적회복일로 삼아, 1947년 9월 3일을 '방송의 날'로 정하여 매년 기념하고 있다.

제주지역에서 KBS 제주방송국이 라디오 방송을 처음 시작한 것은 전쟁 중이던 1950년 9월 10일부터이다. 시설과 인력이 빈약하고 출력도 50W에 그친 학교방송 규모였다. 개국 당시 가청권은 제주시 중심지역에 한정되었고, 라디오 보유대수는 200여대에 지나지 않았다. 초창기에는 라디오 수신기가 제대로 보급되지 않아 제주읍내 관덕정, 동문로, 남문로 등 주요 위치에 확성장치인 스피커를 설치하여 지역주민들로 하여금 방송내용을 청취할 수 있도록 배려하였다. 그 다음 해에는 출력을 증강했으나, 한라산 때문에 산남지역이나 서부지역에서는 방송을 청취할 수 없었다.

초창기 하루방송은 10시간이었고, 아침(05:30-08:00), 낮(12:00-14:00), 저녁(17:30-23:00) 등으로 나눠 방송하였다. 종일 방송체제로 개편된 1957년 이후 KBS제주방송은 하루 1시간 정도에서 3시간 30분까지 로컬프로를 제작 방송하였다. 지방 뉴스는 1일 3회(07:05, 12:10, 17:05) 각각 5분씩 방송되었다.

제주지역에서 라디오 방송의 경쟁시대가 열리게 된 것은 1968년 9월 14일 박태훈(朴泰勳)을 대표로 하는 남양방송(南洋放送: NBS)이 개국하면서부터다. 제주도에서 두 번째로 문을 연 남양방송은 제주도내 최초의 민간 상업방송이다. 호출부호 HLAJ, 출력 10KW, 주파수 770KHz였고, 영어약호는 NBC로 호칭했다. 청취 가능 지역은 제주시와 북제주군, 남제주군 일부 지역 뿐만 아니라, 전라남도와 경상남도 일부 남해안 일대까지 폭넓게 커버하였으나, 서귀포 지역을 비롯한 서남부 지역은 한라산 때문에 난시청 지역으로 남았다. 개국 당시 방송시간은 1일 총 18시간, 이 가운데 6시간 25분(36%)이 로컬 프로그램이었다. 로컬 방송의 분야별 방송비율은 보도 14.4-20%, 교양 47-62.9%, 오락 21.2 -36.5% 범위를 차지했다. 보도방송은 1일 6회에서 7회까지 정규 지방뉴스를 방송하는 외에 1주일 동안 일어났던 주요 사건이나 화제 뉴스를 심층 분석하는 이 주일의 화제, 기자수첩, NBC 기자실 등을 방송했다.

제주지역의 방송사를 보면, 1950년대는 라디오 방송의 탄생과 시련기였고, 1961년부터 1967년까지는 성장기, 1968년 민간방송 개국에서부터

1970년 TV 등장 이전까지는 라디오 방송 문화의 전성기였다고 볼 수 있다. 라디오 방송은 수용자의 성별, 연령, 지식수준에 관계없이 특히 독해능력이 없더라도 누구든지 쉽게 청취할 수 있는 장점이 있다.

2) 지역 텔레비전 방송의 출현

한국은 1956년 5월 미국의 RCA사(Radio Corporation of America)와 민간자본의 합작회사로 출범한 KORCAD의 HLKZ-TV에 의해 세계에서는 15번째, 아시아에서는 4번째로 TV방송을 시작하였다. 그러나 HLKZ-TV는 경제적 어려움과 적자운영으로 그 운영권이 〈한국일보〉에 넘어가고, 인수자 측은 1957년 5월 6일 DBC(대한방송주식회사)로 개편하면서 보도 10%, 교양 50%, 연예 30%, 기타 10%의 비율로 방송하였으나, 1959년 2월에 화재로 HLKZ-TV 시설이 소실되어, 1961년 DBC는 결국 문을 닫았다. 그 후 본격적인 TV방송은 1961년 KBS-TV(채널9)가 개국하면서부터 시작되었다.

제주지역의 첫 텔레비전 방송은 제주문화방송이 1970년 8월 1일 호출부호 HLAJ, 채널 11, 영상출력 2KW, 음향출력 400W로 전파를 발사하면서 시작되었다. 방송시간은 개국 당시 평일 오후 6시부터 밤 11시까지 5시간, 토요일과 일요일에는 오후 5시부터 밤 12시까지 7시간씩 주당 총 39시간을 방송했다. 이 가운데 로컬시간은 10.6%, 주당 3시간 50분이고, 분야별로는 보도 81%, 교양 5%, 오락 14%를 차지했다. 로컬프로 중 비중이 가장 높은 것은 지역뉴스였다. 회사명은 창사 당시 남양방송(NBC)에서 1971년 10월 1일 남양문화방송(MBC), 1984년 1월 1일부터 제주문화방송으로 바뀌었다. 채널은 CH 11에서 CH 7로 변경되었다.

제주MBC-TV 개국 1년 후, 국영방송인 KBS제주방송국이 제주시 봉개동 견월악에 건물(39평)과 송신탑을 세우고, 5KW 중계기를 갖추어, 1971년 4월 20일부터 텔레비전 중계방송을 개시하였다. 로컬방송에 앞서 시작된 전국프로그램 TV 중계방송은 1978년 6월까지 약 8년 동안 계속되었다. 제주방송국 텔레비전의 로컬방송은 1978년 7월 1일부터 시작되었다. 로컬방송이 시작된 7월부터는 1일 2회 저녁 7시 15분(6분), 밤 9시 25분(5분)에 지방뉴스가 편성되어 정규 방송되었고, 화면은 ENG촬영,[5] 필름, 슬라이드를 혼합 처리했다.

KBS제주방송의 TV방송은 상업방송인 MBC사업방송만 시청하던 시청자들에게 국영방송을 시청할 수 있는 채널 선택권이 주어졌고, 프로그램 선호폭도 넓히게 되었다. 국·민영 텔레비전 시대에 접어들면서 제주지역에서도 2개 TV의 시청률 경쟁이 시작되었으나, KBS-TV는 로컬 방송을 제작할 수 없는 취약성을 갖고 있었기 때문에, 지방 자체 프로그램을 통한 의도적인 경쟁을 할 수 없었다. 그러나 1978년 7월 이후부터 KBS제주방송의 텔레비전 로컬방송이 시작되면서 두 개 방송사의 시청률 경쟁이 시작되었다.

1990년 8월 1일 민영방송을 허용하는 방송법 개정에 따라, 11월 4일 설립된 SBS(Seoul Broadcasting System: 서울방송)가 1991년 3월 30일 호출부호 HLSQ, 주파수 792㎑, 출력 50kW로 서울·경기·충청 및 강원 일부를 가청구역으로 하는 AM 라디오 방송을 시작하였고, 이어 12월에는 서울, 경기지역을 방송권역으로 하는 SBS-TV방송국을 개국하였다. 이후 1도(道) 1사(社) 원칙에 의거 1995년에 부산, 대구, 광주, 대전지역, 1997년에는 전주, 청주, 울산, 인천지역, 2001년에는 강원, 2002년에는 마지막으로 제주지역에 민영방송이 도입되었다. 이로 인해 1980년대 언론통폐합 조치로 KBS, MBC를 중심으로 독과점 체제를 형성해 온 한국의 공영방송 체제는

5) ENG는 Electronic News Gathering이라는 영어의 첫 글자로서 〈전자장치에 의해 뉴스 영상을 취재할 수 있는 카메라〉를 의미한다. ENG는 종전의 필름카메라와 달리 비디오 테잎을 사용함으로서 촬영 후 필름의 현상과정 없이 바로 방송이 가능하고, 스튜디오 카메라와 달리 크기가 작아서 기동성이 있고 경제성이 있다. 하지만 Studio 카메라와 달리 CCU(Camera Control Unit)가 없기 때문에 촬영할 때 W/B(White Balance)와 Black Balance, Iris 등을 정확히 조정해야 한다.

SBS를 비롯한 지역 민영방송체제가 도입되면서 한국방송은 본격적으로 공·민영 이원방송 체제로 들어가게 된다(방송정책, 2013.2.25).

제주도의 경우, 2002년 5월 31일 제주특별자치도를 가시청권으로 하는 상업방송인 JIBS제주방송이 설립되고, 그리고 2003년 6월 1일부터 FM 라디오 방송이 시작되었다. 제주방송의 디지털TV는 2005년 6월 1일 개국했으며, 지상파DMB는 2008년 6월 30일부터 송출을 시작했다. JIBS의 개국으로 제주지역에서도 3개의 지상파TV 방송이 본격적인 시청률 경쟁에 돌입한다.

한편, 우리나라에서 1980년 8월부터 컬러TV의 시판이 허용되었으며, 1981년 1월 1일부터 컬러TV 방송이 송출되기 시작했다. 그리고 2011년 6월 29일부터 제주도 전 지역에 아날로그TV 채널 송신이 중단되고, 디지털TV 송신으로 전환됐다.

2. 제주지역 텔레비전 방송의 자체 편성 프로그램 현황

현재 제주지역에는 KBS제주방송총국, MBC제주문화방송, JIBS제주방송, KCTV제주방송, CBS제주방송, 극동방송 제주지사, YTN 제주지부, CTS 제주방송제주지사, TBN 한국교통방송제주본부 등 모두 9개사가 방송활동을 하고 있다. 서울에 있는 중앙방송사에서 내보는 중앙방송만 보아도 세상을 이해하는 데에 충분한데, 구태여 지역에도 많은 방송사가 존재해야 하는지에 대해 궁금해 하는 사람들이 많다. 요즘처럼 인터넷이나 스마트폰만 있으면 국경과 지역을 초월해 전 세계에서 일어나는 재미있고 흥미로운 사건을 수시로 접할 수 있는데, 지역방송이 왜 있어야 하는지 의문을 갖는 것은 당연하다. 그럼에도 지역방송이 있어야 하는 이유는 지역사회의 발전을 위해 꼭 필요한 제도 가운데 하나이기 때문이다.

지역방송의 존재 필요성에 대해, 방송법 제6조(방송의 공정성과 공익성)에서는 지역사회의 균형있는 발전과 민족문화의 창달을 위해서라고 명시하고 있으며, 지역방송지원법 제5조(지역방송의 책무)에서는 지역정보를 정확하고 공정하게 보도하고, 지역사회의 공론장으로 기능함으로써 다양한 의견을 수렴하여 지방자치의 실현, 지역경제의 활성화, 지역사회의 통합 및 지역문화의 전승과 창달을 위해 노력해야 한다고 명시하고 있다.

이들 조항에 의하면, 지역 텔레비전 방송의 가장 중요한 기능은 무엇보다도 민의를 토대로 한 지방자치의 실현, 지역경제 활성화, 지역사회 통합 등에 필요한 각종 뉴스와 정보 등을 풍부하게 제공하는 데에 있다. 즉, 지역사회의 발전을 위해 지역민이 원하고 바라는 것을 지역민의 시각으로 발굴해 제작, 방영하는 것이 지역방송사의 주된 책무라 할 수 있다. 지역방송사들이 이러한 책무를 얼마나 잘 이행하고 있는지 알아볼 수 있는 것이 바로 자체 편성(제작) 프로그램이다.

그렇다면 현재 제주지역 방송사들의 지역프로그램 편성비율은 어떠한가? [표 3-7]은 제주지역 3개 지상파방송의 자체편성 프로그램 유형이다. 표에서 보는 바와 같이 직할국 체제로 되어 있는 KBS제주방송총국의 경우, 로컬프로그램의 편성비율이 14%로 가장 낮고, 이어 계열사 체제인 제주MBC문화방송은 20% 내외로 KBS에 비해 다소 높은 것으로 조사되었다. 상업방송인 SBS의 가맹사 체제로 되어 있는 JIBS제주방송의 경우, 자체편성 비율이 24.7%로, 지역프로그램 편성의 비중이 가장 높은 것으로 조사되었다. 이와 같이 자체 편성 프로그램의 편성량이 각 방송사마다 다소 차이를 보이는 것은 중앙방송사와의 관계, 각 방송사의 제작능력, 그리고 편성정책의 영향을 받기 때문이다(한진만 외, 2007). 현재 방송법에 의하면, 모든 지역방송사는 전체 프로그램 가운데 23%를 지역프로그램으로 자체 편성, 방영하도록 하고 있다.

지역방송의 자체편성 프로그램의 유형을 분석해 보면, 각 방송사가 무엇(방송내용)을 누구에게 언제(방송시간대), 어떻게(방송형식), 얼마나(방송시간) 들려주고 보여주려고 했는지 알 수 있다. 먼저 제주MBC, KBS제주, JIBS제주방송[6] 등 3개 지상파 텔레비전 방송의 자체(제작) 편성 프로그램 유형을 보면, 크게 보도, 교양, 오락 프로그램으로 구성되어 있다. 지역주민들이 가장 많이 시청하는 지역뉴스 보도의 경우, 3개사 모두 아침, 오전, 저녁, 밤 시간대에 12-20분 정도 뉴스 방송을 하고 있다. 서울 중앙방송의 저녁 종합뉴스가 끝남과 동시에 이어지는 제주지역 뉴스시간과 뉴스의 꼭지 수를 보면, KBS제주는 12분 동안에 11-12건, JIBS는 20분 동안에 14건 정도의 뉴스를 보도하고 있는 것으로 조사되었다.

지역TV방송 프로그램은 대체로 시간대별로 골고루 편성되어 있으나 지역주민들이 가장 많이 시청하는 저녁 메인뉴스를 제외하면 프라임 시간대(오후 8시-11시)에서 대부분 벗어나 있는 실정이다. 이처럼 자체 편성 프로그램들이 프라임 시간대에 편성되는 비율이 점차 줄어들고 있는 게 특징이다.

가장 많은 비중을 차지하고 있는 교양 프로그램의 유형을 보면, 3개 방송사 모두가 지역밀착형 취재를 통해 제주지역의 인물, 문화, 음식, 행사, 역사 등을 전하는 코너를 마련하고 있으며, 특히 타 지역 방송사와 공동 제작한 프로그램 혹은 네트워크를 연결하여 각 지역의 특성과 문화, 행사 등을 제주지역 시청자에게 소개하고 있다. 해당 방송권역을 벗어나 타 지역의 소식을 전하는 이러한 방송은 지역민들의 인식의 지평을 넓히는데 많은 도움을 줄 수 있는 바람직한 프로그램 유형이라고 생각한다.

그러나 3개 방송사의 교양 프로그램의 대다수가 명칭만 다를 뿐, 그 내용과 형식은 거의 유사한 것으로 나타나고 있다. 이들 프로그램의 특성은 제작비가 많이 소요되는 드라마, 쇼 등에 비해 제작비용이 저렴하다는 것이다. 그리고 KBS제주는 쇼/오락 프로그램, JIBS제주방송은 시사·토론 프로그램을 편성하지 않고 있는 것으로 조사되었다.

6) JIBS제주방송은 제주지역 민영 지상파 방송으로 2002년 5월 개국했다. 최대 주주는 한주흥산이고, 제주지역 경제인들이 소주주로 참여하고 있다(한국언론재단, 2009). 소유 미디어로는 텔레비전과 FM 라디오를 방송하고 있으며 AM은 없어 라디오 뉴스방송은 제한되고 있다.

[표 3-7] 제주지역 텔레비전 방송의 자체편성비율 및 프로그램 유형

(2017. 6. 1 현재)

장르	제주MBC문화방송	KBS제주방송총국	JIBS제주방송
비율	약 20.0%	약 14.0%	약 24.7%
뉴스	· 아침R뉴스(07시10~15) · 뉴스투데이 (07시25~40분) · 정오뉴스(12:10~15) · 이브닝뉴스(17:45~55) · 뉴스데스크제주 (20:30~43)	· 뉴스광장 제주 (월-금 07:36~07:44) · 930 뉴스 제주 (월-금 09:45~09:56) · 7시네트워크 제주 (월-금 19:27-19:30) · 뉴스 9 제주 (월-금 21:35~21:47) (토-일 21:26~21:32)	· 720뉴스(07:15~07:30) · 낮 뉴스(12:40~12:50) · 저녁뉴스(17:50~18:05) · 820뉴스(20:35~20:55)
시사· 토론 프로 그램	· 제주MBC시사진단 목요일 매주 23:10~00:30	· 시사파일 제주 매주 수 19:35-20:05 · 쟁점& 토론(보도 제작) 금요일 16:00~17:00	없음
교양 프로 그램	· 생방송 전국시대 월·화·수요일 8:30~9:30 · 스토리 공감 월요일 23:10~24:10 · 생방송 제주가 좋다 금요일 8:30~9:30 · 테마기행-길 수요일 18:10~19:15 · JDC 청소년 아카데미 일요일8:25~9:25	· 제주가 보인다 월~목 17:30~18:00 · 문화산책 (9개 총국 순번 제작) 월요일 13:00~13:50 · 제주읽기 메아리 목 14:50~16:00 · 불휘지픈 제주 수요일 20:05~20:25 · 생생삼도 (전남-전남-제주) 금요일 17:30~18:00 · 보물섬 화요일 19:35~20:25	· 문화로그 왓 수요일 18:45~19:15 · 클릭 NOW 제주 금요일 19:10~20:00 · 네트워크 전국기행 일요일 07:20~08:35 · 네트워크 현장! 고향이 보인다 목·금요일 11:30~12:00
쇼/오락 프로 그램	· 리얼 제주체험기 '속암수다' 화요일 18:10~19:15	없음	· 시크릿 아일랜드 화요일 19:30~20:00 · 잘잘특공대-맛있는제주 목요일 19:30~20:00

[표 3-8] 제주지역 방송사 현황 (2017년 6월 현재)

구 분	방송사	대표자	창립일
방송사 (9개사)	KBS제주방송총국	홍혜경(총국장)	1950.09.10
	MBC제주문화방송	김창옥(사 장)	1968.09.14
	JIBS제주방송	탁윤태(전 무)	2002.05.31
	KCTV제주방송	김귀진(사 장)	1995.05.01
	CBS제주방송	양경주(본부장)	2001.06.12
	극동방송제주지사	신용섭(지사장)	1973.06.30
	YTN제주지부	유종민(지부장)	1995.03.01
	CTS방송제주지사	오동환(지사장)	2011.05.17
	TBN교통방송제주본부	송문회(본부장)	2016.08.18

*출처: 제주특별자치도 공보관실.

제3절 | 인터넷신문

1. 인터넷신문의 유형

인터넷신문을 이해하기 위해서는 우선 인터넷과 웹의 특성을 알아야 한다. 인터넷은 전 세계에 연결되어 있는 컴퓨터로 세계에 있는 그 어느 누구와도 통신을 가능케 하는 기반시설이다. 월드와이드웹(WWW: World Wide Web)은 인터넷상에서 데이터, 문자, 그래픽, 사진, 오디오, 비디오 등을 주고받는 것을 가능케 하는 상호작용 수단이다(건국대학교, 23쪽).

1991년 월드와이드웹이 처음으로 일반에 공개되면서 신문은 종이가 아닌 개인용 컴퓨터 화면으로 읽을 수 있는 미디어로 재탄생됐다. 1992년경부터 대부분의 언론사는 온라인 미디어 시장에 뛰어들어 인터넷신문 운영을 시작했다. 미국 최초의 인터넷신문은 1992년 〈시카고 트리뷴(Chicago Tribune)〉이 운영한 웹 사이트로 알려져 있다. 한국에서는 1995년 3월부터 〈중앙일보〉가 최초로 인터넷으로 기사를 제공했다. 그러나 초창기에는 월드와이드웹을 사용하는 인구가 적었기 때문에 적극적으로 투자하지 않았고, 지금처럼 빠른 속도로 월드와이드웹이 일상화될 것을 예측하지 못했다. 인쇄신문에 익숙한 전문가들은 인터넷으로 뉴스를 읽는 현상에 대해 회의적인 시각을 보이기도 했다(Morton, 1993). 하지만 이러한 예상을 뒤엎고 인터넷신문은 전 세계적으로 해마다 늘어나고 있다.

그렇다면 오늘날 신문과 방송의 모든 기능을 대체하면서 올드 미디어의 생존을 위협하고 있는 인터넷신문은 어떤 신문이고 증가추세는 어떠한가? 〈신문 등의 진흥에 관한 법률[7](약칭: 신문법)〉에 따르면, 인터넷신문이란 "컴퓨터 등 정보처리능력을 가진 장치와 통신망을 이용하여 정치·경제·사회·문화 등에 관한 보도·논평 및 여론·정보 등을 전파하기 위하여 간행하는 전자간행물로서 독자적 기사 생산과 지속적인 발행 등 대통령령으로 정하는 기준을 충족하는 것"을 말한다. 이처럼 일반적으로 '인터넷신문'은 컴퓨터와 통신을 통해 기사와 정보를 제공하는 신문이다.

국내에서 인터넷신문이 등장한 것은 1990년대 중반부터이다. 인터넷이 직장과 가정에 빠르게 보급되면서 대다수의 신문들과 각 개인들이 자체적으로 인터넷신문을 개발하여 서비스를 제공하기 시작했다.

인터넷신문은 그 존재형식에 따라 크게 세 가지로 분류할 수 있다. 첫째는 기존의 오프라인 신문사에서 운영하는 종속형 인터넷신문이다. 종속형 인터넷신문은 인터넷 홈페이지를 통해 기존 종이신문의 뉴스나 연합뉴스의 기사를 전제하는 경우가 대부분이고, 인쇄신문의 보조매체로서의 성격이 강하다. 우리나라에서는 중앙일보가 1995년 3월부터 처음으로 인터넷신문을 발간하기 시작했다. 1996년 10월 기존의 데이터베이스를 조인스닷컴으로 흡수, 서비스 영역을 확대하고, 1998년 3월 중앙일보 뉴미디어

7) 〈신문법〉 시행령에 명시된 인터넷신문의 기준에서는 ㅇ취재 인력 2명 이상을 포함하여 취재 및 편집 인력 3명 이상을 상시적으로 고용할 것. ㅇ주간 게재기사 건수의 100분의 30 이상을 자체적으로 생산한 기사로 게재할 것(오프라인 상으로 신문이나 잡지 또는 통신을 발행하는 언론사가 운영하는 사이트의 경우는 예외). ㅇ주간 단위로 새로운 기사를 게재할 것을 명시하고 있다.

사(joongang.joins.com)를 독립 법인으로 출범시켰다.

둘째는 종이신문 없이 인터넷으로 뉴스를 전달하는 이른바 독립형 인터넷신문이다. 대부분 인터넷이 보급되면서 생긴 새로운 신문사들이다. 인터넷신문은 인쇄시설이나 배달망이 필요하지 않기 때문에 비교적 저렴한 자본으로 신문을 발행할 수 있다. 1990년대 이후부터 이러한 종류의 신문이 크게 증가하기 시작했다. 대표적인 인터넷신문으로 〈오마이뉴스〉와 경제 분야 기사만 다루는 〈이데일리〉 등이 있다.

셋째는 포털뉴스이다. 포털뉴스는 신문법 상 인터넷신문이 아닌 "인터넷뉴스 서비스"로 분류되는데, 인터넷 검색 엔진 기업들이 운영하는 뉴스 사이트로 종이신문사나 인터넷신문사, 뉴스통신, 방송, 잡지 등의 기사를 인터넷을 통하여 계속적으로 제공하거나 매개하는 전자간행물을 말한다. 포털뉴스는 가장 접속자 수가 많은 인터넷신문의 한 부류이다.

국내 인터넷신문의 등록현황을 보면, 2005년 9월 13일 기준 93개사였던 것이, 2015년 12월 말 기준 총 3,305개사가 등록되어 있는 것으로 집계되었다. 약 10년 전에 비해 35.5배 늘어난 것이다.

2. 제주지역 인터넷신문의 현황

제주도내 최초의 인터넷신문은 2003년 제민일보 출신기자들이 창간한 〈제주투데이〉(발행인 조맹수, 편집국장 좌승훈)이다. 그 뒤를 이어 2004년에는 제주의 소리(발행인 고홍철, 편집이사 이지훈, 편집국장 이재홍)와 미디어 제주(발행·편집인 성일승)가 창간된다. 인터넷신문은 2003-2004년 〈제주투데이〉, 〈제주의 소리〉, 〈미디어제주〉 등의 창간에 힘입어 2006년부터 꾸준히 창간되기 시작하여 2015년 기준 52개로 증가했다. 2005년 인터넷신문의 법제화 이전에는 소수 매체에 불과했으나 법제화 된지 10년 만에 급격한 양적성장을 보임과 동시에 '매체 난립'으로 이어지고 있다.

이를테면, 인터넷 매체 창간과 폐간, 휴간 등이 반복되는 가운데, 문화체육관광부 2015년 인터넷신문 실태조사 결과에 따르면, 제주지역에 등록된 52개사 중 정상 운영되는 곳은 61.5%인 32개, 운영되지 않는 곳은 5.8%인 3개, 준비 중인 곳은 5.8%인 3개사로 나타났다. 창간 등록은 했으나 홈페이지조차 구축되지 않은 신문은 26.9%인 14개사로 나타났다. 그 결과, 제주지역 인터넷언론사 52개 중 61.6%인 32개만 정상적으로 운영되고 있는 것으로 조사됐다.

[표 3-10] 시·도별 인터넷신문 운영 현황

구분	운영		미운영		준비중		홈페이지 없음		총계(개)	계(%)
전체	(3,305)	56.2%	(676)	11.5%	(395)	6.7%	(1,501)	25.5%	(5,877)	100.0
서울	(1,530)	55.7%	(350)	12.7%	(194)	7.1%	(673)	24.5%	(2,747)	100.0
부산	(57)	38.5%	(29)	19.6%	(19)	12.8%	(43)	29.1%	(148)	100.0
대구	(73)	65.8%	(4)	3.6%	(8)	7.2%	(26)	23.4%	(111)	100.0
인천	(110)	49.3%	(28)	12.6%	(14)	6.3%	(71)	31.8%	(223)	100.0
광주	(84)	57.1%	(9)	6.1%	(13)	8.8%	(41)	27.9%	(147)	100.0
대전	(73)	51.4%	(22)	15.5%	(10)	7.0%	(37)	26.1%	(142)	100.0
울산	(31)	51.7%	(6)	10.0%	(1)	1.7%	(22)	36.7%	(60)	100.0
경기	(578)	52.5%	(139)	12.6%	(72)	6.5%	(311)	28.3%	(1,100)	100.0
강원	(63)	55.8%	(19)	16.8%	(6)	5.3%	(25)	22.1%	(113)	100.0
충북	(46)	39.0%	(15)	12.7%	(11)	9.3%	(46)	39.0%	(118)	100.0
충남	(115)	63.5%	(12)	6.6%	(8)	4.4%	(46)	25.4%	(181)	100.0
전북	(29)	76.3%	(4)	10.5%	(2)	5.3%	(3)	7.9%	(38)	100.0
전남	(137)	78.3%	(6)	3.4%	(8)	4.6%	(24)	13.7%	(175)	100.0
경북	(213)	75.0%	(9)	3.2%	(14)	4.9%	(48)	16.9%	(284)	100.0
경남	(113)	55.1%	(19)	9.3%	(10)	4.9%	(63)	30.7%	(205)	100.0
제주	(32)	61.5%	(3)	5.8%	(3)	5.8%	(14)	26.9%	(52)	100.0
세종	(21)	63.6%	(2)	6.1%	(2)	6.1%	(8)	24.2%	(33)	100.0

*문화체육관광부 2015년 인터넷신문·인터넷뉴스서비스 실태점검 결과 자료.

2017년 2월 현재 제주도에 등록된 인터넷신문은 총 46개사이다. 1년 전에 비해 6개사가 줄어든 것으로 나타났다. 46개 신문 가운데 제주도청에 취재기자를 파견해 취재활동을 하는 인터넷신문은 16개사이다. 지역언론의 가장 중요한 보도영역인 지방자치단체 등에 취재기자를 파견하지 않는다는 것은 그만큼 취재할 인력이 없다는 것을 의미한다. 이로 미루어 보아, 개정된 신문법에 명시된 인터넷신문 기준에 맞춰 취재 및 편집기자 3명 이상을 상시적으로 고용하고 있는 인터넷신문사는 총 46개사 가운데 10개사 내외로 추정된다.

그리고 16개 인터넷신문 가운데 국내의 최고 검색 포털인 네이버와 다음카카오를 통해 뉴스를 제공하는 신문사는 4개사(제주의 소리, 시사제주, 헤드라인제주, 제주도민일보)에 불과한 것으로 조사되었다. 그 이유는 카카오에 비해 국내 포털 검색서비스 시장에서 점유율 70%를 차지하고 있는 네이버의 심사규정이 매우 까다롭기 때문이다. 2개의 포털에서 뉴스를 검색할 수 있는 4개 신문은 그 자체만으로도 신문의 경쟁력 측면에서 한 단계 더 우위에 있다고 볼 수 있다.

국내의 최고 검색 포털인 네이버와 다음카카오에서 뉴스를 제공하기 위해서는, 우선 네이버와 다음카카오의 뉴스 제휴 심사를 담당하는 〈뉴스제휴평가위원회〉의 최종 심의를 통과해야 한다. 신청 자격은 신문사업자, 정기간행물사업자, 방송사업자, 인터넷신문사업자, 뉴스통신사업자, 인터넷뉴스서비스사업자로 인·허가를 받은 후 1년이 지난 매체에 한한다. 심사 대상은 △ 기사 생산량 △ 자체 기사 비율 △ 저널리즘 품질 요소 △ 윤리적 요소 △ 수용자 요소 등이다. 이 심사를 통과한 매체만이 네이버와 다음카카오에서 검색이 가능하다. 그리고 심사를 통과한 매체는 신문사의 경영과 운영 및 저널리즘 측면에서 대외적으로 공신력을 갖게 된다고 볼 수 있다.

인터넷신문 매체 난립이 심화되자 문화체육관광부는 2015년 11월 인터넷신문 등록요건을 대폭 강화하는 내용의 신문법 시행령을 개정하였으나 헌법재판소의 위헌 결정[8]에 따라 시행이 유보되었다.

---

8) 헌법재판소 2016.10.27 선고, 2015헌마1206; 2016헌마277 결정.

[표 3-11] 제주도청 출입 인터넷신문 및 포털검색 제휴 업체

(2017년 2월 기준)

인터넷신문(제호)	발행인	출입기자	등록일자	포털 검색제휴 네이버/카카오
제주투데이	김태윤	김관모	2005-09-20	카카오
제주의 소리	고홍철	이승록	2005-10-14	네이버/카카오
미디어제주	고승영	김형훈	2005-10-17	카카오
뉴스제주	남우엽	김명현	2006-10-09	카카오
제이티뉴스	강 삼	강 삼	2007-01-03	카카오
일간제주	오승훈	오승훈	2008-06-18	카카오
시사제주	김승철	고재일	2008-12-09	네이버/카카오
제주인뉴스	김현경	박해송	2009-03-20	카카오
헤드라인제주	윤철수	윤철수	2010-11-30	네이버/카카오
제주저널	김재흡	김재흡	2011-03-03	카카오
영주일보	양대영	양대영	2011-09-16	카카오
제이누리	양성철	양성철	2011-09-16	카카오
제주환경일보	고현준	고현준	2012-02-29	카카오
제주도민일보	성일승	이기봉	2013-06-18	네이버/카카오
제주뉴스	고병수	고병수	2014-02-27	카카오
제주교통복지신문	이문호	김민수	2016-10-11	미제휴

3. 인터넷신문의 증가 추이와 한계

인터넷신문이 빠르게 증가하는 것은 종이신문에 비해 많은 장점을 갖고 있기 때문이다. 먼저 저렴한 창간비용을 들 수 있다. 막대한 시설비와 제작비가 요구되는 종이신문과 달리 시설만 갖추면 지면이나 시간의 제약을 받지 않고 뉴스를 제공할 수 있다. 이로 인해 권력과 자본을 점유한 특권층의 전유물이나 다름없던 신문이 누구나 발행할 수 있는 보편적인 언론이 되었다. 둘째, 뉴스 공급자의 증가다. 인터넷을 통한 뉴스 공급자가 늘어나면서 경쟁이 치열해졌고, 수용자들은 다양한 뉴스를 손쉽게 접할 수 있게 되었다. 셋째, 수용자의 참여다. 인터넷신문에서는 뉴스제작과 유통

과정에서 독자들의 참여가 쉬워졌다. 기사에 댓글 달기나 토론방 참여 등을 통해 독자들은 뉴스에 대한 자신들의 견해를 피력할 수 있다. 넷째, 뉴스형식의 다양성이다. 인터넷신문은 기사와 사진뿐만 아니라 그래픽과 음성은 물론 동영상도 제공할 수 있다. 또한 메일 서비스와 검색 서비스 기능 등으로 독자들이 더욱 편리하게 신문을 이용할 수 있다. 다섯째, 뉴스 전달 경로의 다양화다. 인터넷신문은 신문사 홈페이지 외에도 검색엔진, 블로그, 이메일, SNS 등을 통해 뉴스를 독자들에게 전달한다. 여섯째, 속보성이다. 인터넷신문은 종이신문의 가장 큰 약점인 속보성 문제를 해결했다. 특히 휴대전화와 스마트폰 등과 같은 이동통신기기의 일반화로 신문은 독자들에게 실시간 뉴스접근, 실시간 뉴스정보 교환을 가능하게 해주어, 편성의 제한을 받는 방송매체보다 오히려 속보성이 앞서는 매체가 되었다. 일곱째, 지리적 한계 극복이다. 인쇄와 배달이 불필요한 인터넷신문은 종이신문과 달리 지리적 한계를 받지 않는다. 인터넷신문은 전 세계 독자들을 대상으로 뉴스를 배포할 수 있고, 독자들은 전 세계의 신문을 실시간으로 읽을 수 있다. 〈New York Times〉의 경우, 종이신문 발행부수는 1백만 남짓이지만, 매달 전 세계 3천만 명의 독자들이 홈페이지에 접속하고 있다(OECD, 2001).

인터넷신문은 종이신문에 비해 많은 장점을 갖고 있는 반면에 한계도 적지 않다. 가장 큰 단점은 수익내기가 쉽지 않다는 점이다. 인터넷신문은 종이신문처럼 고비용 시설투자나 배달망을 갖추지 않아도 되기 때문에 창업이 수월하지만, 이익을 내기는 어렵다.

또한 인터넷신문의 기사 유료화가 성공하기 힘든 이유는 비슷한 뉴스를 제공하는 무료사이트가 많기 때문이다. 따라서 매우 차별적이고 경쟁력 있는 고부가가치 뉴스를 제공하지 않는 이상 인터넷신문이 구독료를 받기는 어렵다. 인터넷신문의 유료화가 어려운 또 다른 이유는 구독료를 받는 절차가 복잡하고 번거롭기 때문이다. 종이신문의 경우, 한 부 혹은 한달치 구독료를 내고 신문을 구매 소유하는 방식으로, 그 구매절차는 일반상품과 크게 다르지 않다. 이와 달리, 인터넷신문은 독자들에게 인터넷신문에 접근할 권리를 판매한다. 하지만 인터넷신문에 접근하는 시간과 애용정도가 독자마다 다르기 때문에 일률적인 접근료를 부과하기는 어렵다.

둘째, 인터넷신문은 지면의 제약없이 기사를 무한정 제공할 수 있고, 동영상을 첨부할 수 있으며, 기사에 사용된 원재료인 인터뷰, 성명서, 보도자료 등을 첨부할 수 있다. 그러나 이러한 기술적 경쟁력을 제대로 활용할 수 있는 인터넷신문은 많지 않다. 이는 수익구조가 불안정하기 때문이다. 즉, 인터넷신문의 불안정한 수익구조는 뉴스의 질에 영향을 미친다. 독립 인터넷신문의 경우, 안정적인 수익모델의 부재로 우수한 기자인력을 확보하기가 어렵다. 그로 인해 뉴스의 정확성, 우수성, 다양성을 담보하기가 쉽지 않다.

이외에도 취재인력 부족으로 인해 정부정책을 심도있게 분석하거나, 대기업의 비리를 파헤치거나, 공직 부패비리 고리를 고발하거나, 청년실업과 같은 복잡한 사회적 문제를 다루는 종합적인 기사를 인터넷신문에 기대하기는 어렵다(장호순, 114쪽).

4. 제주지역 인터넷신문의 수입원

제주지역 인터넷신문의 주요 수입원은 대부분 광고와 기획행사(공공기관 보조금 지원 행사 등)인 것으로 조사되었다. 많은 언론사들이 마땅한 수익구조가 없는 상황에서 가뜩이나 좁은 한정된 광고시장에서 경쟁을 벌이다 보니 신문사 모두가 수익성이 낮은 것으로 나타났다. 회사에 따라 차이가 있겠지만, 전체 수입에서 광고가 차지하는 비율은 보통 60-70% 이상으로 추정되고, 나머지 비율은 기획사업과 같은 방법으로 수익을 창출하거나 협찬금이나 후원금, 혹은 공보물 게재료 등의 수입이 포함될 것이라 추정된다. 이처럼 광고수입에 있어서 공공기관의 의존도가 높을 경우, 정치 및 행정 권력을 감시 및 비판, 고발하는 역할을 제대로 수행할 수 없다.

결론적으로 첫째, 제주지역 인터넷신문들의 주 수입원은 광고이나, 공공기관의 정책광고가 상당 부분을 차지하고 있으며, 네트워크 효과에 따른 일반기업 광고는 매우 미약한 실정이다. 둘째, 이러한 상황에서 갈수록 늘어나는 매체 수는 광고단가의 인하 혹은 광고비 집행에 부담을 느낀 광고주들의 '발주 포기'로 이어지면서 신문사 입장에서는 경영난 가중의 요인이 되고 있는 것으로 조사됐다. 또한 현재 지역 인터넷신문에서 유료 수익모델은 거의 없는 실정이다.

제④절 | 1인 미디어

1. 1인 미디어의 개념 정의

우리는 다채널 1인 미디어 시대에 살고 있다. 1인 미디어란 블로그나 SNS(트위터, 페이스북, 카카오스토리) 등을 기반으로 개인이 다양한 콘텐츠를 직접 생산·공유하는 커뮤니케이션 플랫폼을 뜻하며, 새로운 형태의 커뮤니케이션 채널을 말한다. 정보통신기술의 발달과 함께 인터넷이 일상화되고 스마트폰이나 태블릿 PC 등의 스마트 기기가 대중화되면서, 전 세계 곳곳에서 발생하는 수많은 사건과 이슈 그리고 다양한 콘텐츠를 누구나 마음만 먹으면 직접 취재해 쉽게 전파, 공유할 수 있게 되었다. 이러한 미디어 환경 속에서 개인들은 송신자이자 수신자의 역할을 동시에 수행하며, 미디어 채널로서의 기능 또한 수행한다.

그 중심에는 현실적인 제약으로 아직 크게 드러나지는 않지만, 다양한 활동으로 다양한 여론을 이끌고 있는 1인 미디어들이 있다. 1인 미디어는 기존의 전통적인 미디어 채널에 비해 양방향성과 상호작용성을 크게 증대시켰으며, 정보의 공유와 확산 속도가 빨라 그 파급력 역시 크다는 점이 특징이다. 그리고 매스미디어는 커뮤니케이션이 전달자(신문사, 방송국 등)로부터 수용자(시청자 등)에게 일방적으로 이뤄지며 수용자가 불특정 다수지만, 1인 미디어는 양방향 커뮤니케이션을 전제로 하며 개인이 인터넷 등에 있는 무수한 콘텐츠 중에서 능동적으로 콘텐츠를 선택할 수 있는 장점이 있다. 블로그, 미니홈피 등이 대표적인 1인 미디어이다.

현재 1인 미디어에 대한 개념 정립이 미비한 실정이지만, 1인 미디어가 참여적, 개방적 인터넷 환경을 기반으로 새로운 커뮤니케이션 문화를 이끌고 있는 것은 사실이다. 이들의 부상으로 뉴스의 제공자와 뉴스 소비자 사이의 힘의 균형이 바뀌고, 뉴스의 게이트키퍼들(gatekeepers)[9]이 가지고 있던 권력이 위협당하고 있으며, 프로페셔널 저널리스트들이 한때 쉽게 통제할 수 있었던 언론의 장을 지배하는 것이 점점 어려워지고 있다. 이를테면, 다음과 같은 외국의 예를 들 수 있다.

2003년 '살람팍스'라는 필명의 블로거는 자신의 블로그에 미군의 미사일 공격을 받아 불타는 바그다드의 모습을 생생히 기록했다. 그의 블로그는 '제2의 안네의 일기'로 불릴 만큼 당시 이라크 전쟁의 참혹함과 현실을 생생히 전달했다는 평을 받았다. 이후 그의 글을 통해 많은 사람들이 방송에서 볼 수 없던 이라크 전쟁의 현실을 알게 됐고, 더불어 당시에는 생소하던 블로그라는 매체가 전 세계에 유행처럼 번져 나갔다. 또한 2014년 노벨평화상 공동 수상자인 10대 소녀 '말랄라유사프자이'는 자신의 블로그를 통해 파키스탄 여성의 교육현실과 인권유린을 고발했다. 2012년 하교 도중 총격을 받아 목숨이 위태로웠을 만큼 현실을 알리는 것이 쉽지 않았지만, 블로그를 통해 사회운동을 펼치는 것을 주저하지 않았다. 그녀가 전한 내용은 곧 전 세계로 퍼져나갔으며 그녀는 최연소 노벨평화상의 주인공이 됐다.

이렇듯 21세기를 시작하며 그저 신조어로 불리던 블로그 또는 1인 미디어들이 현재 전 세계를 움직이는 힘이 되고 있다.

---

9) 게이트키퍼: 사회적 사건이 대중 매체를 통하여 대중에게 전달되기 전에 미디어 기업 내부의 각 부문에서 취사선택하고 검열하는 직책 또는 그런 기능. 각 부문을 거치는 동안 사건의 문안에 대하여 가필, 정정, 보류 따위의 조작이 이루어진다.

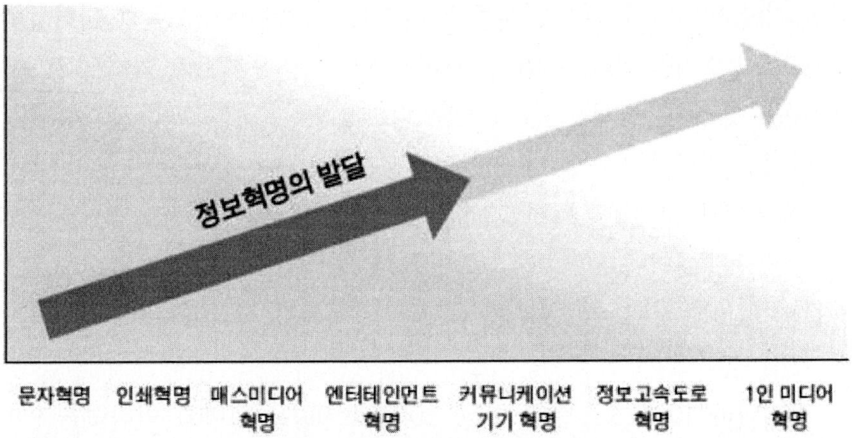

[그림 3-1] 정보혁명의 변천사

*출처: 한국정보통신기술원(2008).

2. 1인 미디어의 확산 배경 및 특징

1인 미디어가 어떤 매체보다 빠른 속도로 확산되며 사람들의 주목을 받게 된 배경에는 여러 가지 원인이 있다. 첫째, 인터넷 환경에서 '공유, 참여, 개방'으로 축약되는 웹 2.0 개념이 확산되면서 누구나 특별한 진입 장벽 없이 정보를 생산·가공하고 의견을 자유롭게 표출할 수 있게 되었기 때문이다. 둘째, 현대인들의 필수품이 된 스마트폰이 1인 미디어 확산에 크게 기여하고 있다. 정보통신기술의 발달과 함께 인터넷이 대중화되면서 개인은 인터넷 공간 안에서 자신의 이야기를 자유롭게 전달할 수 있게 되었고, 이러한 환경 속에서 스마트폰의 등장은 다양한 콘텐츠를 언제 어디서나 손쉽게 소비할 수 있는 환경을 조성하였다. 이러한 변화에 따라 각종 미디어가 전하는 콘텐츠에 대한 소비자들의 요구도 더욱 다양화되고 세분화되고 있다.

한국언론진흥재단의 '2016 미디어 수용자 의식 조사결과'에 따르면, 지난 1주일간 미디어 이용률은 텔레비전이 92.8%로 가장 높았고, 이어 모바일 기반 인터넷이 79.5%, 메시징 서비스 71.2% 순으로 높게 나타났다. 다음으로 PC 기반 인터넷(이하 PC 인터넷) 50.9%, SNS 47.6%, 라디오 21.9%, 종이신문 20.9%, 잡지 3.3% 순으로 나타났다.

그리고 지난 5년 동안 매체별 이용시간의 변화추이를 보면, 모바일 인터넷의 이용 시간이 2011년 29.5분에서 2016년 67.1분으로 37.6분 증가한 반면, PC 인터넷은 29.1분, 텔레비전은 22.8분, 라디오는 14.6분, 종이신문은 11.0분, 잡지는 2.9분이 감소됐다. 이용시간 감소폭은 PC 인터넷이 가장 컸다.

우리나라 10대 청소년의 경우, 10명 중 9명은 모바일 인터넷을 이용하며, 4명 중 1명은 아프리카 TV나 YouTube를 활용해 1인 방송을 시청하는 것으로 나타났다. 미국의 경우, 2014년 연예 잡지 버라이어티지에서 1500명의 청소년들을 상대로 가장 영향력 있는 스타를 조사한 결과, 1위부터 9위까지의 스타 가운데 6명이 유튜브 스타였던 것으로 조사됐다. 이처럼 1인 미디어는 대중화되었고 영향력 또한 커지고 있다. 또한 연령대에 관계없이 모바일이 보편적 미디어로 자리매김하고 있는 것으로 조사되었다.

셋째, 사람들이 인터넷을 통해 손쉽게 동영상을 업로드(upload)하고, 이를 타인과 공유할 수 있도록 하는 유튜브와 같은 서비스의 확대와 기술적 요소의 진입장벽이 완화되었기 때문이다. 특히 1인 방송의 경우, 크리에이터들은 스마트폰에 장착된 고해상도 카메라를 이용해 저비용으로도 기존의 무거운 촬영 장비들을 대체할 수 있는 고화질 수준의 영상을 만들 수 있게 되었으며, 무료 편집 프로그램과 모바일 앱을 통해 누구나 손쉽게 영상편집을 할 수 있게 되었다. 즉, '방송용 동영상'의 제작, 편집, 공유 기술의 발달과 확산은 1인 미디어를 활성화시키는 기본 배경이 되고 있다. 특히 유튜브, 아프리카 TV와 같은 플랫폼들이 개발되면서 편리하게 방송을 제작하고 송출할 수 있는 환경이 갖춰지고, 가수, 배우 등 유명인사 뿐만 아니라 일반인이 실시간으로 방송할 수 있도록 도와주는 애플

리케이션(앱·응용프로그램)이 크게 증가하면서([그림 3-2] 참조) 누구나 쉽게 1인 미디어를 운영할 수 있게 되었다.

올해 선보인 글로벌 실시간 방송 서비스 ❶업체 ❷서비스명 ❸출시일 ❹특징

❶	미어캣	트위터	페이스북	네이버	판도라TV
❷	미어캣	페리스코프	페이스북 멘션	브이(V)	플럽
❸	2월	3월	8월	7월	8월
❹	누구나 참여하는 개인방송. 실시간 채팅 기능 등 지원	트위터 앱 등을 통해 활발히 공유	유명인사와 팬들의 소통 지원. 다시보기 가능	K팝스타 등을 중심으로 한 방송 플랫폼	일반인용 방송 플랫폼. 페이스북 '좋아요'와 비슷한 '별' 기능 제공

[그림 3-2] 2016년에 선보인 글로벌 실시간 방송서비스의 유형

*출처: 한국경제(2015. 8. 12). 1인 미디어시대…너도나도 '앱 방송'. 13A18면.

넷째, 주요 동영상 서비스들은 1인 미디어 크리에이터가 실제로 수익을 창출할 수 있도록 광고매출을 공유함으로써 보다 많은 크리에이터들이 참여하여 다양한 장르의 1인 미디어가 등장할 수 있는 발판을 제공하고 있다. 특히, 1인 크리에이터 시장규모가 커지면서 동영상의 제작지원과 배급을 담당하는 새로운 산업분야까지 등장하였다. 바로 다양한 채널에서 수익을 창출한다는 의미의 '다중채널네트워크(Multi Channel Network)' 산업이다. MCN사업자들은 창작자의 방송제작을 지원하고 광고를 수주해 수익을 배분하는 형식으로 운영된다. 국내에서 대표적인 MCN기업으로는 CJ E & M, 아프리카 TV, 트레져헌터 등이 있고, CJ E & M의 다이아TV는 총 650개의 1인 크리에이터 팀을 보유하고 있는 것으로 조사되었다(DMCreport, 2016.12).

3. 제주지역의 1인 미디어 현황

2003년 네이버와 다음 등 포털사이트에서 블로그 서비스를 시작하면서 국내에서도 블로그 운영에 대한 대중들의 관심이 높아졌다. 이후 블로그는 변화를 거듭하며 국내에 정착해 현재 1천2백7십여만명 이상의 블로그가 운영될 정도로 인기가 높다(Blogchart, 2017.6).

블로그는 기존 언론사의 전문가들만 하던 정보생산이 일반인들도 가능하다는 특징이 있다. 블로거 1인이 가지는 파워가 주류언론사의 파워와 비슷해지면서 국내에서도 전문가 못지않은 영향력을 갖게 된 블로거들이 속속 등장하고 있다. 현재 블로그를 기반으로 사회 전반의 새로운 정보들을 만들어내는 1인 저널리스트들은 다양한 형태로 대한민국을 세상에 드러내고 있다. 이들은 2008년 촛불집회 이후 큰 부각을 나타냈으며 현재까지도 활발히 활동하고 있다.

국내에서 활동하는 대표적인 1인 미디어들은 영상을 기반으로 한 저널리즘을 추구하는 블로거들과 텍스트 기반의 저널리즘을 추구하는 블로거들로 나눌 수 있다.

영상에 기반을 둔 블로거 중 대표적인 저널리스트인 '미디어몽구(김정환)'는 2005년 12월 서울대학교병원에 입원한 황우석 박사 취재를 시작으로 스스로 '시대의 기록자'를 자처하며 국내의 다양한 현장을 찾아 직접 찍은 사진과 영상을 전하고 있다. 블로그에 "사회적으로 소외 받고 있는 이들의 목소리 등을 전하기 위해, 오늘도 염통 터져라 발로 뛰며 현장을 기록하고 있다"고 자신을 소개한 미디어몽구는 일본군 위안부 피해자 할머니 수요시위, 미국산 쇠고기 수입반대 촛불집회, 방송언론 총파업, 용산참사 등의 현장을 생생하게 전하며 네티즌들과 소통해 왔다.

텍스트를 기반으로 정치·사회 등 국내 현안들에 대해 사실 확인과 분석, 비평 활동을 하는 대표적인 시사 블로거로는 '아이엠피터(임병도)'를 들 수 있다. 그는 2010년부터 전업으로 '상식적인 사회를 꿈꾸는 정치·시사

블로그'라는 타이틀을 걸고 국내의 정치 및 시사 분야의 심층적인 기사를 쓰고 있다. The아이엠피터(theimpeter.com)는 하루 평균 방문자가 2만 여명에 달할 정도로 높은 인지도를 갖고 있다. 인터넷 상에서 좋은 뉴스와 정보는 순식간에 수십만 명에게 퍼진다. 미디어의 영향력은 여기서 생기는 것이다. 그는 〈The 아이엠피터〉 사이트를 운영하는 이유에 대해 "한국 정치와 현대사에 필요한 모든 자료를 수집해 사람들이 쉽게 볼 수 있게 만들고 싶기 때문"이라고 말했다. 좀 더 부연하면, 정치, 시사분야에 집중하는 것은 정치가 국민의 생활에 직간접으로 가장 많은 영향을 미치는 분야이자, 가장 오랜 시간 꾸준하게 글을 쓸 수 있는 소재이기 때문이라는 것이다.

이를테면, '대통령이 지난 대선 때 말했던 공약은 얼마나 이행됐지?', '우리 지역구 국회의원이 발의한 법안은 도대체 어떤 법안일까?', '지난 총선에 출마했던 국회의원 후보들의 공약이 뭐였지?', '왜 대통령이 선거를 앞두고 대구 행사에 참석하지?', '세월호 특조위의 예산은 정확히 어디에 쓰이고 있지?', '입법예고된 법안, 통과되면 어떻게 될까?' 등 이 모든 질문에 정보를 줄 수 있는 사이트를 만드는 것이 그의 목표이다.

"글을 잘 쓰고 말 잘하는 사람은 많다. 그러나 무엇이 진실인지 판단할 수 있는 자료와 데이터로 알려주는 사람은 드물다"라고 그는 말했다. 그래서 그는 데이터 저널리즘을 기반으로 하는 글을 목표로 글을 쓰고 있으며, 개인의 생각보다는 자료나 데이터, 차트 등을 근거로 글을 쓰고 있다.

아이엠피터는 정치 및 시사 관련 기사만 계속 쓰다가 2014년부터 '팟캐스트', '직썰토론', '인터뷰', '반헌법행위자열전편찬', '국민TV The 아이엠피터' 프로그램 진행 등 다양한 활동을 하고 있다. '민언련 시민기자 학교'와 '오연호의 기자 만들기'에서 강의도 하고 있다.

그는 현재 제주도에 거주하면서 1주일에 한번 정도는 제주를 주제로 한 기사를 쓰고 있다. 제주도 관련 대표적인 기사로는 대국민 사기극으로 판명된 '세계 7대 자연경관 선정 캠페인'을 고발한 기사 등이 있다.

전화 투표	금액
제주도 행정전화	211억 8천 600만원
일반 시민 전화 기탁금	56억 원
합계	266억 원 8천 600만원

[그림 3-3] 세계 7대 자연경관 전화비

'드디어 밝혀진 제주 7대 자연경관 사기극'이라는 제목의 기사(2012.2.10)에 따르면, 제주도와 일반시민들이 '세계 7대경관'이라는 허명의 문서 하나를 얻기 위해 266억원이 훨씬 넘는 돈을 전화비에 쏟아 부었다고 추정하고 있다.

다음의 사진은 국내언론들이 제주 7대 자연경관 선정을 위해 어떻게 여론몰이를 했는지를 극명하게 보여주고 있다. 제주 7대 자연경관 선정 콘서트를 비롯하여 1조2000억 원이라는 말도 안 되는 경제효과에 대해 언론들은 연일 쏟아냈고, 뜻 있는 PD와 기자들이 이를 고발하는 내용을 취재하더라도 데스크로부터 게이트키핑을 당해 보도되지 못하고, 그저 고춧가루 뿌리는 짓으로 매도되었다.

[그림 3-4] 세계 7대 자연경관 관련 보도기사

이외에 서민들의 삶의 현장을 누비는 대표적인 1인 미디어로는 '길바닥 저널리스트(박훈규)'가 있다(미디어 세상, 2015.6.13). 그는 2008년 5월 처음으로 '길바닥'에 나왔다. 당시는 미국산 쇠고기 수입 재개 협상에 반대해 시민들이 거리로 나오던 때였다. 한 홈쇼핑 회사의 직원이었던 그도 한 명의 시민으로서 현장에 있었다.

"그 다음날 아침에 뉴스를 보는데 이건 아니라는 생각이 들었어요. 분명 보여줘야 할 게 있는데 엉뚱한 것만 나오는 거예요. 정말 많은 실망을 했어요. 비중 있게 다뤄야 하는 부분을 다루지 않고 축소해 그게 전부인 것처럼 보도되는 것을 보고 고민이 되더라구요. 그 자리에 나와 있던 사람들은 뭔가… 그 현장의 반 꼭지도 다루지 않는 걸 보고 이건 아니다 싶었죠!"

그는 이러한 현장을 직접 담기 위해 다니던 직장을 그만두고 카메라를 잡았다. 그 이후로 많은 목소리가 들리고 역동적으로 움직이는 현장인 '길바닥'을 직접 뛰어다니며 여론을 이끌고 전국에서 종횡무진 활약하고 있다. 그는 주류 언론이 심층적으로 다루지 못한 소수의 목소리를 대변하기 위해 노력하고 있다.

[그림 3-5] 세월호 유가족을 위로하는 프란치스코 교황

*출처: 블로그 길바닥 저널리스트 제공.

대표적인 예로서, 2014년 8월 한국을 방문한 프란체스코 교황이 아침 시복식을 집전하기 전 광화문에 차를 세우고 거리에 나와 있던 세월호 유가족을 위로하던 중 유민아빠의 손을 잡은 한 장의 사진을 들 수 있다. 이 사진은 SNS를 통해 많은 사람들에게 전달됐고, 전 국민의 가슴을 뭉클하게 만들었다. SNS에 제일 먼저 공개된 사진은 블로그 '길바닥저널리스트'를 운영하고 있는 박훈규 기자의 휴대전화 카메라에서 나왔고, 전국으로 퍼져나갔다.

이처럼 1인 미디어들은 기성언론이 지배하던 언론의 지형을 서서히 바꿔놓고 있다. 나아가 다양한 사회적 이슈에 대해 많은 시민들의 참여와 관심을 이끌어내는 촉매제의 역할도 수행하고 있다.

제⑤절 | 지역언론의 당면 과제

여기서 말하는 지역언론의 당면 과제는 앞서 서술한 언론의 제(諸)기능과 역할을 제대로 수행하기 위해서 제주지역 언론이 우선적으로 처리하거나 해결해야 할 문제를 말한다.

첫째, 현재 제주지역 일간지 경우, 6개사 모두 기사를 생산하는 기사수와 관계없이 16면 체제로 조간발행을 하고 있다. 그 결과, 몇몇 신문의 경우 기자 한명이 하루에 최소 5건 이상의 기사를 쓰는 것은 보통이고, 10건 이상의 기사를 쓰는 기자들도 많은 것으로 조사되었다. 이런 환경에서 지역주민들에게 긍지를 갖게 하고, 지역주민의 현장 이야기를 전달하며, 지역사회의 각종 권력을 감시 비판하는 기사를 쓰기란 쉽지 않다. 따라서 저널리즘의 기능을 제대로 수행하기 위해서는 기자수를 대폭 늘리거나 자사의 환경에 맞게 발행지면 수를 줄이는 것이 바람직하다고 할 수 있다.

둘째, 지역언론이 보도하는 뉴스와 정보가 지역주민들의 기대와 요구에 어느 정도 부응하고 있는지를 성실히 파악하여 언론보도에 반영해야 한다. 지역언론이 존재할 수 있는 이유는 그들이 생산하는 뉴스와 정보를 소비하는 수용자들이 있기 때문이다. 각 언론사가 나름대로 최선을 다해 지역민들에게 필요한 뉴스를 제공한다고 해도 지역주민들이 이를 외면한다면, 그들에게 아무런 영향을 미칠 수 없다는 것을 알아야 한다. 한 신문이 하루당 생산하는 40-50개 기사 가운데 지역민들이 관심을 갖고 있는 기사 수는 몇 개 되지 않는다는 것을 직시해야 한다.

셋째, 시대변화에 맞게 언론의 보도내용을 다양화시키고 차별화시켜야 한다. 현재 6개 신문의 편집내용을 보면, 6개 신문 모두가 동일한 판형에 동정면 2개, 오피니언면 2개, 종합면 3개, 지역면 2개, 경제면 1면, 문화면 1개 등으로 나눠 거의 같은 내용(기획취재 내용 제외)을 거의 같은 방식으로 보도하고 있다. 마치 6개 신문이 1개 신문인 것처럼 움직이고 있는 것처럼 보인다. 각 신문사는 왜 이렇게 유사한 스타일로 편집을 하고 있는지 스스로 질문하고 답변해 보아야 한다.

넷째, 신문과 방송을 막론하고 지역주민들에게 더 밀착하여 지역사회의 사소한 일에 이르기까지 관심을 기울여 보도해야 한다. 현재 지역언론의 보도내용을 보면, 제주시와 서귀포시 외곽 지역인 7개 읍과 5개 면지역에서 발생한 사건에 관한 뉴스는 거의 찾아볼 수 없다. 이들 지역에서도 기자들이 좋아하는 사건, 즉 격노하게 하거나, 논쟁거리가 되거나, 혼란스럽게 하는 요소를 담고 있는 뉴스거리가 많이 발생하고 있음에도 언론은 이를 외면하고 있다. 물론, 이는 읍·면 지역 주민의 삶의 현장을 취재할 인력이 없기 때문에 나타나는 대표적인 현상이다. 하지만 언론이 더 언론다워지고 그 존재감을 보여주려면, 이들 지역의 제반 문제점을 드러내고 개선책을 제시하는데 앞장서야 한다.

다섯째, 지역언론의 활동이 박수를 받으려면, 지역사회에서 쉼 없이 발생하는 각종 지역현안 해결을 위한 의제설정자가 되어야 한다. 이를테면, 현재 제주지역에는 쓰레기 분리처리 문제, 하수처리 문제, 지하수 고갈 문제, 제2공항 건설 문제, 오라관광단지 건설 문제 등을 둘러싸고 각계각층에서 다양한 의견들이 분출되고 있다. 하지만 지역언론들은 겉으로 드러나는 사건들만 단순히 전달하는데 그치고 있다. 사실의 배후에 숨어 있는 진실을 파헤쳐 내지 못하고 있을 뿐만 아니라, 대자본과 제주도정과 밀접한 관계가 있는 이슈의 경우, 있는 사실을 전달하는 것마저 주저하고 있다. 따라서 지역언론들이 새롭게 변모해가는 지역사회의 모습에 대한 주민들의 다양한 의견과 관심사, 그리고 난개발의 현장을 지면과 화면에 충실하게 반영하고 좋은 방향으로 유도하지 못한다면, 지역언론은 존재하나 없는 것과 다름없다. 다시 말해, 언론의 주요 역할 가운데 하나는 사회를 개혁하고 혁신하는 데 앞장서는 것이다.

여섯째, 앞으로 어떤 매체가 먼저 죽고 사는가 하는 것은 진실성, 객관성, 정확성 등을 담보한 뉴스와 정보를 얼마나 많이 생산하느냐에 달려있다. 지역주민들로부터 저 언론은 자사의 이해관계에 따라 엿장수처럼 뉴스를 자의적으로 보도하는 언론이라고 낙인찍히지 않도록 사실을 정확하게 보도해야 한다. 만약, 도지사, 도의회 의장 혹은 도청의 국장이 부동산 투기(아니면 뇌물수수)의 의심을 받고 조사를 받았다면, 그것은 제주지역 사회에서 매우 큰 뉴스이다. 지역언론이 그 뉴스를 어떻게 다루느냐는 그 뉴스를 보도한 언론에 그치지 않고, 향후 지속적인 반향을 일으킬 것이다. 만약 특정 언론이 그 기사를 축소하거나 아예 보도하지 않는다면(이름을 익명으로 쓸 경우에도), 해당 언론은 주민들의 신뢰를 상실하게 될 것이다. 이미 지역주민들은 소문을 통해 그 뉴스를 들었을 것이기 때문이다. 이러한 차원에서 다음의 문장을 기억할 필요가 있다. "나는 이미 그 뉴스를 알고 있다. 나는 지역신문이나 방송이 그것을 실을 만한 용기가 있는지 확인해보고 싶을 뿐이다"(장호순, 2008).

일곱째, 행정 및 의회 권력을 철저히 감시 비판해야 한다. 텍스트에 기반한 신문사가 쉼 없이 뉴스를 내보내는 방송, 종편, 인터넷 매체들과 경쟁하면서 지금 막 문을 열기 시작한 AI시대에 살아남기 위해서는 권력을 감시 비판하는 기능을 강화시키는 길밖에 없다. 언론은 지방자치단체장을 비롯한 지방의원과 국회의원들이 주민들로부터 위임받은 권력과 권한을 주민의 복지향상과 지역사회 발전을 위해 공정하고 정의롭게 행사하고 있는지 주민들을 대신해 늘 감시, 감독, 고발해야 한다. 왜냐하면, 주민들이 직접 나서서 자신들이 선출한 정치인들이 일을 잘하고 있는지 여부를 수시로 감시, 감독하려 하더라도 물리적 한계가 있고 정보접근이 매우 어렵기 때문이다.

지방자치단체장의 경우, 해당지역 각 업무 분야의 정책과 사업계획을 수립하여 집행할 수 있는 권한 이외에 인사권[10](공무원 임용, 승진 등), 재정권(예산편성권)을 거의 독점적으로 행사할 수 있다. 특히 공무원의 인사권에 대한 권력은 엄청난 것이다. 그래서 지방공무원은 지방자치단체장의 의중에 따라 업무를 처리할 수밖에 없고, 지방자치단체장에게 줄서기를 할 수밖에 없다. 선거철만 되면 공무원들이 특정 후보에 줄을 서서 선거운동을 돕는 것은 인사상 혜택을 보기 위한 것이라고 보아도 무방할 것이다. 지방자치단체에 인사위원회가 있고, 승진심사는 인사위원회를 거쳐야 하지만, 인사위원회가 형식적으로 구성되거나 운영되는 경우가 비일비재하기 때문이다.

또한 지방자치단체장은 예산편성권을 거의 독점하고 있다. 예산은 지방자치단체장이 편성하고 지방의회가 심의 의결해서 확정하게 되어 있지만, 사실 예산편성단계에서 기본적인 예산내용이 확정된다고 해도 과언이 아니다. 지방의원이 필요한 소속 지역구나 집단·단체의 예산도 일단 지방

10) 특히, 제주도지사의 경우, 다른 광역자치단체장보다 훨씬 더 많은 권한을 가지고 있다. 이를테면, 행정계층구조를 개편해 제주특별자치도 출범이후, 제주도지사는 기초자치단체가 살아있을 때 주민들이 직접선거를 통해 선출하던 제주시장과 서귀포 시장을 비롯해 제주도개발공사, 제주에너지공사, 제주관광공사, 제주국제컨벤션센터, 제주의료원, 서귀포 의료원, 제주문화예술재단, 제주발전연구원, 4·3평화재단 이사장, 감사원장 등 제주도 공기업 및 출자·출연기관장 16명을 임명할 수 있는 막강한 권력을 갖고 있다(제주도 공기업 및 출자·출연기관 현황 자료 참고). 이외에 제주도 체육회등과 같은 많은 단체의 책임자 혹은 부책임자를 임명하고 있다. 그리고 이러한 자리들은 능력여하를 불문하고 대부분 선거공신으로 채워지고 있다.

자치단체장이 예산을 편성해줘야 하기 때문에, 지방자치단체장에게 전면적으로 도전하기가 어렵다. 그리고 필요한 만큼 예산책정이 되지 않으면 오히려 각 의원들마다 다른 예산을 삭감하여 자신의 지역구에 선심성 예산을 편성하는 실정이다. 오히려 지방자치단체장이 예산을 매개로 지방의원을 관리하는 상황에 있다. 각종 보조금을 따내야 하는 각종 단체의 입장에서도 지방자치단체장에게 비판적 입장을 취하기 어렵다(하승수, 2007, 55-56). 지방자치단체장이 행사할 수 있는 각종 인허가권이나 도시계획 관련 권한도 거의 통제받지 않는다. 이러한 권력과 권한이 공정하고 정의롭게 사용되고 있는지 감시 및 감독하기 위해 언론이 존재하는 것이다.

여덟째, 주민들의 생각과 여론을 정부정책에 반영시키기 위해 최선을 다해야 한다. 대다수의 주민들은 지방자치단체에서 추진하고 있는 각종 정책과 사업들에 대해 불만을 갖고 있더라도 이를 정책결정권자에게 제대로 전달할 수 없다. 또한 공무원들은 자신들이 추진하고 있는 각종 정책사업에 대해 주민들이 어떠한 생각과 견해를 갖고 있는지 잘 모르는 경우가 많다. 바로 이러한 간극을 메우고, 지역주민들의 의견과 여론을 집행부에 전달해 각종 정책과 사업계획에 반영하도록 하기 위해 지역언론이 존재하는 것이다. 이러한 논리의 밑바탕에는 지방정부가 아무리 훌륭한 정책과 사업계획을 마련했다고 할지라도 그 내용이 주민들의 요구와 필요에 부합되지 않는다면 그것은 효율적으로 집행될 수 없다는 의미가 내재해 있다. 따라서 정부가 국민의 호응을 받을 수 있는 정책 등을 개발하기 위해서는 시시각각으로 변하는 국민들의 보편적 요구(demand)와 필요(need)를 보다 정확히 파악, 정책에 반영해야 하는데, 언론이 바로 이 역할을 수행해야 한다는 것이다.

아홉째, 지역주민들에게 각종 지역사회 문제해결과 정책결정에 적극 참여토록 유도해야 한다. 지방자치의 성패여부는 지역주민들이 지방행정 및 정치에 얼마만큼 적극적으로 참여하느냐에 달려있다. 지역주민들이 지역의 중요사안에 대한 결정과정에 주체로 참여하기 위해서는 일단 자치의식이

형성되어야 하고, 공공사안에 대해 올바른 결정을 내릴 수 있는 지식과 정보를 갖고 있어야 한다. 이런 관점에서 보면, 지역언론의 제1차적인 역할은 주민들이 자치를 시행할 수 있도록 필요한 정보를 제공하는 것이다.

이를테면, 제주도에서 현재 주친하고 있는 각종 정책과 사업들이 지역사회 발전을 위한 것인지, 누가 어떤 과정을 걸쳐 그런 결정들을 내렸는지, 그 정책과 사업이 지역사회와 지역민들에게 미치는 영향은 어떤 것인지, 그로 인해 혜택을 받는 사람들은 누구이고 반면에 손해 혹은 피해를 보는 사람들은 누구인지 자세히 알려주는 것이다.

열 번째, 지역사회의 고민, 불편, 후진성 등을 지적하는데 주저하지 말아야 한다. 지역사회가 안고 있는 각종 고민, 문제를 공론화해야 그러한 문제들을 피해가거나 극복하려는 계획을 세울 수 있다. 즉, 문제(들) 찾기는 인간생존의 일차적인 필수조건이다. 그 문제들은 쓰레기 분리수거 문제이든, 교통난이든, 사회적 사고(事故)이든 우리의 생존을 즉각 말살시킬 정도로 커다란 것일 수도 있고, 우리를 힘들게 할 정도의 부담을 제공하는 방해요소일 수도 있다. 여하튼 어떤 문제들이 우리 앞에 놓여 있다는 사실을 아는 것만으로도 그 문제들에 대한 상당한 대처능력을 제공해 준다. 다시 말해서 우리는 생존이라는 절체절명의 목표를 성취시키기 위해서 끊임없이 우리 앞에 놓여있는 또는 우리에게 다가오고 있는 문제들에 노출될 수 있어야 한다.

끝으로 덧붙인다면, 지역언론이 지속적으로 생존하기 위해서는 과감한 변신을 통해 내부역량을 키우고 치밀한 생존전략을 구비해야 한다. 특히 기자들이 사주의 이익을 위한 첨병의 역할을 과감히 거부할 때, 자신들의 명예를 지킴은 물론 소속 언론사도 계속 살아남을 수 있다는 것을 숙지할 필요가 있다.

참고문헌

연속 간행물

「매일신보」, 「제주신문」, 「한라일보」, 「제민일보」, 「제주新보」, 「제주일보」, 「제주매일」, 「제주타임스」, 「제주우먼 프레스」, 「재건타임스」, 「한라신문」, 「탐라신보」, 「영주시보」,「제민시보」 ,「제민일보」, 「제주매일신문」, 「의회보」, 「제주신보」, 이하 일본신문: 「진제이닛보」, 「오사카아사히신문」, 「고베신보」, 「오사카마이니치신문」, 「고베유신닛보」, 「고베닛보」, 「고베신문」

인터넷 자료

국가 통계포털 http://kosis.kr/
국립중앙도서관 전자도서관 http://www.dlibrary.go.kr/
네이버 뉴스라이브러리 http://www. newslibrary.naver.com
대한민국신문아카이브http://www.nl.go.kr/newspaper/sub04.
두산백과사전 http://www.doopedia.co.kr
제주신보 아카이브 https://www.nl.go.kr/newspaper/
한국민족문화대백과사전-한국학중앙연구원 http://encykorea.aks.ac.kr/
한국사연표국사편찬위원회한국사데이터베이스https://www. db.history.go.kr
한국언론연표http://www.kwanhun.com/page/
한국역대 인물정보종합시스템 http://people.aks.ac.kr/
한국향토문화전자대전 http://www.grandculture.net/ko

논문 및 단행본

강순원(2008). 태평양 전쟁과 제주도 내 일본군 군사유적의 실태. 조성윤(엮음), 『일제말기 제주도의 일본군 연구』(159－233). 제주대학교 탐라문화연구소.

강용삼·이경수 편저(1984). 『大河實錄 濟州百年』. 서울: 태광인쇄사.
고영철(2013). 『언론이 변해야 지역이 산다: 지역언론의 정체성과 과제』. 서울: 한국학술정보.
공보처(1996). 『케이블 TV 백서』.
宮田節子 편(1989). 『조선군 개요사』. 일본: 不二出版.
김규환(1978). 『일제의 대한언론정책』. 서울: 이우출판사.
김규환(1978). 『일제의 대한언론정책』. 서울: 이우출판사.
김민남 외 5인(1993). 『새로 쓰는 한국언론사』. 서울: 아침.
김민환(1996). 『한국언론사』, 서울: 사회비평사.
김봉옥(2013). 『제주통사』. 제주발전연구원.
김봉옥(2013). 『제주통사』. 제주발전연구원.
김원용 역(1995). 『케이블 커뮤니케이션』. 서울: 나남출판.
김유원(1999). 『100년 뒤에 다시 읽는 독립신문』. 서울: 경인문화사.
김진옥 역(1988). 『제3세계와 선전』. 서울: 자유문학사, Roger Manvell Heinrich Fraenkel. *Docter Goebbels: His Life & Death*
김주언(2009). 『한국의 언론통제』. 서울: 리북.
김해식(1994). 『한국언론의 사회학』. 서울: 나남.
김희정(2014). 제주지역 초창기 신문광고에 대한 탐색적 연구: 1947년 『제주신보』를 중심으로. 『탐라문화』 제47권(183- 211). 제주대학교 탐라문화연구소.
동아일보사(1975). 『동아일보사사 제1권』(1920~1945년). 서울: 동아일보사.
미래창조과학부·방송통신위원회(2016년). 『2016방송산업 실태조사보고서』.
민주언론운동협의회(1988). 『보도지침』. 서울: 두레.
박종수(2006). 전두환 정부의 언론정책. 『한국언론100년사(2)』. 한국언론인연합회.
박찬식(2005). 제6장 근현대사. 『濟州市 50年史』. 제주시.
박찬식(2006). 제주도내 오름과 일본군사 유적. 『한라산 역사·유적』. 제주도 한라산 생태문화연구소.
방송문화진흥회(1997). 『방송문화사전』. 서울: 한울아카데미.
방송통신위원회(2011). 『방송산업실태조사보고서』.
사단법인 한국언론인 연합회(2006). 『한국언론 100년사(1·2·3권)』.
설승현·홍인수(1999). 『생활정보지 발행 및 이용실태 조사결과』. 한국소비자원.
송건호(1987). 『민주언론 민족언론』 서울: 두레.
신주백(2000). 1910년대 일제의 조선통치와 조선주둔 일본군 –'조선군'과 헌병경찰 제도를 중심으로. 『한국사연구』.
양병윤(2013). 『황우럭: 격랑의 반세기 시사만화 황우럭 1만회 기념 작품집 I 』. 서울: 미술세계.
양정선(2011). 생활정보지의 이용 동기 및 만족도에 관한 연구: 제주지역 생활정보지 이용자를 중심으로. 제주대학교 대학원 언론홍보학과 석사학위 논문.
여영무(1989). 기획연재: 80년대 한국언론의 위상(2): 언론구조 개편과 제조언론. 『신문과 방송』 10월(226호).
오정호(2003). 종합유선방송사업자의 다각화와 티어링의 효과. 『한국언론학보』 제47권 3호.
이문교(1997). 『제주언론사』. 서울: 나남출판.
이상식(2008). 『한국케이블TV산업정책론』. 서울: 커뮤니케이션북스.
이상철(1982). 『커뮤니케이션 발달사』. 서울: 일지사.
이상철(1984). 『국제정보론』. 서울: 일지사.
이상철(1992). 『언론발달사』. 서울: 일지사.
이용준 옮김(2003). 『온라인 저널리즘』. 건국대학교출판부.
이인희(2013). 『뉴스 미디어 역사』. 서울: 커뮤니케이션북스.
이충훈 역(2012). 『여론』. 서울: 가치.
이치카와 상키(市川三喜)(1905). 『濟州島 紀行』.
임근수(1984). 『언론과 역사』. 서울: 정음사.
임종국(1989). 『日本軍의 朝鮮侵略史 Ⅱ』. 서울: 일월서각.
지역방송협의회(2007). 『지역방송백서2』.
장호순 역(2008). 『지역공동체 신문』. 서울: 커뮤니케이션북스.
장호순(2012). 『현대신문의 이해』. 서울: 나남.
정보사회학회 편(1999). 『정보사회의 이해』. 서울: 나남.
정용복(2014). 미디어 이용 특성이 지역사회자본과 정치참여에 미치는 영향: 제주지역을 중심으로. 한양대학교 대학원 박사학위논문.
정인숙(2009). 『방송산업과 정책의 이해』. 서울: 커뮤니케이션북스.
정인숙(2013). 『방송산업구조』. 서울: 커뮤니케이션북스.
정진석(1983). 『한국언론사연구』. 서울: 일조각.
정진석(1987). 한국언론 60·70·80년대. 『월간 신문과 방송』 8월호(200호)(11~36).
정진석(1990). 『한국언론사』. 서울: 나남.
정진석(1994). 생활정보지의 현황과 역할. 한국언론연구원. 『한국의 생활정보지』

(138~162).
정진석(2007). 『극비 조선총독부의 언론검열과 탄압』. 서울: 커뮤니케이션북스.
제민일보. 『제민일보소식지』(1990.5.4~1990.5.11)
제민일보. 『제민일보』(1990.6.2~2006.12.1)
제주4·3연구소(1989). 『이제사 말햄수다 Ⅱ』. 서울: 한울.
제주도(1982). 『濟州道誌 上』.
제주도(2006). 제주도지(제6권): 문화 예술편.
제주도동굴연구소(2005). 『남제주군서부지역 일본군 진지동굴·전쟁유적 조사보고서』.
제주문화방송(1994). 「속탐라록」.
제주사정립사업추진협의회(2006). 『자료집·일본이 조사한 제주도』(1978년~1910년).
제주시(2005). 『제주시 50년사(하권)』.
제주신문(1995). 『濟州新聞50年史』.
제주신문사(2005). 『제주일보60년사』.
제주참언론동지회. 『제주참언론소식』(1990.1.31.~1990.4.4.).
조선일보사(1990). 『조선일보70년사』. 서울: 조선일보사.
조선통신사(1947). 『조선연감』 (1948). 서울: 조선통신사.
조성남(2014). 근대 대전·충남언론의 여명: 일제강점기. 『대전·충남언론 100년』.
조성윤(2008). 일제 말기 제주도의 일본군 연구. 제주대학교 탐라문화연구소.
조성윤(2008). 일제말기 제주도 주둔 일본군과 전적지. 조성윤(엮음), 『일제말기 제주도의 일본군 연구』. 제주대학교 탐라문화연구소.
조재영(2003). 정보신문의 현황과 발전방향: 생활정보신문, 새로운 정보매체로서 위상정립. 『광고계 동향』.
좌승훈(2012). 지역 신문기업의 기획사업 특성에 관한 연구. 『언론과학연구』 제12권 4호.
주동황 외(1997). 『한국언론사의 이해』. 서울: 전국언론노동조합연맹.
진덕규 역(1979). 『파워엘리트』. 서울: 한길사.
진성범(1997). 『제주반세기: 다큐멘터리 그 때 그 사건』. 제주: 제민일보사.
채 백(2012). 『부산언론사연구』. 부산: 산지니.
최 준(1976). 『한국신문사 논고』. 서울: 일조각.
최 준(1982). 『한국신문사』. 서울: 일조각.
최민지·김민주(1984). 『일제하 민족언론사론』. 서울: 일월서각.

츠카사키 마사유키(2008). 제주도에서 일본군의 본토결전 준비 -제주도와 거대군사 지하시설. 조성윤(엮음), 『일제 말기 제주도의 일본군 연구』. 제주대학교 탐라문화연구소.
한국방송70년사편찬위원회(1977). 『한국방송 70년사』. 서울: 한국방송협회.
한국방송공사(1977). 『한국방송사』. 서울: 한국방송공사.
한국생활정보신문협회(2002). 『2002 한국정보신문편람』.
한국생활정보신문협회(2009). 『2009 한국정보신문편람』.
한국언론연구원(1994). 『한국의 생활정보지: 제작환경실태조사·내용분석』.
한국언론연구원(1994). 『매스컴 용어사전』.
한국언론연구원(1997). 『생활정보지 현황과 발전방안(연구조사 97-2)』.
한국언론연구원(1998). 『98한국신문방송연감』.
한국언론인엽합회(2006). 『韓國言論100年史(1.2.3권)』.
한국케이블TV방송협회(2000년). 『케이블TV 5년사』.
한국케이블TV방송협회(2005년). 『케이블TV 10년사』. 한국케이블TV방송협회.
한국케이블TV방송협회(2016년). 『케이블TV 20년사』. 1995-2015.
한영학(2011). 「광무신문지법과 일본 신문지법의 비교」. 『韓國言論學報』 제55권 1호.
한진만 외 5명(2008). 『방송학 개론』. 서울: 커뮤니케이션북스.
한진만 외 13명(2010). 『지역미디어』. 서울: 커뮤니케이션북스.
황경수(2004) 『제주교통사 소고』. 제주: 도서출판 온누리.
제주도(2006). 『제주도지』 6.
한라일보 노보(1992.4.15.~1992.5.17).
제주참언론동지회(1990). 제주참언론소식(1～6호).
제주도민일보소식지 제민(1990.4.13～1990.5.18).
CMB(2015). 『대한민국유료방송 50년사』. 서울: 미디어북.
KCTV제주방송(2017). 『KCTV 디지털 케이블TV 채널가이드』.
Aldwin, Thomas F., & McVoy, D. Stevens(1988). Cable Communication.

신문기사

강정만(2016.12.29). 부영, 제주 한라일보 주식대량 인수 경영권 확보. 〈제주=뉴시스〉.
강진아(2013.9.17). 제주일보 신사옥 이전/제호 공매가 회생 분수령. 〈한국기자협회보〉.
강진아(2014.2.12). 제주일보, 윤전기 도입…인쇄공장 가동. 〈한국기자협회보〉.
김정호(2015.10.9). 한날한시 〈제주일보〉 2개 나오나? 제호 다툼 향방은. 〈제주의 소리〉.
김정호(2017.4.30). 檢, 김대성 제주일보 전 회장 업무상 배임 혐의 기소. 〈제주의 소리〉.
김정호(2013.9.27). 제주일보 새 발행인에 오영수 원남기업 대표 취임. 〈제주의 소리〉.
김정호(2014.12.23). 일간지 '제주일보' 제호 매각, 9억원 낙찰. 〈제주의 소리〉.
매일신보(1945년 3월 12일자/ 1945년 5월 26일자/ 1945년 6월 14일자).
박성우(2014.12.23). 제주일보 상표권, 김대성 전 회장 동생이 9억원에 낙찰 3명 입찰 참가...제호 놓친 제주일보 '위기'. 〈헤드라인제주〉.
오석준(2013.4.26). 회장 구속된 제주일보 자산 공매국세·지방세 등 52억여원 체납…6월 10일 첫 입찰. 〈제주도민일보〉.
오은지(2014.4.18). 본사, 정론직필 자문 '리더스클럽' 발족/각계각층 대표·리더 37명 구성/보도내용, 공공성·공익성 기여. 〈한라일보〉.
변지철(2014.8.20). 전 제주일보사 회장 항소심서 징역 4년. 〈연합뉴스〉.
양두석(2013.9.2). 제주일보 "2-3개월 외주인쇄 후 정상 발행". 〈시사제주〉.
이지혜(2017.5.29.). 〈businesspost〉.
김종민(2017.3.21). 김종민의 '다시 쓰는 4.3'/(3) 4.3사건 전개과정 요약 1 – 일제강점기의 제주도. 〈제주의 소리〉.
한규석(2017.6.16). [기업리포트] 부영, 재계 16위 그룹의 '비상장' 고집. 〈머니투데이방송〉.

부록 1.

제주지역 언론을 주제로 한 연구논문 및 저서 목록

1. 학위논문

1) 제주대학교 언론홍보학과 대학원 과정 학위논문

양원홍(2019). 〈한국 다큐멘터리의 제작에 관한 연구: 역대 '한국방송대상' 수상작을 중심으로(1973-2017)〉. 제주대학교 대학원 언론홍보학과 박사학위 논문.

정 정(2019). 〈한·중 자동차 TV광고의 크리에이티브 전략에 관한 비교 연구〉. 제주대학교 대학원 언론홍보학과 석사학위 논문.

종가재(2019). 〈한·중 TV유머광고 비교연구: 표현유형 및 크리에이티브 실행방법을 중심으로〉. 제주대학교 대학원 언론홍보학과 석사학위 논문.

주 근(2019). 〈한국과 중국 언론 보도에 나타난 양국 이미지 비교: 한반도 사드배치 전후 한중 주요 일간지 보도 내용을 중심으로〉. 제주대학교 대학원 언론홍보학과 석사학위 논문.

윤철수(2018). 〈대통령 탄핵사건 보도에 대한 비판적 담론 분석: 5개 일간신문의 정파성과 담론경쟁을 중심으로〉. 제주대학교 대학원 언론홍보학과 박사학위 논문.

이아청(2018). 〈중국 신문의 '삼성 갤럭시 노트 7' 보도 분석〉. 제주대학교 대학원 언론홍보학과 석사학위 논문.

이 정(2018). 〈영화 속 PPL 배치유형에 따른 한중 대학생 소비자 태도 비교연구〉. 제주대학교 대학원 언론홍보학과 석사학위 논문.

원성심(2017). 〈유권자 투표행태에 영향을 미치는 요인에 관한 연구: 제주지역 제20대 국회의원 선거를 중심으로〉. 제주대학교 대학원 언론홍보학과 석사학위 논문.

이현숙(2017). 〈제주지역 NIE활동 지속가능성 요인연구: 제주NIE학회 사례를 중심으로〉. 제주대학교 대학원 언론홍보학과 석사학위 논문.
조 박(2017). 〈한국의 대표 보수언론과 진보언론의 프레임 비교 분석: 사드(THAAD) 관련 보도를 중심으로〉. 제주대학교 대학원 언론홍보학과 석사학위 논문.
주 원(2016). 〈한·중 TV 광고 제품에 나타나는 남성 이미지 비교 연구〉. 제주대학교 대학원 언론홍보학과 석사학위 논문.
고진현(2015). 〈세월호 침몰사고 관련 보도영상 비교 연구: KBS·MBC·JTBC의 종합뉴스를 중심으로〉. 제주대학교 대학원 언론홍보학과 석사학위 논문.
김용국(2015). 〈TV 방송의 PD-작가 비협업 제작 시스템에 관한 연구〉. 제주대학교 대학원 언론홍보학과 석사학위 논문.
녕쌍익(2015). 〈한·중 TV 프로그램에 등장한 롤 모델(Role Model)의 특성에 관한 비교 연구: 〈글로벌 성공시대〉와 〈감동중국(感动中国)〉을 중심으로〉. 제주대학교 대학원 언론홍보학과 석사학위 논문.
이서현(2015). 〈유네스코 세계유산 PR실태에 대한 국가간 비교 연구: 제주, 태즈메이니아, 하와이의 지역일간지 보도내용을 중심으로〉. 제주대학교 대학원 언론홍보학과 박사학위 논문.
곡 기(2014). 〈한·중 여성잡지 광고에 나타난 성(性) 이미지에 관한 비교 연구: 로컬 여성잡지와 글로벌 여성잡지를 중심으로〉. 제주대학교 대학원 언론홍보학과 석사학위 논문.
진명지(2014). 〈제주지역 TV 시사토론프로그램의 주제 및 출연자 특성에 관한 연구〉. 제주대학교 대학원 언론홍보학과 석사학위 논문.
원이범(2012). 〈한·중 TV공익광고에 대한 내용 분석〉. 제주대학교 대학원 언론홍보학과 석사학위 논문.
강동희(2011). 〈kbs와 nhk 어린이뉴스 프로그램 비교-설명보조 영상도구 및 등장인물 유형을 중심으로〉. 제주대학교 행정대학원 석사학위 논문.
강병효(2011). 〈전국과 지역방송의 선거캠페인 보도 비교 분석: 6·2 동시지방선거를 중심으로〉. 제주대학교 대학원 언론홍보학과 석사학위 논문.
김승필(2011). 〈메시지 프레이밍과 주제유형이 공익광고 효과에 미치는 영향: 초등학생을 대상으로〉. 제주대학교 대학원 언론홍보학과 석사학위 논문.
김희철(2011). 〈천안함 사건에 관한 방송보도 비교연구: 방송 3사 메인뉴스 보도문장을 중심으로〉. 제주대학교 대학원 언론홍보학과 석사학위 논문.
양정선(2011). 〈생활정보지의 이용 동기 및 만족도에 관한 연구: 제주지역 생활정보지 이용자를 중심으로〉. 제주대학교 대학원 언론홍보학과 석사학위 논문.
이재승(2011). 〈아리랑국제방송 뉴스에 나타난 제주지역 이미지〉. 제주대학교 행정대학원 언론홍보 전공 석사학위 논문.
고영규(2010). 〈국내 '귀신물 다큐' 폐지원인에 대한 의미구조: 'MBC 이야기 속으로', 'SBS 토요미스테리'를 중심으로〉. 제주대학교 대학원 언론홍보학과 석사학위 논문.
오세욱(2009). 〈미국산 쇠고기 파동과 온라인 여론전개과정 연구: 미디어다음 토론사이트 '아고라'를 중심으로〉. 제주대학교 대학원 언론홍보학과 석사학위 논문.
정재엽(2009). 〈중앙방송과 지역방송의 TV 다큐멘터리 비교 연구: 제주 고대사, 탐라순력도, 곶자왈을 중심으로〉. 제주대학교 대학원 언론홍보학과 석사학위 논문.
현동헌(2009). 〈지역언론의 내적 통제요인에 관한 연구: 제주지역 연고주의를 중심으로〉. 제주대학교 대학원 언론홍보학과 석사학위 논문.
양진영(2008). 〈미디어교육을 통한 뉴스콘텐츠 제작 사례연구: KCTV 제주방송의 "소방 24시"를 중심으로〉. 제주대학교 행정대학원 언론홍보 전공 석사학위 논문.
이지현(2008). 〈지역방송 TV뉴스 보도관행에 관한 연구: 제주지역 3개 지상파 방송을 중심으로〉. 제주대학교 대학원 언론홍보학과 석사학위 논문.
주민욱(2008). 〈신문지면의 독서중력 형태에 관한 연구: 지역신문발전기금 우선 지원사업이 제주지역 일간지의 편집 형태에 미친 영향〉. 제주대학교 대학원 언론홍보학과 석사학위 논문.
이경미(2007). 〈제주지역 일간지(사람면) 등장인물의 특성 연구〉. 제주대학교 대학원 언론홍보학과 석사학위 논문.
주미령(2006). 〈지역언론보도가 정책결정자에게 미치는 영향에 관한 연구〉. 제주대학교 대학원 언론홍보학과 석사학위 논문.
김영철(2005). 〈지역방송에 대한 시청자 만족연구: 제주지역 TV 프로그램을 중심으로〉. 제주대학교 대학원 언론홍보학과 석사학위 논문.
부성진(2005). 〈제주지역 방송국이 운영하는 인터넷 방송에 대한 이용자의 이용 동기와 충족에 관한 연구〉. 제주대학교 행정대학원 언론홍보 전공 석사학위 논문.
양진웅(2005). 〈포털사이트 뉴스섹션의 선정성에 관한 연구: 다음과 네이버 뉴스

탑(News-top)에 노출된 연애기사를 중심으로〉. 제주대학교 대학원 언론홍보학과 석사학위 논문.
윤철수(2005). 〈인터넷신문의 공신력 평가에 관한 연구: 제주지역 독립형 인터넷신문과 종속형 인터넷신문을 중심으로〉. 제주대학교 행정대학원 언론홍보전공 석사학위 논문.
윤희길(2005). 〈라디오 방송 언어의 오용실태 분석: KBS방송언어심의내용 중 라디오프로그램 심의결과 중심으로〉. 제주대학교 대학원 언론홍보학과 석사학위 논문.
정용복(2005). 〈사회갈등 이슈에 관한 지역신문의 뉴스 프레임 연구: 제주도 행정계층구조 개편 관련 보도를 중심으로〉. 제주대학교 대학원 언론홍보학과 석사학위 논문.

2) 제주 지역언론 관련 학위논문

한혜원(2015). 〈제주지역 일간신문의 광고 언어 연구〉. 제주대학교 대학원 국어국문학과 석사학위 논문.
정용복(2014). 〈미디어 이용 특성이 지역사회자본과 정치참여에 미치는 영향: 제주지역을 중심으로〉. 한양대학교 대학원 신문방송학과 박사학위 논문.
배유경(2013). 〈이슈라이프 사이클 단계로 본 국책사업의 쟁점관리 사례 분석 연구: 제주해군기지 건설 사례중심으로〉. 서강대학교 언론대학원 광고홍보전공 석사학위 논문.
양진영(2013). 〈아날로그 케이블 TV 이용자의 디지털 케이블 TV 전환수용에 관한 연구〉. 광주대학교 대학원 신문방송학과 박사학위 논문.
김광우(2011). 〈방송보도의 의제형성과 내부 의사결정의 연계성 연구: 제주지역의 2010년 광역단체장선거를 중심으로〉. 성균관대학교 대학원 신문방송학과 박사학위 논문.
이영윤(2011). 〈지역언론의 담론 및 생산구조 분석: 제주지역 신문의 '제주해군기지' 관련 사설을 중심으로〉. 제주대학교 일반대학원 사회학과 석사학위 논문.
송원일(2010). 〈주민투표에 대한 지역방송 보도태도 연구: 제주도 행정계층구조 개편 주민투표와 도지사 주민소환투표를 중심으로〉. 연세대학교 언론홍보대학원 방송영상 전공 석사학위 논문.
윤경철(2009). 〈로컬 PD 저널리즘 연구: 지역방송사 시사프로그램 PD의 인식을 중심으로〉. 고려대학교 언론대학원 언론정보학과 석사학위 논문.
김대희(2005). 〈지방자치단체의 정책과정에 지방언론이 미치는 영향 연구: 제주도를 중심으로〉. 제주대학교 행정대학원 행정학과 지방자치 전공 석사학위 논문.
권대정(2005). 〈다매체 시대 지역 방송의 역할 및 경쟁력 강화 방안: 제주 지역 지상파 방송 3사를 중심으로〉. 연세대학교 언론홍보대학원 방송영상 전공 석사학위 논문.
김철웅(2003). 〈자급기사와 공급기사간 독자의 인식차이 연구: 제주지역 신문 정치기사 기명(Credit)을 중심으로〉. 중앙대학원 신문방송대학원 신문 전공 석사학위 논문.
윤정웅(2003). 〈지방분권시대의 지방일간지 활성화 방안에 관한 연구: 제주도내 일간지를 중심으로〉. 제주대학교 행정대학원 행정학과 지방자치 전공 석사학위 논문.
김준호(2002). 〈제주지역 언론인의 정치문화에 관한 연구〉. 제주대학교 대학원 정치외교학과 석사학위 논문.
현창국(2000). 〈지방자치발전과 지역언론의 역할에 관한 연구: 제주지역신문을 중심으로〉. 연세대학교 행정대학원 석사학위 논문.
이용길(1999). 〈지방행정에 대한 지역언론의 보도 경향 분석: 제주도내 일간지 사설을 중심으로〉. 국민대학교 대학원 행정학과 박사학위 논문.
김동훈(1996). 〈신문이 지역주민의 관광인식에 미치는 영향에 관한 연구: 제주지역 신문을 중심으로〉. 제주대학교 경영대학원 관광경영학과 관광경영 전공 석사학위 논문.
김광우(1994). 〈언론의 제주4·3보도에 관한 연구〉. 서강대학교 공공정책대학원 언론공보학과 방송 전공 석사학위 논문.
고영철(1992). 〈지방행정 PR에 있어서 지역 신문의 역할〉. 중앙대학교 대학원 신문학과 신문학 전공 박사학위 논문.
고영철(1982). 〈매스 미디어 이용동기에 관한 연구: 제주시의 신문독자를 중심으로〉. 중앙대학교 대학원 신문학과 신문학 전공 석사학위 논문.

2. 한국학술진흥재단 등재(후보)학술지

이서현(2018). '유네스코 3관왕' 관련 〈한라일보〉 기획보도의 특징과 정책의제 형성과정에서 미디어의 역할. 〈정치커뮤니케이션연구〉, 51호, 53-98.
이서현(2018). 오버투어리즘(overtourism) 전조 현상과 경계: 제주언론의 '제주사람들의 삶' 뒤돌아보기. 〈한국언론정보학보〉, 88권, 77-109.
이지현·고영철(2018). 대규모 지역개발사업 갈등이슈에 대한 뉴스속성의제 구성방식에 관한 연구: 제주 제2공항 건설과 오라 관광단지 조성사업을 중심으로. 〈한국언론정보학보〉, 90권, 99-125.
양원홍·박경숙(2017). 지역문화예술 TV 프로그램 PD들의 인식에 관한 연구: 제주지역 지상파방송 PD들을 중심으로. 〈사회과학연구〉, 제29권 2호, 173-204.
원성심·고영철(2017). 제20대 총선에서 유권자 투표행태에 영향을 미친 요인에 관한 연구: 정당, 후보자, 이슈, 미디어, 유권자 속성을 중심으로. 〈정치커뮤니케이션연구〉, 통권 44호, 49-83.
이서현·고영철(2017). 유네스코 세계유산 관련 자치지방정부의 PR커뮤니케이션 전략: 제주, 태즈메이니아, 하와이를 중심으로. 〈언론과학연구〉, 제17권 4호, 200-241.
이서현·최진봉(2017). 지방정부의 보도자료는 중앙지와 지방지에 어떻게 반영되었나?: 제주지역 폭설재난에 대한 프레임 비교를 중심으로. 〈언론과학연구〉, 제17권 1호, 28-55.
정용복(2017). 지역 방송과 대학의 상생 협력 방안에 관한 탐색적 연구: 제주 지역 전문가와 방송 관계자를 중심으로. 〈방송통신연구〉, 103권, 168-215.
고영철(2016). 공직부패의 보도방식 및 부패 유형 등에 관한 연구. 〈언론과학연구〉, 제16권 3호, 5-48.
이서현·고영철(2016). 언론보도에 반영된 지방정부의 위기 커뮤니케이션 전략: 소나무재선충병 사례를 중심으로. 〈언론과학연구〉, 제16권 1호, 209-262.
고영철(2015). 한·미 지역일간지 1면 기사 콘텐츠의 구성방식 비교 분석. 〈언론과학연구〉, 제15권 제1호, 5-47.
박기묵(2015). 언론의 공공의제 설정 및 정책결정 과정과 사례적용에 관한 연구. 〈한국정책학회보〉, 제24권 3호, 29-59.
정용복·박성복(2015). 제주지역 다매체 이용자의 인구사회학적 특성에 따른 미디어 장르 이용행태 연구. 〈탐라문화〉, 제49권, 219-264.
정용복(2015). 공무원과 기자의 부패인식에 대한 상호지향성 연구. 〈언론과학연구〉, 제15권 4호, 349-404.
허 춘(2015). 제주 신문의 우리 말글 사용 실태 검토. 〈영주어문〉, 제29권, 375-407.

김은규·최낙진(2014). '지역신문 지원 조례(안)' 비교분석을 통한 현실적 쟁점 고찰. 〈법과정책〉, 제20권 3호, 69-109.

김희정(2014). 제주지역 초창기 신문광고에 대한 탐색적 연구: 1947년 〈제주신보〉를 중심으로. 〈탐라문화〉, 제47호, 183-211.

정용복·최낙진(2014). 제주지역 언론학 연구의 메타분석: 1998-2013년까지 국내 학술지 게재논문을 중심으로. 〈탐라문화〉, 제46권, 165-203.

진명지·고영철(2014). 지역 TV 시사토론프로그램의 주제 및 출연자 특성에 관한 연구. 〈언론과학연구〉, 14권 3호, 228-262.

최낙진(2014). 제주 신문산업의 '지배적 위치 상실 위기'에 관한 소고. 〈언론과학연구〉, 제14권 2호, 426-458.

최낙진(2014). 제주와 텍사스 지역신문의 '서평기사' 내용 분석 비교: 제주의 〈제주일보〉, 〈한라일보〉, 〈제민일보〉와 텍사스의 비교를 통한 개선방안을 중심으로. 〈한국출판학연구〉, 14권 68호, 241-273.

최낙진(2014). 백두산총서(叢書)와 한라산총서(叢書) 비교 연구. 〈한국출판학연구〉, 제40권 1호, 217-242.

이서현·고영철(2013). '세계 7대 자연경관' 선정 캠페인 관련 지역일간지의 뉴스 프레임 연구. 〈한국언론정보학보〉, 63호, 26-52.

이서현·고영철(2013). 지역일간지에 나타난 제주지역 공기업 이미지에 관한 연구. 〈언론과학연구〉, 제13권 3호, 419-460.

이재승·박경숙(2013). 지역 텔레비전의 다문화 관련 뉴스 프레임 분석. 〈언론과학연구〉, 제13권 1호, 326-358.

고영철(2012). 한·미 지역일간지 1면 기사의 보도방식 비교-기사의 길이, 리드, 및 인용국 서술방법, 인용구의 수, 제목의 표현방식 등. 〈언론과학연구〉, 제12권 3호, 37-78.

김광우·백선기(2012). 제주도지사 선거TV뉴스의 의제형성과 내부 의사결정 구조: 제주지역 방송관계자에 대한 심층 인터뷰 분석을 중심으로. 〈한국방송학보〉, 제26권 2호, 7-45.

김세은·이승선(2012). 사회 갈등과 미디어: 제주해군기지 건설 관련 방송 뉴스의 취재원 특성 분석. 〈한국방송학보〉, 제26권 5호, 7-43.

김희정(2012). 한국과 중국의 지역신문 광고면 구성과 내용에 관한 탐색적 연구: 제주도의 한라일보와 해남도의 해남일보를 중심으로. 〈탐라문화〉, 제41호, 357-394.

이서현·박경숙(2012). 언론사간 공동협약 전후 신문의 보도행태 변화에 관한 연구. 〈언론과학연구〉, 제12권 4호, 314-352.
이소윤·김희정(2012). 언론보도 프레임을 통한 지방정부의 위기커뮤니케이션 전략분석: 한라산국립공원 관리권 환원조치 논란을 중심으로. 〈홍보학연구〉, 제16권 4호, 51-90.
이재승·고영철(2012). 국제방송 뉴스에 나타난 제주지역 이미지: Arirang TV, KBS, MBC, SBS를 중심으로. 〈한국방송학보〉, 제26권 3호, 530-574.
정희종(2012). 1990년대 제주도 지하수 담론과 정책형성에 대한 연구. 〈탐라문화〉, 제40권, 171-224.
좌승훈(2012). 지역 신문기업의 기획사업 특성에 관한 연구. 〈언론과학연구〉, 제12권 4호, 497-532.
고영철(2010). 한, 미의 지역일간지 1면 기사의 다양성 요인 비교분석: 뉴스 주제 및 취재원 유형을 중심으로. 〈언론과학연구〉, 제10권 1호, 5-49.
김희정·최낙진(2011). 지역신문 광고에 나타난 지역사회의 인적 네트워크 특성: 제주 A형 광고를 중심으로, 〈한국광고홍보학보〉, 제13권 3호, 267-297.
박원배·김병무(2011). 제주 지역신문의 환경보도에 관한 내용분석-제민, 제주, 한라일보를 중심으로. 〈탐라문화〉, 제38권, 309-339.
양원홍·박경숙(2011). 방송 PD의 프로그램 제작 능력 습득 과정에 관한 연구: 제주 지역 지상파 방송 PD를 중심으로. 〈방송과 커뮤니케이션〉, 제12권 3호, 69-110.
이영윤(2010). 언론의 특정 지역공간 담론화에 대한 분석-"제주올레"를 중심으로. 〈탐라문화〉, 제36권, 301-331.
이지현·고영철(2010). 지역방송 TV뉴스 영상구성 관행에 관한 연구: 제주지역 지상파 TV뉴스를 중심으로. 〈언론과학연구〉, 제10권 1호, 202-241.
정재엽·최낙진(2010). 중앙방송과 지역방송의 TV 다큐멘터리 비교 연구: '제주 고대사', '탐라순력도'의 이야기 전개 및 내레이션 분석. 〈사회과학연구〉, 제21권 4호, 189-212.
김광우·백선기(2009). 텔레비전 선거보도와 지역정치의 맥락적 함의: 제주지역의 제18대 총선보도 경향과 의미구조. 〈정치커뮤니케이션연구〉, 제15권, 5-56.
현동현·최낙진(2009). 지역언론의 내적 통제요인에 관한 연구: 제주지역 연고주의를 중심으로. 〈언론과학연구〉, 제9권 2호, 607-644.
이경미·최낙진(2008). 태풍 '나리' 관련 제주지역의 재난방송보도 연구. 〈언론정보연구〉, 제45권 1호, 97-129.

이지현·고영철(2008). 제주지역 TV방송 뉴스의 다양성에 관한 연구. 〈언론과학연구〉, 제8권 4호, 514-556.

정영태(2008). 지역 언론의 성매매 보도 행태와 프레임 분석: 제주 지역 3개 언론사를 중심으로. 〈공공정책과 국정관리〉, 제2권 2호, 27-49.

주민욱(2008). 신문지면의 독서중력 형태에 관한 연구. 〈언론과학연구〉, 제8권 1호, 287-328.

최낙진(2008). 진성기의 '제주민속총서(濟州民俗叢書)' 고찰. 〈한국출판학연구〉, 통권 54호, 351-382.

고영철·최낙진(2007). 미디어 이용과 정치참여에 관한 탐색적 연구-2005. 7. 27. 제주도 행정계층구조개편안 주민투표를 중심으로. 〈정치커뮤니케이션 연구〉, 통권 7호, 5-46.

부영주(2007). 제주방언의 보존 전승을 위한 언론의 역할. 〈교육과학연구〉, 제9권 2호, 133-141.

이경미·고영철·김경호(2007). 제주지역 일간지 〈사람면〉 등장인물의 특성 연구. 〈언론과학연구〉, 제7권 3호, 187-226.

최낙진(2007). 석주명의 '제주도총서(濟州島叢書)'에 관한 연구. 〈한국출판학연구〉, 통권 52호, 305-333.

고영철·최낙진(2006). 제주지역 신문 뉴스의 다양성에 관한 탐색적 연구: '국제자유도시'와 '평화의 섬' 관련 기사를 중심으로. 〈언론과학연구〉, 제6권 2호, 5-42.

고영철(2006). 지역신문의 문화보도 경향: 제주지역일간지 문화, 방송 연예면 기사를 중심으로. 〈언론과학연구〉, 제6권 4호, 5-50.

김대희·양덕순(2006). 언론이 지방정부 정책과정에 미치는 영향 분석-제주도 공무원 인식조사를 중심으로. 〈한국지방행정학보〉, 제3권 2호, 87-108.

김희정(2006). 대학의 대언론홍보에 관한 연구: 대학 보도자료의 지역 신문 보도경향을 중심으로. 〈언론과학연구〉, 제6권 3호, 141-178.

김희정·김승필(2006). 지역 신문광고 활성화 방안에 대한 연구: 제주지역을 중심으로. 〈법과정책〉, 제12권 1호, 197-215.

문순덕(2005). 제주지역 신문광고에 나타난 여성대상어. 〈영주어문학회〉, 제9집, 59-79.

최낙진(2005). 지역신문 뉴스의 다양성(diversity)과 사회후생(social welfare)의

함의에 관한 연구-제주지역을 중심으로. 〈한국출판학연구〉, 제5권 49호, 283-314.
고영철(2003). 행정PR의 도구로서 〈도민과의 대화〉 TV중계방송의 효과. 〈한국언론학보〉, 제47권 2호, 134-165.
고영철(2003). 한국 지방일간지의 기능 및 역할 가정에 대한 인식 비교. 〈한국언론학보〉, 제47권 6호, 165-193.
이관열(2003). 제주 4·3 사건 보도의 언론사적 의미. 〈사회과학연구〉, 제42권, 60-74.
고영철·정연우(2002). 지방행정홍보 매체의 현황과 효과에 관한 연구: 제주도 지방을 중심으로. 〈한국광고홍보학보〉, 제3권 2호, 1-25.
고영철(2001). 지방자치단체의 해외 홍보실태와 방향. 〈홍보학연구〉, 제5권 1호, 206-237.
이용길(2000). 지방자치와 지역언론: 지역언론의 보도사례 분석-제주도내 일간지 사설을 중심으로. 〈地方行政〉, 제49권 566호, 50-59.
권영호(1996). 지방자치와 지역언론의 역할. 〈법과정책〉, 161-170.

3. 단행본

고영철(2019). 〈제주언론 돌아보기 I〉. 제주: 온누리디앤피.
고영철·원성심·이서현·이지현·이재승·진명지(2017). 〈제주언론의 보도방식과 수용자〉. 제주: 제주대학교 출판부.
고영철(2013). 〈언론이 변해야, 지역이 산다: 지역언론의 정체성과 과제〉. 서울: 한국학술정보.
고영철(2013). 〈구라: 고영철의 사회비평집〉. 제주: 신우.
김윤옥(2000). 〈虛空에 塔을 쌓을 수는 없다: 초창기 제주언론의 주역들〉. 서울: 21기획.
이문교(1997). 〈제주언론사〉. 서울: 나남출판.
이문교(1997). 〈제주언론과 지방자치〉. 제주: 제주문화.

부록 2.

팽목항이 전하는 말을 들어보라
(헤드라인제주, 2014.6.12)

팽목항이 전하는 말

1.

친구여, 누가 말하지 않더라도 팽목항이 전하는 말을 들어보라.
일어나자마자 동 새벽 깨우는 해운대 백사장 썰물처럼 떠날 때 아는
완행버스 앞자리에 앉아 귀신같은 유병언 도피소식에
안 잡는 건지 못 잡는 건지 피시식 웃는 기사에게
진도항이 아직도 멀었느냐 말을 걸며 이름마저 낯선
쌍정리, 염장리, 삼막리, 사령리, 석교리 거쳐
저 봉상리 언덕넘어 살고 있는 우리 어머니의 등허리처럼 꼬부라진
아리랑 고개 백동리 남도진성 그 옆을 끼고
옆 좌석 아저씨가 손가락으로 가리키는 창밖으로
10분 정도만 더 달려가면 먼 길을 달려온 그리던 팽목항이 달려 나온다

종합운동장 같이 확 펼쳐진 푸른 바다위에
쇠주 잔 엎어 놓은 것처럼 보이는 크고 작은 섬들이 들쑥날쑥
오가는 텃새들에게 세월을 저당잡아 잔술처럼 팔아먹고 사는 팽목항,
그 바다 한 모퉁이에 돌무지 쌓아 만든 바람막이 진도항 선창가 한 구석 창가
바람 옆에 앉아 귀대고 들어보라, 가만히 살짝 살짝 밀려오고 밀려가며
파도가 물고와 전하는 병풍도 앞바다에 수장당한 세월호의 기막힌 해전사를,
철수 명령만 기다리며 오락가락 검문하는 초병의 감시 눈을 피해가며

팽목항이 전하는 말. <사진=고영철 교수>

2.

맹골군도 거차군도 물수리 괭이갈매기처럼 대마도 관매도 해변을 돌고 돌아
장죽도와 길마도 낮은 경계선을 포복으로 몰래 넘어와
의혹투성이 천안함을 격침시키고 도망친 북조선 잠수함처럼
물속으로 달려온 맹골수도가 구원파처럼 거품물고 일어서 전하는 하늘의 천기를
세월호도 피격당했다네, 구원파가 말했다네, YTN 자막뉴스가 전했다네,
아물지 않은 흔적과 상처들을 꺼내들고 갈때까지 가보자

보일듯 말듯 봉긋봉긋 솟아오르다 사라지는 물안개처럼
배 고동소리조차 들리지 않는 죽도야 곽도야 병풍도야 거마도야
맹골군도 회오리바람이 전하는 하늘의 소리를 너희들도 들었느냐,
세월호도 천안함처럼 국적불명의 유령선에 의해 피격당했다는 소문을,
저 병풍도 흰 꼬리 물수리가 조도고속훼리를 몰래 타고 와 좌파처럼 전하는 말
세월호도 유령선처럼 사라지기 전에, 세월호가 유령선처럼 또 산산조각 나기 전에,
한강 백사장에 잡아다 놓고 회오리바람, 흰 파도, 물수리와 갈매기들이 보는 앞에서

그동안 그들이 보고 들은 것들을
죽은 자들은 산자들에게 산자들은 죽은 자들에게 묻고 또 묻고 답하게 하라,

3.

저 검푸른 바다 너머 월드컵 경기장 뒤에서 들려오는
승리의 환호 소리가 진열을 재정비한 후
세월호의 진상을 파묻기 위해 승리의 말 발굽소리 앞세워 총 공격해오기 전에
저들이 만든 어둠의 역사에 기록된 것처럼
전기고문으로 물고문으로 주리 틀고 사지를 찢어가며
저 팽목항 무변대를 오고 가는 저 흰 바람을 잡아다
하늘에서 무슨 소리를 들었는지
저 맹골수도가 닭모가지 잡아 비틀어도 온다는 새벽처럼
4월16일 동 새벽녘부터 캄캄한 어둠에서 무엇을 보았는지
출입 허가받은 물개들만 자유롭게 넘나들 수 있는
저 깊은 바다 속 구름처럼 오고가는 저 흰파도가
팽목항 앞바다에 머리 처박고 무슨 소리를 들었는지

팽목항이 전하는 말. <사진=고영철 교수>

대흑산도 맹골군도 거차군도 관매도 오고가는 저 흰 물수리와 검은 갈매기에게도

세월호가 어디서부터 천명을 어기고 어물쩡거리며 항해했는지 본 대로 실토케 하라

언제든지 국민을 배반할 준비가 되어 있는 저들이 지켜보는 눈앞에서

4.

함성을 찌르며, 배 위아래로 머리 위까지 죽음의 공포를 몰고 오는 물에 맞서,

물에 밀려 미끄러져 쓰러지면 또 일어나 부하들에게 구명조끼를 벗어 입혀 주며

'꼭 살아서 다시 만나자'는 대장 선생님의 명령을 받은 병사들처럼 의연하게 온갖 위협을 무릅쓰고 청와대 게시판에'박근혜 퇴진'을 외치는 선생님들의 용기에 찬사를 보내라, 위장한 사람의 탈을 벗고'대통령의 하야' 여부를 떠나 세월호의 진상 규명을 위한 그들의 외침과 피맺힌 울부짖음이 정의가 되도록,

너희들은 '그대로 가만 있으라'는 저들의 압제에 맞서 당당히 싸워야 한다며

이제는 '더 이상 가만히 있지 않겠다'는 새로운 어린 전사들의 피발선 외침처럼,

원하는 것은 무엇이든지 다 가질 수 있다는 대한민국 그 아름다운 강산 지천에 흐트러지게 핀 저 봄꽃들처럼

가슴 쫘악 열고 향긋하게 막 피어오르려는 붉은 홍매화 꽃봉오리 같은 내 조국의 아들딸들을

내 눈앞에서 생매장시킨 마지막 남은 의혹의 한 점까지 철저히 규명되는 그날까지

저 맹골수도를 돌고 도는 흰 파도처럼 우리는 늘 깨어 있어야 한다.

의혹 투성이 해전사 진상이 밝혀지는 그날까지, 승리를 훔칠 궁리만 하는 괭이 갈매기들처럼 다듬어진 슬픈 울음은 울지 말아야 한다. 대통령의 눈물처럼, 내 조국을 바로 세우기 위해서라면 더 이상 그들의 죽엄을 슬퍼하지 말라.

304명이 여기와 모든 진상을 하나하나 바로 세우며 비석에 새기는 그날까지.

- 5월 31일 오후 팽목항에서 받아 적다. <고영철 / 제주대학교 언론홍보학과 교수>

부록 3.

제주 제2공항 건설,
원점에서 다시 시작해야
(헤드라인제주, 2017.11.27)

'제2공항 vs 현공항' 장단점 분석 제대로 했나?

2000년대에 들어 제주를 찾는 관광객 등이 증가하고, 저비용 항공사가 급성장하면서 제주공항의 수용능력을 확장할 수 있는 방안에 대한 논의도 증가하기 시작하였다.

그 이유는 제주공항 연간 이용객이 계속 증가하는 데에 반해 이를 수송하는 항공기가 뜨고 내리는 제주공항 활주로가 비좁다는 것이다(제주도가 수용할 수 있는 최적의 관광객 수가 과연 몇 백만 명이 되는지 과학적으로 도출한 자료도 없음).

그렇다면 계속 증가하는 제주항공 수요를 충족시킬 수 있는 방안은? 해답은 여러 가지다. 지금까지 제주사회에서 거론된 대안으로는 △ 대한항공 정석비행장 활용 △산남지역에 제2공항 건설 △ 현 제주공항 확장 △제주공항 24시간 △저가항공 전용 공항 건설 △소형비행기 대신 대형 비행기를 많이 띄우는 방안(2017년 11월 진교넷 토론회에서 등장) 등을 들 수 있다. 그러나 각 대안들에 대한 본격적인 논의도 해보기 전에 각종 선거에서 유권자들을 의식한 제2공항건설 공약들이 튀어 나오기 시작하였다.

대표적인 것으로 2007년 이명박 대통령 후보의 제주신공항 개발 공약과 2012년 박근혜 대통령 후보가 내건 제주 공항 인프라 확충 공약 등을 들 수 있다.

국토교통부는 2011년 제4차 정부 공항개발 중장기 종합계획(2011~2015년)과 대통령 후보의 공약을 토대로 2014년 12월에 〈제주공항 인프라확충 사전 타당성 검토 용역〉(이하 사전타당성 검토용역)을 착수하여 △기존공항 사용+제2공항 건설 △기존공항 대폭 확장 △기존공항 폐쇄+신공항 건설이라는 3가지 안을 본격적으로 검토하기 시작했다. 그 후 '기존공항 폐쇄+신공항 건설' 방안은 검토 대상에서 제외되고 남은 2가지 안을 중심으로 사전타당성 검토를 실시하였다.

국토교통부는 지난 2015년 11월 10일 〈사전타당성 검토용역〉결과를 근거로 2개 대안 중에 기존 제주공항 사용과 성산포 신산리 일대에 제2공항을 건설하는 안이 채택되었다고 발표했다.

그 이후 수백년 동안 이어온 마을공동체가 사라질 위기에 처한 성산읍 여러 마을주민들로 구성된 제2공항 반대 대책위원회(이하 반대대책위)와 제주지역 시민사회단체들은 "부실하고 조작된 〈사전타당성 검토용역〉결과를 근거로 성산읍 지역이 제2공항후보지로 선정되었다"며 이에 대한 전면 검증조사를 요구하며 반대투쟁을 2년여 이상을 벌이고 있다. 특히 지난 10월 10일부터는 김경배 반대대책위 부위원장이 제주도청 앞 도로변에서 제2공항 전면 재검토를 요구하며 단식농성에 들어갔고, 42일 만에 쓰러져 병원에 실려 간 이후에도 지역주민을 비롯한 21개 시민사회단체 회원들은 제2공항 전면 철회를 요구하며 47일째 천막농성을 이어가고 있다.

하지만 국토부와 제주도는 이에 대해 '시간이 약'이라는 식으로 맞대응하고 있다.

정부의 대응방식에 관계없이 이들이 〈사전타당성 검토용역〉과 관련, 각종 의혹을 제기하며 "부실하고, 조작되었고, 사기"라고 주장하는 내용이 과연 무엇인지 알아보자.

1. 현 제주국제공항 확장안과 제2공항 건설안의 장단점을 다양한 관점에서 비교 검토하지 않았다는 것이다.

〈사전타당성 검토용역〉을 수행한 한국항공대학교 산학협력단 컨소시엄(이하 용역진)은 성산포를 제2공항 최적 입지로 선정한 주요 이유로 현 제주국제공항 확장안(과다한 사업비, 해양 및 해안환경 훼손심각)에 비해 환경훼손이 덜하고, 건설비용이 저렴하고, 지역간 균형발전에 도움이 된다는 것을 꼽았다. 과연 그런가? 전혀 그렇지 않다.

국토연구원이 〈사전타당성 검토용역〉보다 3년 앞서 2012년에 발표한 〈제주공항개발구상 연구용역〉(발주처: 제주특별자치도, 이하 공항개발용역)에서 2019년부터 제주공항이 포화상태에 이를 것으로 보고, 이에 대비한 대안으로 기존공항 확장 4가지 안과 신공항 건설 4가지 안 등 8가지 대안을 제시했다. 기존공항 확장은 현재의 동서 활주로와 비슷한 규모의 활주로를 바닷가 방향으로 수평 이동한 형태의 활주로를 또 하나 건설하는 대안 4개를 제시했다. 제주공항 확장 1안은 기존 활주로와 수평으로 365m 거리를 두고 건설하는 1안에서부터 최대 1.3km 거리를 두고 건설하는 4가지 안까지다. 기존 공항 활주로부터 멀어질수록 동시 이착

륙이 가능하고 소음피해도 줄어들지만 예상 사업비가 최대 5조원에 이르는 것으로 추정했다.

국토연구원은 공항개발 용역보고서에서 "제주공항의 위치가 달라질 경우 제주도내 공간구조는 급변할 것으로 예상되어 기존 공항 확장대안이 유리할 것으로 검토되었다."라고 하였다. 제주공항이 기존의 위치에서 벗어난 다른 곳에 만들어질 경우 도내 공간구조 및 발전전략은 크게 변화될 것으로 예상되며, 신공항으로 연결되는 간선도로망의 정비 등도 동시에 진행되어 막대한 인프라 건설비용이 들어갈 것이며, 이로 인해 환경문제가 대두될 것으로 예측하였다.

문경종 박사 또한 자신의 박사학위논문(제주도의 관광수요 환경변화에 따른 정책 방안, 2015)에서 제주도의 항공수요가 신규 취항노선과 운행편수의 증가로 인해 계속 증가할 것으로 내다보며, 이를 수용하기 위해 자연생태 보존과 제주시와 서귀포시 중심의 개발을 고려하면 현 제주공항 북쪽 연안의 매립 후 확장하는 방안이 최고로 좋다는 결론을 내린바 있다.

하지만 용역진은 2012년 국토연구원의 공항개발 용역보고서에서 제시한 기존 공항 확장안 4개의 대안 중 예산이 가장 많이 들고 이격 거리가 가장 긴 제4안만을 선택해 비교한 것으로 나타났고, 또 제4안을 선택할 경우 엄청난 예산이 들어가는 것으로 계상해 이를 후보에서 탈락시킨 것으로 확인되고 있다.

국토연구원은 공항개발용역에서 제4안을 선택할 경우 최대 5조원의 비용이 발생할 것으로 내다봤는데, 국토부 용역진은 9.4조원이 소요될 것으로 산출하였다. 바다를 매립하는 간척사업을 진행하여 새로운 터미널을 건설하는 방식으로 산정함으로써 공사비가 부풀어난 것이다. 반면 제2공항 건설에 들어가는 예상 사업비는 4~5조원으로 추정했다.

하지만 국토연구원의 항공개발용역 보고서는 신공항 후보지로 △내륙형(구좌읍 김녕리 예상사업비 7조 300억 원) △해안형1(대정읍 신도리 3조 7050억 원) △해안형2(성산읍 신산리 4조 5630억 원) △해상형(남원읍 위미리 14조 2334억 원)등 4곳을 제시하면서, 신공항을 건설할 때 최소사업비는 7조 300억 원에서 최대 14조 2천억 원으로 전망했다. 두 개 용역결과에 따르면 신공항 건설 예상 사업비가 수조원이상의 차이를 보이고 있다.

또한 제주도에 얼마나 많은 사람들이 개미떼처럼 몰려올지 모르지만, 국토부 용역진은 조그마한 제주도내에서 2개 공항이 운영될 경우, 둘 다 수익이 난다고 볼 수 없음에도 불구하고 이에 대한 장단점 비교 검토도 전혀 하지 않은 것으로 나타났다.

이러한 내용만 보더라도 이 용역결과가 얼마나 부실한 것인지 여실히 보여주고 있다.

2. 공항부지 내외 지역에 동굴존재여부를 실제로 조사하지 않았던 것으로 나타났다.

전 세계적으로 공항입지를 선정할 때 우선적으로 따지는 것들 중에 하나가 공항이 들어설 주변에 높은 지형지물과 동굴의 분포여부이다. 주위에 높은 산과 오름, 동굴이 분포되어 있는 곳은 피한다는 것이다. 왜냐하면 동굴이 분포되어 있는 지역의 경우 수백 톤에 달하는 비행기가 뜨고 내릴 때 지표면에 가하는 엄청난 충격을 견딜 수 없어 쉽게 무너지고, 대형 인명사고로 이어질 가능성이 매우 높기 때문이다.

그런데 용역진은 비행장이 들어설 주변의 동굴 분포여부를 실제로 조사하지 않았음에도 불구하고 실측한 것으로 기술하였다.

이들은 사전타당성 검토 용역보고서 말미에 최적 입지 선정사유를 언급하며 "유네스코 지정 세계유산, 생물권 보전지역, 세계지질공원 및 곶자왈과의 중첩이 없으며, 관리보전지역(경관, 생태계, 지하수자원)의 훼손을 최소화하고 산재된 용암동굴과도 중첩되어있지 않다."고 명시하였다.

그러나 바로 다음 페이지에서 '천연기념물인 수산굴 입구와 공항예정지는 약 3.2km 떨어져 있어, 용암동굴 훼손 가능성은 적음'이라고 명시하였고 또한 '수산굴 지하동굴계'를 검토한 결과(제주도 천연동굴 일제조사보고서)에서는 '공항예정구역 경계지역에서 1km 이상 떨어져 있음'이라고 명시하여, 바로 앞 3.2km라고 명시한 부분과 앞뒤가 맞지 않는 설명을 붙이고 있다.

제2공항(건설) 성산읍 반대 대책위가 이 내용의 진위(眞僞)를 확인하기 위해 국토부 용역진 김모 교수에게 질의 한 결과, 수산동굴 위치, 사업부지와의 거리를 정확히 측정해서 보고서를 작성한 것이 아니고, 2003년에 발간된 '제주도 천연동굴 일제조사보고서'만을 참고해서 실제로 조사한 것처럼 묘사해 도민을 기만한 것으로 확인되었다.

더욱 문제인 것은 이처럼 부실한 조사결과가 나오면 이를 바로 잡아야 할 국토부가 부실용역을 옹호하고 있다는 점이다. 특히 이런 문제를 사전에 바로 잡기 위해, 공항부지 내외 지역에 대해 동굴의 존재여부를 정밀 조사하자는 반대대책위의 요구에 대해 국토부는 당장 동굴조사는 불가하고 전략환경 영향평가조사 결과에서 보전가치가 있는 동굴이 나오면 사업부지 계획 전면재검토 할 수 있다고 밝힌 것으로 알려졌다.

그런데 국토부에게 보라는 듯이 지난 10월 25일에는 성산읍 제주 제2공항 건설 예정지로부터 약 600m 정도 떨어진 곳에서 밭 기반 정비사업 공사를 하던 중 새로운 동굴이 발견되었다. 국토부가 얼마나 부실한 용역결과를 갖고 공항후보지를 결정했는지 보여주는 사례 가운데 하나다.

3. 용역진은 왜 정석비행장의 안개일수를 조작했는가?

후보 비행장의 안개 일수는 입지평가 기준 가운데 중요한 변수 하나다. 안개일수가 적은 지역일수록 비행장 입지로서 최적의 장소가 된다.

제주도내 안개일수에 대한 타당성 검토 용역결과, 제주권 16일, 고산권 28일, 서귀포권 23일, 성산권 12일 그리고 유독 중산간 지역에 위치한 정석비행장 일대가 33일로 안개 일수가 가장 많은 것으로 조사되었다.

타 지역에 비해 정석비행장의 안개일수가 많이 나온 것은 비교대상이 된 제주·서귀포·고산·성산 등 4개 지점은 기상청 공식 자료인데 반해 정석비행장만 별도의 관측자료를 이용했기 때문이다. 즉 정석비행장의 안개일수는 안개일수만 아니고 운고(구름), 태풍도 다 포함해서 비행훈련을 못하는 시간을 안개일수로 둔갑시켜 계산한 것으로 나타났다. 용역진은 각 지역의 안개일수 산정을 위해 4개 지역에는 똑같은 방법과 같은 기준을 적용한 반면에 왜 유달리 정석비행장에만 다른 기준을 적용했는가? 그것은 용역진이 자신의 의도대로 용역결과를 끌고 가기 위한 조치였다는 생각이다.

용역진은 이렇게 조작된 자료를 입력해 도출한 잦은 안개일수를 갖고 한진그룹 소유의 정석비행장을 제2공항 최종 후보지에서 제외한 근거로 사용하였다.

그리고 용역진은 정석비행장 안개일수 산정에 사용된 근거자료를 성산기상대 자료라고 기술했지만, 나중에 확인결과 정석비행장의 자료를 인용한 것으로 확인되었다.

4. 용역진은 왜 정석비행장의 자료를 인용했다는 사실을 숨겨야만 했는가?

그 이유는 다음과 같다. 첫째는 형식상 〈연구용역 과업지시서〉조건에 맞추기 위해서이다. 〈연구용역 과업지시서〉는 "연구 용역에 필요한 자료는 중앙행정기관, 지방자치단체, 공공기관 등에서 공식발표한 자료 및 외국기준 등을 조사·검토하여 공신력 있는 최신자료를 적용해야 하며, 그 출처와 적용 배경을 명확히 제시하여야 한다"고 명시하고 있다. 용역 발주처에서 이렇게 과업지시를 내리는 것은 용역의 신뢰도와 공신력을 높이고 만약 이를 어길 경우 법적 책임을 묻기 위한 것이다.

이러한 지침을 어기고 용역진은 〈정석비행장의 기상자료〉를 연구에 적용해 놓고서도 용역보고서에는 〈성산기상대 자료〉를 인용했다고 거짓 설명하는 등 자료의 출처를 조작한 것으로 확인되었다. 이것은 상대방의 상황인식에 영향을 미치기 위한 기만행위에 속한다.

둘째는 정석비행장에서 생산한 기상정보 자료를 갖고 정석비행장이 제2공항 후보지로 적절한지 여부를 심사하는데 사용했다면, 일반적인 심사원칙에도 어긋나고 심사결과의 공신력이 떨어지기 때문이다. 만약에 정석비행장에서 생산한 안개일수 자료를 이용해 정석비행장을 공항후보지에서 탈락시켰다고 하면 누가 그 결정이 공정하고 객관적이라고 생각하겠는가?

이러한 두 가지 이유 때문에 용역진은 정석비행장 안개일수의 자료출처를 〈성산기상대〉라고 표기한 것이다. 이런 사실을 누군가 들추어 낼 줄은 꿈에도 생각지 못했을 것이다.

반대대책위에서 기상 데이터 자료의 출처 조작사실을 발견하여 지적하며 잘못을 인정하고 사과할 것을 요구했으나, 용역진은 자료 출처를 정석비행장이 아니고 성산기상대로 표기한 것은 오타(국토부 동일하게 답변)라고 일관되게 주장하였다. 하나의 문서도 아닌 여러 문서에서 이 내용이 반복되고 있는데 이를 단순히 오타라고 넘어갈 수 있는 일인가? 한 문장 안에 어떻게 다섯 글자씩 오타가 날수 있다는 말인가? 거짓말도 앞뒤가 맞아야 속아 넘어가는 것이다.

그리고 과업지시서 내용과 달리 공인기관 자료가 아닌 사설비행장의 기상자료를 국책사업 연구용역에 공식 인용해도 되는 것이냐는 질의에 국토부 관계자는 국가공인기관의 검증자료는 아니지만 인정할 수 있다고 밝혔다. 뿐만 아니라 근거가 무엇이냐는 질문에 근거는 없지만 우리가 인정하면 인용 가능하다고만 반복한 것으로 알려졌다.

자 보라. 이게 바로 국민들을 개돼지로 취급하는 건교부 공무원의 민얼굴이다. 정석비행장을 후보지에서 탈락시키는데 최고로 기여한 안개자료 출처를 조작 왜곡한 용역진에게 책임을 물어야 할 공무원이 오히려 이들의 행위를 적극 옹호하고 비호하고 있지 않은가? 이것은 한마디로 말해 정석비행장을 제2공항 후보지에서 제외시키기 위해 공모했다는 것을 의미하는 것이나 다름없는 답변이라고 생각한다.

특히, 기상감정 전문업체인 웨더피아(주)의 기상감정결과에 의하면 제주도의 안개일수는 서쪽 바다 쪽이 많고, 중산간 정석공항은 구름이 많지 안개는 많을 수 없다고 하였다. 결론은 용역 최종보고서에 나온 정석비행장의 안개자료가 허위라는 것이다

5. 정석비행장이 후보지에서 탈락한 이유가 공역과 부소오름을 절취해야하기 때문인가?

용역진은 정석비행장이 탈락한 가장 중요한 사유로 안개일수 이외에도 공역과 북측 접근을 위해 인근 부소오름을 깎아야 하는 환경상의 이유를 들었다.

하지만 반대대책위에 따르면, 공역문제는 제2롯데월드처럼 비행 이착륙 각도만 약간 조절하면 해결되는 간단한 문제라는 것이 드러났다.

이 문제가 해결되자 용역진이 이번에는 북측 부소오름의 절취 문제를 들고 나왔다.

이 문제 또한 정석비행장 밑으로 수풀을 지나면 밑에 해비치 골프장과 부영골프장이 있으며, 골프장에서 정석비행장까지 북쪽에서 약 5km정도 되므로 남쪽으로 확장할 경우 부소오름 절취하지 않아도 되는 것으로 조사됐다. 또한 보조활주로를 연장하고 보강해 사용할 경우에도 오름을 절취하지 않아도 되며 제주공항과 공역이 겹치지 않는 것으로 나타났다.

이렇게 부실한 용역결과가 도출된데 대해 용역진은 현재 정석비행장의 기존시설을 그대로 이용하는 경우만 검토했기 때문이라고 실토하였다. 이런 결과로 미루어 볼 때 어느 누가 제2공항 후보지를 과학적으로 분석한 자료를 토대로 결정한 것이라고 믿겠는가?

6. 10개 오름의 절취여부를 몰랐다는 것은 '조작용역'을 했거나 완벽한 '부실용역'임을 입증하는 것이다.

공항입지평가기준 9개 항목 중에 하나가 후보공항의 진입표면과 수평표면, 원추표면의 장애물 존재 여부이다.

지난 4월 한국개발연구원(KDI)홈페이지에 게시된 제주공항 인프라 확충사업 2016년도 예비타당성 조사결과에 따르면, 항공법에 의거 비행안전을 위한 장애물 제한표면 저촉여부 검토결과, 신산리 일대에 제2공항을 건설하려면 공항부지 주변 반경 4-5km이내에 있는 오름 10개가 항공법에 저촉되기 때문에 절취가 필요한 것으로 나타났다.

항공법 제76조는 비행기 이착륙시 안전을 확보하기 위해 활주로 중심으로 반경 4㎞ 원호를 그려 형성된 표면안에 높이 45m 이상의 장애물과 수평표면으로부터 바깥쪽으로 1.1㎞까지의 구역 내 55m 이상의 장애물이 있으면 이를 제거토록 하고 있다.

이 규정에 저촉되는 오름은 은월봉과 대왕산, 대수산봉, 낭끼오름, 후곡악, 유건에오름, 나시리오름, 모구리오름, 통오름, 독자봉 등이다. 이 규정에 따르면 인근 대왕산은 55m, 대수산봉은 40m, 낭끼오름은 90m, 유건에오름은 95m, 통오름은 45m, 독자봉은 60m를 절취해야 하고, 높이가 137m인 대수산봉은 1/3 가량, 185m인 낭끼오름은 절반 정도를 깎아내야 한다는 것이다.

기획재정부의 예비타당성 보고서의 오름 절취 문제는 국토교통부가 제2공항 부지를 성산읍 지역으로 선정하면서 내세운 장점 중 하나인 환경파괴가 최소화된다는 내용과 정반대의 결과이다.

국토교통부와 용역진이 유력 후보지의 하나였던 정석비행장을 제2공항 후보지에서 제외시킨 이유도 오름 훼손(환경성과 장애물에 접촉됨)이었고, 기존 제주공항의 확장도 도두봉의 절취와 해안매립 때문에 불가하다고 밝혔었다. 이처럼 사전타당성 검토용역 결과만 놓고 보더라도 공항부지 선정이 고무줄 잣대로 결정되었고 제2공항 부지선정을 위한 사전타당성 용역결과가 완벽한 부실이었다는 것을 반증하고 있다.

이외에도 소음피해지역 보상 문제 왜곡, 최고로 유력한 후보지였던 신도리 지역의 탈락 근거, 주민의견수렴 문제, 제2공항과 공군기지 연계 등 많은 문제점이 드러났지만, 여기서는 더 이상의 논의는 생략하고자 한다.

앞에서 살펴본 바에 의하면 용역진은 제2공항후보지 선정과정에서 자료출처 조작, 누락, 은폐한 것으로 드러나고 있고 특히 이러한 잘못을 바로잡고 처벌해야 할 관계공무원들은 또한 이를 비호하거나 옹호한 것으로 확인되었다. 국토교통부는 이 사실에 대한 조속한 진상규명을 실시하고 위법사실이 밝혀질 경우 법적 책임을 물어야 한다.

이 용역과 관계된 국토부 공무원들과 부실·조작 용역진을 엄하게 처벌하지 않고 놔둔 체 국토부가 또다시 제주 미래의 큰 그림을 그릴 공항입지 타당성조사를 강행할 경우, 거기에서 어떤 결과가 도출되어도 도민들은 그것을 사기 용역이라고 부를 것이다. 또한 정부가 아무리 해당 용역결과가 정당하다고 우겨도 결국 양식있는 도민들은 그 정책을 믿지도 따르지도 않을 것이다. 절차의 투명성과 공정하고 정의로운 국가건설을 기치로 내걸고 선거에서 승리한 문재인 정부는 이점을 직시하기 바란다.

한 가지 더 지적한다면 국토교통부는 법과 제도를 만들고 집행하는 기관답게 지금부터라도 사업시행 절차를 제대로 지켜주기 바란다. 언제까지 부정부패 온상으로 남을 생각인가?

국가재정법 제38조(예비타당성조사)는 예산낭비를 방지하고 재정운영의 효율성 제고하기위해 총사업비가 500억원 이상이고 국가의 재정지원 규모가 300억원 이상인 신규사업에 대해 미리 예비타당성조사를 실시하고, 그 결과를 요약하여 국회 소관 상임위원회와 예산결산특별위원회에 제출하여한다고 명시하고 있다.

그런데 국토부는 이러한 사업시행 절차를 깡그리 무시하고, 최근 제2공항 입지선정 예비 타당성 조사와 기본계획 수립용역을 함께 발주하겠다고 발표했다. 정책의 이해당사자들인 도민들의 요구("제2공항 사전타당성 용역과 관련해 제기된 부실 의혹을 해소하기 위한 검증조사와 제2공항 기본계획 용역을 분리해서 추진하라")를 '개돼지 소리'로 취급하는 이런 행위가 과연 바람직한 것인지를 재삼 숙고해 주기 바란다.

만약에 예비 타당성 조사결과 성산포 지역이 제2공항입지로 타당치 않다는 결과가 나오면, 이미 수립한 기본계획을 어떻게 처리할 작정인가? 거기에 들어간 예산은 누가 대신 채워 놓을 것인지 분명히 하고 넘어가야 한다. 아니면 또 사이비 용역 브로커들을 고용해 같은 결론을 도출하려는 것은 아닌지 의심스럽다.

마지막으로 더 붙인다면, 제주도와 국토부는 이 자그마한 제주도에 과연 제2공항 건설이 필요한지, 필요하다면 무슨 이유때문인지 터놓고 토의할 공론장을 만들어 주기 바란다.

<고영철 언론개혁제주시민포럼 공동대표 / 제주대학교 언론홍보학과 교수>